汽车维修企业创新管理

第3版

胡建军　编著

机　械　工　业　出　版　社

作者总结了三十余年从事汽车维修行业的技术与管理经验，做了大量企业经营状况调查，结合我国汽车维修企业特点及国外汽车维修企业管理模式，将高深的管理理论通俗化、案例化，对企业在实践中遇到的问题进行理性化分析，并提出了相应的解决方案。本书内容按汽车维修企业运营流程顺序展开，依次介绍了企业前期可行性分析、投资分析、客户管理、设备选择原则、配件优化管理、人力资源管理、质量管理、资金运作分析、财务管理、经营管理创新、社会资本管理与应用、企业市场营销、服务营销、品牌管理、企校联合办职业教育等。第3版从发展的角度出发，对前两个版次的内容作了很多修改，并增加了设备管理与维护及汽车维修企业的信息管理与维修案例的管理和写作的内容。

本书侧重经验分析，具有很强的可操作性，可作为汽车维修企业管理人员的工作指南；正在经营汽车维修企业的人士可以此书作为参考，对企业经营过程进行诊断；也是在校学生了解现代汽车维修企业的参考教材。

图书在版编目（CIP）数据

汽车维修企业创新管理/胡建军编著. —3版. —北京：机械工业出版社，2010.11（2016.10重印）

ISBN 978-7-111-32049-4

Ⅰ.①汽… Ⅱ.①胡… Ⅲ.①汽车－修理厂－工业企业管理 Ⅳ.①F407.471.6

中国版本图书馆CIP数据核字（2010）第190105号

机械工业出版社（北京市百万庄大街22号 邮政编码100037）

策划编辑：徐 巍 责任编辑：杜凡如

责任校对：张莉娟 责任印制：常天培

北京中兴印刷有限公司印刷

2016年10月第3版第3次印刷

169mm×239mm · 34.5印张 · 674千字

4501—5500册

标准书号：ISBN 978-7-111-32049-4

定价：65.00元

凡购本书，如有缺页、倒页、脱页，由本社发行部调换

电话服务	网络服务
服务咨询热线：010-88361066	机工官网：www.cmpbook.com
读者购书热线：010-68326294	机工官博：weibo.com/cmp1952
010-88379203	金书网：www.golden-book.com
封面无防伪标均为盗版	教育服务网：www.cmpedu.com

第3版说明

在一次湖北省某市举办的汽车维修企业厂长经理培训班后，有一位在部队工作了20年的干部，回到地方与朋友以股份制组建了一个二类维修厂，如今每个月部队还给他发放3000元的补助，投入到维修厂的资金也已经收回来了，但是他对我说："一段时间以来，心里很郁闷，维修厂经营还算可以，但是不想再干下去了。股东们不团结，不求发展，决议执行不下去，我虽然是董事长，但我的话越来越没有权威性，员工也随着股东们的背向分成了帮派，我夹在中间费力不讨好。"我们一直聊到很晚，几次催促他回去休息，才勉强依依离去。那个晚上一直到天亮，我也没有入睡。后来又遇到几次类似的事情，每当想起他们无奈、惋惜、焦虑的音容神情，心情总是有一种莫名的沉重和责任感。

创办一个企业很不容易，经营好了也不容易，而让这个企业进一步发展那就更不容易了。我想这里的关键还是学习和反思，时代变了，观念变了，技术发展了，而我们如果还沉浸在创业初期那激情燃烧的岁月，恐怕只能回家写回忆录了。

面对激烈的竞争，只有创建一个学习型企业，一个文化型企业，与时俱进，才能够获得核心竞争力，才能使企业获得不懈发展的动力。

借着第三次改版的机会，将近几年培训获得的反馈，结合一些新的学习体会，对第二版内容做了修订，删除了一些不合时宜的内容，对一些章节作了补充和更具体的阐述。更主要的是随着企业维修和检测设备的投入在企业总投入中的比例越来越大，对设备的合理选购、使用、维护、挖潜越来越引起企业的关注。这次修订在原有的基础上增加了设备管理与维护的内容，使这一章节更加具体和实用。另外，随着企业的深入发展，以及为客户服务为导向的驱动，对维修案例的管理已经越来越重要，维修案例的管理已经逐渐成为企业重要的管理环节。这部分内容我曾经在很多培训会上以及院校中做过阐述，反映很好。因而这次增加了汽车维修企业的信息管理与维修案例的管理的内容。

还是那句话，书一出版，就会有遗憾，但愿自己能够不断地努力，为我的同行们提供一本好的工具书。能为他们做一点点实事，我感到欣慰。在此衷心地祝福他们不断学习，不断发展。

胡建军

2010 年 4 月

第2版说明

该书从2002年3月出版至今已有三年，很多地区的汽车维修行业管理部门将此书作为企业管理培训教材，我也有幸借此在全国各地做了近百场讲演。在与企业接触的过程中，不但深深地感到企业需求管理变革之迫切，并发现很多维修企业在经营管理方面非常有特色，非常优秀，确实超过了我的想像，一方面深感自愧不如，另一方面学到了很多东西。

三年时间，弹指一挥间。随着汽车维修技术的飞速发展，汽车维修企业已经发生了巨大变化。回过头来再看看本书的内容，很多已经不合时宜了。为了适应行业发展的需求，利用本书再版的机会，结合这几年收集的大量信息和案例进行了研究，从发展的角度出发，对原书内容作了很多修改，如：人力资源管理部分对人才继任计划的实施；对员工的离职、裁员、招聘，甚至企业的人才需求与职业教育之间的关系等，结合一些案例进行了更深入的阐述；在企业财务管理部分，对企业资金运作的实操部分更加贴近可操作性，同时根据目前汽车维修行业的发展，对汽车维修连锁经营、4S店经营作了深一步的探讨。不但在原内容的基础上作了大量的改动，并添加了很多新的内容，如：前期可行性分析、汽修企业开业条件加进了交通部2005年1月1日开始执行的新的开业条件、投资分析、客户管理、设备选择原则，以及品牌介绍、配件优化管理、质量工艺管理、资金运作分析、经营管理创新、业务流程再造。在这些基础上，根据其他行业、企业发展经验，将其中一些先进的管理理念引入到汽车维修行业。尤其，第一次在企业经营管理中提出人际关系管理概念，科学管理人际关系，更好地为企业经营发展服务；第一次系统介绍了汽车维修企业如何进行企业营销，如何进行服务产品营销，并在大量实践基础上进行了理论总结。这些理念有的企业已经在试行，并且取得了很好的效果，如：社会资本管理与应用、企业市场营销、服务营销、品牌管理、企校联合开办职业教育等。所以读过老版本的读者，不要试图从新篇章来了解新老版本的不同，而应从全书各章节行文中所增加和修改的大量内容，了解新版本的特点。

当然，作为一名普通维修企业管理研究者，想把自己的研究成果奉献给同行们，但始终有无限的遗憾：书一上市，就会发现又有很多需要修改的了。但愿如此反复坚持做下去，也算本人为行业发展尽一点微薄之力吧。

无巧不成书，再版完成之夜，又赶上农历春分时节，扶窗仰望当月星空，不由想起诗人刘方平的《月夜》：更深月色半人家，北斗阑干南斗斜。今夜偏知春气暖，虫声新透绿窗纱。此时此景，是否孕育着一种兆示：我国的汽车维修行业又将迎来春光明媚的一年。

胡建军

2005 年 3 月

第 1 版序

近十年来，我国汽车维修业发生了深刻的变革。这首先来源于世界汽车技术的飞速发展，而微型计算机在汽车控制技术上的应用，以及在汽车维修管理上的应用则是导致这场变革的直接诱因，20 年改革开放又加快了这场变革的步伐，中国入世又必将使得我国汽车维修业的竞争更加激烈。我国汽车维修业已经出现了许多达到国际先进水准的一流大型汽车维修企业，但同时还有相当多的小型汽车维修企业水准较低，发展极不平衡，两极分化严重。汽车维修企业的水准高低，不仅仅是硬件设施的区别，更重要的是企业管理水准的软件差异。从长远意义上讲，我国汽车维修企业管理水平的高低，是制约入世后我国汽车维修业发展的关键因素。如果可以用“严重匮乏”这个词来形容当前我国汽车维修技术队伍中的汽车医生数量的话，那么，既懂经营管理又懂维修技术的汽车维修企业优秀管理人员则是“屈指可数”。汽车维修管理人员的管理水平是决定汽车维修企业生死存亡的重要因素，因此尽快提高汽车维修企业管理者的素质，已经成为我国汽车维修行业进一步发展的先决条件。可以断言，如果不尽快培养出一大批优秀的维修企业管理者，那么我国汽车维修企业的前途将是“岌岌可危”的。

《汽车维修企业创新管理》是为了提高汽车维修企业管理水平而编著的一本工具书，同时也是一本很好的教材。作者胡建军老师多年来致力于汽车维修企业的经营管理研究，同时还潜心钻研汽车维修技术，不仅在国营大型汽车维修企业担任过总工程师、厂长，还在外资、合资企业以及私营企业担任过总经理助理、高级技术顾问等职务，多次主持设计、策划，并经营管理过各种不同类型的汽车维修企业，有着丰富的实践经验，同时还具有扎实的理论功底。他是我国汽车维修业为数不多的既懂经营管理又懂维修技术的综合型专业人才，曾经多次在汽车维修杂志上发表过汽车维修企业管理方面的系列文章，对我国汽车维修行业的发展起到了积极的推动作用。很多年以来，有关汽车维修管理方面的专著甚少，这种状况对我国汽车维修行业的发展极为不利。胡建军老师将其多年的研究结果整理成书，呈现给广大读者。此书较为全面地论述了汽车维修企业从设计策划到经营管理等各个方面的实际问题，不仅有讲解归纳，还有案例分析，这对正处在探索之中的中小型汽车维修企业的管理者无疑是雪中送炭。愿此书能为丰富汽车维修图书市场，为填补汽车维修企业管理图书的空白起到抛砖引玉的作用。

今天的我国汽车维修业不仅需要大批的优秀技术人才，而且迫切需要杰出的管理人才，这不仅是行业发展的需要，更是时代发展的需要。中国入世对我国汽车维修业不仅是机遇，更多的应该是挑战，每一个汽车维修企业的管理者都无法回避这个严酷的现实。只有在竞争中才能求生存、求发展，而行业竞争最深刻的内涵是人才的竞争，因而培养人才、储备人才则是把握未来的关键。尽快培养出一大批管理人才，是我国汽车维修行业的当务之急，努力把自己塑造成为合格的管理人才，又是每一个汽车维修企业经营者的努力方向。我衷心希望此书的出版能为今天的汽车维修企业决策者提供一些帮助，也为明天我国汽车维修行业的振兴尽绵薄之力。

朱　军

2002年3月

第1版写在前面的话

本书得以完成，首先从心里感谢在成书过程中许多汽车维修企业厂长、经理、行管领导，尤其是北京德国周氏王朝周松波博士、北京百得利汽车服务公司周小波先生的指导与帮助，朱军老师、渠华老师、巨荣云先生、毋云红女士、徐巍女士的鼓励及詹兴旺先生的鼎力相助，并承所有最亲密的朋友的支持，在此一并致谢。

由于热爱汽车修理这个行当，历经数载此书终于脱稿。从事汽车维修行业三十余年，感慨万千，但总算为这个行业尽了点微薄之力。面对激烈竞争的汽车维修市场，我从心里佩服那些在汽车维修企业奋斗的勇士，无论是成功的还是失败的，因能为他（她）们做一点点事，为他（她）们的事业发达助一臂之力，倍感欣慰。

作　者

2002年元月

目　　录

第一章　汽车维修行业概况

第一节　汽车维修企业发展概况

一、汽车维修业的概念

汽车维修业是由汽车维护和修理厂点组成的、为汽车运输服务的、相对独立的行业。汽车维修业通过维护和修理来维持和恢复汽车技术状况，延长汽车使用寿命，是汽车流通领域中的重要组成部分。

汽车维护和汽车修理是两种性质不同的技术措施。汽车维修是汽车维护和修理的泛称。

汽车维护是为了维持汽车完好技术状况或工作能力而进行的作业。其目的是为了保持车容整洁，随时发现和消除故障隐患，防止车辆早期损坏，降低车辆的故障率和小修频率。汽车维护应贯彻预防为主、强制进行的原则。

汽车修理是为了恢复汽车完好技术状况或工作能力和寿命而进行的作业。其目的在于及时排除故障，恢复车辆的技术性能，节约运行消耗，延长车辆使用寿命。车辆修理应贯彻定期检测、视情修理的原则。

虽然汽车维护和修理的任务不同、性质不同，但它们都是以保证汽车安全运行、降低使用成本、延长使用寿命、节约能源为目的的。从这一点讲，它们是统一的技术保障整体，两者不可偏废，既不能用维护代替修理，也不能用修理代替维护。

当前我国汽车维护按作业范围的深度，一般分为日常维护、一级维护及二级维护三级。按修理对象和作业范围，将修理分为汽车大修、总成大修、汽车小修及零件修理。

另外，随着人们生活水平的提高，汽车市场的繁荣，追求个性化与愉悦的欲望越来越强烈，悄然兴起的汽车改装业正逐步由原来的车身内外装饰发展为车身彩绘、个性改装、动力及性能提升等，而且技术含量越来越高。预计不久的将来逐渐会从汽车维修业中分离，单独成为一种生命力极强的业态。

二、汽车维修业发展概况和趋势

（一）汽车维修业发展过程及特点

汽车维修是保证汽车正常使用，延长汽车使用寿命，使其发挥最大效益的技术保障。它是为汽车的使用者，为社会发展服务的。因此，汽车维修必然伴随着汽车工业的发展、公路的发展和汽车保有量的增加而发展。

由于我国的汽车维修企业形成之初，单纯是为了汽车运输行业成立的附属企业，因而其发展受到运输业发展的影响很大。新中国成立之初，我国汽车运输业已破坏殆尽，全国仅有一百多个汽车维修企业，均处于奄奄一息状态。为尽快抢修国民党时期遗留下来的破旧车辆，恢复公路运输，满足经济建设和人民生活需要，政府部门帮助私营汽车维修企业克服困难恢复生产。当时，中央成立全国废旧汽车整修委员会，在其统一领导下，通过拆、拼、接、改等工艺方法进行汽车修复。通过这项工作，不仅恢复了公路运输，而且增加了汽车维修企业的活力，培训了一批人才，增添了汽车维修设备，建立了新中国汽车维修业的基础。随着国民经济建设的恢复和发展，汽车保有量逐渐增加，汽车维修业的生产能力也有了较大幅度的提高，到 1957 年，公路运输部门基本上形成了一个多层次的汽车维修网络，但汽车维修业仍处于手工操作、作坊式生产的落后状态，不仅生产效率低，而且维修质量差，加之路况不好，车辆大修后只能以 40 ~ 50km/h 速度行驶。

进入 20 世纪 60 年代，各汽车维修企业大力开展技术革新和技术改造，开展文明生产活动，建立健全各种规章制度、技术标准，加强质量管理，充实人员和设备。通过几年的努力，汽车维修业的面貌有了较大的变化。除各专业运输部门具备了比较完善的汽车维修体系外，在社会上也相继建立了面向社会车辆服务的专业汽车维修企业。

20 世纪 70 年代，交通部根据汽车维修技术进步的需要和现实的可能，提出了汽车生产中实现作业机械化、检验仪表化的发展方针，开展了一次大搞技术革新的群众运动，对汽车维修业的发展作出了很大的贡献。到 1979 年，我国的汽车大修能力已达到 10 万余辆。

但是，在汽车维修业发展过程中，除了部分交通部门独家经营的为社会车辆提供维修服务的企业外，大部分维修企业都依附在运输企业和车辆较多的单位中，主要是为内部车辆维修服务。这种一家独办的垄断经营方式，造成了我国长期存在的“修车难”问题无法解决。单一卖方市场，缺乏竞争机制，不仅使企业失去活力，阻碍汽车维修生产力的发展，而且使用户失去了选择的余地，车辆无法得到及时的维修，影响了运输生产的效率，也从另一个侧面证明了这种依附于运输业的汽车维修企业，已经不能适应公路运输的发展，更不能适应社会发展的需求。

随着公路运输市场的开放，汽车维修市场也逐渐开放。进入 20 世纪 80 年代，全国城乡的汽车维修厂点如雨后春笋，迅猛增长，出现了国营、集体、个体一起上的势头。截至 2006 年底，全国汽车、摩托车维修厂点达到 40 万余个，从业人员增加到 400 万人，年维修产值近 400 亿元，初步形成了一个分布广泛、门类齐全的汽车维修网络，基本上解决了“修车难”的问题。

目前，我国的汽车维修行业是国营、集体、个体、中外合资、外方独资等多种经营形式并存格局，初步形成了一个多渠道、多形式、多层次的汽车维修市场。

通过对整个汽车维修行业的发展进行分析，可以归纳出以下几个特点：

1）原有的交通部门独家经营的专业汽车修理厂，主要是一些规模较大的国营汽车修理专业厂。这些企业技术力量强，设备齐全，管理水平高，是行业的骨干力量。

2）各专业运输企业附属的汽车修理厂或维修车间，主要是为本企业的车辆维修服务，剩余力量为社会车辆维修服务。

3）社会上车辆较集中的各企事业单位、机关团体等原为自用车维修服务的汽车维修厂，改革开放后，这些维修厂基本上已脱离原单位，或者成为所谓三产，独立注册向社会开放，搞独立核算，或者实行经营承包，发展很快。

4）改革开放以后，出现了城乡新建的汽车维修厂点和中外合资、外方独资的维修企业。这些企业情况比较复杂，以乡镇企业、第三产业、学校、街道以及个体为主。技术工人以聘用退休工人为主，大多技术力量较弱，厂房、设备简陋，企业稳定性较差。但随着市场的发展，这类企业由于受资源集中，新技术的冲击，维修技术人员的年轻化，大量资金的注入等影响，迅速发生了变化。尤其后来中外合资企业和外方独资企业的维修以3S、4S、5S形式进入行业市场，极大地推动了行业的蓬勃发展。他们带来的先进维修设备、维修技术和管理方法，对促进我国汽车维修业的发展发挥了巨大的作用。

上述企业的开放，使汽车维修行业发生了极大的变化，即由原来封闭式的自我服务型，转型为开放式的社会经营型，形成了一个比较稳定的、活跃的维修市场，使汽车维修业在国民经济活动中，逐渐形成了一个相对独立的行业，成为国民经济发展的一个新的经济增长点。

5）随着汽车维修市场需求的变化，汽车运输服务细化，主流客户群的转变，汽车维修连锁经营、汽车用品超市、汽车维修救援、汽车俱乐部、汽车保险、汽车金融等新生事物不断出现，使汽车维修市场不断完善。

6）中国汽车维修行业协会的成立和各省市汽车维修行业协会分会的逐步建立，作用越来越大，行业的自我管理、自我约束、自我发展的自律意识不断提高，并逐步向国际化靠拢。

（二）汽车维修业发展趋势

随着改革开放的深入，国民经济的发展，国内汽车保有量成倍地提高，汽车维修业从供不应求发展到现在的供求基本平衡，甚至供大于求的市场状况。在发展速度最快的1983～1989年这6年间，维修企业数量平均年增长50%，汽车维修业由 2 万家增加到 10 万家。1989 年以后，企业数量仍以较高的速度增长。到 1999 年底，全国共有汽车摩托车维修企业 31 万户（其中汽车维修企业占 22 万户），全年完成整车大修 40 万辆次，总成大修 220 万辆次，二级维护 1 530 万辆次。到 2000 年底，全国共建成汽车综合性能检测站 1 119 个，完成检测量 700 万辆次。根据 2006 年底的统计数字：全国维修企业产值比 2005 年增长 8.65%；2007 年 1 ~8 月产值又比 2006 年同期增长 30.8%，而累计亏损企业亏损总额比上年同期下降 10.96%。汽车维修企业在汽车流通领域中的作用与地位越来越突出。

伴随着汽车工业的发展，交通道路的发展与改善，汽车维修业在维修观念、维修制度、维修力量、作业方式等方面都发生了巨大的变化。过去汽车报废是个很淡薄的概念，通过总成修理、换件修理、旧件修理等方式，使车辆无限期使用。后来随着车辆供求比例的变化以及人们观念的变化，例如对能源消耗的日益重视和从综合经济效益的角度考虑，从汽车尾气排放的治理，降低大气污染度出发，人们在车辆更新和车辆维修方面的观念也发生了变化。同时配件供应的变化，维修配件精度要求的变化，也使得从前以旧件修复为主的修理方式。发展成为今天以换件修理为主的修理方式。在维修制度上，也由以前的定期拆解式转变为今天的“定期检测、强制维护、视情修理”。汽车维修行业主体，也由以前的交通部门所属维修企业为主，转变为今天全社会各行业多种所有制形式的维修企业同步发展，同时维修网点也由过去大中城市相对集中，逐渐转变到中小城市、县、乡、郊区，形成了比较合理的汽车维修网络。目前国内汽车维修企业的发展趋势，归纳起来有如下几个方面。

1. 汽车维修业朝着规模化的方向发展

改革开放以来，汽车维修业基本呈粗放型发展。按照十五大精神要求，汽车维修业的发展必须由粗放型向集约型转变。目前，汽车维修业已成为一个新的经济增长点，正在吸引社会各方面资金，上规模、上档次。它将会通过企业兼并、资产重组等形式扩大经营规模，建立企业集团，以不断提高汽车维修业的规模化程度和整体素质，提高市场占有率。

2. 汽车维修业依靠提高科技含量，增强竞争能力

维修行业伴随着汽车制造技术的发展而发展，新工艺、新结构、新材料、新技术的采用，对现代汽车维修业提出了许多更新、更高的要求。我国维修业在跟踪现代维修技术方面较之制造业领先。因为，无论多么先进的汽车，一旦进入中国并投入使用，都存在着维修的问题，这样世界汽车工业的发展就带动了维修业技术的发展。特别是在今天，许多高新技术，诸如电子控制燃油喷射技术、混合动力车技术、电动车技术等广泛应用于汽车；代用燃料汽车的发展；人们对汽车安全性能、环保性能的高要求，都对维修业提出了更高的要求。追踪高

新技术、掌握高新技术、提供高质量的维修服务，才能在市场竞争中占据有利的地位，已成为汽车维修企业的共识和追求的目标。

近几年汽车维修企业在技术改造、技术进步方面做了许多工作，他们改善了作业条件，购置了先进的设备，引进了技术人才。大量先进的检测维修设备已经进入了维修行业。据统计，到2009年底，汽车维修企业拥有的维修检测设备已经达到了500万台套左右，其中检测诊断设备约占62%，专用设备约占38%。汽车维修行业技术进步对其产值的贡献率达到了60%以上。汽车维修业正在装备新的维修手段，相关部门正在大量培训专门人才，依靠高新技术提高高科技含量，不断提高市场竞争能力。

3. 汽车维修业朝着专业化、工业化的方向发展

随着汽车维修市场逐步完善，通过激烈竞争，使汽车维修市场的分工越来越细化，并朝着专业化、工业化的方向发展。

1）汽车维修企业承担单一车型或同类车型的汽车维修或者建立汽车三位、四位一体及连锁经营站，为汽车制造企业做售后维修服务等。

2）汽车维修业户只承担专项维修，如专门维修汽车电子控制装置，专门维修自动变速器，专门维修转向助力系统，专门维修ABS系统，专门从事事故车维修，专门从事喷涂，专门从事动平衡、汽车美容，甚至已经开始有专门从事汽车故障诊断的单位等。

3）由于汽车技术可靠性不断提高，其运行过程中的维护保养工作越来越精致与科学，汽车大修及总成大修的机会越来越少，汽车在有效生命当中，或者为了延长其有效生命，维护保养作业逐渐成为汽车维修、保养作业中的主要内容。因此，有些企业为了适应客户的需求，将维护保养作业单独分离出来，或建立快速保养工位，或成立专业养护中心。同时将保养项目、程序、操作人员以及配件供应链进行优化组合，以严谨、精致的专项服务质量，最低的价格，最短的时间为客户提供服务。

4）汽车维修已开始朝着工业化流水作业发展，如发动机翻新，自动变速器翻新等。随着专业化、工业化程度的提高，使维修在厂车日减少，维修质量得到了提高。

4. 采用先进的管理手段，向管理要效益

汽车维修企业通过采用现代化管理手段，在企业管理上逐步实现规模化、科学化、现代化。汽车维修企业管理主要是在车辆进厂维修过程、客户群管理、出厂记录、材料管理、财务管理、劳动人事管理、技术信息管理等方面逐步实现微机管理，并在生产现场管理上逐步采用电视监控技术，不断提高企业管理水平。同时，汽车维修企业不断改善服务质量，通过实行四公开，即公开维修项目、公开收费标准、公开修理过程、公开服务承诺，积极创建文明行业等，不断实现以

客户需求为导向的企业创新。

5. 发展汽车维修救援是汽车维修业的一项新事业

汽车维修救援是为汽车提供紧急救援服务的新事业，是对汽车维修业服务功能的延伸。通过该系统，能够减少运输损失，提高运输效率，保障运输安全。今后一个时期，汽车维修救援将成为汽车维修业发展的一个新的经济增长点，并且是一项利国利民的事业。

6. 建立汽车故障诊断中心或诊断工位

随着现代汽车技术的发展，汽车技术的复杂性、系统性、交叉性、多变性等特点越来越突出，而现代汽车故障诊断主要实行的是不解体诊断，或者说是用状态参数来判定、考核结构参数和运行参数，这就决定了汽车故障诊断的技术、方法、仪器设备的实验性和多样性，同时，诊断成本也逐渐大于维修、换件成本。因此，汽车故障诊断也逐渐成为一种专业项目。建立专业汽车故障诊断中心或工位，对后一步的故障排除与修理质量起着事半功倍的作用。对减少返工，节约配件、原材料等一系列资源，为企业和客户降低成本也起着重要作用。有些企业经常反映，个别客户在诊断检查确诊以后，经常以各种借口推脱继续修理作业离开企业，然后到另外一家企业或到路边店，依照前一家企业诊断结果进行单纯换件作业，他们这样做的目的是为了省钱。会出现这样的情况，不仅仅是因为个别客户为省钱而驱动，更主要的是企业自己也没有意识到，故障诊断的技术、资源和财务成本价值，也并没有将其看做与医院为确诊病情对病人做的各种检查一样，是一种必需的检查项目，是一种巨大的成本支出。因而，想说收钱不容易。

再者，从维权角度来讲，随着市场的发展，也需要逐步建立第三方的相对中立的、公正的、精确的汽车故障诊断机构，这种机构只对故障进行诊断，或者对维修提出建议，但不进行维修作业。因而企业公信度高，其诊断结论可以作为维修质量纠纷的法律旁证。同时还可以为维修企业、科研单位、教学机构等提供服务。

7. 将二手车市场引进汽车维修企业

国外二手车交易大部分在汽车维修企业进行，同新车一样有展厅。这种形式得到了客户的认可。因为汽车维修企业在进行二手车交易时，一是经过政府批准；二是具有国家承认的持证经纪人与评估师；三是依托企业中的综合性能检测线，对二手车进行科学的检测、评估与适当的翻新。这样翻新的二手车在交易后，同新车一样具有保修期。因此，汽车维修企业引进这项业务是符合市场需求的。据美国二手车交易市场调查，每发生一台新车交易，同时会有七台二手车交易。目前国内已经出现以4S店为模式的二手车经营、维修甚至翻新业务的企业。

第二节　汽车维修业的特点和作用

一、汽车维修业的特点

汽车维修行业的特点是由它的服务对象和生产特点决定的。汽车维修行业是为在用车辆服务的。因此，它必然具备技术服务与广义车主服务双重特点。就汽车维修生产技术而言，其工艺复杂，特别是汽车大修、总成大修作业，工艺复杂、技术含量高。归纳起来，主要有以下几个方面。

1. 汽车维修作业的对象是在用汽车

汽车是一种结构复杂、技术密集的现代化运输工具，也是一种对可靠性、安全性要求较高的行走机械。为了适应社会发展的需要，车辆的品种日益增加，新技术、新工艺、新材料不断被采用，使车辆的机构也越来越复杂，这就决定了汽车维修行业的技术复杂性。从汽车维修涉及的工种看，不仅需要发动机、底盘、电气、钣金、轮胎、喷涂等专业修理工种，而且需要车工、钳工、铆工、焊工等各种机械方面的通用工种。生产要求差异很大，使维修企业的作业内容、作业深度千差万别。因此，汽车维修行业已从一个劳动密集型及以经验为主，演变成强调个人专业技术、综合素质，以设备、技术为主的行业。

2. 社会分散性

汽车维修业是为在用车服务的。在用车的特点是流动分散，遍布城乡各地。因而，汽车维修业必然也会分布在社会各个角落，具有很大的分散性。尤其是从事汽车维护小修和专项维修的业户，这种分散表现得更为突出。同时汽车维修生产的特点也决定了其企业的规模不可能过大。（注意，这个特点非常重要，企业并不是越大越好，规模要适度，企业的规模与成本是几何倍数的关系，而企业的资源却是个不确定量，因为影响这个量的不确定因素太多，很多是不能人为控制的。）目前，我国汽车维修业是以中小型企业为主。

3. 市场的调节性

汽车维修行业是随着公路运输业和汽车销售市场，或者是称为汽车后市场的发展而发展的。加之企业点多、面广及专业服务的特点，决定了该行业具有较强的市场调节属性。这就使一些不能随着市场变化而变化的汽车维修业户的稳定性很差。也就是说，根据市场的需要，维修业户开业、停业在动态变化中自行调节，使汽车维修市场的供求关系逐渐趋于平衡。

4. 隶属关系

汽车分布在千家万户，各行各业。在封闭的经济体制下，各自都有为自己服务的汽车维修企业。改革开放后，这些企业都纷纷向社会开放，进入维修市场，形成了一个社会化的行业。但是，这些企业大部分的隶属关系并未改变，仍为各部门和各单位所有。这一情况就决定了我国汽车维修行业的隶属关系错综复杂。

二、汽车维修业的作用

汽车是一种高性能行走机械，是一种现代化的运输工具。其特点是结构复杂，使用条件苛刻且变化大。因此要求在运行中，必须具有高度的可靠性、安全性和经济性。

汽车与其他任何机械一样，在使用过程中由于磨损、变形、老化和意外损坏等原因，技术状况和性能不断下降，致使车辆在运行中可靠性和运行安全性得不到保证；动力性、经济性变坏，运行消耗增加；故障率上升，影响车辆的运行效率。研究表明，目前国产汽车的无故障里程一般为10 000km左右。车辆运行至5 000～60 000km时，对车辆安全等各个系统要进行全面检查、调整、紧固、润滑和修理。因此，汽车在投入使用后到最后报废的整个寿命周期内，其动力性能、经济性能、安全性能及可靠性能等，与能否科学地、合理地进行维护与维修密切相关。

随着国民经济的发展，我国汽车保有量将会以更快的速度增长。同时，由于技术的进步，生产水平和人民生活水平的提高，公路条件的改善，尤其是高速公路的出现和发展，对汽车在安全、环保、可靠、快速、舒适和经济等方面提出了更高的要求，促使汽车在品种、结构及性能方面越来越多样化。为适应这些变化，汽车的维修也必须相应地有一个较大的发展，以最大限度地满足社会发展的需要。

车辆在运行中，为保持其良好的技术状况，就要不断地对车辆实施各种类别的维修作业，必然要花费大量的人力、物力和财力。目前，在专业汽车运输企业中，汽车维修（包括汽车大修）费用约占运输总成本的25%左右，每辆车的年维修费达6 000～8 000元。社会非营业性运输车辆的年维修费用平均也达2 000～3 000元。按此计算，为了维持全国在用车辆的正常运行，用于车辆维修的费用约在200亿元以上（按2007年底统计的在用车数量为3 600万辆计算）。因此，如何适宜地、合理地安排和组织汽车维修生产，积极开发和采用维修新技术、新工艺、新材料，以科学发展观促进资源再利用的基础上提高维修质量，是汽车维修企业发展的重要技术措施。

第三节 汽车维修制度的变革

一、历史回顾与现状分析

我国汽车计划预防维修体系形成于20世纪50年代初。它是在学习苏联和其他欧美国家经验的基础上建立的。1954年，首次颁布了《汽车运输企业技术标准与技术经济定额》，俗称“红皮书”。这是汽车运输技术管理的法规性文件，为搞好汽车技术管理奠定了良好的基础。书中规定保养分为例保、一保和二保，共分三级，保养工艺中不含修理内容。修理分三类，即小修、中修和大修。

后来由于车源不足，资金短缺，企业无力及时更新车辆，车况逐渐变差，故障率增高，正常的保养已难以维持车辆完好率，因此在保养作业中逐渐增加了一些修理内容。随着公路运输事业的发展，20 世纪 50 年代颁发的“红皮书”已不能适应当时要求。于是，交通部于 1964 年，在原“红皮书”的基础上，吸收国内外积累的经验，重新编写和颁发了《汽车运输企业技术管理规定》和《汽车运用技术规范》两本“红皮书”，把我国的汽车维修与使用工作提高到一个新的阶段。1965 年，交通部第四次颁发了《汽车修理规程》和《汽车运用规程》，三级保养制度改为例保、一保、二保和三保四级保养制度，取消了中修。三保的周期为 40 000 ~ 48 000km，主要作业内容是总成解体、清洁、检查维修，发动机换活塞环，甚至搪缸换活塞。20 世纪 60 年代末，提出的“严格管理、合理使用、强调保养、计划修理”的十六字方针，使计划维修思想深入人心，加强了汽车保养和修理工作的计划性，降低了汽车故障频率，保证了车辆技术状况，提高了行车安全，在当时确实起到了促进公路运输发展的作用。

然而，随着科学技术的发展和汽车技术的进步，由 20 世纪 50 年代奠定、60 年代发展起来的旧的计划保修体系，到现阶段显得愈来愈不适应，也暴露出下面一些难以克服的缺陷。

（1）我国早期汽车维修的主要理论依据是磨损理论　按照零件磨损量或是使用时间函数的磨损规律曲线，安排计划预防维修周期和作业内容。其确定的原则是希望在零件极限磨损期之前对它进行维修，预防潜在的故障。但是，汽车各种零件的磨损规律不一样，极限磨损期也各不相同，强制保养必然造成某些保养作业进行过早，盲目的拆卸不仅增加作业量，而且加速了机件的磨损和损坏；还有一些项目保养推迟，丧失了“预防”的时机，增加了途中故障的频率，降低了可靠性。再者，磨损并不是汽车故障的惟一原因，诸如油路、电路故障，以及使用不当，因汽车零部件寿命引起的突然故障等，都是随机发生的，定期强制保养也难以发现。

（2）保养、修理作业重复交叉　由于缺少先进的检测手段，无法准确地判断和预测汽车的技术状况与损坏情况。对于大修以外的修理，一般是结合保养定期执行计划外小修，将一些预定计划小修项目列入保养强制执行，如更换活塞环、研磨气门、更换润滑油等。事实上这些项目是否需要执行，在很大程度上取决于材质、使用水平及车辆技术状况，强制执行必然造成超前和滞后的弊病。特别是发动机在三保时，未到极限磨损就强制搪缸，而恰好在下一个周期（5 000km）安排整车大修，发动机搪磨一次，浪费了许多剩余使用寿命。

（3）汽车保修周期和作业内容　我国汽车保修周期和作业内容基本上是根

据解放 CA10B 型载货汽车的使用经验制定的。但近几年我国汽车工业发展较快，也引进了多项先进技术，具有世界 20 世纪 70 年代末、80 年代初的水平，加速了汽车产品的升级换代，产品结构、材质、制造质量等都有了较大的提高。另外，我国汽车保有量中约 2/3 是从国外进口的汽车和引进国外技术生产的汽车，时至今日，仍然沿用老解放牌汽车的模式来指导现代汽车维修，显然不能适应。

（4）汽车大修标志的规定不合理　汽车各总成在实际使用中的磨损程度和寿命相差较大，但一般以发动机总成为主要参考对象（载货汽车）来决定是否对整车进行大修，这是非常不科学的。

20 世纪 80 年代，在总结汽车使用经验的基础上，对以往的“红皮书”作了概括和提炼，编印了《汽车运输和修理企业技术管理制度》和《汽车修理技术标准》，在全国分三个片区进行为期两年的标准验证。在此期间，提出了“科学管理、合理使用、定期保养、计划修理”的指导思想，对原十六字方针作了修改，把计划预防维修管理提高到了一个新的水平。

二、汽车维修新制度的建立

按传统的计划制度，汽车行驶到规定里程就要强制执行保养作业。但是汽车零部件的使用寿命和损坏程度参差不齐，定期保养更换零件时，必然会有部分零件还剩余相当可观的使用价值，从经济角度考虑，得不偿失。因此，惟一积极的办法应是采用先进的科学检测手段，按合理的周期对汽车性能和主要总成，使用检测诊断设备进行检测和诊断，确定需要维修的时机和作业内容。这就需要对传统的维修制度进行改革，建立定期检测、视情修理的汽车维修新制度。1990 年，交通部 13 号令发布了《汽车运输业车辆技术管理规定》（以下简称《规定》），其中确立了新的维修理念。

1. 定期检测

定期检测是科学技术进步与技术管理相结合的产物。自 20 世纪 60 年代以来，检测诊断技术日益完善，国内已开始广泛使用检测诊断设备诊断车辆的技术状况，以代替过去凭经验的落后做法。自 20 世纪 70 年代开始，研制汽车检测诊断设备，至 80 年代有计划引进检测设备，建立检测站，至今各省、自治区、直辖市交通运输部门都已建成了汽车检测站，为我国全面开展对在用车辆的定期检测打下了基础。定期检测就是通过现代化的技术手段，定期正确判断车辆的技术状况。它包含两重含义：

1）对所有在用车辆视其类型、老旧程度、使用条件及使用强度等，制定定期检测制度，使其在行驶一定里程、时间后，按时进行综合性能检测。通过这种检测，达到控制在用车辆技术状况的目的。定期检测是实现行业管理的理想手段，同时也可通过这种方法对维修车辆进行定期抽检，监督维修质量。实现定期检测最好的办法是建立综合性能检测站，由交通运输管理部门有计划地定期组织车辆到认定的检测站进行综合性能检测。

2）定期检测结合维护进行，以此确定维护附加作业项目，掌握车辆技术状况变化规律，同时通过对在用车辆的检测诊断和技术鉴定，确定车辆是否需要大修，以便实行视情修理。也就是说，只有进行这种定期检测，才能实施状态检测下的新维修制度。这就要求维修部门创造定期检测的具体条件，包括配备必要的检测设备和技术人员。

从以上含义可以看出，实行定期检测与治理是实施行业管理，提高在用车辆技术状况，保证安全生产，充分发挥车辆效能，降低汽车排放污染指数等的有效措施，对国家、单位和个人都是十分有利的。

2. 强制维护

强制维护即强制保养。过去的设备管理普遍推行的是计划预防维护制度。我国在20世纪50年代初，运输车辆就开始执行这一制度并取得显著成绩。随着科学技术的进步，现在的车辆维护，国外普遍采用状态检测下的维护制度。这一制度并未废除过去的计划预防原则，只是在这一基础上增加了状态检测的内容，以确定附加维护作业项目，也就是在执行计划维护时，结合状态检测同时进行。因此，强制维护同样是在计划预防维护的基础上进行状态检测的维护制度。所以，将过去的定期维护的提法改为强制维护，只是为了进一步强调维护的重要性，防止盲目追求眼前利益，不重视及时维护对设备进行破坏性使用的错误行为。维护与修理有着明显的界限，维护作业包括清洁、检查、补给、润滑、紧固调整等，除主要总成发生故障必须解体外，其他情况不得对其进行解体。最终的目的是逐步取消整车解体式的三级维护。

3. 视情修理

视情修理是随着检测诊断技术的发展和维修市场的变化而提出的。过去的计划修理往往由于计划不周或执行得不彻底，造成修理不及时或提前修理的情况。修理不及时的结果是车况急剧恶化，提前修理的结果会造成浪费。为了改变这种情况，将过去的计划修理改为视情修理，使之更符合我国当前的情况。这体现了技术与经济相结合的原则，也体现了维修制度的另一重大变化。但是，视情修理必须经过检测诊断和技术鉴定，而不能认为只听车辆所有者或使用者的意见，来随便确定修理时间和项目。在这里要注意的是视情修理并不是由此取消车辆的总成大修。因为车辆制造部门在设计制造汽车或总成时，往往考虑到了各部件或总成的使用寿命和它们的协调性。因而在一般情况下，只要使用部门正确掌握其维修周期，根据大修送修标志，对车辆或总成进行大修，尽管对某些部件或总成要造成提前修理，但对整体来讲，特别是减少停车损失，还是经济合理的。

新的车辆技术管理制度确立的新维修制度的核心是强制维护，定期检测，视情修理。为贯彻新的汽车维修制度，交通部又相继制定了1998年2号令《道路运输车辆维护管理规定》、JT/T 201—1995《汽车维护工艺规范》，1991 年 28 号令《汽车维修质量管理办法》、29 号令《汽车综合性能检测站管理办法》。这些都为建立新的汽车维修制度，提供了政策、法规、标准和依据，推动了汽车维修制度改革，促进了新的汽车维修制度的形成。其主要表现在以下几方面：

1）建立了汽车综合性能检测站，增强了汽车维修质量检测手段，提高了汽车综合性能检测能力。截止到 1997 年底，全国拥有汽车综合性能检测站 893 个，其中 A 级站 225 个，B 级站 451 个，C 级站 117 个，检测车 9 359 辆。这些检测站、检测车为实行新的维修制度提供了科学手段。

2）汽车维修业户积极贯彻落实国标《汽车维修业开业条件》，为搞好汽车维修制度改革，积极应用检测诊断技术，配备汽车检测诊断设备，完善质量管理机制并采用微机管理等措施，保证了维修制度改革的顺利进行，促进了行业技术进步。

3）认真贯彻落实相关的法规和标准。一方面汽车维修业户按照规范要求进行维修，确立新的进出厂过程检验的模式，保证新的维修制度的实施；另一方面积极开展汽车维修从业人员上岗培训，开展汽车二级维护作业竞赛和维修知识竞赛等活动，进行了多形式的练兵活动，不断地提高汽车维修从业人员的职业道德素质和职业技能，树立新的维修制度观念，积极投入汽车维修制度改革。

这里需要强调的是，所谓汽车维修新制度，也在随着汽车技术的进步而发生着变化，同时，随着使用人群不同和车辆的用途、使用频率、使用环境不同，其维修制度的针对性也在变化，因此，只能将汽车维修制度看做是一种基本指导性概念。

思考题

1. 通过对我国汽车维修企业发展历史、现状、趋势的介绍，你认为汽车维修企业的服务对象应该是什么？

2. 什么叫“视情修理”，根据其内容企业作业程序应如何改进？

3. 什么叫“不解体检测”？

4. 现代汽车维修业与传统维修业对从业者的要求有哪些变化？

第二章　前期可行性分析

改革开放以来，汽车维修行业基本呈粗放型发展。进入20世纪90年代后，维修行业的发展逐渐从粗放型向集约型转变。目前，汽车维修行业正朝着经营规模化、技术先进化、维修专业化、管理现代化的方向发展，汽车维修行业正成为一个新的重要经济增长点，越来越强劲地吸引社会各方面的资金，越来越多的投资者选择维修行业作为经营发展的柱石。但是，作为投资热点的维修行业投资状况究竟怎么样呢？

据不完全的统计，在全国几十万家汽车修理企业中，每年会有上万家关、停、并、转，但是同时又会有更多新的维修企业诞生。在新建汽车维修企业当中，只有很少一部分在较短的时间内盈利，绝大部分在投资后两年内，处于持平甚至亏损状态。在美国，汽车售后服务是仅次于餐饮业的第二大的黄金产业，汽车维修业的平均利润率为27%。通过对照可以看出我国汽车维修业的差距，究其原因，重要一条是没有尊重客观规律，没有按相关程序办事，没有对投资项目进行足够的可行性分析，结果导致从一开始经营至经营的整个过程出现危机。比如，有的维修企业虽然车源较广，周边维修企业分布也不会对其构成强烈竞争势头，但是在经营档次、投资规模、配件渠道等方面，没有进行全面的可行性分析，致使投资后经济效益不佳；有的维修企业虽然投资规模适当、配件渠道畅通、经营档次合理，但是未对车源状况及周边维修企业进行科学分析，投资建厂后时间不长，被迫停产、转让。如此等等，都是因为没有做好前期工作，缺乏认真的可行性研究。

有这么一个成功例子，在我国电视机生产企业还不发达时，日本电视机曾经一度占领中国市场。当时日本电视机厂商之所以会那么成功，和他们事先所作的详细调查是分不开的。在经过明明白白的调查研究之后，他们又制定了相当明确的产品策略：

1）中国电压系统与日本不同，必须将110V改为220V。

2）中国若干地区目前电力不稳，电视机要有稳压装置。

3）要适应中国频道情况。

4）为适应中国人消费习惯，电视机耗电量要低，音量要大。

5）根据中国居民住房情况，应以12in（英寸）为主。

6）要提供质量保证和修理服务。

7）考虑到暂时尚无竞争，日本电视机价格可比中国电视机高。

看了这份市场产品策略就会发现，日本人当时的成功是建立在调查后“明白”基础上的。如果当时日本厂商不问青红皂白，就稀里糊涂地把日本电视机搬到中国来，那恐怕就打不开市场了。

可行性研究是目前国际上确定投资时普遍采用的方法，被视为企业投资前期阶段的一个重要程序和投资决策的依据，被称为“决定投资建厂命运的关键”。因此，只有经过可行性研究，认为可行的项目才能按照规程进行开发、建设，否则就没有明确的市场定位。新建汽车维修企业，在投资建厂前，只有对拟建企业进行全面技术经济研究，综合多种科学方法和手段对技术、经济和财务进行分析研究，对车源分布、周边维修企业分布状况、经营档次、投资分析、配件渠道、回报率等有关因素调查研究、分析计算，论证各种方案的技术、经济可行性，选择最优方案，为投资决策提供科学依据，才能避免投资决策的盲目性，减少失误，使有限的资金得到合理利用，获得最佳经济效益。所以，“可行性研究”已被公认为保证发挥投资效果的重要一环。

目前有一种现象，有的新建维修企业把可行性研究简单化了，不作具体调查，不作深入细致的研究工作。为了争取投资建厂，随便找些人按照自己的框框，拼凑出所谓的“可行性研究”报告，把投资建厂的效益描绘得十分美好。这种粗制滥造，不切合实际的“可行性研究”报告，或者省去“可行性研究”都是不可行的，只会给企业带来损失。

可行性研究报告是进行科学决策的一个重要手段。通过可行性分析，找出市场的切入点，是企业生存和发展的可行性依据，是为了避免盲目决策和避免由此带来的不必要的损失。它是一项对投资建设有关各种因素进行全面分析研究的复杂工作，需花费必要的时间、人力、物力、财力，决不是几个人随便拍拍脑袋可以编出来的，而且越是大的投资越是如此。

投资的目的是为满足市场需要并获得尽可能大的经济效益。但影响经济效益的因素错综复杂，并受客观规律的制约，是不以人们的主观意志为转移的。因此，必须深入调查研究，广泛收集资料，进行客观的、科学的技术经济分析评价，从技术（先进性、适用性、可靠性）、经济（合理性、盈利性）方面实事求是地论证投资项目是否可行，找出市场切入点，这项工作就是可行性研究。

我国企业与国外企业的差距，在于在计划实施任何一个项目前，缺乏真实的可行性分析，大多数凭经验、凭感觉，甚至道听途说。曾经有一个有名的合资公司，看到国内有这么多汽车维修及相关企业，感觉他们对管理软件的需求可能很大，事前并未对国内市场已有的同类管理软件销售情况及需求情况作认真调查与分析，盲目引进国外的管理软件，而且没有进行本地化。结果由于价格太高，与国情差距较大，销售艰难。他们的失误根本上就在于没有作详细的、真实的可行性分析。国外的东西再好、再先进，也必须与国情相结合，有时太超前了也未必是好事。

可行性研究报告一般起到以下作用:

1）作为进行投资决策、编制和审批设计任务书的依据。

2）作为筹措资金和向银行申请贷款的重要依据。

3）作为与投资有关部门签订合同、协作合同或协议的依据。

4）作为投资建厂初步设计的基础。

5）作为编制采用新技术、新设备研制计划的依据。

6）作为大型专用设备预先定货的依据。

7）作为引进先进技术、引进先进设备与厂商谈判签约的依据。

对可行性项目进行分析时，需要收集、整理、处理大量的市场信息，包括企业内外与经营活动有关的质和量的信息，从而为经营决策提供依据。

对市场信息可按以下步骤进行:

1）收集信息。信息来源包括行业管理部门统计资料、网上查询、客户群体调查、市场调查、相关媒体、行业协会等。

2）整理信息。市场是变化的，对市场信息也要进行动态分析。对收集信息的有效性、时效性、可靠性进行考察评估。剔除无效、过时、不可靠的信息，保证市场信息的质和量。

笔者曾经对20世纪90年代以后，亲自参与策划筹建的分布在全国各地的15个汽车修理企业进行过跟踪调查，其中一类企业占90%，到目前为止还在继续经营或经营比较好的仅占15%。

为什么失败的较多？主要是盲目性较大，对维修行业发展的整体情况不了解，对市场状况不了解，很少考虑市场需求。市场需求是什么？有什么要求？今后会发展成什么样？某种车型的技术稳定性如何。销售情况如何？售后服务系统是否健全？甚至要了解汽车生产厂家的可靠性如何。缺乏可行性分析，只是根据投资者提供的设想，拿钱出来，按照管理教材的模式去照搬，或者根本就是异想天开，一厢情愿。对于维修设备也是如此，要建什么级别的厂，便按照行业开业条件去采购设备，据了解，有的汽车修理厂的有些设备，从开业至今从没用过。实践告诉我们，像这样的厂子，几乎百分之百寿命不长，与市场需求相差太远或跟不上市场变化，最终被市场淘汰。再者，新建汽车修理企业的一方，往往重视可行性报告中可行的部分，对不可行或不利因素几乎没有考虑或考虑甚少，即使考虑到不利因素，也被一些主观想像所否定。在这种观念下产生的企业是相当脆弱的。

因此，我们这里强调对新建汽车修理企业的可行性项目进行“再分析”。注意，这种提法并不科学，也不符合逻辑性，但目的是强调可行性分析的真实性与科学性。“再分析”指的是对可行性报告的不利因素进行更全面和更详尽的分析，是至关重要的第一步。往往投资者、主办者一旦有意创办汽修企业时，对成功的因素考虑较多，而对不利的因素考虑较少。其实，只要可行性高于60%即可实施。这又是为什么呢？我们一方面提倡可行性的全面性、翔实性，另一方面为什么只要有60%的可行性即可去实施呢？因为现代社会是一个信息时代，任何投资、任何项目都有一定的风险性，往往风险越大的项目利润越高。而当我们对一个项目的考察有了百分之百的把握，即将实施时，也有可能就已经开始失败了。虽然汽修企业与信息产业相距甚远，但这个时代人们的思想异常活跃与开阔，凡是我们能想到的，别人也可能想到，无非是时间早晚而已。所以40%的风险是值得一冒的，只是看我们如何操作。但无论时机多么紧迫，可行性分析是必不可少的。其全过程是一个非常科学、非常系统化、非常严谨、非常负责任的系统工程，因而在进行可行性分析时，必须相对全面可靠、具有真实性。

可行性分析工作是前期管理的一项非常具有挑战性和成就性的工作。可行性分析有两种方法：定性方法与定量方法。定性方法是利用判断、经验、知觉及其他难以量化的因素对目标进行分析；定量方法是利用影响企业运转的主要因素进行数字化分析，来推断事物发展的趋势。然后，再将定性分析与定量分析进行综合分析，得出相对符合客观发展规律的答案。当然，不可能存在任何情况下都适用的分析方法，因为客观世界的变化规律是很难做到有百分之百把握的。我们只是强调任何一个成功的企业，没有不经过前期可行性分析的，可行性分析是立项的必要组成部分。但在实际运用过程中，必要的监控是保证成功的重要手段，这个问题将在实际运营操作章节中阐述。

汽车维修企业可行性的再分析可分为如下七个内容：车源分布（含车型保有量）、周边维修企业分布状况、经营档次、经营特色、投资分析、配件渠道、回报率。由于篇幅所限，我们只对其中几个部分作详尽阐述，其余只作一般概述。

第一节 车源分析与周边维修企业分析

汽车维修企业的可行性分析至关重要的是分析市场的基本需求。需求决定企业的生存，而需求的份额又决定了企业的发展。这里的需求就是车源。份额是指这部分车源能保持多久，是否能够扩大，企业外部环境具有什么样的竞争力。

一、车源分析（含车型保有量）

车源是新建汽车维修企业首先要考虑的问题，它关系到企业的生存与发展。如果企业开张之初，单纯想依靠实力（宣传、硬件、软件等）拉来车源，或者对某种车型的销售情况缺乏冷静的预测，如果没有强大的资金支持，企业初期会很艰难的。由于这个行业还处在发展初期，客户群也在发生巨大的转型，市场竞争不规范，尤其目前国内汽车销售市场价格非常不稳定，国内汽车生产厂家也不稳定，造成产品技术不稳定，老百姓持币待望。因而车源是一个非常复杂的、不稳定的，而且是最主要的影响因素。它不是单纯依靠某一方面的优势就能解决的问题。企业创建初期，不可能同时具备各方面的综合优势，因此为了保证企业的生存，就必须在建厂初期对车源作详细的分析及预测。

根据经验与调查分析，首先至少要对厂址周围5～10km（经验数字）以内企业、个人的车型和数量作出大概的数字统计报告；对某种车型的销售情况作出较科学的预测。这些是日后企业业务范围拓展的对象。它们的经济、经营状况，以及对维修费用的偿付能力，将影响日后经营风险的比率。其次，投资方自身所带的车源数量，以及这些车辆的车型、使用年限、日常使用及维修保养，要有一个准确的书面记录，这些车源将是企业建立初期的主要支柱。另外，如果根据调研找出市场的切入点，比如建立特约维修站（必须有销售权，前期依靠卖车赚取利润），或者创办与之相关的俱乐部、汽车租赁、救援、汽车旅馆等也不失为一种潜在的车源。

1992年初，某部委行管司以肥水不外流的主导思想，投资600万元建了一个一类汽车修理厂。当时，该部委共有大小车辆400余台，年维修额1 000余万元以上。以这个数字来预测这个维修企业不仅可以生存，而且会有盈利。该部委还为此向所属机关下达了红头文件，指令部属所有车辆必须送到该修理厂进行维修保养作业。开始一两年还可以，两年以后，由于机制的改革，市场竞争机制的冲击，部属各单位为降低成本，修车逐渐另选他家，致使该汽车维修厂车源逐月下降。四年后，由于过分依赖行政命令，忽视市场运作，最终导致破产。

1995年湖北省襄樊市某局出资，将原车队改造为汽车修理厂，当时的主导思想是依靠全局700余台大小车辆为主。由于我的参与和据理阐述，该企业领导层淡化了对行政命令的依赖，强化了市场的运作（包括增加投资、提高设备档次、引进高级技术人才），不但吸引了大量社会车辆，而且保住了该局所属的大部分车源，目前该企业已成为市级、省级先进企业。

对潜在的汽车购买力市场，也要有一个大概的预测。主要包括：该地区的发展趋势、规划、居民收入层次、地区招商形式、道路发展趋势、有形市场（汽车交易市场）及无形市场（电子商务）规模等。这些都将成为企业今后发展的依据。

二、周边维修企业状况分析

新建汽车修理企业，在对车源状况进行了可行性分析之后，务必对周边维修企业分布状况进行周密分析。经营者投资之后制定经营战略的实质，就是要获取相对于竞争对手的持久的竞争实力地位和竞争优势。要达到这一目的，就必须对竞争对手进行分析，做到“知己知彼，百战不殆”。对于维修行业内竞争对象，尤其是周边维修企业，了解其优势，找出市场缺口，开发创造自身潜力，才能保证投资顺利回收，资金的价值才能得到最大限度的发挥。周边维修企业状况，应当做为经营者投资时的最重要参考依据。对这方面的分析，主要包括以下四个方面：

（1）周边维修企业的长期目标和战略分析　主要分析周边维修企业的业务结构、主要客户群体、市场地位和组织结构，以便从中掌握竞争对手的战略方向、市场布局、竞争地位，以及组织结构体现出的战略重点。

（2）技术经济实力和能力的分析　主要是对周边维修企业的维修质量，最新业务开发项目、技术储备、设备先进程度、技术人员的素质和数量，业务开发人员的素质和经验，营销组织和跟踪服务体系等进行分析，以掌握竞争对手的维修技术水平、经营能力、营销能力及生产效益。

（3）经营状况　分析周边维修企业的投资状况、经营规模、经营特色、生产效益、维修车型及潜在的经营危机，从而找到经营的差异性，找到市场突破口，确定自身经营策略。

（4）领导者和管理背景分析　主要分析周边维修企业的最高主管人员的素质和能力，以及其社会关系、管理阶层的素质和能力、管理方式和竞争方式。

（5）社会资源、土地、建筑成本分析　投资兴办企业，尤其是汽车维修企业，“社会资源”的合理利用与开发，是新建企业的前期运作必不可少的有利条件。所谓“社会资源”，实际上是企业投资者、管理者与方方面面的关系及与职能部门的上通下达。

对土地的购置、租赁费，基建成本或是整体租赁完整企业，其成本值，必须放在首位考虑，因为这部分费用是成本的重要组成部分，直接影响到经营风险。当然，进行综合分析后，费用越低越好。

这里需要说明的是，并不是企业场地面积越大越好。合理利用场地，让最小的场地发挥最大的经济效益，这才是企业选择方向。目前我国维修企业大部分在进行经济效益分析时，经常用的标准是人均年产值。人均年产值高的企业就是效益好的企业。但我认为这并不完全体现该企业经济效益的真实性。土地是一个巨大的资产，如果将每平方米的产值，每个工位的产值与之人均产值三者相比，才是评定企业效益的最佳标准。在我国，土地资源的浪费是个巨大的资源浪费。国外一些汽车修理企业规模都很小，场地小、停车位少，但效益非常好。重要的是采取各种措施，提高在厂进行修理作业的汽车在工位上的循环速度，即减少在修周期。待修车进厂即上工位，修竣后即刻通知客户提车，充分发挥维修工位及停车位的效益。根据多年的考核经验，不管汽车维修企业规模大小，如果在行业准入标准的人员及场地配置的情况下，维修车辆价值在10万~20万元之间平均一个汽车工位面积（企业的全部面积进行平均）每天如果有4 000~6 000元人民币的产值，该企业基本为健康企业。低于这个标准的一般为不良企业。

为了比较精确地对周边维修企业的状况进行分析，不妨将市场调研各项目量化，采用打分制（见表2-1），根据每个项目的具体情况，给出0～100的得分，然后根据分析的需要进行汇总。

表2-1　调研项目及得分

调研项目	项目说明	得　分
企业类别	一、二、三类企业及专修店	
生产效益	从时常占有率、人均产值等多方面分析	
经营规模	综合经营能力强弱	
服务水平	管理体制是否健全，综合服务水平如何	
管理背景	主管是否依托其社会关系拉客户，是否长期稳定	
技术实力	技术人员数量，能否适应新技术挑战	
维修设备	设备能否满足维修需求，折旧率	
车源状况	客户群体是否单一或稳定	
主要车型	维修车型及其专业化程度	
经营特色	该特色能否长期吸引客户	

在对周边维修企业进行市场分析的时候，对每一个维修企业都做出以上这样一个市场分析表。在作出投资决策和经营决策的时候，只要将这些量化了的项目进行横向和纵向比较，投资者即可非常清楚地知道该怎么作出投资或经营决策。对周边每个维修企业都要进行调研，做出以上表格，将所有项目的总体得分再次汇总，除以项目总数，即可得到平均分。如果平均分高于60分，那么即可在此投资经营，如果平均分低于60分，则不宜在此投资。

如果周边维修企业数量较多，而且生产效益都较好，实力比较雄厚，车源相对稳定，而且被现有市场的维修企业所垄断，那么就应该重新选址。一个企业刚进入市场，就用有限的力量去应付强手如林的竞争局面，必定要付出巨大代价，而且投资也难以保证顺利回收。投资者应当做出明智决策，选择容易切入市场的地理位置。

当然也有例外。比如利用现有的已经形成的集中的维修市场效应，依靠自身优势或者独特的经营策略，在市场中占领一席之地。这种集中的维修市场企业大多是品牌经营、规模经营、特色经营或者像集贸市场一样利用比较效应。

周边维修企业，即我们的竞争对手的能力是参差不齐的。任何企业，无论其规模大小、能力强弱，都不能包吃天下。市场的需求是丰富多彩的，任何地方都存在商机。市场对企业来讲机会很多，但不是所有的机会都是你的，而真正属于你的是那些适合企业特点的。关键要看投资经营者如何对周边维修企业状况进行科学分析，找到潜在的商机。

如果投资者经过市场分析，决定在某处投资，那么如何利用以上这个市场分析表，作出投资决策呢？首先要确定竞争范围。选好了竞争范围，实际上就是找准了市场突破口。上面表格中的每一个项目都可以成为投资者所选择的市场突破口。如果将每个企业的单个项目得分汇总，再除以企业总数，即可知道该地区在某个项目上的平均水平，如该地区的技术水平、服务水平、规模状况等。哪个项目的平均分比较低，即可将此项目作为投资经营者的竞争范围或市场突破口。

需要注意的是，分析市场不能只注意表面现象，市场状况无时无刻不在变化。在对周边维修企业状况进行分析时，一定要注意对潜在市场的分析，对各项目前状况进行市场预测。

确定了竞争范围，下一步就是要确定竞争对象。竞争对象就是那些在竞争范围内的某些特定项目上实力相对雄厚的企业。找准了竞争对象，就要和它们展开竞争。需要注意的是：竞争并不一定非要是全方位的竞争，要根据自身企业实际情况，确定竞争要素。

确定竞争要素，一定要全面参考行业动态、市场行情及自身企业实情。企业能力分析需要注意以下几个问题：

1）不要仿效周边维修企业的经营模式，最好能别具一格。

2）在自身资金实力不够的情况下，应当采用低成本战略法。可以从优化业务流程、加快维修速度、削减管理费用、配件低价供应等多方面入手。当维修费用相当于或低于周边维修企业时，低成本就会转化为高收益。需要引起注意的是：任何做法都具有双重性，过分地求低成本会影响质量与效益，因而低成本运作是建立在保证最终维修质量与服务质量基础之上的。低成本运作是一种内部整合的手段，而不是一种目的。具有远见的企业并不是简单地追求成本最小化，而是通过流程和组织的创新，以及不断的改进来获得竞争优势。

3）竞争的目的不是为了挤垮竞争对手，而是为了更好地为客户服务。只有树立了这种服务意识，新建汽修厂才能长期产生良好的经济效益和社会效益。

周边维修企业状况作为投资者首要考虑问题。只有对其进行周详的市场调研，得到准确和科学的信息，在作出投资决策时才有章可循，使新建汽修厂在进入市场之后，才能争取到主动地位，从而资金得到顺利回收。

第二节　经营特色分析

一个新建的汽车维修企业，如果采用通用策略进行一般化经营，在饱和的维修市场中，面对激烈的市场竞争，必将是步履维艰，处处碰壁，再雄厚的经济实力也会消耗殆尽。要想在市场中挤出一个位置，找到立足点，找到自己的生存空间，必须具备独一无二的经营特色。

新建汽修厂究竟如何去塑造自己的经营特色，才能在进入市场之后迅速创造良好的经济效益，从而保证投资能够顺利回收？这就要采用经营特色战略法。

经营特色战略法是通过使企业的维修或服务具有与众不同的特点来吸引客户，从而获得市场竞争中的主动地位的经营战略。采用经营特色战略法的好处是：这种经营特色一旦建立起来，就具有很强的竞争力。因为它能博得客户的信任，满足客户需要，所以就能比较长远地树立其优势地位而不被其他企业所代替。尤其是这些经营特色，往往与企业的大小没有直接关系，小企业可以在市场上同大企业展开竞争。

经营特色的塑造可以从维修质量、技术素质、检修速度、服务水平、生产管理、品牌维修、专项维修等多方位、多角度开发，而使其在行业中独树一帜，成为与众不同的、能够满足客户需求的专业典型。塑造经营特色一般要以成本提高为代价，如：品牌专业维修、高级设备购置、特种经营服务、配件高效供应、客户附加服务、专业人才聘用等，都需要比同行业竞争对手付出更大的成本。对于采用经营特色战略法的新建汽修厂来说，处理好经营特色与成本之间的关系是投资成功的关键。

正确处理好经营特色与成本之间的关系必须以下面三个因素为基础：

1）企业的经营能力。这是指企业能否在激烈的竞争中长期保持住自己的经营特色。市场是不停变化的，新建汽修厂付出巨大代价塑造的经营特色往往会成为多家行业对手仿效的对象。新建汽修厂务必做到人无我有，人有我新，人新我变。

2）成本差距。在与其他企业相比成本差距太大时，客户就有可能放弃特色因素而重视价格。

3）市场的发展状况。一般来说，当维修技术或服务水平达到成熟阶段，客户对企业的经营特色兴趣降低而转向低价的维修服务。目前，价格竞争是谁也绕不过去的一个结，它是决定客户取舍的重要因素。

投资经营者在对行业发展状况、周边维修企业分布状况、车源分布、经营档次进行了认真调研和科学分析之后，必须选择切实有效的经营特色。经营特色的选择是投资经营的战略核心问题，这是一件极其重要而又非常困难的管理任务，应当遵循一定的程序，下面对制定经营特色战略的主要环节进行简要说明。

1. 问题的提出和目标的确定

1）投资兴建的是一个什么样的维修企业。

2）尽量找出我们能够做到而没有做到的地方（找差距）。

3）分析自己企业的客户群的特点（私车与公车比例、车种、档次等）。

4）客户需要的是什么。

5）分析主要竞争对手的优劣势。

6）哪个细分市场是最有发展前途的、是适合塑造经营特色的市场。对这些进行系统分析，摆脱行业发展现状的束缚，充分发挥创造能力。

2. 战略分析

（1）市场细分　根据车源状况、客户需求特点，结合企业优势，确定目标特色。

对市场进行细分，将企业有限的资源集中于一个确定的目标市场，作为进一步发展的跳板。这是企业营销战略的明智之举，也是希望所在。如果把力量分散，则无力与其他企业抗衡，更不能与其他企业竞争。因此，大营销的观念主张集中优势力量，找准市场切入点，找到企业进入大市场的突破口。可以说，找准了市场切入点，企业就迈出了成功的关键第一步。

对市场进行细分的作用如下：

1）有利于企业分析、发现新的市场机遇。通过市场细分，企业可以对每个细分市场进行了解，掌握在不同市场中客户的需要，从中发现各细分市场的消费者的满足程度，即哪些客户需要已获得满足，哪些需要未满足。同时，分析和比较在不同细分市场中，竞争者的行销状况，着眼于未满足的需要，而竞争对手又较弱的细分市场，寻找有利的市场行销时机，开拓新市场。

2）有利于提高企业的应变能力。通过市场细分，明确了企业的服务对象，这样就比较容易了解客户的需要的变化情况。一旦市场情况发生变化，其情报就可以及时地反馈到企业的有关部门，便于企业及时调整生产和经营策略。

3）有利于小企业集中资源，取得较大经济效益。因为企业面临的市场是非常广泛的，这个大市场的需要是形形色色的，而企业的人、财、物等资源却是有限的。企业若想发挥这有限资源的作用，必须在大市场中选定一个适合于本企业优势的目标市场，这样才能发挥资源的作用。

4）有利于企业深入研究潜在需要，不断开发新服务产品。细分市场的结果使企业的目标更加明确，使企业的注意力集中在目标市场上。这样容易掌握客户需要变化情况，不仅可以根据细分市场的现实需求组织生产，而且可发现客户的潜在需求，开发新产品，以满足客户不断变化的需要。

（2）行业组织分析　对维修行业集中度、企业之间的差别、行业壁垒进行深入分析。

（3）同行竞争对手分析　包括竞争对手的长期目标和战略、技术经济实力和经营能力、领导者和管理背景。

3. 战略选择

（1）专一化战略　主攻某个特殊的细分市场，如品牌特约维修，或某一专业、专项修理。这一战略依据的前提是：企业经营业务的专一化能够以更高的效率、更好的效果为某一狭窄的战略对象服务，从而在某一方面或某一点上超过那些有较宽业务范围的竞争对手。某汽修厂建厂初期的市场定位是高新技术的维修，但是由于技术实力不够，经济实力也不雄厚，附近一些厂家也都是维修高级轿车的。该厂在修过几次自动变速器后，发现在自动变速器的维修方面，比附近汽修厂略有优势。经过市场调研、科学分析，该企业决定集中技术力量和资金搞自动变速器维修技术攻关，并以此作为经营特色。此举满足了客户需要，提高了服务质量，优化配置了技术资源和流动资金，经济效益迅速得到提高。

（2）差别化战略　这种战略就是使企业在维修行业中别具一格，具有独特性。并且利用有意识形成的差别化，建立起差别竞争优势。实现差别化战略可以有多种方式。树立企业形象，设计最优化的修理工艺，在对客户服务上别具一格，采用“四位一体”甚至连锁经营服务模式等。尽管追求差别化需要增加成本，但是可以通过利用差别化带来的边际利润来补偿。某私营企业，技术人员中85%是大学生，他们组织了共青团支部，创造了富有生机的群体动力。他们将板报办在厂区的客户通道附近，展现了很高的思想素质和专业素质，给来厂修车的每一位客户留下了良好的企业形象。同时，该企业为急于用车的客户提供费用很低的代用车，并设置了客户自修车间。在客户自助车间的高新技术工位上，那些对高科技维修感兴趣的客户可以自己动手，过一过汽车医生的瘾。该企业的欣欣向荣，与这种差别化优势是分不开的。

经营特色是维修企业经营发展的方向，是企业强大活力的因素。经营特色的塑造是规划企业经营的方法，是企业生存的命脉。新建汽车维修企业，投资前，对市场行情、车源分布、经营档次务必进行科学考察，作出经营特色战略的准确决策，企业才能有可持续发展的源动力。

一、经营档次（经营模式）的确立

这里所说的经营档次、经营模式，实际上是企业的经营定位。经营定位有两方面的含义：一是企业在汽车流通领域中的定位；二是将企业办成一个什么样的企业，或是说将来想办成一个什么样的企业，现在先办成什么样的企业。第一方面是已经客观存在的，那是经济学家研究的问题；第二方面才是经营者考虑的问题。目前国内汽车维修企业大约有这么几种形式：四位一体、三位一体、单一特约维修（品牌专修）、多品牌特约、品牌专修（非特约）、专项修理（事故车、自动变速器专修）、杂款车修理、路边店（快修、急修）、连锁店。以上这些形式各有所长，哪种类型更适合，要具体情况具体分析，很难说哪种类型能生存，哪种类型有发展。因为决定生存与发展不在于形式，而在于其内涵是否与市场经济发展相适应。

中国市场的广度、地域差异、车型多样化等具体要素，决定了需要多元的经营模式，这就是我国汽修行业的现状。在这里需要提醒大家的是：随着改革开放的进一步深化，国外的一些新的经营模式也传入我国，如品牌店、三位/四位一体店、连锁店等这些新的经营模式，给我国维修企业带来了先进经营管理模式，是非常值得借鉴的，但千万不能照搬，一定要结合我国的国情，结合本企业能力，结合本地区市场特点及需求。

下面对目前热点的4S店和汽修连锁店简单谈一点看法。4S叫法是根据英文以S打头的4个词组的省略语。它们分别代表的是：整车销售（Sales）；零配件供应（Spare parts）；维修保养（Service）；系统信息反馈（System of information feed-back）。如果加上二手车交易（Second-hand）就是所谓5S。可笑的是一些经营者自己都不知道以上内容。

目前4S店已经成了城市、行业一道亮丽的风景线。不得不承认这些4S店的崛起，极大地推动了国内汽车维修行业的整体素质的提高，他们为国内汽车维修行业带来了一种崭新的经营与管理模式，以及全新的服务理念，使传统的汽车维修企业经营与管理遭遇了前所未有的震撼与冲击。4S店的开办必须遵照整车厂的一整套科学的服务准则及行为规范。这些程序的形成正是来自国外上百年的经营理念。4S店又是第一次将销售理念引进汽车维修企业，这其中的精髓正是国内汽车维修企业正在学习和要学习的。

一般4S店的投资少则上千万元，多则上亿元人民币，因而回报周期较长。前期回报主要依靠汽车销售。据调查，目前国内大多数4S店，除汽车销售、维修保养外，其他功能开展得很少，名不副实的多。很多4S店的经营完全依仗整车销售，或者更确切地说，更多是依仗汽车维修市场的不成熟、不诚信环境。4S店由于是舶来物，也存在水土不服的问题，同时受整车厂的销售和服务执行能力影响较大。另外从综合技术上来讲，由于维修的车型较单一，其他车型及相关的信息相对较封闭，所以对一些复杂的、比较性的或系统性故障诊断能力相对较弱；由于企业规模相对较大，部门多、人员多，问题就会较多，问题多，管理难度就大。我国的汽车维修企业还处在发展初期阶段，管理上的特点是：管理阶位越高，越缺乏学习意识。对客户而言，企业规模大、部门多时，对服务承诺出现的问题的解决周期相对较长，客户满意度降低。我曾经听到有这么一种说法：在中国建一所4S店，赚取的利润相当于在国外建一所店的5倍。这句话是否可靠暂且不去追究，但这其中的指向的确令人深思。所以，我想表达的另一层意思是，4S店在我国汽车维修行业能够大行其道，有着极其特殊的环境、因素、条件等，这种现象非常值得专业人员来研究。

在今后逐渐完善的汽车维修市场中，单靠强大的资金流，是不能保证获得真正意义上的效益，而真正意义上的品牌，应当是活在客户心中的一种**消费情结**。这种情结不是外在环境强加给客户的，也不是企业强加给客户的，而是客户在不断的消费过程中，自觉不自觉地积聚起来的，**而打动客户聚集这种情结的不是企**

业，而是服务、是文化、是享受、是实际使用价值到心灵感悟价值的升华。

我个人认为建4S店是一件好事，但一定要慎之又慎。

由于汽车技术的发展，正在极大地促使汽车维修技术与制度以及企业发生着巨大的变革。汽车维修行业从来没有像今天面临着这么大的冲击。以往的汽车维修企业模式已难以适应和应对以上所提到的任何一项技术，汽车维修技术已逐渐脱离完全的凭传统经验为主的修理方式，而是越来越依靠高新技术、电脑诊断与数据分析。对技术人员的要求，也从以往的只掌握单一科目，过渡到机电一体化综合素质很强的层面。由于汽车技术的发展，汽车维护也从陈旧的计划保修体系（保养、修理重复交叉作业），逐渐过渡到定期检测、强制维护、视情修理，重在检查与维护（养护）的新的维修制度。随之而来的是维护制度的变革又推动维护设备的发展，汽车维修设备也从以修理为主的设备，发展到以养护、检测、诊断为主的设备，并且这些设备也越来越朝着仪器仪表电子化、检测电脑化、测试过程自动化、测试记录完整化、测试项目系统化、测试功能双向化、检测数据再现化、结果分析智能化的方向发展。

纵观历史上几次大的产业革命，都会发现技术的进步在改变着生产方式的同时，无一例外地也改变着人们的消费方式、生活方式、思维方式。面对汽车工业技术革命与发展，汽车维修企业同样承受着巨大变革的冲击，这种变革也同样影响着客户消费理念的转变，反过来消费理念的转变也促进着经营理念的转变，维修企业到了对传统的作业流程非改不可的时候。

面对汽车维修技术与制度的变革，我们的企业应该看到以往的维修模式已不再适应社会的需要，已无法应对激烈竞争的市场机制，必须创建一种新的模式、新的体系。

许多先进的全新的经营理念、管理模式同样冲击着国内落后的汽修企业。那些传统的经营理念与管理模式受到如此强大的冲击，令很多企业深感力不从心。这些新的经营理念与管理模式是大量的知识与经验的积累、是时间与科学的总结、是在优秀企业员工素质基础之上与实践的结合，因而无论是在时间上，还是在体制机制上，没有脱胎换骨的决心同样是难以应对变革的。

就国内汽车维修市场而言，汽车维修企业总量严重供大于求，加之入世后外资企业的冲击，竞争会异常激烈，企业都在寻求生存之路。由于汽车高新技术的发展使得汽车大修和中修作业越来越少，因而由对汽车的事后维修逐渐转向了事前养护。从而促使业务流程简化，具有快速便捷、布局合理特点的汽修连锁店依托成熟的品牌以及便捷、便利的营销模式悄然兴起，这是竞争的产物，也是市场的需求。有限的市场，无限的竞争，谁能分得这块蛋糕，并享受这块蛋糕，那就需看谁能顺应市场需求而进行变革。

其实汽修连锁经营并不是我们的独创，国外早在20年前就有非常成熟的经验，只不过近几年，随着汽车交易市场对外的开放，这一售后服务模式才逐步引入我国，比如三位一体店、四位一体店或特约维修店，都是一种连锁模式。还有一些为了卖汽车相关产品的连锁店，如卖轮胎的快速换胎店、卖养护品的快速养护店、卖油品的快速换油店。或者综合类汽车用品、饰品经营店铺，还有一些以清洗、美容汽车为主的维修服务的店面。

遗憾的是，到目前为止，单以汽车维修保养为主经营的连锁店，很少有成功的案例。究其原因，我认为，经营汽车维修连锁店，首先应明确连锁经营的目的是什么，然后再来研究连锁经营的模式。目前大量的企业在投入连锁经营后不可避免失败的结局，就是没有搞清楚连锁经营的目的，他们更多是为连锁而连锁，从而忽略了连锁经营的目的是最终为车主提供便捷、便利、廉价的服务，也就是说，考核一个连锁公司或者品牌，并不只是以具有多少个店铺为惟一标准。正是由于对连锁经营认识的不同，也就决定了连锁经营的成功与失败。

连锁经营是指经营同类商品或服务的若干个店铺，以一定的形式组成一个联合体，在整体规划下进行专业化分工，并在分工基础上实施集中化管理，使复杂的商业服务活动简单化，以获取规模效益。

连锁经营包括三种形式：自由连锁、特许经营及直营连锁。

（1）自由连锁　也称自愿连锁，连锁公司的店铺均为独立法人，各自的资产所有权关系不变，在公司总部的指导下共同经营。各成员店使用共同的店名，与总部订立有关购、销、宣传等方面的合同，并按合同开展经营活动。在合同规定的范围之外，各成员店可以自由活动，因而随意性较强。根据自愿原则，各成员店可以自由加入连锁体系，也可自由退出。

（2）特许经营　是指特许者将自己所拥有的商标、商号、产品、专利和专有技术经营模式等，以特许经营合同的形式授予被特许者使用，被特许者按合同规定，在特许者统一的业务模式下从事经营活动，并向特许者支付相应的费用。由于特许企业的存在形式具有连锁经营的统一形象、统一管理等基本特征，因此也称之为特许连锁。

（3）直营连锁　是指连锁公司的店铺均由公司总部全资或控股开设，在总部的直接领导下统一经营，总部对各店铺实施人、财、物及商流、物流、信息流等方面的统一管理。直营连锁作为大资本运作，利用连锁组织集中管理，合理布局的特点，充分发挥规模效应。

其次，弄明白汽修连锁经营的特殊性。汽修连锁经营模式一般是从直营开始，逐渐成熟后再发展自由加盟与特许加盟。

据报载，在美国近几年汽车专业化的养护业态中，连锁经营已成为主要的发展形式。美国是汽车最发达的国家，也是汽车服务发展最完善的国家。从调查数据看，美国现在汽车保有量为2亿台，而且车型跨度大，车型繁杂，其中日本车占50%，美国车占30%，其他车型占20%。这些市场的现实状况，都促使美国的汽车服务业走向多元化，其中专业化的汽车维修连锁网络的飞速发展，已逐步成为了美国汽车售后服务市场的主导力量。

1980年至1990年十年间，美国的汽车维修厂减少了1.5万家，配有汽车维修设施的加油站减少了4万家，新车特约经销店也减少了0.5万家，但是制动器和消声器等专业维修中心和换油中心反而增加了1.7万家。1985年至1995年，是汽车快速养护中心快速增长的十年，仅专业化汽车养护中心就增加到了1万家，到2001年6月，各种（包括汽配、汽修连锁）与汽修相关的连锁店接近8万家。

除了以汽车专业化维修和快速养护服务为主的汽车养护中心连锁网络，美国汽车服务领域的另一重要业态是事故车维修中心，即以事故车维修、保险理赔及处理车辆突发紧急事故为主要业务的汽车、维修企业。这种连锁店依靠大型汽配经销企业的加盟，并统一协调与保险公司的合作。

我国正在步入汽车社会，汽车保有量以每年超过10%的速度增长，因而美国汽修企业发展形式值得借鉴。

在激烈竞争的今天，连锁经营被视为一种协同作战的模式，由于汽修连锁一方面能够很快地占领市场的前沿，另一方面能很快地发挥品牌效应。连锁经营所采取的机制十分灵活，往往使一些原本是竞争对手却形成战略联盟。战略联盟的形成是竞争的必然，他们集中了各自的优势，既体现了领导者的能力，又是竞争成功的关键。

我认为在国内汽修行业中开展连锁经营，还有更深层次的含义。汽修连锁经营相对其他汽车维修服务类企业而言，具有很强的全球一体化经营趋势，应对外资进入具有极大的优势。

这里要说明的是对于连锁经营的不同行业，采用的战略不同，即便是同行业也不相同。有的是以服务为主，有的是以销售产品为主，有的是在做资金运作，但就单纯经营企业而言，我认为汽车维修企业连锁经营模式不同于纯商业（如超市、餐饮或汽车美容、轮胎、油品等品牌经销店）经营连锁店。纯商业连锁店是脱胎于同一种模式，是品牌的模仿秀，是自负盈亏，独立经营的，其效益好坏不用为其他连锁店和总部负责，因而其行为也不对盟主负责。汽车维修企业连锁模式，其连锁店应该是品牌店或称为中心店（厂）服务行为的延伸，连锁店的重点是品牌宣传，特点是门到门的服务，是客户群管理的终端服务执行机构，是汽车维修企业网络的终端，或者说连锁店经营是一种客户型公司。另外，在一个地区为配合连锁店的经营，形成完整的服务链，应适当建若干个中心店。连锁店与中心店的命运息息相关，中心店因为具有一流的设备、一流的环境、一流的技术、一流的服务、一流的速度和一流的质量，成为连锁店的强大支柱，而连锁店则发挥快修、快保、快速养护、远程诊断、统一配送等低成本运行之优势，为客户实施最近距离，甚至不出门的服务。

明确汽车维修企业连锁模式，最重要的是连锁店的最终工作目标是什么，只有明确了这一点才能正确实施连锁方案。

我主张汽车维修企业连锁，应以一个城市（视城市规模大小、汽车保有量多少）建一到两个中心店（技术、设备、场地、人员具有相当规模、档次），然后围绕中心店建若干个子店——连锁店。实现人员、配件、信息统一调配管理。可对中心店的地理位置要求相对宽松，不必一定建在繁华地段，而一两个车位的连锁店由于占地面积少，便于见缝插针，在繁华地段、商务小区、豪宅花园、商住小区容易安营扎寨。这种连锁模式投资小，容易克隆。连锁店主要的作业内容以养护、美容、清洗、诊断为主，一个连锁店最多两三个人员，不必储备过多的配件，只准备一些三滤、润滑油、制动液、冷却液足矣，其他配件由中心店随时调送。诊断（含尾气监测）与中心店联网，实现远程诊断，发现大一点的问题即送中心店处理。

这种连锁模式可采取与当地物业管理公司、CBD 商务区、高档写字楼等车辆相对集中的服务体系以合作方式介入，也可收购一些小的修理企业，在一个城市合理布局，加之现代化管理、统一程序并将管理建立在信息平台上实现集约管理，将会占有极大的市场份额和具有极强的生命力。

值得注意的是，汽修连锁经营是一个系统化工程（无论是将它作为一种经营模式，还是一种资金运作模式），必须依靠配送、信息、人力资源、标准化、客户管理五大系统的支持。如果单凭连锁店自身，很难突出特色或核心优势。当然这些支持系统不必全部自己来建，可采取合作、共享、协作等方式，但不可不重视这五大系统的功能，只有健全五大系统才能搭建稳固的汽修连锁平台，才能实现从规模化效应向规模化效益的转化：

（1）人力资源管理系统　工作内容包括人员招聘、吸纳、培训、调配等。这里要说明的一点是，既然是全国范围内的汽修连锁经营，是一种跨地域的经营模式，根据一些著名公司的经验，如果公司不是从全局角度考虑人力因素，而只是严格地在周边企业或地域性企业内部开发人力资源，那么这种跨地域经营极易出现一些意想不到的危机。

（2）客户管理系统　由于价格的导向不同，所以客户管理方法与非汽修类连锁经营不同。比如，客户对 10 元钱一碗的拉面不会去过多的考虑，而同一个客户如果花 10 元钱修车，那他就会考虑很多问题，如质量、配件、时间、保修期、服务态度等。由于汽修连锁是一种统一经营模式，因而统一的全局的客户管理就非常必要，而且这种完善的客户管理系统，不但能够完成单个店铺想做而不能做的事，而且能够以集团行为取代个体行为，充分利用品牌效应为客户带来方便、快捷、周到的服务，为全局带来整体效益。客户管理系统的内容，包括改变过去那种应付客户的方式，建立与客户甚至其家庭的长期密切的关系，发展与客户之间的双向交流，建立客户档案，开发客户资源，宣传企业文化，策划企业活动等。

（3）信息化管理系统　跨地域的超大规模连锁经营网络，必须依靠信息化管理。信息化管理是现代企业管理的重要手段，否则也难以称其为网络经营。其工作内容应包括网络搭建、数据库维护、商业情报与科技情报收集、通信咨询等。

（4）配送管理系统　该系统是汽修连锁经营的重要支柱系统。我主张连锁配送系统初期阶段，应依托当地的配送系统、快递公司、企业原有的库存，完成前期的配送任务。然后，逐步在保障配送的原则下由自主经营、自负盈亏转向网络管理配送模式，并力争与当地保险公司、大的配件公司合作，保障配送系统的营运。其工作内容包括连锁配送、库存调剂、外协、物流网络建设等。

（5）标准化管理系统　标准化工作是汽修连锁经营品牌推广的基础工作，因而当连锁经营达到一定规模时，必须完善标准化工作。其工作内容包括店内外形象标准化、设备标准化、服务内容与质量管理标准化、服务承诺与行为标准化等。

从以上分析可知，汽修连锁经营不但是一个庞大的复杂的系统工程，而且必须有雄厚的资金支持。汽修连锁经营的初期（直营阶段），又是一个从规模效应到规模效益需要一个相对较长周期的转化过程，因而急功近利是不现实的。汽修连锁经营需要一批专门精通连锁经营模式的人才，需要一个严谨的技术与管理的支持，需要一个专门的班子研究开发与实施推广，因而汽修连锁经营有着严格的规律、完整的系统、丰富的内涵，这点务必要清醒。

由于在我国汽修连锁还是一个崭新的模式，因而一定要清楚地认识到，汽车维修连锁企业的特点。汽修连锁的科技含量远远不同于或高于商业经营连锁，它的客户群行为特征、价格导向等，与商业连锁经营的客户群截然不同。比如，一个客户花30元去就餐，考虑的只是饭菜的质量与数量。钱再多一点，最多再考虑一下环境是否舒适。同一个客户如果花30元修车，那么他不但要考虑所进入的企业是否可靠，环境是否反映出企业的信誉度，而且要考虑其技术是否过关，配件是否保质，价格是否最低，维修与检测设备是否完善，售后服务是否健全及时，承诺是否能够兑现等，这其中如有一项稍有疑惑，就可能致其对价格产生疑惑。

下面介绍汽修连锁模式模拟图：

（1）一个店　图2-1说明就汽车维修行业而言，一个企业做得再大也有其局限性，更何况面对的是一个流动性、地域性非常大，种类非常繁杂的客户群，而且企图要在这无序的行业中占有部分市场，就必须有很大的投入。如像一些四位一体店一样，即便如此，店的覆盖面也是有限的，而且绝大多数四位一体店都是以销售新车为主业，否则难以回收巨大的投资。再者，随着汽车技术的进步，

图 2-1 一个店（著名的计算机游戏：Parkman 图形）

注：一个店（厂）不管如何发展，总是有缺憾的地方，例如：流动资金不足，造成发展滞缓，成本过大，启动缓慢，很难很快产生有用功，因而形成不了态势。

其可靠性大为提高，在汽车售后服务当中，过去汽车的维护多以大中修为主，而现在几乎只占 8%～10%，90% 以上的工作都是日常保养与例行保养。那么这种维护工艺的变革，更适合中小汽修企业的快捷简化程序，因而发展汽修连锁店是一个必然趋势。这种经营模式不仅对企业来讲是一种现代化经营模式，而且对客户来讲也是一种现代化享受型服务模式。

由于这个市场是有限的而不是无限的，加之这个行业大多数企业还是一种传统的低层次的经营模式，可却受到汽车技术的飞速发展与汽车总量的急速膨胀的冲击，创造了诱人的利润空间，在众目睽睽之下竞争之激烈是不言而喻的。

因为缺乏连锁优势，不足以形成连锁经营吸引客户。当前市场一方面迅速抢摊布点，仍然是我们目前的首要任务，另一方面完善连锁店的系统管理建设，突出经营特色，争取在短时期内创造盈利模式，两条腿走路相辅相成。

（2）多个店 图 2-2 说明虽然建了不少店，似乎形成了一种品牌影响力，也似乎形成了一个组织，但由于忽视或不完善的系统化支持，或者管理上的缺陷，各个店各自为政，这就好似我们建立多家并无联系的路边店，因而并没有形成规模化效应及连锁优势，总体经营能力很弱，致使资源浪费，投入产出比例失调。

（3）单店发展（图 2-3） 由于对什么样才是连锁盈利模式，目前还处于一种摸索状态，所以还未能找出一种能够形成经营特色的项目或载体，出现了一些问题。这些问题主要表现为：①采取了一些措施，各个店可能都或多或少有了发展，但同时也带来了一些问题；②它们只是各顾各的，背对背互相并无照应，缺乏统一性；③看似强大，却无法与之接近，不管是设备商、配件商还是客户；④后果是个别强大，但离心力也会增大；⑤虽然个体较大，但总体基础薄弱，如没有经营特色，人员技术素质较差，因而整体给人一种不稳定、轻浮的感觉，从而大大降低企业的信誉度（社会、客户），使企业降低整体经营能力。过多的功利思想往往导致做起事来容易急功近利，而忽略了最终战略目标。

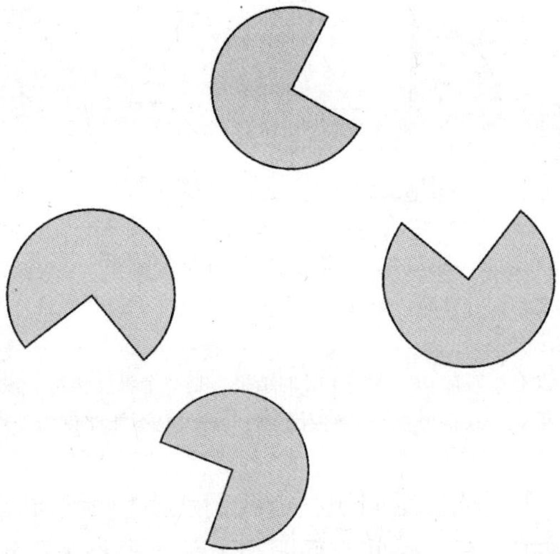

图 2-2　多个店

注：1. 看上去似乎形成了一个组织（规模态势）。

2. 实际上是杂乱无章，并没有形成体系，它们没有形成朝着一个目标而努力的模式。

3. 缺乏连锁优势，不足以形成连锁经营吸引客户的优势。

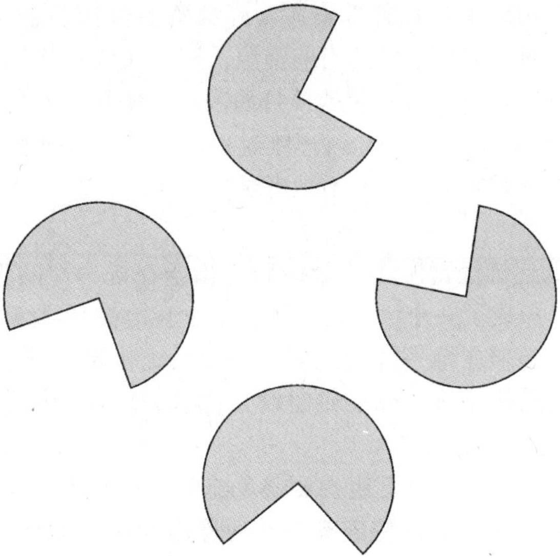

图 2-3　单店发展

注：从个体上看有所发展，但整体杂乱无章，态势缺乏大的势能，因而很难求得全局的发展。

（4）呆板、落后的经营体系（图 2-4）　由于机制的原因或者是认识上的原因，虽然注意了管理的统一性，但缺少了经营的灵活性。

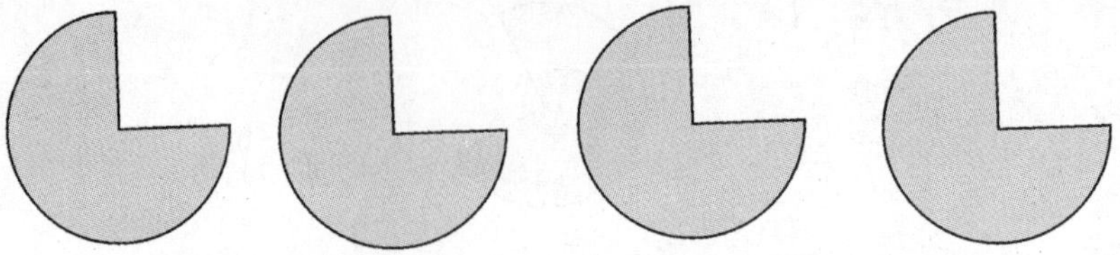

图 2-4 呆板、落后的经营体系

注：1. 看上去他们都在做同一件事，但缺乏主观能动性，缺乏经营特色。所以他们每一个究竟为企业作了多少贡献呢？

2. 没有朝气，是没有主观能动、形式主义的结果，是一个没有精神、没有文化的企业。

3. 由于机制的呆板，导致整个企业虽然看似统一了，但不能够创造一个充满生机、兴旺发达的企业。

在这里顺便谈一下逆向思维问题，当我们从当前所处状况开始思考问题时，如资金不足、配送成本过高、时间空间距离大等，多是采用正向操作，就是往往只看到目前手头的资源，考虑如何以最佳方式对其加以利用，以达到预期目标。如果换一个思维方式，首先明确值得为之努力的目标（战略目标、迅速抢滩布点，形成规模经营的品牌效应）；然后再研究当前必须开发和利用的那些资源，当然更重要的是外部资源。因为内部资源是有限的，而外部资源是无限的，现代经营理念是善于利用或者依托外部资源。外部资源包括资金、物流、社会资本等。按前一种做法时，只会考虑到当前资源，即是在“尽我们所能”；而采用后一种思维时，会发现自己处于“超越自身局限”的需要，在努力拓展外部资源，从而到达主动出击的高度。在后一种思维过程中，是试图用较少的资源办较多的事情，是试图找到更聪明的方法而不是更艰苦的方法。这使我们重新认识原本看来有限的资源。

（5）创造性的连锁经营模式（图 2-5） 由于在统一性的管理模式下，依托企业文化为载体，形成了一个巨大的市场，企业开始获取利润。

汽修连锁经营必须在统一性管理下，完善系统化建设（人力资源、客户管理、配送体系、信息化系统、标准化建设），突出特色，并以企业文化为载体，才能实现占有市场，获取利润。

另外，经营汽修连锁（直营店）要避免前期的三个准备不足：

（1）思想准备不足 对汽修连锁与其他连锁的认识不足，对汽修连锁的整体经营特点认识不足。

（2）资金准备不足 虽然不可能准备了足够的资金再去干，但必须有足够的启动资金及一两年的流动资金储备。

（3）人力资源不足 管理人员不足，连锁店店长准备不足，技术人员准备不足。

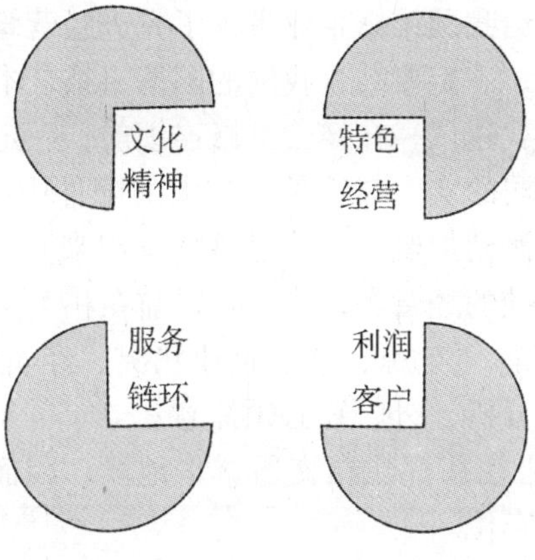

图 2-5　创造性的连锁经营模式

注：1. 尽管纸上没有线条，但我们却看到了一个正方形，并且给我们留下的印象是非常深刻的，它显得比周围其他图形更显眼、更强烈。

2. 在统一性的管理模式下，依托企业精神文化为载体，创造特色经营而形成核心竞争力（引力），从而极大地提高品牌形象，并极大地占领市场。

3. 缺一不可，松散时正方形不显著或消失；过紧时，能量发挥不出来，经营能力将有局限性。

4. 正方形的形成使企业具有创造力，成功地体现了连锁的优势，无论是整体还是单店都会获得巨大的效益。

同时，要避免运转期的三个不明确：

（1）经营目标不明确

1）没有自己的经营特色。连锁店本身优势不突出，快捷、便利、便宜不重要，重要的是要有自己的特色。

2）项目没有特色。什么都想干，但干什么都不彻底，可以参考国外是怎么做的。

3）过早开展加盟，影响品牌建设。

4）有急功近利的现象。

（2）主营项目不明确　洗车、美容、修理、精品销售哪个为主，哪个为辅没搞清楚。

（3）系统化建设不明确　建设速度跟不上。

中国市场的广度、地域差异、车型多样化等具体要素，决定了需要多元的经营模式，这就是我国汽修行业的现状。在这里需要提醒大家的是，入世后，国外的一些新的经营模式陆续传入我国，如品牌店、三位/四位一体店、连锁店等，这些形式各有所长，而且是多样化共同存在，哪一种类型更适合，要具体情况具体分析，很难说哪一类型能生存，哪一类型有发展，因为决定生存与发展不在于形式，而在于其内涵是否与市场经济发展相适应。

这些新的经营模式给我国维修企业带来了先进经营管理模式，是非常值得借鉴的，但千万不能照搬，一定要结合我国的国情，结合本企业能力，结合本地区市场特点及需求。因而我建议，在经营汽修连锁前，一定要作周密、翔实的市场调研，并根据企业、公司的实力与特长，与大的配件中心、物流配送系统合作，先从直营开始，逐步过渡到加盟（先将品牌树立起来）。

提醒预加盟汽修连锁的经营者，除了我以前在相关文章里提到的新建汽车维修企业要注意的七大问题（车源、周边企业状况、经营特色、经营档次、配件管理、资金汇报与周期分析）外，还必须注意：

1）由于汽修连锁店往往都建在交通繁华地段，因而在考虑车流量的同时，必须要有五个以上的停车位。

2）由于汽修连锁经营是一个长期投资项目，一般资金回报都在两年以上，因而选址上要考虑较长的稳定期。

3）必须对加盟盟主的品牌作充分的调研，换句话说，了解盟主的品牌会带来多少的车源。

4）加盟盟主必须有相对完善的配送系统，或者离配件供应中心相对较近。

5）加盟盟主必须有相对完善的客户管理与信息管理支持平台。

6）必须要有能够形成核心竞争力的特色，因为汽修连锁店的客户虽然也有主流与非主流，而且两者是经常变化的，但总量应相对平稳。

总之，无论是创建新的汽修连锁店，还是加盟某一个品牌的汽修连锁系统，还是那句老话：虽然汽修连锁经营是竞争的必然，是市场的需求，但一定要三思而后行。

有一点要掌握的原则，不论创建什么样品牌与类型的维修企业，都必须与汽车销售市场紧密联系，不论是有形的（汽车交易市场）还是虚拟的（网上交易市场），这一点在目前维修企业中重视得相当不够。汽车维修与销售同为汽车流通领域中的两个重要环节，脱离这个环节就失掉一个巨大的潜在市场。

确定经营档次作为维修企业硬件管理范畴的首要问题，作为汽车修理企业基本框架的最初构筑，新建汽修厂在投资经营之前，务必进行周密详细的分析。

不同的企业，规模大小不一，只有最合理的经营规模才能产生最大的经营效益。规模档次有大、中、小之分，档次的确定作为投资者的首要考虑问题，涉及行业发展趋势、周边维修企业状况、投资额大小等多种因素。投资者在经过科学准确的市场调研之后，应当确定合理的规模档次。

1）确定市场战略范围内的维修车辆保有数。

2）确定维修车型和日维修量。

3）确定维修工位数量。

4）确定维修车型。一般情况下，大规模汽修厂适合多品牌特约维修经营，中小型的企业适合单一车型或专项、专业修理。

5）确定聘用人员数量。

6）根据维修企业开业条件、建厂面积、市场发展前景，进行最终判断，确定五年后与维修需要相符的规模档次。

二、企业形象规划

在市场经济不断发展，市场竞争日趋激烈的条件下，良好的企业形象是企业的最佳资产，具有极高的经济价值。树立良好的企业形象对于企业的发展具有非常重要的意义。它可以给企业带来极高的商誉，使企业与其他企业在相同的经营条件下，以无形的竞争能力取得更多社会公众的支持，赢得更多的客户，创造更多的“级差利益”。它可以使企业增强商业信用，提高筹资能力，可以使企业吸引大量高素质人才，提高企业的创造力。同时，它对于美化社会环境、净化社会风气、加强社会主义精神文明建设也是必不可少的。可以说，树立良好的企业形象，是企业谋求长期快速发展的整体性战略。

1. 企业形象的主要特征

1）客观性。企业形象不是由自我感觉好坏决定的，而是客观存在的现实。企业的形象是以其自身的理念、职业道德及具体经营活动中的表现为基础的，最终要由职工，尤其是用户进行客观评价和鉴定。

2）整体性。企业形象是在人们心目中形成的综合的、全面的印象，评价一个企业形象的好坏不能只看企业某一方面要素，或某一方面工作的好坏，而要整体考察。既要看它是否有装饰华丽的外观，更要看它内在经营管理素质的好坏；既要看它的产品质量优劣，还要看它的服务水平高低。好的企业形象是外在表现与内在质量的完美统一。

3）稳定性。良好的企业形象一旦树立起来，就会形成企业特有的知名度和美誉度，就会吸引大批的回头客，也会迎来更多的新客户。相反，如果一个企业形成了不佳的形象，也会在公众心目上长期留存下来，因而使企业慢慢失去市场，失去客户。

4）可塑性。企业形象是可以塑造的，通过企业全员的努力，靠自身优良的服务和积极的公共关系活动，可以使不好的形象变好，可以使好的形象进一步增辉。

2. 企业形象的基本要素

1）主导维修车型及质量。企业主导维修的汽车的品牌、档次及质量，并因此而配备的设备类型档次及质量。在社会公众心目中留下整体印象，它关系到企业技术能力与信誉，是企业形象的基本要素。

2）服务形象。这是指企业的服务方式、项目、质量、态度等给社会公众留下的整体印象。服务的竞争已经成为维修企业间竞争的焦点。服务体现着汽车维修的附加值。良好的服务会使公众，特别是消费者产生信赖感。服务形象是企业重要的特色形象。

3）品牌形象。这是指通过不同的企业名称、商标、广告等反映出来的企业独特形象。一个好的品牌，名称简明易记，寓意美好，图案设计、色彩搭配及声音传播构思精巧，个性突出，给人们美的享受。好的品牌即名牌，本身就是企业的无形资产，能给企业带来巨额利润。品牌形象是企业的维修质量、服务形象的综合反映，是企业形象的高境界。

4）人员形象。包括企业管理者形象和企业职工形象。前者是企业领导班子及企业内部各层次管理人员的能力、素质、气度、办事效率、工作业绩等给广大职工、同行和社会公众留下的整体印象；后者是企业职工文化素质、技术水平、职业道德、精神风貌等给社会公众留下的整体印象。其中，企业决策人和业务人员的言行最直接反映企业的人员形象。人是企业的主宰，人员形象是企业的主题形象。

5）经营管理形象。这是指企业的经营理念、经营作风、经营方式、经营成果、管理组织、管理制度、管理基础工作、企业文化氛围等，在社会公众和企业职工中留下的整体印象。一个企业经营有方，管理有序，并能以一种特有的文化和企业精神展现在社会公众和职工面前，会产生一种强大的“经济力”和“文化力”，最终形成强大的竞争力。经营管理形象是企业的实力形象。

6）公共关系形象。这是指企业在组织公共关系活动中的形象。企业在经营中不断谋求自身条件同外部经营环境的协调和动态平衡，遵纪守法、照章纳税，承担社会责任，支持公益事业，对厂商、对银行、对客户诚实守信，并通过各种传媒宣传企业，与社会各界保持一种良好的关系，能够有效地扩大企业的影响，争取社会公众对企业理解和信任。所以说公共关系既是塑造企业形象的一种途径和手段，也是企业形象的一个组成部分，构成企业的“关系形象”。

7）企业环境形象。这是指通过企业生产经营场所、建筑特色、装饰风格、生产设备等所反映出来的外在形象。环境形象对于企业犹如仪表、服饰之于人，反映出企业的经营风格和审美追求，给社会公众强烈的第一印象，是整体企业形象的外在表现。

3. 企业形象战略—— CIS

CIS（Corporate ldentity System），即企业形象识别系统。它把形象塑造的多种途径，如营销策划、公共关系、广告宣传等纳入一个规范、标准的系统中。通过这一系统，把企业及产品形象中的个性与特点有效地传达给社会公众，是其对企业及产品统一的认同和价值观，最终达到促销及促进企业发展的目的。CIS 被人们推崇为现代企业形象塑造和传播的有效战略。

企业的形象战略管理不同于投资、市场营销、人事、财务、后勤等管理，也不只是在某一领域产生效益，是一种高层综合管理，它涉及的管理准则是约束全体员工行为的“宪法”。是一种统观全局的战略性管理，它从企业文化视角出发，通过总结和提炼企业的发展历史、经营理念、价值观、道德行为规范、发展方向和目标，形成全体员工的共识和行为规范，确定企业与众不同的鲜明个性和差异化优势，为提高整体性、长期性、组织性、系统性的企业行为和企业及员工素质，提供了科学而有效的管理方式。它所管理的内容是提供和增加企业难以用金钱计算却又创造了价值无穷的资产，它所管理的重点是一种事关企业生死荣辱的战略性资源，因此其实质就是保障企业自觉朝着正确方向发展，巩固和发展优势，创造更多经济效益和社会效益的基石性管理。

（1）CIS 的构成　CIS 由三个相互联系的子系统构成：

1）企业理念识别（Mindldentity，简称 MI）。它是指企业独特的经营理念，包括企业经营哲学、企业宗旨、经营信条和方针等，是整个企业识别系统的基本精神所在，也是整个系统运作的原动力（图 2-6）。

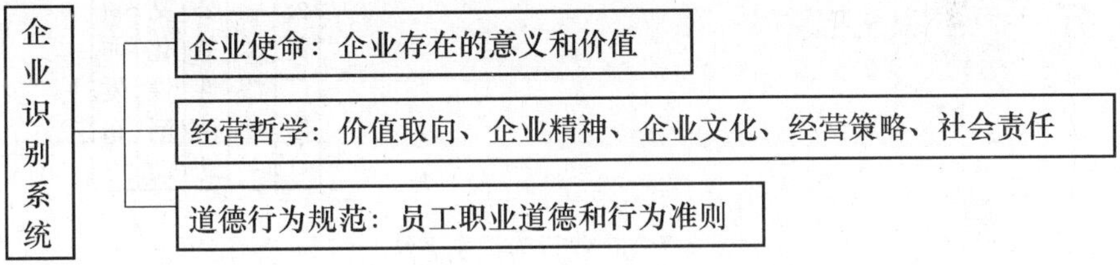

图 2-6　理念识别系统

2）企业行为识别（Behaviorldentity，简称 BI）。它是动态的识别形式，对内包括企业组织管理、行为规范、员工教育、福利、激励，以及产品开发和公害对策等。对外包括市场调查、营销战略与策略、促销活动、公共关系、广告传播、公益性文化性活动等。企业行为识别子系统直接作用于公众，使企业的经营理念有形化，能够为公众所感知，并留下深刻印象（图 2-7）。

3）企业视觉识别（Visual Identity，简称 VI）。它是企业静态的识别符号，也是具体化、视觉化的传达形式。它通过组织化和系统化的视觉方案，传达企业的经营特征。视觉识别子系统具体有两类要素：一是基本要素，包括企业名称、企业品牌标志、企业标准字体、企业标准色、企业象征图案、企业造型、宣传标语等；二是应用要素，包括广告媒体、交通工具、办公用品、室内设计、建筑设计、厂房设计、包装设计和衣着制服等。视觉识别对企业形象的传播与感染力量非常具体，因而也是塑造企业形象最快速、效果最直接的方式（图 2-8）。

CIS 作为一种理论，强调企业对自身的理念、行为方式和视觉要素进行系统的革新、统一的传播，以塑造具有鲜明个性的形象，获得内外公众的广泛认同，使企业整体运营纳入一条充满生机与活力的发展轨道。要达到这一目的，必须做

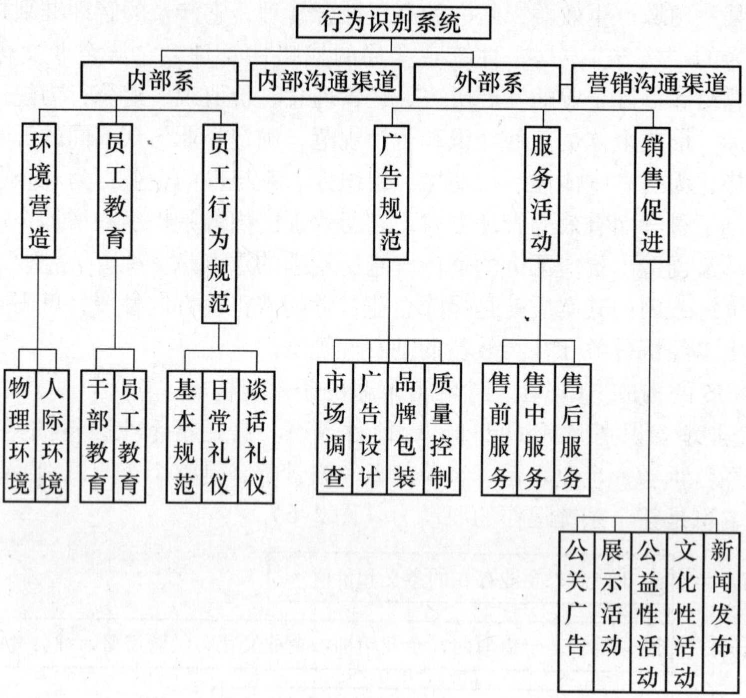

图 2-7 企业行为识别系统

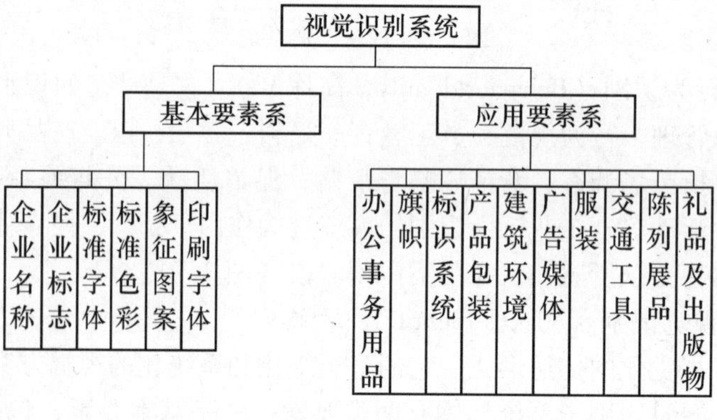

图 2-8 企业识别系统

到：①善于创造差别，即个性；②坚持统一标准；③坚持系统性和连续性；④实施有效的传播。

企业识别系统涉及企业文化、CIS 战略、企业形象三方面关系，独特的企业文化是塑造具有鲜明个性企业形象的灵魂，没有独特企业文化的指导，便不会产生独特的经营理念和经营行为，信息传递就会失去生命力；塑造良好的企业形象是实施 CIS 战略的目的，明确的目的性决定了 CIS 战略实施的途径、步骤、手段和方法：CIS 战略是自觉实现塑造良好企业形象的必要过程和最佳手段。正确理解三者之间的相互关系，是有效实施 CIS 战略的前提条件。

企业形象是一个总体性概念，它体现于产品形象、价格形象、广告形象、顾客服务形象、环境形象、员工形象、企业家形象、公共关系形象之中，是对企业综合素质和整体行为的客观评价。企业形象战略的导入产生两方面重要的协调功能，从企业内部关系协调看，共同的企业使命、经营理念、价值观和道德行为规范，创造一种同心同德、团结合作的良好氛围，强化企业的向心力和凝聚力，产生强烈的使命感、责任感和荣誉感，使全体员工自觉地将自己的命运与企业的命运联系在一起，从而生成一种坚不可摧的组织力量，为推动企业各项事业的发展提供动力源，从企业外部关系协调看，塑造良好的企业想象的实质是企业以社会责任为己任，时刻不忘自己的社会使命，用优质产品和服务以及尽可能多的公益行为满足社会各界及大众的需求，密切企业与消费者及社会公众之间的关系，为企业长期、健康的发展奠定广泛而深厚的社会基础。CIS 战略是在特定经营环境中设计和塑造企业形象的有力手段，它由观念识别、行为识别、视觉识别三大要素构成，为整体性传播企业信息、引导公众认识、争取社会舆论的认同和支持、塑造良好的企业形象，提供了科学而实用的理论与方法。

在市场经济条件下，良好的企业形象已成为企业一种不可缺少的无形财富和战略性资源，是企业生存和发展的重要基础性条件，也是企业创造竞争优势的可靠保证。

（2）正确运用 CIS 的原则

1）公众原则。必须从公众利益中来，遵循客户至上的准则。如果一个企业在推广 CIS 时，片面地以我为主，一味追求“高雅”、“独特”，漠视公众的要求，远离客户的期望，最终只能损害企业在公众心目中的形象。

2）真实性原则。即要真实地报道企业的情况，坦诚地让公众更多地了解企业，并争取他们对企业的理解和谅解。不能过分夸张，更不能依靠谎言，为树立形象而弄虚作假。

3）系统性原则。必须从整体出发，制定规划，有计划、有步骤地整体推进，不能顾此失彼、顾前不顾后。要把塑造企业的内部形象与外部形象、总体形象与特殊形象、有形形象与无形形象结合起来统筹考虑。

4）长期性原则。推广 CIS 是一项战略任务，必须经过长期不懈的努力，才能取得成效。同时，也必须善于创造并把握机会，利用各种契机快速提升企业形象。

三、厂区布局规划与业务大厅档次

1. 厂区布局规划

厂区布局作为企业整体形象的大门，作为给客户留下第一印象的最重要规划项目，必须周密规划，合理布置。

作为大规模汽车修理企业，要让客户进厂顺利。关键路段设置醒目标志，进厂要有良好的印象；设置服务标示牌，要有足够的停车位，内外装潢颜色协调，给客户一种清爽宜人的感觉。对于能够展现企业的经营特色、特种服务形式、具有创新意向的企业文化活动场所或设施，如教室、学习园地、服务板报等，尽量设置在公众方便的地方。如果能够设置在客户容易发现的地方，则无形中可以起到一种宣传作用，让客户加深对企业文化内涵的理解。

中小规模汽修厂，相对占地面积小，一定要合理利用空间，最大限度地发挥土地资源的优势。厂内的每一个地方都要干净整齐，给客户留下一个层次分明、简洁利落的感觉。

2. 业务大厅档次

汽修厂是修车的，但真正的服务对象是车主。业务大厅作为车主服务的最直接场所，作为客户透视企业文化内涵的最佳载体，必须重点规划，优化布局。

（1）大规模汽修厂　应当设立三包服务、跟踪服务柜台、救援服务热线电话、保险代理服务，墙柜上要有车辆维修档案卡，收银柜台要专职专位，全部工作人员要统一着装，佩戴标志牌。计算机网络管理是今后企业发展的趋势，它可以最快获取市场信息和技术信息，提高工作效率，树立企业高科技管理形象。要设立宽敞舒适的客户休息室，要有娱乐设备、报纸杂志，并提供饮料；要使车主在业务大厅等车维修的过程中情绪上得到放松，精神上得到消遣。如果维修的质量和速度能够得到保证，加之业务大厅的布置、装饰性、维修服务质量和服务内容的展示的作用，就能够给客户留下良好的印象。利用客户之间的口碑效应，汽修厂对客户的服务形式和内容就会吸引越来越多的客户。在同等服务质量条件下，与客户的情感投入的深度与广度对其车源的稳定性与拓展作用不可低估。

（2）中型规模的汽修厂　要根据资金状况，能以相对较少的投资搞好企业形象宣传，让客户对企业放心，尽量缩小企业与客户之间的距离。大厅悬挂有关企业宗旨、优质服务、纯正零件宣传、企业服务形象和品牌，以及引导客户进行定期保养的宣传画和资料，检查维修价格，特别是维修频率高的作业项目要公开标价，如更换机油，定期保养等。

（3）小规模汽修厂　业务接待厅不必追求豪华的档次，但一定要妥善处理好成本与档次之间的关系。接待厅位置设在车辆入口附近，能随时观察到车辆进出情况。业务人员进出仓库和车间要方便，微笑服务，要站着迎接客户，赢得客户的亲近和信任。

四、车间维修档次

车间是汽车修理企业的生产一线。企业的经营要能顺利开展，车间的硬件必须齐备，并使其功能得到充分发挥，企业的健康发展才能有所保障。

（1）规模较大的汽修厂　要能针对主要维修车型，建立健全完善的工位组合，保证较高的专业化程度。车间要有检测诊断工位、高级轿车维修专用工位、快修工位、更换机油定期保养工位、一般维修工位及安全通道、总成维修车间和电气修理车间，要有洗车场和维修专用停车场。

（2）中小规模的汽修厂　车间维修档次要能保障维修作业的顺利进行，尽可能地提高维修工位的利用率。要合理布局零件仓库和工具库房，尽量减小维修工位、维修工具、配件库房三者之间的空间距离。这样不仅为维修工作带来方便，而且节省了维修工期，提高了企业的生产效率。车间要配备一定的技术资料，实用的维修专用工量具，尽量减少配件库存。

五、设备档次

为了帮助大家在选购设备时有个比较准确的思路，先简单介绍一下目前汽车维修设备及工具按功能的分类规定。目的是让大家明白，要干什么用就买什么样的设备与工具。目前我国将汽车维修检测设备与工具，按主要功能分为 18 类产品，见表 2-2。

表 2-2　设备与工具分类

代　码	设备与工具名称
A	汽车检测诊断设备
B	汽车发动机检测诊断设备
C	汽车发动机检测设备及工具
D	汽车发动机维修作业设备及工具
E	汽车发动机维修加工设备及工具
F	汽车底盘检测设备及工具
G	汽车底盘维修作业设备及工具
H	汽车底盘维修加工设备及工具
J	汽车电器设备及车用辅助装置检修设备及工具
K	汽车电器设备和车用辅助装置维修作业设备及工具
L	汽车车身维修整形设备及工具
N	汽车维修喷涂电镀设备及工具
P	汽车清洗除尘设备及工具
Q	汽车举升吊运设备及工具
R	汽车润滑加注设备及工具
S	汽车过盈配合件拆装设备及工具
W	汽车检测维修设备微机控制系统
Z	摩托车及其他机动车检测维修设备及工具

下面简单介绍汽车维修检测设备发展趋势。

1. 前景趋势

汽车维修检测设备的发展前景是极其广阔的，其原因有两个：一是汽车保有量将随着社会的进步与人民生活水平的提高大幅增加，尤其在我国汽车进入家庭的条件下，需要更多的适合现代化汽车技术要求和社会经济承受能力的汽车维修检测设备；二是随着汽车数量的增加，社会和国家将会对汽车维修和检测提出更高的要求，以保证人民生命财产安全，节约能源和维护生态环境的平衡。政府也将随着汽车数量的增加，对维修设备提出更高的要求。

2. 各类设备发展所占比例的变化趋势

汽车维修检测设备可以分为维护、修理、测试及诊断四部分。各部分所占比例的大小取决于维修制度的变化和维修作业内容的变化。目前世界上大多数工业发达国家基本上不再进行汽车的整车大修，只是按照汽车检测诊断设备提供的检测报告，对汽车进行针对性的维护和修理作业，以恢复汽车技术性能，消除隐患，保证汽车的良好安全性能及使用性能。因此，汽车检测诊断方面的设备所占比例将有较大幅度的增长，汽车维护与养护设备的数量也将增大。

3. 从技术发展动向看汽车维修检测设备的发展趋势

（1）仪器仪表电子化　主要表现为从被测试的各种物理量，通过简单的装置或机构，以不同的显示方式构成的简单仪表，如气体、液体压力表，温度计等，向被测量的物理量直接通过传感器转换为电量，并通过电子电路处理，以数字方式显示的电子仪表方向发展。

（2）检测设备电脑化　主要是普通电子仪表向采用微处理器和个人微机作为检测设备控制的方向发展。这在仪器仪表的发展过程中被称为智能仪器。同时设备电脑化的发展使即时检测和过程检测的实现逐渐成为现实。

（3）测试过程自动化　测试过程从手动顺序完成，向微机控制按预定程序自动完成发展，以及测试过程自动化测试中的全自动控制。这里包括自动校准、自动显示、自动输出测试报告等。这在仪器仪表中称为自动测试仪器。

（4）测试记录完整化　测试数据显示由仅能显示当前值或瞬间值，向完整记录测试参数变化的全过程发展。能够记录各种测量数据在一段时间的全部变化过程，是分析被检测汽车故障变化规律的重要手段，特别是对汽车间歇性和偶发性故障，具有至关重要的意义。

（5）测试项目系统化　由只能测试单一参数或几个参数，向能够测试整个系统的全部参数发展。为了制定汽车某个系统或整个汽车各个系统的工作状况，测试项目必须从单一参数向整个系统参数扩展，否则就无法完整地反映出整个系统的变化规律。因此，测试项目的系统化，是全面分析被测对象的重要条件。

（6）测试功能双向化　通常测试是指用测试仪器对被测试对象的单向测试，

测试对象在测试过程中是被动地接受测试仪器的测试。而车载控制电脑自诊断系统的出现，提供了双向化测试的可能，即被测试对象与测试设备之间交互式。车载控制电脑可以主动地提供系统运行参数（输入参数和输出参数）的变化情况，以及车载控制电脑自诊断的结果报告，而测试仪器也可以向车载控制电脑发布控制修改命令，对汽车电控系统进行对比性功能试验，这就使得测试具有了双向化特点。这是汽车检测设备方式的更大变革。双向化测试能够提供迅速查出故障发生部位的测试方法；交互式测试又为测试功能的扩展，以及将试验方法引入检测设备中提供了有效的手段。

（7）检测数据在线化　测试设备从只能进行测试，向逐步提供完备的在线数据库支持发展。测试设备如果没有资料数据库，测试结果就无法进行对比分析，因此检测设备能够提供在线的数据库支持就显得十分重要。检测数据在线化的初级阶段，是检测设备的电脑中存有数据库，因而可以在测试中转换显示，以便查阅。在线化的高级阶段，是数据库能够同测试、显示直接连接在一起，用红绿区域显示出测量数据偏离数据库中给定数值的范围。

（8）结果分析智能化　随着汽车诊断技术的发展，专家系统也将逐步完善，测试结果的分析由人工分析向电脑自动分析发展，专家系统的支持使得测试结果的分析向智能化发展。因而结果分析智能化，将会为检测设备的普及应用提供极大的方便。测试过程不再有过多的数据显示，让操作者感到分析处理这些数据的棘手，而是测试结果变为直接提供的文字报告。它能指明故障发生的部位及原因，以及相应的解决办法。

汽车维修行业是一个凭借维修设备以恢复车辆性能而完成服务过程的、现代化的汽车修理。检查靠资料，检测靠仪器，检修靠设备已是不容争议的事实。特别是进口汽车的维修，离开检测设备可以说是寸步难行，因而第一步对设备的选购就显得尤为重要。汽车维修企业要结合企业规模、作业内容、生产发展选择相应的设备，同时考虑企业的资金投入，分期、分步进行。坚持以满足生产最低要求和企业的发展为基础，提高设备技术含量与档次的原则。设备是要由人来操纵的，因而操作人员技术素质与设备选购也有着密切关系。

现代维修企业虽然对硬件条件要求较高，但切忌盲目追求高档次和其外在的形象效益。管理学科称这种行为为“过剩质量”。当然由于时间不同，突出硬件的某些属性有所不同，但必须恰到好处，否则会给企业的经营造成“不良后果”。需要引起注意的是要充分利用设备的功能，挖掘潜能，做到物尽其用。

在现代汽车维修技术飞速发展的今天，用高新技术装备起来的维修设备，在企业中已经非常普遍，但是由于人员技术的提高受各种因素的制约，没有跟上维修设备技术发展的速度，因而在企业中出现了大量的设备“功能性文盲”。我曾看到一篇文章，科技发展了，人们的生活水平提高了，家里添置了许多新式的家用电器，可是许多人只会使用其基本功能，或者只会进行简单的机械式操作，至于要设定程序，进行附加功能应用则是一头雾水。其实现代科技的发展，计算机控制技术的应用，是许多单一功能的设备增加了智能系统，因而能够完成过去许多设备组合起来才能完成的工作，并且在人机对话的过程中（设定工作程序过程），更加贴近实际使用要求，也就是实现理想化过程。文章中把以上那部分人称为“功能性文盲”。许多经理、厂长都会有深刻的体会，花巨资买来的设备、仪器、专用工具却束之高阁，落满了灰尘，没人去用，没人会用，甚至不知道是干什么用的。我到过很多修理厂，几乎都存在这种情况，比如小到球头拆卸工具、盲孔轴承拆装工具、曲轴旋转器等。又如，发动机尾气分析仪只会用它测尾气，只把它作为一种检测工具，其实它是一台非常好的辅助诊断设备。

例如，有一台 1994 款 2.0 排量的三菱格朗特汽车发动机怠速不良，经检查点火电压、燃烧时间都基本正常，点火线圈、喷油嘴也正常，发动机没有故障码，氧传感器怠速和有负荷时工作也正常，急开急闭节气门时氧传感器也正常（电压在 0.1 ~ 0.9V 变化），没有断火现象。接上一个五气分析仪，在 92s 之后，发动机转速达2 000r/min并稳定，这时读数显示碳氢（HC）勉强合格，大约在 200×10^{-6}（标准为 220×10^{-6}），一氧化碳（CO）比怠速时低，大约为 0.73%（标准为 1.2%），氧（O_2）下降至 1%（这台发动机怠速时的氧读数为 1.81%）。这些读数意味着什么？缺火或氧传感器漏气会导致一氧化碳、氧和碳氢读数增高，那么缺火的因素被排除了，而有负荷时缺火现象通常会变得更严重，如果排气系统漏气，则上述情况会好一些，因为在低流速时排气系统产生负压脉动，高流速时产生正压脉动，所以根据这个现象可以断定，排气系统肯定有漏气的现象。这时堵住排气尾管，发动机没有熄火，并且听到很大的“嗞嗞”声。拆下排气歧管隔热罩，发现在排气管拐弯处出现裂纹。换了新的排气歧管后，一氧化碳降至 0.1%，碳氢降至 35×10^{-6}，氧降至 0.5%，发动机怠速平稳，燃油经济性改善。不但如此，仅尾气分析仪上氧的读数就非常有用，对诊断二次空气喷射系统，催化转换器到发动机的故障都会起到辅助诊断作用。

从这个例子可以看出，一台尾气分析仪不仅是尾气检测设备，而又是一台故障诊断仪。诸如此类的现象举不胜举。工欲善其事，必先利其器，减少和消除设备使用当中的“功能性文盲”现象，也是提高现代汽车维修企业质量与效率的关键。

因而汽车维修设备的选择与购置，是通过技术上与经济上的分析、评价和比较，从可以满足相同需要的多种型号、规格的设备中选购最佳者的决策。为企业选择最优的技术装备是企业设备经营决策中的一项重要工作。合理地选择设备，可使有限的资金发挥最大的技术经济效益。

汽车维修设备的选择与购置的一般原则是：生产上适用、技术上先进、经济上合理，要有可靠的安全性和环保性。具体有如下几个要素：

（1）设备要具有一定的先进性　设备要与企业的维修主流车型、企业发展规划、企业规模、生产计划、技术力量、劳动力水平、动力和原材料供应等相适应。先进的设备一般自动化程度高、投资多、能耗大、维修复杂。如果不能达到计划维修量，单台维修的成本就会增加。设备生产率还要考虑均衡生产和供应，否则会造成损失，不能发挥设备的全部效能。

（2）设备工艺性好　机器设备最基本的一条是符合汽车维修工艺技术要求。设备满足汽车维修工艺要求的能力叫工艺性。如维修及测试的尺寸精度、几何形状精度、表面质量要求及温控精度等。另外，一般要求设备操作轻便、控制灵活。对于使用频繁的设备，自动化程度要高，对于有毒有害的作业，则要求设备能自动控制及远距离监督控制。

（3）设备具有良好的可靠性　对设备不仅要求有高的寿命和满意的工艺特征，而且要求长期保持技术性能不发生故障。可靠性的定义为：系统、设备、零部件在规定的时期内和条件下，完成规定功能的能力。

定量测量可靠性的标准是可靠度。可靠度是指系统、设备、零部件在规定的条件下，在规定的时期内能毫无故障地完成规定功能的概率。

选择设备可靠性时，要求设备平均故障间隔期越长越好，具体可以从设备设计选择的安全系数、元器件稳定性、故障保护措施、耐环境设计、人机因素等方面进行分析。

（4）设备维修性与售后服务好　维修性是指通过修理和维护保养来预防和排除系统、设备、零部件等故障的难易程度，即进行修理时，能以最小的资源消耗（人力、物力和时间），在正常条件下顺利完成维修的可能性。设备的售后服务及时、到位，并具有良好市场信誉。

（5）设备经济上合理　选择设备经济性的要求是：最初投资少、生产效率高、耐久性长、能源及原材料消耗少、维修和管理费用少、节省劳动力等。当然要综合衡量这些因素，因它们相互影响并相互矛盾，不可能各项指标都是最经济的，可以根据企业的具体情况，以某几个因素为主来进行考虑。经济评价的指标可以用现金形式，如费用、成本等；时间形式，如投资回收期；收益率形式，如平均投资回收率、内部收益率等来评价。

（6）设备安全性和环保性好　设备应具有必要的、可靠的安全防护设施，避免造成人身事故和经济损失。环境保护越来越被全世界人们所重视，故在选择设备时，设备的噪声和排放有害物质对环境的污染指数，一定要符合有关法规要求。

（7）设备的配套性　配套性是指选择的设备要与企业的维修能力（或已有设备）相匹配，否则不能充分发挥设备的性能，造成直接经济损失。另外，还要综合考虑企业、品牌的信誉。

1）设备选择的程序与步骤。设备的选择步骤大致分为预选、细选、决策三个层次。设备选型的基本程序大致分为七步，见图 2-9。对于一般的简单设备可以适当的简化。对于国际招标或合作引进的设备，应注意并尊重不同国家的商业习惯、招标方式等，要事先做好设备选择程序的调整和确认工作，避免造成相互误解和不必要的经济损失。

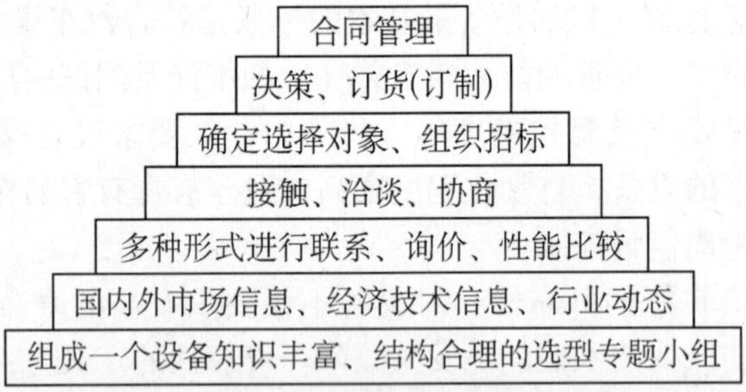

图 2-9 设备选型的基本程序

2）职责与分工。由于现代设备具有高速化、大型化、复杂化、连续性强和技术含量高等特点，不可能单靠某一个部门就能完成整个设备管理工作。现代设备管理是全员化、全系统的工程。针对某一具体的管理内容涉及的部门不同，其职责也不同，但必须遵照规范化管理的原则分工明确、协作配合，确保设备管理工作的正常有序。

买设备不光是给别人看的，更重要的是使用，是让设备为我们创造经济效益。所以在购买设备时，一定要考虑所要买的设备会带来什么样的经济效益，工作人员会不会使用，会不会保养。如果不会，怎么进行培训，多长时间能够熟练掌握（注意，人员素质太低，等培养出来了设备也该更新淘汰了，那才亏呢）等，都要事先考虑好，千万要三思而后行。要多听听业内人士、专家的意见，对设备商的花言巧语要冷静分析，看上了，又拿不准主意的，冷静下来再定。很多人喜欢到设备展览会上买东西，我是不太主张这样做的。一般到展览会上主要是学习、看和比较。展览会的环境气氛会形成一种“气场”，这就和大型商品超市一样，我们每个人可能都有过这样的经历，本来进到超市只是顺便买一把牙刷的，可是转一圈出来时却是大包小包地推出来一大车，回到家往冰箱里一塞，等到什么时候坏了再一股脑扔掉。展会的气氛同样会使你兴奋、头脑发热，再加上推销商花言巧语般的咒语，在这种情境下，如果不具备一定的修炼功夫，很难说不上当的。但不是说不能在展会上买东西，而是要掌握好时机，比如等到即将撤展时，利用展商不再情愿将展品往回撤的机会，一定会买到便宜货。

设备的选型（包括确定制造厂家）要注意调查研究，采取“三次选择”的方法：

第一次预选：它是在广泛收集设备市场货源情报的基础上进行的。货源情报的来源包括：产品样本、产品目录、电视广告、报刊广告等；从展销会上收集到的情报；用户厂家提供的情报；制造厂家销售人员上门推销提供的情报；代理商或有关专业人员提供的情报等。把这些情报进行分类汇集，编辑索引，从中挑选出可供选择的机型和厂家。这就是为设备选型提供信息的预选过程。

第二次细选：它是在第一次预选的基础上进行的。首先要对预选出的机型和厂家进行调查联系和询问，详细了解产品的各种技术参数、效率、精度、性能，制造厂的服务质量和信誉，使用单位对其产品的反映和评价，货源及供货时间，订货渠道、价格及随机附件等情况，做好调查记录，填写“设备货源调查表”。然后进行分析、比较，从中再选出几个认为最有希望的机型和厂家。

第三次选择：首先，要在第二次细选的基础上与选出的机型厂家进一步联系接洽，必要时做专题调查和了解。对需要进一步落实的关键设备，要到制造厂或这种设备的使用厂实地进行深入细致的观察和了解，并进行必要的加工和产品切削试验，针对有关问题（如附件、附具、图纸资料、备件的供应，设备的结构和精度、性能改善的可能性，价格及优惠问题，交货期等）同生产厂家进行商谈，并做详细记录。也可与制造厂或代理商草签会谈备忘录或协议等。然后，由设备、工艺技术、计划和使用部门共同评价，选出最理想的机型和厂家作为第一方案（同时也要准备第二、第三方案，以便订货过程中出现新情况时备用）。最后，由主管领导决策批准，正式签订合同。这样，便完成了设备选择的全过程。

在设备选择过程中，对一些关键设备，价格昂贵、数量多或整条生产线的设备配备，除采用上述多次筛选法外，还应通过必要的技术经济分析评价进行优选。

设备的订货即根据企业设备投资规划中最后决策所列出的外购设备明细表，按质量、数量、交货期的要求，向供方进行询价、报价、磋商、签约和按约收货。

根据以上原则，对于大规模汽修厂，要根据企业维修车型及相应的维修频率，确定最佳设备档次，以最大限度地满足维修需求，切实有效地解决维修现场所出现的各种疑难问题。尤其是占主导地位的汽车品牌的维修设备，尽量选择国际著名厂商的专修设备。著名品牌的产品有较高的声誉、稳定的产品质量和升级保修服务。

另外在选购设备时，也切忌只图低价格的多头公司分散采购。这种多头采购的结果看似省钱，但是品牌杂乱，售后服务非常麻烦，一旦遇到某家设备出现问题，而这一家的售后服务一时又跟不上，会给企业带来意想不到的困难。最重要的一点是多头采购品牌杂乱，对企业的整体品牌、个性、企业的形象会带来极大的负面影响。许多企业老板往往在做与客户有关系的事情时很舍得花钱，对设备投资多一分钱都不肯花，这种观念必须改变。

中小企业建厂之初，一般投资额较少，在选购设备时一定要多方考虑，货比三家。注意设备的有机结合，能以最少的投资，取得最佳设备组合。兼顾汽车检修的方方面面，根据企业自身实情，定出合理可行的设备采购计划，切忌盲目采购，买非所用，造成资金的积压和浪费。对于必不可少的高级维修设备，应当在保证维修需要的前提下，尽可能价格低廉，而且更新换代便捷、成本低。尽可能选择国产设备，尽管它的寿命和功能相对不如进口设备，但是只要可以满足维修需要，等到经营成功，成本回收之后，资金充足时再购置进口高级设备。

六、所聘人员档次

企业发展以人为本，人才资源作为企业发展的最重要资源，是为企业创造利润的源泉。一个企业没有人才就不能发展，但是人才（这里指的是高级人才）也并不是越多越好。招聘员工的数量和质量同企业的投资额息息相关，所聘员工数量越多，聘用人才素质越高，企业为此付出的代价也就越高。新建汽车修理企业，在员工招聘工作中，必须把握好人才的数量和质量，并注意人才的优化组合（即人才结构），才不至于人员结构臃肿，资金利用价值不高。北京有一家修理厂，建厂初期为了在维修质量上造成一种社会效应，不惜花重金招来一大批高级技术维修技工，许多业内人士无不为之感叹。可没过多久，由于管理不善，员工之间互相明争暗斗，甚至于发展到在客户的汽车上做手脚。当然，这个例子里“管理不善”是主要原因，但人员结构不太合理也是另一个重要原因。

随着汽车维修技术的变革，维修技术的高新技术含量越来越高，因此在对人才来源上，一定要摒弃过去那种从社会上招散兵（由农民工、打工仔组成的）的做法。也许企业的开业初期阶段，认为可以先招几个支持一下门面，可殊不知恰恰是这些人会影响企业的牌子。因而只要一产生想开办汽车维修企业的打算，就应该先物色人才。必须树立一个正确的人才来源观念，这就是专业院校和高职职高。他们受过专业培训及高等教育，他们决定了企业的素质。他们是企业的依靠，是企业发展的动力，企业的高层次管理成效只有在他们身上才能体现。对一个企业来讲人才定位是非常关键的。

（1）对于大型维修企业　间接工作人员不能超过员工总数的30%，要有一大批高素质的维修专业队伍，充分保证维修生产的正常运行和较高的专业化程度。机工、电工、钣金、喷漆应当工种齐全。各种技工应当有相应的技术等级证书或具有相当实力，应当聘请具有丰富经验的专业技师作为技术支持，管理人员应当熟悉汽车维修。在资金许可的情况下，可以聘请一名行业知名专家作为企业的“顶梁柱”，尽管每月要付高薪，但是利用“名人效应”，企业可以得到高额的利润回报。

（2）对于中小企业　所聘人员要做到少而精，不能有机构臃肿、人浮于事的现象。尽可能做到一才多能、一人多用。尽量聘用机电一体化、钣金油漆一体化的多功能人才。对于骨干技术人员，往往聘用工资较高，作为中小企业，可以聘用一名作为技术储备，解决维修中的疑难问题。

第三节　配件渠道及管理分析

在汽车维修企业管理中，配件管理是极其重要的部分，但配件部门的直接经济效益又不明显，因而在大多数汽车维修企业中，对配件部门的管理只是处于一种物流管理的初级阶段。实际上汽车维修企业配件部门，不仅能够给企业带来间接的经济效益，而且能带来直接的经济效益。目前大多数维修企业对配件管理都存在着相当大的盲目性，对采购管理、库存管理只是一种形而上学的形式化被动管理，车间修理需要什么配件就采购什么配件，最多对需要频率较高的配件多买几件，这种无计划的购买随意性很大。有很多配件从建厂之初采购进库，一直到企业行为结束还在仓库里睡大觉。配件的库存一直是企业占用资金最大的项目。如何采购配件、管理配件、减少库存、将库存盘活，其实是汽车维修企业管理中最重要的工作之一。配件的积压实际是资金的积压，因为配件的管理附加值也很高。在企业中，库存配件的价值随着时间的推移，附加费用会增加，其总体是贬值的。因而将库存配件划分类别（根据企业需求、规模等因素）盘活库存，甚至于对一些滞销配件降价处理，减少库存、盘活资金，实际上是为企业带来直接经济效益。专家们认为，在评定一个企业经营状况时，一个经营健康的企业，库存总价值应每一个时间年至少循环四次。我们在讲财务管理时，反复强调的一个观点是“资金贵在流动”，只有流动的资金才能产生效益。库存配件也是如此，让库存由静态变成动态，自然就会产生经济效益。

为什么我们在汽车维修企业前期管理中，强调对配件的管理，这是因为目前配件的管理已经是制约企业经营、影响企业发展的重要因素，而我们大多数的汽车维修企业既存在配件供应不及时，又存在库存积压，这种矛盾现象的产生虽然与企业外部配件物流体系的创建与完善密切相关，但实质与企业内部经营中对配件管理缺乏科学性不无关系。

汽车维修企业配件管理，在管理学上分为采购管理和库存管理两部分。因为这里只是讲对企业前期管理项目，所以对采购管理和库存管理只作提纲式介绍，目的是使管理者认识其重要性。采购管理和库存管理所包含的内容如下：

- 采购管理
  - 采购的焦点
    - 来源管理
    - 供给管理
    - 物料管理
  - 供应商关系
    - 供应商评价
    - 供应商发展
    - 谈判（迫使供应商降价）
  - 购买技术
    - 采购单
    - 无发票购买
    - 电子订货和资金转账
    - 无存货购买
    - 标准化
  - 准时制购买
    - 消除不必要的活动
    - 消除内存
    - 减少转运库存
    - 质量和信任度提高
  - 盈亏平衡分析

- 库存管理
  - ABC 分析法（帕累托原理：重要的“少数”和不重要的“多数”）
    - A 品种站库存总数的 15%，占成本 70% ~80%
    - B 品种中等库存，占成本总价值 15% ~25%
    - C 品种只占年度货币量的 5%，却占库存的 55%
  - 循环计数
    - 周期盘点
    - 定期评估、分类
  - 准时制库存
    - 易变化
    - 看板
  - 建立库存模型
  - 建立经济订货数量模型
  - 建立数量折扣模型（俗称积压抛货，批量折扣等）
  - 建立概率模型
  - 边际分析（对于库存模型进行边际分析决定最优库存政策。边际分析是针对边际利润（MP）和边际损失（ML）进行分析。对于任何库存水平，如果他的预期边际利润等于或大于他的预期边际损失，就增加库存，反之就迅速减少库存）

采购资金占企业经营成本相当大的一部分，采购行为能够为企业提高竞争力创造足够的机会。

采购管理与库存管理是一门专业科学，进行汽车维修企业前期管理，必须具备配件管理知识，并不断学习与提高。

配件是整个维修系统至关重要的一环，配件的快捷、及时、质优、价廉，以及配件系统的服务质量，是决定经营成果和投资成败的最关键因素。

现代汽车维修以换件为主，零配件销售在汽车维修产值中占60%以上，是企业获利的主要来源。零配件的备料速度、采购快慢、准确性及品质优劣，都与业务人员素质、仓库管理水平，以及科学的管理程序息息相关，并直接关系到维修工期、出厂质量和企业信誉。所以抓好配件渠道具有十分重要的意义。

一、配件采购环节

某汽修厂场地很大，属一类企业，但是地理位置过于偏辟，远离汽车配件市场，配件采购极为不便。好不容易来辆汽车修理，连普通配件也得到配件市场采购，加之采购员对配件的属性不太熟悉，等采购员风尘仆仆赶回来，客户已等得不耐烦了，严重影响了客户情绪。在当今时代，时间对任何一方来说都是宝贵的。该厂配件渠道严重滞流，直接影响了车源，企业生产难以为继。控制好采购环节的方法如下：

1）尽量缩短空间距离。在建厂选址或选择配件经营厂家时，尽量选择空间距离近的，这样便于联系和采购。

2）尽量缩短时间距离。选择交通便利、供货速度快的配件商合作，并可利用电子商务由经销商直达送货，以缩短维修工期。

3）搞好市场预测，掌握配件商情。市场预测是一种掌握市场需求变化的方法，掌握市场配件供应商情，预测发展趋势，是企业组织货源，搞好采购订货工作的前提。一个企业需要千百种配件，如果不掌握商情就无法确定什么时候进货，进多少，就会造成经济上的损失。特别是对企业需求量大、所占资金多的重要配件的商情应了如指掌，方能作出正确的决策。掌握整个市场供应情况、供需变化动态，以及哪些是长线供应配件、哪些是一般配件及其发展变化趋势。

4）同配件商建立良好的合作关系，尽量减少因配件带来的风险。

5）掌握易损件、疑难配件的供应网、采购网及其动态。

6）采购的配件和辅料务必保证质量。副厂件（指非原厂件）的采购需经技术和使用单位同意，以免影响生产，造成配件和物资积压。

7）配件采购中，在保证质量的前提下，进行价格比分析，尽量做到货比三家。

8）需求量大的配件应尽量选择定点供应、直达供货的方式。

9）正确选择期货与现货。对需求量大、使用规律明显的配件，采用期货形式，反之则采用现货，临时采购。

10）尽量采用与配件商签订直达供货方式，以减少中间环节，加速配件周转。

为了保证高效供应配件、降低投资风险、减少库存积压、避免闲置资金，应选择正确的供货方式。

二、配件管理环节

从保障生产的角度来讲，希望配件越多越好；从利用流动资金的角度来讲，希望配件越少越好；从定购角度来讲，希望定购次数越少越好，定购量越大越好。显然这三个目标是相互矛盾的，需要作出合理的选择。做好配件管理工作的方法如下：

1）抓好备料管理。维修中要做到一次性剖析检查，一次性填写备料单，避免重复采购，延长维修周期，造成人力、物力浪费。

2）有计划、高品质、高速度地采购。

3）抓好零配件的进出库管理。

4）抓好配件的计划管理。这关系到资金周转效益和车辆的维修速度。

路边店杜而不绝，不少车主往往愿意去路边店修车。究其原因，路边店的经营在某些方面抓住了车主心态，随时买件，即时更换，为车主节约了大量时间，往往能够满足某些客户需求，其生存也就在其中。

配件渠道作为维修企业生产运作最重要的后勤补给线，对投资成败有举足轻重的影响。只有最畅通的配件渠道，才能保证维修企业的正常运作；只有切实抓好配件采购和配件管理这两个环节，资金的价值才能得到最大限度的发挥，经营者的投资才能得到最大的回报。

第四节 投资状况及投资回报分析

一、投资状况分析

当条件都已经考虑成熟时，在决定具体投资时，还要对资金状况有个明确分析，它直接影响企业经营的好坏，甚至企业的生存。例如某汽修厂是个股份制公司，当时预计投资600万人民币建一个一类汽修厂，经过可行性分析，认为可行，预计在两年内收回投资。但是由于股东之间义务不明确，资金到位不齐，仅基建任务就拖了近一年，厂房起不来（只是一些活动板房车间），配套设施不健全，买了设备无法安装，又不能使用，只好一边基建，一边修车，其结果是车源越来越少，直接影响修车质量。由于资金不能一次到位或不能短时间到位，所以资金不能用在主要基建、设备上，每次相隔几个月，仅有10万元、20万元入账，全部用在了配件周转金或零打碎敲上，最后结果是，基建没搞完，业务却都丢了，还欠配件商一大笔资金，四年后被迫宣布破产。根据1993年汽车维修状况和实际车源状况测算，该企业是一个非常有希望的企业，却因为资金问题，使之丧身在襁褓之中。类似的企业不在少数（包括其他行业）。

企业的流动资金根据企业级别的不同有高有低。一类企业可从事汽车维护、小修、专项修理生产，所以企业的流动资金不能少于50万元左右，且设施设备、人员技术水平、质量管理、安全生产、环境保护及厂房用地都不能少于行业管理规定。对于二类中型维修厂，其经营范围允许对汽车进行维护、保养、小修及其他零星作业，其流动资金不少于15万元，厂房不少于200m^2，专用、通用设备价值最低50万元左右，同时技术人员都应持证上岗。三类维修企业，为小型专业修理部，经营范围小，有适当的资金周转便可运营。但不论对几类企业的投资都应首先考虑前期资金到位时间及资金运作程序，资金组成形式（独资、合资、合资组成各股东的经济状况）。预算库存配件（折合现金）最低存备量、最低储备流动资金、不可预见开支、3个月员工工资准备金、开业准备金等因素，做出详细报告。

二、投资回报率及资金回报周期分析

新建汽车维修企业无论规模大小，从策划到实施，其全过程是一项非常复杂的系统化过程。在对车源分布、周边维修企业分布状况、经营特色、经营档次、投资分析、配件渠道这六个方面进行了科学准确的可行性分析后，应该对最后一个环节，也就是最关键的环节——投资回报率进行系统分析。

企业经营者投资，追求的目标不仅是最大限度的利润，更是最大限度的投资回报率。维修企业作为一种经济实体，必须对投资回报率进行分析。投资回报率属于财务管理范畴，作为透视经营状况的窗口，作为企业管理的信息反馈中心，对投资回报率的分析有至关重要的作用。

资金有时间成本，经过模拟市场测算，如果企业处于亏损、持平或投资回报率低于同期银行利率，即为投资失败。

1998年4月，某汽车维修中心建厂时，我们曾经搞过企业策划。最初，领导准备投资80万元，筹建一个一类汽车维修企业，计划在半年内盈利。80万元虽然把这个厂的框架给竖起来了，但是，它还面临致命的弊端：市场定位不够明确，缺乏经营特色。当时在该地区已经有大小700家汽车维修企业，全地区机动车保有量不足13 000辆，其中小轿车不足3 000辆，维修市场已经处于饱和状态。领导对经营状况估计得过于乐观，以为将一个破产的汽车队的门面作一点改造就能够挣钱。但是，面对维修市场激烈的竞争，面对高新技术的严峻挑战，如果仍然采用通用的经营策略，像该汽车维修中心这样的一个新生企业，只怕还在萌芽之中就会夭折，80万元投资不仅在半年内不能得到回收，即使三五年内也不一定能够盈利。

新建汽车维修企业在策划中，经过可行性分析，如果认为投资不能如期回收，有两种决策可供投资经营者去选择：一是调整投资；二是改变资金回报周期。

一个新建的汽车维修企业，面对饱和的维修市场，要想在市场中挤出一个位置，找到立足点，找到自己的生存空间，必须找准市场突破口。经过对该地的维修市场进行认真调研，发现当地众多的汽修厂中，在高新技术的维修方面，技术力量都不够雄厚，这就是一个市场突破口。在上面提到的汽车维修厂，要想找到一条生存和发展之路，必须追加投资，并且把投资重点放在高新技术工位的设备和技术上。这就好比在一个围满钓者的鱼塘，想挤进去占领一席之地并要钓上鱼来，就必须使用上好的鱼竿、上好的饵料，才能钓上鱼来，否则即使挤进去也是一无所获。该汽车维修厂追加40万元投资，巨资引进电脑检测设备，事故车校整台（1996年该地区第一台），高薪从北京聘请专业技师，加大这方面的宣传投资，并相应建立了科学健全的管理体制。该汽车维修厂凭借这个突破口，迅速打开了市场，现在已经成为当地最为成功的企业之一。

采用突破口战略的好处是：它一旦建立起来，就具有很强的竞争力，因为它能博得客户的信任，满足客户需要，所以能比较长远地树立起优势地位而不被其他企业所代替。

市场突破口随时随地都存在，关键要看投资经营者如何进行市场调研，如何对行业发展状况进行剖析，如何作出科学准确的投资决策，找到了市场突破口。要坚守这块阵地，还必须同许多行业对手进行激烈的市场竞争，因此一般要以提高成本为代价，如品牌专业维修、高级设备购置、特种经营服务、配件高效供应等。

为保证投资能够得到回收，经营管理者必须充分了解市场行情，对企业的经营发展前景有一个科学的预测，对投资方案进行周密分析，在特定的市场环境下，就得追加投资找特色，加大成本求生存。

这里需要指出的是：市场经济与计划经济体制不同之处，在于只有最合理的经营规模，才能产生尽可能大的经济效益，高额投资不一定就会有高额回报，经营规模小的企业照样可以产生巨大的经济效益。

企业经营规模的大小取决于维修市场规模、资源条件、车源分布、周边维修企业分布状况、配件渠道、地理位置、技术力量、员工素质等多方面的因素。如果因为市场或资金等原因不能建立综合经营的维修企业，那就建立一个专修厂；如果不能建一类企业，就建二类企业甚至是专项修理部。与其建一个“大而全，小而全”的企业，不如去建一个“小而专，小而精”的企业。

国外的汽车维修企业都非常小，十几个人的企业占主导。并且大部分是汽车销售体系中售后服务的一个组成部分。像我国这样汽车维修企业的发展现状是比较特殊的，行业管理的方式也是比较特殊的。但我认为有能力的汽车维修企业与整车销售、技术咨询、配件供应组成的所谓三位一体、四位一体，是可持续发展的一个重要途径，但注意这不是惟一的途径。

经营规模小、资源有限的企业，虽然实力不够雄厚，难以搞综合经营以分散风险，但是可以集中资源，通过选择能使企业发挥自身优势的细分市场来进行专业化的经营。采用这种经营战略对于小企业有两方面的好处：一是可以扩大维修车辆批量、提高专业化程度和维修质量，提高规模经济效益，增加收益，在市场上站稳脚跟；二是随着需求多样化和专业程度的提高，大企业也普遍欢迎这种专业化程度高、维修质量好的企业为其提供配套服务。从而小企业能够逐渐走上以小补大、以小搞活、以专补缺、以专配套、以精取胜、以精发展的良性发展道路。

需要指出的是，规模并不等于效益。目前不少企业盲目追求规模，规模对那些并没有竞争优势的企业无法提供长期的保护，反而超大规模的内耗是十分惊人的，因此导致急速衰亡也是必然的。反之，缺乏规模对那些真正拥有竞争优势的企业来说也不是什么成功的障碍。我们必须清醒地认识到，规模在很大程度上是竞争优势的结果，而不是竞争优势的源泉。

采用这种经营战略，为了尽量减少经营风险，必须采取下列措施：

1）选准目标市场。这是第一个环节，也是至关重要的一环。正确的方法是将某一特定的细分市场同企业自身素质相比较，找到能够发挥自己优势的细分市场。目标市场的选择是企业内部条件分析和市场细分的结合。

2）提高企业的技术开发能力，做好品牌或专项维修的更新改造工作，以满足客户需要，在自己立足的目标市场上占据有利地位。

3）搞好市场宣传。采用这种战略的小企业，一般来说面临的市场或客户都比较稳定，所以市场营销的重点是寻求新的车源、采用适当的价格策略等。

做好以上工作，即具备了在一定的周期内收回投资的能力。

在对投资回报率进行分析时，资金回报周期必须列入考虑。管理者在投资过程中，必须根据行业发展趋势，结合企业自身经营状况，测算出资金回报周期。作为投资回报率的参考依据，根据资金回报周期，参考投资经营者的资金返还意向，对投资回报率进行综合分析，根据比较结果，作出管理决策，是修改整体规划还是修改资金回报周期。修改资金回报周期，必须对资金来源、资金流向及前期成本进行分析，对后期成本及投资回报率的递增率进行预算。

（1）资金来源　如果投资来源于银行贷款，需要每月付息还贷，那么必须根据贷款数额，尽可能缩短资金回报周期，降低投资风险。如果投资来源于公司借债，需要物资抵押，那么必须根据还款期限，合理配置资源，充分发挥资金的时间价值。如果投资来源于行政拨款，伸缩性较强，那么需要利用资金来源这一优势，在资金回报周期内不断挖掘市场潜力，创造企业发展的源动力，真正达到投资目的。

（2）资本流向　**资金生命在于运动，只有良好的资本流向才能尽可能地发挥资金的时间价值，尽可能地缩短资金回报周期。**企业在投资经营的前期，应当将重点投资项目放在经营特色的塑造上，比如人力资源、技术力量、专业设备、车间改造、特种服务等结合企业实际的项目上。资本流向，尤其是前期投资，直接关系到投资经营的成功与否。

（3）成本综合分析　投资前期将重点投资项目放在经营特色的塑造上。尽管在投资前期成本不能得到回收，但是从长远利益来看，这样做不仅不是一种错误的投资，而且把靠投资塑造的经营特色作为企业发展的靠山，必将为企业带来巨大的经济效益。短期内回报率低，这是正常现象，因为新建汽修厂要在激烈的竞争中站稳脚根，找到市场立足点，必定有一个适应阶段，必定要付出代价。在这些项目上的投资，就是要找准市场定位，树立经营特色，并将其作为今后企业发展的源动力。根据市场行情，结合企业发展前景，抓好重点投资项目，从而作出科学决策，才能保证资金顺利回收。投资过程的前期，成本很高而回报很少，投资回报率当然会较低，但是从投资的全过程来看，随着时间的推移，投资回报率呈逐渐递增趋势。当经营特色得到社会的认可，当服务质量得到客户的好评，当新车源在公众的舆论下得以开发，当宣传逐步到位，投资回报率就会突飞猛进地递增。**在特定情况下，将投资回报周期适当延长，用时间换取经济增长的递增率，才是客观务实的经营。**

这里有一点需要重视，即成本从某个角度可分为两种类型，即有形成本和无形成本。有形成本是指那些易于分辨，而且可准确测量的成本，包括水电、劳动力、原材料、税收、折旧及其他可以被财务部门或管理部门易于分辨出来的费用。无形成本不能数量化，包括未来雇员的素质和工作态度，社区对待企业的态度，车源变化，政策影响，市场金融指数的变化，气候，甚至包括感情投入，公关等，这些费用占去很大成本，有时甚至为了长远利益会牺牲眼前的利润，因而无形成本的分析一要慎重，二要留有充分余地，不妨在作预算时将这项开支适当加大一些，会有好处的。

投资回报率及资金回报周期是衡量企业投资成败的最关键要素。投资经营者必须对维修市场进行认真调研，对行业状况进行准确剖析，对企业经营状况进行周密考虑，对投资方案进行科学分析，然后作出投资决策，新建的汽车维修企业才能在投入市场竞争之后立于不败之地。

以上可行性项目，一环扣一环，后项都可能对前项造成否决，各项之间都有内在联系，因而在作可行性再分析时，必须作全面分析，对可行性作定量分析。

总之，在作出科学的分析判断之后，觉得确实可行，可进行第三部分工作，也就是进入汽车维修企业登记注册阶段。

三、可行性报告案例

这里以“关于筹建北京二手车综合性能检测与复新、经销公司可行性报告”为例子，说明可行性报告包含的内容。

1. 概述

我国的二手车交易已经有十几年的历史，十五大以后，“让轿车真正走进寻常百姓家”这一目标被正式列入计划纲要中，生产与购车热情空前高涨，新车交易市场更加活跃，同时带动了二手车行业的大发展。

纵观世界各国，特别是发达国家，二手车的经营一直占据着相当重要的地位。二手车的交易情况直接反映着汽车保值性。欧美国家的二手车交易量是新车交易量的7倍，也就是说每一辆汽车投入以后，要换7个主人。我国的二手车交易至今还处在一个起步阶段，但最近两年其交易额每年以20%～30%的速度增长，仅北京中联汽车交易市场，2000年旧车交易量就比上一年增长40%。但是，从市场需求而言，其发展速度还差得很远。这主要是缺乏国家的政策指导，没有国家统一二手车性能与价格评估标准，导致二手车交易的暗箱操作，售出的车也没有质量保证。这种局面严重阻碍了二手车交易市场的发展。尽管如此，我国二手车交易市场的发展还是不可抗拒的。

2. 可行性

二手车交易市场发展，使得二手车交易市场亟待规范化，否则在激烈的竞争中必然出局。从经销商来讲，收购的车过去只是凭经验评估，而且大多数只能凭外观进行取值，还要与车主讨价还价；卖车时任意加价，卖出后又后患无穷，钱是赚到手了，可麻烦也来了。由于收购的车只经过一些简单的伪装即倒出手，对其内在的质量并不了解，因而质量不能保证，买主反复找上门来，狼狈不堪。从客户来说，一是卖车时由于交易的难度，使得客户惧怕二手车经销商的杀价，自己的车到底值多少钱心里也没有底，他们希望有一个合理的售价；二是对于买主，由于明显的暗箱操作，买主很难确定自己买的车是不是价实相符，只能凭感觉孤注一掷，他们希望不管花多少钱，但要知道自己所买的车性能究竟是什么样的，而且这么高价值的用品，希望有一定的质量保证期服务。

应根据市场、经销商、客户三方需求，在二手车交易市场内建立一套综合性能评估系统，二手车复新系统是当前汽车后市场极好、及时的切入点。

但是这套综合性能评估系统，必须技术先进、设备先进，而且是经过国家有关部门认证的。这样经过检测后的评估结果，才能保证具有权威性、真实可靠性，才能作为价格的评估依据。也只有具备以上条件，才能对市场起到规范作用。

作为一个综合性能检测与二手车复新企业，决定其生存的关键是车源，决定其发展的也是车源。目前需要创建的这一企业，不仅仅是建在二手车交易市场之中，而且让市场参股，这样一方面是市场的需求，另一方面又具有了市场行为（凡是进入市场交易的二手车都必须经过综检判定），随着综检站的进入，促进了市场的规范化，进入市场的车源会越来越多。

由于地域的优势，其他市场之外的维修企业无形中处于竞争的劣势。综合性能检测站建在二手车交易市场之中，给客户提供了极大的便利条件，先天之优势决定其发展的必然。

配件材料的采购、管理也是制约汽车维修企业经营的主要因素。即将筹建的企业是与北京市中联汽车交易时常合作并建于其中。中联二手车交易市场位于北京市海淀区万泉路，距北京市最大的西郊汽车配件城不足五公里，交通便利，信息畅通，企业可将汽车维修企业积压流动资金最多的配件库转移到配件商方面，而使企业实现最低的库存，并提高库存周转，促进企业流动资金的利用率，为企业带来直接的效益。

至此，汽车维修企业生存与发展的三大要素条件都已具备，而且由于市场发展规范的需要，有关部门、行业主管、交通局、交通部都表示给予支持与鼓励，这更增大了该项目的可行性。

3. 实施方案

(1) 独立经营　以租赁场地，向中联市场交租金的方式自主经营。好处是自主经营，劣势是企业缺少市场约束行为，对企业初期运营不便，初期发展客户慢，宣传费用增大，原始资金积累缓慢。

(2) 与中联合作　让中联市场参与一定股份，风险我们承担，利益分享。这样使得市场交易车辆必须进入综检站判定，这对企业初期运营极为有利，极大地缩短了资金回报周期。这种方案是首选方案，必须尽力争取。

以上两种方案无论采取哪一种，该企业必须在市场设址，除非不得已，可将修理部分放在场外，而综检线及汽车美容部门必须放在场内。这样会将一部分经过综检存在问题而影响卖价的车，指引到我们的修理厂作一些简单整备，使车主花很少的钱却能卖个好价钱，从而弥补修理厂地理位置不便带来的不足。

4. 组织结构及人力资源（初期）

组织结构见图1。人力资源见表1。

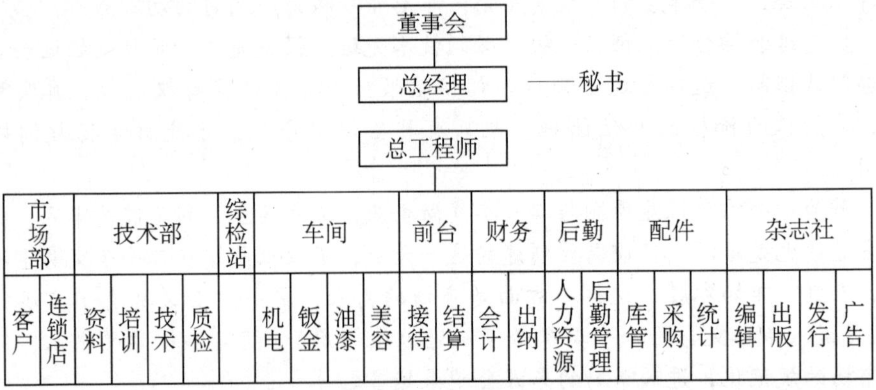

图1　组织结构

表1　人员配置

职　位	学 历	语　言	计算机	从事本行业年限（汽车）	人　数
总工程师	本	英语	使用	15 年	1
总经理	本	英语	使用	熟悉本行业	1
文秘	专	英语	使用	本专业为好	1
客户发展部经理	本	英语	使用	熟悉本行业	1
客户发展部	中职	英语	使用	汽车应用	4
技术部工程师	本	英语	使用	10	1
培训	本	6 级以上	熟练	5	1
质检	专	英语	使用	10	1
车间主任	专	英语	使用	10	1
机工	专	英语	使用	10	13
电工	专	英语	使用	10	1
钣金工	中职		使用	5	2
油漆工	中职		使用	5	2
美容工	中职		使用	5	2
前台接待经理	本	英语	使用	10	1
前台业务员	专	英语	使用	5	1
前台结算	专	英语	使用	会计员 3 年	1
财务部经理	本		使用	会计师 5 年	1
会计员	专		使用	会计员 3 年	1
出纳	专		使用	会计员 2 年	1
人力资源	本	英语	使用	人事管理 3 年以上	1
后勤管理					2
配件经理	本	英语	使用	5	1
库管	专	英语	使用	3	1
采购	专	英语	使用	有驾证 5 年以上	1
统计	专	英语	使用	有统计员证	1
杂志社（筹备）	本	英语	使用	有编辑经验 3 年以上	2
综合检测站	本	英语	使用	有 10 年以上经验	2
合　计					50 人

5. 主要设备投资方案及概算

切入二手车市场的关键是使其交易过程规范化、科学化、明朗化，变暗箱操作为有依据的评估，摒弃欺诈行为，依靠科学技术、高新设备判定、维护、复新二手汽车，减少人为因素，因而对二手车综合性能判定及其相应的设备选型尤为重要。根据目前及今后面对的主要为小型轿车（不包括中巴、大巴、货运汽车等），因而选择三吨以下汽车综合性能检测线为宜。具体选型及工艺布局方案如下（仅供参考）：

汽车综合性能判定中检测设备的选型至关重要，要求对汽车的原理、结构、维护和修理，以及运动力学有深刻的理解和认识。比如多年来国内综检站广泛使用的日式金属键槽低速制动实验台，由于自身设计的缺陷，检验出来的制动力，距离汽车实有的制动器本身的制动能力相差甚远，尤其是对于制动系统采用ABS防抱死装置或带各种比例阀、分配阀或感载阀制动器的车辆，错误判断使许多车主有苦难言，机械的弊病已经造成了不良的社会影响。另一方面前照灯检测仪过去没有检验灯光高度的功能，不顾灯光的高度而只检验灯光的偏斜角度，与国家标准GB 7258—1997《机动车运行安全技术条件》的要求相差甚远。其次，从日本进口的检测线或国产线，不符合中国国家标准GB 7258—1997的要求。在布局上也不尽合理，车间内噪声和尾气污染很大，排风设施设计不合理，没有真正起到劳动保护的作用。这些问题本应及时解决，但引进的检测线投资很高，不宜轻易改变，一直延续了十年。因此，即将筹建的汽车综合性能检测线，应该及时总结十年来的经验和教训，必须选择合适的检测设备和重新设计综合性能检测线的工艺布局，努力完成符合中国国家标准要求的综检线。总而言之，设备选择的原则是能够真实反映车辆的实际情况，充分满足国家标准GB 7258—1997《机动车运行安全技术条件》对机动车检测的具体要求，同时还要适合贯彻GB/T 15746.1—1995《汽车修理质量检查评定标准 整车大修》、GB/T 15746.2—1995《汽车修理质量检测评定标准 发动机大修》、GB/T 15746.3—1995《汽车修理质量检测评定标准车身大修》、JT/T 198—1995《汽车技术等级评定标准》、JT/T 199—1995《汽车技术等级评定的检测方法》、JT/T 201—1995《汽车维护工艺规范》、GB/T 12480—1990《客车防雨密封性实验方法》、GB/T 12480—1990《客车防雨密封性试验方法》的具体要求。考虑将于2000年8月1日实施的GB/T 17993—1999《汽车综合性能检测站通过技术条件》中对检测站的具体要求，结合性能价格比，通用的检测设备以选用国产为主，关键的检测设备以选用进口为主，并要求所有的检测设备必须带二次仪表，配有RS232接口并且带有通信协议。

为了谨慎起见，对国内各个检测设备的生产厂家作了一些比较，如成都汽车保修机械厂、广东佛山分析仪器厂、南海市南华仪器有限公司、深圳新永通实业有限公司、深圳市大雷实业有限公司，针对这些厂家生产的各种检测设备在各地的使用情况进行了分析，积累了大量的数据。同时，仔细观察了进口设备，如德国的博世公司、申克公司、马哈公司、百斯巴特公司、霍夫曼公司、达华公司，美国的野马公司，日本的小野公司、弥荣工业株式会社公司、安全工业株式会社公司、万岁工业株式会社公司，比利时公司等，认真分析对比了国内外生产厂家的各种检测设备。经过仔细筛选，并考虑到设备的通用性、可靠性和快捷完善的售后服务体系，确定基本上以国产一至两家生产检测设备的厂家为主。例如：侧滑实验台、轴重仪、车速表试验台、尾气分析仪、烟度计、声级计等，基本上以国产为主。制动试验台的选型要求必须是前低后高（粘沙式）带第三滚筒高速的国产和进口检测设备均可。前照灯检测仪要求必须是能够同时检测远、近光灯，并带灯高测量装置的智能型全自动检测仪。三吨汽车综合性能检测线能够检测轴重在三吨以下的所有汽车。考虑到检测车间的面积为长×宽＝60m×18m，在设备选型上一般设备选用国产，关键设备（如前照灯检测仪等）选用进口设备。这样选择的目的就是尽量降低成本。

现就主要设备具体地说明如下：

（1）四位一体检测线　侧滑、轴重、悬挂、制动四位一体安全性能线，需五分钟就可全面了解车辆的底盘状况。

（2）前照灯检测仪　电脑控制全自动操作，最新的前照灯检测仪以远、近光光谱分布理论为基础，采用先进的图像处理技术，无论是前照灯的远光或近光，都能进行精确定位，全自动完成对发光强度及照射角度的测量。也就是说，在无人干预的情况下，可自动导入被检前照灯光照区自动跟踪光轴，自动检测被检前照灯发光强度，车灯高及远、近光照射角度，并可对四灯制或两灯制的前照灯进行自动测量，检测完成后，自动返回初始位置，检测结果可自动送出。这是一种具备智能化功能的前照灯检测仪。其主要特点是具有使用方便、测量准确、工作可靠、自动化程度高。检测出的结果真实可信，不存在人为因素，真正满足国标对汽车前照灯检测的具体要求。选用比利时的SAM1000型数字式全自动前照灯检测仪，适用于检测所用前照灯ECE、SAE、JPN等类型。

（3）尾气分析仪　选用德国博世公司生产的ETY8.71生产的尾气（5气或4气）分析仪，或国产南华测试仪器厂生产的尾气（5气）分析仪。

（4）烟度计　选用输出线性度比较好的广东佛山分析仪器厂生产的FBY—200型，精度比较高。

（5）声级计　选用湖南衡阳仪表厂生产的m104A型声级计。

（6）制动试验台　前低后高粘沙式（可以选用金刚砂，聚四氟乙烯＋树脂，或金属网石英颗粒涂塑三种，不允许使用多点焊接的滚筒）带第三滚筒的制动试验台，国产和进口均可。在具体的选型上，应采取非常谨慎的态度。首先，征求了全国部分综检技术负责人、质量负责人和行管人员的意见；在实际考察中发现德国博世公司、百斯巴特公司生产4T制动试验台，小车制动力上不去。在北京，走访联合出租（百斯巴特）、石景山（马哈多点焊接）、政协（马哈聚四氟乙烯+树脂）、国管局（达华金属网适应颗粒涂塑）等四家安检站，用同一辆上海桑塔纳330K8BLOL型轿车，在各种制动试验台上实测了数据，发现百斯巴特、马哈多焊接等4T制动试验台小车制动力仍上不去。最后，对制动试验台的选型如下：美国Snevp—on系统。

（7）发动机综合分析仪　在综检站中，最能代表检测汽车动力性的关键设备是发动机综合分析仪。德国博士公司生产的FSA560发动机综合分析仪，是国际上著名的顶尖品牌设备，利用它可以检测诊断全世界所有汽车发动机的故障。使用FSA560发动机综合分析仪，可提高综检站的设备技术含量，并整体提升综检站的检测水平，使其在检测行业具有权威性，同时突出了综检站的特色，从而使综检站的设备配备明显高于安检站。但是其价格较高，资金较宽裕的最好选择该设备。如果资金较紧，又考虑到二手车性能判定面对的车型，在目前中档车型占多数，也可使用国产威宁达的K100综合检测仪。威宁达K100综合检测仪全部是引进的意大利技术，功能也很强大全面，价格仅为FSA560的三分之一。

（8）底盘测功试验台　自于国家在2000年10月份已经出台ASM法的检测规范，北京市也已经制定出BASM详细的检测规范，因此，综检站的底盘测功试验台应能满足上述要求。建议选择Snevp—on系统。

（9）油耗计　考虑到计算机连线的需要，选用北京农业工程大学生产的BJY—1型汽油机或柴油机油耗计。这台设备带有RS232接口，质量可靠，使用简便。

（10）车轮定位仪　选用德国博世公司生产的FWA411型四轮定位仪。因为它的技术支持强大，每年全世界的汽车车型光盘升级四次，这是它强于任何一个厂家的最大特色。检测结果真实可靠，重复性好。

（11）悬架性能检测仪　选用美国Snevp—on系统中悬架性能检测仪，诊断功能强大、工作可靠、检测数据准确。

（12）车轮动平衡机　选用德国霍夫曼公司生产的GEODWNA3501P车轮动平衡机，自动化程度高、检测方便快速、精度高。

其他的检测设备及仪器，如汽车底盘间隙检测仪、传动轴游动角度检测仪、不解体探伤仪、汽车侧倾角检验仪、轮胎气压表、钢卷尺、漆膜光泽测量仪、钢板尺、轮胎花纹深度尺、曲轴箱窜气量检测仪、气缸压力表、测温计和秒表等，基本上以国产设备为主。

上述所有检测设备的详细情况见表2。这样选择成本适当，而且整条检测线工作稳定、可靠，可以连续工作十小时以上。在工艺布局上分为八个工位，可以同时检测八辆汽车。

表2　所需的控测、诊断设备

一、汽车综合性能检测设备

（单位：万元）

序号	设备名称	型　号	生产厂家和代理商	数量	单价	合计
1	烟毒计	FBY—200	佛山分析仪器厂	1	1.30	1.30
2	尾气分析仪	MEXA—324JA	佛山分析仪器厂	1	2.60	2.60
3	四位一体检测线	Snevp—on	美国施耐公司	1	56.70	56.70
4	车速表试验台	SB—100（LS）	北京广达汽车维修设备公司	1	0.483	0.483
5	制动踏板力计	BSA100	德国博世公司	1	1.58	1.58
6	驻车制动操纵力计	TL—1/SL—1	山东	1	0.45	0.45
7	ABS 检测仪	ETT016.05	德国博世公司	1	2.80	2.80
8	前照灯检测仪	SAM1000	比利时	1	2.68	2.68
9	声级计	HY104	湖南衡阳仪表厂	1	0.281	0.281
10	底盘间隙检查仪	JX—10	交通部成都汽车保修机械厂	1	3.37	3.37
11	地沟举升机	DKJ—90	皖安　安徽	1	1.40	1.40
12	传动系游动角度检测仪	YJ—95	山东	1	0.95	0.95
13	不解体探伤仪	ST9518	营口	1	0.28	0.28
14	汽油油耗计	BJY—1	中国农业大学车辆工程学院	1	0.099	0.099
15	柴油油耗计	BJY—1	中国农业大学车辆工程学院	1	0.099	0.099
16	发动机综合分析仪	K100	威宁达公司	1	9.36	9.36
17	曲轴箱窜气量检测仪	QZC—B	山东淄博无线电二厂	1	0.75	0.75
18	气缸漏气量检查仪	QJ—B	山东淄博无线电二厂	1	0.75	0.75
19	解码器	红盒子2500	美国 Snevp—on	1	2.00	2.00
20	真空表	BTT007.01	德国博世公司	1	0.058	0.058
21	高阻抗数字万用表	MMD302	德国博世公司	1	0.160	0.160
22	气缸压力表	BFAW210A	德国博世公司	1	0.058	0.058
23	四轮定位仪	FWA411	德国博世公司	1	13.13	13.13
24	转向角检测仪	ACT—C	山东机电技术开发服务中心	1	6.68	6.68

（续）

序号	设备名称	型　号	生产厂家和代理商	数量	单价	合计
25	转向参数测量	ZL—1	山东	1	0.396	0.396
26	离车式车轮动平衡机	GEODWNA3501P	德国霍夫曼公司	1	6.50	6.50
27	发动机不解体清洗机	ECS300E	美国	1	1.60	1.60
28	秒表			1	0.10	0.10
29	轮胎气压表			1	0.10	0.10
30	钢卷尺			1	0.10	0.10
31	漆膜光泽测量仪			1	0.78	0.78
32	钢板尺			1	0.05	0.05
33	轮胎花纹深度尺			1	0.05	0.05
34	手动真空泵		美国	1	0.15	0.15
小计						117.844

二、汽车检测网络系统

（单位：万元）

序号	设备名称	型　号	生产厂家和代理商	数量	单价	合计
1	汽车检测线连线	BJZJ		1	26.50	26.50
2	综检站网络系统	BJZJ		1	10.35	10.35
小计						36.85
总计						36.85

三、汽车修理厂检测诊断设备

（单位：万元）

序号	设备名称	型　号	生产厂家和代理商	数量	单价	合计
1	扒胎机	MONTY3200	德国霍夫曼公司	1	2.95	2.95
2	万用示波器	FLUKA	美国福禄克公司	1	1.9	1.9
3	液压举升机	皖安	安徽	11	1.40	1.40
4	吸尘吸水机	LAVOR WASH	意大利	1	0.43	0.43
5	蒸气机	LAVOR WASH	意大利	1	0.28	0.28
6	汽车美容工具	百得牌抛光机	美国3M	1	0.17	0.17
7	打蜡机		日本	1	0.038	0.038
8	多功能美容工具		中国台湾	1	0.20	0.20
9	世达工具	120件	上海合资	10	0.099 5	0.995
10	汽车外部清洗设备	551	意大利	1	1.98	1.98
11	自动变速器清洗设备	MOTORVA	美国	1	1.50	1.50
12	润滑油路清洗机	L—600	美国佩密克	1	1.90	1.90

（续）

序号	设备名称	型　号	生产厂家和代理商	数量	单价	合计
13	润滑油脂加注器			1	0.24	0.24
14	刹车油交换机	NBFC	中国台湾	1	0.40	0.40
15	抽油机	44091	意大利飞鹰	1	0.54	0.54
16	烤漆房	标准型	北京	1	10.00	10.00
17	钣金工具	全套六件	上海世达	1	0.980	0.980
18	电子调漆设备	1套	法国	1	3.80	3.80
19	喷漆设备喷枪	SATA	德国	1	0.21	0.21
20	空气压缩机	金环（$10m^3$）	北京	1	0.53	0.53
21	抽排系统	1套	德国	1	64.00	64.00
22	零件清洗机	1套	国产	1	0.87	0.87
23	C18车床	1台	国产	1	4.00	4.00
24	冷媒加注机	ROBINAIR	美国	1	2.98	2.98
25	工具车			1	0.068	0.068
26	二氧化碳气体保护焊机	200型	济南	1	0.936	0.936
27	钻床			1	0.06	0.06
28	气门座绞削研磨机具			1	0.80	0.80
29	手电钻			2	0.02	
30	角向磨光机			2	0.02	0.04
31	电缆盘			4	0.02	0.08
32	微调力矩扳手			4	0.12	0.48
33	冷却系统分析仪			1	0.60	0.60
34	红外线转速表			1	0.60	0.60
35	空调压力表			1	0.04	0.04
36	WV152发动机检测仪			1	1.90	1.90
37	新型杜奥快速真空抽吸工具			1	0.204 0	0.204 0
38	PRP2000动力转向系统清洗机			1	1.548	1.548
39	PRP2000动力转向系统清洗机附件			1	0.204 0	0.204 0
40	喷油嘴专用清洗设备			1	0.468	0.468
41	燃油系统清洗保养工具			1	0.118 8	0.118 8

（续）

序号	设备名称	型　号	生产厂家和代理商	数量	单价	合计
42	进气系统及EGR清洗设备			1	0.732	0.732
43	柴汽油发动机燃油系统免拆清洗设备			1	3.168	3.168
44	制动系统保养工具组			1	1.548	1.548
45	制动液更换加注工具			1	0.456	0.456
46	制动液检查更换工具			1	0.54	0.54
47	空调系统管路内部清洗工具			1	0.079 2	0.079 2
48	环保型零部件循环清洗机			1	3.00	3.00
49	GX—A2发动机光线内窥镜			1	1.032	1.032
50	抛光机			1	0.248	0.248
51	羊毛洗车手套			1	0.06	0.06
52	擦车麂皮			20	0.002 40	0.048 0
53	去污粘土			100	0.002 75	0.275
54	水砂纸1			100	0.001 40	0.140
55	水砂纸2			100	0.001 4	0.14
56	水砂纸3			100	0.001 58	0.158
57	水砂纸4			100	0.001 77	0.177
58	水砂纸5			100	0.002 15	0.215
59	研磨机衬盘1			1	0.025 3	0.025 3
60	研磨机衬盘2			1	0.025 3	0.025 3
61	抛光机衬盘1			1	0.016 5	0.016 5
62	抛光机衬盘2			1	0.016 5	0.016 5
63	羊毛研磨盘1			1	0.010 8	0.010 8
64	羊毛研磨盘2			1	0.010 8	0.010 8
65	海绵研磨盘1			1	0.009 8	0.009 8
66	海绵研磨盘2			1	0.009 8	0.009 8
67	海绵抛光盘1			1	0.011 6	0.011 6
68	海绵抛光盘2			1	0.010 7	0.010 7
69	海绵还原盘1			1	0.010 7	0.010 7

（续）

序号	设备名称	型　号	生产厂家和代理商	数量	单价	合计
70	海绵还原盘2			1	0.010 7	0.010 7
71	打蜡机			1	0.002 2	0.002 2
72	研磨机			1	0.178 8	0.178 8
73	四合一吸尘器			1	0.326 0	0.326 0
74	蒸汽清洗剂			1	0.228 8	0.228 8
75	冷热水洗车机			1	1.615 6	1.615 6
76	汽修专用工具及其他工具			1		4.00
小计						143.020 9
合计						143.020 9

第一工位是尾气、烟度轴重、车速；第二工位是制动（包括小车线上的平板制动）、制动踏板力计、操纵力计；第三工位是灯光、侧滑、声级；第四工位是地沟；第五工位是惯性式底盘测功试验台、油耗计（汽油、柴油或代用燃料）；第六工位是发动机综合分析仪；第七工位是转向参数测量仪、油质分析仪、车轮动平衡机、车轮定位检测仪；第八工位是汽车底盘间隙检测仪、传动系游动角度检测仪。汽车悬架性能检测仪在检测车间外安装。

在实际的工艺布局上，将八个工位分别安排在两条检测线上。具体地说，就是将一工位至四工位能够安排在一条检测线上；将五工位至八工位安排在另一条检测线上。设计的基本出发点是将尾气和车速表的检测，调整到第一工位。目的是把尾气污染和车辆高速运转时产生的噪声就近排出车间，从而减少车间尾气污染程度和噪声，保护检测人员的身体健康。为了落实GB7258—1997《机动车运行安全技术条件》的具体内容，加大轴重仪与制动试验台之间的距离，使之测量完整车重量之后，再上滚筒式制动试验台进行检测。这样避免了驻车制动在前轴，车辆无法检测的情况。灯光、侧滑、声级排在第三工位。把侧滑试验台插入前照灯检测仪的后面，既照顾了检测场车间比较短的现状，又能够满足使车辆通过侧滑试验台时，车速保持在3~5km/h之间，以避免超速驶过侧滑试验台。将声级计固定在前照灯检测仪上，并使其距地面1.2m。在检测时，让前照灯检测仪运行在待检车辆的正前方，侧滑试验台的地沟边缘的距离为1m。第四工位是地沟，我们知道底盘检验非常重要，很多重大事故隐患都会在此检查出来，所以单独设立一个工位是必要的。

在另一条检测线上，第五工位是惯性式底盘测功试验台、油耗计（汽油、柴油或代用燃料)。这样排列的目的，主要是将汽车的动力性检测和经济性检测有机地结合起来，既可以测汽车的底盘输出功率、加速时间、车速表误差、滑行距离，又可以测汽车的百公里油耗。另一方面，可以将汽车检测时的尾气污染物和车辆高速运转时产生的噪声排出车间，减少车间尾气污染物的浓度和噪声，达到保护检测人员身体健康的目的。一般将检测车间入口处到惯性式底盘测功试验台的中心线设计为5.3m。惯性式底盘测功试验台的中心线到油耗计的中心线设计为5.3m。这样方便检测人员的操作，减少不必要的行走路程。第六工位是发动机综合分析仪，把它单独设立一个工位，主要考虑到发动机综合分析仪带十几个传感器，安装时需要一定的时间。同时，它又是检测和诊断发动机故障的关键设备，检测的项目和参数较多，体现综检站的技术实力也在于此。一般将油耗计的中心线到发动机综合分析仪之间的距离设计为9.2m。第七个工位是转向参数测量仪、油质分析仪、车轮动平衡机、车轮定位检测仪。这个工位安排的检测设备较多，但主要是以转向系和行驶系的检测为主，很多设备可以同时进行检测。一般将发动机综合分析仪到车轮定位检测仪的中心距离设计为11.2m；将车轮定位检测仪的中心线到车轮动平衡机的中心距离设计为10.7m。第八工位是汽车底盘间隙检测仪、传动系游动角度检测仪。通过这些设备对汽车的底盘进行仔细的检查，及时发现重大隐患，彻底消除车辆的各种故障，真正达到汽车综合性能检测的目的。一般将车轮动平衡机到汽车底盘间隙检测仪的中心距离设计为5.8m，将地沟长度设计为9m，使地沟到检测车间的出口设计为3.5m。

上述方案只是个人的一点见解，建议结合现场的实际情况进行完善，使其可操作性强并切实可行。

6. 综检站的计算机网络系统说明书

综检站的计算机网络系统，自动将上述检测线的检测结果送入北京市二手汽车综合性能检测站的网络服务器中。在汽车综合性能检测站内，用一个集线器将所有的工作站与服务器连接起来，并通过调制解调器，实现与北京市交通局汽车维修管理处、北京市海淀区交通局汽车维修管理信息中心网相联。一般这样的网络系统硬件配置主要有：网络服务器、网络工作站、网络适配器、通信电缆及集线器和调制解调器。

(1) 网络服务器　为网络提供硬、软件资源，并对这些资源进行管理的计算机。

(2) 网络工作站　从服务器中读取程序和数据，并进行有关应用程序的运行。

(3) 网络适配器　简称网卡NIC，是一种外设卡。它一面插入计算机母板的扩展槽中，另一面则与网络通信电缆连接。

(4) 通信电缆

1）双胶线。用两种不同颜色、相互绝缘的铜质电线缠绕成的电线对。一般分为非屏蔽和屏蔽两种。

2）同轴电缆。两种导体共享同一根中心轴。电线中心一根铜钱外包用塑料制成的泡沫绝缘层，在其外包着金属丝网、金属箔。

（5）集线器（HUB） 各站点通过集线器相互联接。一般分为有源和无源两种。

（6）调制解调器

1）调制器。将数字信号变换为在电话网上传输的音频信号。

2）解调器。将音频信号恢复成原来的数字信号，使计算机方便与电话网相连，实现局域网与局域网中计算机的远程通信，从而构成广域网。全部费用为10.35万元。

北京市中古汽车综合性能检测站网络系统采用的是现代网络技术，具备高稳定性、高可靠性、高安全性等特点。主要优点如下：

1）采用星型网络拓扑结构，便于故障维护，易于网络扩充改造。

2）采用高速网络技术100Base—T，既可以提供高达100Mbit/s的网络传输速度，为用户提供高速的数据支持；又可以为日后将网络升级为1 000Base—T提供方便。

3）硬件全部采用知名品牌产品，可以提高系统的稳定性。

4）采用综合布线技术，解决了最容易造成网络故障的隐患。采用客户端/服务器模式，使用应用程序将用户与数据隔离，有力地保障了数据的安全性和一致性。

5）采用Windows NTServer4.0（中文版）作为网络操作系统。其与Windows98一致的操作界面，使得对网络的管理和使用得以简化。

6）统一规划了网络系统的IP地址分配，充分考虑了当地的实际情况。

7）网络信息管理系统采用了基于Windows98（中文版）的高级编程语言VisualBasic6.0（中文企业版）设计。整个网络信息管理系统全部汉化，操作界面简洁整齐、人机交互性能友好、操作简便易行、功能齐全、强大。

8）采取多种措施，确保检测线在局域网出现故障时，不影响检测工作的正常进行。

9）服务器采用大容量硬盘（13.5G），为保存多年多条检测线检测数据提供了充分的空间。

通过使用北京市中古汽车综合性能检测站网络信息管理系统，可以使用远端计算机通过调制解调器，连接到检测站的局域网，查看检测站各工位人员安排情况和各检测设备的开关机状况，查询或统计检测站已检车辆的各种数据，因而可以不用安排工作人员亲自到检测现场，就可进行查询统计检测数据或对检测站工作进行监督，减轻了工作强度，提高了工作效率，并且可以杜绝检测站擅自降低检测标准的现象发生，提高了车辆管理部门的管理手段。

通过使用北京市二手汽车综合性能检测站网络信息管理系统，可以查看检测站的检测设备标定记录表、检测站综合月报表、人员名单登记表、检测站基本情况表等，结束了手工填入、纸张传送这种古老方式的历史，进入了无纸办公的信息时代。通过网络，北京市交通局汽车维修管理处、北京市海淀区交通局汽车维修管理科与检测站之间的公文或信息，可以通过网络传送，减少了中间环节。

通过使用北京市二手汽车综合性能检测站网络信息管理系统，北京市交通局汽车维修管理处可以对全市综检站统一规划、综合部署，加强对不合格车辆的监管力度，及时查出尾气、制动等不合格车辆，诊断出导致尾气、制动不合格的故障点，防止其上路运行，有效地控制因汽车尾气排放超标造成的大气污染加重或制动失灵造成的交通隐患，有力地减少因车辆车况不合格而造成的交通事故的发生，保障广大人民群众的生命财产安全。

通过使用北京市二手汽车综合性能检测站网络信息管理系统，公司可以非常详细记录所有经过检测的二手车的技术状况，为车主出具公正、科学和真实可信的检测记录单，并能够适时地动态掌握全市二手车综合性能情况，为规范化管理和与国际接轨打下坚实的基础。

7. 主要办公用品预算（表3）

表3　办公用品预算

名　称	型　号	数　量	单价/万元	金额/万元
计算机		10	0.70	7.0
电话		14		2.0
传真机		1	0.3	0.3
复印机		1	3.5	3.5
投影仪		1	9.0	9.0
装订机		1	0.12	0.12
办公家具				5.0
低值易耗品				2.0
合　计				28.92

8. 占地面积概算

根据功能区测算，占地面积见表4。

9. 总投资及资金流向

（1）地面建筑　考虑到企业品牌、定位及今后连锁店的移植，地面建筑计划费用在400万元左右（含四通一平）。

表4 占地面积

功能区	占地面积/m^2
业务大厅（含展厅）	200
客户休息室	30
配件库	100
综检站	160
车间（十工位）	1 400
办公室（或楼）	120
培训	60
美容车间	40
停车场	120
公共通道	100
其他（食堂、卫生间等）	60
绿化	400
合计	2 080.5（地面建筑按有效利用率85%计）

注：估计土地年租金（北京三类地区并考虑到优惠条件）约为15万~20万元。

（2）利润分析

1）检测线。按月交易台数550台计（中联提供），日均22.7台（月按有效工作日22天计），扣除不确定因素，日均进厂检测台数按60%，计14台，每台综检费按500元计。

日　500元/台×14台=7 000元

月　7 000元/天×22天=154 000元

年　154 000元/月×12月=1 848 000元

2）美容整备。按目前市场每台600~1 500元，取中间下限800元计。

日　800元/台×14台=11 200元

月　11 200元/天×22天=246 400元

年　246 400元/月×12月=2 956 800元

3）修理厂。初期按每日进厂维修台数14×25%≈3台计，每台维修费用平均1 200元计（中、高、低档车型平均）。

日　1 200元/台×3台=3 600元

月　3 600元/天×22天=79 200元

6个月　79 200元/月×6月=475 200元

中期按正常预测，市场车源每日维修量应达到30台次。

日　1 200元/台×30台=36 000元

月　36 000元/天×22天=792 000元

6个月　　792 000元/月×6月=4 752 000元

三项合计营业额为1 003.2万元。

资金流向见表5，表中不含二手车销售储备金、连锁店筹备金。利润分析见表6。

表5　资金流向

项　　目	金额/万元	项　　目	金额/万元
设备	297.714 9	库存配件	5.00
地租	20.00	三个月工资	30.00
地面建筑（含装修）	400.00	流动资金	30.00
办公用品	28.92	杂志社（筹备金）	30.00
广告	10.00	不可预见费	15.00
开办费	10.00	合　　计	876.634 9

表6　利润分析　　（单位：万元）

项　　目	2001.9～2002.8	2002.9～2003.8	2003.9～2004.8	2004.9～2005.8
月产值	80.04（第1年修理厂月均按40万元计）	135.17（按10%递增）	148.68（按10%递增）	156.11（按5%递增）
水电	0.50	1.00	1.50	1.00
地租	1.70	1.70	1.70	1.70
工资	10.00	13.00	13.00	15.00
折旧费	5.56	5.56	6.00	6.00
福利费	3.00	4.00	4.50	4.50
扩大再生产	1.00	12.0	1.20	1.20
材料	38.784	53.00	50.00	62.50
管理费	6.00	5.00	8.00	8.50
不可预见费	2.00	3.00	3.00	4.00
税金	4.4	7.40	8.20	8.60
毛利	7.1	40.28	41.60	43.12
所得税	2.34	13.29	13.73	14.23
纯利	4.76	26.99	27.87	28.89
年利	57.12	323.88	224.44	246.68

三年收回投入资金，并有盈余。

10. 实施战略方案及发展方向

1）由于这是一个全新的项目，而且一期投入较大，在没有国家标准（检测标准）的情况下，市场是否认可我们的检测结果，有待于验证，因而有风险。

2）收费不能高。建立综检站等于从经销商手里夺走一部分利润，所以初期会有一定阻力。

3）此项目一经开始，必须迅速完善综检程序、综检项目、标准（包括单据标准化）。并在3个月内将标准规范，整理上报政府部门认定（交通局、汽车维修管理处、国家环保局）。

4）此项目必须投入大量精力（与北京市其他综检站进行数据交换），并设专人负责。

5）只有这样才能在短时间内形成壁垒，否则一拥而上，同行之间的竞争将会使开拓者付出巨大的艰辛并蒙受经济损失。

6）为巩固创业霸主地位，经营此项目必须立足于创建一个新行业。着眼点要高，要有长远目标，建立起一个长远目标框架与系统，要突出品牌与文化。

7）围绕该系统，同时要启动连锁品牌店、二手车评估师、二手车杂志。在竞争异常激烈的环境中，创建一个企业要有立体观念。一个平面企业缺乏竞争力，容易受外部环境变化的左右，是不稳定的。

8）连锁店可先从本市做起（另述可行性分析）。

9）同时进行二手车评估，包括评估师标准引进、翻译、标定（与劳动部职能鉴定部门合作）、培训、发证、委派系统。

10）创办二手车杂志。企业创办杂志既可免去大量的广告费，又可广聚人才，了解市场需求，吸收广告，为企业发展带来不可估量的无形资产（关于杂志的可行性报告另述）。

11）董事会要尽快对该可行性报告进行研究，并拟出目标方案书。根据目标方案书组成筹备小组（2～3人），进行目标时间管理。

11. 总结

通过以上分析，可以得出如下结论：只要加强管理（重点是人力资源网络、调配、使用），加强目标化、时间化管理，资金及时到位，此项目是可行的。

思　考　题

1. 新建汽车维修企业为什么首要考虑的问题是车源问题？
2. 现代汽车维修企业在经营初期，影响企业生存的几大因素是什么？
3. 配件采购与管理对资金流的影响是什么？
4. 为什么投资状况与回报周期也会对现代汽车维修企业经营决策产生影响？

第三章　汽车维修企业注册

第一节　汽车维修企业类别及其作业范围

企业登记管理是工商行政管理机关根据国家授权，以国家有关法规、政策为依据对企业进行审核登记，从而实行登记和监督的一种行政管理制度。根据我国现行维修行业现状，从汽车维修的类别和主要作业内容来看，各维修类别的作业内容和复杂程度有很大的区别，维修作业所要求的技术条件也相差悬殊，因此国家工商行政管理机关对汽车维修企业进行分类，在维修企业进行登记时也有所区别。

一、汽车维修企业分类的必要性

汽车维修行业是一个技术复杂的服务性行业，各企业的规模、经营项目差异非常大。各维修企业的技术水平、设备条件、厂房场地面积、人员的技术素质和其他生产设施等各不相同。为使汽车维修行业管理系统化、规范化、科学化，促进汽车维修行业提高维修质量，提高生产效率和经济效益，方便广大汽车用户，必须实行分类管理。

随着我国汽车保有量的增加，汽车维修作业量也迅速增加，汽车维修市场迅速发展壮大。一方面从根本上方便了汽车用户，促进了汽车维修业的发展，同时也出现了一些问题，例如路边小店的无证经营，一些维修企业的超范围经营，参差不齐的企业进行无序竞争等，使维修市场出现了混乱现象，从而导致了维修质量得不到保证，严重损害了车主的利益。随着越来越多的汽车新技术，如电子技术等在汽车上的广泛应用，对汽车维修企业提出了更高的要求，无论是从维修企业的管理水平、经营理念，还是从维修企业从业人员的素质、检测诊断维修设备的水平等方面都有更高的要求。原执行的 GB/T 16739. 1 ~ 16739. 3—1997《汽车维修业开业条件》，已不能满足目前我国维修企业发展现状，因此，交通部于 2002 年下达了国家标准 GB/T 16739《汽车维修业开业条件》的修订任务，以提高我国汽车维修业的整体水平，保证维修质量，适应我国加入 WTO 后维修业的发展趋势。

2003 年 10 月，交通部公路司再次组织全国有关汽车维修管理部门共 16 个单位的 22 名专家，进行了标准文稿的技术研讨。专家确认了新标准对汽车维修企业的分类方法及技术内容。标准分为两部分：第一部分为汽车整车维修企业的开业条件，将汽车整车维修企业分为一类和二类，其主要区别在于一类企业必须自备竣工检验设备，二类企业部分竣工检验设备可以外协；第二部分为汽车专项维修业户（三类）的开业条件，其中增加了发动机等较大总成的专业维修项目。新标准既符合汽车维修行业的现状，又适应行业管理部门对汽车维修行业调整与改革的发展要求，并且与原标准的技术内容有较好的衔接，保证了新标准出台后的顺利实施。专家一致认为该标准达到国际先进水平。

在标准的编制过程中始终本着以下原则：

1）着力于解决在原标准实施过程中出现的超范围经营、设备要求不符合现有维修作业的需要等问题。

2）新标准与旧标准衔接，采取逐步过渡的方式，使其更完善、更合理、更科学、更先进，更具可操作性。

3）严格区分行业管理要求和企业经营行为。

4）紧紧围绕汽车维修业的基本要求。

根据《中华人民共和国标准化法》第七条中规定，保障人体健康，人身、财产安全的标准和法律、行政法规规定强制执行的标准是强制性标准，其他标准是推荐性标准。顾名思义，强制性标准即为无条件强制执行的标准，推荐性标准可自愿采用。但推荐性标准当被法规所引用时，并将遵循该项标准作为执行法规的必要条件时，这项推荐性标准就具有强制性，成为强制性标准。

本标准在交通部《机动车维修办法（征求意见稿）》第六条规定："申请从事机动车维修经营的，应当符合下列条件：具体要求应当按照《汽车维修业开业条件》〉（GB/T 16739）等相关标准的规定执行。"因此本标准虽原属性为推荐性的，但将通过上述文件的引用，本标准已成为执行上述文件的必要条件，被赋予了强制性，成为汽车维修企业开业的强制性标准。所有在我国境内从事民用汽车维修的业户和各级行业管理部门，都应严格执行本标准的各项规定。

本标准适用范围：本标准适用于汽车维修企业（一类、二类、三类），是交通行政主管部门对汽车维修企业开业审核和管理的依据。

标准规定了汽车维修企业必须具备的人员、组织管理、设施、设备等条件。根据我国汽车维修企业的现状，分为第 1 部分"汽车整车维修企业开业条件（一类、二类）"和第 2 部分"汽车专项维修业户开业条件（三类）"。GB/T 5624—1985《汽车维修术语》适用于本标准。

原 GB/T 16739.1～.3《汽车维修业开业条件》将汽车维修企业分为三类：一类汽车维修企业从事汽车大修和总成修理，亦可从事汽车维护、汽车小修和汽车专项修理；二类汽车维修企业从事汽车一级、二级维护和汽车小修；三类专门从事汽车专项修理或维护，主要项目为：车身修理，涂漆，篷布、座垫及内装饰修理，电器、仪表修理，蓄电池修理，散热器、油箱修理，轮胎修补，安装汽车门窗玻璃，空调器、暖风机修理，喷油泵、喷油器、化油器修理，曲轴修磨，气缸镗磨，车身清洁维护等。这样的分类，导致二类超范围修理不可避免，目前大量超范围经营的正是二类企业。

为了本标准执行的延续性，保留了原标准的三种分类模式，但三种类型企业的内涵相对原定义有所改变。

汽车整车维修企业定义为：有能力对所维修车型的整车、各个总成及主要零部件进行各级维护、修理及更换，使汽车的技术状况和运行性能完全（或接近完全）恢复到原车的技术要求，并符合相应国家标准和行业标准的规定的汽车维修企业。按规模大小分为一类汽车整车维修企业和二类汽车整车维修企业。一类、二类维修企业均为汽车整车维修企业，其经营业务范围广，能对所承修车型的整车、各个总成及主要零部件进行维护、修理及更换。其主要区别在一类企业必须自备竣工检验设备，二类企业部分竣工检验设备可以外协；其次，有关的设施要求有所差别。由于一类、二类业务范围一致，所以对人员、管理等要求是相同的。

1. 修订后的标准与原标准的主要区别

（1）标准构成　三个部分修订为两个部分。

（2）定义

增加：①小型车；②大、中型客车；③大型货车。

修订：重新对维修企业分类。新标准定义的汽车整车维修企业（一类、二类）为有能力对所维修车型的整车、各个总成及主要零部件进行各级维护、修理及更换的汽车维修企业，与原标准定义有较大不同。汽车专项维修业户（三类）为从事汽车专项维修作业的业户，与原标准含义基本相同。增加了发动机、自动变速器大总成的专项修理等，取消了化油器修理等。

（3）人员条件

增加：①企业管理负责人；②业务人员取消试车员。

修订：①人员数量要求——相适应；②人员素质要求——强调能力。

（4）组织管理条件

增加：经营管理。

修订：质量管理——完善。

（5）安全生产条件

修订：完善。

（6）环境保护条件

修订：完善及涂漆车间、调试车间或调试工位要求条件具体化。

（7）设施条件

增加：①一类、二类有接待室（含客户休息室）要求；②企业租赁场地、厂房应具有合法的书面合同书。

（8）设备条件

增加：①量具应定期进行检定；②各种设备应符合相应的产品技术条件等国家标准和行业标准的要求；③检测设备应通过型式认定，并按规定经有资质的计量检定机构检定合格。

修订：按维修车型提出设备要求。

（9）其他

取消下列内容：

1）流动资金条件。流动资金是一个企业立足于市场的重要条件，保持足够的现金流是企业取得发展的前提。但对企业的流动资金条件要求不属于技术标准的范畴，在实际操作中执行难度较大，不具有操作性，因此取消了原标准对流动资金条件的要求。

2）中外合资（合作）维修企业和特约维修中心（站）条件。本标准规定的是汽车维修企业开业的基本条件，任何单位及个人在我国境内开办汽车维修企业，均应符合本标准的规定。显而易见，中外合资（合作）的维修企业，不但要满足国家对中外合资（合作）企业的规定，还应符合本标准规定的基本条件。对于特约维修中心（站），本标准的要求实际是一个前置条件，汽车制造厂在本标准的前提下，对维修企业赋予其制造厂的特殊要求，技术标准对这种企业间的各种特定行为不便作出要求。因此取消了原标准对中外合资（合作）维修企业和特约维修中心（站）条件的要求。

3）危险货物运输车辆维修企业条件。原标准对危险货物运输车辆维修企业有所要求，但远不能涵盖全部。附加几个简单的条件，提出一个大概的要求，解决不了任何问题，执行起来更是不力。对于危险货物运输车辆维修，由于危险货物运输车辆多种多样，危险货物的装载部分也各不相同，管理部门也不统一，造成其要求的不尽一致。因此对维修企业条件的要求涉及方方面面，应根据危险货物运输装备的不同类别，对维修企业条件提出详细的具体要求，建议制定专项标准。无论何危险货物运输车辆的维修企业，首先都应遵循我们的汽车维修企业开业条件，这是最基本的要求。

4）承担救援维修条件。国外汽车维修救援服务已形成完善的服务体系，近年来发达国家为进一步提高交通运输效率，率先由政府出面，组织有关研究部门、企业开展汽车智能运输系统的研究，紧急救援服务是智能运输系统研究的一个方面。从服务功能、服务方式、运营主体、各部门之间的分工协作，救援事件监控、求救方式、有关的通信技术、通信信息标准，救援组织、管理等，都进行了进一步的深入研究。利用高科技手段，重点解决城市及干线公路救援中存在的问题。不同国家分别制定了各自的发展框架、组织结构、体系，以便规范发展、完善救援服务，得到社会广泛的认可。我国汽车维修救援服务，目前有公安交管部门或其下属相关企业对事故汽车提供拖车服务，其他仅限于社会组织、团体、企业的自发行动。救援服务不系统，不能形成网络化的服务，专用维修救援装备、高水平技术人员欠缺，难于提供有效及用户满意的服务。维修救援行业目前迫切需要发展定位及模式等关键问题进行研究。因此汽车救援维修要求应在有关单位深入研究后再制定专项标准。

5）关于“汽车快修”。随着汽车保有量的增加，车主对快捷方便的维修服务提出了更高要求，在快捷方便的同时，必须保证维修服务质量。汽车快修在汽车维修业中所占的比例越来越大，有单位提出在标准中增加对汽车快修的要求。但是，经过充分讨论，课题组达成共识，汽车快修是未来汽车维修业发展的趋势，但它是维修企业的一种组织服务方式，而目前快修的定义并不明确，跟维修企业的类别没有直接关系，因此，本标准未对快修提出要求。

6）关于“汽车维修连锁经营”。汽车维修连锁经营服务，一般以一个技术力量及资金较为雄厚的企业作为后盾，在其自建及加盟的连锁维修点统一技术要求、服务水平等，较好地保证了维修质量，在车主中具有较高的信誉。汽车维修连锁经营作为一种新的汽车维修服务形式，在国际上得到了快速发展。我国的汽车维修连锁经营主要集中在汽车用品方面，如润滑油、汽车维护用品等生产企业，企业通过发展维修连锁经营，达到其产品的品牌发展战略计划。从汽车维修意义上看，这些连锁经营点从事的是多个专项维修的组合，仅是汽车维修企业的一种先进工作方式。

2. 人员

人员素质是维修质量的关键，新标准所有关键岗位人员都必须经过行业主管部门培训，并取得从业资格证书，持证上岗。一类、二类维修企业对企业管理负责人，技术负责人，检验、维修、价格核算人员提出了更高的要求。三类维修业户对专项维修人员的资质提出了更高的要求。只有提高各级管理人员，检验、维修人员的业务素质，并加强管理，才能从根本上解决维修质量低下的问题。

（1）人员构成　各类汽车维修企业人员结构见表3-1。

表3-1　汽车维修企业人员构成

序　　号	汽车整车维修企业（一类、二类）	汽车专项维修业户（三类）
1	企业管理负责人	企业管理负责人
2	技术负责人	技术负责人
3	检验	检验
4	业务	—
5	价格核算	—
6	维修：机修、电器、钣金、油漆	各专项主修等相关维修人

（2）人员素质要求　各类汽车维修企业人员素质要求见表3-2。

表3-2　汽车维修企业人员素质要求

人　员	素质要求
企业管理负责人	1）应经过有关培训，取得行业主管部门颁发的从业资格证书，持证上岗 2）应熟悉汽车维修业务，具备企业经营、管理能力，并了解汽车维修及相关行业的法规及标准
技术负责人	1）应经过有关培训，取得行业主管部门颁发的从业资格证书，持证上岗 2）应具有汽车维修或相关专业的大专以上文化程度，或具有汽车维修或相关专业的中级以上专业技术职称。应熟悉汽车维修业务，并掌握汽车维修及相关行业的法规及标准
检验	应经过有关培训，取得行业主管部门颁发的从业资格证书，持证上岗
业务	1）应经过有关培训，取得行业主管部门颁发的从业资格证书，持证上岗 2）应熟悉各类汽车维修检测作业，从事汽车维修工作三年以上，具备丰富的汽车技术状况诊断经验，熟练掌握汽车维修服务收费标准及相关政策法规
价格核算	应经过有关培训，取得行业主管部门颁发的从业资格证书，持证上岗
机修（发动机、车身、自动变速器主修）钣金	1）维修（机修、电器、钣金、油漆）等关键岗位，应经过有关培训，取得行业主管部门颁发电子电器主修的从业资格证书，持证上岗 2）维修人员的专业知识和业务技能，应达到行业主管部门规定的要求
车身清洁	经过专业培训
轮胎维修	经过专业培训
高压油泵维修	经过专业培训
曲轴修磨	经过专业培训
气缸镗磨	经过专业培训
散热器（水箱）维修	经过专业培训

（3）各类汽车维修企业人员数量要求见表3-3。

表 3-3 汽车维修企业人员数量要求

人员	整车维修（一类、二类）	专项维修（三类）															
		发动机	车身	电气系统	自动变速器	车身清洁维护	涂漆	轮胎动平衡及调补	四轮定位检测调整	供油系统维护及油品更换	喷油泵、喷油器	曲轴修磨	气缸镗磨	散热器维修	空调	汽车装潢	汽车玻璃安装
企业管理负责人	1	1	1	1	1	—	—	—	—	—	—	—	—	—	—	—	—
技术负责人	1	1	1	1	1	—	—	—	—	—	—	—	—	—	—	—	—
检验	总检：1 进厂检：1	2	1	1	1	—	—	—	—	—	—	—	—	—	—	—	—
业务	1	—	—	—	—	—	—	—	—	—	—	—	—	—	—	—	—
价格核算	1	—	—	—	—	—	—	—	—	—	—	—	—	—	—	—	—
发动机主修	适应	2	—	—	—	—	—	—	—	—	—	—	—	—	—	—	—
车身主修	适应	—	2	—	—	—	—	—	—	—	—	—	—	—	—	—	—
自动变速器主修	适应	—	—	—	2	—	—	—	—	—	—	—	—	—	—	—	—
电子电器主修	适应	—	—	2	—	—	—	—	—	—	—	—	—	—	—	—	—
钣金	适应	—	—	—	—	—	—	—	—	—	—	—	—	—	—	—	—
油漆	适应	—	2	—	—	—	1	—	—	—	—	—	—	—	—	—	—
车身清洁	适应	—	—	—	—	2	—	—	—	—	—	—	—	—	—	—	—
轮胎维修	适应	—	—	—	—	—	—	1	—	—	—	—	—	—	—	—	—
高压油泵维修	适应	—	—	—	—	—	—	—	—	—	1	—	—	—	—	—	—
曲轴修磨	适应	—	—	—	—	—	—	—	—	—	—	1	—	—	—	—	—
气缸镗磨	适应	—	—	—	—	—	—	—	—	—	—	—	1	—	—	—	—
散热器维修	适应	—	—	—	—	—	—	—	—	—	—	—	—	1	—	—	—

（续）

人员	整车维修（一类、二类）	专项维修（三类）															
		发动机	车身	电气系统	自动变速器	车身清洁维护	涂漆	轮胎动平衡及调补	四轮定位检测调整	供油系统维护及油品更换	喷油泵、喷油器	曲轴修磨	气缸镗磨	散热器维修	空调	汽车装潢	汽车玻璃安装
汽车空调维修	适应	—	—	—	—	—	—	—	—	—	—	—	—	—	1	—	—
汽车装潢	适应	—	—	—	—	—	—	—	—	—	—	—	—	—	—	1	—
汽车玻璃安装	适应	—	—	—	—	—	—	—	—	—	—	—	—	—	—	—	1
其他汽车维修	适应	—	—	—	—	—	—	—	1	1	—	—	—	—	—	—	—

3. 经营管理

（1）应具有与汽车维修有关的法规等文件资料　汽车维修作为一种经济活动，其一切行为应遵守我国的法律和规章，才能保障我国汽车维修行业的健康发展。目前我国颁布的与汽车维修有关的法规等文件主要有以下几个，汽车维修企业应收集并学习了解。

1）中华人民共和国安全生产法。

2）中华人民共和国消防法。

3）中华人民共和国环境保护法。

4）中华人民共和国消费者权益保护法，中华人民共和国合同法。

5）中华人民共和国标准化法。

6）中华人民共和国产品质量法。

7）中华人民共和国计量法。

8）中华人民共和国道路运输条例。

9）道路运输车辆维护管理规定。

10）汽车运输车辆技术管理规定。

11）汽车维修质量管理办法。

（2）应具有规范的业务工作流程　明示业务受理程序、服务承诺、用户抱怨受理制度等规范的业务工作流程，有利于汽车维修企业工作的规范化、标准化，有利于提高企业的素质，改善企业在社会中的形象。麦当劳快餐在全球范围获得巨大成功，其统一、规范的服务标准是其主要原因之一。维修企业应该从其成功经验中学习其精髓，促进自身的发展。维修企业明示业务受理程序、服务承诺、用户抱怨受理制度等，可以方便客户、提醒自身，并时刻接受来自客户的监督。

（3）应具有健全的经营管理体系　设置技术负责、业务受理、质量检验、文件资料管理、材料管理、仪器设备管理、价格结算等岗位，并落实责任人。规范的业务工作流程需要有健全的经营管理体系来保障，这些工作实际上是企业质量管理体系的一部分。我国大部分企业的质量管理一直处于较低的水平。为了提高我国企业的管理水平，国家利用各种方式进行 ISO 9000 族标准的推广应用工作。维修企业的管理工作要上台阶，也应认真探讨 ISO 9000 族标准在企业管理中的应用。本标准对设置技术负责、业务受理、质量检验、文件资料管理、材料管理、仪器设备管理、价格结算等岗位并落实责任人等提出要求，以及其他要求，是促进维修企业加强管理的最最基本的要求，也是行业管理的要求。

这里提到的各种管理，其内涵比原先有了较大的延伸。比如文件资料管理，应包括外部文件资料和内部文件资料，管理文件和技术文件，受控和非受控，各种记录等。材料管理应包括供方评价、采购、验收、仓库管理等。

（4）实行计算机管理　电子工业的发展，使计算机得到普遍应用，实施计算机管理大大提高了管理效率。调查显示，我国发达地区的规模较大的汽车维修企业，使用计算机管理已达到较高的程度。在计算机管理软件开发方面，许多软件公司已开发了多种版本的汽车维修企业管理软件，受到汽车维修企业的青睐和使用。

全面使用计算机管理将是汽车维修业发展的方向。只有大部分汽车维修企业实施了计算机管理，才能建立整个汽车维修行业的信息化系统。因此，为了促进汽车维修企业的管理水平，并为汽车维修行业信息化打下基础，本标准对汽车整车维修企业（一类、二类）提出了实行计算机管理的要求。

4. 质量管理

（1）应具有汽车维修的国家标准和行业标准及相关技术标准　我国的汽车维修标准基本上可归纳为维修基础性标准，维修管理性标准，修理工艺、规范性标准，维护工艺、规范性标准，检测方法规范性标准，维修设备产品性标准，以及检测设备产品性标准等七类，基本已涵盖了汽车维修的各个分支领域，初步形成了汽车维修标准的体系框架。标准为规范我国的汽车维修发挥了重要作用。维修企业应该收集掌握以下标准：

GB/T 16739.1 ~ .2　汽车维修业开业条件（第1部分、第2部分）

JT/T 425　汽车修理业质量检验人员技术水平要求

GB 5624　汽车维修术语

GB 7258　机动车运行安全技术条件

GB 12981　HZY2、HZY3、HZY4 合成制动液
GB 18285　在用汽车排气污染物限值及测试方法
JT 225　汽车发动机冷却液安全使用技术条件
GB/T 18344　汽车维护、检测、诊断工艺规范
JT/T 511　液化石油气汽车维护检测规范
JT/T 512　压缩天然气汽车维护检测规范
JT/T 509　轿车车身维护技术要求
GB/T 1546. 1　汽车修理质量检查评定标准—整车大修
GB/T 1546. 2　汽车修理质量检查评定标准—发动机大修
GB/T 3798　汽车大修竣工出厂技术条件
GB/T 3799　汽车发动机大修竣工技术条件
GB/T 5336　大客车车身修理技术条件
GB/T 18274　汽车鼓式制动器修理技术条件
GB/T 18275. 1　汽车制动传动装置修理技术条件　气压制动
GB/T 18275. 2　汽车制动传动装置修理技术条件　液压制动
GB/T 18343　汽车盘式制动器修理技术条件
JT/T 103　汽车车架修理技术条件
JT/T 104　汽车发动机气缸体与气缸盖修理技术条件
JT/T 105　汽车发动机曲轴修理技术条件
JT/T 106　汽车发动机凸轮轴修理技术条件
JT/T 108　汽车变速器修理技术条件
JT/T 110　汽车前桥及转向系修理技术条件
JT/T 111　汽车传动轴修理技术条件
JT/T 112　汽车驱动桥修理技术条件
GB 18565　营运车辆综合性能要求和检验方法
GB/T 12478　客车防尘密封性试验方法
GB/T 12480　客车防雨密封性试验方法
GB/T 18276　汽车动力性台架试验方法和评价指标
JT/T 198　营运车辆技术等级划分和评定要求
JT/T 510　汽车防抱死制动系统检测技术条件
JT/T 497　乘用车悬架特性的评定指标和检测方法
JT/T 155　汽车举升机技术条件
JT/T 290　喷射式汽车外部清洗机
JT/T 299　汽车车轮螺母拆装机、汽车钢板弹簧 U 形螺栓拆装机
JT/T 324　汽车喷烤漆房通用技术条件

JT/T 113 气缸镗磨机技术条件
JT/T 114 气动气门研磨器技术条件
JT/T 115 移动式气缸镗床技术条件
JT/T 122 连杆轴瓦镗床技术条件
JT/T 123 气缸体轴瓦镗床
JT/T 124 制动蹄摩擦片切削机技术条件
JT/T 125 气缸珩磨机技术条件
JT/T 126 制动鼓切削机技术条件
JT/T 127 制动蹄摩擦片钻铆机技术条件
JT/T 128 半轴套管拆装机
JT/T 129 磨气门机技术条件
JT/T 130 气门座修磨机技术条件
JT/T 131 液压连杆校验台技术条件
JT/T 3154 气缸体轴瓦拉床技术条件
GB/T 13563 滚筒式汽车车速表检验台
GB/T 13564 滚筒反力式汽车制动检验台
JT/T 413 就车式汽车车速表检验台
JT/T 445 汽车底盘测功机通用技术条件
JT/T 448 汽车悬架装置检测台
JT/T 3131 汽车侧滑检验台技术条件
JT/T 3166 汽车前照灯检测仪技术条件

（2）应具有所维修车型的维修技术资料及工艺文件，确保完整有效并及时更新。为了促进维修企业的专业化方向发展，本标准对整车维修企业按维修小型车、大中型客车、大型货车进行了细分。因此，要求维修企业只需要具有所维修车型的维修技术资料及工艺文件。目前我国汽车工业发展较快，车型日新月异，维修企业应确保及时更新其修理资料，并保持其完整。

（3）应具有汽车维修质量承诺、进出厂登记、检验、竣工出厂合格证管理、技术档案管理、标准和计量管理、设备管理及维护、人员技术培训等制度；应建立汽车维修档案和进出厂登记台账。汽车维修档案应包括维修合同，进厂、过程、竣工检验记录，出厂合格证副页，结算凭证和工时、材料清单等。这些均是行业管理的具体要求。

5. 安全生产

（1）安全管理制度 企业应具有与其维修作业内容相适应的安全管理制度，建立并实施安全生产责任制。安全管理制度应包括安全生产和消防两大方面。在具体制度建立中要包含停车场、维修车间、库房、重要工位等，并应注重发生事故处理预案的制定。

（2）安全防护措施

1）企业应具有与其维修作业内容相适应的安全保护措施。安全保护设施、消防设施等应符合有关规定。安全保护措施是执行安全管理制度的有效保障，只有措施到位，各种管理制度才能得到有效落实。因此，标准要求维修企业应根据其具体情况，在安全生产和消防两大方面采取必要的安全保护措施，其安全保护设施、消防设施等应符合国家有关规定。

2）使用、存储有毒、易燃、易爆物品，腐蚀剂，压力容器等均应有相应的安全防护措施和设施。上述所列均存在较大的危险性，一旦发生不测，将造成巨大的危害，因此维修企业应重点对其关注。

3）生产厂房和停车场应符合安全、环保和消防等各项要求，这是企业安全生产最基本的要求。

（3）安全操作规程

1）企业应有各工种、各类机电设备的安全操作规程。操作规程是依据各工种、各类机电设备特点制定的正确的操作方法。用操作规程来约束操作者的行为，使其操作规范化，减少了操作者的随意性，能避免发生各种安全事故。

2）安全操作规程明示在相应的工位或设备处，是宣贯安全操作规程的有效方法，不但能指导操作者的行为，而且还能时刻提醒操作者，增强安全意识。

6. 环境保护

（1）环境保护管理制度　环境保护是我国的国策。为了我国可持续发展，社会各界对环境保护都应积极参与。废油、废液、废气、废蓄电池、废轮胎及垃圾等有害物质，是维修企业生产的产物，对环境造成较大的污染，企业应具有对这些有害物质集中收集、有效处理和保持环境整洁的环境保护管理制度。

（2）环境保护措施　对于汽车维修企业，在环境保护方面要对有害物质存储区域应界定清楚，必要时应有隔离、控制措施；作业环境以及按生产工艺配置的处理“三废”（废油、废液、废气）、通风、吸尘、净化、消声等设施，要符合有关规定；涂漆车间应设有专用的废水排放及处理设施，采用干打磨工艺的，应有粉尘收集装置和除尘设备，应设有通风设备；调试车间或调试工位应设置汽车尾气收集净化装置。

7. 设施条件

（1）接待室　为了更好地适应目前汽车业的发展，改善行业形象，提高服务质量，本标准要求一类、二类维修企业及部分三类维修业户增设业务接待室（表3-4）。接待室应整洁明亮，明示各类证、照、主修车型、作业项目、工时定额及单价等，并应有客户休息的设施。

（2）停车场　企业应有与承修车型、经营规模相适应的合法停车场地（表

3-4)。停车场地面平整坚实，区域界定标志明显。企业租赁的停车场地，应具有合法的书面合同书。

(3) 生产厂房　生产厂房地面应平整坚实，面积应能满足维修设备的工位布置、生产工艺和正常作业（表 3-4)。租赁的生产厂房应具有合法的书面合同书。

表 3-4　汽车维修企业的最低设施要求　　（单位：m^2）

设施要求	企业类别	接待室面积	停车场面积	生产厂房面积
整车维修	一类、二类、三类	≥40	≥200	≥800
		≥20	≥150	≥200
专项维修				
发动机		≥20	≥30	≥200
车身		≥20	≥30	≥120
电气系统		≥20	≥30	≥120
自动变速器		≥20	≥30	≥200
车身清洁维护			≥30	≥40
涂漆		—	≥40	≥120
轮胎动平衡及修补		—	≥30	≥30
四轮定位检测调整		—	≥30	≥40
供油系统维护及油品更换		—	≥30	≥40
喷油泵、喷油器		—	≥30	≥30
曲轴修磨		—	≥30	≥60
气缸镗磨		—	≥30	≥60
散热器维修		—	≥30	≥30
空调		—	≥30	≥40
汽车装潢		—	≥30	≥30
汽车玻璃安装		—	≥30	≥30

8. 设备条件

(1) 设备的配备及要求　设备条件变动很大，现标准将原来对设备要求的“大”而“全”，改变为根据企业承修车型（小型车、大中型客车、大型货车）要求设备条件；将设备要求的重点，由原来的以大型货车维修为主，转向以小型车维修为主；只对主要的通用设备、专用设备、检测设备提出要求。取消了一些随着汽车技术进步而不再适用的汽车维修设备。增加了针对汽车新装置的故障诊断、检测和维修设备。对于使用率极低但却有一定市场需要的机加工等设备，允许外协，引导和鼓励汽车维修的专业化、规模化。这样的设备要求，减轻了企业负担，也更适应市场经济的发展要求。

(2) 整车维修企业的设备配备及要求　见表 3-5 ~ 表 3-7。专项维修业户配备的设备见标准。

表 3-5　整车维修企业配备的通用设备

序　号	设备名称
1	钻床
2	电焊及气体保护焊设备
3	气焊设备
4	压力机
5	空气压缩机

表 3-6　整车维修企业配备的专用设备

序号	设备名称	大中型客车	大型货车	小型车	其他要求
1	换油设备		√		
2	轮胎轮辋拆装设备		√		
3	轮胎螺母拆装机	√	√	—	
4	车轮动平衡机		√		
5	四轮定位仪	—	—	√	
6	转向轮定位仪	√	√	—	
7	制动鼓和制动盘维修设备	√	√	—	
8	汽车空调冷媒加注回收设备	√	—	√	
9	总成吊装设备		√		
10	汽车举升机	—	—	√	一类应不少于五台
11	地沟设施	√	√	—	一类应不少于两个
12	发动机检测诊断设备		√		应具备示波器、转速表、发动机检测专用真空表的功能
13	数字式万用电表		√		
14	故障诊断设备	—	—	√	
15	气缸压力表		√		
16	汽油喷油器清洗及流量测量仪	—	—	√	
17	正时仪		√		
18	燃油压力表	—	—	√	
19	液压油压力表		√		
20	连杆校正器		√		允许外协
21	无损探伤设备		√		修理大中型客车必备。其他允许外协

（续）

序号	设备名称	大中型客车	大型货车	小型车	其他要求
22	车身清洗设备	—	—	√	
23	打磨抛光设备	√	—	√	
24	除尘除垢设备	√	—	√	
25	型材切割机		√		
26	车身整形设备		√		
27	车身校正设备	—	—	√	二类允许外协
28	车架校正设备	√	√	—	二类允许外协
29	悬架试验台	—	—	√	二类允许外协
30	喷烤漆房及设备	√	—	√	
31	喷油泵试验设备		√		
32	喷油器试验设备		√		
33	调漆设备	√	—	√	
34	自动变速器维修设备	—	—	√	
35	立式精镗床		√		
36	立式珩磨机		√		允许外协
37	曲轴磨床		√		
38	曲轴校正设备		√		
39	凸轮轴磨床		√		
40	激光淬火设备		√		
41	曲轴、飞轮与离合器总成发动平衡机		√		

注：√—要求具备；——不要求具备。

表3-7　整车维修企业配备的主要检测设备

序　号	设备名称	其他要求
1	声级计	
2	排气分析仪或烟度计	
3	汽车前照灯检测设备	二类允许外协
4	侧滑试验台	二类允许外协
5	制动检验台	修理大型货车及二类允许外协
6	车速表检验台	二类允许外协
7	底盘测功机	允许外协

9. 量具及检测设备的定期检定

《中华人民共和计量法》第九条规定：“县级以上人民政府计量行政部门对社会公用计量标准器具，部门和企业、事业单位使用的最高计量标准器具，以及用于贸易结算、安全防护、医疗卫生、环境监测方面的列入强制检定目录的工作计量器具，实行强制检定。未按照规定申请检定或者检定不合格的，不得使用…… 对前款规定以外的其他计量标准器具和工作计量器具，使用单位应当自行定期检定或者送其他计量检定机构检定，县级以上人民政府计量行政部门应当进行监督检查。”

（1）汽车维修检测设备的检定规程　汽车维修企业使用了较多的量具及检测设备。国家已制定了以下汽车维修检测设备的检定规程：

JJG 688　汽车排放气体测试仪检定规程

JJG 745　汽车前照灯检测仪检定规程

JJG 847　滤纸式烟度计检定规程

JJG 865　汽车底盘测功机检定规程

JJG 906　滚筒反力式汽车制动检验台检定规程

JJG 907　汽车轴重动态检测仪检定规程

JJG 908　滑板式汽车侧滑检验台检定规程

JJG 909　滚筒式汽车车速表检验台检定规程

JJG（交通）007　汽车转向盘转向力－转向角检测仪检定规程

JJG（交通）008　汽车制动踏板力计检定规程

JJG（交通）009　四活塞联动式油耗仪检定规程（试行）

JJG（交通）010　车轮动平衡机检定规程

JJG（交通）011　就车式车轮动平衡仪检定规程

JJG（交通）012　汽车发动机曲轴箱窜气量测量仪检定规程

JJG（交通）013　汽车发动机检测仪检定规程

对于汽车维修企业，无论是从执行国家法律角度，还是从保持仪器使用精度的角度来看，维修用的主要检测设备应进行定期检定。

（2）主要检测设备的型式认定　汽车维修检测设备是指汽车维护及修理作业设备、检测诊断设备、汽车综合性能检测站使用的设备。目前国内汽车维修、检测、诊断设备生产和营销单位有1 300多家，产品有1 100多个品种、2 800多个规格型号，但随着产品品种、数量的增长，产品质量、技术性能不容乐观。从市场调查和用户的反映意见来看，由于缺乏必要的管理指导和措施，一些产品存在较严重的产品缺陷和安全隐患。如：检测设备检测重复性差，不同产品检测数值没有可比性，检测结果缺乏公证性等。为提高汽车维修质量和检测诊断的准确性，保障车辆运行安全性、经济性和排放性能，通过实施有效的行业自律手段和规范化管理，保障维修作业安全性、检测诊断结果的准确性和可比性，提高产品技术水平和质量水平，从硬件条件保障汽车维修与检测相关政策、制度措施的有效落实，促进汽车检测与维修行业健康发展。因此本标准对涉及安全、环保的主要检测设备，规定了应通过型式认定的要求。

交通部汽车保修设备质量监督检验测试中心，长期以来一直从事汽车检测与维修设备产品质量的检验和监督工作，为用户提供设备选型依据。从 1987 年至今，累计完成 200 多个产品的质量检验和测试工作。其中 2003 年完成 21 个产品，2004 年已有 8 类 9 种汽车检测与维修设备通过质量检验。所有通过质量检验的产品“中心”均通过有关媒体向社会公布，为汽车维修行业做好服务，并接受社会监督。通过产品的科学质量管理，保证汽车维修质量，保障汽车维修与检测行业健康发展。

二、汽车维修类别及其作业范围

汽车维修是汽车维护和修理的泛称。按定义和类别可分为汽车维护和汽车修理。

1. 汽车维护的类别和主要作业范围

汽车维护的类别是指汽车维护按汽车运行间隔期限、维护作业内容，或以运行条件等划分的不同的类别或级别。其中，运行间隔期限是指汽车运行的里程间隔或时间间隔。汽车维护的主要类别和主要作业内容如下：

（1）定期维护　这是按技术文件规定的运行间隔期限实施的汽车维护，在整个汽车寿命期内按规定周期循环进行。按《汽车运输业车辆技术管理规定》（以下简称《规定》）中的汽车维修制度，汽车维护分为：例行维护、一级维护和二级维护。

1）例行维护（日常维护）。这是日常性作业，每日由驾驶员出车前或收车后进行，中心内容是清洁、补给和安全检视等。

2）一级维护。由专业维修工在维修车间或维修厂内进行。间隔里程周期一般为 1 000 ~ 2 000km。其作业的中心内容除日常维护作业内容外，以检查、润滑、紧固为主，并检查有关制动、转向等安全系统的部件。

3）二级维护。由专业维修工在维修车间或专业维修场内进行。间隔里程一般为 10 000 ~ 15 000km。其作业中心内容除一般维护作业内容外，以检查调整为主，并拆检轮胎，进行轮胎换位。

在《规定》中，取消了原制度规定的以解体检查为中心内容的三级维护，要求在车辆维护前应进行技术检测和技术评定，根据检测和评定结果确定附加作业项目，结合二级维护一并进行。

上述汽车定期维护的周期和作业内容只是一些原则。由于车型和运行条件不同，使用的燃料和配件质量的差异，导致各级维护作业的难度和周期有很大的差别。所以，各地可根据具体情况，确定其周期和作业内容。

（2）季节性维护和主要作业内容　为使汽车适应季节变化而实行的维护称为季节性维护。一般季节性维护可结合定期维护一并进行。主要作业内容是更换润滑油，调整油、电路，对冷却系统的检查维护等。

（3）走合维护和主要作业内容　走合维护是指新车或大修车走合期实施的维护。主要作业内容除特别注意做好例行维护外，要经常检查紧固外露螺栓、螺母，注意各总成在运行中的声响和温度变化，必要时进行调整。走合期满，各总成应更换润滑油，并注意清洗，连接件要进行紧固，对各运行副的间隙进行调整。

2. 汽车修理的类别及主要作业内容

汽车修理的类别是按修理对象、作业深度形式来划分，分为汽车大修、总成修理、汽车小修及零件修理。

（1）汽车大修　用修理或更换汽车零部件（包括基础件）的方法，恢复汽车的完好技术状况或安全（或接近安全），恢复汽车寿命的恢复性修理。汽车大修是对整车进行解体，对所有零部件进行检验、修理或更换。汽车大修的期限是随着汽车产品质量、使用条件和平时维护不同而有很大差异的。车辆技术管理部门应对接近大修额定里程的车辆加强状态监控，结合维护进行定期检测，做好技术鉴定工作，根据汽车大修的送修条件及时送修。

（2）总成修理　是为了恢复汽车某一总成的完好技术状况、工作能力和寿命而进行的作业。也就是总成在经过一定使用期限后，其基础件和主要零部件破裂、磨损、老化等，需要拆散进行彻底修理，以恢复其技术状况。主要总成包括发动机、车架、车身、变速器、后桥、前桥等。送修前要进行技术鉴定，达到送修条件的按规定送修。

（3）汽车小修　是用修理和更换个别零件的方法，保证或恢复车辆工作能力的运行性修理。主要是为了消除车辆在运行过程中和维护作业中发生或发现的故障和隐患。

（4）零件修理　是对因磨损、变形、损伤等不能继续使用的零件进行修复，以恢复其性能和寿命。它是节约原材料、降低维修费用的一个重要措施。当然，零件修理必须考虑到是否有修复的价值和符合经济的原则。

视情修理是指按技术文件规定对汽车技术状况进行诊断或检测后，决定修理的内容和实施事前的修理。也就是根据鉴定结果确定修理的级别和项目。

第二节　汽车维修企业和经营业户立项、开业、变更审批程序

一、汽车维修企业和经营业户筹建、立项程序

（1）县级以上道路运政管理机构受理筹建汽车维修企业和经营业户的筹建

立项申请。

(2) 道路运政管理机构在受理筹建立项申请时，申请人应提交的文件：

1) 经营项目、营业场所、法人代表或经营业主、职工人数、经营规模等书面资料。

2) 合法有效的资信证明或资金担保书。

3) 申请具有法人资格的企业应有可行性报告及其主管部门的立项批准书；无主管部门的企业或经营业户提交城市街道或乡镇以上人民政府的证明。

4) 法律、法规和规章及应提交的其他资料。

(3) 道路运政管理机构自受理之日起，在30日内按审批权限作出审批决定。筹建立项实行定期集体审批制度。批准筹建的，向申请人发出立项批准书，规定其筹建时限；不予批准的应以书面形式答复申请人。

(4) 审批筹建立项申请的原则是该项申请是否符合本县或本地区汽车维修行业发展规划，是否符合社会需要和开业条件等。

二、汽车维修企业和经营业户开业审批程序

汽车维修企业和经营业户审批程序如下：

1) 筹建汽车维修企业或经营业户的法人代表或经营业户，筹建就绪后，即可在规定时限内填写“开业申请表”，提出开业申请，同时向道路运政管理机构提交法人身份证、质检员证、价格结算员证等有证件的复印件，质量管理机构、制度及有关资料、厂点位置分布图、厂区平面图、车间工艺布局图等有关资料，经营特约维修的业户还应提供正式的签约合同。开业申请由批准立项的道路运输管理机构受理。

2) 受理开业申请的道路运输机构在接到开业申请后，应当派出专门评审组织，对申请人的筹建工作按国标《汽车维修业开业条件》批准的立项申请的要求进行审验，并在30日内做出审批决定。审批决定应由集体研究决定。一类汽车维修企业由省级道路运输管理机构审批；二类汽车维修企业由市级道路运输管理机构审批；三类汽车维修业户由县级管理运输管理机构审批。

3) 经批准开业的，由审批机构核发“汽车维修业技术合格证”（或经营许可证）及铜制“汽车维修企业经营标志牌”，并告知申请人凭经营许可证到工商行政管理部门和税务部门分别办理法人营业执照或工商执照和税务登记手续。

4) 领取有关单证。申请人持“汽车维修技术合格证”到当地道路运输管理机构领取“汽车维修合同”、“汽车维修技术检验单”、“汽车维修工时、材料费用明细表”、“汽车维修竣工出厂合格证”等有关单证。

三、中外合资、合作汽车维修企业立项、审批程序

道路运输管理机构受交通行政主管部门委托，审批中外合资、合作汽车维修企业，并按以下程序办理申请立项手续：

（1）立项申请的手续由中方代表办理，道路运输管理机构不直接接受外方人员的申请。

（2）受理中外合资、合作汽车维修企业立项时，申请人应提交的文件：

1）项目建议书。

2）可行性研究报告。

3）合资、合作双方法人代表签定的意向书。

4）外商的固定国籍和合法身份证明。

5）外商所在国或地区的资信证明（包括合法手段取得的银行贷款），其证明资产必须大于该项目的投资金额。同时与多家企业合营时，其证明资产必须大于各项目的投资总额。

（3）道路运输管理机构在受理中外合资、合作汽车维修申请后，应在30日内作出审核决定。经审核后，符合规定的签注审核意见并逐级上报省级道路运输管理机构；不符合规定条件的答复申请人，并退回所有申请材料。

（4）省级道路运输管理机构在收到下级道路运输管理机构上报的中外合资、合作汽车维修企业的申报材料，应代表省级交通主管部门进行审核，在30日内作出审核决定。经审核同意的，提出审核意见并以省级交通主管部门的名义拟文上报交通部审批，不同意的退回下级呈报机构返回申请人。

（5）中外合资、合作汽车维修企业的“汽车维修技术合格证”（经营许可证）由省级道路运输管理机构核发，接受企业所在地道路运输管理机构的行政管理。核发“汽车维修技术合格证”时，应审核该企业提供的交通部批准立项的文件、外经贸部或授权机关的批准设立的文件、工商行政管理部门颁发的工商法人执照和税务机关的税务登记证。

（6）道路运输管理机构按照国内的法律、法规、规章，对中外合资、合作汽车维修企业实施行政管理。

四、汽车维修企业或经营业户变更申请、审批程序

1. 汽车维修企业或经营业户异动变更

（1）名称变更

1）因合并、分立、联营或隶属关系等改变时，由经营者提交上级主管部门的批文或有关的联营协议等。

2）因住所或营业场所变动，由经营者说明变动原因，提交有关文件。

3）因扩大或缩小经营范围，应要求经营者提交原经营情况和申请计划。

（2）经营权的变更

1）转让或出售企业的汽车维修经营者，出让方按歇业程序办理，受让方持转让证明，根据具体情况分别按“名称变更”、“经营范围变更”等程序办理。

2）向非经营者转让或出售企业的汽车维修经营者，出卖方按歇业、停业程序办理手续，受让方按开业程序办理手续。

(3) 租赁或承包经营权的变更 个人租赁或承包经营者及因财产纠纷抵押等，引发产权和经营权的变更，由租赁或承包者持租赁或承包抵押协议书到企业所在地道路运输管理机构备案。道路运输管理机构对于经营者的变更应认真审查，重新核定其经营范围、经济性质，确定税费缴纳方式和管理办法。

2. 经营范围的变更

汽车维修企业或经营业户因故变更其经营范围的，由原批准开业的机构受理。汽车维修经营范围的变更主要是同类变更，属于扩大经营范围的企业按开业程序办理，属于缩小经营范围的企业应由经营者填报变更表。经审核同意的，换发经营证件，必要时向社会通告。

五、年度审验

(1) 县级以上道路运输管理机构，应对辖区内的汽车维修企业和经营业户进行年度审验。

汽车维修企业和经营业户的年度审验的时间，由省级或地级道路运输管理机构确定。

(2) 道路运输管理机构应当提前向汽车维修企业和经营业户公布年度审验的具体安排和分发年度审验表。

(3) 年度审验时，应向汽车维修企业和维修业户收回审验表及有关证件。

(4) 年度审验的主要内容

1) 经营资质的评审。

2) 经营行为的评审。

3) 规费缴纳的情况。

(5) 年度审验结果应记录在年度审验表上，并存入分户档案中。

思 考 题

熟悉汽车维修企业注册程序后，结合本企业可行性分析及目标，如何采取灵活的方法达到四两拨千斤的作用及目标?

第四章　企业规划（前期实际操作）

第一节　场地规划及设备采购

一、场地规划

汽车维修企业不论类别，都是作为汽车销售后服务中的一个环节，其为客户的车辆使用提供完善的高质量的保障系统，并为客户提供优质的便利的服务环境，促进与支持汽车制造业与销售市场的繁荣。因而汽车维修企业场地规划十分重要。一个好的规划就像人生的一次机会，一个草率的规划将在开始操作后很快会造成服务上的不良后果。

在“周边维修企业状况分析”中，我们已初步对维修企业选址进行了探讨，这里强调的是在确定场地规划前要掌握四条原则：

1）将来企业发展之扩张需求。俗话说人无远虑必有近忧。要考虑到事业会逐渐成长、扩张。不要因为规划不周而阻碍企业发展。这样的例子很多，应引以为戒。

2）充分考虑客户、员工及管理者的意见，因为这三者的意见直接关系到企业的日常经营运转。综合这三者的意见，指导场地规划会给企业日常经营带来极大的便利。如客户要求维修企业要建在便于进出的街道旁，企业内要有舒适的休息室，而且要与展示厅、结算台接近；员工要求有一个良好的工作、休息环境，各工序部门之间距离相对较小，并配备卫生间、洗澡间等；管理者要求在合理的高支出下管理和保证企业的运作。为了满足客户的各种要求和实在的利益，准备一个良好的环境，使每一个部门能够容易接近其他部门等。

3）每年、每月维修台数（包括潜在客户）的测算，决定了车间工位的确立。

4）要充分考虑选址的电力、水、污物处理、通信、交通、地方发展规划。

这里我对目前大多数汽车修理企业的卫生间现状谈点自己的看法。这几年借着到全国各地讲课的机会，到过上百家汽车修理企业，尤其是那些二类和二类以下企业。客户与员工的卫生间大多让人难以入厕，可奇怪的是不少老板给自己却修造了豪华的卫生间。现代企业经营，核心竞争力是文化、是理念、是意识。因而考核一个修理厂也是如此。我在最近写的一本小册子《车主如何与修理厂打交道》就曾特别写道，虽然一个修理厂的整体建筑风格、硬件质量、业务大厅、客户接待与休息区、员工的言谈举止，着装等体现着企业的文化与服务水准，但是有些修理厂却是金玉其外，败絮其中，经不住细看，豪华的外表下管理十分混乱，服务水平十分低下。多年的经验总结了一个窍门：中国是一个有名的食文化国度，但却对与之相关甚密的如厕文化难于启齿。我曾经看过一个电视片，专门评选全世界十间最具特色的餐馆卫生间。评选结果令人惊叹不已，那种富丽堂皇，那种容高科技于一体，那种绝对人情化勘称世界之最。恰恰这最让人瞧不起，难于启齿的，却包含着极深的人文素养乃至整个民族的文化素质。所以这一点可用来借鉴考察修理厂的管理与服务水平也不足为过。进入修理厂之后，首先去一趟厕所，如果这个厕所干净、明亮、无污渍，那么这个修理厂的管理与服务水平绝对令人放心。北京市劳动模范、汽车维修能手阚有波先生讲过他的一次亲身经历：距北京60km的香河地区有一座特大的家具城，很多北京人都到那里去买家具，诺大的家具城被一条又宽又大的公路分成南北两城。阚先生和夫人先到北城选好了一套价值几千元的家具，正准备交钱之际，突感内急，受人指点，七拐八拐好不容易找到北城的厕所，未曾想高兴而进狼狈而出，实在令人无法入厕。只好再次求人指一条光明去处，于是乎来到南城一座整洁明亮的公厕，舒服之余，即在南城重新选了一套家具。北城就因为不起眼的入厕问题失去了一次几千块钱的生意。

还有一次我到唐山一个部队的修理厂去参观，从进厂开始那位厂长曾经四次问我去不去卫生间，实在不好意思推托只得入厕。令我惊奇的是卫生间的环境完全可以和四星级的宾馆相媲美，而且发现车间周围的水沟里没有一截烟头。难怪这个修理厂业务异常红火。试想一下车主到这样的环境里修车怎么能够不放心呢?！所以我说别看仅是小小的卫生间问题，它可能决定着企业经营效益问题！

通过综合评定，就可基本确定场地规模、部门设置、规划、员工配置（直接生产员工和间接生产员工），以及包括建筑物、停车场在内的企业整体规划。为了便于参照，现以日本日产公司的汽车维修服务站为例进行介绍（二类维修企业以上、特约维修站、X位一体站）。

（1）合理车位数的确定　适当合理的车位规划是有效利用场地资源的重要手段，过少满足不了要求，过多造成剩余资源浪费。合理车位数可按下列公式计算：

$$\frac{\text{年维保车辆台数（预测）}\times\text{每年同一台车辆拜访平均数}\times\text{单车平均工作小时}\times\text{单一工位数与全部工位数之比}}{\text{每一位修理工的年工作小时}}=\text{合理车位数}$$

如：$(2\,000\times3\times2.5\times1.3)/2\,000=9.75$，计10车位（注：修车位数目不包括洗车工位）。

（2）直接维修员工数的确定　直接维修员工数是指直接参与维修作业的员

工数。该项目参考业务环境、设备和工具效率等，再根据车位数计算出来。其计算公式如下：

直接维修员工数 = 修车工位数/直接维修员工数与车位数之比

如：修车工位数为 10，直接维修员工数与车位数之比为 1.3，则直接维修员工数 = 10/1.3 = 7.7，取下线为 7 人。其中机工 5 人，电工 1 人，助手 1 人。

（3）间接员工数　为了降低成本，最大限度地发挥每个人的能力，必须做到一人多能，达到饱满工作日。间接员工的总人数是根据所有直接员工人数计算，并要考虑到所需人员的总数发展。一般间接员工数目为直接员工数目的 30%，如直接员工数目为 10 人，间接员工数就为 3 人。

（4）停车位数目　除了与销售一体化、汽车层位、本企业自用车辆车位外，维修停车位（修前、修后）应本着最低标准来定。这样做的出发点是减少在修车辆的在厂周期（送修的车尽快进入修车工位，修完的车尽快通知客户提车），同样是为了充分利用场地资源。

维修车位数一般为车间维修工位的 1/6 或 1/8，其他专用车位根据实际需求而定。

钣金与油漆工位数一般依据实际业务量而定，基本原则一般为全部修车工位的 1/3。

（5）建筑部分

1）办公区域建筑。一般应包括办公室、贵宾休息区、室内展车位、接待大厅、功能部门、辅助区、员工休息区、功能间，另外还要考虑到将来业务发展。每个功能区面积可根据业务量及场地总体面积而定。一般贵宾室在现代强调服务功能的要求下，每位贵宾推荐为 $3m^2$ 左右；接待大厅（已向多功能厅发展）一般在 $20m^2$ 以上，并且要在室外、室内设立明显的标志牌。

2）车间。车间工位布置一般以工艺流程为准则，设有足够的安全通道，要与功能部门接近，如工具室、配件室等，其中对单车位的推荐面积为 4m × 6m（对小轿车），注意通道或工作台附加长度为 0.5m，车位连接院墙附加宽度为 0.4m，车位旋转角度为 90°，车道宽度为 4m。这样安排可使车辆很容易进入和离开此车位，而且在死角的地方可以放置工具箱等物品。专项修理区（如发动机大修区）最小推荐面积为 $20m^2$，动力间约为 $3m^2$。

3）工具室。本着利于保管、保养、方便、重不压轻、大不压小的原则，推荐面积最小为 $5m^2$。

4）配件室。含统计、办公、仓库，一般根据企业规模、资金状况而定，推荐面积为 $80m^2$（多层累计面积）。

5）其他。更衣室每人 $0.8m^2$，浴室每人 $0.6m^2$，厕所一般 10 人为 $12m^2$，20 人以上为 $33m^2$。

6）停车位。一般为每车位（小轿车）2.5m×5.5m，中型车3m×8m，大客车5.5m×10m，废物存放区10m²，通道一般为6m宽，按作业程序双向行驶，尽量减少交叉。

总之，场地规划要综合各种因素统筹规划、科学规划。尤其现代企业讲究现代气息、现代风格，无论是造型还是功能都必须有超前意识，其中每一件微小的硬件设施都将代表着企业的品牌，哪怕是小到独具特色、完美的各种指示标记的设立。场地布局分改造和新建两种，原则都是一样的。依据投资经营者的意愿与行业标准，结合修理工艺布局、服务体系构想进行总体规划。

二、设备购置（含工具类）

设备的采购原则已在“设备档次”中阐述。要强调的是采购设备前，一定要了解该设备厂商的售后服务质量，并与设备厂商签订必要的售后服务合同。一般采用分期、分步付款方式，甚至使用一定时间后，再付完全款，切忌一次性全款付清。

关于设备使用与管理我们将在经营管理的有关章节中论述。

第二节　汽车维修企业市场营销与服务销售

一、汽车维修企业的市场营销

随着汽车保有量的增加，客户群体目标的转移，汽车维修技术的提高（促使汽车维修质量越来越趋于同质），汽车维修企业之间的竞争也越来越激烈。如果不走出企业主动向更多的客户宣传企业的形象与作为，指望光凭关起门来练内功，守株待兔式地经营企业恐怕已不足以维持企业生存。走出企业宣传企业并不是简单的拉客户。现代的客户已经越来越成熟，其对汽车维修企业的选择空间也越来越大。前几年老百姓还要省吃俭用才能买上汽车，而现在越来越多的人对于买汽车已成为平常的事，所以他们不仅仅只满足于汽车维修企业对自己爱车的服务，而是更多地关注企业对人的服务。所以作为汽车维修企业，必须对企业服务体系（内容、项目、承诺、形象、文化、宗旨等）进行展示，从而达到营销的目的——获得大批车源。我们这里指的营销，不只是单纯的有形产品营销，而应该是更广义的无形服务产品的营销，因而这就要求企业掌握市场营销科学体系与方法。

营销观念是作为对坐等客户，或者自以为老大观念的挑战而出现的一种汽车维修企业经营哲学。企业营销观念引进汽车维修企业是在20世纪90年代后期，动力来源于汽车维修市场日益竞争的局面。维修市场一度出现严重供大于求。为了争夺有限的客户，企业不得不走出企业大门，派出大量的业务人员走出企业大门去拉客户，到如今正在逐渐形成它的独具特色的营销观念。

企业营销观念认为，实现企业管理与经营目标的关键，在于正确确定目标市场的需要和欲望，并且比竞争对手更有效、更有力地传送目标市场所期望满足的东西。

推销观念注重卖方需要，营销观念则注重买方的需要。推销以卖方需要为出发点，考虑如何把汽车维修服务变成现金；而营销则考虑如何通过服务产品以及与创造、传送服务产品和最终与汽车后市场有关的所有事情，来满足客户的需要。汽车维修企业营销观念基于四个主要支柱，即市场、客户需要、整合营销及盈利能力。图 4-1 将营销观念与推销观念进行对比。推销观念采用从内向外的顺序。它从企业出发，以企业现有的服务产品与服务能力为中心，并要求通过大量推销和促销活动来获得盈利性销售。企业营销观念采用从外向内的顺序。它从明确的市场出发，以客户需要为中心，协调所有影响客户的活动，并通过创造性的客户满足来获利。

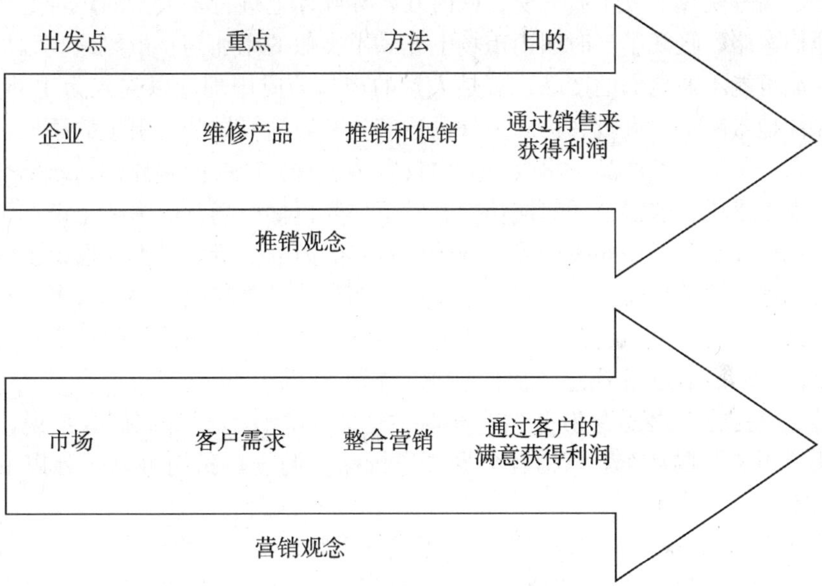

图 4-1　营销观念和推销观念对比

（1）目标市场　企业不可能在市场经营的所有范围都满足客户的各种需要，甚至也不可能在一个大的市场内做好工作，即使再强大的修理集团公司也不可能最好地解决每位客户的需要。当企业为每个目标市场仔细定义和制定适当的营销方案时就会做得更好。一个成功的目标市场例子是，在 20 世纪 90 年代以后，营销人员普查的注意力集中于少数群体日益增长的购买力。北京腾飞集团下属的腾飞汽车技术服务有限责任公司，在 20 世纪 80 年代末，仔细分析了市场发展的需求，以高档车维修切入竞争激烈的维修市场，成立了“法拉利”特约维修站。

当时该车全国不超过 15 辆，而北京占 7 辆。但是事实证明他们成功了。他们不但集中了国内最优秀的技术人员，国际上最先进的汽车维修、检测、诊断设备，引进了先进的管理理念，而且至今吸引了大部分高档车的维修业务，极大地开发了国内高档车的维修市场。到目前很多国外经营高档车的公司进入国内市场，建立售后服务体系，首先找的就是北京腾飞公司。据报道，最近又建立了“劳尔斯·劳伊斯”特约维修站。

（2）客户需要 一个企业即使能为它的市场下仔细的定义，仍不能说就已有了客户导向思想。例如，某汽车用品科技公司从国外引进了一种汽车用润滑剂的添加剂。这种添加剂用途领域非常广泛，凡是有机械摩擦的地方都可以应用，而且具有非常明显的效果。就连国内许多专门研究机械摩擦的学者、院士都给予高度评价。虽然他们也考虑了市场存在的真实需求是很大的，尤其他们在市场推广前期还免费给一些客户使用，客户反映非常良好。这家公司为此还专门在一所国内著名高等院校成立了研究所，同时在各种媒体上进行了大量的广告宣传。但是，他们忽略、轻视了当时国内市场上充满了类似的添加剂，虽然这些添加剂的真实性能可能不如他们的产品，可是人家的产品的应用理念以先入为主的方式，已经深深地影响了一大批客户。另外，这家汽车用品科技公司引进的添加剂的价格远远高于其他同类产品。尽管花大力气宣传、解释产品的差异化，结果是收效甚微。也就是说，这家公司曾成功地开发了一个目标市场，但失败于没有了解市场的客户认知度、习惯购买行为与现阶段购买能力的分析。虽然人们认识到营销是有关盈利性地满足需要，但实际上要认识客户的需要与欲望并非易事。有些客户对自己的需要并不一定有意识，或者他们不能清楚地说明他们的真实需要，或者要对他们的话进行解释。当他们要求一辆“不贵”的汽车、一台“功力大”的汽车、一台能“显示身份”的汽车时，这意味着什么呢？例如客户说，他想要一辆“不贵”的汽车。营销者至少要进行深入调查。我们可以区分以下几种类型的需要：

1）表明了的需要。客户需要一辆不贵的汽车。

2）真正的需要。客户需要的汽车是运营成本低，而不是每年要花很多的费用来维持汽车的运转。

3）未表明的需要。客户期望从销售商处得到好的服务。

4）令人愉悦的需要。客户在购买汽车时，意外地得到了一件小礼品、全国的交通地图册和免费的内装修。

5）秘密的需要。客户想要找到一个以价值导向来理解客户心思的朋友，即希望遇到一位能够理解本人内心需求销售人员，并在一种低声细语，和蔼可亲，没有任何歧视的气氛下进行交易。

仅对客户表面表述的需要作出反应会曲解客户的真实需要。例如，一个客户在雨夜在远郊汽车抛锚了，客户急忙给城里的一家修理厂24小时值班人员打通了求救电话。这位值班维修人员不是简单地回答让其就地等待救援车和救援人员的到来，而是详细地询问汽车抛锚的前后现象，并不断地安慰客户使其冷静情绪，然后告诉客户汽车毛病并不大，在电话里指导客户排除了故障。事后客户非常感谢这位值班修理人员。这件事看似这个企业失去了一次挣大钱的机会，但是企业却因此获得了一个长久的忠诚客户。在这个例子中，值班维修人员有针对性地满足了客户的真正需要，而不是表述的需要。客户导向思想要求企业从客户观点出发来确定客户需要。每个客户的需求决策都包含着可相互替换的内容，企业管理部门不调查客户就不会知道。例如，购买者喜欢安全、式样好、高性能的汽车，售价低于10万元人民币。然而这些优点是不可能集中在一辆汽车上的，因此，汽车经营者必须艰苦地在了解客户相互替代内容的基础上帮助作出选择。

总之，企业能够对客户的要求作出反应，以满足客户的欲望、需要或真正的需要。每一层次都包含了探索调查，但最终结果是得到客户更多的赏识与情感。专业营销是满足客户真正需要，是比竞争者做得更出色的关键。

有些企业专业营销人员把响应营销与创造营销区别开来。响应营销是寻找已存在的需要并满足它，而创造营销是发现和解决客户并没有提出的要求，但他们会热情响应的问题。

经验告诉我们，企业应该比客户走得更远一些，客户一般是缺乏远见的。10～15年以前，很少有人会要求蜂窝式电话、传真机和家用复印机、全天候有折扣的经纪人服务、汽车动力性改装、光盘机、有导航系统的汽车、全球卫星定位的接收器、自动取款机、音乐电视或家庭购买网络；甚至几年前也很少有客户在等待修车的时候，要求有一个舒适的休息环境。

北京及一些沿海发达城市里的汽车维修厂，他们走在前面，“引导客户”进入一个舒适维修的享受型场景。他们为那些经理、老板开通了宽带通信系统，帮助他们实现远程办公；他们为那些老板、女士们带的孩子们，专门将业务室开辟一块地方，并配上许多大型气动玩具，作为孩子们的娱乐场所；还有的企业在客户等待修车的时候，为客户提供熨衣服、理发、美容等超前服务内容。这些企业经营行为既不是市场驱使，也不是服务于市场，他们是在创造市场。

为什么使目标客户满意是极端重要的呢？因为企业每一时期的销售，基本上来自两种客户群：新客户和老客户。经验告诉我们：吸引一个新客户的成本是维护一个满意的老客户的5倍。对盈利率来说，吸引一个新客户与丧失一个客户相差15倍。吸引新客户比保持现有客户常常要花更多的成本。因此，保持客户比吸引新客户更加重要。保持客户的关键是客户满意。一个高度满意的客户会：

1）忠诚企业更久。

2）购买更多的企业新服务产品和提高购买服务产品的等级。

3）为企业和它的服务产品说好话。

4）忽视竞争品牌和广告并对价格不敏感。

5）向企业提出需求/服务意见与建议。

6）由于融洽的客户关系，使企业与客户之间形成一种惯例化往来结算关系，而比新客户降低了服务成本。

日本丰田公司的经理在描绘其雷克萨斯汽车的成功时说："我们公司的目标是超越满足客户。我们的目标是使客户愉悦。"这是更高级的探索和成功营销者的秘密。取悦客户比在媒介上做广告更有广告效果。

企业精明之举是经常地测试客户的满意程度。例如，企业可以通过电话向最近到过企业接受过服务的客户询问他们的满意度是多少，测试要求为：高度满意，一般满意，无意见，有些不满意，极不满意。企业也可以询问客户满意与不满意的主要原因，并利用这些信息来改进下一阶段的工作。某些企业认为他们可以通过在每个阶段记录和打印客户投诉的数字来衡量客户满意度。然而实际上95%的不满意客户不会投诉，大多数人仅仅是停止与企业的接触。最好的方法是企业要方便客户投诉。企业可以在客户休息室里放意见、建议表格及设立企业"热线"。对待客户的抱怨，日本的松下幸之助说：**"客户的抱怨，经常是我们反败为胜的良机。我们常常在诚恳地处理客户的抱怨中，与客户建立了更深的关系，意外地得到了新的生意。所以，对于抱怨的客户，我实在非常感谢。"**

美国3M公司声称它的产品改进主意有2/3是来自客户的意见。光听是不够的，企业必须对投诉作出具体的反应。54%～70%的投诉客户，如果投诉得到解决，他们还会再次同该企业接触。如果客户感到投诉得到很快解决，数字会上升到惊人的95%。客户对该组织投诉得到妥善解决后，他们每人就会把处理的情况告诉5个人。当一个企业认识到一个忠诚的客户在几年内可使企业增加巨大收益这一事实，就会感到忽视客户，在小事上使客户委屈或同客户争吵，从而得罪甚至失去客户是愚蠢的。吸引一个老客户是一项重要的营销活动，它的成本通常比吸引一个第一次的新客户要低。

在天津，有一位老太太买了一台海尔洗衣机，回家时雇了出租车拉到家门口，等到老太太上楼叫人帮忙往楼上抬的时候，到门口才发现洗衣机被那位出租车司机拉跑了。老太太哭天喊地也无济于事。后来海尔公司知道了这件事，立刻给这位老太太免费送去一台同一型号的洗衣机。老太太从此逢人便为海尔公司高唱赞歌。

法拉利公司。据说有一位客户买了一辆法拉利跑车，一次汽车坏在沙漠公路上，急忙向法拉利公司求援，结果法拉利公司在最短的时间内直接用直升飞机运去一台新的跑车给客户做替换。

1996年春节，北京有个修理厂值班人员接到北京长城饭店的求助电话，一辆承载40人的大客车在从八达岭回京的路上，因离合器故障抛锚了。值班人员立即通知厂长。厂长不但亲自带上技术员和修理工急速奔往现场，而且考虑到乘客会因为故障在零下十几摄氏度的车里挨冻，临时租了一辆大客车随行。虽然到现场以后，乘客已经搭乘后面车返京了，但在场全部饭店的人员，无不为这个修理厂的举措感动得热泪盈眶。

（3）整合营销　当企业所有的部门都能为客户利益服务时，其结果是整合营销。然而，令人遗憾的是，并不是所有的企业员工都被训练或被激励来共同努力争取客户。湖北一家汽车维修企业的一位技术主管曾抱怨他们的厂长，说他是"经常保护客户而没有考虑企业的利益!"他甚至批评客户"经常要求太多"。这件事起因于一位客户的汽车发动机连杆轴瓦有一道轻度拉伤，按着那位技术主管的意见，好不容易来了一个客户还不好好宰一刀，可是这个企业的厂长指示车间技术人员只是换了一道轴瓦。

整合营销包含两方面的含义：第一，各种营销职能——业务人员、广告、产品管理、营销调研等必须彼此协调。业务人员对维修及服务产品安排的"价格太高"或"定额太高"，或者广告经理和品牌经理对开展品牌的广告宣传活动达不成一致而不满的事太多了。因此，这些市场营销职能必须从客户观点出发彼此协调。第二，企业营销部门必须与企业其他部门很好协调。当市场营销只有一个部门时，是难于开展工作的。只有当所有员工（请注意这里指的"所有的员工"包括门卫、保安、清洁员）都重视他们在使客户满意上所起的影响作用时才能开展工作。正如惠普公司的戴维·柏卡德所指出的："市场营销太重要了，以致不能只把它看做是营销部门的事!"联想公司甚至做到，在其现职的各种人员中，使每个人都明白他的工作是如何同服务客户相关的。一位联想公司的工厂经理懂得，如果工厂是清洁的和有效的，采用参观工厂这种方式将有助于向潜在客户推销产品。一位联想公司的会计师知道客户对联想公司的态度，会受到他们处理账单的精确性和回答客户电话的及时性的影响。

为了激励企业所有部门的团队精神，企业既要进行外部营销，又要进行内部营销。外部营销是对企业以外的人的营销；而内部营销是指成功地雇用、训练和尽可能激励员工很好地为客户服务的工作。事实上，内部营销必须先于外部营销。在企业打算提供优质服务之前，促销是没有意义的。

许多经理认为，客户是最终取得利润的关键。图4-2列出了传统的组织机构图——高级管理人员在顶端，管理人员在中间，最前线的人们（销售和服务人员、电话接线员、招待员）和客户在底下的金字塔形。这种组织机构已经过时。精通营销的企业更加明白，他们把图颠倒过来，如图4-3所示：在机构顶部的是客户；其次重要的是最前线的人员，他们会见客户、服务客户和满足客户；在他

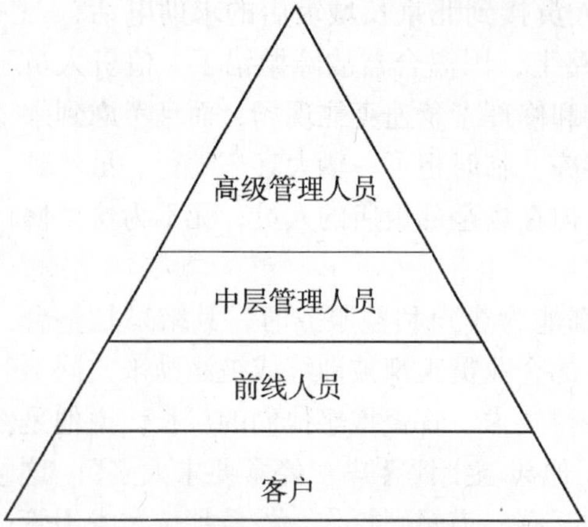

图 4-2　传统组织机构

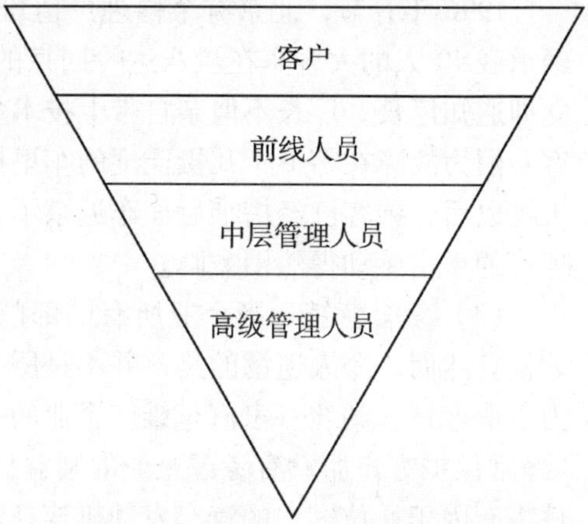

图 4-3　现代客户导向的组织机构

们之下的是中层管理人员，他们的工作是支持最前线的人员，使他们能更好地服务客户；最后，在底下的是高级管理人员，他们的工作是支持中层管理人员，使他们能支持为使各种不同客户最终对企业感到满意的最前线的人员。图 4-3 说明企业所有的经理都包括在亲自会见客户和了解客户之列。

（4）盈利能力　企业营销观念的最终目的是帮助组织达到其目标。私营厂商的主要目的是利润；非营利机构和公共机构，它们需要生存和吸收足够的基金以完成其工作。但要知道，关键之处不是追求利润本身，而是把获得利润当做做好工作的副产品。企业应靠比竞争者更好满足客户需要来赚得金钱。北京一个叫大容的汽车修理厂，当客户在本企业修完车后，如果发现被使用了假冒伪劣配件并向企业举报后，经企业落实后，不但给客户重新换上正厂件，而且给予客户 5 万元奖励。他们也的的确确是按承诺去做的。谁都知道，作为汽车修理企业很难做到一样不合格配件都能够拒之门外。本来大容在其他方面已经做得很优秀了，但是他们为获得更多的客户这样做了，当然他们成功了。美国有个叫珀杜饲养场饲养肉鸡，收入 15 亿美元，获利率高于同行，其肉鸡在主要市场的市场占有率达到 50%，而其产品只是鸡。虽然从来鸡就是一种商品，但该公司很有特色的创建者弗兰克·珀杜不相信“鸡就是鸡”，也不相信客户就是客户。他的宗旨是“一个能干的人才能养出一只可口的鸡”，而且提出保证退款给不满意的客户。他是这样专心于生产优质的鸡，使客户甘心情愿付出更高的价格来购买它们。他的态度是，如果一家公司向着生产优质产品方向努力，则企业商誉、高额利润、市场份额和发展就会光临。

现时大多数汽车维修企业都是在形势逼迫下才真正地领悟或者接受营销观念的。下述情况可能触动这些企业开始把营销观念放在中心位置：

1）客户量骤减。当企业客户量骤减时，它们便拼命挣扎，开始寻找答案。例如，由于修理企业越建越多，客户的选择余地越来越大；保险公司指令性行为越来越弱化，原本保险公司定点事故车修理优势所剩无几。一夜之间客户好像都蒸发了，直到这时，老板、经理们才知道着急。北京有个修理厂老板，恰巧遇到了以上局面。他没有从企业经营过程中查找问题，而是急急忙忙从北京某大学找来13个汽车专业应届大学生，将他们推向社会，让他们直接去拉车源，结果两个月下来收效甚微，从第三个月起就将这些学生陆陆续续辞退了。很多学生都是含着眼泪走的，他们是无辜的牺牲品。

2）增长缓慢。客户与产值增长率缓慢也会推动企业去寻觅新的市场。他们认识到，要成功地判断、评价和选择各种新机会，必须掌握营销专门技能。

3）消费模式发生变化。许多企业都生活在以迅速变动着的客户需求为标志的变动日益激烈的市场环境之中，如果这些企业希望继续为买方提供有价值的东西，便需要掌握更多的企业营销技术。

4）竞争激烈。自命不凡的企业可能会突然遭到营销有方的企业的袭击，从而不得不学习营销，以应付挑战。20世纪80年代以前，北京几家大修理企业，可谓是当时行业中的航空母舰，但当受到新技术的冲击，新的经营理念的冲击，新的市场机制的冲击时，几乎全军覆没。20世纪90年代中期，他们逐步进入市场竞争。如今他们的维修量占到全北京的60%，产值占到40%。

最近几年，有人提出这样的问题：在环境恶化、资源短缺、人口爆炸、世界性饥荒和贫困、社会服务被忽视的年代里，市场营销观念是不是一个适当的组织目标呢？这个问题意味着，一个在了解、服务和满足个体消费者需要方面干得十分出色的企业，是否必定也能满足广大消费者和社会的长期利益。市场营销观念回避了消费者需要、消费者利益和长期社会福利之间隐含的冲突。

请看下面各种批评：

1）美容洗车是车辆日常维护保养，社会环境美化，社会文化不可缺少的，但是大部分化学美容产品会污染环境；洗车的大量污水和大量的用水同样是遭到社会公众的谴责。

2）汽车维修企业的排污、噪声。

3）汽车维修企业的布局问题，如果考虑为客户服务方便，企业应建在人口密集的城区，但建在城区就会出现以上第二个问题。

社会营销观念认为，组织的任务是确定诸目标市场的需要、欲望和利益，并以保护或者提高消费者和社会福利的方式，比竞争者更有效、更有利地向目标市场提供所期待的满足。社会营销观念要求营销者在营销活动中考虑社会与道德问题。他们必须平衡与评判企业利润、消费者需要满足和公共利益三者的关系。已有一些企业通过采用和实践社会营销观念，取得了令人瞩目的销售业绩与利润。

以上简单介绍了企业营销的一些基本原则，由于篇幅所限下面只对企业营销的基本理论与方法作一些简单的介绍。

汽车维修企业市场营销的基本内容见图4-4。现代汽车维修市场营销是以消费者需求为中心，长期地、综合地、动态地谋求企业发展的经营活动，是以市场调查、营销环境分析为基础，以经营战略为指针，从制定市场营销目标到市场营销管理的完整体系。

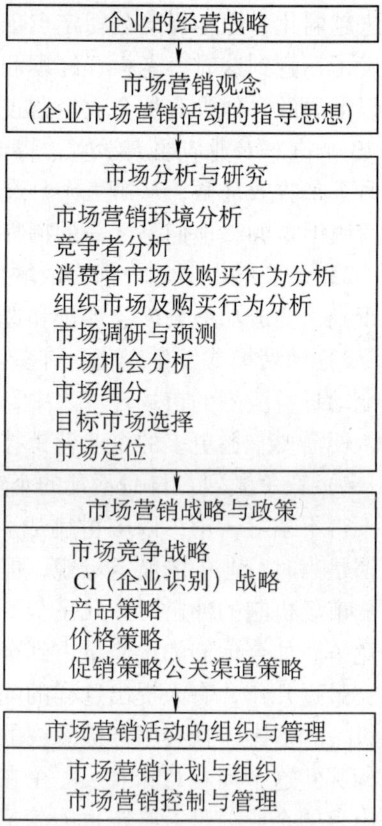

图4-4　汽车维修企业市场营销的基本内容

1. 汽车维修市场营销观念分析

营销是一门学问，是一门技术，更是一门艺术。市场营销的观念是在20世纪50年代渐成气候的，历经半个世纪的发展，营销理论体系已日臻成熟。从尼尔·鲍顿（Neil Bolton）的“市场营销组合”，到杰罗姆·麦卡锡（E. Jerome Mccarthy）的“4P组合”；从西奥多·莱维特（Theodore Levitt）的“全球营销”，到菲利普·科特勒（Philip Kotler）的“大营销”；其他诸如关系营销、反向营销、体验营销、知识营销等，不胜枚举。所有这些都给我们的营销观念以巨大的冲击，但似乎仍未能深刻地揭示现代营销的本质。

营销是什么？按照通常的解释，营销就是发现并满足市场需求的过程，它是与商品经济发展到一定程度相适应的。也有人认为，营销是传递一种更标准的生活。管理大师德鲁克（Peter F. Drucker）指出：“营销的目的就是使推销成为多余，营销的目的在于深刻地认识和了解客户，从而使产品和服务完全适合客户的需要而形成产品自我销售。理想的营销会产生一个已经准备来购买的客户，剩下的事就是如何便于客户得到产品或服务。”没有营销，生产再多的产品，也不能转化为财富，反倒是浪费了大量的人力和物力。菲利普·科特勒（Philip Kotler）曾说过这么一句话：实验室只能产生伟大的设计，但是伟大的产品只产生在市场营销当中。像IBM、松下、海尔、长虹、格兰仕等企业，之所以做得比别人好，很重要的一条就是营销比别人做得好。客户从他们那里不仅购买到IBM电脑、松下电器、海尔冰箱、长虹彩电、格兰仕微波炉，而且能够获得及时、周到、敏捷的服务。

必须看到，如果你去推销化妆品，实际上你不是在推销化妆品，而是让青春美丽永驻人间；你去推销药品，实际上你不是在推销药品，而是为了让病人从病痛中解脱出来；你去推销计算机，实际上你不是在推销计算机，你是将方便之门为人们打开；你去推销信息，实际你不是在推销信息，而是将财富带给了客户；你去推销书籍，实际上你不是在推销书籍，而是推销一段历史、一份情感、一种生活方式；**你去推销维修服务，实际上你不是在拉客户，而是给他们创造安全、舒适、愉悦和幸福**……我们似乎看到了营销背后更深层次的东西——服务、文化、效用等。然而，这还不是营销的本质。

被全球顶尖营销顾问公司——美国科特勒营销集团总裁米尔顿·科特勒（Milton Kotler）视为“企业英雄”的海尔集团首席执行官张瑞敏指出：从本质上讲，营销不是卖出产品而是买。买进来的是用户意见，然后根据用户意见改进，达到用户的满意，最后就买到用户的忠诚度。如果通过这个媒介，得到用户对企业忠诚的心，那我就成功了。

从“卖”到“买”，一字之差，却给我们道出了营销的本质：购买消费者的忠诚。“先买进用户意见，再根据意见改进，最后买到用户忠诚度。”这就是现代营销的三部曲。从“卖”到“买”，它为现有营销理论丰富了两点：一是向客户学习；二是对客户真诚。

营销的本质告诉我们，企业与客户的关系不仅是一种交换关系，更是一种学习关系。客户是企业的老师，客户的显性和隐性的购买心理、潜在和现实的消费需求、普遍和个性的消费行为，主宰着未来市场的走势。企业的消亡，是从客户的流失开始的。客户的流失是因为未能与之建立持久、互动的学习关系。与客户建立学习关系，应当从最有价值的客户开始，进而逐步向每一位客户发展。实践证明，学习关系将随着每一次具体的互动反应而变得更富理性、更为耐久、更加聪明。学得愈深透，了解得愈彻底，把握得愈准确。只有当这种学习变成一种恒久的欲望，客户才将他的需求、他的想法，他的建议透明、彻底地告诉你，你也才能够准确、及时地从中发现并赢得商机。学习可以让自己对客户消费行为、消费需求的研究与把握更为精专，使自身的价值定位也更为准确和突出。管理学大师德鲁克（Peter F. Drucker）强调：“企业成功的关键不在于厂商，而决定于客户。”IBM公司要求，对于失去的每一个客户，推销员必须写一份详细的报告。戴尔有句名言：“以学生自居”，多年来坚持以客户的建议来经营公司。

营销的本质是“购买消费者忠诚的行为”，而这一切必须从自我的诚信开始。国际营销大师米尔顿·科特勒（Milton Koter）认为，做营销的最高境界是做人。诚信是最绝妙的技巧，世界上没有什么抵得过诚信。如果有很多人知道你是一个诚信的人，那么就有越来越多的人愿意和你打交道，你的营销就会越做越好。海尔是现代企业诚信经营的典范。在欧洲，海尔公司曾冒着产品卖不出去的风险，将价格定得比欧洲同类产品还要高。何以如此？靠的是信誉。在美国，海尔以个性化设计和创新产品打进了沃尔玛（Wal-Mart）等大连锁店，靠的也是信誉。到2001年，海尔的窗式空调占有美国市场的8%，小型冰箱占有38%，而冷藏酒柜和冰柜的市场占有率更高达55%。欧洲监测公司最近发表的市场信息显示，海尔冰箱在全球市场的占有率为5.3%，仅次于美国惠普（HP）公司，居第二位，洗衣机的占有率位居第三。这一切，靠的就是海尔“真诚到永远”的经营理念。北京同仁堂是中药行业闻名遐迩的老字号，创建于康熙八年（公元1669年）。清雍正元年（公元1723年）同仁堂开始供奉御药房用药，享受皇封特权，历经八代皇帝，长达188年。300多年来，同仁堂把“炮制虽繁必不敢省人工，品味虽贵必不敢减物力”作为永久的训规。牛黄清心丸、大活络丹、乌鸡白凤丸、安宫牛黄丸等为代表的十大王牌和十大名药，一直在市场上供不应求，同仁堂也因此成为质量和信誉的象征。

向客户学习、对客户真诚，最终会让企业“买”到越来越多的忠诚客户。衡量一个企业竞争力是否强大的标志，不是看其资本，也不是看其规模，而是看聚集在它周围的忠诚客户的多少。**营销不是销售，销售是纯粹的“卖”，营销是“卖”与“买”的聚合，“卖”是其表，“买”才是其本。只图其表，而不谙其本，不是一个真正的营销者。**

汽车维修市场营销是一种有序和深思熟虑地研究市场及策划的过程。汽车维修市场营销并非像电学当中的欧姆定律那样，有着对概念与定理的一套固定的体系。相反，汽车维修市场的营销是企业经营中最富能动作用的一个领域，市场上经常出现新的挑战，企业必须作出反应。因此毫不奇怪，新的市场营销观念应不断出现以迎接市场新的挑战。

（1）日益注重质量、价值和客户满意　不同的动机（方便、地位、式样、性能、服务等）在不同的地点和时间起着强有力的作用。今天的客户在作出决定时，越来越重视质量和价值。一些著名企业在降低成本的同时，大大提高了维修及服务的质量。他们的指导原则是不断用较少的成本提供更多的东西。

（2）日益注重建立关系和保持客户　过去的营销理论着眼于如何“实现第一次成功交易”。但现在不仅要有第一次，还要了解客户和他或她是否会第二次、第三次甚至更长远？今天企业营销的注意力集中于创造终身客户，也就是把交易思想转变为建立关系。企业现在越来越重视建立客户数据库，包括客户的个人信息统计资料，生活方式，对不同营销刺激的反应水平，过去曾经在其他维修企业的维修过程，以及特意安排各种提供物以取悦客户，使他们保持对企业的忠诚。

（3）日益注重管理业务过程和业务职能的一体化　今天企业的思想，正从管理一组半独立的部门，各部门都有自己独立的逻辑，转变成管理一系列的业务过程（这就是后面章节中讲到的“企业流程再造”），每一业务过程都将影响客户服务和满意。企业安排跨职能督导人员管理各个过程。营销人员不仅在营销部的领导下工作，而且与督导小组的接触日益增多。这是一种积极的发展，它扩大了营销人员的业务视野，并给他们更多的与其他部门合作的机会。

（4）日益注重服务营销　由于社会的进步，技术的进步以及城市发展的需求，我国就业人口的大多数在从事服务业。由于服务是无形的、不可分离的、可变的和易消失的，因此，增加了在实体商品营销中所没有的挑战。营销越来越多地为服务企业开发战略，提供咨询服务和其他服务项目。

（5）日益注重营销行为中的职业道德　一般公众对广告和销售方式中的歪曲与误导开始警惕，人们不会仓促地甚至于随便将自己的爱车送往路边店。市场上的欺诈行为和损人利己已不受欢迎并得到防范。企业在履行自己职能时必须树立高标准。

汽车维修市场营销观念，是指企业在市场营销活动中所遵循的指导思想和行为准则，即处理企业、消费者和社会三者利益方面所持的态度、思想和观念，是汽车维修企业开展市场营销活动的出发点，也是汽车维修企业进行市场营销活动的行为准则和思维方法。它的作用十分重要，主要具有三点作用：一是指导作用，即指导企业的一切市场营销活动；二是规范作用，即它不仅是企业进行市场营销活动的指导思想，同时也是企业的行为准则；三是凝聚作用，即它不仅要为汽车维修企业的市场营销活动指示方向，而且还可以对企业的职工起凝聚和鼓舞的作用。因此，一个汽车维修企业是否确立了正确的、符合时代要求的市场营销观念，是进行企业市场营销活动咨询时首先要搞清楚的头等大事。

汽车维修企业的市场营销观念可以归纳为四种，即汽车维修导向观念、服务销售导向观念、汽车维修市场营销导向观念和社会市场营销导向观念。汽车维修导向观念是指导企业经营者行为的最古老观念之一，是一种典型的重维修、轻营销的过时、落后的经营哲学。销售导向观念产生于资本主义国家由“卖方市场”向“买方市场”过渡的时期，同样也是一种过时的、落后的经营哲学。市场营销导向观念是作为对汽车维修导向、销售导向观念的挑战而出现的一种新型的汽车维修企业经营哲学。应当说与前两种观念相比较，这一营销观念是社会进步的体现，是一切以消费者为中心、以消费者需求为导向的企业经营哲学在市场营销活动中的体现。在这一观念的指导下，企业得到了发展同时也推进了社会的进步。社会市场营销导向观念是对市场营销导向观念的修改和补充，它产生于20世纪70年代西方资本主义国家普遍出现的环境污染严重、能源趋向短缺、失业增加、消费者保护运动日益兴盛的新形势下。社会市场营销的目标是协调企业、消费者以及社会之间的关系，通过三者的共同努力，实现一个尊重消费者主权和利益、能够充分发挥企业优势与特长，使企业能够不断得以发展、提高全社会的福利及满足人类不断发展需要的经营环境。社会市场营销目标示意图见图 4-5，它示出了消费者、企业、社会三者的关系。

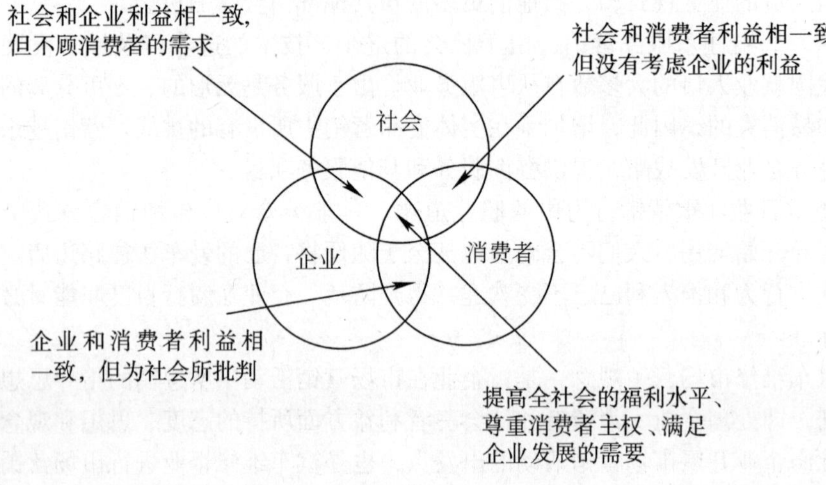

图 4-5 社会市场营销目标示意图

我国汽车维修企业市场营销观念经历了计划定额物以稀为贵、坐等客户酒香不怕巷子深和走出企业主动出击三个阶段。但是应该清醒地认识到，由于行业尚处在竞争的初级阶段，大多数企业还处在由坐等客户向主动出击以需定产的转化过程中。因此，可以说树立社会市场营销观念对我国众多素质较低的汽车维修企业来说是一个极为艰巨的任务。所以，汽车维修企业学习市场营销的新观念，学会对现状进行科学的分析，而不能将树立社会市场营销观念这一重要问题仅仅停留在一两句漂亮的经营口号上，而要从全新的市场营销活动的指导思想上认真分析，树立全新的市场营销观念，以保证企业的市场营销活动能够沿着正确的轨道前进并促进企业的发展。

2. 市场营销能力分析体系

汽车维修企业市场营销能力的分析是进行市场营销的基础分析。通过这一分析的进行，基本上可以判定企业存在的问题。企业的市场营销能力是决策能力、竞争能力和销售能力的综合体现。在进行市场营销战略、目标计划时，为了便于分析和发现问题，一般可将企业的市场营销能力分解为四种能力。由于企业的市场营销能力是相对于市场营销环境而言的，因此，企业的市场营销能力分析应当与市场营销环境分析相结合。企业的市场营销能力分析体系如图 4-6 所示：

3. 市场营销环境分析

现代汽车维修企业必须密切注意汽车维修市场营销环境的发展变化。企业要善于从市场营销环境（包括微观市场营销环境和宏观市场营销环境）的变化入

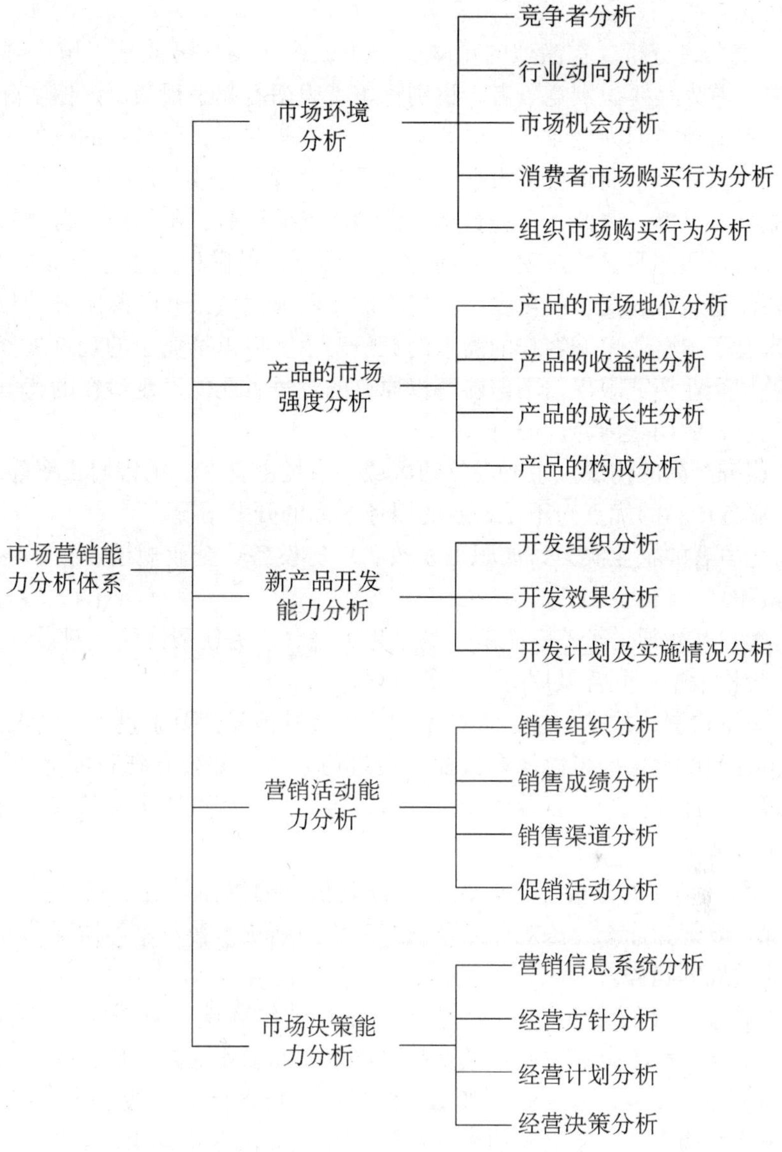

图 4-6　企业的市场营销能力的分析体系

手，分析和鉴别由于环境变化而造成的发展机会、环境威胁，并制定正确的对策。

市场营销环境分析包括宏观市场环境分析和微观市场环境分析两部分。

宏观市场营销环境分析主要内容，包括对人口环境、经济环境、自然环境、技术环境、政治和法律环境、社会和文化环境的分析。微观市场营销环境分析主要内容，包括对企业本身、市场营销中介、有关公众、市场、竞争者以及行业动向的分析。

（1）竞争者分析 在激烈的市场竞争中，企业要尽可能地了解、熟悉并分析竞争者。首先是要识别竞争者。识别竞争者表面看起来很简单，但实际上操作起来却并不简单。因为企业现实的竞争者比较容易识别，而潜在的竞争者的识别却是困难的。一个企业很可能没有被现实的竞争者所打败，可往往有可能是败在潜在的竞争者手里。因此，在进行市场营销战略研究时，不但要从自身行业竞争的角度去发现那些明显的、现实的同为一个行业、提供相同服务产品的竞争者，而且还要注意从市场竞争的角度，去发现那些能够提供某些特殊服务产品，就能满足原来属于本企业忠诚客户的需求的竞争对手。以市场竞争的观点去分析竞争者，能够使企业拓宽眼界，不但能警惕原有的竞争者还能发现潜在的竞争者。

对竞争者的调查内容一般有：

1）服务产品的构成、主要占领的区域、市场占有率、销售增长率等。

2）服务产品的优点与不足，新的服务产品的开发情况。

3）竞争者的企业实力，如职工人数、厂房设备、企业规模、技术力量、经营者的素质。

4）客户开发渠道策略、企业市场销售力量、服务便利性网点建设。

5）价格策略、服务及服务产品的价格。

6）设备投资、技术引进、人员培训，以及其他经营要素投入的情况。

竞争者的以上情况可以从多方面渠道进行了解，如公开资料的分析、报刊、杂志的报道、经验介绍、行业咨询、广告宣传，以及还可以走访其客户或可从政府部门了解情况。

（2）行业动向的分析 主要包括对行业整体的供需情况、竞争状态、行业自律情况、政策、标准、法规，以及汽车维修高新技术普及率等情况的分析，以掌握行业发展的趋势。

（3）市场机会的分析 复杂、多变的市场营销环境，对现代汽车维修企业来说既隐伏着不利于企业发展，甚至是可以置企业于死地的环境威胁，同时也蕴含着有利于企业发展，给企业带来无限商机的市场机会。寻找、分析市场机会，是汽车维修企业市场营销活动的首要步骤。在现代汽车维修市场经济的条件下，任何企业都不能指望靠已有的服务产品市场就能永远的生存、发展下去。因此，每一个企业都必须经常寻找和发现新的市场机会。

1）市场机会的分类。所谓市场机会，是指一切对企业营销活动富有吸引力、企业拥有相对竞争优势的领域或事件。市场机会一般可做以下分类：

① 环境市场机会与企业市场机会。在环境变化中会有大量的需求产生，如资源短缺，则会引发对减少资源使用的需求；环境污染严重，则会形成保护环境这一需求的产生；城市人口增加，则会使社区服务的需要大为增加。在环境变化

中产生的需求，称为环境市场机会。但是，这些环境市场机会，对某一特定的企业而言，不一定具有实际意义，或是说不一定都是最佳的市场机会。因为某些环境市场机会不一定符合企业的目标和能力，不一定能取得最大的竞争优势或相对的竞争优势。因此，**只有那些符合企业目标与能力，有利于发挥企业优势的环境市场机会，才是真正的企业市场机会。**

在许多大城市对汽车的尾气排放要求非常严格，很多修理厂立即开办了替代燃油系统的维修项目；增加了诊断检测设备，对在用汽车的排放污染物提供监测与治理。这些就是环境需求创造的市场机会。

② 边缘市场机会与行业市场机会。每个企业都有其特定的经营领域。因此，我们把出现在本企业经营领域内的市场机会称之为该企业的“行业市场机会”。由此，引申出“边缘市场机会”这一概念。把与汽车有关但又不同行业之间交叉与结合部分出现的市场机会，称为“边缘市场机会”。一般来说，绝大多数的企业对行业市场机会比较重视，因为它能充分利用企业自身的优势和经验，同时对于企业来说，发现、寻找和识别行业市场机会的难度系数也比较低。但是企业利用行业市场机会时，在行业内部会遇到同行对手的激烈竞争而失去或减弱机会效益。因此，作为现代企业来讲，应当在捕捉、创造行业市场机会的同时，也要去积极地在行业领域之外寻找那些“边缘市场机会”，即寻找在若干行业的主要领域之外出现的缝隙上存在的市场机会。由于“边缘市场机会”是在不同行业之间的交叉与结合部出现的市场机会，一般比较隐蔽，不容易被发现和识别。对于企业来说，发现、寻找和识别“边缘市场机会”的难度系数比较大，但是这类市场机会一般一旦开发成功，企业就容易获取较高的机会效益。

北京金杯汽车修理厂为了给客户提供更多更好的服务，由服务部门牵头组织了一个金杯俱乐部。结果俱乐部的声誉却远远超过了修理厂本身，它给企业带来的边际效益难以估量。他们在 2005 年 3 月举办的一次一天的活动中，竟然来了 4 000 多台金杯车，几乎占了北京金杯汽车保有辆的三分之一，可见其影响力之大。

③ 表面的市场机会与潜在的市场机会。在市场上那些明显地未被满足的市场需求，一般称为表面市场机会。对于那些隐藏在现有某种需求后面的未被满足的市场需求，一般称为潜在的市场机会。对于企业来说，表面市场机会容易寻找，识别的难度系数低。同时，表面的市场机会的参与者一般较多，竞争比较激烈。而潜在的市场机会则不容易发现，识别的难度系数大，但一旦开发成功，企业比较容易获取较高的机会效益。

④ 目前的市场机会与未来的市场机会，对于现代企业来说，除了要捕捉目前的市场机会之外，还应树立一种面对未来的思想意识，去自觉捕捉那些未来的市场机会，即捕捉那些在目前市场上并未表现为大量需求，但通过市场研究和预

测分析，它将来在某一时期内会成为现实市场机会的某些机会。从企业市场营销的角度分析，把“目前市场机会”与“未来市场机会”加以区别是具有重要现实意义的。因为对于任何企业来讲，从发现市场机会到利用这一市场机会，总是需要经过一定的时间。那么，对于提前预测和动手捕捉这些未来市场机会的企业来说，一旦发觉时机即将成熟，就可以迅速把已经准备好的服务产品推出来，在市场竞争中获取有利的地位。

例如：很多维修企业看到国家对汽车的使用年限要求越来越严格，人们的消费水平也越来越提高，汽车的报废与更新频率也越来越快。因而一些企业相继开办了旧车与新车的置换业务。当然，这项业务为企业又创造了业绩。

2）市场机会的价值分析。市场机会价值的大小，一般可由两个方面的因素决定，即市场机会的潜在吸引力与企业利用该市场机会成功的可能性。因此，通常可用“机会潜在吸引力与成功概率分析矩阵”进行市场机会的价值分析。

如图4-7所示，潜在吸引力是由市场需求规模、利润率和发展潜力构成的，把它作为该矩阵的纵坐标；成功的概率是指企业把握市场机会，并将其变为具体获利行为的可能性，它是由企业内部环境条件与企业外部环境状况两方面决定的。

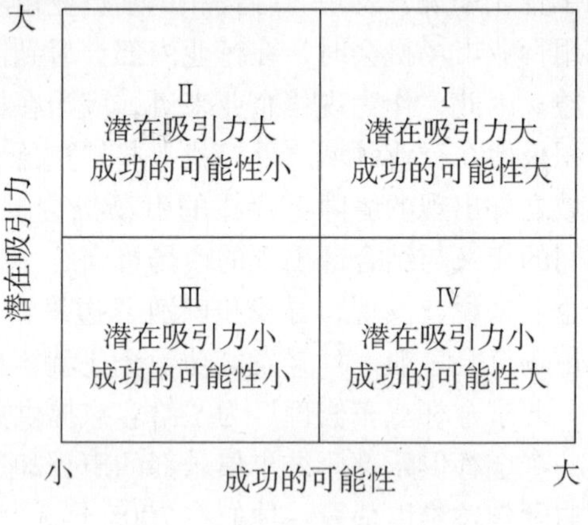

图4-7　机会潜在吸引力与成功概率分析矩阵

对于第Ⅰ象限的市场机会，企业应尽全力去捕捉和利用，因为这是对企业最为有利的市场机会，即潜在吸引力、成功可能性俱佳的市场机会。这样的市场机会是企业营销活动最为理想的经营内容。

第Ⅱ象限的市场机会为潜在吸引力大、成功可能性小的市场机会。一般地讲，企业对此类市场机会多采取注意观察、伺机行动的态度。但是，对于某些目前经济效益好、实力雄厚并且看好某一其他企业不愿涉及，但经预测可以判定虽成功可行性目前较低，但企业可以采取措施使其转变的大企业来说，把这样的市场机会作为企业开发新的服务产品的尝试也是常有的事。

第Ⅲ象限的市场机会为潜在吸引力、成功可能性俱差的市场机会。一般情况下，企业不会去注意此类市场机会。当然，有时这类市场也会突然发生变化，所以企业应有一定的准备。

第Ⅳ象限的市场机会为潜在吸引力小、成功可能性大的市场机会。此类市场机会的风险小、获利也小。通常稳定型企业或实力薄弱的企业多以此类市场机会为主。

3）市场机会的寻找方法。企业采取以下方法去寻找、发现市场机会：

① 广泛搜集市场信息，从中识别和发现市场上“未被满足的需要”。

② 运用项目/市场矩阵分析方法。运用这一分析方法，可拓展企业的思路，从四个方面去寻找市场机会：一是市场渗透方面，即考虑如何在现有市场上扩大现有服务产品的销售；二是市场开发方面，即考虑如何开拓新的服务市场；三是新的服务产品开发方面，即考虑如何进一步用新的服务产品满足市场的需要；四是多角化经营方面，即考虑如何拓展经营，向新的维修服务领域发展。实践证明这是一种非常实用的方法。

③ 运用市场细分的方法，去识别和确定最有价值的市场机会。

二、汽车维修市场车主维修行为分析

汽车维修市场是指为满足汽车维修结果，以及个人或家庭成员物质、精神需求而形成的送修行为和修理企业与之互动的维修、服务行为所形成的市场。不论是汽车生产企业，为生产汽车的配套生产企业，还是提供售后服务的企业都必须研究市场。因为只有市场才是服务及服务产品的最终归宿，即终极市场。对市场的研究，是对整个市场研究的基础。

1. 汽车维修市场车主维修行为的特点分析

（1）被动性　就目前而言我国的大部分有车一族，还是买得起车而修不起车，因而在过了三包期以后，到了非修不可的时候，除了在维修费用上斤斤计较外，还必须选一个够档次的修理企业。他们在选择维修企业的时候，大部分选择最先了解的企业或者是朋友推荐的企业。他（她）们对汽车本身除了会开，其他一概不知，或者一知半解。恰恰这部分一知半解的车主又是最难对付的。以上行为群体在营销学中称为非盈利性消费者。他们的消费行为不是将消费过程转而去盈利，而是为了获得某种使用价值或心理满足，以满足生活方面的某种消费需求。

（2）非专家性　就一般而言，客户缺乏专门的汽车与汽车维修知识，尤其现代汽车维修技术性，包括与汽车维修相关的技术含量较高的产品。

（3）可诱导性　在多数情况下，车主的消费行为是凭个人的情感、朋友推荐或受厂家广告宣传的影响。因此，可以说消费者汽车维修市场具有很大程度的可诱导性。

（4）多样性　由于消费者人数众多、性格各异，加之在职业、收入、年龄、性别、文化程度、民族等方面的不同，所以，对不同的服务产品或同样的服务产品的不同内容、时间、形式、价格、延续性等方面，都会产生不同的需要。

（5）分散性　消费者汽车维修市场人数多而分散，一般一次性消费金额较大，而每次的送修车型种类繁多且台次较小。当然也有一些机关团体批量客户，但相对分散。

（6）时尚性　车主的送修行为不仅受到消费者内在因素的影响和制约，而且还经常受到环境、时代风尚、流行趋势等因素的影响，就是我们常说的趋众、跟风。

2. 车主送修过程和送修行为模式的分析

如图 4-8 所示，车主送修行为与实施维修行为的形成是一个复杂、连续的行为。其形成过程主要是由刺激而产生需求，由需求进而产生行为动机，而后经过信息收集、送修行为决策并导致维修行为的发生。

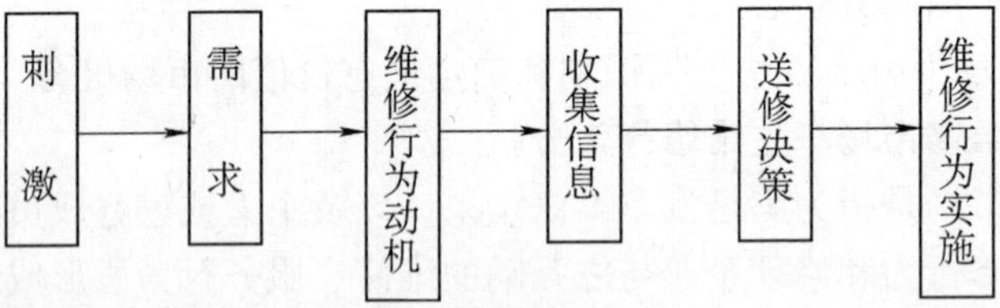

图 4-8　车主送修过程

从图 4-9 可以看出，车主的维修行为受到来自外部的直接影响，它主要包括企业实施的营销策略组合及环境因素的影响。同时，车主的送修决策还要与车主的个体特性密切相关。

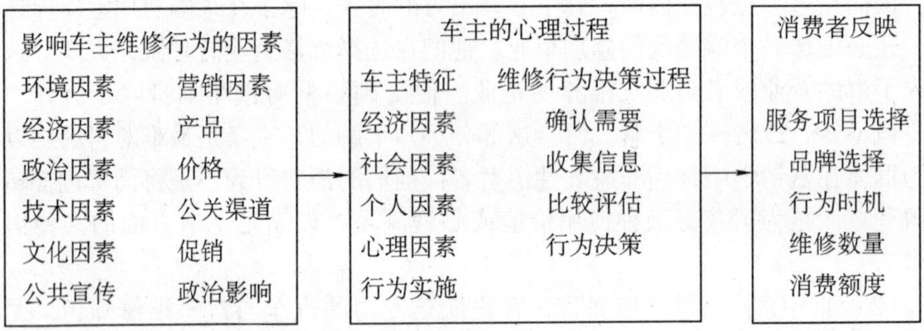

图 4-9　车主维修行为模式

3. 体验经济

所谓体验经济，是指企业以服务为舞台，以商品为道具，为消费者创造出难忘的感受。传统经济主要注重产品的实用和价格，随着体验经济的到来，生产及消费行为已发生变化：从生活与情景出发，塑造感官体验及心理认同，以改变消费行为，为产品和服务找到新的生存空间。

体验营销便是伴随着体验经济而产生的新营销方式。它是指营销者站在消费者的角度，来体验消费者的购买理念、购买程序、购买心理及购买原动力，即从消费者的感官、情感、思考、行动及关联五个方面，重新设计和定义营销的思考方式。这种思考打破传统的“理性消费者”的假设，认为消费者消费是理性和感性兼具，消费者在消费前、消费中和消费后的体验，才是研究消费者行为和品牌经营的关键。

随着经济发展，消费者购买力的增强，一旦个人的生理需要得到满足，需求就会上升为心理需求。汽车自诞生那一天起，经过众多发明家、工程师、艺术家、能工巧匠的精雕细琢，吸收了世界无数的新技术，已经成为一种精巧的高科技产品。发展至今，对消费者而言，汽车已不再仅仅是代步的交通工具，它已成为人们移动的生活空间，代表了对生活品质的追求。

如今在汽车维修企业经营活动中，也同样更应注重客户的体验，并使体验成为客户价值的必要组成部分。美好的体验是消费者衡量商品或服务价值的杠杆。当消费者觉得维修质量或服务与承诺越有价值，对价格越不太计较，不仅有利于培育忠诚客户，而且避免了单纯价格战给企业绩效带来的阴影。

汽车消费市场已逐渐进入成熟期阶段，消费者的需求也正在超脱“质”的阶段，进入较高层次的“**品味**”水准，品味不是商品，而是**概念**，在产品同质化趋势日渐明显的激烈市场竞争中，单纯的利益需求不足以打动消费者的心，能满足消费者自尊、自我实现的高层次品味追求，更能引起消费者的**共鸣**。

汽车高值、耐用和高技术的特点，使其售后中的服务作用更加突出，服务的内容更加丰富，服务的效力更加明显。在服务中增加体验成分，则可以突出个性化和差异化，更好地吸引消费者。在汽车维修企业，一些聪明厂家正在努力将消费者从踏进大门开始，即让其感受到一种兴趣盎然的情景。悦耳的音乐、活泼的娱乐节目、独特的景致、免费的点心、剧场般的音响效果、服务人员温馨的微笑等，使客户体验享受型服务的惬意。

三、促销活动分析

1. 促销活动基本策略选择的分析

促销活动策略有吸引式策略和推进式策略两种基本形式。所谓吸引式策略，是指企业为了唤起消费者的需求，利用广告宣传介绍商品，使消费者产生购买的欲望，主动到指定的汽车维修企业进行指定的维修作业项目；然后，汽车维修企业再借此机会，委派专业人员进一步开展促销活动，从而达到二次吸引客户的目的。“吸引式”策略如图 4-10 所示。

运用吸引式促销策略的条件：

1）适用于知名度较高的企业；

2）应选择利用传播力强的广告媒体；

3）适用于特定车型或某专一和品种较少的特约维修站；

4）适用于新品牌上市不久的车型及国外品牌的车型；

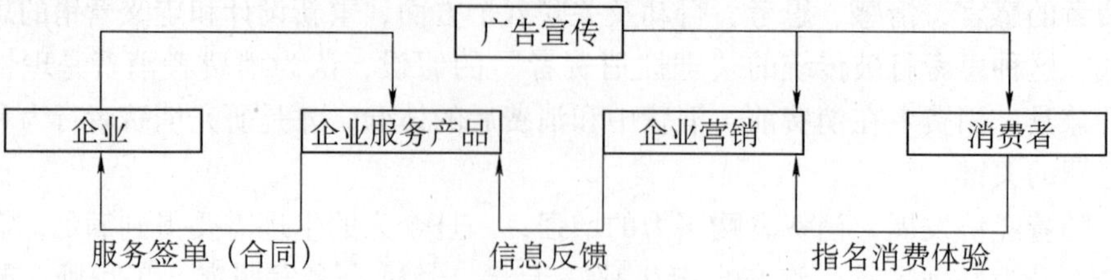

图 4-10　吸引式策略

5）适用于大型汽车维修连锁企业。

2. 推进式策略

所谓“推进式”策略，首先是由汽车生产企业向汽车经销商推荐建立售后服务站，或者由汽车生产企业和汽车经销商委托某个维修企业承担该车型的售后服务，俗称特约指定售后服务企业，如图4-11所示。这是一种由生产企业发起，并通过批发商、零售商，最后到车主的一种促销策略。因为这种策略主要是以推销作为促销手段，把服务产品推向市场。所以被称为推进式策略。

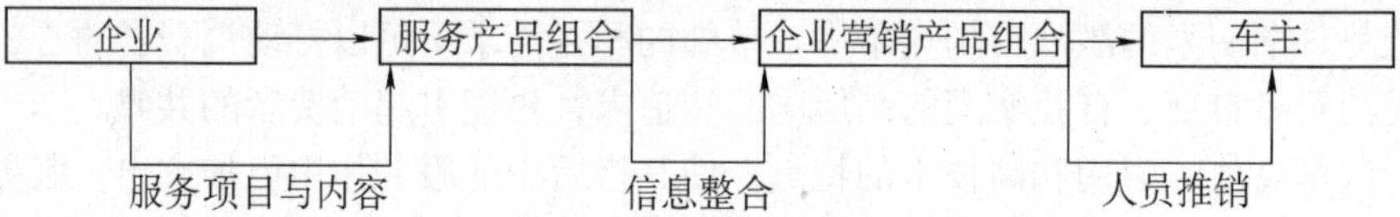

图 4-11　推进式策略

四、促销活动手段的分析

由于汽车维修企业很少采用公共媒体作为促销手段，这里不再就广告促销手段进行分析。这不是说汽车维修企业做媒体广告不起作用，北京就有汽车维修企业做广告的，而且效果非常好。但我预计，不远的将来汽车维修企业在广告上的竞争一定会初露锋芒。广告效益是不可估量的，只是如何去做才能获得经济效益，是值得仔细研究的。我听说过一则笑话：讲的是某君退休后在乡下的旧宅里住着。他想卖掉它，另买一套更好的住宅，但过去了很久，一直未能如愿。后来他决定请房产经纪人帮忙。房产经纪人立即把这旧宅刊出广告。几天后原房主在一本印刷精美的杂志上看到一幅分外诱人的照片。拍摄的正是他的旧宅。并附有一段关于其花园的真实描写。读罢广告，他马上给房产经纪人打电话，告诉他说：“对不起，先生。我最终决定不卖那旧宅了，看了先生在杂志上登的广告，我方才发觉它正是我想要住一辈子的房子。”

由于企业状况的不同、条件的不同、服务的车型的不同，以及服务产品与市场的特性各异，其促销活动的重点及手段也理所当然不同。企业能否采用合适的促销手段，关系到促销活动的效果。分析时，一般可以把企业目前所用的促销手段，按照服务产品和服务对象进行整理分析，并判定其促销手段是否合适、是否有效。

企业开展促销活动最忌讳的是零敲碎打无计划。企业应事先制定年度促销活动计划，争取以较小的费用来获得较大的促销效果。促销活动计划和效果的分析，就是要调查企业促销计划是否科学以及具体实施的情况，以便从中找出问题并制定新的促销活动计划。

我曾接触过一个国外大型企业，那次短暂的接触令我终身难忘。2003 年 3 月我们策划了一个大型全国汽车维修工程教育改革研讨会，主办单位几乎都是国家级的，参会人员是全国的 60% 高等院校校长、系主任、学科负责人，还有很多当代汽车维修专家、汽车维修工程教育专家、政府领导，全都是非常有影响力的人物。从会议内容到参会单位应该说对任何一个与汽车售后服务有关的公司都是一个巨大的潜在市场。面对这么一个直接的市场机会，国内许多企业想尽办法参会。我满怀信心，托着这么一个大盘子找到德国博世公司想拉一些赞助，没想到的是，博世公司的负责人诚恳地对我说：你们给我们的这次机会太难得了，非常感谢。但是由于 2003 年的年度促销计划我们提前 10 个月就已经定下了，我们只能为这次机会感到惋惜，明年希望与我们提前联系。就这么着，一共半小时的交流时间，我兴高采烈口若悬河说了二十九分钟，对方连送我出门一共用了一分钟，婉言谢绝败兴而归。这次接触虽然打击很大，但是给我的教育是非常深刻的，深深地感到与国外先进的大型企业经营理念上的差距。

五、市场营销信息系统分析

现代企业对市场营销环境的分析，对市场机会的发现与价值评估，以及捕捉和创造最具价值的企业市场机会等一系列重要活动的展开，都离不开对市场营销信息的有效利用。能否做到这一点，与企业是否具有完备的市场营销信息系统和这一系统的运作水平有着直接的关系。因此，对企业的市场营销信息系统的分析便成为企业市场营销咨询的重要内容。

由于市场营销信息所具备的广泛性、连续性、时间性、公开性、资源性等特点，越来越多的现代企业认识到市场营销信息既是企业市场营销活动的依据，同时也是营销管理的有效手段，因此对建立企业的市场营销信息系统和提高这一系统的管理水平、实际操作水平，普遍具有较为迫切的要求。

1. 市场营销信息系统构成的分析

现代企业首先要有一个信息收集系统。因为企业市场营销活动，需要广泛地收集企业内外营销环境各要素及其发展变化情况的各种信息、资料、数据，并且要有目的、有针对性地对某些特定的问题进行研究。所以，现代企业的营销信息收集系统应由内部环境报告系统、外部环境监视系统及营销调研三个子系统组成。其次，还要有一个信息处理系统。因为企业只有信息收集系统，是无法对大量庞杂的信息进行有效的去粗取精、去伪存真的。处理系统要承担这一任务，这一系统主要应包括信息加工与信息分析两个子系统。

信息收集系统负责收集一切与企业营销活动有关的信息。其内部环境报告系统的信息来源，主要是来自企业财务部门、生产部门和销售部门。内部环境报告系统的正常运转可以使企业迅速、经济地得到大量反映企业内部环境情况的信息，是企业对营销工作第一手情报的宝贵来源。分析时，主要是看有关部门是否能按企业市场营销信息系统的要求，按时、准确、源源不断地提供信息，并保证信息的畅通无阻。其外部环境监视系统的工作主要是：征询与企业有关的各个方面的公众（消费者公众、行业相关公众、汽车用品供应商公众、执法公众、媒体公众及政府公众、地方公众等）对企业营销活动的意见与反映；收集和获取竞争对手的动向；收集宏观市场营销环境与微观市场营销环境的各种信息。分析时，主要是看收集的面是否广泛，信息收集渠道是否畅通，信息收集是否连续不断等。其营销调研系统虽然是信息收集系统中的子系统，但其作用与以上两个子系统具有较大区别。该子系统的主要工作是有目的、有计划地收集某些特定问题的信息并对其加以重点注意，是为企业某些特定的专题任务服务的。

2. 信息处理系统运作的分析

信息处理系统的任务是将信息收集系统提供的未经加工的繁杂原始信息，进行加工与分类，并通过各种经济数据模型，通过科学的统计方法去加工和处理各种信息。其信息加工系统通过原始数据的加工处理，负责建立和更新信息数据库。对该子系统的分析，主要是看其加工、处理的过程是否科学、是否符合建立数据库管理系统的要求。其信息分析系统的主要工作，是通过信息数据的计算与分析，提炼出对企业营销活动有用的情报。对该子系统进行分析时，主要是看是否能够运用有关统计方法和公式，是否拥有一个存有多个经济数据模型，以及包含各种统计方法、公式的数据库。

六、企业营销执行与控制

一个好的营销战略计划，如果执行不当是不大会有成效的。执行营销计划要求：

（1）发现和诊断一个问题的技能　当营销计划执行的结果未达到预期目标时，战略和执行之间紧密的内在关系就会提出一些困难的、需要诊断的问题。低销售率究竟是由于战略欠佳造成的，或是执行不当的结果？其次，还得确定究竟是什么问题（即诊断），还应该对此做些什么（即执行）？对这些问题，在各种管理“手段”和解决措施方面，各有多种不同的组合。

（2）对企业存在问题的层次作出评估的技能　营销执行问题可能发生在三个层次上：一是行使营销功能的那一层，例如怎样能使企业从其广告代理商处得到更多的创造性广告；另一个层次是营销规划，这一层把各种营销功能协调地组合在一起，该问题产生于怎样把服务产品推向市场；第三个执行层次是营销政策这一层，例如企业希望每一个员工都把客户放在第一位。

（3）执行和评价执行结果的技能　营销者必须掌握一套能有效执行营销计划或政策的技能。这四种基本技能就是分配、监控、组织和相互配合。

因为在营销计划实施过程中将发生许多意外情况，营销部门必须连续不断地监督和控制各项营销活动。年度计划控制是保证企业在该计划中设置的销售、利润和其他目标的完成。年度计划控制的主要工具有：销售分析、市场份额分析、营销费用－销售额分析、财务分析、市场基础的评分卡分析。盈利率控制寻求衡量与控制不同的产品、地区、客户群、细分片、销售渠道、订单大小等的盈利率。盈利率控制的一个重要内容是制作一张损益表。效率控制是集中寻找增加销售队伍、广告、促销和分销的效率。战略控制要求定期承担对企业的再评价，使用的工具有营销效益评核和营销审计。企业还应承担营销杰出创举评核和道德/社会责任评核。企业营销控制类型见表4-1。

表4-1　企业营销控制类型

控制类型	主要负责人	控制目的	方　法
1. 年度计划	高层管理当局 中层管理当局	控制计划目标是否实现	销售分析、市场份额分析、费用－销售额比率、财务分析、市场基础的评分分析
2. 盈利能力控制	营销主管人员	检查企业在哪些地方赚钱，哪些地方亏损	盈利情况、服务产品、客户群、销售办法、车源情况
3. 效率控制	职能管理当局，营销主管人员	评价和提高经费开支效率及营销开支的效果，检查企业是否在市场、服务产品和方法方面正在寻求最佳机会	效率：销售班子、广告、促销和分销的效率
4. 战略控制	高层管理人员， 营销审计人员		效益等级评核、营销审计、营销杰出表现、企业道德与社会责任评价

北京有一个金杯汽车修理厂，成立于1989年。1998年10月实行股份制改造。当时固定资产30万元，员工20人，厂房面积800m²，年修车辆约1 600台次，年产值近80万元。股份制改造以后，企业打破传统的经营模式，不断创新，企业发展非常迅速。2004年，修车辆达到40 000台次，员工140人，厂房扩大到6 800m²，年产值达到1 400万元。该厂修车辆年年翻番，连续四年居全国金杯维修业绩之首。

该企业最大特点就是最先将企业销售引进汽车维修企业。从1998年底，一直坚持对企业经营状况进行分析。他们将企业一年当中的每一个月的经营情况，用坐标纸画出坐标图，用曲线展示出一年中车辆维修量的变化。这样连续几年下来，他们基本上摸清了车辆维修量的变化规律。在这基础上，他们认真分析为什么有的月份维修量低，而有的月份维修量高。比如，他们发现每一年的三月末、四月初大约40天，为一年当中维修量最低的时间段。经过调查分析，结论是春节放长假以后，用车辆明显减少，而且人们为了节日期间用车方便与保险，一般在节前都为汽车进行一次保养或检修。尤其金杯车属于旅行面包车，这种汽车的拥有者多为公司或企事业单位，节日期间停驶的也较多。为此，企业有针对性地研究、设计了许多活动。表4-2列出了金杯汽车俱乐部会员活动安排。

表4-2 金杯汽车俱乐部会员活动安排

月份	活动日期	活动名称	活动内容	参与	优惠或奖品	报名时间
12月	12月1~31日	走访老客户	上门送礼，征询客户意见，开茶话会	三年以上或大客户	送皮手套、水果	短信通知
	12月24日	圣诞节狂欢夜	联欢会，抽奖、猜谜、游戏、狂欢、跳舞	金杯用户	赠圣诞礼物	12月10日起
1月	1月16日	滑雪节	首届会员滑雪节，去军都山滑雪场滑雪	所有客户	半价	短信通知
2月	2月1~8日	送礼	新年佳节给金杯客户赠送春联	所有进厂客户	赠对联	短信通知
3月	3月15日当天	3·15送真诚	免费咨询，工时费六折	金杯客户	赠礼品	短信通知
	3月20日	大型厂庆	十五周年庆典、大抽奖、文艺演出	金杯用户	金杯车大奖29in彩电等	短信通知
4月	4月10日	植树	第三届会员植树节，密云区绿化基地义务植树	金杯用户		4月1日
	4月23日	体检月	为荣誉客户免费进行体检	荣誉客户	免费体检	短信通知
5月	5月4日	登山	第一届会员野外登山比赛	金杯用户	赠奖品	4月10日至5月2日
	5月12日	护士节	护士节之际，送医疗系统金杯车免费维修日	医用车辆	赠礼品	5月8日起预约
6月	6月1日	儿童节	六一儿童节，送孤儿院儿童北戴河免费度假	所有孤残儿童	免费	5月20日起预约
	6月5~10日	端午寄深情	向所有进厂客户送“糯米”活动	金杯用户	糯米	
	6月1日起	夏季送清凉	换季保养，免费检测空调系统	金杯客户		

（续）

月份	活动日期	活动名称	活动内容	参　与	优惠或奖品	报名时间
7月	7月1~3日	节油大赛	第四届北京－北戴河节油大赛，旅游、度假、海边狂欢	金杯用户	赠奖品礼品	6月20~30日
	7月1日至8月30日	送冰凉活动	夏季为进厂客户赠送冷饮	金杯客户	免费	
	7月30日	游泳大赛	首届会员游泳比赛	金杯会员	赠奖品	7月20日
8月	8月1日	建军节献爱心	建军节，送军车免费维修日	军车用户	赠礼品	7月25日起预约
	8月27、28日	赛马	会员旅游骑马比赛	金杯会员	赠礼品	8月10~25日
9月	9月11~17日	中秋送福	中秋节，凡进厂客户赠月饼、水果	金杯客户	赠月饼、水果	
	9月24、25日	采摘节	第二届会员欢乐采摘节，包括采摘、郊游、聚餐	金杯会员	赠礼品	9月1~22日
10月	10月1~16日	会员联谊	第六届会员联谊活动，去北戴河度假	金杯会员	赠奖品礼品	9月10~30日
	10月11日	夕阳无限好	重阳节送老年人北戴河免费度假	所有老人	赠礼品	10月8日起预约
	10月20日起	冬季送温暖	换季保养，免费检测空调系统	金杯用户		
11月	11月13日	围棋比赛	“金创杯”会员围棋比赛	金杯会员	赠奖品	11月1日起
	11月20日	象棋比赛	“金创杯”会员象棋比赛	金杯会员	赠奖品	11月10日起

不仅如此，他们还根据企业经营的需要，不定期举办一些特定的活动。如：针对交通执法部门的客户安全月活动；为媒体创造新闻亮点的造势活动；针对本企业职工、家属送温暖活动；为创造社会效应，组织职工和客户的大型植树活动等，都收到了极好的效果。他们举办这些活动的最大特点，就是针对性、计划性特别强，并对其效果分析的接近完美。比方，每年3月20日举行大型厂庆活动，其实这一天并不是企业开业之日，而是有意根据每年3月份企业经营特点刻意策

划的。当然效果是明显的，为此他们将这项活动一直坚持做着。他们还创建了金杯汽车俱乐部，其名声远远超过了修理厂的影响。最值得一提的是，俱乐部不仅仅为客户提供与汽车相关的服务。而且俱乐部广泛与大商场、建材市场、娱乐市场等建立了会员关系，借此为客户提供折扣和更超值的服务。这样做的结果其潜在效益是不难窥见的。

第三节 汽车维修企业的服务营销

一、什么是服务

简单地说，服务是行动、过程和表现。企业提供的服务并不是能够接触到、看得到或者感觉得到的有形产品，而是一种无形的行为和绩效。具体来说，企业为车辆提供维修和维护服务，为客户提供的技术咨询和相关的感情投入，以及引导客户共同完成的带有公益色彩的活动、培训服务、维修企业网页宣传、网上咨询、行路指点、会员联系和其他服务。这些服务中的每一项可能包括一个最终形成的报告，或是员工培训中包括的指导材料，或通过问题分析活动、与客户会见、进一步的电话联系和报告这一系列行动、过程和行为，把整个服务展示给客户。相似的医院、饭店、银行和公用事业提供的核心服务内容，也主要包括向客户展示行为和活动。

尽管以这个简单而广泛的服务定义为依据，但是大家应该明白多年来服务与经济中的服务产业定义的细微区别。服务的不同定义，通常可以解释人们在讨论服务和描述包括服务业在内的经济时所产生的混乱和异议。与我们这个简单定义一致的另一个较广义的服务定义是："包括所有产出为非有形产品或构建品的全部经济活动，通常在生产时被消费，并以便捷、愉悦、省时、舒适或健康的形式提供附加价值，这正是其第一购买者必要的关注所在。"这个定义也用来描述经济活动中的服务部门。

1. 服务与客户服务

作为现代汽车维修服务企业要想在竞争中立于不败之地，就必须明白：

我们该给顾客什么？首先要知晓维修服务有哪些特征、必须知道维修市场在哪里、必须知道顾客想什么、需要给自己提供的服务找准位置、优质的维修服务质量是核心、服务价格是不可忽视的因素、必须重视服务过程的管理、形象影响到一个机构的一切、管理经营者要走出服务的误区、要主动让每个人知道企业有什么样的服务、服务的同时要尽可能地避免维修过程中的风险。

在我们开始讨论服务营销与管理时，区分服务与客户服务是很重要的。正如上文所给的广义定义，服务包括众多的行业。下面这些公司都是属于服务业的企业：中国联通、长城饭店、中国国际航空公司、银行、美容美发、汽车修理，而且制造商及高科技公司也可以向市场提供服务。联想和海尔（历来被认为是制造商）向市场提供信息技术咨询服务。上面提到的这些企业都向客户营销和提供服务。

客户服务也由各类公司，如制造企业、IT 公司和服务公司提供。客户服务是为支持企业的核心产品而提供的服务。客户服务通常包括回答问题、接受订单、单据事务处理、投诉处理及日程安排或修改。客户服务可以在现场进行，如一位员工帮助客户找到一件想要的物品或回答一个问题，也可以通过电话或互联网进行。许多企业的客户服务电话中心 24 小时有人值班。一般来说客户服务并不收费。优质的客户服务是建立客户关系的必要因素，但是，不能把它与一个企业为销售提供的服务相混淆。

服务的广义定义说明无形性是确定一个提供品是否为服务的关键所在。尽管这是正确的，但可以肯定，很少有产品是纯粹无形的或者完全有形的。相比较而言，服务要比制造品更无形，而制造品则比服务更有形。例如，快餐业尽管被划分为服务业，但它仍有许多有形部分，像食物、包装等。汽车制造业尽管被划分为制造业，但也提供许多无形产品，如交通运输。图 4-12 所示的有形范围表明了这个观点。当提及服务时，我们将接受服务这个广义定义，并承认很少有“纯服务”或“纯产品”。

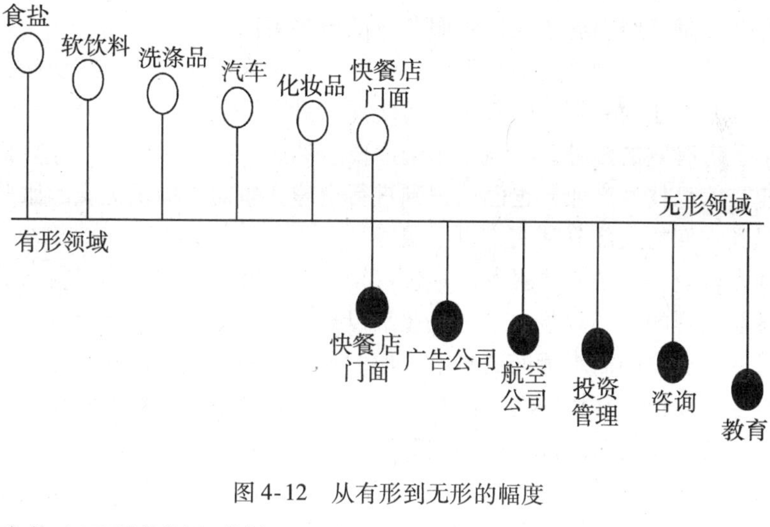

图 4-12　从有形到无形的幅度

2. 为什么要研究服务营销

学习服务营销、服务质量和服务管理为什么是重要的？服务营销与制造品营销的区别是什么？这些区别导致了人们对有关服务书籍和课程的需求。有许多动因导致服务营销的迅速发展，许多行业、企业和个人已定义了其概念的范围、框架，并界定了服务领域的战略。重要的是要注意服务营销和管理的领域是全行业范围内综合力量的结果。正如我们在行业发展里所描述的那样。

（1）服务经济的到来 由于服务业的迅猛增长，使得它们对世界经济变得日益重要，从而使服务营销概念和战略有了很大的发展。

中国服务业市场的扩大开放，将吸引国际上更多的服务型跨国公司的进入，原先进入的公司也必将进一步拓展新业务，开辟新市场。相比之下，我国服务业无论是在组织上，还是管理水平和营销技术上，与国际上大型跨国公司都存在相当大的差距，难以适应激烈的国际竞争的需要。国内服务企业将面临国际上大型公司的竞争压力，其生存空间会受到严重挤压，将丧失部分原有的市场份额。

竞争压力将推动分工细化和服务业加快发展。随着市场竞争的加剧，特别是随着国有企业改革的推进，一些“大而全”、“小而全”的企业将继续重组，分工将进一步细化，大量的中间产品和加工过程独立出来，此时连接这些节点形成分工网络的重要性就显现出来，这些中间需求是生产性服务业的重要部分。竞争压力还会引导企业将原本内置于企业的服务活动外置，即将一些原来属于企业内部的职能部门和业务转移出去，由更加专业化的企业提供服务，如各种商务服务、营销服务、技术服务等。

服务经济重要性的另一个标志是全球范围的服务贸易不断增长。不仅在中国，而且在世界范围内，在发达国家服务市场也在不断增大，服务在经济中的主导性日益增强。服务业在世界各国已经逐渐成为一个主导力量。服务业的迅猛增长和其经济贡献已经引起了人们对服务业的更多关注。

服务营销与管理领域的最早发展，主要来自于人们对与生存密切相关的如银行和医疗等服务业的兴趣。随着这些传统服务业的不断发展并越来越有竞争力，从而产生了对有效的服务管理与营销的需要。然而，目前像汽车、计算机和软件等制造业与信息技术产业，也已认识到进行全球竞争需要提供优质的服务。这些企业意识到它们的大部分利润来自于服务。

在许多行业，提供优质服务已不仅仅是一个可有可无的工作。科技的飞速发展以及日益激烈的市场竞争，使得企业难以只通过有形产品来获得战略性的竞争优势。另外，客户的需求标准更高了，他们不仅希望将汽车修好，更希望获得高水平的服务和愉悦的环境。随着汽车市场的繁荣以及整车销售利润越来越低、可供客户选择的车型越来越多，同档次的汽车的质量越来越趋于同质，因而客户越来越看重售后服务。像一汽大众和上汽大众这样的制造企业越来越注重服务，对服务营销与管理之专门概念与方法的需求就更加明显了。

从20世纪90年代中期开始，3S、4S经营理念与经营模式进入中国以来，他们的服务营销和管理的人员以及他们在业界的伙伴，就开始关注例如客户满意度、服务质量、客户关系、服务流程管理、服务接触、跨职能整合，以及制造业通过服务进行竞争等问题。这些问题中的许多内容，目前都是全球各个行业高级主管共同关注的焦点。在20世纪80年代甚至20世纪90年代，这些问题对于许多维修企业来说都还是模糊不清的。很难想像在20年前，只有很少的企业衡量客户满意度，更不用说开发客户忠诚计划和关注服务质量了。

前外经贸部副部长龙永图就曾经说过，服务业是朝阳行业，是我们成为经济强国的非常重要的一个部分。现在看一个国家经济发达不发达，关键看服务业在整个经济中所占的比重。如果服务业不能有一个大的发展，我国要想成为21世纪的经济强国是很困难的。

（2）服务营销具有特殊性　当上面所描述的各种因素同时起作用时，那些涉及其中的企业机构意识到服务营销与管理有其特殊性，存在一些制造业和有形商品销售中所没有的问题。例如，当一家汽车维修企业的核心业务是由其员工完成的一项工作（例如汽车维修），那么这家企业如何向市场保证稳定的汽车维修质量？随着服务业开始注重市场营销并决定雇佣营销人员，前面我们已经阐述过，汽车维修企业是一种集有形产品和无形产品的特殊服务企业，因而他们的服务销售经验是不能照搬其他服务性企业的，从而必须探索新的服务业营销与管理观念和方法。

由于汽车维修服务企业的特殊性，事实上质量的定义和含义不是简单能用一个“好”或者“坏”字来形容的，它是一个界定标准复杂、必须综合衡量的概念。国外著名服务企业学者发现确定了5个衡量服务质量的具体因素，它们是：

可靠性：准确可靠地提供服务的能力（第一时间按承诺的技术标准完成）。

响应性：帮助顾客给与便捷服务的自发性（主动接近，不用等待对要求作出反应）。

安全性：员工的知识和谦恭态度以及能使顾客信任的能力（具有丰富知识的技工）。

专注性：给与顾客的关心和个性化服务（以名字来认识顾客，记住顾客原先的问题及偏好）。

有形性：有形的设备、设施、工具、人员和书画材料等（维修设施、休息区、展示区）。

那么，要保证维修服务质量，首先要明确如下四个问题：

顾客认为的维修服务的重要特征是什么？

顾客所希望的这些特征在什么样的水平？

顾客对其所提供的服务感知怎样？

企业做好对内部顾客的服务了吗？

（3）服务等于利润　现在许多汽车维修企业都已经认识到服务营销的重要性，并主动投资于服务项目的开发，以及提升服务质量作为差别化和形成竞争优势的方式。这些投资中的许多都是基于经理人员的信任和直觉进行的。他们重视客户服务，并且相信高品质的服务能够带来好的直接效益和大量的边际效益。确实，致力于高品质服务，为许多汽车维修企业的成功奠定了基础（图 4-13）。

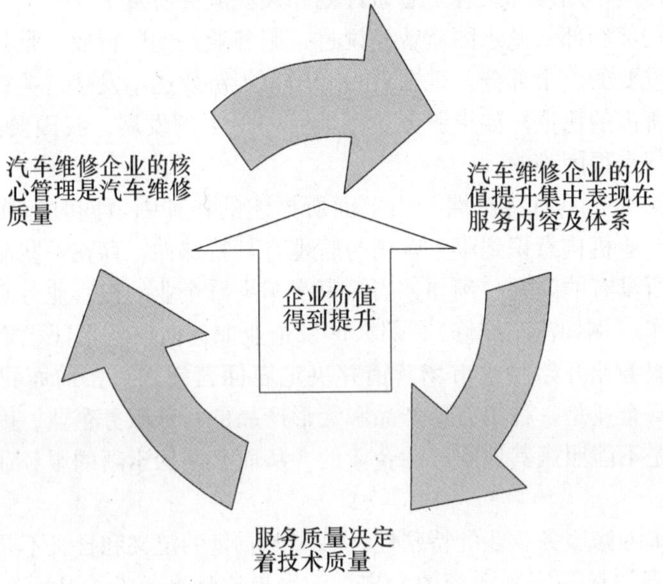

图 4-13 汽车维修企业的服务质量决定着企业的核心价值的提升

从 20 世纪 90 年代中期开始，各种企业对于服务战略的可行性就有了显著的需求。因为他们看到了适当实施的服务战略，即可以带来大量利润。企业营销战略应该关注客户满意度、收入产生和服务质量，这比关注成本节约，或者希望同时实现这两方面的战略能够实现更多利润。哈佛商学院的研究构建了“服务利润链”，将内部服务与员工满意度、客户价值以及最终利润相联系。有相当数量的研究指出客户满意度（经常是由服务结果推动）和利润之间的关系。从我们 2004 年行业组织的一次调查结果中发现，一些经营比较好的维修企业，排名在 100 名中前 50 名的 50% 企业相关服务做得比较好，而且有的企业做得很有特色，并因此企业现金效益和企业员工收入明显高于其他企业。调查充分证明，服务能够通过客户所期望的需求满足，来促进销售底线的提升。据美国的一项研究表明，在该国近年来新成立的中小企业中，第一年会有 30% 盈利，经过 5 年还能生存下来的所剩无几，幸存者不超过 5%，但其中服务好的企业成功率高达 80%。这种成功的一个关键要素，就是选择正确的服务战略，并且确保正确成功地实施这些战略。

在服务文化高度发达的今天，我们不能不意识到，服务领域传统的经营理念正面临着严峻的挑战，必须研究独特的、对手未曾料想的竞争武器。但竞争的内核却经久不变：让满意感动客户。

现实提醒我们：汽车维修市场正处于初始的开发阶段，谁最善于创新，谁最贴近客户，谁最能让客户接受并满意，谁就会成为这块土地上的真正成功者。

（4）糟糕的服务　尽管服务非常重要，而且服务业具有潜在的保底利润，而消费者感知到的服务质量仍然在下降。我们可以看到汽车维修服务方面的投诉呈逐年上升的趋势。这些被投诉的个体、企业、公司，甚至包括一些国外知名品牌公司。例如，前两年发生在武汉动物园车主砸大奔事件，看似是一台奔驰汽车的质量问题，其实是一种国际一体化服务准则问题。再有，我们上文提到的2004年行业调查报告中显示，客户对汽车维修的满意度只有40%，大量的不诚信、承诺不兑现（说是24小时值班服务电话，不是线路繁忙接不通，就是下午六点以后根本没人接），虚报故障，以小夸大，以假充真，以次充好，客户没交钱之前什么都敢答应，一旦收了钱立刻什么都不算数，甚至有的企业乘人之危漫天要价。

图4-14是对2007年10月以前的全国重点城市，一类以上汽车维修服务企业的服务质量做的一个调查。

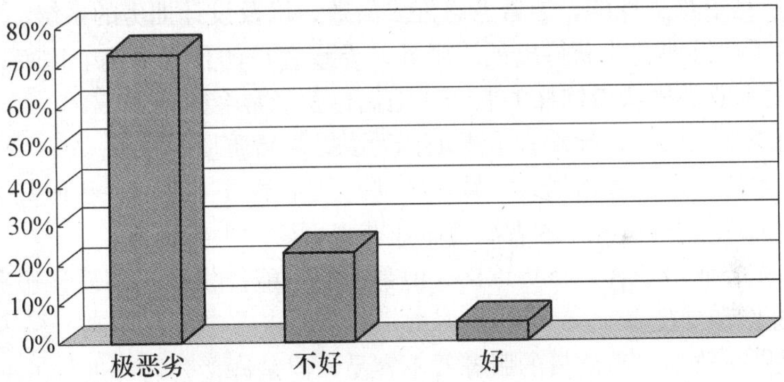

图4-14　2007年10月对30家汽车维修服务企业服务态度回访调查

其中：

1）维修项目清单不给消费者的占99%。

2）在保修期内检查不出毛病，一旦出了保修期问题一个接着一个，而且一定要换件的占40%。

3）用副厂件代替原厂件，并按原厂件（占46%）甚至按进口件收费（占0.4%）。

4）用样品件作为装车件的占0.1%。

5）同一个问题或某一个部件反复维修达十几次、几十次的占45%。

6）维修价格不透明，存在欺诈的占13%。

7）当某一个问题处理不了时，开始推委的占26%。

8）小问题说成大问题，一个毛病说成两个、多个毛病的占48%。

9）言而无信，承诺不兑现或多个附加条件的占38%。

10）丢失物品、钱财的占0.03%。

11）修完车后，没有清洁车内环境的占17%。

交通部2006年发布《机动车维修企业质量信益考核办法》［2006］719号（实行）以后，某个大城市于2008年10月公布了一个考核结果：以AAA、AA、A、B四个级别为标准，B级为不达标。考核将近6 000个各类型维修企业，其中竟然有将近750家维修企业不达标。

顾客满意度下降的原因主要有：

1）由于有更多的企业基于适当的回报率为各个不同的细分市场提供各种层次的服务，许多客户实际上获得的服务要比过去少。

2）由于企业大量使用自我服务或者基于技术的服务，这样就缺乏人际交互或者个人定制，使得感知到的服务减少。

3）基于技术的服务（自动化语音系统、基于互联网的服务和技术型多媒体查询终端）是很难实现的，通常会有许多失败，以及设计拙劣的系统。

4）由于从其他企业获得出色的服务，导致客户的预期变高。因而，他们期望从所有的企业那里获得同样的服务，他们也就经常会失望了。

5）组织削减成本，导致人手不足，无法提供高质量的服务。

6）竞争激烈的人才市场，导致一些缺乏技术的员工进行一线服务工作；有技术的工人很快获得提升，或者离开企业获得更好的工作机会。

7）许多企业给予客户口头承诺，但是他们不能提供真正高质量服务所必须的培训、补偿和支出。

8）提供一致的、高质量的服务并不容易，但是许多公司都进行了承诺。

这些理论用来解释客户满意度下降似乎都会引起争论。但是对于服务营销和管理的经理人员、专业人员来说，所提供的信息非常明确，这就是说还有许多工作要做。服务是有利可图的，客户需要服务，全面质量感知和客户满意度却正在下降。总之，在一客户需求为导向的现今市场经济，虽然尽管有时客户的需求或者不满意是企业力所不能及的，或者是我们认为是没有道理的，企业也必须认真对待。

3. 服务和技术

信息技术的发展，目前正在塑造着服务领域并且影响着服务营销实践。技术对服务的性质带来了引人注目的变化，这也带来了提供新服务的巨大潜力，甚至在10年前这都是不可想像的。技术对于服务提供产生了非常深远的影响，客户和员工都能够获得或提供更好、更高效的定制化服务。伴随着全球化进程，技术对于服务的影响是当今影响这个领域最深远的趋势。

除了这些潜在的积极作用之外，了解一些技术对于服务每个方面负面影响或争议也是很重要的。客户通常并不欢迎技术，在很多方面，技术侵犯了他们的个人隐私。员工也抵触变革，而且通常并不了解技术的价值所在。技术会导致缺乏人际接触和交互。对于企业来说，技术投资是一笔非常大的投资成本，而且其回报经常是不确定的。

只需要回首 10 ~ 15 年前，我们就会看到技术已经成为我们认为理所当然的服务创新背后的基础力量。我们只要想像一下，如果没有这些基本的技术服务，这个世界将会产生怎样戏剧性的变化。最近，我们已经注意到有的企业十分成功地向客户介绍了一种基于互联网的付账服务，帮助他们有效率地完成这一不受欢迎但是又十分必要的任务。

展望未来，许多新技术服务即将出现。例如，许多关于汽车计算机的项目，希望可以在旅途中为人们提供各种各样现存的和新的服务。已经有许多汽车安装了地图和导航软件，可以引导驾驶员向具体地点前进。在将来，车内系统还可能在驾驶员离各个零售店都比较远时提供参考建议。在旅途中，系统可以提供天气预报和警告；在夜晚需要休息时，系统会预订两个附近的旅馆，推荐一个饭店，而且进行预约。

随着技术解决方案的飞快增长，企业发现对于客户服务的预期已经发生了变化。对于如何获得服务客户希望有多种选择，不管是通过电话、自动语音系统、传真或电子邮件，或者通过互联网的自我服务。但是，尽管客户通常会比较欣赏基于技术的服务，甚至在很多情况下要求提供这种服务，有时候也会适得其反。主要是如果这些系统有时不可能运行（这是一个很常见的问题），或者它与人工服务相比没有任何优势可言时，或者在遭遇失败时没有适当的恢复系统。有趣的是，如果互联网站点或者通过自动应答系统不能按照预期的那样运作时，客户会迅速寻求传统的人际交互（个人或者电话），转了一圈又回到我们开始的地方！

技术除了为新服务提供机会外，还为现存的服务更加易于获得、方便和生产力更高提供了媒介。技术加速了基本的客户服务职能（支付、问讯、核对账目记录和跟踪订货），交易（不仅包括零售还包括 B2B 业务），以及学习或者信息搜集，特别是互联网技术为客户学习和研究提供了一种非常简单的方式，存取信息非常简单。

技术使得客户和员工在获得和提供服务方面都更加有效率。通过使用自我服务技术，客户能够更有效地为自己服务。从表面上看，似乎客户从网上实现了自我服务，企业却失去了挣钱的机会。其实不然，客户对你的网上服务依赖性越强，越会忠于企业。因为你给了他必要的专项技术支持和技术以外的无微不至的帮助。因为你的网站是根据你的客户需求制作的，只有你才最了解你的客户想的是什么？需要的是什么？另外，网络服务能够与面对面的服务形成极好的互补，甚至起到人工服务所不能起的作用，比如预约服务、远程服务，与企业技术主管直接对话，或者与企业经理直接对话等这种平常难得的机会。当然，这些必须建立在企业与客户之间良好关系与完整的客户信息档案基础之上。

对于员工来说，技术能够为他们更有效和更高效地提供服务给予巨大的支持。客户关系管理和销售支持软件都是能够帮助一线员工提供更好服务的技术的广泛组合。由于可以直接访问关于产品服务对象（人、待维修的车辆）和所提供服务，以及特定客户的信息，员工能够更好地为客户服务。这种类型的信息允许客户根据客户的需求，提供定制化的服务。这种方式比过去使用纸面文件记录客户和服务对象（人、待维修的车辆）信息，或者依靠销售和客户服务代表本身的记忆更有效、更及时。

一个了解技术影响力的有趣方式，就是将互联网看成"大型服务业"。所有在互联网上运作的企业和组织，实质上都是在提供服务——无论是否提供信息，还是执行基本的客户服务职能，或者起到简化交易的作用。因此，所有你在研究服务营销和管理过程中学习到的工具、概念和战略，都能够直接应用于互联网或者电子商务领域。尽管技术和互联网对于企业的经营，以及可能提供的服务方面产生了深远的影响，但是很明显，客户依然需要最基本的服务并希望得到面对面的服务。他们需要过去一直需要的：可靠的结果、获取的简便、响应系统、弹性、道歉，以及发生问题时的补偿。不同的只是现在他们期望从基于技术的企业和电子商务解决方案中来获得相同的结果。很明显，许多互联网企业遭受挫折甚至最终失败，都是归因于缺乏基本的客户知识以及实施、物流和服务追踪方面的失败。

尽管技术在支持建立新服务概念品牌，提供传递服务的新方式，以及使客户和员工获得更高质量服务方面有很大的潜能，但是它依然有潜在的负面影响。

在企业试图通过互联网来了解和与客户进行直接交互时，客户对于隐私和机密的关注成为企业面临的主要问题。另外，技术投资的回报通常是不确定的。一项投资要获得生产力或客户满意度方面的收获，往往需要很长时间，有时根本就没有任何收获。

4. 商品营销与服务营销的区别

人们普遍认为商品与服务之间存在一种内在的区别，而且对于服务业和把服务作为核心提供品的企业来说，这种区别又导致了独特的，或至少是不同的管理挑战。这些区别及其相应的营销含义见表4-3。

商品与服务之间最基本的，也是最常提到的区别就是服务的无形性。因为服务是一种绩效或行动，而不是实物，所以我们不能像感觉有形商品那样来看到、感觉或触摸到服务。

表4-3　服务的特殊性

商　品	服　务	相应的含义
有形	无形	1）服务不可储存 2）服务不能申请专利 3）服务不容易进行展示或沟通难以定价
标准化	异质性	1）服务的提供与客户的满意取决于员工的行动 2）服务的质量取决于许多不可控因素 3）无法确知提供的服务是否与计划或宣传相符
生产与消费相分离	生产与消费的同步性	1）客户参与并影响交易 2）客户之间相互影响 3）员工影响服务的结果
可储存	易逝性	1）服务的供应和需求难以同步进行 2）服务不能退货或转售

无形性显示了几个营销挑战：服务不能储存，因此很难管理需求的波动。例如，每一年的2、3月份，10、11月份，对很多修理厂来讲都是淡季，可是就修理厂的维修能力来讲富富有余。这个时候没有活干，老板还要负担很多人的工资，因而就特别想裁人。可万一裁了人，又上来活，那就又要着急。这种局面对不少企业都是很头疼的事。服务不能依法申请专利，因此新的服务概念可以轻易地被竞争对手模仿。服务不容易向客户展示或轻易地沟通交流，因此客户难以评估其质量。如同定价一样，在广告及其他促销材料中应包括什么内容的决策也是具有挑战性的。“一个单位服务”的实际成本难以确定，价格与质量的关系也非常复杂。

由于服务基本上是由人表现出来的一系列行为，因此没有两种服务会完全一致。员工所提供的服务通常是客户眼中的服务，而且人们的行为可能每天，甚至每小时都会有区别。另外，由于没有两个客户会完全一样，因而会产生异质性，每位客户都会有独特的需求，或者以一个独特的方式来体验服务。因此，服务的异质性主要是由于人们之间的相互作用（在员工和客户之间），以及伴随这一过程的所有变化因素所导致的。例如，在同一天，一位业务人员可能向两个不同的客户提供不同的服务，这取决于客户的个人需要、个性，以及业务人员在会见客户时，他（她）是在精力充沛的早晨，还是在忙了一整天，而精疲力竭的临近下班时间等。这些因素的不同，从而造成向这两个客户提供的服务会不同。相应的营销含义由于服务因时间、组织和各人的不同而具有异质性，因而确保一致的服务质量是一个重要问题。实际上，质量取决于服务提供者不能完全控制的许多因素，例如客户对其需要清楚表达的能力、员工满足这些需要的能力和意愿、其他客户的到来（或没有其他客户），以及对服务需求的程度。由于这些复杂的因素，服务经理无法确知服务是否按原来计划和宣传的那样提供给客户。

大多数商品首先是生产，然后是进行销售和消费；但大部分服务却是先销售，然后同时进行生产和消费。例如，一辆汽车可以在上海生产，运到北京，两个月后卖掉，并在数年时间内消费。但修理厂的服务在没有出售前却不能提供出来，而且维修过程基本上是生产和消费同时进行的。这也通常意味着服务生产时客户是在现场的，而且会观察甚至参加到生产过程中。这也说明在服务的生产过程中，客户之间一般会有相互作用，因而会影响彼此的体验。例如，在一架飞机中相互坐在一起的陌生乘客，可能会影响彼此对服务的体验，商业旅行人员通常尽可能保证他们不与带小孩的乘客坐在一起的现象，就明显地说明了乘客理解上面所说的彼此影响体验这个事实。生产与消费同步性的另一个结果是：服务生产企业发现他们本身就是服务的一部分，而且是客户对服务体验的一个基本因素。

由于服务通常是生产和消费同时进行的，因而大规模生产即使可能，也很困难。服务质量和客户满意度将在很大程度上依赖于“真实瞬间”发生的情况，包括员工的行为、员工和客户之间的相互作用。类似地，通常也不太可能通过集中化来获得显著的规模经济效益。一般来说，维修运作需要相对分散一些，以便可以直接把服务提供到客户便利的地点。另外，由于消费与维修的同步性，客户加入维修过程中，并且能观察维修过程，因此，他们可能会影响（积极或消极的）服务交易的结果。在一个互相关联的系统里，“问题客户”（那些扰乱服务流程的人）会在服务实现的过程中，给他们自己或其他人带来麻烦，并使得客户满意度下降。例如：一家修理厂里，一位过度饮酒而喝醉的老客户，需要服务提供者进行格外的关照，结果对其他客户的体验产生负面影响。

易逝性指服务不能被储存、转售或退回。修理厂由于工作的不饱和，可能在某些时候维修人员没有事情干，他们的工位闲置，可在工位不够用的时候是不可能替补的；而他们闲置时的时间也不可能重新收回并在以后使用。这与商品可以库存或在另一天再出售，或者是由于客户不满意而退货的情况正好形成对比。如果一项差劲的服务可以退货或重新出售给另一位客户，不是很好吗？对于大多数服务来说，易逝性使这一设想不太可能实现。

在服务易逝性方面，企业面临的一个基本问题是服务不可储存，因而为充分利用生产能力而进行需求预测，并制定有创造性的计划就成为重要的和富于挑战性的决策问题。服务一般不能被退回或重售的事实，也表明必须制定有力的补救战略，以防差错的出现。例如，尽管一次差劲的业务接待不能退回，但业务人员却可以换掉，而且应该在这类问题发生时，有恢复客户信誉的战略。

由于商品和服务之间的这些基本区别，企业面临一些很实际而又独特的挑战。这些挑战涉及理解客户对服务的需求和期望，使服务提供品有形化，与众多的人打交道并处理服务提供中出现的问题，以及保持对客户的承诺。服务经理们在回答下面所列出这些问题时往往会被难住：

1）当产品是无形且非标准化的时候，如何定义并改进服务质量？

2）当服务基本上是一个无形的过程时，如何有效地设计和检测新的服务？

3）当如此多的营销组合因素需要向客户进行交流沟通，并且有些因素就是服务提供者本身时，企业如何确知他是在传递一个一致而有相关的形象呢？

4）当生产能力固定且服务本身易逝时，企业如何适应需求的波动？

5）当难以确定产品的实际成本，而且价格与客户对质量的感觉密切相关时，如何定价？

6）在营销、运作和人力资源这些职能部门中，当任何一个部门中的一项决策对其他两个部门产生重大影响时，企业应如何权衡，以便能制定更好的战略和战术决策？使组织效率和客户满意度达到最大，如何平衡标准化和个性化？

7）当服务过程不能依法申请专利时，组织如何保护新服务创意，以防止竞争者模仿？

8）当员工和客户自身都会影响服务产出时，企业如何保证能提供稳定的服务质量？

前面所提出的问题，有许多是由服务性企业在实际经营过程中经常遇到的并提出的。汽车维修服务质量的五个重要保障因素见图4-15。

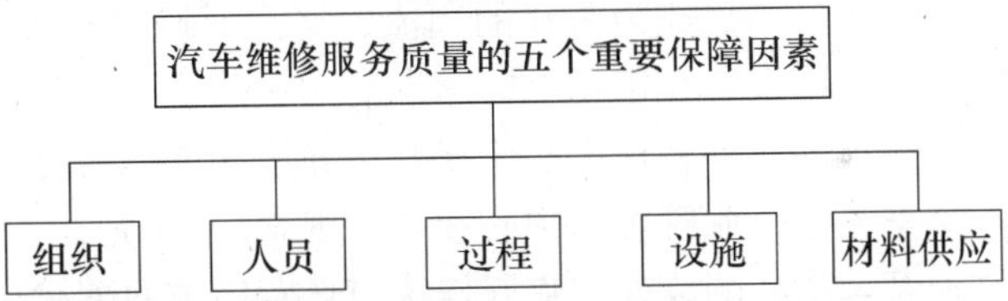

图4-15　汽车维修服务质量的五个重要保障因素

5. 始终关注客户

企业管理中心理念的变化经过了五个阶段：

（1）产值中心论　其基本条件是市场状况为卖方市场，总趋势是服务产品供不应求。比如，维修企业处于鼎盛时期，企业只要有能力就不愁没有足够的车修。因此，这一阶段企业管理的中心概念就是产值管理。

（2）销售额中心论　由于现代化大生产的发展，以产值为中心的管理受到了严重的挑战。企业为了生存，纷纷摒弃了产值中心论的观念，此时企业的管理实质上就是销售额的管理。为了提高销售额，企业在外部强化推销观念，开展各种促销活动来促进销售指标的上升，对内则采取严格的质量控制来提高产品质量，以优质产品和高促销手段来实现销售额的增长，这就引发了一场销售竞争运动和质量竞争运动。

（3）利润中心论　由于销售竞争中的促销活动使得销售费用越来越高，激烈的质量竞争又使得产品的成本亦越来越高。这种“双高”的结果虽然使企业的销售额不断增长，但实际利润却不断下降，从而与企业追求的最终目标——利润最大化背道而驰。为此，企业又将其管理的重点由销售额转向了利润的绝对值，管理的中心又从市场向企业内部转移，管理的目标移向了以利润为中心的成本管理，即在维修和营销部门的各个环节上，最大限度地削减维修成本和压缩销售费用，企业管理进入了利润中心时代。

（4）客户中心论　由于以利润为中心，一方面往往过分地强调企业利润和外在的形象，忽略了客户需求的价值，结果导致了客户的不满和销售滑坡；另一方面，众所周知，成本是由资源的消耗或投入组成的，相对而言它是一个常量，不可能无限制地去削减。当企业对利润的渴求无法或很难再从削减成本中获得时，当他们面临客户的不断抱怨，甚至弃之而去时，他们自然就将目光转向了客户，更多地了解和满足客户的需求，并企图通过增加客户的需求价值来维护其利润。这就使利润中心论退出了历史舞台，企业开始从内部挖潜转向争取客户。这时客户的地位被提升到了前所未有的高度，企业管理由此进入了以客户为中心的管理。

（5）客户满意中心论　市场是由需求构成的，需求构成了企业的获利潜力，而需求的满足状态制约着企业获利的多少。随着工业经济社会向知识经济社会过渡，经济全球化和服务一体化成为时代的潮流，客户对产品和服务的满意与否，成为企业发展的决定性因素。在市场上需求运动的最佳状态是满意，客户的满意就是企业效益的源泉。因此，客户中心论就升华并进入更高的境界，转变成为客户满意中心论。这是当今企业管理的中心和基本观念。

为了实现这种管理中心的改变，克服传统市场营销中的弊病，现代市场营销理论的核心实现了真正意义上的以客户满意为中心。一切从客户的利益出发，目的就是为了维持客户的忠诚。因为只有长期忠诚的客户，才是企业创造利润的源泉，所以企业关注的焦点应从内部运作转移到客户关系上来。客户的发展阶段一般是：潜在客户—新客户—满意的客户—留住的客户—老客户。据《哈佛商业评论》统计，开发一个新客户的成本是留住一个老客户所花费成本的5倍，而20%的重要客户可能带来80%的收益。所以留住老客户，比开发新客户更为经济有效。过去企业总是将精力集中在寻找新客户上，而忽略了现有的老客户身上蕴涵的巨大商机。企业应该逐步学会判断最有价值的客户，尽力想办法奖励这些客户，发现这些客户的需要并满足他们，从而提高为客户服务的水平，达到留住客户的目的。

为迅速扭转自己在美国的汽车销售不景气局面，日产汽车公司特在芝加哥建立一个调查小组，耗资500万美元开展征求意见活动。公司采用向每一个买主打电话，寄送调查表，发电子传真等各种方法，虚心听取批评。视客户为衣食父母，完全按照客户意见改进工作。他们甚至还限制了2405X型新颖轿车生产线，以便听从客户的说法。他们时时提醒员工，要把自己放在客户位置上想问题和处理问题。

伴随着建立在“客户准则”之上的营销理念应运而生的客户关系管理系统，不仅为企业提供了一个收集、分析、利用客户信息的系统，更为现代企业提供了一种全新的商业管理战略。它可以帮助企业充分利用其客户关系资源，扩展新的市场和业务渠道，提高客户的满意度和企业的盈利能力，帮助企业在空前激烈的竞争中立足和发展。

“客户就是上帝”这句话已经不再那么新鲜，但过去的企业家在口里不断地重复这句话的同时，却将更多的精力放在如何通过减员增效、简化流程来达到增加企业利润上，对如何理解客户的真正需求并加以满足却没有进行充分的研究。

随着科学技术的飞速发展和市场竞争的日益激烈，人们越来越强烈地感觉到客户资源将是企业获胜最重要的资源之一。这是因为：首先，现代企业的竞争优势已不仅仅是产品本身，先进的服务手段已成为制胜的关键；其次，现代市场的竞争主要表现在对客户的全面争夺，是否拥有客户取决于企业与客户的关系状况，它决定着客户对企业的信任程度，而客户对企业的信任程度则由他们在消费该企业所提供的产品和服务过程中，所体验到的满意程度来决定，客户满意程度越高，企业竞争力越强，市场占有率就越大，企业盈利自然就越丰厚；最后，客户需求还会随着科技进步和经济发展而变化和提高，这又是企业创新的动力和方向。

现在的企业家们更加重视发现潜在的客户，对客户进行全面的观察和管理，更好地了解客户的需求，对客户及其发展前景进行有效的预测，对其当前和潜在的利益进行科学的分析，进而维系两者之间的关系，并使企业从客户身上获得的盈利实现最大化。

6. 客户价值

企业的竞争优势有规模优势、绝对的低成本优势、差别化优势等。研究企业竞争优势的各战略管理学派，大体经历了以环境为基础的经典战略管理理论，以产业（市场）结构分析为基础的竞争战略理论，发展到今天的以资源、知识、能力为基础的核心竞争力理论三个阶段。

在今天形成企业竞争优势和核心竞争力的，再也不是那些有形的机器设备、厂房、资本、产品等物质资源，因为这些资源很容易从市场中得到。你可以买到，你的竞争对手同样也很容易从市场中得到。而管理、人才、技术、市场、品牌形象等无形资源，则起着非常关键的作用。这些资源不易流动、不易被复制、交易频率低，其他企业不容易从市场中得到，具有相对的垄断作用，可以产生一定的垄断优势。客户资源就是这样一种重要的市场资源，它对企业具有重要的价值。

客户对企业的市场价值（即客户购买企业的产品、服务，使企业的价值得以实现）主要表现在三个方面：①利润来源——企业利润主要来源于产品销售，客户是利润的主要来源；②新产品与新服务的首推对象——如果客户已经使用企业的一种产品，有一定的消费体验，对这个企业已经有了一定的了解，比较容易接受该企业的新产品；③老客户扩大需求时被首选——客户对企业了解越多，当需要其他的产品时，如果该企业有类似产品，一般就会优先考虑采用同一企业、同一品牌的系列产品。

除了市场价值外，客户对企业的价值还包括：

1）规模优势。如果企业的忠诚客户在市场中占据相对较大的份额，就会为企业带来相应的壁垒，形成规模优势，也会降低企业的成本。一般客户从众心理很强，大量的客户群也会成为其他客户考虑的重要因素。

2）品牌优势。较大的市场份额本身代表着一种品牌形象。另外，客户的舆论宣传对企业的品牌形象也有重大的作用，特别是客户中的舆论领袖起的作用更大。不过，客户的舆论宣传有两种价值取向：一种是客户对企业的产品、服务很满意，就会正面宣传企业的品牌；另一种就是不满意企业的产品、服务，对企业进行负面宣传。两方面的影响都非常大。企业只有提供高质量的、令客户满意的服务，树立良好的企业形象，才能获得客户的正面宣传。

3）信息价值。客户信息对企业来讲是最为重要的价值，它会直接影响企业的经营行为，以及对客户消费行为的把握，成为企业下一阶段经营的依据。譬如沃尔玛特连锁超市会根据针对会员客户的购买行为、消费习惯等信息的分析，来制定面向该客户的产品服务组合和提供相应的客户关怀；一些国外大型汽车服务集团通过会员客户的资料、会员浏览网页的习惯和程序等，分析客户的消费特点与个人爱好，并据此来制定服务不同客户的不同策略。

我们再来看看客户的离去给企业带来的损失。一个客户的离去，表面看上去只是几百块钱的事，实际上，企业的损失远不止如此。这个客户离开企业不是无缘无故的，原因是企业的维修服务出现了问题；客户也不是很随意就离开企业，他们是在寻求企业解决方案却没有得到满意的处理之后，终于失去了耐心。如果只有10%的人在不满意时会投诉，企业收到100起投诉，说明有1 000个客户不满意。这些不满意的客户给企业的市场都带来了损害，损失是每个客户的价值乘以900；那100个投诉的客户，65%得到了满意的答复，企业的损失乘以100乘以（1 -65%）。这样，企业实际的市场损失超过起源消费的1 000倍！

客户是企业重要的资产，美国西北大学凯洛格商学院对“客户资产”的定义是：所有用户未来为企业带来的收入之和，减去产品和服务的成本、营销成本，加上满意的客户因向其他潜在客户推荐而带来的利润。增加“客户价值”的方法之一是降低“流失率”，即提高维修和服务的质量，提高客户的满意度，使更少的客户离开企业。这要求企业不断向客户学习，研究客户的偏好。

我们还可以用几个基本指标来对客户关系管理业绩进行考核：

1）新增客户量（率）。客户关系管理在很大程度上还把新增客户作为一个重要指标，新增客户量依然是业绩考核中最重要的内容。

2）流失客户量（率）或称“客户保持率”。从客户价值公式可知，客户与公司的业务关系时间越长，其价值越大。客户的流失所带来的损失远大于客户价值。

3）升级客户量（率）。不断升级的客户给公司带来诸多的好处，因为客户升级，也就意味着客户满意。客户升级的最终目标是使客户成为公司的忠实客户，他们愿意与企业建立和保持长期、稳定的关系，愿意为公司提供的服务承担合适的价格，并且义务宣传公司。

4）客户平均盈利能力。它反映了整体客户资源的价值。客户的平均盈利能力是有“级次”的，有的客户盈利，有的客户亏损，提升客户平均盈利能力，就成为一个主要考核指标。

针对这四项指标，根据其重要程度按20:30:30:20的比率进行考核打分，对业绩进行量化比较，以此作为对客户资源管理工作奖惩和激励的基础。

客户价值实现的前提是要实现企业客户价值，必须满足下面几个前提：

1）客户满意。客户可选择继续作为企业的忠诚客户，也可以选择离开企业，特别是当市场竞争异常激烈时，客户的自主权就更大。客户选择留在企业的一个前提是满意企业提供的维修和服务。企业要挽留住客户，首先要让客户满意。客户满意研究是很前沿、多领域的课题，它对企业的经营有着非常重要的意义。

2）扩大客户选择的自由。充分地把客户选择自由留给客户，对提高客户满意度有重要的意义。譬如一家主要以卖别克车但也兼销售多种品牌汽车的公司，向我提供了捷达、西耶那、奇瑞、福特等品牌的车型，并非常详细地介绍了各种品牌的价格、性能、使用中可能会出现的问题、售后服务情况等信息，让我自己作出选择。我可能会考虑价格的因素，选择价廉的一种，但该商家已经告诉我该车型的某些部分不是很好，可能会出现哪些问题。那么，在使用中出了问题，我肯定不会埋怨商家，因为是我自己在充分了解信息的情况下作出的选择。因此，我再买时还会首选该商家。

3）建立长期关系客户。企业在为大客户提供产品服务的过程中，要注重与客户建立长期关系。这种关系更多的是一种战略合作关系，包括消费信用、协助成功、多领域合作、危机支持等。与客户建立长期关系是企业留住客户的一个捷径。

本节的一个关键主题就是关注客户。事实上从企业的角度来看，这意味着所有的战略都必须关注客户，战略的实施也需要了解他们对于客户的影响。从实践的角度来说，这意味着关于新服务和沟通计划的决策要融入客户的观点；运营和人力资源的决策也需要考虑他们对于客户的影响。

我们也要将客户看成可以估价、发展和保留的资产。因此，本节涉及的战略和工具都集中于构建客户关系和忠诚度，与更加关注交易过程，将客户视为一次性收入提供者是完全相反的。本节并没有将客户关系管理视为一种软件程序，而是作为一个整体体系结构或经营哲学。

如上所述，如果客户觉察到服务有更大的风险，那么他们对服务品牌的忠诚度要比购买产品时高一些。品牌的忠诚度，即“通过习惯来代替重复、谨慎决策的经济方法”，可以减少消费者决策风险。

消费者对服务品牌更具忠诚度的最后一个原因，是消费者为了获得最佳满意而重复惠顾的需要。成为“固定客户”以后，提供服务的企业就可以得到消费者的品味和偏好的资料，以保证更好地提供服务，在客户满意方面投入更多的关心。因此，消费者可以表现品牌忠诚，以便与服务提供企业培养起满意的关系。

品牌忠诚好比双刃剑，有两方面作用。服务提供企业自己的客户对品牌的忠诚是不容置疑的，但是服务提供企业的竞争对手的客户难于转变是一个特殊的挑战。业务人员可能需要与竞争者的客户直接交流并运用策略，强调自己有的但竞争者没有的特点和优势。

二、服务中文化的作用

文化是可以学习、分享，可以从一代传到下一代，并且是多维的。在服务营销中，文化是重要的，因为它影响顾客评价和使用服务的方式。文化也影响公司和它的雇员与顾客相互作用的方式。当我们考虑国际服务营销——把服务从一个国家带到其他的国家时，文化是重要的，但文化对于国内的服务营销也是关键的。越来越多国家的文化变得多元化，从而使理解文化怎样影响服务的评价、购买和应用这一要求变得很关键。因为文化在服务决策过程中每一阶段都很重要，并且将来可能更重要。

显然，不同的群体或不同国家、地区、民族的人们的文化会有着不同的差异，即有着不同的思维方式，这与他们受过不同的教育、有着不同的的工作和生活经历休戚相关。比如，我们服务对象的语言、民族、社会地位、权力、工作经历与部门、性别、性格、年龄、受教育程度甚至于驾龄的长短等差异都影响到我们的服务结果。因为这些差异使得人们对价值的认识同样产生了很大差异，而价值观决定了人们对服务行为的接受程度。

比如，对男女不同性别的客户，相同的维修服务与内容的解释，对女性必须要详细很多。男性更多关注最终维修质量，女性更多关注维修环境，这与其注重感情相关。

文化定义的构成要素不同，但主要内容包括：①语言（口头和非口头的）；②价值观和生活态度；③习俗和风俗；④物质文化；⑤审美观；⑥教育和社会机构。由于顾客要与员工进行相互作用，所以服务营销人员必须对文化特别敏感。因为行为（包括消费者行为）都是从价值观和生活态度出发的，所以服务营销人员要想使其服务适应某种文化，就必须了解与理解这些方面的差异，并采取相应的服务方式。

习惯和风俗是某一特定文化对于恰当行为方式的观点。因为它们对服务接触有直接的影响。故分析不同习惯和风俗之间的区别是很重要的。习惯与风俗相似，并且倾向于因文化的不同而不同。

三、客户服务的期望

一个服务性企业的管理者怎样利用客户服务的期望来创造、提高或者营销服务？首先管理者需要知道一个客户群、客户细分群，或者是一位特殊客户的有关期望来源及其相对重要性。例如，他们需要知道口头交流、明确的服务承诺和含蓄的服务承诺，在影响理想服务和预测服务方面的相对重要性。这些服务期望来源的一部分（例如忍耐服务的强化和个人需要），与另一部分在一段时间里波动较大的因素（例如可感知的服务替代物和环境因素）相比，具有更加稳定、更为持久的影响。

不同的服务期望来源依据其可靠度，及其可被营销人员影响的程度不同而有所不同。服务营销人员影响这些因素的方式和提出的建议，以及服务营销人员必须使传递与承诺相符，从而实现客户服务期望的其他策略。对可能的影响策略作出现实和准确的承诺，而不是以理想服务的形式来反映实际传递的服务。向接待人员询问关于广告和个人销售中所作承诺的准确反馈。避免加入与竞争对手的价格或广告战，因为这些战争把中心从客户身上转移开来，使其超过了所能达到的服务水平。通过保证使服务承诺正式化，将企业员工集中在承诺上，并就承诺未被履行的次数提供反馈。确保服务有形性能准确反映所提供服务的类型和水平。企业对重要客户的高水平服务，确保服务价格的合理性。服务营销人员可控和不可控因素见表4-4。

表4-4　服务营销人员可控和不可控因素

可 控 因 素	可能的影响策略
明确的服务承诺	1）作出现实和准确的承诺，而不是以理想服务的形式来反映实际传递的服务 2）向客户解释企业在宣传中所作承诺的准确含义 3）通过保证是服务承诺正式计划，将员工集中在承诺上，并就承诺违背履行的次数提供反馈

（续）

可控因素	可能的影响策略
含蓄的服务承诺	1）确保服务有形性能准确反映所提供服务的类型和水平 2）企业在重要客户指标上的高水平服务确保价格的合理性
忍耐服务的强化	1）运用市场研究确定派生服务期望及其需求的来源。集中广告和营销策略宣传服务满足需求的方法 2）运用市场研究描述客户的个人服务理念，运用该信息设计和传递服务
个人需要	培训客户有关服务满足其需求方式的知识
暂时服务强化因素	在高峰期或紧急情况下增加服务即时性与便利性
可感知的服务替代物	充分了解服务提供的竞争性，并且在可能和适当之处与之相竞争
自我感知的服务角色	培训客户理解其角色和怎样做得更好
口头交流	1）通过领导者推荐和建议的广告形式来模仿口头交流 2）确定对服务有影响和看法的领导者，并把营销努力集中在其身上 3）对现有客户运用激励手段，使其表达对服务的积极言论
过去的经历	通过市场研究描述客户以前类似的体验
环境因素	用服务承诺向客户确保不管环境如何，服务能得到补救
预测服务	告诉客户在何时服务提供水平会比一般的期望高，从而不会过高预测未来服务接触

下列五个最经常出现的问题，代表了服务营销人员特别感兴趣的关于客户期望的当前议题：

1）假如客户的期望“不现实”，服务营销人员应如何做。

2）企业是否应取悦于客户。

3）企业如何超越客户的服务期望。

4）客户的服务期望是否持续增长。

5）企业如何在满足客户期望方面领先于竞争对手。

(1) 假如客户的期望“不现实”，服务营销人员应如何做　阻碍了解客户期望的因素之一是管理者和员工害怕向客户提问。这种害怕常常来自于认为客户的期望是夸大和不现实的，并且认为提问会导致企业需要提供比更高的期望水平（即“不现实”水平）还要高的服务。很有说服力的事例表明，客户主要的服务期望是相当简单和基本的：“简单地说，客户期望服务企业能做到他们所想的那样。他们的期望是基本的，并不虚幻；是行动性的，不是空泛承诺。”客户想要得到承诺那样的服务，不幸的是，对于许多服务客户是失望的，因企业不能提供这项基本的服务而感到沮丧。

询问客户的期望这一做法并不会过多提高其期望水平，而是会提高这样一种信念，即随着信息的交流企业将采取行动。然而，如果企业对理解客户的期望表现出强烈兴趣，但却从不采取任何行动，那这就是最糟糕的事了。企业应该向客户承认它已听到并接受他们的要求，并且将努力试图解决这些问题。企业也许不能并且实际上并不总是必须按所表达的期望交付服务。一项可取和适当的措施是让客户知道不能提供理想服务的原因，并且向他们说明正计划去处理这些问题的努力。另一个方法是采取一项行动，来培训客户关于使用和提高他们所接受服务的方法。随着不断提高服务水平，提供相应的客户项目以更新客户的观念很明智，因为这样可使企业在服务传递的互动活动中得到信誉。服务客户期望的原则见表4-5。

表4-5　服务客户期望的原则

服务类型	客户类型	基本期望
汽车维修	最终消费者	1）能胜任（第一次维修成功） 2）能解释项目（解释我需要其所建议维修的原因——提供一份详细的清单） 3）能恭敬有礼（不要把我当做一个笨女人）
汽车保险	最终消费者	1）能随时通知我有关情况（我不必从报纸上了解有关保险条例的变动） 2）能公平交易（不要在有问题时丢弃我） 3）能站在我这一边（我不想他们仅仅因为我的一项索赔就像犯人一样对待我） 4）能提供快速服务（我想尽快解决索赔） 5）能保护我免于大难（万一发生大事故，确信我的财产被保护）
设备维修	组织消费者	1）能分担我的紧迫感（快速回应。一次由于设备修理时间太长，我不得不又买了一台设备） 2）能胜任（有时你从其指导手册中对其工作人员引述一些东西，他们甚至不知道是什么意思） 3）能充分准备（所有零件预先准备好）
车辆租赁	组织消费者	1）车辆正常运作（必须让设备时刻工作正常，那才是关键） 2）灵活性（租赁公司应具有灵活性，在需要时能租给我们车辆） 3）全面服务（没有书面工作和让人头痛的事情）

有些经营者建议应该有意降低承诺的服务水平来增加满足或超过客户期望的可能性。低承诺使服务期望更真实，从而缩小了期望与感知之间的差距，但同时也减少了服务提供的竞争吸引力。另外，一些研究表明，过低承诺可能降低客户的服务感知，从而产生疏忽效应，尤其是在客户对某一服务项目知之甚少的情况下。在这些情况下，客户的预期往往会自我实现，也就是说，如果客户期望优质

服务而参加到服务体验之中，他们会把关注点集中在服务提供的有利方面，反之亦然。因此，给客户以实际承诺的销售人员与那些夸大其辞的同行相比可能会失去一些销售量。

（2）企业是否应取悦于客户 一些经营顾问奉劝服务企业去取悦于客户，以便获得竞争优势。这里的取悦是指因服务远远超出客户期望而产生的令人感动的情形。一位作者将这种类型的服务描述为“绝对非同寻常的服务”，它是意想不到的、随机的、令人吃惊的且不均衡的状态。

经理们理解取悦的一种方法是根据同心圆的思考方式，来考虑产品和服务的特色。最内部的小圆是构成产品和服务基本功能的属性，是必须具备的。这些功能的提供是正常的，如果不提供就会出问题。围绕核心圆的是满意环，指超越产品的基本功能，能使客户更满意的一些特色。最外围的是愉悦层，是指客户未料到的令人惊喜的产品特色。它们是客户没有期望获得的，因此在得到时会高度惊喜。取悦客户看起来是一个好主意，但它可能会要求企业付出额外的成本和努力。因此要认真衡量取悦客户可能带来的利益。尤其要思考持续影响力和竞争含义两个方面。

持续影响力包括愉悦的客户对企业的注意力能持续多久。如果持续时间很短暂，客户很快忘记了，企业付出此成本不值得。如果客户记住了愉悦的经历，并因此提高了自己的期望水平，会导致企业在将来付出得更多才能使客户满意，因此提升了客户满意的门槛。最近的研究表明，愉悦客户事实上的确提高了客户的期望，使得企业在未来更难以使客户满意。

竞争主要是指会对同业内其他企业的客户期望产生影响。如果同业内某一竞争对手不能复制使得客户愉悦的战略，面对客户提高了的期望，该企业会处于劣势。如果你在一个项目上的维修得到了优惠，是否同样希望在其他维修项目上得到优惠。然而如果竞争对手很容易抄袭了该取悦客户的战略，则任何企业都不会受益（虽然消费者受益了），所有企业会因成本上升、利润下降而受到伤害。这就是说，如果企业选择愉悦客户的战略，他们应该在那些不易被抄袭复制的领域实施该举措。

当今许多企业都在讨论如何超越客户期望，即给予客户超过期望的服务，令其有意外的惊喜。由此，这种理念产生了一个问题：提供服务的企业是该仅仅满足客户期望还是超越它？首先，必须认识到超越客户的基本期望实际是不可能的。信用承诺，如保证三天汽车可以修好、保证供货期、准时到达事故地点以及提供核心服务，这些都是企业被期望做到的。客户都期望企业能准确、可靠地提供他们承诺的服务。

那么，企业怎样做才能取悦客户并超越客户期望呢？事实上，任何发展客户关系的服务都是一种超越客户期望的方法。北京有一家奥迪特约维修站，是一家特别针对进口奥迪客户的服务站。其实例说明了一家从不与客户私下交往的大型国外企业，如何利用其个性化服务和客户知识来让客户惊喜。通过使用一种叫作“行为状态反映”的系统，所有的员工可以在几秒钟之内获得任何一位客户的全部信息档案，内容包括客户的历史、需求，以及与本公司最近联系的情况。对于这家特约维修站的客户而言，都被公司员工所表现的关心和爱护打动了。

希尔顿酒店也采用类似的信息技术对其客户提供了高度个性化的关注。公司训练每一位员工，记下客户的好恶，并将客户历史简介档案输入计算机。公司目前已存有24万多条老客户偏好信息，能提供非常个性化的服务。其目标不仅仅是满足客户期望，还要为他们提供一次“值得回忆的旅行”。公司使用客户的历史信息来超越客户期望。当一位老客户来电话预订房间时，服务代理人会调出其已存档的个人偏好信息，并将该信息传递给客户预订的那家饭店。公司以客户身份和偏好日报的形式，将这些信息传达给各位员工；员工可以在老客户登记时亲切地问好致意，确保其偏好或需要得到满足。这种方法的效果如何？根据一家独立的调研公司对酒店的调查，92% ~97%的客户满意而归。

客户的服务期望是动态的。就像许多竞争性服务行业一样，各竞争企业都在千方百计力求做到最好，提供高于竞争对手的服务水平。服务期望，在适当服务期望水平下，随着服务交付或承诺水平的提高也迅速提高。越是竞争性强、变化快的行业，其客户期望提高越快。因此公司需要不断监控适当服务期望——行业变化越激烈，所需监控也就越频繁。

另一方面，理想服务期望应该是比较稳定的，因为它由一些更具有持久性的因素所驱动，像个人需要、忍耐服务的强化等。所以，理想服务期望倾向于以高水平开始，并一直保持这个高水平。

在其他条件相同的情况下，企业的目标就是比竞争者更好地满足客户期望。假设在一个经常变化的环境中，适当服务期望变化很快，企业怎样才能确保其领先的竞争地位呢?

适当服务水平反映了客户在综合考虑个人及外界因素之后所要求的最低绩效水平，这些因素还包括对其他服务选择方案的可获性。服务水平低于该标准的企业明显处于竞争劣势，这种劣势会随着差距的扩大不断增加。这些企业的客户将成为“不情愿的客户”，一旦发现了替代服务，就会把业务转移到其他地方去。

如果企业想靠服务质量来提高竞争优势，其绩效必须保持在适当服务水平之上。然而，这也只是一个暂时优势。客户适当服务水平不如理想服务水平稳定，它将随着竞争者承诺和传递更高水平的服务而迅速提升。如果企业服务水平开始时只是略高于适当服务水平，竞争者马上就会侵蚀这一优势。所以当前处于竞争优势地位的企业，必须对服务增长需求保持密切关注，以应付和击败竞争者。

为发展忠诚客户特权——不变的客户忠诚，企业不仅要不断超越适当服务水平，还要超越理想服务水平。卓越的服务可以强化客户的忠诚，让竞争对手无可乘之机。

四、客户感知

客户是如何感知服务的，如何评定自己是否经历了优质的服务以及是否满意，这就是本节主题。要记住感知总是被认为与期望有关。因为期望是动态的，评价可能总是在变化之中，从一个人到另一个人，从一种文化到另一种文化。什么是优良的服务，或什么事情让客户感到满意，今天的答案可能不同于明天的答案。同样，请记住整个对质量和满意的讨论建立在客户服务感知的基础之上，而不是某些预先决定的，“服务是什么或服务应该是什么”的客观标准。

顾客根据服务质量及其体验到的总体满意程度来感知服务。这些客户导向的术语——质量、满意长时间以来成为高层管理人员关注的焦点。现在的企业意识到，它们可以通过重视服务质量和客户满意程度使自己更加杰出，从而更有效地展开竞争。

满意和质量在某种意义层面是不能相互替换的，这两个概念虽然也有一些共同点，但从根本上是不同的。总的来说，满意被看成一个更广义的概念，而服务质量评估则专门研究服务的几个方面。基于这样的看法，可感知的服务质量就是顾客满意的一部分。图4-16形象地展示了这两个概念的区别。

服务质量作为一个评估的焦点，反映客户对服务要素，如交互质量、有形环境质量和结果质量等的感知。评价这些要素的基础是一些特殊的服务质量方面：可靠性、响应性、安全性、移情性和有形性。另一方面，满意的含义更丰富：服务质量、产品质量、价格以及环境因素、个人因素的感知，都会对满意产生影响。例如，判断一家汽车修理企业的服务质量的标准包括：设备是否齐全；需要时是否能正常工作；工作人员对客户的需求如何应答；维修人员技术的娴熟程度以及设备是否保养得当。维修企业的客户满意是一个比较广义的概念，它当然受到对服务质量感知的影响，同时也包含着对维修质量的感知，对会员价格的感知，对消费者情绪状态等个人因素的感知，甚至还有对天气条件、驾车前往或离开维修厂的过程等不可控环境因素的感知。

许多服务产品是需要客户去感知的，不同的客户有不同的感受和解释。现在营销人员要做的是怎样给客户一个合理的解释，才能够将自己的服务产品推广出去。

有位商人为了生意，到远方的城镇去洽谈，忽然想到朋友的生日即将到了，自己应该要买个礼物带回去祝贺，他想送一幅具有深意的画当贺礼。商人觉得：“我是最有品位的人，要送人礼物也不能太寒酸、太没有深度，那会显得自己太没气质。”

“请问老板在吗？”商人进了门之后，看到一位衣衫褴褛的老人便对着他问。

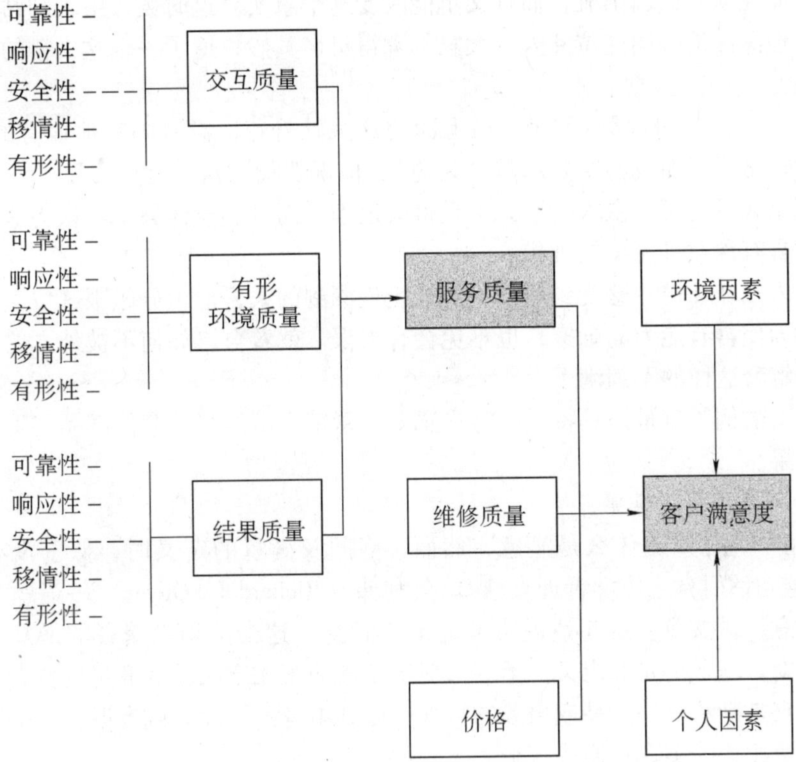

图 4-16　服务质量和客户满意度的概念

“请问有什么事吗?”老人头也没抬地回答。

“我想要一幅最有气质、最有深度的画，送给朋友当贺礼。”商人说道。

老人终于抬起头来，端详着面前这位穿着整齐干净的人，问道：“请问先生觉得什么样的画是最有深度、最有气质的呢?”

根本不懂画的商人，被这样反问，一时语塞不知该答什么，便说：“我有一位朋友，过几天就是他的生日了，那就送他一幅牡丹的画吧。牡丹不正代表大富大贵，简单明了又有意义吗?!”

老人点了点头表示明白他的意思，便现场作了一幅牡丹的画，让商人带了回去。

商人参加了朋友的生日聚会，并当场将请老人画的那幅牡丹展示出来，所有人看了，无不赞叹这幅活灵活现的画作。当商人正觉得自己送的贺礼最有气质、最有品位的时候，忽然有人惊讶地说：“嘿！你们看，这真是太没诚意了。这幅牡丹花的最上面那朵，竟然没有画完整，不就代表‘富贵不全’吗?”此时在场的所有贵宾都发现了，而且都觉得牡丹花没有画全，的确有富贵不全的缺憾。最难过的莫过于这位商人了，只怪当初自己没有好好检查这幅画，原本的一番好意，反而在众人面前出丑，而且又不能改变这个事实。这时候，主人却站出来说话了，他深深地感谢这位商人，大家都觉得莫名其妙，送了一幅这么糟的画，还要道谢？

主人说："各位都看到了，最上面的这朵牡丹花，没有画完他该有的边缘，牡丹代表富贵，而我的富贵却是'无边'，他祝贺我'富贵无边'。"

真是太可爱了！众人听了无不觉得有道理，而且还全体鼓掌，认为这真是一幅非常具有深意且完美的画作。

商人是在场惟一感受到两种不同处境最深刻的人，他十分佩服这位主人。也知道，即使再有能力的画家，也难免会有失误。就看自己如何不被外人的想法影响，来解释这样的不圆满了。

以上的例子就是极具特点的客户感知。营销人员的解释会使产品产生截然不同的效果。

1. 何谓消费者满意

"每个人都知道什么是满意，然而，当问及满意的定义时，似乎没有人知道。"这句话引自一位学者理查德 L. 奥利弗（Richard L. Oliver）一篇题为《消费者满意》的文章。这句话说明了定义"满意"这个关于消费者的最基础的概念的难度。基于早先的定义，奥利弗提出了他的正式定义：满意是消费者的实践反应，它是判断一件产品或服务的特性，或其本身的尺度，或者说，它提供了一个与消费相关的实践的愉快水平。

用通俗一些的话说，我们可以将其定义为：满意就是消费者根据其需要或期望是否被满足而对产品或服务进行的评价，没能满足需要和期望的产品或服务被假定导致了不满意。

除了消费者实现需求而产生的满足感外，满意还可根据特殊情境或服务种类与其他类型的感觉相关。例如，满意可被看做是一种满足——更多的是消费者对自己未多加考虑或日常时刻接受的服务所作的一种消极反应。满意还可以是一种消费者因享受满意服务而产生的愉悦感或者快乐的感觉。对于那些令消费者惊喜的服务，满意即意味着高兴。在因排除消极因素而导致满意的情况下，消费者可能会把这种满意当做一种放松感。

我们还应该认识到：尽管我们倾向于将客户满意度当做一个静态的量，从一个特殊的角度及时地加以衡量。但事实上，满意度是一个动态的、移动的指标，它受一系列因素的影响，随时可能演变。特别在使用产品或体验服务过程中，满意度可能因消费者在使用或体验周期中关注的点不同而迥然不同。类似地在购买全新的服务或原先从未经历过的服务时，消费者在最初购买的那一时刻，仅仅开始形成客户期望；随着进程的展开，这些期望将被逐渐巩固；然后消费者开始形成对服务的感知。经过这样一个服务周期，消费者可能获得了许多不同的经历，有些是好的，有些是坏的，而每一种经历都将最终影响满意度。

(1) 维修产品和服务特性　消费者对维修产品的质量或服务的满意，会受到他们对维修产品质量或服务特性评价的重大影响。对于服务业来说，比如一家汽车维修企业，所要具备的重要特性应该包括客户休息室、客户专用卫生间、客户专用电话、停车场、餐厅、替驾车辆、相关的服务人员，以及各种维修项目的价格等。在满意的研究过程中，大多数会通过某种手段明确地找出其服务有什么重要的特征和属性，然后衡量消费者对那些特性的感知及对服务整体的满意程度。研究结果显示，消费者将依据其对服务类型的评价和对服务的评论，在服务的各种不同特性之间，例如在价格水平、质量、人员的亲切态度等特性之间寻找平衡。

(2) 消费者情感　消费者的情感同样可以影响其对产品和服务的满意的感知。这些情感可能是稳定的，事先存在的，比如情绪状态和对生活的满意度等。试想那些在你生命中感到非常愉快的时刻（比如度假时）、健康愉快的情绪和积极的思考方式，这些都会影响你对所体验服务的感觉。反之，当你处在一种恶劣的情绪当中，消沉的情感将被你带进不良的服务的反应，这将使你对任何小小的问题都反应过强或感觉失望。

消费过程本身引起的一些特定情感也会影响消费者对服务的满意。积极的情感，如幸福、愉快、兴高采烈和温暖人心的感觉，增强了消费者的满意感；而消极的情感，如悲伤、难过、后悔以及生气，都会减弱消费者的满意感。总之，积极的情感比消极的情感具有更强的影响力。

(3) 服务成功或失败的归因　归因——事件感觉上的原因，也影响着对满意的感知。当消费者被一种结果（服务比预期的好太多或坏太多）震惊时，他们总是试图寻找原因，而他们对原因的评定能够影响其满意度。

(4) 对平等或公正的感知　消费者的满意同样会受到对平等或公正的感知的影响。消费者会问自己：与别的消费者相比，我是不是被平等对待了？别的消费者得到更好的待遇、更合理的价格、更优质的服务了吗？我为这项服务花的钱合理吗？与我花费的钱和努力相比较，我得到的服务够不够好？公正的感觉是消费者对产品和服务满意感知的中心。某汽车维修中心的例子展示了消费者对不公正待遇的强烈反应。在五年前，这个汽车维修中心受到来自 44 个受骗消费者的指控，因为该汽车维修中心对他们的汽车使用了劣质的空气滤清器。由于维修厂员工的报酬来自于维修车辆的数量，这就导致对消费者收取了实质上不必要的费用。在消费者协会和行业管理部门协调下，这个汽车维修中心最后加倍赔偿了客户的损失。这个企业的损失皆来源于其消费者对遭受的不公正待遇的强烈不满。

2. 评估和管理客户满意和服务质量

以客户为中心的企业，其主要战略是评估和监测客户满意和服务质量。这样的评估需要跟踪趋势、诊断问题，以及联系其他的客户中心战略。在前面所举的例子中，企业把客户满意的评估工作与企业的其他战略相联系，包括雇员培训、薪酬系统、内部过程度量、组织结构及领导目标。

（1）每一次服务接触中客户质量和满意的目标　因为每一次服务接触对于能否留住客户都非常重要，所以许多企业都以“零缺陷”或100%满意为目标。为了达到该目标，第一步，要对企业和客户发生关系的所有方面进行资料整理；第二步，研究客户在每一次服务接触中的期望，并将战略构建在满足客户期望的基础之上。

在客户第一次尝试后感到失望时，“第二次要做得好”对保持客户忠诚来说十分重要。这说明需要对服务过程和服务系统进行分析，找出服务失误的根本原因，以便重新设计的服务系统能更加可靠。然而，由于服务内在的变化性，即使最好的企业也难免失误。因此，企业需要服务补救系统，允许雇员弥补过失，让客户感到满意。

客户感知在服务接触中对企业的适应能力和灵活性产生了满意或者不满意。适应能力这个接触主题的存在，表明企业需要知道系统什么时候、怎样才能充满灵活性，以及什么时候、怎样向客户解释为何特殊需求不能被满足。服务概念的知识、服务传递系统及其运作方式，以及系统的标准，能使员工通知客户发生了什么，可以做什么，为什么他们的需要或要求能（不能）被满足。即使客户的要求没能得到满足，这种知识和解释也能给客户留下肯定的印象。

即使没有系统错误和特殊要求，客户仍然会经历难忘的服务接触。在自发性的主题下，员工行为似乎是随机的，很难控制，但企业仍然有办法鼓励正面自发行为或阻止负面行为。招聘和选择过程可用以雇佣那些具有强烈服务导向，本性中就有服务意识的新员工。强有力的服务文化、员工被赋予的权力、有效的监督和监测，以及快速反馈给员工的信息，都将在一定程度上控制似乎是随机的自发行为。这些人力资源方面的问题，对服务质量极其重要。

客户本身是造成其不满意的因素。经理和客户都需承认客户并不总是对的，其行为也不能全部接受。具有这方面工作经历的一线员工都知道这一点，但是他们不断被告知“客户就是上帝”，他们也没有得到适当培训，以至于不知道应对问题客户的方法。在应对问题客户的过程中，员工不仅要依赖自己的感觉，而且需要正确的解决问题的办法，还需要“培训客户”，使其知道可以期望什么，及在这种情况下恰当的行为是什么。

（2）根据接触的水平管理质量维度　当服务质量的五个维度——可靠性、响应性、安全性、移情性及有形性被应用到企业整体服务质量时，很自然它们将与每一次接触相联系。如果我们根据这五个维度考虑每一次接触，能使“真实瞬间”确保客户满意战略程序化。围绕以上讨论的几个主题增加广泛的战略。

与主题相联系的许多战略将直接增强质量维度。例如，以提高员工的服务适应能力为目的的战略，将增加客户对响应性和移情性的感知。

五、关系营销

一个企业在其存续期间和很多方面都要发生联系，我们把和企业发生联系的各个组织或团体称为关系方。随着市场竞争的加剧和市场全球化趋势的扩大，企业最终所要追求的就是和其关系方相互利益的最大化。竞争形式的这种变化，使得我们必须从一个更高的角度来看待企业和各个关系方的关系，并注重研究一个企业的“关系价值”。企业和各个关系方的关系是一个企业赖以发展的潜在动力，在企业建立和维持这种关系的时候，企业实际上正在享受关系所带来的价值，并为加深关系而更加努力。所以，只有当了解了一个企业和各个关系方之间的关系之后，我们才可以充分地评价这个企业的价值。

“关系”意味着良好的联系，同时它也是企业的一个潜在资产。从毫无联系到建立这种良好的联系需要一个过程，这正是一个企业资产逐步增值的过程。在这个过程中，企业总是不断地调整自己的营销策略，以争取达到更高的层次。在关系营销实践中，各关系方联系紧密程度及深度是由浅到深、由表及里分阶段发展起来的。一般可分为五个层次：①泛交层次——企业与关系各方接触一次；②利益层次——企业为了自身的利益，再次向关系方“施惠”；③朋友层次——企业与关系各方相互承担责任；④知己层次——企业与关系各方经常交流信息，彼此进一步增进了解；⑤兄弟层次——关系双方感到彼此在关心对方的需要，由满意到产生好感，甚至忠诚。

对关系需求层次论的几点说明：

1）企业的关系方依据和企业所产生联系的领域不同，可以分为六个，即消费者、供应商、经销商、企业内部、影响者和竞争者。这六个关系方由于所处角度不同，企业必须通过不同的部门和政策与之建立关系，同时这种关系又必须符合企业的长期竞争战略。

2）企业最需要的是和产生联系的各个关系方之间的关系。这种关系是可以产生价值的，或者说这种关系是衡量企业价值的一个综合的标准，它决定着企业在未来的发展过程中的长期存续的能力。

3）这种关系一共可以分成五个层次。需要指出的是这五种程度的关系类型并不是一个简单的从优到劣的顺序。企业所能采用的关系类型一般是由它的产品以及关系方决定的。比如一家维修企业和它的配件、各种油类的消费者之间是一种被动性的关系：企业设立客户抱怨处理机构，处理客户投诉。但是维修企业和配件供应商、加油站之间却可以建立互惠互利的伙伴性关系。

4）企业对这五个层次关系的需求从低到高。企业所处的关系层次越高，由此决定的企业“关系价值”也就越大。

5）企业的行为是由主导关系层次决定的，只有尚未满足的关系层次才会影响企业的行为。当五种关系层次都没有得到满足时，“泛交”层次的关系需要强度最高，而一旦这个层次的关系得到满足时，“泛交”层次的需要强度就会降低很多，企业马上会寻求“利益”层次的满足。其余类推。

1. 元素论到系统论

系统论是把研究处理的对象当做一个系统来对待，看到“系统”中各“元素”之间的关联，从整体的角度来协调好这种关联，使系统在所要求的某种性能指标上达到最优状态。系统的整体性能不仅取决于它所包含的各元素的性能，而且还取决于这些元素的关联形式。

如果将整个市场看做是一个我们都身处其中的“系统”，那么买卖双方就是其中的两个不可或缺的“元素”。在市场营销学的发展初期，只是关注市场营销“系统”中的某一个“元素”。随着“关系营销”的兴起和发展，我们慢慢学会了如何用“系统论”的眼光来看待市场营销。从这个角度来说，市场营销学的发展和物理学及其他许多自然科学的发展是多么的相似：在这个学科的发展初期，人们总是只看到自己周围所存在的东西，形成的理论也总是摆脱不了历史给我们的局限。随着我们理论上的不断积累，研究问题的方法和手段的不断改进，认识问题的全面性不断加强，更富有全面性的理论终于拨开云雾，显露出来。

市场营销学的研究有两个方向值得注意：一个是宏观的，将市场营销包含在更大的一个范畴中进行研究。以前我们总是要么从卖方为出发点，要么是从买方为出发点来研究市场营销，而“关系营销”的出现正是将买卖双方看做是一个系统，以系统论的眼光来观察市场，研究市场营销。另一个是微观的，即在某一个特定的行业、特定的时候和特定的环境，深入研究市场营销的某一个方面，如定价、市场细分等。而“关系营销”的出现正是宏观发展对市场营销学自身的要求。

在市场营销这个系统中，我们从不同的角度，研究不同的元素，所看到的和理解的市场营销总是不同的。系统中存在着至少两个元素：买、卖。如果只关注其中一个元素，那么所得到的理论产生比较大的差异当然就可以理解了。而关系营销则将买卖双方看做是一个统一的整体，研究市场营销中的“关系”。

2. 从关心交易到关心关系

著名管理学家西奥多·利维特曾经说过，市场营销的任务就是创造和保持客户。传统上，交易营销强调创造客户，对于保持客户不太重视，而关系营销更加重视保持客户。

纵观市场营销学几十年的发展历程，大致经历了消费者市场营销、产业市场营销、非营利组织市场营销及服务业市场营销四个阶段。传统营销理论关心的是对过程的分析，即这些过程是以什么方式执行营销功能，以及过程所达到的经济目标，最终如何实现交易。社会学家在这一过程中的兴趣，在于其中可能发生的种种相互关系和相互作用，并且这些相互关系和相互作用对营销目标的实现发挥越来越大的影响力。因此，市场营销学者越来越关心关系在市场营销活动中所处的地位。同样，企业家们越来越关注与企业相关各方建立这种持久的、长期的和战略性的伙伴关系。

企业市场营销活动的“关心交易”总体上来说是一种“推”的策略，无论是对市场进行细分，还是选择适当的目标市场进行定价、促销，从根本上都是企业要把自己的产品强行推向消费者，只不过是在经过细分市场行为之后，“推”所面对的市场要相对小一些而已。这种“推”的策略如果运用适当的话，可以产生一定的良好效果。但是，如果不顾消费者的感受，强行推广自己的产品和概念，只能取得适得其反的效果。从2000年初的全国“补钙”大战到2000年底的全国“保暖内衣”大战，这些厂家不是没有经过良好的市场策划，也不是缺乏市场运作经验，只是随着竞争者的日益增加，竞争剧烈程度的日益加深，这种“推”的策略越来越显示出它力量的薄弱。这种极度的推广可能使厂家短期受益，从长期而言，受伤的终究是厂家自己。

与此同时，一些企业开始意识到“关系”对他们的重要性。他们运用一系列持续不断的有创意的策划活动，改善和消费者的关系，引导、吸引和拉动消费者作出购买决定，这就是一种“拉”的策略。通过这种策略，使企业真正确立“以市场为中心”和“以客户为导向”的市场营销观念，从而使企业从客户的观点，而不是从自己的观点出发来组织生产经营活动，并且企业的生产经营活动尽可能让客户获得最大程度的满意。

3. 从注重短期到注重长期

企业营销人员的中心问题是：消费者对企业可能采取的不同营销活动的反应如何？企业真正了解消费者对不同的产品特征、价格及广告宣传的反应，就会在激烈的市场竞争中处于优势地位。但是，企业所注重的仅仅是一次购买，或称短期的行为和分析。在这样一种思想的指导下，企业的一些急功近利行为就不难理解了。2000年家电市场的价格战，说明了中国企业在面对激烈市场竞争的冲动和急躁。这些企业也许在短期之内可以争取到一部分新客户的青睐，但是这种新客户成为老客户之后，他们就会更加清楚地看到问题的实质，然后再一次“叛逃”，最终成为企业需要再次争取但可能永远都争取不到的新客户。

关系营销是建立在两个经济学论据基础之上的，一是保持一个老客户的费用远远低于争取一个新客户的费用；二是企业与客户的关系越持久，这种关系对企业就越有利可图。企业保持一个老客户的费用远远低于争取一个新客户的费用，已成为当今市场营销的常识。当有客户口头或书面向企业提出投诉时，就会带来更多客户的不满意。因为当这名客户投诉时，会影响其他一些保持沉默的客户不满意；而这些人都会对另外的几位亲朋好友造成消极影响；所有这些亲朋好友中，约有三分之一的人再把坏消息传给其他一些人，即产生了连锁反应。随着新产品更新换代速度的加快和市场竞争的加剧，客户消费习惯更容易发生变化，对品牌的忠诚度呈下降趋势，使客户保持忠诚已成为当今市场营销的焦点之一。关系营销正是在保持老客户的同时，争取新客户的一种营销理念。

借用婚姻来隐喻“关系营销”，“买方和卖方的关系很少随着买卖成交而结束，成交仅仅是完成了求婚，婚姻随之开始”。关系营销正是侧重于与消费者和其他相关市场建立长期的战略性合作伙伴关系，也就是关系营销考虑更多的是“结婚”以后的事情。正是基于此，在以上的模式中还应当加入信息的反馈和营销战略调整的过程。企业在自己的营销活动产生了反应之后，要及时地对消费者的反应进行研究和分析，并及时调整自己的营销战略。通过这种反馈过程，使企业与消费者之间建立一种稳定的、和谐的共融关系。这种关系一旦建立，就是一种“长期”的关系。20 世纪 80 年代以来，在汽车业、航空业、信息业、家电业等众多领域涌起联盟热潮。如 20 世纪 90 年代初期，戴姆勒·奔驰集团与日本三菱集团开展战略合作，使以往“你死我活”的竞争局面和供应链条上“尔虞我诈”的情形，正在逐渐被“合作”和“多赢”所取代，企业越来越注意到与其关系各方保持良好关系的重要性。仔细分析这些战略联盟，其目的无非是同能够最大限度地发挥企业自身经营资源的企业和集团的合作，来实现世界规模的竞争和协调。特别是与三菱集团开展战略联盟，对促进奔驰集团的技术创新有着重要的意义。

笔者认为，战略联盟是企业之间为了共同的战略目标而达成的长期合作安排。从这个意义上来说，战略联盟与关系营销所关心的焦点（长期的关系）是相同的，我们应当在关系营销的大框架之下来理解和运用战略联盟。

节约交易费用是企业存在及扩张的意义所在。从新制度经济学的角度看，战略联盟也是一种为节约交易费用而替代市场机制的组织。对于战略联盟来说，“交易”则不单单指生产者与生产者、生产者与消费者之间的贸易契约，而是包括一切资源（技术、人才、销售网络、管理技能、品牌、专利权等）的交换协定。这种契约的签定及交换正是包含在我们所说的“关系”之中，企业正是通过这一系列的“关系途径”实现与关系各方的共同进步。

综上所述，关系营销是完全不同于传统营销的全新的营销理念，虽然同样研究的是市场营销活动，但是它与传统营销的区别不只是营销概念和模型的简单转换，而是营销理念的全面改变。企业的营销活动也从仅仅实现产品和服务的价值增值，提高到实现“关系”这个潜在的资产增值的高度。我们有理由相信，未来的竞争中，哪个企业的关系价值高，它在市场上将会占据更加有利的地位。同时也相信，随着市场营销实践的发展和市场营销理念的推广，关系营销一定能保持旺盛的生命力。营销领域已经形成从以交易为中心，向以关系为中心的一种转变。客户变成了伙伴，并且企业必须长期致力于通过质量、服务和创新来保留这些客户。

关系营销本质上代表了一种典型的营销转变——由以获取/交易为中心，到以保留/关系为中心的转变。关系营销（关系管理）是一种经营理念，一种策略指南，它注重于保持和改善现有客户而不是获得新客户。这种理念假设客户宁愿同一家公司保持现有的关系，而不愿在寻求价值时，在市场中不断转换。基于这种假设和如下事实——保留一位当前客户通常要比吸引一位新客户成本低得多的事实，成功的市场工作人员正在研究有效保留客户的策略。

很多企业频繁地关注于获得客户（第一行为），但之后却很少关注于应该怎么做才能保留客户（第二行为）。假日饭店市场部执行副总裁詹姆斯 L. 肖尔（James L. Schorr）在一次访问的谈话中证明了这一点。在采访中他谈到，一个被称为“营销水桶的理论”使他闻名于假日饭店集团。据此理论，他认为营销可以被看做一只大水桶，所有的销售、广告和促销计划都可看做从桶口往桶里倒水，只要这些方案计划是有效的，水桶就可以盛满水。然而，这里有一个问题，他说，“桶上有一个洞。”当生意状况很好并且饭店按承诺提供服务时，这个洞很小，即只有很少的客户会流失。当运营管理不善并且客户对他们所得到的服务感到不满时，客户会像水一样从洞中大量流失，并且流出的水比倒进来的还多。

水桶理论表明了为什么关系策略，即关注于堵住桶上的洞会有如此大的意义。由于历史上市场工作人员太多关注于获得客户，所以向关系策略的转变经常代表着思想上、组织文化上和员工奖励系统上的转变。比如说，销售激励制度在许多公司中被用于对获得新客户进行奖励，而常常仅有很少（或者根本没有）对保留现有客户进行奖励的措施。因此，即使人们认识到保留客户的必然性，现有的组织系统对其有效实施也许仍不能提供支持。

4. 关系营销的目标

关系营销的基本目标，是建立和维持一个对组织有益的有承诺的客户基础。为实现该目标，企业将关注于开发、维持和增强客户关系。首先，企业会寻找开发那些可能保持长期关系的客户。通过市场细分，企业能够渐渐明确可供建立长期客户关系的最佳目标市场。随着这些关系数量的增长，那些忠诚的客户本身也会不断地帮助吸引（通过口头宣传）新的具有相似关系的潜在客户。

一旦客户开始与企业建立关系，当他们持续获得优质的维修车辆和高价值服务时，客户极有可能会稳定在这种关系中。如果客户感到企业能够了解其不断变化的需求，并且感觉到企业似乎愿意通过在维修和服务组合方面的不断改进和提高，为这种关系投资，他们很少会被企业的竞争者拉走。

总之，客户强化的目的表明，当一位忠诚的客户长期从企业接受维修与服务时，他能够成为一位更好的客户。忠诚的客户不仅仅能为企业提供一个坚实的基础，还可能代表潜在的成长。事实上，近年来很多企业已经在追求成为某位客户的服务的“独家企业”。这些增强的关系长期发展下去，可以提高企业的市场占有率和利润。

在客户/企业的关系中，企业和客户都可以从保留客户中获得利益。这表现在建立和维护一个忠诚的客户基础，不仅对企业有最大利益，而且客户本身也可以从长期关系中获得利益。

假设客户有选择的机会，当他们得到比其希望从别的竞争对手那里得到更多的价值时，客户将会保持对原企业的忠诚。感知价值是客户在收到与付出的感觉基础上，对一种产品的使用价值的总体评价。价值代表了客户在“得到”与“给予”之间的平衡。在得到的（质量、满意度和特殊利益）超过付出的（货币或非货币成本）时，消费者更愿意保持在现有关系中。当企业不断从客户的观点出发提供价值时，很明显，客户会获益并得到激励，从而保持这个关系。

抛开得到的服务价值中的特殊固有利益，客户同样可以在其他方面从与企业的长期关系中获益。有时这种关系利益，比核心服务的特性更能吸引客户保持对企业的忠诚。已经有研究表明，关系利益有几种特别类型，就像前面所分类的那样，在长期服务关系中，客户可体验的利益包括信任利益、社会利益和特殊对待利益。

信任利益包含了信任的感觉或对企业的信心，是一种减少焦虑和对期望较为了解的舒适感觉。对以上所讲述的所有服务特性而言，信任利益对客户来说最为重要。

人类就是这样，我们大多数人宁愿不更换服务提供者，特别是当我们在这种关系上已经有相当大的投资时。如果现有的服务提供者了解我们，了解我们的偏好，并且长期为满足我们的需求而特别定制服务，那么更换服务提供者，就意味着要在所有这些方面教会新的提供者。转换成本通常较高，表现为转变业务的金钱成本、心理成本和与时间相关的成本。大多数消费者（无论个人或团体）对其时间和金钱有着竞争性的要求，并且不断寻求平衡和简化决策的办法，以提高其生活质量。当他们可以同一位服务提供者维持一种关系时，他们可以节省时间，对付其他关注的或优先的问题。

经过长期来往，客户同其服务提供者形成了一种家庭式的感觉，同时建立了一种社会关系。这些关系使得客户们很少更换维修企业，即使他们听说一个竞争者可能提供更好的质量或更低的价格。可以引用一个例子来证明这种情况，一位客户描述她的修车感受：“我每次都到北京丰田中心去修车。因为那里的环境特温馨，那里的业务员非常风趣，并且总讲很多笑话。他现在就像个朋友一样亲切……同他交往非常有趣，就像你以前就认识他。你会非常放心地将汽车交给他。”

在一些长期的客户/企业关系中，一位服务提供者实际上可能是消费者的社会支持系统的一部分。就像刚刚引用的例子中的那样，常常像知心朋友。这些个人关系类型可以为交易中的客户建立，也可以为最终消费者建立。由这些关系形成的社会支持利益，对于提高客户的生活质量（个人生活和/或工作生活）非常重要，甚至达到或超过服务所提供的技术利益。在服务提供者和客户之间产生的亲密的个人和专业关系，常常是实现客户忠诚的基础。这种客户关系的另一个侧面，是在一个有价值的员工离开企业以后，会带走他的客户，这会使企业产生失去其客户的风险。

特殊对待包括获得利益、得到特殊的交易或价格、得到优先接待等事项。就像下面所提到的：“我认为你得到了特殊对待。我们可以提前安排你的汽车进厂维修，这样一来你就不必为此去打的了，而且节约了不少时间。”

对于一个企业来说，维护和发展一个忠诚的客户基础所产生的利益可以有很多种。事实上从长期来看，以关系为导向的 B2B 服务企业投资回报，要高于以业务为导向的企业。这种盈利来自于许多方面，包括从客户处获得的不断提高的收入，降低的营销和管理成本，以及无需降低价格就能够保持边际收益率的能力。在这里我们强调的是企业从长期客户关系中获得的利益。客户保留所带来的最常见利益之一，就是不断增加的销售额，各行业的客户花费在其特定关系伙伴上的资金在逐年增加。当消费者渐渐了解一家企业比其竞争对手提供的服务更令人满意时，他们将会把更多的生意给这家企业。并且，随着客户逐步成熟（比如在年龄、生活经历以及业务增长方面），他们会不断要求更多的特别服务。

长期关系所带来的另一个利益就是成本降低。开发新客户需要更多的启动成本，包括广告和其他促销费用、设置账目和系统的运作费用、了解熟悉客户的时间成本。有时从短期来看，这些初始基本费用会超过从新客户那里期望获得的销售收入。甚至维持现有关系的费用从长期看可能会下降。举例说，在建立这种关系的最初阶段，当客户接受服务时可能会产生很多问题，并遇到一些麻烦。经过学习后，客户的麻烦和问题会减少（假设服务质量维持在一个高水平），而服务提供者在为客户服务时的成本会更低。

对企业来说，另外一项利益是口碑所带来的免费广告。当一种产品很复杂，很难进行评价时，而且购买的决定包含了风险时，就像很多的服务情况一样，客户大多让别人建议可考虑的供应商。满意的忠诚客户一般会为企业做强有力的口头宣传，这种形式的广告比企业可能采用的其他形式的付费广告更有效，并且有附加利益，即减少了开发新客户的成本。

保留客户的间接利益是保留了员工。当一家企业拥有一个稳定的满意的客户基础时，留住员工就显得容易多了。人们更愿意为一家让客户忠诚并感到愉快的企业工作。他们的工作会令人满意，并且他们能够花费更多的时间来培养客户关系而不是争夺新客户。反之，客户会更满意并成为更好的客户，从而形成一个良性循环。因为员工在企业工作的时间更长，企业的服务质量得到提高，并且员工的变动成本减少，这带来了更多的利润。

由于长期的客户关系会带来许多利益，因此，一家企业似乎不想拒绝或终止同任何客户的关系。所有的客户都是好客户的假设也同样非常适合“客户永远是正确的”这个信念，这已成为一个几乎是神圣不可侵犯的商业信条。然而现在，任何一位服务业的工作者都会告诉你，客户并非永远正确，并且在有些情况下宁愿终止与他们之间的关系。这部分内容描述了对客户关系的一种观点，即不可能所有关系都是有益的，并且不是每一位客户都永远正确。

经理们经常重复“客户永远是正确的”这句话，以至于它已经被每个服务性企业的每位员工所接受；为什么不可以这样？因为很可能这句话是不对的，客户并非永远正确。不论它已经被说了多少遍，它也不是现实。

员工们知道除了在某些客户身上要损失金钱和时间外，还有一些客户由于各种各样的原因而非常难以与之合作。由于这些客户会给企业和员工带来压力，一些企业可能避免同其建立关系。

虽然这些困难客户常常会被接纳，并且员工们会接受培训来识别他们，并与之恰当地打招呼，但从企业的利益来考虑，最好的选择可能是从根本上终止这种关系，特别是对于长期成本对企业来讲可能影响非常大。例如，有些企业与一些较大的公司车队、社会团体车队、出租公司建立了维修关系。这对维持企业正常业务的确有很大好处。但是，如果这其中有一部分单位它不是不愿意结账，而是长期拖欠维修费，这样使得企业虽然看似财务账面上有钱，但却是没有现金周转，这样的企业经常被逼得很无奈。我见过不少这样的例子，财务账上明明有钱，却不得不走上破产之路。像这样的客户，就得下决心与之断绝业务往来，否则后患无穷。

从前面的部分我们所能得出的非常合理的结论就是：出于某种原因，企业应该摆脱一部分不适合自己的客户。越来越多的企业有这样一种认知，即某些棘手的客户，不仅不会带来什么利润，而且还不会产生忠诚，同时还会影响到企业形象及信誉度，因此这些企业往往会产生这种类型的决策。摆脱一名客户的另外一个原因，是这个客户可能对员工的生活和士气状况产生负面影响。

但是“解雇”客户并不是简单的事情，这需要避免负面的宣传或者消极的口碑。有时候提高价格，或者为以前免费提供的服务收取费用，能够摆脱一些无利可图的客户。帮助一名客户寻找一名能够更好地实现其需求的企业，也是温和地退出关系的另一种方式。如果客户开始提出过分要求，通过对预期的了解或者寻求更有效的方式为客户服务，都能够挽救客户关系。如果不能，那么双方都要寻求一种合适的方式来结束这种关系。

企业也希望为所有客户提供出色的服务，但是他们发现要满足（更不用说超过了）所有客户的期望不仅不实际，也会影响收益。比传统的市场细分更加进步的是，企业目前正在试图确定细分市场，或者更准确地说是客户层级。这种细分是根据他们目前或将来为公司带来的利润的不同。因为它考虑了客户细分市场的成本和收入，因而可以了解他们对于公司的财务价值。在确定利润群组以后，企业就可以根据特定的细分市场提供服务，并保持一致的服务水平。构建一个由适当客户组成的高忠诚度的客户资源库能够提高收益。

5. 80/20 客户金字塔

所有的企业都在一定程度上了解他们的客户在盈利水平上是不同的，特别是少数客户却提供了最高的销售或利润比。这经常被称为“80/20 法则”——20% 的客户提供了 80% 的销售额或利润。在这种形式的层级下，20% 的客户构成了最高层，他们被认为是企业最有价值的客户，而其他客户除了与最高层级在盈利方面不同以外，就无法再区分了。大多数企业知道在这一层级内部的客户之间还是有差异的，但是他们也不具备分析这种差异的数据或能力。这种 80/20 客户金字塔是一种二层图，它假定在这两个层次内部是相似的，正如传统的市场细分也假设相同细分市场内的客户是相似的。

如果企业拥有更充足的数据，可以更细化地分析客户层次或级别，也可能使用超过两层的细分。不同的系统和标志是很有用的。我们暂且将他们分为如下四个层次：

1）第一层描述了企业最有价值的客户，尤其是那些产品的大客户，对于价格不是过度敏感，愿意购买和尝试新项目或服务，是企业的忠实客户。

2）第二层与第一层的不同，主要在于其盈利水平不是很高。可能是由于这些客户希望有价格上的折扣，因而边际利润就很有限，而且他们也不十分忠诚。他们可能是大客户，但是为了使风险最小化，他们往往会选择多个企业而不仅仅是某一个企业。

3）第三层包括一些重要的客户，他们所提供的数量需求可以充分利用企业的能力；但是他们的消费水平、忠诚度和回报率要获得特别的对待还是不够的。

4）第四层由那些浪费企业金钱的客户组成。他们要求获得比根据他们消费和回报率所应得的更多的注意，有时候他们就是问题客户——向其他人抱怨企业并且占用企业的资源。

要注意这种分类其实是非常简单的，这与传统的企业采取的细分方法是非常不同的。两种差异是明显的。首先，客户金字塔是采用利润而不是应用来定义所有层次的。其次，较低的层次，事实上说明的是需要差别对待的客户类型。企业必须努力去改变客户的行为——通过提高收入获取更多的利润，或者通过降低成本，改变企业的成本结构，使他们更加有利可图。

客户金字塔方法在许多企业都获得了有效应用。尤其以金融服务企业最先使用这种方式，这可能是因为这些企业已经拥有了大量的数据。一旦一个系统（依托计算机提供的相应功能）已经为分类的客户建立，就能够将客户自动分类识别，并且推动服务，进而预期获得不同水平的利润。当企业通过对于服务有最大需求，或者对单一合作伙伴显示出最大忠诚度的客户提高其维修份额时，就会提高他们获利的机会。通过延伸与忠诚客户的关系，提高现存客户的销售，提高每一个销售机会的回报率，企业能够增加每一个客户的潜能。

尽管以利润类别来识别从企业的角度来说是有意义的，但是客户一般并不会理解，他们更加不会乐意被分到比较差的类别里面。例如，在许多企业里，高层客户会拥有自己的账户代表，他们只需要和这个人联络。客户了解这种不平等的待遇，他们中许多会抵制，进而憎恶这种做法。这种逆反心理会使客户经常会对他们获得的服务水平过分挑剔，结果对企业的质量留下坏印象。

企业与客户的沟通日益重要，只有这样，他们才能够了解他们可能预期的服务水平，以及需要他们做些什么，或者要获得更快或更加定制化的服务需要付出什么。但是最大的问题是在客户不能理解的时候，他们会认为他们是个别挑出来而获得差的服务，或者认为这个系统是不公平的。尽管许多客户拒绝为高质量服务进行额外支付，但是他们还是会产生负面的反应，认为他们获得了不公平的对待。

基于利润来精细地进行客户细分，也会产生客户的隐私权问题。为了了解谁是有利可图的而谁不是，企业必须收集大量消费者的个人行为和私人数据。今天，许多消费者在感觉到这种方式对于他们生活的侵入时，会非常憎恶，尤其是这样会导致他们获得他们认为不公平的对待。

六、服务失误及补救的影响

服务补救是企业针对服务失误采取的行动。失误是由各种原因产生的：服务可能没有如约履行，维修延期或太慢，服务可能不正确或执行质量低劣，员工可能粗暴或漠不关心。所有这些种类的失误都会引起客户的消极情绪和反应。接下来可能的情况是：导致客户离开，将其经历告诉其他客户，甚至通过消费者权益组织或法律渠道投诉该企业。

调查表明，有效解决客户问题会对客户满意度、忠诚度及最低绩效产生重大影响。也就是说，经历服务失误的客户，如果经企业努力补救并最终感到满意，将比那些问题未被解决的客户更加忠诚。这种忠诚度如前面所提到的，将转变成盈利性。有调查显示，那些因投诉而使其问题迅速得到解决的客户，与那些投诉但未得到解决的客户相比，更可能发生再次与企业交往行为，那些从未投诉的客户相对最不可能再次与企业来往。

一个有效服务补救策略有多方面潜在的影响，它能提高客户满意度及忠诚度，并产生如前提到的正面影响。作为不断改善服务的努力的一部分，一个得到较好设计及文字化的服务补救策略，提供了能够用于改善服务的信息。在总结服务补救经验的基础上，通过调整服务过程、系统及产出，企业能提高“第一次做对”的可能性，这相应会降低失误成本并提高客户的初始满意度。没有服务补救或没有有效的服务补救策略，会有相当大的副作用。糟糕的服务再加上低劣的补救，可能导致客户极大的不满，以致变成“恐怖主义者”，他们会积极寻找机会公开批评使其不满的企业。另外，反复的服务失误，并且未实行有效的服务补救策略，甚至会激怒最好的员工。这会损害员工士气，甚至失去员工，使企业付出很大代价。但是补救经常被忽视，这就是没有有效服务补救策略的代价。很多维修企业经历过太多的这种尴尬，由于第一次服务的不当和没有积极有效的补救服务措施，结果将企业推向危机的边缘，才不得不为此付出更大的服务成本代价。

有些人提出，那些不满意的客户若经历了高水平的、出色的服务补救，最终会比那些第一次就获得满意的客户具有更高的满意度，并更可能再次光顾。例如，设想一位客户开着一辆富康车到修理厂进行保养。经检查后发现该车需要更换火花塞。但此时厂里暂时没有原厂火花塞了，作为一种补救措施，给该车换上了一套通用的白金火花塞。虽然价格高出两倍，但只按原价收取费用，客户为此非常感动。客户被这种补救措施所打动，对这次经历非常满意，甚至获得比以前更深的印象，并发誓今后将成为忠诚客户。逻辑上，但不是很合理地得出的结论是：企业应故意令客户失望，这样他们可以利用补救服务获取更高的客户忠诚度，这种观点被称做“补救悖论”。确实，补救悖论比其表面上的意思要更复杂。首先，改正失误要付出代价，并且鼓励服务失误看上去有些滑稽，毕竟，我们知道可靠性（第一次就把事情做对）是整个行业服务质量最重要的决定因素。其次，经验研究表明，只有在最高水平的客户服务补救情况下，客户满意度和忠诚度才会提高。这表明客户比较看重其最近的经历，以决定是否再次光顾。如果这种经历是负面的，对企业的总体感觉将会下降，重复倾向也会显著减少。除非补救努力是绝对超水平的，否则它不足以抵消初始经历的负面影响，以及使客户产生比一开始就享受正确服务时更好的重复消费倾向，从而使客户产生再次往来意图。

这些结论有时候也比较难以理解，因为有此案例表明并不能完全支持补救悖论。对于某些经历过服务失误的客户来说，不管补救的效果如何，整体满意度会一直比那些没有经历过失误的人要低。对于为什么没有发生补救悖论有这样一种解释，就是服务失误的程度——由于维修失误造成了较大的交通安全事故。这种类型的失误过于严重，不太可能采用任何补救方法来挽回。然而，强有力的服务补救即使不能彻底消除，也能够缓解失误带来的整体不满意。

假定这种关于服务悖论是否存在有一些不同意见，我们说“第一次就把事情做对”这就是最好且最安全的战略。然而，一旦出现失误，就需要提供出色的补救活动，以缓解负面影响。如果失误能够被完全克服，或者失误不太严重，或者补救工作非常出色，那么都可以被视为补救悖论的证据。

承诺是一种特别的补救工具。根据字典的定义：“它是对于销售产品的期望质量或使用寿命的一种保证，常常伴有补偿的承诺”。承诺对于制造业的产品相对来说使用很普遍，但对服务业只是最近才开始使用。传统上，考虑到服务业无形性和易变性的本性，许多人认为服务根本无法保证。承诺是什么？对于一件产品，客户得到保证，可以像厂商许诺的那样使用，如果不行，可以退货。对于服务，通常既不可能退回也不可能不用，因为它已经发生了。这里再一次提出同样的问题，什么可以被承诺，并且怎样承诺？然而，随着越来越多的企业发现他们可以承诺其服务，并且这样做对其有惊人的益处，人们对服务承诺的疑虑被驱散了。

许多企业发现有效的服务承诺可以补充企业的服务补救策略，作为一个服务工具来帮助实现服务补救策略。许多服务性企业已经开始认识到，承诺不仅仅可以作为一种营销工具，同时也是在企业内对质量进行定义、培养和维护的一种方法。一个有效的服务承诺对于企业的益处数不胜数。

一个好的承诺促使企业关注其客户。要开发一个有意义的承诺，企业必须了解对其客户来说什么是重要的——他们的期待和价值。在许多情况下，承诺使客户“满意”，是为了让承诺更有效地发挥作用，企业必须清楚了解对其客户来说满意的含义是什么（比如他们认为什么是有价值和被期望的）。

一个有效承诺为企业设立了清晰标准。它促使企业清晰定义什么是对员工的期望，并为此与他们进行沟通。承诺为员工们提供了以服务为导向的目标，它可以很快让员工围绕客户策略一起行动。一个好的承诺可以从客户那里得到快速及相关的反馈。它能够激发客户来抱怨，因此，较之仅仅依赖于那些相对较少的爱讲出自己意见的客户，好的服务保证给企业提供更有代表性的反馈。承诺使客户了解到他们有权利抱怨。

1）实施承诺时有一个快捷的机会补救，既令客户满意也有助于维持其忠诚。

2）通过承诺产生的信息可以被跟踪，并汇总在持续的改善行动中。客户和服务运作决策之间的反馈联系，可以通过承诺得到强化。

3）对服务承诺影响的研究表明，承诺使员工的士气和忠诚度也得到加强。承诺可以使员工产生自豪感。通过承诺的反馈，服务得以改进，这既使客户受益，也使员工间接受益。

4）对于客户来说，承诺降低了他们的风险感，并建立了对服务组织的信任。因为服务是无形的，并且经常具有高度个性化或个人牵涉性，客户希望找到可帮助其降低不确定感的信息和暗示。承诺已经显示出可用来降低风险和增加在采购前对服务的积极评估。一个有效的承诺能影响到盈利能力。通过建立一种更积极的服务文化，承诺能够间接地减少员工的变动成本。

在给出服务承诺的所有积极利益之后，也该给出一个告诫：服务承诺并不适合所有的企业和每一个服务环境。后半部分我们将对何时和怎样使用服务承诺策略给出提示。首先我们讨论不同的承诺类型和有效承诺的特点。令人感兴趣的是，承诺不仅仅适用于外部客户。一些企业发现，内部服务承诺——企业内部的某部门对另一部门的服务承诺，是联结内部服务运行的有效方法。

不管承诺的类型如何，有些确定的特性使一些承诺比其他承诺更有效。承诺应该是无条件的——没有附加条件。一些承诺看起来好像是法律部门撰写的（事实上常常是），带有各种各样的约束、需要的证明和限制。这通常都不是有效承诺。承诺应该有意义，对那些很显然的事情进行承诺对客户毫无意义。例如，一家维修企业提出的承诺是保证小修保三天，中修保一个月，在保修期间出现问题免费返修。但在这个行业，这是每一家维修企业都应该做到的，因此该承诺对于客户来说就不是很有意义，这有些像承诺汽车上有四个轮子。付出的赔偿也应该有意义。客户希望对其不满、花费的时间，甚至引起的争论得到充分的赔偿。承诺还应该容易理解，并同时传递给员工和客户。有时候承诺的词语令人迷惑，语言啰嗦冗长，或者有太多的约束和条件，不论是客户还是员工都无法确定到底在承诺什么。同时，承诺也应该容易兑现和赔付。要求客户写信或者提供关于服务失误的书面证明常常是个圈套，使得兑现承诺成为费时的工作，对消费者根本不值得，特别是当服务的货币价值相对较低时。

就像前面讲过的，承诺不总是适用。在实施一项承诺策略前，有许多重要问题需要考虑。在下述情况下，承诺可能行不通：

1）企业现有服务的质量低劣。在建立一项承诺时，企业应该解决所有重大质量问题。当一项承诺确实引起对这些失误和严重质量问题的注意时，完成该承诺的成本会轻易超过任何收益。这些成本包括，因为严重质量问题而付给客户的实际货币，以及与客户改善关系有关的其他成本。

2）承诺与企业形象不符。如果企业已经因质量高而拥有很好声誉，并且实际上无形地保证着它的服务，那么一个形式上的承诺就没有必要了。

3）服务质量确实无法控制。尽管这常常被用作不使用承诺的借口，但很少有质量真正失去控制的情况出现。

4）承诺的成本超过利润。对于任何质量方面的投资，企业要仔细计算相对于预期收益，如客户忠诚、质量改善、新客户开发和口头广告的期望成本（对失误的赔偿和进行改善的成本）。

客户在服务中感觉不到风险。当客户对企业或其服务质量不确定时，承诺常常是最有效的。承诺可以减轻不确定性、有助于减低风险。"如果客户觉察不到风险，如果服务价格相对比较低廉并且有大量潜在的替代者，如果质量相对来说是不可变的，那么承诺对企业可能产生不了什么效果，还不如促销的价值大。在某些行业中，竞争者之间在质量方面可能有极大差异，在这种情况下，承诺可能非常有效，特别是对第一个提供这种承诺的企业。而某些行业，竞争者之间质量水平普遍较低，这一招也很有效，第一个使用承诺的企业常常能脱颖而出。

实施一项服务承诺应当考虑如下几个问题：

1）高级经理是否认可承诺。

2）承诺的设计是否是团队努力的结果。

3）质量的标准有多高。

4）我们是否能负担该承诺。

5）客户的风险有多大。

6）是否竞争者也提供承诺。

7）企业文化是否与承诺兼容？我们应该提供何种类型的承诺。

8）我们应该提供无条件承诺还是特别承诺。

9）我们的服务是否可评估。

10）我们的特别承诺应该与什么有关。

11）什么是不可控制的。

12）应该赔偿什么。

13）退款是否会发出错误信息。

14）全额退款是否会使客户感到负疚。

七、什么是有形展示

由于服务本身是无形的，客户常常在实施维修之前通过有形线索，或者有形展示来对服务进行评价，并在消费过程中及消费完成后对服务进行评价。有效地设计有形展示对缩小差距至关重要。有形展示的一般要素见表4-6。

表4-6 有形展示要素

服务场景	其他有形物	服务场景	其他有形物
外部设施	名片	内部设施	手册
外部设计	文具	内壁设计	网页
指示标志	收费单	维修设备	虚拟场景
停车场地	企业宣传图文	标志	
周围景色	员工着装	布局	
周围环境	制服	空气质量/温度	

这些要素包括组织的所有有形设施（服务场景）及其他形式的有形传播。影响客户的服务场景要素既包括外部特征，如标志、停车场地和周围景色等，又包括内部特征，如设计、布局、设备和内部装潢等。需要注意的是，网站和互联网上服务场景是有形展示的最新形式，企业可以利用这些形式传播服务体验，使服务在购买前后对客户都更加可见。技术亮点解释了这方面的发展。

首先，不同的服务型企业在服务场景实际的影响对象方面各不相同。也就是，谁实际进入服务设施并因而潜在地受服务设施设计的影响——是客户、员工或者是这两个群体兼而有之。一个极端是自助服务环境，在这儿客户自己完成大部分活动，即使有员工参与也非常少。这类自我服务环境的例子有 ATM 机、电影院、快件投递设施，诸如高尔夫球场和主题公园等自助娱乐场所，以及在线互联网服务等。在这些主要是自助服务的环境场景中，企业设计服务场景时，能够专注于营销目标，诸如吸引适当的细分市场、使设施吸引人并便于使用等。

服务场景用途另一个极端是远端服务。在此，客户很少或根本没有卷入服务场景中。通信服务、公用服务、金融咨询、社论和邮购服务等，都是在客户不能直接看到服务设施的情况下提供服务的例子。在这些远端服务中，服务设施的设计可以近乎完全专注于员工的需要和爱好，所建立的场所应能激励员工、有利于提高生产率、加强团队合作、提高工作效率，以及其他人期望的组织行为目标，而不需考虑客户，因为客户绝对不需要看到服务场景。

交往性服务介于上述两个极端之间，代表了消费者和员工都需要置身于服务场景中的情形。有大量的该类实例，如汽车维修企业、饭店、餐厅、医院、教育设施及银行等。在这些例子中，服务场景的设计必须能够同时吸引、满足、便利于客户和员工两者的活动。对于服务场景如何影响客户间、员工间以及客户和员工间的社会性交互的属性和质量，也必须给予特别关注。类似 4S 专卖店便是一个很好的实例，宽敞明亮的展厅，舒适现代的谈判桌椅，耳边回荡着悠扬的轻音乐。在该服务中，服务场景必然能够支持客户和在此工作的员工，而且也要便利于这两个群体间的交互。

有些服务场景非常简单，涉及的因素、空间和设施都有限。这样的环境被称为是精简的。比如一些二类、三类维修企业，他们都是在一个简单的建筑物中提供服务。对于精简的服务场景来说，设计决策相对简单，尤其是在自我服务或远端服务的情形下。因为这些服务情形下，员工、客户间没有交互。

其他服务场景则很复杂，包含很多因素和很多形式。以一类企业和专卖店为例，该场所有很多楼层、很多房间，还有复杂的设备以及有形设施所执行功能的复杂可变性。在这种复杂的环境中，理论上通过认真的服务场景管理，是可以达到所有的营销目标和组织目标。

在场景类型的各个单元中，服务场景可同时发挥很多作用。研究其各种作用及它们之间的相互关系，可以让我们更加清楚提供适当的服务有形展示所具有的战略重要性。

与有形商品的包装一样，服务场景和有形展示的其他因素，基本上也是服务的“包装”，并以其外在形象向消费者传递“内在”信息。设计产品包装可树立某种特殊形象，同时又能引发某种特殊的视觉或情感上的反应，服务的有形部分通过很多复杂的刺激可发挥同样的作用。服务场景系统是组织的外在形象，对形成初步印象和建立用户的期望意义重大，它是无形服务的有形表现。对建立新客户的期望和刚刚开业，并希望树立某种形象的服务组织来说，这种包装的作用尤其重要。有形环境为这样的组织提供传递想像的机会，这种传递方式与个人选择的“为成功而着装”的方式有所不同。包装的作用通过服务人员的着装及其外在形象等其他因素向外延伸。

服务场景也能作为辅助物为身临其境的人们提供帮助。环境的设计能够促进或阻碍服务场景中活动的进行，使得客户和员工更容易或更难达到目标。设计良好的功能设施，可以使客户将接受服务视为愉快的经历，在员工看来也将提供服务视为快事一桩。与此相反，不理想的设计会使客户和员工双方都感到失望。比如，客户来到接待室，发现到处一片狼藉，沙发上又脏又乱，而且还趴着一条狗，他会觉得非常不满意，同时在那里工作的员工也会缺乏工作积极性。如果换一个环境，它将会是另一种感觉。

设计服务场景有助于员工和客户双方的交流，它可以帮助传递所期望的作用、行为和关系等。例如，专业服务机构中的新员工，会通过观察其办公室、办公家具的质量及其相对他人而言所处的位置等，渐渐明白自己在公司中的地位。

设施的设计还能够让客户了解自己和员工的职责是什么，迎接他们的服务场景应该怎样，员工所处的服务场景应该怎样，他们在该环境下的行为应该怎样，以及何种类型的应该给予鼓励等。

有形设施的设计可将一个企业同其竞争对手区分开来，并表明该服务所指向的市场细分部分。因为它能起到区分作用，所以可使用有形环境的变化来重新占有或吸引新市场。

有形环境的设置也是同一个服务企业中一个区域不同于另一个区域。在饭店业这一点也很普遍，大饭店可提供几种不同档次的宴会，其中的差异通过设计的不同来体现。价格差异也常常通过有形环境的变化而变化，有更多有形设施的更大空间的价位往往较高一些，比如飞机上较大的座位会有较大的腿部空间（常常是头等舱座位），而票价也较高些。电影剧场的改进，体现在豪华包间设有低背安乐椅，并配有侍应生。鉴于这些有利条件，愿意付高价钱看同一部电影的客户，可以在一种完全不同的环境中体验服务。

有形展示在决定质量期望和感觉方面能够起到重要作用。认识到有形展示仅仅是第一步，这之后，它们可以利用有形展示的潜力，并进行战略计划。有效的展示策略一定要和企业（或机构）的总体目标或远景明确连接。因此计划者一定要知道那些目标是什么，然后决定展示策略如何提供支持。至少基本的服务概念要明确，目标市场（内部和外部）要一致，企业对未来的构思要明确。这是因为很多展示的决定与时间和费用相关（特别是服务场景的决定），因此，必须专门计划和执行。

展示的有些方面，特别是服务场景要求经常，至少是周期性更新和现代化。即使远景目标和公司的物品不变，时间本身也会对有形展示产生损害，因此有必要进行更新和现代化。这涉及一个很时髦的因素，随着时间的推移，不同的颜色、设计、款式表示着不同的信息。当做广告战略时，要很清楚地理解这一点。

在把自己展示给客户时，服务企业关注的是传播期望的形象，通过各种形式的展示发送一致的、相互协调的信息，提供目标客户想要的并能够理解的服务有形展示类型。然而，展示的决策经常是在一段时间内由多种职能部门做出。例如：有关员工制服的决定由人力资源部门做出，服务场景设计的决定由管理部门做出，维修接待决定主要由业务经理做出，广告和定价决定由营销部门做出。因此，服务的有形展示有时不一致，这并不稀奇。但一定要追求为总体目标服务的一致性。

当然组织一个探讨有形展示战略的多功能机构十分必要，特别是在对服务场景做决定时。有人声称“设备的计划和管理是存在于建筑、内部空间设计和产品设计、组织（和客户）行为、计划和环境心理学边界之上的解决问题的活动”。

八、市场开发部的建立

由于社会的发展，市场经济机制的建立，卖方市场已转向买方市场。激烈的竞争迫使汽车维修企业必须从过去的坐等客户改变为主动服务。

长期以来，由于对市场经济下企业与客户之间的关系始终没有摆正，因而导致某些经营管理者，总是将汽车维修企业的服务对象单纯地看成是对再修车的技术服务，而忽视了最终的服务对象——车主。虽然由于企业之间的竞争，迫使一些企业经营管理者与客户不得已搞一些“感情”投入，但这只是很肤浅的，甚至有时是很庸俗的所谓“拉关系”、“公关”。这种浅薄的庸俗的观念，将企业与客户之间的关系带上了歧路。当今许多企业都抱怨客户丢失越来越严重，抱怨客户没良心，抱怨有些客户太黑，甚至抱怨政策不到位，抱怨不规范的路边店的参与，他们忽略了最根本的对服务对象的观念的转变。

汽车维修企业受汽车制造业发展的推动，其技术服务特征越来越突出、技术含量越来越高。这就使得汽车维修的结果带有很强的产品特征，因而使许多汽车维修企业经营者将服务对象看成是汽车，而不是其使用者。这正是计划经济体制造成的顽疾的后遗症。

联想集团新一代总裁杨元庆说过“联想过去是以销售产品为主，而现在要以服务为主”。这就是市场经济下对客户的认识的转变。汽车维修企业同样是这样，虽然维修的是汽车，但服务的最终对象是使用汽车的人。由于竞争的需要，已迫使企业将服务贯穿到汽车全部寿命周期，以及汽车后市场所涉及的各个领域。如此长时间的系统细致的工作，不是个人力所能及的，必须由企业的专门组织来完成，这就是常说的客户管理。

汽车维修企业市场开发部正是基于这一理念而建立的，是将销售活动中的客户开发部门引进的结果。专门的组织便于对客户进行集中细致的管理，将过去那种突出个人感情的投入换来的感召力，转向以突出企业感召力为主、以个人素质为辅的客户管理工作。我们常常看到一种现象，企业的业务员离去，会带走很多车源，相信很多经营者都有如此的经历。有的人认为这些业务员很有本事。其实这些业务员有个人交际本领突出的一面，有对客户理解深刻的一面，但这种与客户的关系更多的是牺牲企业的利益换来的。试想，如果没有企业的支持、经济实力的支持、没有企业的需求、没有企业提供的空间，个人再有本事也无济于事。而许多经营者在遭到惨痛教训时，还不明白自己被培养的业务员所害的真正原因是什么，这正是经营者的悲哀所在。

建立市场开发部的作用如下：

1）可以对客户进行更深刻、更全面、更科学、更生动活泼的管理，可以将客户的服务作得更周到、更具体、更贴近客户的心理需求，将完成个人想做而做不到的事情，个人能力可望不可即的工作。

2）有利于企业形象宣传，有利于企业统一行动，发挥团队作战的优势，有利于取得客户的信任。

3）分散对客户管理的权限，防止某些业务人员私欲的膨胀，为达到某些目的将手中掌握的车源作为要挟的筹码。所以在现代汽车维修企业中，成立市场开发部是企业生存与发展的需要。

4）重点保持为企业创造80%利润的20%客户，重点开发为企业只创造20%利润的80%客户。没有一个有效的实际组织，这个目标是不可能达到的。所以在现代汽车维修企业中，成立市场开发部是企业生存与发展的需要。

但是由于观念上的错误，致使许多企业经营者对市场开发部的工作看得太急功近利。长期失误所造成客户的流失，要想在市场开发部成立的初期就能解决，这是不现实的。客户管理、开发工作是一项长期的、潜移默化的工作，需要大量的付出，包括人力、精力、财力的付出，时间的付出。这些付出，只要纳入系统管理必将有收获。不少企业正是这样做的，坚持下来，都有了很大的收效。

九、市场开发部的工作内容

市场开发部的工作内容是：研究以满足客户需求为中心的企业与客户的关系，开发客户的策略，改进与设计企业服务措施及其规律性，综合性应用问题。

市场开发对汽车维修企业而言，是企业的“生意经”和“竞争术”，是“买方市场的卖方学”，市场开发的基本理论与方法，可指导企业维修与服务质量的改进、如何经营、怎样开展与汽车相关的促销活动。所以重视市场开发工作，对现代汽车维修企业增强生存能力、竞争能力、提高企业的经济效益、促进企业迅速发展有着十分重要的意义和作用。

在市场经济条件下，推动企业急速增长的主要力量，是企业与客户之间的相互合作所建立的多方面密切关系，以及对密切客户关系的不懈追求，制定与其相关的详细计划。市场开发部正是汽车维修企业与客户之间的重要环节。

以客户需求为导向的经营观念，决定了了解客户的需求是企业发展的主要工作。从某种意义上讲，客户的需求已成为重塑企业经营规则的主力军，只有以客户需求为中心来实施整体管理的企业，才能在竞争中获胜。企业会根据客户的要求和需要不遗余力地调整其服务内容，完善内部机制。单靠改进工程技术无法创造出良好的业绩。在这个过程中，应付客户的方式已经不适应了，而积极地与客户甚至其家庭建立长期密切的关系，加强与客户之间的交流，在这个过程中，企业必须比任何时候都要坦诚和敏感。

市场开发部的工作必须具备如下特点：①全面收集与企业竞争相关的信息，其中包括客户群需求的转移；②根据市场需求与客户反馈，提出切实可行的改进方案；③赋有创造性，要善于提出新概念、新对策，这样才能产生差别、产生魅力，才能创造出不同凡响的效果；④具有强烈的竞争意识，随时研究客户的心理，研究外部环境（竞争对手）、内部环境（流程再造）；⑤永不自卑、永不自满的精神，今天的失败并不代表着明天的不成功，而今天的成功也不意味明天也会成功。

市场开发部必须脱离单纯拉客户的目标，要从企业整体利益出发，从企业最终目标出发，从为客户全面服务目标出发，以为客户进行终身服务为理念，指导市场开发部的工作。通过建立市场开发部与客户建立密切持久的关系，通常情况下，企业是由于给予客户一定回报才建立起客户对企业的忠诚度，并且企业总是通过与客户的交流，了解客户的要求，从中得到一些最原始的信息，并进一步对客户有所回报，从而达到提高客户的忠诚度。市场开发部的工作包括：客户接待、访问客户（电话、信件等形式，包含了解客户的需求）、预约服务、修后服务、企业对客户的承诺是否履行、企业形象宣传、企业文化创建、俱乐部活动、救援等全方位服务活动策划实施，提高客户对企业的信任度，扩大企业声誉，为企业进一步发展提供基础。市场开发部的工作内容，应根据企业对客户服务理念的认识程度不断加深而扩展，比如创建与客户密切联系的信任链，定期组织主流客户联谊活动，听取客户意见等。

十、卓越客户服务的黄金法则

有一天，美国通用汽车公司客户服务部收到一封信："这是我为同一件事第二次写信，我不会怪你们没有回信给我，因为我也觉得这样别人会认为我疯了，但这的确是一个事实。我家有个习惯，就是每天晚餐后，都会以冰淇淋来当饭后甜点。由于冰淇淋的口味很多，所以我们家每天饭后才投票决定要吃哪一种口味，决定后我开车去买。但自从我买了新的庞蒂亚克（这是通用旗下的一个牌子）后，我去买冰淇淋的这段路程问题就发生了。每当我买香草口味时，我从店里出来车子就发动不了。但如果买其他口味，发动就顺得很。我对这件事是非常认真的，尽管听起来很奇怪：为什么当我买了香草味冰淇淋它就罢工，而我不管什么时候买其他口味，它就很容易发动，为什么?"

事实上，客服部的总经理对这封信还真的心存怀疑，但他还是派了一位工程师去查看究竟。当工程师去找这位仁兄时，很惊讶地发现这封信是出自一位事业成功、乐观、且受了高等教育的人。

工程师安排与这位仁兄的见面时间，刚好是在用完晚餐的时间，两人就往冰淇淋店开去。那个晚上投票结果是香草口味，当买好香草冰淇淋回到车上后，车子又发动不了。这位工程师之后又依约来了三个晚上：第一晚，巧克力冰淇淋，车子没事；第二晚，草莓冰淇淋，车子也没事；第三晚，香草冰淇淋，车子发动不了。

这位思考有逻辑的工程师，到这时还是不相信这位客户的车子对香草味过敏。因此，他仍然不放弃继续安排相同的行程，希望能够将这个问题解决。工程师开始记下从头到现在所发生的种种详细资料，如时间、车子使用油的种类、车子开出及开回的时间……根据资料显示，他有了一个结论，这位客户买香草冰淇淋所花的时间比买其他口味的所花时间少。为什么呢？因为，香草冰淇淋是所有口味中最畅销的，店家为了让客户每次都能很快地拿取，将香草口味特别放置在店的前端；至于其他口味则放置在后端。

现在工程师所要知道的疑问是，为什么这部车会因为从熄火到重新激活的时间较短时就发动不了？原因很清楚，绝对不是因为香草冰淇淋的关系，工程师很快地浮现出答案，应该是"蒸气锁"。

因为当这位客户买其他口味时，由于时间较久，发动机有足够的时间散热，重新发动时就没有太大的问题。但是买香草口味时，由于花的时间较短，发动机太热，以至于还无法让"蒸气锁"有足够的散热时间。

问题就这样解决了。在我们服务客户的时候，一定要耐心地思考，寻找问题的根源，从根本上解决客户的问题，只有这样我们才能赢得客户的信赖。另外从这个故事中，一些看似无关的因素，却有可能就是我们解决问题的关键，只要我们有耐心，动脑筋，任何问题都不是问题。

卓越的客户服务没有什么像魔术一般的配方。企业要做的，就是把普通和简单的细节一遍又一遍、每一次都精益求精地做好，并保持在同一水平。美国最受人尊敬的企业之一——美国西南航空公司的执行总裁科琳·贝雷特说："我们不是一个具有大客户业务服务的航空公司。我们是一个伟大的客户服务组织，只因为我们恰巧从事了航空业务。"西南航空公司的服务风格就是：以最大的关怀服务于客户。带着对客户的关怀，才能卓越地服务客户。

下列的 12 条卓越客户服务的黄金法则，有助提升企业的竞争力：

（1）一定相信世上无事不可为　永不言败，永不放弃，一定能找到解决问题的方法。没有卯木肇的智慧和毅力，索尼彩电也许难以很快打开在美国的销售。

当时索尼在美国是无人理会的杂牌货，卯木肇付出了极大的努力仍难以突破。有一天，他经过一处牧场，看到牧童领着一头大公牛走进牛栏，牛群也温顺地跟进牛栏。卯木肇灵光闪现：找一家"领头牛"商店销售索尼彩电。马希利尔商店是芝加哥地区最大的电器销售商，卯木肇兴冲冲地去拜访，连续吃了三次闭门羹。第四次见到了经理，经理说："我们不卖索尼的产品。"卯木肇便在当地报纸上登广告。经理说："售后服务太差。"卯木肇就马上设特约服务部，在报纸上公布地址电话，保证随叫随到。经理又说："索尼知名度不高，不受欢迎。"卯木肇认为商店开始关注细节，成交时机即将成熟，立即召集手下 30 多名员工，每人每天拨 5 次电话向马希利尔订购索尼彩电。店员手忙脚乱，误将索尼彩电列入待交货名单，令经理十分生气。于是卯木肇又拜访经理，大谈索尼彩电的优点，并诚恳地保证一定不会失败。

在诚意感动下，马希利尔公司同意试销两台。卯木肇大喜，当即派了两名销售人员到店里推销两台彩电，并声明：一周内彩电卖不掉，销售员"走人"。当天下午，两台彩电售出。商场又订了两台，又迅速卖出。一个月内，马希利尔公司卖出了 700 台。

有"领头牛"开路，芝加哥的商店纷纷要求经销索尼彩电。不到三年，索尼全面打开美国市场。

任何服务和销售都不一定顺利，企业的领导人和各层次人员都要有极大的勇气克服畏难情绪，不断地说："我能做到。"要让客户感受到企业的热情、诚意，才能真正完成销售。

（2）一定要热爱自己的企业和事业　很多人在开拓客户时，常听到的话是"你们企业不怎么样，没什么名气"。如果你这时就想"我们确实不怎么样"，那就完了。如果你热爱自己的企业，热爱你的事业，热爱客户，你一定会说：

“不，我们企业很卓越，我们的维修产品的质量同样适合于卓越的你。我们的维修产品和服务产品……”因为你敬业、执著，再三地坚持，客户几乎都会被感动，给予你机会。热爱事业，就是热爱自己。热爱是一种态度，而态度决定一切。

（3）投入热情，永不懈怠　在工作时要做到毫无保留地把全身心投入进去，调动自主所有的能力，做到100%的付出。服务永无止境，应做到对企业、对自己从来没有满意过，不断发现问题，永远追求最好。

（4）一定要有归零的心态　成绩已成为过去，自己永远是服务者，每次迈步前行都像刚出发，哪怕你已接近目标。

李嘉诚先生在总结自己的成功经验时，提出了很有意义的一条：凡事都以低姿态进入。低姿态是开放的胸怀，是谦虚的态度和作风，但不是自卑。这样才能与优秀的人才和企业合作，找到共同语言和利益点。

（5）设定明确的目标　对企业和个人要达到的目标怀有强烈的企图心，相信自己一定能达到。今天要掌握什么，获得什么，做到什么程度，一个星期、一个月、一个季度、一年、两年、五年、十年都要有明确的目标。自己最强的技能是什么，最弱的技能是什么，怎样以最快的速度掌握最弱的技能，发挥最强的技能，不断提高、不断学习。

（6）微笑、倾听、有信心　微笑能增加你脸上的价值，同样能增加客户的信心。在服务行业，有三米微笑可提高成交率之说，即在与客户相距三米时就要微笑。倾听产生信任。即使你对客户有充分了解，也要倾听，听出客户的真实想法，表现出对客户的充分尊重。信心则能巩固客户对自己的信任。

要让企业和自己成为带给客户好处的伙伴。这种好处可以不是物质的，如热情的接待、较和谐的氛围、有效率的交流、有用的信息，或者是有趣的笑话，让客户一想起来就愉快。

（7）知识结构决定人的素质　企业和个人有实力，才有自信基础。实力来自物质，但更来自知识和人的素质。有的企业规模不大，但很专业。有个汽车配件公司的老板，对主要配件的知识极为精通，因此和众多维修专家、维修企业主管部门关系很好。别的配件商花很大力气才能把配件送进企业，但这位老板的配件却是专家主动推荐给企业的，他的生意和利润都不同寻常。

古人说：物以类聚，人以群分。掌握着社会主要资源的精英人群，也掌握着相当的知识。缺乏相应的知识，相当于企业和个人把自我边缘化，怎么能获得大客户呢？

（8）成为有责任者　任何人都希望与有责任感的人和企业合作。随时随地思考：客户到底想要什么结果？客户现在到底想了解什么？每次与客户接洽，都要给客户一个明确的好结果，一个坚定的承诺。即使遇到问题也要保持乐观，努力克服，想尽办法给客户满意的结果，超出其期望。同时，要定期或不定期地简单向客户汇报，使客户感到对整个工作的掌握，从而充满信心。

（9）每一份额外的努力都有倍增的回报　不少企业和个人在 8 小时之外，做着与客户和事业无关的事。实际上，8 小时的努力工作仅是为了别人不赶上你，8 小时之外的努力是为了超越别人。想要成功，就必须付出更多。而这额外的付出常带来比 8 小时工作更大的效益。可能的结果是：8 +4 不等于 12，而是等于 16。

美国硅谷之所以迅速崛起并产生大批新贵，除了 IT 是新兴行业外，还有这里的人们在不懈地工作，每天工作时间不是 8 小时，而是 15 小时，18 小时，甚至 20 小时。硅谷因此被称为“不眠的硅谷”。

结果看似容易，但要花费时间和努力。

（10）让客户随时随地都能找到你　一周做工作 7 天的准备，有每天工作 24 小时的意识，24 小时手机开机，随打随通。

有一位推销员到一家大企业推销安全防护产品，宣称自己 24 小时随时可以来为客户服务。当天夜里 3 点，他的手机响了，他马上从被窝里跳起来接电话，无人应答。第二天夜里 2 点，再次出现同样情况，他仍接了电话。第三天依然如此。第四天，大企业通知他去签合同，因为企业认为他和他所推销的产品值得信赖——夜里打来电话的正是企业的负责人。

（11）客户是被要求出来的　并非客户所有的要求都要满足。企业要想清楚在为客户服务中到底要什么结果。

松下幸之助的企业规模还小时，其客户曾要求他降价。松下认为降价会损害企业的正常运作，于是登门亲自陈述了自己不降价的理由和工人们的辛苦，对方认可了松下的陈述。松下度过了一次考验。

坦诚的态度和有说服力的证据，是要求客户的两大法宝。通情达理的客户一般会理解企业的要求。如果客户一再坚持无理的、企业又难以正常满足的要求，可能是一个信号：该客户已陷入危机，与其合作要谨慎，即使这个客户很重要。永远满足客户要求的公司会破产。

（12）建立所有的客户档案　建立详细的客户服务档案，对客户的关怀能感动客户。

十一、前台业务人员的素质

对于前台业务接待人员，所有的汽车维修企业都很重视。据我调查，绝大多数的企业的做法没有达到预期的目标。出于对绝大多数客户心理需求的错误分析，或者是为了迎合个别客户（往往是开公车的）心理需求，不少企业（民营企业、私企较突出）将一些漂亮或者是能说会道的但不懂技术的人员安排在前台业务。这种前台业务人员的素质是远远不能适应现代汽车维修企业要求，甚至会降低企业在客户心目中的形象。现代汽车维修企业的前台业务人员，必须具备极高的业务素质，无论是人品、性格，还是技术素质都必须是一流的，他很可能是企业中最优秀的员工之一。前台业务人员的一言一行、举手投足都代表着本企业的素质、文化，代表着企业对客户服务的深度与广度，更代表着企业的技术实力与管理水平。前台业务人员的工作不仅仅是对客户的接待，更重要的是在做潜移默化的工作，是在为树立企业良好形象打基础。

我的一位朋友张先生曾经讲述了这样一段亲身经历。

在泰国曼谷，清晨酒店一开门，一名漂亮的泰国小姐微笑着和我打招呼："早，张先生。""你怎么知道我姓张?"，"张先生，我们每一层的当班小姐要记住每一个房间客人的名字。"我心中很高兴，乘电梯到了一楼，门一开，又一名泰国小姐站在那儿，"早，张先生。""啊，你也知道我姓张，你也背了上面的名字，怎么可能呢?""张先生，上面打电话说你下来了。"原来她们腰上挂着对讲机。于是她带我去吃早餐，餐厅的服务人员替我上菜，都尽量称呼我张先生。这时来了一盘点心，点心的样子很奇怪，我就问她"中间这个红红的是什么?"这时我注意到一个细节，那个小姐看了一下，就后退一步说那个红红的是什么。"那么旁边这一圈黑黑的呢?"她上前又看了一眼，又后退一步说那黑黑的是什么。这个后退一步就是为了防止她的口水会溅到菜里。我退房离开的时候，刷卡后她把信用卡还给我，然后再把我的收据折好放在信封里，还给我的时候说，"谢谢你，张先生，真希望第七次再看到你。"原来那次我是第六次去。

三年过去了我再没去过泰国。有一天我收到一张卡片，发现是他们酒店寄来的，"亲爱的张先生，三年前的四月十六号你离开以后，我们就没有再看到你，公司全体上下都想念得很，下次经过泰国一定要来看看我们。"下面写的是祝你生日快乐。原来写信的那天是我的生日。这种优质的服务无疑赢得了一个客户的心。

我还听说过一个4S店的业务经理，利用春节给客户发贺年卡时，一张一张亲自签名，一共要签一万多张。有人提议让这位经理去复印，可是他说：只有我亲自签名才能够表示我们的诚意。当然，每一个客户拿到这位经理的亲自签名的贺卡后都异常感动。

前台业务人员必须具备如下基本素质：

1）有汽车专业理论知识，丰富的维修经验及熟悉本企业的业务流程。

2）熟悉本企业的收费标准。

3）熟悉专修汽车配件编码及常用零配件的价格。

4）熟悉保险及索赔条例。

5）了解相应的政策、法规、制度。

6）了解客户的心理，善于与客户沟通。这其中包括6种能力：观察能力、理解能力、创造能力、控制能力、判断能力及语言表达能力；5 种心态：耐心、诚心、热心、信心、责任心。

前台业务人员应该在工作中如何去做，如何去规范自己业务程序，这里不再赘述（尤其各种车型的特约维修站都有一套非常详尽的服务行为标准）。这里只强调一点，作为企业窗口的业务人员，尤其要在执行业务行为过程中，要以诚待客，决不能为了眼前的一点利益而无限地夸大故障，欺骗客户。目前企业里有这样的业务人员，千万不要认为这样的业务人员是能干的，能为企业多收几个钱。其实，现在的客户是越来越聪明，蒙一次、二次，绝蒙不了第三次，到那时失去的不止是这一个客户，而是一批客户。实践证明，对一个客户好，这个客户只会对两三个客户说。当一个客户感觉不好时，会对 17 个客户倾述他的不满情绪，所以欺骗客户的后果是很可怕的。

曾经有一个修理厂在接修一辆奔驰 S600 自动变速器时，其车主自报故障现象是 3、4 档打滑，5 档上不去。由于业务人员对故障现象没有做细致分析，只是根据客户自述现象就武断的判定为离合器片打滑，然后就只报了一个更换离合器片加工时的价格，但当车间解体后发现确实 3、4 档离合器片烧了，但烧片只是现象而不是原因，经过仔细分析查找，其原因是第二制动带活塞承孔磨损，从而造成泄压。由于这个承孔壁很薄，修复起来很困难，很难保证修复后变速器壳体的不变形，因此只有换一个变速器壳体比较保险。可是一个变速器壳体近 4 万元人民币，客户一听就不干了，非说是业务人员对他在进行欺诈，车也不让继续修了，并扬言要找有关部门去上告，事情闹得不可开交。正巧我赶上处理这件事情，我将客户请到车间观看解体后的变速器现场，并且将他当成我的同事，同他一起认真分析造成事故的原因，耐心地告诉他在修复过程中由于加工工艺的影响，会使壳体变形的必然性，并根据其磨损情况（进行了精确的测量）提出一种过渡方案，将活塞外径加大，并换一个新的密封环，这样维修费会降低很多。如果问题解决了当然好，如果不行，可能会使新换的摩擦片烧坏，或者出现其他连带故障。客户听完解释以后，欣然同意我提出的方案。他认为我是站在客户的立场上为他着想，至此与厂方签订了一切后果自负的维修协议，最后这个车没有换新壳体就恢复了正常使用（当然告诉客户只能维持一段时间），客户高高兴兴把车接走了，并表示下次有问题还来这个厂修。

这件事对我启发很大，在对待客户的问题上一定要实事求是，而且不要把客户看成什么都不懂，要尊重客户。是的，一般客户确实对修车不懂，可由于修的次数多了，他们就会似懂非懂，恰恰是这似懂非懂是最难对付的。如果我们说出来的理由连自己都不通，怎么能说服客户呢？从这个案例不难看出业务人员的技术素质有多么重要。

一个优秀的称职的前台业务人员，既能做到接车时与客户进行良好的沟通，做到增项增效，又能在完工后与客户的交流过程中起到亡羊补牢的作用。哪个修理厂也不敢保证修好的车百分之百没有返工，这一点遗憾如果能够得到客户的理解，并达到下次尽管出现问题却还会回来找我们修，这就全靠前台业务人员素质了。由此可见，对现代汽车维修企业，对前台业务人员的素质要求何等之高。

第四节　技术资料的储备与管理软件的选择

一、技术资料的储备

现代的汽车维修企业面对的是几十种、上百种车型，不再是从前的几种、十几种，几十年一贯制的车型。现在平均两三年就会有改进型投入市场，加之世界各国的车辆的涌入，如果不刻意去收集新的技术资料，即使身怀绝计也是一头雾水。专修车可能面对的是一两种新车型，由于技术的飞快发展，其改型、换代改进周期非常短，因而对其技术通报的收集尤其重要。在修车中往往会遇到一些问题，这些问题的不合理性非常明显，而且屡次出现同一种故障，有时甚至使修理工作无法进行下去。这时如果找一下最新的技术通报，就会发现一定有相应的改进措施。

由于市场上关于汽车类技术资料很多，在选择这类资料时，一定要尽量找原版、原厂的技术资料。由于技术发展很快，因而更新、淘汰也很快，资料及信息版本越新越好。

收集资料的方法很多，其中上网查询为企业提供了最全面、最便捷、最省时的途径。过去很多汽车维修企业对资料的收集与管理缺乏重视，尤其是大量的图书类资料不便于保管，所以上网查询正好弥补了图书类资料的不足。

汽车技术是一门集各学科的综合技术，集各项学科之大全、精华、前沿，加之汽车运行的环境非常复杂，各系统、总成、控制件、执行器等，其寿命及可靠性相差很多，所以，汽车在使用过程中会出现各种各样的故障。因而在有条件的情况下，不仅仅收集维修数据资料，与之相关的如计算机、控制方案、材料改进方案，甚至车型的设计特点等相关资料尽量收集全。这些相关资料有时会为修车带来意想不到的帮助。

总之，现代汽车修理企业的生存与发展，对技术资料的收集与管理的依赖性越来越强。

计算机化管理，信息网络的建立，是现代汽车维修企业管理中重要的组成部分。随着科学技术的飞速发展，汽车从结构到控制技术日趋高科技化，汽车新品牌、新材料、新装备、新功能层出不穷。维修技术人员不可能将数千种车型的维修资料、数据、程序记忆在大脑中。因此，汽车维修技术人员的知识、技术经验，以及对资讯的全面掌握越来越显示出自身的局限性，能够解决这一问题的就是汽车维修企业互联网络。目前互联网络在中国汽车维修行业中已经崭露头角。

从国际汽车维修行业看，技术资料查询、故障诊断、技术培训网络化已达到全面普及的程度。以美国汽车维修业为例，维修信息、综合管理、专家集体会诊（远程诊断）、网上查询资料、网上解答疑难杂症、网上开展技术培训、网上购买汽车维修资料，已经成为维修行业的基本特征。通过网络化管理，维修企业可以对客户资料、车型种类、配件消耗、技术资料等了如指掌，随时知晓公司的资本运营情况，调整经营方针，使企业在最佳状态下运行。如何创建局域网与外界信息连网，已有专著论述，本书不再重复。

二、管理软件的选择

现代汽车维修企业，尤其是一类、二类汽车维修企业，使用管理软件来提高企业管理效益及档次，已经是很普遍的事，因而不再对其在企业管理中发挥的作用及使用技术做重复阐述，这里只对如何选择管理软件谈几点注意事项。

目前国内开发汽车维修企业管理软件的机构有几十家。而这些机构的研发人员又大多没有亲身体验过汽车维修企业业务流程，因而目前所接触到的管理软件与实际需求有差距，并且存在着资讯交流的巨大障碍。据说德国十几年前也和我们现在一样，国内汽车维修企业管理软件五花八门，政府为了帮助实现企业与企业之间、企业与行业之间、企业跨行业、企业与政府之间特意组建了一个数据交换中心，这的确解决了以上问题，但又给企业增加了额外的经济负担。后来因为后续服务问题逐步由两三家大的管理软件公司所取代，真正体现了管理软件的强大功能与优势。

企业在选购管理软件时，一定要注意以下问题：

1）是否与企业管理机制、发展规划相近（实用性）。

2）软件可靠性与稳定性如何。

3）推销软件的公司实力如何。

4）系统控制的安全性如何。

5）主要功能必须突出，如客户管理配件管理、人力资源管理以及资讯功能。

6）后续服务如何（包括软件升级）。

还要强调的一点是，面对竞争的市场，企业内部管理机制必须要有创新。目前国内开发的管理软件，大部分都是按照老的管理框架、过时的业务流程设计的，其强调的是企业部门的职能，强调的是部门与部门之间的联系与控制。现代汽车维修企业的管理是要打破过去那种以职能部门设定的业务导向，转向以客户为导向的服务体制，即所有的职能部门都直接对客户负责，这是现代汽车维修企业发展的必然趋势，所以在选择管理软件时要注意其软件的整体架构导向。

管理软件的应用，代表着企业内部管理的升级及规范化，目的之一是减少人为不良因素的干扰，所以应用管理软件会遇到很大阻力。功能越全面、管理越先进的软件，其应用阻力会越大。这其实反映的是一种新旧管理思想的斗争，因而应用管理软件要注意其先进性与推广初期的强制性，以便克服来自各方面的阻力，排除干扰，正确决策。

第五节 开业典礼

一、开业典礼的形式、日期、作用

对于开业典礼，过去企业只是把它作为一种形式或者是一种过场。对于现代汽车维修企业，开业典礼是一次宣传企业形象，展示企业文化，展示企业实力的极好机会，选择适当的形式与日期，适当的参会人员（潜在客户、新闻媒体等），充分做好准备会起到四两拨千斤的效果，一些潜在的客户会因此变得明朗化。

二、开业典礼的后续工作

很多企业开业典礼之后，没有重视后续工作，既然为开业典礼做了大量的工作，那么后续工作应跟上，其内容包括：

1）马上对重点客户做回访，征询他们对企业的印象，征求他们对企业的意见，对企业发展的想法。

2）对参会人员多次进行回访，并直接表述为其服务的意向及内容。

3）对重点客户、潜在客户上门服务（带上技术人员），最好能为客户实际解决几个具体难题。

随时向这些客户报告企业的发展与变化，并经常请一些重点客户参加相应的联谊活动，同时与新闻媒体保持联系等。这些都是开业典礼之后要做的工作。总之，企业做每一件事，都必须有明确的目标，都不能放弃他所能够带来的经济效益。

思 考 题

1. 营销的本质是什么？
2. 现代汽车维修企业为什么也要进行营销？
3. 什么是服务营销？其核心内容是什么？
4. 现代汽车维修企业如何进行服务营销活动？
5. 对现代汽车维修企业来讲，成立市场开发部的意义与必要性是什么？
6. 你认为市场开发部的工作还应具备哪些内容？
7. 为什么技术资料的储备与管理，成为现代汽车维修企业技术管理的重要组成部分？
8. 汽车维修管理软件的应用，为什么会使现代汽车维修企业管理水平有所提高？

第五章　汽车维修质量管理（运营操作）

第一节　汽车维修企业的质量管理

汽车维修是带有工业产品（汽车维修作业）与服务（车主）两种行业综合色彩的企业，企业服务功能贯穿于维修作业流程的始终，因而汽车维修企业的质量既包含产品质量又包含服务质量，两者相辅相成。全面持续追求客户所重视的在产品与服务的各方面卓越的品质至关重要。

质量不是检验出来的，而是每个工作环节品质的综合表现，因而渗透到每个工作环节的质量管理起着决定性的作用。

关于质量管理的定义，各国学者有着不同的论述，但基本内容是一致的。美国质量管理学者费根堡姆认为："质量管理是把一个组织内部各个部门在质量发展、质量保持、质量改进的努力结合起来的一个有效体系，以便使生产和服务达到最经济水平，并使用户满意。"质量管理是指用最经济、最有效的手段，进行设计、生产和服务，以达到用户之满意。

一、汽车维修质量管理机构设置

汽车维修企业建立健全质量管理体系的目的，是将企业有关部门的质量管理活动组成一个整体，以便互通情报，协调动作，共同保证和提高维修质量。

质量管理机构的设置，应根据企业规模的大小而定。一、二类维修企业应建立"质量管理领导小组"。其成员由企业技术负责人、专职总检验员，以及质量管理部门和其他有关部门的负责人组成。一类企业还应单独设立质量管理的具体办事机构——质量检验科（股），其成员由专业技术人员、专职检验人员及资料员等组成。三类企业应明确技术业务水平较高的人员负责质量管理工作。

质量管理机构的主要职责如下：

1）认真贯彻执行质量管理法规和制度，以及上级有关部门制定的汽车维修质量管理的方针政策。

2）贯彻执行国家和交通运输部颁布的有关汽车维修技术标准、相关标准以及有关地方标准。

3）制定汽车维修工艺和操作规程。

4）根据国家标准、行业标准、地方标准的要求，制定企业汽车维修技术标准。

5）建立健全企业内部质量保证体系，加强质量检验，掌握质量动态，进行质量分析，推行全面质量管理。

6）开展质量评优与奖惩工作，搞好修后跟踪服务。

二、汽车维修质量管理制度

汽车维修企业必须建立健全有关质量管理制度，以保证维修质量的不断提高。

1. 进厂、解体、维修过程及竣工出厂检验制度

车辆从进厂、经过解体、维修、装配直至竣工出厂，每道工序都应通过自检、互检，并作好检验记录，以备查验。

2. 原材料、外协外购零部件进厂入库检验制度

维修企业对新购原材料、外协加工件及采购零部件，在进厂入库前，必须由专人逐件进行检查验收。尤其市场进一步开放，鱼目混珠、以次充好、假冒伪劣配件越来越多，防不胜防，作为非专业技术维修人员的配件采购人员，很难进行细致真实的鉴定，所以更须完善与加强验收手段。在维修用料时，要认真填写“领料单”，注明规格、型号、材质、产地、数量，并由领发人分别签字盖章。

3. 计量管理制度

计量管理工作是目前汽车维修企业最不受重视的工作。在强调汽车维修质量工作目标管理工作中，计量管理其实是质量保证体系链中的一个重要环节。

计量管理工作是企业管理中的重要环节，是保证维修质量的重要手段。因此，必须加强计量器具和检测设备的管理。要按有关规定，明确专人保管、使用和鉴定，确保计量器具和设备的精度。

4. 技术业务培训制度

加强职工的技术业务培训，是提高职工素质、保证维修质量、提高工效的重要途径。企业要根据生产情况，不断组织职工进行培训，并按不同岗位和级别进行应知应会的考核，以激励职工不断进取的自觉性。

5. 岗位责任制度

维修质量是靠每个岗位的操作者实现的，是由全员来保证的。因此，必须建立严格的岗位责任制度，以增强每个职工的质量意识。定岗前要合理配备，量才适用；定岗后要明确职责，并保持相对稳定，以便提高岗位技能和责任心。

6. 出厂合格证制度

出厂合格证是车辆维修合格的标志，一经厂方签发，就由厂方负责。它是制约承修方保证质量的重要手段之一。按照有关规定，凡经过整车大修、总成大修、二级维护后竣工出厂的车辆，必须由厂方签发合格证，并向托修方提供维修部分的技术资料，否则不准出厂。“汽车维修竣工出厂合格证”由道路运政管理机构统一印制和发放。

7. 质量保证期制度

车辆经过维修后，在正常使用情况下，按规定都有一定的质量保证期限。其计算方法有的按使用时间，有的按行驶里程。在保证期内，发生的质量事故，应由厂方承担责任。这也是制约承修厂保证质量的又一重要手段。因此，承修方在签发维修合同和出厂合格证时，均应注明质量保证期限。目前按行业规定，汽车大修（或总成大修）质量保证期为6个月或行驶20 000km；二级维护质量保证期为15天或行驶2 000km；一级维护质量保证期为5天或行驶1 000km。

8. 质量考核制度

企业应按照岗位职责大小，分别制定考核奖惩标准，并认真实施兑现。

三、汽车维修质量管理方法

汽车维修质量是维修企业的生命线。维修质量的好坏，是企业管理的综合反应，它关系着企业的生存和发展。不断提高维修质量，是企业质量管理的头等大事。

质量管理工作一般是根据实践和实验，发现修理质量上的薄弱环节和问题，从技术原理、工艺、心理上研究产生的原因，在技术组织管理上采取有针对性的改进措施，并组织稳定的生产工艺路线，将改进的结果同原来情况对比，看是否达到预期效果。在主要质量的问题得到解决时，次要问题会上升为主要矛盾，这时再重复上述过程，以解决新产生的质量问题，周而复始，以追求质量的最高目标。

1. 制定质量管理计划

企业不仅有生产计划，同时还应制定明确的质量计划指标，作为组织质量管理和实现提高质量的奋斗目标。

维修质量指标一般用合格率表示。合格率是指维修合格的车辆在维修车辆总数中所占的比例。其计算公式如下：

$$合格率=\frac{合格辆次}{维修总辆次}\times 100\%$$

维修合格率不是指所修车辆本身的状况，而是反映车辆在整个维修过程中的质量水平。在一般情况下，维修过程中的工作质量越好，合格率就越高；反之，合格率就要相对降低。因此，利用合格率指标可以综合反映企业生产中质量的好坏，从而引起足够的重视，不断改进管理，提高质量。运用合格率指标可分别对每道工序，每个班组，每个车间，直至整个企业进行考核。

有时还用返修率、在厂车日、车时等指标来考核整个企业的服务质量。返修率是指汽车回厂返修辆次与在厂汽车总数的比值。在厂车日（车时）是指维修车辆自入厂时起，直至竣工出厂时的日历天数（或小时总数）。

2. 建立质量分析制度

进行质量分析的重要步骤之一就是要了解情况，搞好调查研究。各级领导一方面要亲自动手，深入现场；另一方面，也要组织科室、车间、班组人员，组成各种调查组深入现场，以质量为中心，从车辆进厂到竣工出厂，从维修机具到检验设备，从维修工人到管理干部，从上道工序到下道工序，从原材料配件出入库到外协件验收等方面，层层调查研究，发现问题，为不断提高维修质量打下良好基础。

质量分析应当是经常的、全面的。厂部、车间、班组都要进行。既要分析发生的质量事故，又要分析合格车辆。

分析质量事故，是为了找出发生质量事故的原因和责任者，以便有针对性地采取技术组织措施。

分析合格车辆，是为了全面掌握达到质量标准的规律，总结经验，鼓励先进，为进一步改善和提高质量奠定基础。

质量分析可从企业内部和企业外部两个方面进行。在企业内部，除了对日常质量检验的统计资料进行分析外，还可通过现场质量分析会，专项难点攻关等形式进行分析。在企业外部，主要是组织质量调查组深入用户进行跟踪走访调查，更具体地了解用户的意见和要求，为进一步提高维修质量提供资料。

3. 制定提高维修质量措施

质量计划指标应有切实可行的措施来保证。为了实现质量计划指标，就必须制定下列相应的具体措施：

1）加强教育，提高全体员工的质量意识，做到人人关心质量，个个保证质量。这是保证和提高维修质量的先决条件。

2）抓技术管理，建立与健全各项有关质量管理的规章制度。做到岗位有职责，检验有标准，操作有规程，优劣有奖惩，不断提高质量管理水平。

3）以质量为中心，依靠群众，积极推广和应用新技术、新工艺、新材料、新设备、新经验，不断提高维修质量和生产效率。

4）加强职工的技术业务培训，练好基本功，不断提高工人的技术水平和操作的熟练程度。

5）积极推行全面质量管理新经验。

全面质量管理又称 TQC，是我国引进的现代化质量管理方法。一、二类维修企业要结合自身条件，积极推行全面质量管理的新经验，把维修质量管理工作提高到一个新的境界。

四、全面质量管理知识简介

1. 全面质量管理的基本概念

所谓全面质量管理，是一个永无休止的全面提高过程，其终极目标是完美无缺的。这是一个不断追求、永无止境的目标。全面质量管理就是企业全体职工及有关部门同心协力，把专业技术、经营管理、数理统计和思想教育结合起来，建立维修工艺设计、维修生产、售后服务等全过程的质量保证体系，用最经济的手段维修出用户满意的车辆。其核心是提高职工的工作质量、设计质量和维修质量，从而保证全面质量提高，以达到提高企业的经济效益和社会经济效益的目的，提高企业竞争力。简而言之，全面质量管理就是“三全”（全面质量、全体人员、全过程）管理。

所谓全面质量，也就是广义质量。它是针对狭义质量概念而言的。通常所说的质量，一般是狭义质量。狭义质量指的是维修车辆本身质量特征。也就是维修后车辆的使用价值，用维修后车辆的质量标准衡量。

广义质量则是在狭义质量的基础上，加上成本质量、维修质量、交货期质量、服务质量、工作质量等。

具有广义质量才能在竞争中取胜。如果一个维修企业，汽车维修的质量很好，但成本很高，在厂时间长，用户也不会欢迎，照样会失去竞争力。

汽车维修质量要求建立全面质量管理环境，因为质量不是检验出来的。所谓全员管理，即企业的全体人员参加质量管理。所谓全过程管理，就是对质量产生、形成和实现的全过程进行管理。

全面质量管理的基本特点，是从过去的事后检验，把关为主，转变为以预防、改进为主；从管结果变为管因素，把影响质量的诸因素查出来，发动全员，针对主要矛盾，依靠科学的管理程序和方法，使维修与服务经营的全过程处于受控状态。也就是说，全面质量管理，它注重于工程质量和工作质量的管理。

工程质量亦称工序质量。即人、机、料、法、环五个因素，对工程（工序）作用的结果符合设计、工艺要求的程度。

工作质量是与维修质量有关的工作，对维修质量的保证程度。工作质量决定工程质量，工程质量决定了维修质量。所以工作质量和维修质量是两个不同的概念。工作质量的提高，不会像维修质量提高那样直观地表现在人们面前。工作质量体现在一切生产、技术、经营活动之中，并通过企业的工作效率、工作成果、最终通过维修质量和经济效益体现出来。维修质量指标可用产品特征值来表示，例如优质维修品率等。而工作质量指标则以维修产品的合格率、返修率等表示。在汽车维修质量指标中，项次合格率属于维修产品质量指标，而一次交车合格率则属于工作质量指标。因为一次交车不合格不能出厂，还需返修，一直到合格才能出厂，所以并不影响维修产品质量，但它却是衡量质量检验等工作质量的重要指标。

2. 全面质量管理的基本要求

全面质量管理的要点是以内、外部客户满意为核心，强调全员参与，培养与发挥团队精神，将百分之百质量保证贯彻每个环节。主张事前主动，防患于未然，坚持持续改进，将全面质量管理融入日常的工作和管理。

（1）全面质量管理要求全员参加质量管理　维修产品质量是企业各生产环节、各部门工作的综合反映。因此，要提高维修产品质量，涉及企业全体人员。要求上至厂长，下至工人，人人做好本职工作，关心产品质量，人人参加质量管理。

实现全员质量管理，要做好三件事：

1）抓好全员的质量管理教育。质量教育包括两个方面：一是质量意识的教育，使职工牢固树立“质量第一”的思想，促使职工自觉参加质量管理的各项活动；二是技术、业务教育，要对职工进行全面质量基础知识的教育，使他们掌握全面质量管理的思想和方法，并在本职工作中会应用。要对职工进行技术业务培训，提高他们的工作质量，从而保证产品质量。

2）制定各部门、各类人员的质量责任制，明确规定企业各部门、各类人员在保证和提高产品质量中所承担的职责、任务和权限。做到质量工作事事有人管理、人人有专职、办事有标准、工作有检查，建立起一套以质量责任制为主要内容的考核奖惩办法和完整严密的管理制度。

3）开展群众性的质量管理活动，也就是开展 QC（品质控制）小组活动。要使 QC 小组具有明确的针对性、严密的科学性、广泛的群众性及高度的民主性，充分发挥广大职工的聪明才智和当家作主精神。这是解决质量问题、提高企业素质的一种有效办法。

（2）要对质量产生、形成和实现的过程进行管理　维修产品质量有一个产生、形成和实现的全过程。这个过程就是市场调查、维修工艺设计、维修及维修后服务的过程。要保证维修产品质量，不仅要管好制造过程，而且要管好工艺设计和应用过程。做到：以防为主，防检结合，重在提高。

汽车维修企业的所谓产品设计过程，主要是维修质量标准和工艺规程的设计。生产制造过程主要是维修过程，也就是按技术标准和工艺规程进行维修生产的过程。销售使用过程主要是提供必要的技术资料，走访用户，征求意见，负责包修。

（3）全面质量管理要求的是全企业的管理　维修产品质量只能分散在企业的各有关部门。各部门的质量管理工作都是提高维修产品质量不可缺少的环节。因此，要求有关部门都要参加质量管理。由于各部门在企业中的职责和作用不同，其质量管理的内容是不同的，必须加强协调。企业的上层管理侧重于质量决策，并统一组织、协调各部门、各环节、各类人员的质量管理活动；保证实现企业的管理目标。中层管理则要实施领导层的决策，执行各自的质量管理职能，进行具体的业务管理。基层管理则要求职工严格按标准、规章制度进行生产，完成具体的工作任务。

（4）采用多种方法开展全面质量管理　影响维修产品质量的因素是多方面的。有物质因素，人为因素，技术因素，管理因素，有企业内部的因素，企业外部的因素。要把这些因素进行总结，运用各种现代化管理方法进行综合治理。注意需要做到以下几点：

1）尊重客观事实，用数据说话。要纠正传统的只凭感觉，凭经验定性分析问题的方法。提倡定量分析，使质量管理建立在科学的基础上。

2）遵循 PDCA（计划－执行－抽查－处理）循环的工作程序。PDCA 是管理工作的基本方法。它不仅适用于质量管理，也适用于其他管理。

3）广泛地应用科技新成果。全面质量管理是现代化科学技术和现代大生产的新成果。所以，要采用先进的专业技术、检测手段和先进的管理方法。

3. 质量保证体系

（1）质量保证体系的概念　质量保证体系是通过一定的制度、规章、方法、程序、机构等，把质量保证活动系统化、标准化、制度化。

质量保证体系的核心是依靠人的积极性和创造性，发挥科学技术的力量。质量保证体系的实质是责任和奖惩。质量保证体系通过一系列手册、汇编、图表来体现。质量保证体系的作用是在组织上、制度上保证产品质量稳定。

建立质量保证体系，就是以保证和提高维修产品质量为目的，运用系统的概念与方法，把质量管理各阶段、各环节的质量管理职能组织起来，形成一个既有明确任务、职责、权限，又能互相协调、互相促进的整体。质量保证体系是全面质量管理的重要标志。

（2）质量保证体系的内容

1）有明确的质量计划、质量方针和质量目标。质量计划是实现质量目标的具体计划和措施。质量方针是企业质量管理活动中，必须遵守和依从的行动指南。质量目标是企业根据质量方针提出的在一定时期内，质量工作要达到的预期效果。

2）建立严格的质量责任制。

3）建立质量管理机构。质量管理机构的主要职责是：协助厂长进行日常质量管理工作；开展全面质量管理宣传教育，组织 QC 小组活动，组织编制质量计划检查、督促计划执行情况；制定降低质量成本的目标和方案，协同财务部门进行质量成本分析、计算；研究、推广先进的质量控制方法；负责质量信息的反馈等。

4）实行管理业务标准化和管理流程程序化。所谓管理业务标准化，是把企业中重复出现的管理工作制定成标准，纳入规章制度。

所谓管理流程程序化，是使质量管理业务工作过程合理化，并定下来，用图表、文字表示出来。

5）建立质量信息反馈及分析系统。建立全面质量管理系统关键是预防、预测，将质量问题在萌芽状态就进行解决。

6）开展 QC 小组活动。

7）组织外协厂、外购企业的质量保证活动。

五、加强全面质量管理实施步骤

1. 对全体员工进行全面质量管理思想的教育

进行全面质量管理思想的教育要达到如下目的：

1）将满足客户的需求放在首位，让每个人深刻理解“客户满意”的思想。为了了解并实行“客户满意”的思想，可以将员工分组进行“换位思维”，并讨论清楚如下问题：所有参与维修质量（服务质量）有关的人员，如果自己是客户，对维修质量是怎么要求的？希望自己得到什么样的服务？

管理人员：如果自己是现场执行人员，如业务员、维修人员、配件计划采购人员，对在工作中遇到的问题会有何想法？希望得到什么样的帮助和理解？希望管理者如何对待自己？

现场执行人员：假如自己是管理者，会如何对现场工作进行指导与管理？对出现的问题怎么看待？是否知道它们的起因如何解决？

要鼓励大家以自己希望得到的服务方式去为自己的客户服务，要将每个人都作为自己的重要客户，想方设法使其满意。

2）明白提高质量与降低成本之关系——质量提高不仅不会提高成本，反而会降低成本。因为质量提高了，会减少反复修理的时间，缩短在修车辆的在厂时间，降低人力资本，还会提高士气，提高工作效率。

3）树立100%合格维修产品的责任感，使100%的员工成为抓质量的主人。要达到这样的境界：当问一个员工“谁来负责维修质量?”时，得到的回答是“我!”，而不是其他。全面质量管理应该让全体员工认识到如果存在问题，最终会影响到维修质量和企业形象，在开始阶段问题不解决，最后的阶段将付出更高的代价才能解决。教育员工树立百分之百合格维修质量的责任感，消除侥幸心理。

2. 了解市场

了解其他同行是如何使客户满意的，并进行研究，让员工明白别人是怎么做的，我们有何差距。

3. 树立样板

要让员工明白什么样的质量、什么样的标准才能令客户满意。

4. 建立明确的质量基准和质量测评制度

维修质量的好坏一定要有一个明确公开的衡量标准，每个人都可以把自己的工作结果与之对照，从而知道自己做得是好是坏。这种标准要以制度的形式，切实付诸实施，才能增加可信度。

5. 建立相对完善的激励机制

如果质量检测的结果对个人的利益无任何影响，则员工没有尽力提高的动力。要根据员工的绩效在物质和精神方面进行不同的激励。

6. 将质量检测部门变成提高质量的催化剂

改变质检人员“挑问题者”的角色，消除他们与维修人员之间的隔阂与对立，加强他们之间的沟通与理解。

7. 建立一套明确一致的解决问题的方法

一旦出现问题，能够找出方法解决问题，而不是互相埋怨或手足无措。解决问题常用六步法：

1）讨论并确定问题。

2）找出问题的根源。

3）提出可能解决问题的方法。

4）选择最佳方法。

5）建议批准和实施。

6）测试、评估、调整及庆贺。

8. 在全体员工中培育主人翁意识和敬业精神

消除员工中抱有的“公司不是我的，我是来打工的，公司效益好坏、存活发展与否和我无关。”之类的心态。

9. 让员工有一定的自由和权利

只有员工有了权利才会有主动性。允许员工提出问题，商讨问题，并将解决方案付诸实施。如果什么问题都要管理者来决定，大家只能消极工作和等待。

10. 质量小组的组成

质量小组可以由不同的人员组成，负责发现质量问题，讨论解决方法，并提出解决方案。

11. 全面质量管理意识的培养

加强全面质量管理意识的培养，尤其是协同作战精神的培养；有效地制定改进措施，不断地增强客户意识，如何始终围绕客户要求工作，并教给大家如何更好地交流，如何更好地合作，如何在解决问题时对事不对人。

六、质量管理小组

1. 质量管理小组的概念

（1）质量管理小组的含义　质量管理小组亦称QC小组，是以保证和提高维修产品质量、工作质量及服务质量为目的，围绕生产和工作现场存在的问题，由班组或科室人员自愿组织、主动开展质量管理活动的小组。也就是说，在生产或其他工作岗位上的职工，围绕企业的方针目标，运用质量管理的理论和方法，以改进质量、降低消耗、提高管理水平及经济效益为目的而组织起来，并开展活动的小组，统称为 QC 小组。它是职工参加民主管理的新发展，是群众性质量管理的有效形式。

（2）QC 小组活动的特点　QC 小组不同于行政班组。从活动内容看，QC 小组是围绕企业方针、目标和所在岗位中存在的问题，以改善管理为主，以预防和改进为目标，开展“进攻型”活动。它不受质量指标约束。从活动方法看，QC 小组以 TQC 的科学方法为主要手段，有一套比较固定的程序。从活动方式看，QC 小组以自愿为基础，偏重于业余活动和对因素的控制。

概括起来，QC 小组活动具有明确的目的性，严密的科学性，广泛的群众性和高度的民主性。

（3）QC 小组的任务

1）抓教育，提高质量意识。

2）抓活动，不断提高成果率。

3）抓好基础，强化班组建设。

4）抓自身建设，不断巩固提高。

2. 怎样建立 QC 小组

（1）QC 小组类型

1）按劳动组织建立 QC 小组。它是以班组、岗位、工种、部门为中心，以技术骨干和 TQC 积极分子为主自愿组合的小组。

2）按工作性质建立 QC 小组。它有三种形式：①以工人为主体组成，以稳定和提高维修产品质量和降低消耗为目的的“现场型”小组；②以三结合为主，以攻克技术关键为目的的“攻关型”小组；③以科室职能部门为主，以提高工作质量为目的的“管理型”小组。

3）按课题内容建立 QC 小组。它是以课题为活动内容，采取自愿或行政组织的方式建立的小组。课题一经完成，该小组活动即终止。

对尚未开展 TQC 的企业，一般采取行政组织的方法组建 QC 小组。

（2）QC 小组人员的构成　对班组岗位的 QC 小组，基本以工人为主，可聘请技术顾问。对车间、部门的 QC 小组，一般由领导、技术人员和工人三结合的形式组成。对联合攻关型的 QC 小组，也采取三结合形式，但应充分发挥技术人员的作用。

QC 小组的人员构成，关键在于组长人选和骨干成员。QC 小组的组长，由对全面质量管理基本知识和常用的数理统计方法比较熟悉，专业技术较强，有组织能力的同志担任。同时，还要有热心于 QC 活动，掌握 QC 知识和方法、技术较强的业务骨干。QC 小组一般为 3 ~ 10 人。

（3）注册登记　QC 小组成立后，要按不同级别向上级质量管理部门注册登记，由QC小组填写登记表。班组、岗位QC小组向所在车间（部门）登记注册，由车间汇总，报厂质量管理部门备案。跨车间（部门）的QC小组直接向厂质量管理部门登记注册。优秀QC小组，向授予称号的质管协会和主管部门备案。

对常年无活动，一年无成果的QC小组，应当解散或由上级实行一次性注销。每年都要进行一次QC小组的重新登记和检查验收，没有进行重新登记的和检查验收工作的QC小组，以前注册登记的QC小组则自行失效。

3. QC小组怎样开展活动

QC小组活动是围绕课题进行的。没有课题无法组织活动，也失去了QC小组存在的意义。有了课题，还要有解决课题的程序和方法，否则很难出成果。有了成果，还要进行发表，以巩固成果，继续深入开展小组活动。

（1）选课题　选课题要注意四个方面的问题：

1）选题依据：①根据企业的方针目标选题；②根据维修生产（工作）中的薄弱环节或关键环节选题；③根据用户（包括下道工序）的需要选题。

2）课题类型：①现场型选题；②攻关型选题。

3）选题范围：①质量；②成本；③设备；④效率；⑤节能；⑥环保；⑦安全；⑧管理；⑨班组建设；⑩服务。

4）选题原则：①首先选择周围易见的课题，这样的课题大家熟悉容易解决；②选择小组成员共同关心的关键问题和薄弱环节；③“先易后难”，注重现场、岗位能解决的课题；④课题要有目标值。

（2）活动程序　QC小组的活动是按PDCA循环来开展工作的，其每道工序的含义为：P—计划；D—执行；C—检查；A—处理。

1）P阶段分四个步骤：①找问题；②查原因；③查主要原因；④制定措施计划。在①、②、③步骤中，要灵活运用各种数理统计工具。

2）D阶段只有一个步骤，就是按制定的措施去执行。

3）C阶段也只有一个步骤，就是检查措施计划的执行情况。是否按照计划执行了，是否达到了预期的效果。如果按照计划执行，并达到了预期的效果，就应总结经验；如果按照计划执行了，而没有达到预期的效果，甚至失效了，则应认真找原因。

4）A阶段分两个步骤：①对C阶段的结果加以总结，把取得的经验和失败的教训都补充到相应的标准、制度中去，以巩固取得的成果；②提出这一循环尚未解决的问题，也就是将本循环所遗留的问题转入下一个PDCA循环。

（3）成果发布　建立QC小组的目的是要出成果。也就是说QC小组推行的是成果第一的原则。成果发表是在各级质量管理部门召开的成果发布会上进行。发布成果的内容基本上有两种类型：

1）从选课题开始，到最后得出结论，按 PDCA 循环的程序接受全过程。

2）在活动的某一特定阶段，发布阶段性成果。

（4）成果评价　各级成果发布会都要对发表的成果进行评价。由评委会按评分标准，根据成果水平，对基础资料和现场检查等综合情况逐项打分，最后评出优秀成果。

第二节　汽车维修质量检验

一、汽车维修质量检验的任务

质量检验就是借助某种手段，对维修的整车、总成、零部件、工序等进行质量特性的测定，并将测定结果同质量标准相比较，判断是否合格。如出现不合格情况，还要做出适用与否的判断。

质量检验按以下步骤进行：

1）掌握质量标准，明确测试的质量特性；掌握检验规则，明确抽样方案。

2）检测。按规定的检测方法对检测对象进行检测，得出维修质量的各种特性值。

3）比较、确定。将检测结果与技术要求或技术标准相比较，确定是否合格。

4）处理。对合格品及不合格品提出处理意见，作好原始记录并及时反馈。

质量检验部门是该企业的质量检验和监督机构。在厂长领导下代表厂长行使质量监督权，最终对车主和用户负责。

质量检验工作有三大职能：

1）保证职能。即把关职能，通过对原材料（外购配件、外协加工件）、维修的半成品进行检验，保证不合格的原材料不投产，不合格的半成品不转入下道工序，不合格的维修车辆不出厂。

2）预防职能。通过检验处理，将获得的数据及时反馈，以便及时发现问题，找出原因，采取措施，预防不合格维修车辆产生。

3）报告职能。将质量检验的情况，及时向企业主管部门和行业主管部门报告，为加强质量管理和监督提供依据。

二、汽车维修质量检验的分类及内容

1. 按维修程序分类

按维修程序分为进厂检验、零件分类检验、过程检验及出厂检验。

（1）进厂检验　是指对送修车辆的装备和技术状况的检查鉴定，以便确定维修方案。主要内容有：对进厂送修车辆进行外观检视，填写进厂检验单；注明车辆装备数量及状况；听取客户的口头反映；查阅该车技术档案和上次维修技术

资料；通过检测或测试、检查，判断车辆的技术状况；确定维修方案，办理交接手续，签订维修合同。

（2）零件分类检验 是指汽车零件清洗后，按照零件损伤程度及技术检验规范所制定的分类标准，将零件确定为可用、需修和报废三种类型。

判定被检零件类别的主要依据是汽车维修规范中所规定的“大修允许”和“使用极限”。凡零件磨损后，尺寸和形位公差在允许范围内，则该件为可用件。凡零件的磨损误差超过允许值，但还可修复使用者为需修件。凡零件损伤严重、无法修复或修复成本太高的为报废件。

零件的检验分类是维修过程中极为重要的工序。检验分类的工作质量将直接影响维修质量和成本。因此，一般都采取集中检验的方法，即在整车和各总成分解清洗后，由几名专职检验员对集中在一起的零件进行检验分类。

（3）过程检验 也称工序检验。过程检验指维修过程中对某一工序的工人自检、互检及专职检验员在生产现场的重点检验。主要内容是汽车或总成解体、清洗过程中的检验；主要零部件的过程检验；各总成组装、调试的检验。

过程检验一般采用自检、互检和专职检验相结合的方法。因此，必须建立检验岗位责任制，明确检验标准、检验方法及检验分工，作好检验记录，严格把握质量关。凡不合格的零部件和总成都要返工，不得流入下道工序，也不得作备用品。过程检验是汽车维修质量保障的最重要的工作，根据现代汽车维修企业业务流程分析，如果重视与抓好过程检验（程序与文件），出厂检验完全可以简化。

（4）出厂检验 是指送修的汽车经过解体、清洗、修理、装配实验及总装以后，对整车进行静态和动态的检查验收。通过检查验收，发现缺陷及时消除，使车辆达到整齐美观，机件齐全可靠，操纵灵活，轻便舒适，经济性好，动力性强，技术性能达到指标，使用户满意。

出厂检验的主要内容如下：

1）整车检查。对汽车在检测路试前，在静止状态下进行外观检查和发动机在空载情况下的检验：

① 汽车外表应整齐美观，符合要求。

② 汽车装备和附属设施应按规定配齐，整车、各总成和附件应符合装备技术条件。

③ 各种管件和接头安装正确，电气线路完整，包括卡箍良好。各种灯光信号标志齐全有效，后视镜安装良好。

④ 润滑嘴装配齐全有效，各润滑部位及总成内均应按季节、品种及定容量加足润滑油（脂）。

⑤ 散热器、发动机、驾驶室等各连接支撑座垫应按规定装配齐全、完整，锁止可靠。

⑥ 发动机在不同转速下运转正常。

2）检测和路试。通过汽车各种工况，如起步、加速、等速行驶、滑行、强制减速、紧急制动、低速档至高速档、高速档至低速档的行驶，检查汽车的操纵性能、制动性能、滑行性能、加速性能。通过听察各种声响，判断发动机及底盘的工作情况。按照有关规定，检查汽车的经济性能，噪声和废气排放情况。整车大修和总成大修、二级维护，须按规定上专门的汽车检测线进行检测。

3）检测路试后的再检验。一般除根据路试中所发现的不正常现象进行检查外，还应按发动机的验收要求，对发动机作一次进一步的检查和调整。此外，还要检查各总成间的连接有无松动、变形和移位；有无漏水、漏油、漏气、漏电，以及某些总成和机件温度过高现象，各部螺栓、螺母是否松动；轮胎气压是否符合标准等。

4）车辆验收。经过检测路试所发现的缺陷，通过施工调整消除后，即可进行验收，并填好出厂检验记录，签发出厂合格证，办理交接手续。

2. 按检验职责分类

按检验职责分为自检、互检和专职检验，亦称“三检制度”。这是我国目前普遍实行的一种检验制度。

（1）自检　这是维修工人对自己所承担的作业项目进行自我检验，即“自我把关”。

（2）互检　这是维修工人相互之间对所承担的作业项目进行互相检验。互检的形式有班组质检员对本组工人的抽检；有下道工序对上道工序的检验；有工序中的互相检验等。

（3）专职检验　这是专职检验员对维修质量的检验。其中包括对维修过程中关键工序的检验，对材料、配件的入库检验，对竣工车辆的出厂检验等。

专职检验点的设置和人员配备一般要参照以下三个因素：①质量容易波动，对质量影响较大的关键工序；②检验手段或检验技术比较复杂，靠自检、互检无法保证质量的工序；③生产过程的末道工序，竣工出厂或以后难以再检验的项目。

落实好“三检制”，首先要明确专检、互检、自检的范围。一般情况是进厂检验，包括外购件、外协件的检验，主要是半成品的流转（如缸体、曲轴等）；竣工出厂检验以专职检验为主；生产过程中的一般工序检验则以自检、互检为主，同时辅以专职检验员的巡回检查。其次是要明确检验方法，要为操作者提供必要的检测手段，要健全原始记录登记制度。

实行看板制度，从接车开始，所有工序的检验项目、内容及检验签字，就随工序工艺一直延续到完工。这样做可简化作业流程，提高质量保障系统的功能。

3. 按检验对象分类

按检验对象分为维修质量检验，自制件、改装件质量检验，燃润料、原材料及配件（含外购、外协加工件）质量检验，机具设备、计量器具质量检验等。

进行汽车维修质量检验应作好检验记录。汽车维修进厂检验记录单、过程检验记录单及竣工检验记录单（简称三单），是汽车维修质量检验的基础原始记录，必须认真填写，及时整理，妥善保管。其内容和格式可由企业根据需要自行印制，应坚持全面、清晰、简便、易行的原则。

这里举几个例子，强调说明一下施工单的管理。我到过很多修理企业，都发现对施工单的填写普遍不认真。要知道我们现在使用的施工单，是经过多少时间，多少企业的实践，经过多少次修改，其中又包含了多少血的教训才形成今天形式及内容。很多企业的业务员充其量只是将其作为一个物品清单来对待，根本就没有将其作为一份维修工艺指导文件。即便如此，在填写汽车与汽车备品清单时同样不认真。这样做的结果，不仅仅给维修带来很多不方便，而且给企业带来不必要的损失。

2003 年有一个连锁企业的连锁店，下午快下班时，客户送来一台法拉利跑车作保养，是自带三滤件，而且说明不着急，可以第二天取车。可想而知，对于一个几天没车修的连锁店来说，一下子来了这么一台高级车，很兴奋。当然兴奋之余没有忘填写施工单，但是只是填上了车主姓名和车号，别无其他。没想到的是，第二天一大早，那位车主接车时直奔前风窗玻璃左下角，并大声怒斥道：我的风窗玻璃怎么有一道裂纹?！当时在场的所有店员都傻了，明显的是一起敲诈，但谁也拿不出证据，最后经过很长时间的调解，这个连锁店赔给客户 2 000 美元。

有一次我在成都讲课，中间休息时，一位听课的学员把我拉到一边和我讲，说他是特地从四川巴县赶来的，有一件事想请我帮助出主意。事情是不久前，他们接了朋友介绍来的车主，修一台日本风度轿车，修车费用不足 5 000 元人民币。业务人员在试车时，由于行车违章被交警拦下，没想到的是经查此车是一台走私车，随即扣留。车主知道此事后，执意要让这个企业赔车。问题的要害是，这个企业在接车时，没有作任何记录。明明行业有规定，接车时必须将汽车的行驶证留下或者进行登记，可是我们的企业就是怕麻烦或者碍于情面，其结果造成不可挽回的损失。当然这个忙我没法帮。那位老板学员下半节的课也没有听完就走了。我心里很不是滋味，可怜之人必有可恨之处啊！

在讲课的时候我经常讲，目前我们的汽车消费市场，还是处在一个大部分车主买得起汽车而修不起汽车的时代，有个别车主当汽车出现问题时，他会想尽一切办法钻修理厂管理不严的空子。我遇到这样的例子多了，比如收录机坏了、CD 坏了、天线坏了、前照灯坏了，甚至于发动机油底壳坏了、变速器坏了，都会在维修企业不经意的时候讹上一把。虽然这只是极少数，但作为企业必须具有自我保护意识。这里额外强调一点，原来企业都是采用行业管理部门统一制定的各种单据及表格，现在很多企业都在使用自制的单据和表格，赋予了这些单据和表格企业文化色彩，但需要引起注意的是，这些表格及单据一定要到相关管理部门备案。只有备案了的单据和表格才具有法律效益。否则一旦出现维修服务纠纷，这些文档是不具备举证材料法律效益的。

三、汽车维修质量检验的标准

汽车维修的技术标准是衡量维修质量的尺度，是企业进行生产、技术、质量管理工作的依据，具有法律效力，必须严格遵守。质量检验就是要遵守标准，满足标准要求。认真贯彻技术标准，对保证维修质量、降低成本、提高经济效益及保证安全运行都有重要作用。

我国汽车维修的技术标准分四级，即国家标准、行业标准、地方标准和企业标准。

1. 国家标准

国家标准是国家对本国经济发展有重大意义的工农业产品、工程建设和各种计量单位所做的技术规定。它由国务院标准化行政主管部门制定。

2. 行业标准

行业标准也称部门标准，是全国性各行业范围内的技术标准。由国务院有关行政主管部门制定，并报国务院标准化行政主管部门备案。在公布国家标准之后，该项行业标准即行废止。

3. 地方标准

地方标准是省、自治区、直辖市标准化行政主管部门，对未颁布国家和部标准的产品或工程所颁布的标准。汽车维修地方标准由各省、市、自治区标准化行政主管部门制定，并报国务院标准化行政主管部门和国务院有关行政主管部门备案。在公布国家标准或行业标准之后，该项地方标准即行废止。对已有国家标准或行业标准的，国家鼓励企业自行制定严于国家或行业标准的企业标准，在企业内部实施。

4. 企业标准

汽车维修企业里没有国家标准和行业标准的，应当制定企业标准，作为组织维修生产的依据。企业标准须报当地政府标准化行政主管部门和有关行政主管部门备案。

四、汽车维修计量器具、检测诊断设备的检定

汽车维修的计量器具、检测诊断设备是维修工人和质量检验人员保证维修质量的得力助手，必须实行强制检定，经常保持其有效精度。国家计量法实施细则规定：计量标准的使用，必须具备下列条件：

1）经计量检定合格。

2）具有正常工作所需要的环境条件。

3）具有称职的保存、维护和使用人员。

4）具有完善的管理制度。

《中华人民共和国强制检定的工作计量器具检定管理办法》规定：

1）使用强制检定的工作计量器具的单位或者个人，必须按照规定将其使用的强制检定的工作计量器具登记造册，报当地县（市）级人民政府计量行政部门指定的计量检定机构申请周期检定。

2）强制检定的周期，由执行强制检定的计量检定机构根据计量检定规程确定。

3）属于强制检定的工作计量器具，未按照规定申请检定或者检定不合格的，任何单位或者个人不得使用。

4）执行强制检定的机构对检定合格的计量器具，发给国家统一规定的检定证书，即检定合格证或者在计量器具上加盖检定合格印；对检定不合格的，发给检定结果通知书或者注销原检定合格印、证。

此外，经检定合格的计量器具，在使用前保管使用人员或专职计量员，还应根据计量器具的使用情况，进行一次认真地标定和检验。

五、汽车维修质量检验人员素质要求

汽车维修质量检验员是维修质量的哨兵，是企业形象的代表。其业务素质的高低，直接影响着本企业声誉的好坏。因此必须严格选拔，慎重任用。

1. 汽车维修质量检验员应具备的条件

1）具有中等专业以上文化程度，掌握全面质量管理的基本知识。

2）熟悉汽车维修技术。

3）掌握汽车维修标准，出厂检验员还需有准驾车相符的正式驾驶执照。

4）掌握公差配合与技术测量的基本知识。

5）会正确使用量检具，熟悉和掌握测试技术。

6）责任心强，办事公道，身体健康，无色盲，无高度近视。

7）受过专门培训，并取得交通行业主管部门的认可。

2. 汽车维修质量检验员工作质量的考核办法

汽车维修质量检验员工作质量的考核要素有三条：①检验工作量；②检验准确性；③检验数据记录的完整性和及时性。

实践证明，检验员的工作质量不能与企业的质量指标挂钩，也就是检验员对企业的质量指标完成得好坏不负责任。如果检验员对质量指标负责，容易产生将不良维修产品作为合格维修产品的判定，失去了检验员的质量把关作用。

对检验准确性的考核，一般用漏检和错判数量，或造成的工时损失来考核。这种方法比较粗，不便于对检验员进行相对比较，所以用检验准确率考核比较严谨。检验准确率计算公式为：

$$Z = \frac{a-k}{a-k+b} \times 100\%$$

式中　a——检验员检出的不合格维修产品数；

k——复核检验时，从不合格 a 中检出合格维修产品数；

b——复核检验时，从合格维修产品中检出的不合格维修产品数。

上式中，分子 $a-k$ 就是检验员检出的真正不合格维修产品数，而分母 $a-k+b$ 则是被检产品真正的不合格维修产品数。于是，检验准确率就是检验员所发现的真正不合格维修产品数，与产品中实际存在的不合格维修产品数之比。

例如：被检维修产品共100件，检验员检出45个不合格品维修产品，经复核检验，发现45个不合格维修产品中有5个是合格的，而在合格维修产品中又检出10个不合格维修产品，则检验准确率计算如下：

$$Z = \frac{45-5}{45-5+10} \times 100\%$$

检验准确率公式有一定缺陷。如 $b=0$，即在复核检验时，从合格维修产品中检验不出不合格维修产品，也就是无论从不合格中复核出多少合格品，检验准确率永远是100%。这实质是允许错判错误。为此，还应有错判百分率考核指标。错判百分率 e 由下式确定：

$$e = \frac{a-k}{n-a-k+b} \times 100\%$$

式中　n——检验维修产品的件数。

上式中，分母 $n-a-k+b$ 是产品中实际存在的真正合格维修产品数，分子左是检验员将合格维修产品判为不合格维修产品数。所以，错判百分率实质上是检验员将合格维修产品判为不合格维修产品数（属于错判），与维修产品中真正存在的合格维修产品数之比。

企业对检验员下达考核指标时，应根据实际情况下达。复核检验可用交叉复检法或复核检验法。所谓复核检验法，是由检验部门的复核检验员，复核已检验过的维修产品。所谓交叉复检法，是指检验员之间相互复检。行业主管部门也应定期或不定期地对企业的质量检验员进行复核检查。

六、现代汽车维修质量检验技术

1. 汽车维修质量检验的意义及方法

汽车维修质量检验是汽车从进厂，经过解体、维修、装配到竣工出厂全过程中不可缺少的重要工序，是确保维修质量的重要手段。因此，维修应具有相应的检测、诊断设备和人员，以确保维修的车辆符合技术标准，避免承担因维修质量不良而造成事故的法律责任和经济损失。检验汽车技术状况和维修质量的方法分两种：一是人工凭经验诊断法；二是仪器设备检测诊断法。

（1）人工凭经验检验诊断法　这是汽车检验人员凭实践检验和一定的理论知识，在汽车不解体或局部解体情况下，借助简单工具，用眼看、耳听，手摸和鼻闻等手段，对汽车技术状况和维修质量进行定性分析、判断的一种方法。这种方法具有不需要专用仪器或设备，投资少等优点。缺点是诊断速度慢、准确性差，不能进行定量分析，且需要较高的技术水平。这种方法多适用于中、小维修企业和汽车队的故障诊断。虽然该法缺点较多，但在相当长的时期内仍有其独特的实用价值。

（2）仪器设备检测诊断法　这是在人工凭经验检验诊断法的基础上发展起来的现代检验方法。该法可在汽车不解体情况下，用仪器或设备测试汽车性能和故障的参数、曲线或波形，甚至能自动分析、判断汽车的技术状况。其优点是检测速度快、准确性高，能进行定量分析和易掌握等。缺点是需要的仪器和设备多、操作人员多、占用厂房大，因而投资也大。仪器设备检测诊断法多适用于大型维修企业和汽车检测站。它是现代汽车检验技术的发展方向。

2. 现代汽车检测诊断技术的应用

1990年，国家交通部发布了《汽车运输业车辆技术管理规定》（以下简称《规定》）。《规定》中对应用车辆检测诊断技术的意义、要求、内容及职责作了明确规定。《规定》指出：车辆检测诊断技术是检查、鉴定车辆技术状况和维修质量的重要手段，是促进维修技术发展，实现视情修理的重要保证。

检测诊断设备应能满足车辆在不解体情况下，确定其工作能力和技术状况，以及查明故障或隐患的部位，找出故障原因。

检测诊断的主要内容：

1）车辆的安全性，包括车辆的制动、侧滑、转向、前照灯等。

2）车辆的可靠性，包括异响、磨损、变形、裂纹等。

3）车辆的动力性，包括车速、加速能力、底盘输出功率、发动机功率、转矩和供给系、点火系状况等。

4）车辆的经济性，主要指燃油消耗情况。

5）车辆的噪声和废气排放状况等。

上述汽车检测诊断内容，汽车维修企业必须运用汽车检验诊断设备来实现，或者通过汽车综合性能检测站来进行不解体检测。对检测诊断设备的配备，国家、交通部也先后发布了《汽车运输业车辆综合性能检测站管理办法》和各类汽车维修业户开业技术条件，按照检测站和维修业户的规模和职能的不同，明确规定了必须配备的检测诊断设备。

3. 汽车综合性能检测站

汽车综合性能检测站是一个经济体，是承担汽车多种性能检测的检测站，是对道路运输车辆进行车辆技术监控和维修质量监督的汽车综合性能检测的技术服务机构。

（1）汽车综合性能检测站的职责　经交通部门认定的汽车综合性能检测站的职责如下：

1）对车辆的技术状况进行检测诊断。

2）对汽车维修行业的维修车辆进行质量检测。

3）对车辆改装、改造、报废和有关新工艺、新技术、新产品，以及节能、科研项目等进行检测、鉴定。

4）在环保部门统一监督管理下，对汽车污染进行监督、监测。

5）接受公安、商检、计量和保险等部门的委托，进行有关项目的检测。

（2）汽车综合性能检测站的分类　汽车综合性能检测站，根据职能分为A、B、C三级。

1）A级站是能够承担上述五项职能的全能站。它能够检测车辆的制动、侧滑、灯光、转向、前轮定位、车速、车轮动平衡、底盘输出功率、燃料消耗、发动机功率和点火系状况，以及异响、磨损、变形、裂纹、噪声、废气排放、润滑油质量分析等项目。

2）B级站是能够承担在用车辆技术状况和车辆维修质量检测任务的检测站。它能够检测车辆制动、侧滑、灯光、转向、车轮动平衡、燃料消耗、发动机功率和点火系状况，以及异响、变形、噪声、废气排放等项目。

3）C级站是能够承担在用车辆技术状况检测任务的检测站。它能够检测车辆的制动、侧滑、灯光、转向、车轮动平衡、燃料消耗、发动机功率，以及异响、噪声、废气排放等项目。

按照上述各级检测站的职能，所需配备的主要设备是：轴承仪、制动试验台、车速表试验台、侧滑试验台、汽油车CO/HC分析仪、柴油车烟度计、前照灯检测仪、声级计、车轮动平衡仪、探伤仪、前轮定位仪、底盘测功试验台、发动机综合测试仪、电器综合测试仪、油耗计、润滑油质分析仪、数字转向测力仪、气缸压力表、真空表等。目前，多数检测站都将检测设备按一定的检测顺序组成流水式的检测工艺线路。因此，也称为机动车检测线。

4. 现代汽车检验技术的发展趋势

随着科学技术水平的进步和提高，汽车检测、诊断技术的发展，使未来车辆的性能检测项目更多、判断更快、更准确。检测设备也将向重量轻、体积小、易于携带、便于流动测试等方向发展。检测单机将向智能化、功能全、便于联机，操作、维修方便等方面发展。各国在检测标准的制定上将逐渐取得一致，标准的更新速度将加快。

监控和预测汽车技术状况，是汽车检测技术今后发展的必然趋势。国外已在预测制动鼓、制动蹄配合副，气缸活塞环配合副状态方面开展工作，不久将会有新的突破，并将扩展到系统状态和元件状态的预测。这种预测对决定汽车各总成以及整车的剩余使用寿命，对提高汽车的可靠性和经济性等都有十分重要的意义。

随车检测和车外检测两种方式将会并存发展。随车检测技术将首先在轿车和价值高的专用车辆上得到较大发展。随车检测装置的功能将会扩大，将要研制动态故障信息、监测和储存的检测设备，开发预测机构状态变化的软技术，以满足用户的需要，提高汽车使用的可靠性。

车外检测技术发展的主流，是探求诊断复杂的故障，充分利用计算机能够储存、分析参数信息的特点，提高诊断精确度；开发故障预测的软技术，提高诊断预测水平。检测诊断设备将会朝自动化、快速化方向进一步发展。

应用声响和振动的监控、诊断技术，将会在声响、振动信号的识别、处理及故障物理鉴别等方面有新的突破，并可望开拓汽车检测技术研究的新领域。

七、汽车维修企业服务质量的检验

汽车维修企业服务质量比汽车本身的维修质量更难衡量。接受某项服务的客户，往往对几家企业在好多方面作比较。如某个维修企业提供的服务不具有某项特性，该企业可能就会被排除选择范围。

下面介绍通过调查发现，影响服务质量的因素、决定服务质量的因素，以及对客户服务中的一点建议。

1. 影响服务质量的因素

1）客户对服务质量的感性认识来自将实际体验的服务与预期的相比较。换句话说，服务质量的好坏是由是否符合客户预期来判断的。

2）对服务质量的感性认识形成于服务过程及其结果。以客户眼光来看，服务的方式与服务本身一样重要。

3）服务质量有两种类型：正常的和例外的。首先是正常的服务水平，如维修企业的业务接待员办理正常的接待手续。其次是处理“例外”或“问题”的服务质量水平。这意味着质量管理体系必须有应付出现低于理想经营环境的方案。此外，当发生问题时，企业与客户的联系马上就会多起来。因而，无论是何种服务，企业与客户保持良好的关系，对保证服务质量是非常重要的。

2. 决定服务质量的因素

1）可靠性。包括可用性与实际表现的一致。这意味着企业在第一时间就正确地服务及实现其承诺。

2）反应性。指员工提供服务的意愿，包括服务的及时性。

3）胜任性。指实行服务必须拥有的技能和知识。

4）易得性。包括服务的容易得到和方便。

5）殷勤性。包括对客户礼貌、尊重、体谅和友好。

6）沟通性。意味着用易懂的语言告诉客户及倾听他们的意见。这就意味着企业对不同的客户应用不同话语。

7）可信性。包括可信赖、诚实，时刻将客户的利益放在心中。

8）安全性。这是指没有危险、风险和疑虑。

9）理解与了解性。包括尽量了解客户的需求。

10）有型性。包括服务的物质实体。

3. 对客户服务中的一点建议

你每天都会面对这样的情形，对客户说的话会产生或中断服务的相互作用。下面我们列出十种应该避免使用的习惯用语，因为它们使客户为难。为了使用更有礼貌、更有帮助的方式传递信息，我们建议你使用相关的选择用语：

1）“我不知道”，应该说：“我想想看”。当你说“我不知道”时，客户经常会把它听成“我没有你想要得到的信息，我不打算费事去得到这些信息”。答应为客户找到问题的答案，即使这样做意味着要多花上一些时间，去寻找或和其他部门的人进行核实，却能因为提供这些额外的服务，获得服务方面的知名度。

2）“不”，应该说：“我能做到的是……”。你经常不可避免地，不得不对客户提出的要求说“不”。在你没有选择的余地时，不要使用我们所说的“生硬的拒绝”，那样做没有选择或更改的余地，而要考虑能为客户做些什么。这时可以用“我能做到的是……”这个句子开头，向客户表明你正对他们的问题采取解决的办法。

3）“那不是我的工作”，应该说：“这件事该由……来帮助你……”。当客户请求你做你没有权力或弄不清的事时，你应该成为一个中介人，带客户去找能帮他解决问题的人或部门。

4）“你是对的，这个部门很差劲”，应该说：“我理解你的苦衷”。如果一位客户对营业员或某一部门的工作表示不满时，千万不要通过对他表示安慰而把事情弄得更糟。通过说“我理解你的苦衷”来表达对客户的理解，而不要说“你是对的，这个部门很差劲”。这种移情作用正是表现出你的关心，而不用通过同意或不同意来回答客户的问题。

5）“那不是我的错”，应该说：“让我们看看这事该怎么解决”。如果一位生气的客户想要指责你对他造成的麻烦时，你本能的反应是自卫。然而，如果让这种本能占上风，就会听不进客户说的话了。所以，当发现“那不是我的错”这句话刚到嘴边时，闭上嘴，深吸一口气，然后，带有同感地说：“让我们看看这事该怎么解决。”通过抵制这种迫切的自我保护意识，你便能很快地、轻松地把问题解决掉。

6）“这事你应该去找我们经理说”，应该说：“我能帮助你解决”。客户有时会问你一些事情，这些事可能超出公司政策和常规做法。在这种情况下，把这一情况很快推给经理是一种挑唆，应该考虑你能做些什么来帮助他们解决。如果经理确实需要参与此事，把这一原始情况反应给经理，而后带着解决办法来到客户面前。这样做，在客户眼里你就是一个服务能手。

7）“你什么时候需要”，应该说：“我会尽力的”。当客户提出一些不合理或很难满足的要求时，你的第一反应可能是恼怒。然而，因为你对客户的需要无能为力，这时最好的方法就是不立刻做否定回答，而是尽力去接受这一要求。不要作出任何承诺，让他们抱有你能够解决问题的希望。给客户不现实的承诺，将会使他们当时怀着希望离去，而后对你大发脾气。一定要对你能够完成的事项作出承诺，并要自信、热情地安慰他们。你知道他们的截止日期的重要性，会尽最大努力去满足他们的要求。

8）“冷静点”，应该说：“很抱歉！”当客户失望、生气、沮丧和担心时，告诉他们冷静下来，就意味着说他们的感情不重要。如果你想让客户心情平静下来，就采取相反的方法，向他们道歉。道歉并不意味着你赞同客户的观点，或你有过错，这只是说你对所发生的一切和对他们造成的负面影响表示抱歉。

9）“我忙着呢！”应该说：“请稍候。”停止手头的工作去为另一位请求帮助的客户服务并不总是那么容易，尤其是你正在为一个客户服务的时候。一些服务者用敷衍了事的态度来处理这些问题。他们会对客户说：“我忙着呢！”这就相当于对他们说：“干嘛打扰我，看不见我正在忙着吗?”优秀的服务员会很得体地说：“请稍候。”这样简短的一句话再加上令人愉快的语调，会使客户知道你意识到他的存在，并将尽快帮助他。

10）“再给我回电话好了”，应该说：“我会给你回电话的。”有些客户的要求，需要花时间进行调查研究，并且要过几天再进一步进行交谈。接下来的电话交谈应由你首先开始，而不是客户。由于你很忙，因此想让他（她）给你打电话。不要这样，应主动点，要主动给客户打电话，告诉他你对这个问题很关心。

汽车维修企业服务质量的检验，应建立一套以客户为中心的服务标准文件，其中包括服务项目、程序语言、程序行为等文件。此类文件即为检验汽车维修企业服务质量的依据。更实际一点的是考核客户的反馈信息，要有一套合理的、科学的、全面的调查方式与调查表格，并通过对以上方式收集到的综合信息进行对比，检查汽车维修企业的服务质量。另外对汽车维修企业服务质量的考核还可以从客户的忠诚度进行分析。

八、现代汽车维修企业工艺管理的重要性

任何企业产品的竞争其实质是产品在生产、制造、装配过程中工艺的竞争。作为一个企业来讲，产品性能、最终质量、特点等是公开的，而最机密的是使之达到最终目标质量的工艺过程。

进入新世纪，对于汽车修理企业来说是一个机遇，同时竞争也会更加激烈。竞争的手段无非是提高汽车修理质量与为客户服务质量。虽然服务质量的提高会对修理质量的不足有所补偿，但如果修出来的车根本不能用，或者越修毛病越多，那么再热情周到的服务也不能使客户满意，因而提高服务质量必须是在保证修理质量的基础上。汽车修理质量的好与坏，修复后使用周期的长与短，对客户而言是关键。汽车销售市场与汽车维修市场的发展，以及全球一体化经营的趋势，势必会引起行业内更激烈的竞争。竞争的焦点一是完美的服务体系，二是更高的修理质量。我认为修理质量的竞争实际上是修理工艺的竞争。

正如前面讲到的，我曾经对大量的汽车维修技术质量案例进行过系统分析，在属于技术原因影响目标质量的案例中，由于执行维修工艺不当，或者根本就没有维修工艺可循，以及根本就不按维修工艺执行的案例占78%以上。这里不乏一些业内人士对汽车维修技术职业的误导，随着现代汽车维修的发展，一些业内人士提出了“汽车医生”和“汽车护士”的概念，这一概念无非是强调了汽车故障诊断的重要性。其实，“汽车医生”和“汽车护士”的称谓只不过是针对现代汽车维修作业人员的一种形象比喻，而拿来硬套在汽车维修作业人员身上是不合适的，科学地来看，一名现代汽车维修作业人员实际上应该是“医生”和“护士”的综合体。而那些所谓“懂得汽车故障诊断的就是医生，只会按部就班操作的只能是护士”的观点，误导了和淡化了对汽车维修工艺的认识与执行的重要性。就目前而言，汽车维修企业真正缺乏的是在一线能够按部就班操作的维修人员。

由于，我国汽车修理行业整体素质较低（除国企和部分合资企业），尤其在一些经营者急功近利的思想指导下，维修人员只求将在修车对付出厂，能马上收到钱就行。客户的车能用多长时间，出了厂大门就不再负责任。至于什么是汽车修理工艺，如何按照汽车修理工艺去操作根本就不知道，也从来不去考虑。

一个汽车维修企业，在市场竞争异常激烈的今天，不讲求维修质量就根本无法生存。随着市场经济发展的不断深化，企业经营也逐渐规范化，车主也在不断地成熟起来。在这种情况下，从某种意义上讲，质量的标准也由一个定量标准变成了一个不定量标准。例如有一条规定，小修保三天，大修保一个月，现在看来这条标准已远远不能满足客户的要求。汽车修理企业修竣的车辆，必须满足与超过客户预想达到的理想状态，才是我们的质量标准。

要达到以上标准，就必须提高汽车修理工艺水平。那么，什么是汽车修理工艺？概括地说，汽车修理工艺就是探讨以最低的投入，换取最大的经济效益（最低的社会耗费），来保质保量地进行修理前的准备、零件修理、汽车总成的装配、故障判断等规律性的必须遵守的规程。汽车修理的范围见图5-1。

- 汽车修理工艺
  - 汽车维修分类
    - 汽车维护类别
      - 定期维护
      - 季节性维护
      - 走合维护
    - 汽车修理的类别
      - 汽车大修
      - 汽车中修
      - 汽车小修
      - 总成修理
      - 零件修理
      - 计划修理
        - 定期修理
        - 视情修理
      - 非计划修理
  - 汽车维护工艺
    - 汽车维护作业
    - 汽车维护工艺过程
    - 汽车维护规范
  - 汽车修理工艺
    - 汽车修理工艺过程
      - 技术检验
        - 修理尺寸
        - 极限间隙
        - 允许间隙
      - 检视
      - 零件检验分类
      - 单个总成件组装
      - 总成装配
      - 走合
    - 汽车维修工艺设备（通用设备、专用工具）
    - 汽车维修工具（通用工具、专用设备）
    - 汽车修理技术标准（总成装配标准）
    - 汽车零部件装配程序
  - 汽车诊断
    - 汽车检测及程序
    - 汽车诊断参数及诊断方式的确立、数据分析
    - 诊断规范
    - 诊断仪器及调试、校对、使用

图 5-1　汽车修理的范围

1. 修理前的准备内容

（1）汽车修理策略的确定　其主要任务是以最低的开支，将汽车的工作能力（以惯用的能力来表征）恢复到可以保证汽车在例行的修理间隔期间，能按各项规定参数正常使用的水平。这句话从两个角度来理解：①作为本企业的修理部门如何降低修理成本，是首先要考虑的问题；②对于经营性维修企业，如何降低维修费用（不该换油就不换油，能修复的件就修复），是吸引客户的重要手段。不少汽车修理企业在汽车维修过程中，不是为客户着想，如何使客户花很少的钱，又能低成本的将汽车修好，而是采取夸大故障原因及后果的手段，把一些不该修的件（还没有到修理限度）也进行修理，不该换的件也进行更换，这是典型的欺骗客户的短期行为。加上笑脸相迎、笑脸相送（实际上是笑里藏刀），这样做无非是想多收客户几个钱。可能客户一时还觉得是为他着想，但客户是越来越成熟，终归有一天他会明白自己是吃了亏。从此不管你多么热情，他再也不会去你的企业了，笑脸相迎笑脸相送也无济于事。现代企业以诚待客，才是持续发展的根本。为客户降低维修成本的实际效益是为企业减少风险。短期行为与长期效益之区别即在于此。

（2）制定实施办法　应依据每辆汽车维修要解决的问题，制定一系列各项实施办法，从而达到最优化的成效。必须由一系列指标来表征，决定采取哪种修理作业能使这些指标达到最佳值。在有两种以上的方案时，首先要考虑哪种方案成本最低，在厂修理周期最短，给修理企业带来的最终综合效益最高，就采取哪种方案。

许多修理厂对汽车在厂修理周期长短重视不够。影响汽车在厂周期有很多原因，但大多数是因为维修方案及程序选择不当或混乱。汽车在厂修理周期决定着工位利用率，而工位利用率又直接影响整个企业效益。因此认真选择修理方案及程序尤为重要。

（3）提出工装、设备、技术水平的建议　在最佳修理策略范围内，还应依据修理地点，提出工装、设备、技术水平的建议。修理企业中的工装设备和参与修理的技术工人、技术人员的业务能力，是影响汽车停歇在非工作状况时间长短的重要因素（维修周期）。在其他相同条件下，它也决定着技术维修费用。对于专项总成的专业修理（如自动变速器），对特殊车型的专业修理，必须具备专业的专项技术人员、工装与设备，才能减少在厂维修周期，降低返工率，减少维修成本，提高综合效益。

（4）现行的备件和器材的保障体制　这对汽车处于非工作状况的时间和修理费用也有显著影响。物质保障的主要指标是满足需要的程度及其费用。如果汽车维修企业对所修车型的备件准备不充足，供给不及时，就会延长在修车的维修周期。如果维修工具、量具（含专用工具、工装）、设备不健全，也会影响维修质量和周期。

以上四点是维修准备过程应首先考虑的问题，也是必须遵循的规则。

2. 零件修复工艺主要内容

1）选择适当的原材料进行原配件质量要求的加工的工艺过程，达到原零件的使用性能。

2）缩短零件加工周期，减低零件加工成本，评价修复状况相异零件的适宜性。

3）提高劳动生产率，降低劳动强度。

4）分析零件损坏的原因，提出改进方案和修理方案，评价待修故障间关系的密切程度。

5）在评比效益的基础上，形成零件修复工艺路线的最佳方案，定位零件修复路线。

3. 装配工艺要符合维修保养手册中的规定

装配工艺包含工装、技术工人、技术人员、技术资料、工具、场地、温度、污染度、流程等诸因素。

检测工艺包含专业检测设备、设备维修使用人员、环境、温度、污染度、流程、设备精度等诸因素。

例如，装配工艺中，大部分修理工都是别人怎么干，我就怎么干，师傅怎么干，徒弟就怎么干，不知道也不去看汽车制造厂家在维修保养手册中规定的装配工艺。1972 年，国内进口了一批罗马尼亚的布切奇载重汽车。我刚接到一台新车时，发动机已经起动，但站在机器旁竟没有注意到发动机响声。准备出发时，上车又去起动发动机，结果才知道发动机已经起动，声响非常小，运转非常平稳。半年以后这台车，由于意外原因连杆轴承受损，进行了大修作业。这台发动机是我亲自装配的，各运动副之间配合间隙完全按照资料上的要求，结果发动机起动后运转还算平稳，但比起原来状况远远不够理想，最大的变化是声响与当时的东风解放发动机声响一样。为此，作了多项检测，但就是改变不了这种声响。据不少老师傅反映，凡是进口车只要一拆装，其声响必然粗糙。后来我也接触了一些日本轿车发动机，同样如此（有人调侃地讲这叫入乡随俗）。为了弄清楚这个问题，1987 年我到几个修理厂进行考察，并仔细地对厂家提供的维修手册中装配工艺与我们实际操作的过程进行了分析。同时找来两台同样的丰田 5M 发动机做实验：一台按照装配工艺要求，将发动机上百个螺栓完全按照规定力矩上紧，甚至连油底壳螺栓都是按顺序、按力矩上紧的；另一台发动机则按习惯，只将主轴承螺栓、连杆轴承螺栓、缸盖螺栓、飞轮螺栓按规范上紧，其余全凭感觉上紧。结果第一台发动机运转起来声音非常好听，第二台声音就差。为了证实这一点，又将第二台解体，重新按照第一台的方法进行装配，结果和第一台声响程度非常接近，运转平稳，尤其热车以后更为明显。发动机各部螺栓的装配力矩是根据发动机设计性能而设定的，其力矩大小与发动机各部件运动副的微观变形、热应力，尤其是热变形关系甚密。小小螺栓影响之大显而易见。

通过这次实验，足已证明装配工艺的重要性。装配发动机的过程是极为严格的，室内温度、环境污染度、专用工具的使用、测量方法、装配顺序、螺栓力矩等都直接影响发动机的质量。越高档的轿车越严格。但是大部分修理企业（更不用提那些路边店）根本就不重视这些，不管在什么地方，甚至在泥土地上，最多找东西垫上，就敢拆敢装，这样就根本无法保证质量。

发动机装配工艺最基本的就是对工作环境清洁度的要求，这也是保证最终装配质量的基础。别说汽车修理业了，目前国内一些汽车制造业对此也不够重视。1984～1986 年，武汉市有关部门聘请德国退休专家威尔纳·格里希担任武汉柴油机厂的厂长，在前期考察中，格里希发现影响该厂柴油机质量的关键是清洁度太差。一般为使柴油机的寿命达到 8 000～10 000h，清洁度必须达到 100mg（每 $1m^3$ 空气中粉尘的含量，下同）以下。为了使寿命提高到 10 000～15 000h，清洁度就必须达到 60～80mg。当时武汉柴油机厂的装配车间清洁度是 5 000mg（仅凭眼睛就可以看到空气中的悬浮粉尘）。这位洋厂长为了提高清洁度，常常挽起袖子亲自动手干，并千方百计改进车间卫生，增添清洁设备，但是一切却都得不到工人的理解。格里希到车间里巡视，工人则装模作样照格里希说的去做，格里希一走，则外甥打灯笼——照旧（舅）。到后来甚至有人在车间门口放哨，格里希一来就报信，这使格里希又不理解又伤心，老人在一次讲话中忍不住伤心地说："你们认为可能我发疯了，不知道享受，天天到车间拿着压缩空气管道吹零件，累得浑身大汗。我不是发疯，我是一个六七十岁的老人了，这是一个工作作风的问题，我拼命干不是为了自己，是为了你们，为了你们的老婆、孩子，怎么你们就不理解呢?!"。这发自肺腑之言难道不令人震撼吗！这就是我们的企业、我们的员工素质的差距，这就是我们的悲哀呀！这么一点点最起码的，而且根本谈不上什么技术的举手之劳，就能够提高产品质量的措施都不愿意去做，质量又从何谈起呢?

其实衡量一个技术工人的水平，真正在于考察其完整的操作过程。在这个过程中所表现出的素质才称为技术水平。

例如零件修复工艺，汽车空气压缩机上的阀片，经过一段时间的运转后，阀片与阀座接触部分会产生磨损。这种磨损如果没有超过极限，就必须通过修复工艺进行修复，一般采取手工研磨方法。如果不了解研磨过程的工艺要求，直线往复研磨阀片的工作面，肯定最后磨成曲面（两边低中间高）。按照手工研磨工艺采取八字形研磨方法，效果接近制造平面，这样磨出来的阀片密封性好，使用周期长。

4. 注意维修工艺的发展、变化

汽车维修工艺也不是一成不变的，它随着科技的发展、原材料、制造加工工艺的发展，也在不断地发展和更新。为了保证修理技术的高速发展，不仅应当及时换掉落后的设备，而且还要定期的更新工艺和变换生产组织。推行新的工艺，一般要牵涉到设备的更新和相应维修工序的改进。由先进的工艺代替落后的工艺，在一定条件下，不但保证维修质量，还会使劳动生产率进一步增长。如何来评价工艺的先进性呢？当实施某一工艺规程时，如果能保证达到和超过原维修质量标准，或劳动生产率迅速增长，综合经济效益提高，则认为该工艺规程是先进的。

例如发动机大修都需要磨气门和铰气门口，改善和恢复其密封性。过去在铰气门座圈后，都要用气门与气门口加上研磨膏进行互相研磨，一直到密封为止。其实这个工艺是不对的。一般气门口与气门密封带宽度为 1～1.2mm，从理论上讲密封带越窄其密封性越好，可是过窄密封时效会缩短。密封带越宽密封性越差，而且混合气、废气经过密封带的时间会加长，滞流物增多，造成进排气不畅，缩短其工作寿命，影响发动机工作质量。气门口应当是在标准工艺工装下加工（铰削）完成，达到标准密封带宽度后，进行配合密封实验，只要密封性好就不必非要进行研磨，个别密封稍差一点的用研磨轮，光一下即可，切不可再用研磨膏（研磨膏一般基质为金刚砂）去敲击研磨。据理论分析，每研磨十分钟，至少使此运动副减少五万公里寿命。

再举一个例子，曾经有一个相当规模的法国标致专修站，他们反映 505 车型的手动档变速器极难修，只要一拆就必须换箱体，否则就会有异响。这种现象是没有道理的，只要零部件的互换性可靠，就不应该出现这种现象。观察他们的修理过程并认真分析，才发现 505 车型手动档变速器壳体很薄，尤其是一轴轴承位。按设计要求强度是足够了，但并不像我们所想像的那样很富余，其实这正是这种变速器体积小、重量轻、成本低、不占空间的优点。在从那些盲孔中取出轴承或更换轴承时，必须使用专用工具将其拉出或压入，否则不正确的敲击打入，极易使箱体整体几何尺寸发生变形，同轴度、圆度都会发生变化。使轴承和其他运动副工作过程中产生噪声。找到原因后，采取了正确的拆装工艺，充分利用专用工具，避免野蛮操作，装配效果明显改善，节约了修理成本，减轻了客户负担。

近年来曲轴与曲轴轴承、连杆轴承的配合基准，由于轴承材质的变化与提高，由过去的基轴制转变成基孔制，其相应的镗瓦机已经退出历史舞台。如果不了解新的工艺势必造成不可弥补的损失。

1979 年，我接了一台日本 6DB10P 空压机主机（柴油机）的大修任务。当时由于没有仔细研究国外技术资料，即按以往的技术工艺盲目地将曲轴轴承进行了刮研，结果造成运转五分钟后严重抱瓦。后来经过查询才发现，这种机型的曲轴轴承表面喷涂了千分之一毫米的耐磨层，而且将国内以轴为基准的加工工艺，改为更科学的以孔为基准的基孔制工艺。过去为了达到轴承与轴的配合，通常采取将整根轴（主轴轴径、连杆轴径）按一个标准等级进行磨削，然后采取对轴承分别加工，或镗、或刮，以达到与轴的配合工艺要求。随着材料的发展、科学的进步，使得曲轴与轴承之间更接近理想运动状态（无摩擦状态），轴的维修加工工艺由于轴承的变化，不再是每道轴径为一个统一标准值，而是为了达到标准配合间隙，采取了以轴配孔的每道轴径都不完全一样的加工工艺。当了解了这些以后，重新换上一套新轴承，发动机正常运转。

有些高档车发动机的装配工艺要求非常严格，活塞与缸套的配合间隙的公差带非常窄，小到0.3%毫米以内，装配温度（室温）必须为20℃左右。如果装配过程中忽略温度因素，必然带来难以预料的结果。

在用尾气分析仪测试尾气时，许多企业不知道需将尾气分析仪固定在某个恒温室内，而是推来推去（不管什么季节），探头往排气管尾部一插就读数。这就是为什么有些车尾气在修理厂测得结果达标，而一到检测厂就超标的原因。所有尾气分析仪在工作时，对环境温度都有一个要求，其中的介质是在一定温度下才能达到检测工作状态。违反环境温度要求，测试结果肯定不准。

在汽车维修中所有精密量具的使用，对环境温度都有严格规定。我曾经作过一项调查，就精密量具如千分尺、百分表的使用环境温度的要求，90%的修理工不知道，甚至对我提出的问题感到非常奇怪。

为了达到修理质量所要求的水平，要考虑如下几种解决的办法：

1）零件磨损和变形的补偿，要借助于能保证达到装配尺寸要求的相应修复方法，要利用整组互换性法、调整法及混合法，来代替完全互换性或不完全互换性等方法。

2）改变运动副之间的名义尺寸（如扩孔、箱套、加大活塞、加厚轴承），但要保证零件制造时所规定的精度参数、表面粗糙度和材料的物理力学性能。一般称这种修理为修理尺寸法。

3）将零件的尺寸、形状、表面相互位置、表面粗糙度及材料的物理力学性能恢复到制造厂所规定数值。在这种情况下，零件的磨损和变形的补偿是以金属喷涂、电镀、堆焊、更换已磨损部分或加镶嵌件法来实施。

例如，发动机连杆螺栓断了，有的修理工随便找一条另外车种的相似螺栓代用，忽略了发动机的功率、输出转矩等不同因素对螺栓强度的影响，或者照葫芦画瓢做一条螺栓代用，忽略了材质、调质、硬度、淬火深度、精度等因素，结果造成不可挽回的损失。

再比如，在装配发动机时，要对某些单个零件做动平衡实验，不但如此，还要做组合动平衡实验，如曲轴、飞轮、离合器压盘。如果只做单件动平衡实验，单件动平衡值都在标准值的上限，那么在装配组合实验中是会出现组合动不平衡的可能性。如果不做组合动平衡实验，发动机起动后产生的异响，会使你不知所措，这就是装配工艺。

汽车修理的最终质量是按各项工艺指标来评价的。质量指标又是在汽车修竣件使用过程中才能显示出来的。因而严格的、规范的、经过实践检验的、科学的汽车修理工艺过程，是相当重要的最终汽车修理质量的保证体系。任何一项修理工作，任何一个零部件、总成件的修理与装配工艺质量，都要靠大量的工艺指标来评价。从修理工作的开始到交车，工艺贯穿于始终，开始的微小工艺失误，可能导致最后结果的失败。

概括而论，整个汽车修理过程就是为了保障汽车和其总成在使用中高度综合的可靠性。实施严格的工艺措施，旨在降低那些能够决定工作能力的及引起逐步失效的参数变化速度，同样也要预防性地更换那些在汽车结构上保留它们，会在以后的使用中造成突然失效的某些零件（元件)。这里要强调的是，工艺的执行要依靠工艺的管理。我们常说的加强过程检验，实际上是对工艺过程的监督。

由于我国某些汽车维修企业技术管理素质较低，对质量管理的认识更多地停留在表层而非深层理解，因此对汽车维修当中的工艺没有足够的重视，甚至4S店技术管理的现状也是如此。有人认为，现在在维修企业真正从事维修的工作越来越少了，大量的工作是诊断和换件，因此不需要严格的工艺环节和工艺管理，这是一种非常无知的认识，诊断需要科学的诊断工艺，事实证明大量的误诊断百分之九十以上都是因为没有执行科学的诊断工艺；而换件同样不是简单的怎么拆怎么装就能保证维修质量的，这里的学问同样丰富，也必须严格执行换件工艺。

目前行业内，企业内外都在热衷于高新技术的学习、了解与引进，这是一件好事，也是必须的。但是我认为企业千万不要忽略遵循汽车修理工艺在员工中的培养与教育。接受教育的过程及执行工艺过程是非常枯燥无味的过程，但它是最基础的、最精彩的、最终的质量的保证。在汽车修理技术面临着巨大变革的今天，加强基础教育、提高基本素质、提高对修理工艺的认识，强调汽车修理工艺的科学性和规范性，按照汽车修理工艺去进行汽车修理作业，提高汽车修竣后的时效质量尤为重要。扎扎实实从基础做起，是企业在激烈的市场竞争中立于不败之地的根本。

汽车修理工艺是一门综合工艺，涵盖面非常广泛，目前国内专著不多，这是造成这个行业淡化修理工艺的原因之一。

九、制定工序文件

目前许多汽车维修企业业务流程是这样的：业务部门接车后填写业务单。任务单上除明显的配件损伤外，只注明故障现象，然后交由车间直接维修人员，自行凭经验去分析、判断，自己设定工序去处理故障。这样做往往使有些本来不大的故障越修越复杂，越修越糊涂，这就是不按程序操作给维修作业造成很大困难的结果。我们注意到在许多维修手册上，实际已经给出了排除故障的程序，只要按照程序进行作业，或依据故障现象由专业技术人员制定的程序，基本上没有排除不了的故障。反之一些看似排除不了的故障（经过修理过程），大部分都是自己给自己制造的故障。

1994 年，我在石家庄见过一台进口崭新的美国福特天霸 2.0 轿车，只因为在行车中的一次强烈振动而不能起动，却被一些修理工修得惨不忍睹。本应该仔细分析不能起动的原因，按程序一步一步检查，确定找到原因后再动手进行修理。其实只是该车受到振动后，在后备箱左侧有一防颠覆开关起了保险作用，用手指一按就解决的问题，最后竟然花了近 4 万多元人民币（其中换了一块电脑）才解决问题，最后的结果使车主有苦难言。

完善业务程序，向维修人员提供工艺工序程序文件，是提高汽车维修质量，缩短在修车在厂周期，提高技术管理的基本条件。同时对工序文件进行分析，可判断工序的合理化与适应性、维修速度与设备利用率，并提出改进措施。

十、以质量管理整合企业

目前在汽车维修企业获得 ISO9000/QS 9000 质量保证体系认证的企业越来越多。获认证后，企业下一步如何开展质量保证体系工作，不断改进工作，使之成为有效实现企业经营目标的手段，却是一个值得研究的课题。

1. 质量管理体系在企业里的作用

按照现代质量管理理论，质量的概念包括产品质量、服务质量、业务质量。企业中任何部门、任何人的工作都不能说与质量无关，任何工作质量从理论上讲都是可以量化衡量的。由于新版质量体系标准融进了现代管理的思想和内容，它不仅仅用于产品制造环节，而且已可以覆盖公司销、供、产各个营运环节。目前对企业质量体系的第三方评审，已经涉及企业的所有业务。因此，以质量管理体系为平台，以质量体系标准作为基础，评估其他业务管理体系运行状态是完全合乎逻辑的和适宜的。

与传统质量管理相比，现代管理强调体系和流程对企业业务的影响，其覆盖面和涉及面不断扩展，已远远超出质量职能部门和产品质量的范畴。质量管理日益成为企业贯穿于产品开发、工程设计、产品制造、工艺控制、供应商质量、物流控制、营销、售后服务、用户满意度等业务流程中，并有效实现企业经营目标的整合手段。

“以质量管理整合企业”是指以质量管理为核心，以质量体系标准为基础，充分融合其他各种业务管理体系，形成一个系统的、透明的、易于识别的、从市场开发到售后服务的一体化管理系统，有效地为实现企业的经营目标服务。

对于外包的业务环节，供应商应该作到与主机厂业务流程的衔接和质量体系的一致。

以质量管理整合企业管理体系包括三个层次要素：①最高领导者充分重视和管理层具备现代质量意识，这是实施整合的先决条件；②成立跨部门多功能小组，这是整合活动的行为主体；③实现业务管理的过程化控制和管理体系的一体化运行，这是整合的着眼点。最终通过管理体系有效性评审，验证整合取得的实际成效，明确体系和体系的操作者下一步改进的方向。

2. 如何以质量管理整合企业

（1）企业最高领导者充分重视、直接参与　实现企业管理体系的有效整合，完全取决于最高领导者对质量体系的重视与认知程度。它需要强有力的整体协调才能推进到所有业务职能部门。也就是说，企业最高领导者不仅要参与质量方针、质量目标的制订，而且要掌握质量管理的执行情况。

按照体系标准规定，企业每年都要进行管理评审，评审记录将作为判断符合项的依据。这种最基本的规定，就是要企业最高领导者参与到质量管理里去，而不是做一个旁观者。其实仅仅有定期的管理评审是不够的。最高领导者尽管已授权给管理者代表，但必须要把自己的管理理念和对体系设定的目标要求推广下去，经常参加管理评审会，听取评审结果的第一手汇报，适时地予以促进。

一套健全的管理系统能很好地保证领导者的经营计划得以贯彻实施，很少出现运行结果与经营计划之间的偏差，即使出现偏差也能作到自我调整，从而能使领导者花最少的时间用于监控企业的内部运作。因此企业最高领导者直接参与管理体系评审可以事半功倍。

（2）企业管理层必须更新质量意识　在开始整合行动前，统一管理层的思想至关重要。质量概念不仅包括产品质量，还包括服务质量和业务质量，可以定义为满足用户要求和期望的程度。用户被定义为接收维修产品或维修服务的组织或个人，可以是企业内部的或外部的。

维修产品质量和维修服务质量的评判由用户说了算。维修产品特性达到技术规范、维修服务达到规范要求都不意味着高质量。因为用户的期望和要求是不断变化的，我们只有以用户为中心，不断满足用户的要求、超越用户的期望，才能保持产品的高质量。同样，在企业内部，下游工序是上游工序的用户，下游业务是上游业务的用户。下游工序或业务的变化或改进，一定要拉动上游工序或业务作相应的变化或改进。如果上游做不到同步改进，便形成企业运作的内在阻力。业务流程越长，形成阻力的机会越多。对于企业管理层，努力缩短业务流程，提高上游对下游的反应速度是非常重要的。

一般在大型企业内，业务流程较长，职能部门较多。如果能按业务流程链建立用户链，创造以用户为中心，关注用户的期望和要求的企业质量文化，将是克服务自为政、提高工作效率的有效途径。跨部门多功能小组是高效的推进组织。

质量管理特别强调团队在质量改进和体系建设中的作用。实践表明，成立跨部门多功能小组（与 QC 小组为一体），能有效地实施对各个业务活动的监控，推进业务活动和体系的不断改进。

该小组由管理者代表牵头、各相关职能部门经理组成，建立定期例会制度，支持和敦促有关人员按计划改进工作流程，提高工作业绩。如：产品质量改进的跨部门多功能小组应由售后服务、产品工程、质量保证、质量工程、供应商质量、产品制造等部门组成。小组定期评审产品的售后质量反馈信息，组织相关工程人员，研究产生用户抱怨和质量问题的措施。由于相关部门经理的共同参与，解决问题的措施可以得到全面的评审，提高了可行性和可操作性，缩短了决策的周期。

（3）实现业务管理的过程化控制　过程方法是 ISO9000 标准中八大原则之一。业务管理的流程化是指将企业任何一种业务活动，都用一个或若干个过程来定义，同时把每个过程中的环节有序地确定下来，并用程序文件加以描述。产品制造如此，售后服务、物流管理、财务管理等同样如此。任何业务的过程模式都包括四个基本要素：管理职责、资源管理、业务事项、监控与改进。

业务管理的流程化是实现业务管理规范化的前提和基础。没有业务管理的标准化流程，难以达到用户的高满意率。

（4）管理系统一体化运行　一个企业的功能，简单地说就是把用户要求或期望的维修产品和维修服务，转化为现实的用户满意的维修产品和维修服务的过程。管理体系一体化运行的出发点，是保证企业以最小化的资源输入，使高质量的维修产品和维修服务以最快的速度传递给用户。这意味着企业所有业务管理都必须高效率运行。

过程化控制是针对各个业务管理而言。一体化运行则是针对企业的整个管理系统而言。它指将企业维修产品规划、维修项目开发、工艺工程、零部件配套、财务支持、人力资源、物流管理、售后服务等各个业务部门，按上下游之间的用户关系，建立起企业自身运行的用户链和业务传递链，组成一个互为依赖、互为支持的管理体系。在这一体系中，以质量管理为核心，以质量管理模式为基础，建立合理的业务传递链，形成以用户满意度作为各个部门业绩评估的主要依据的管理机制则是关键。

（5）管理体系的有效性评审　管理体系符合性评审是对照标准的评审，是对过程和方法的评审；而管理体系有效性评审是对体系运行输出结果的评审。对于投资来说，真正关心的是管理体系的有效性，即输入资源是否增值及增值大小。

管理体系有效性包括两方面：一是体系本身有效与否，即体系能否与业务很好配合，支撑业务的变化和扩展，体现在流程是否合理，环节是否衔接，责任是否清晰，信息是否通畅；二是体系运行是否有效，即执行者的操作能否保证体系的稳定可靠运行，并根据用户要求的变化，对体系不断改进，提高体系的适应性。

维修质量管理的有关制度可参见附录 D。

思 考 题

1. 质量是企业生存的根本，影响质量的原因是哪些?
2. 为什么说质量不是最终检验出来的?
3. 在你的企业之中，质量保证系统是如何建立的，如何运行的?
4. 为什么说汽车维修质量竞争的根本是工艺，应如何加强维修工艺的管理与提高?
5. 现代汽车维修企业中培训原则是什么，有什么变化，其意义何在?

第六章　汽车维修企业的人力资源管理

第一节　概　　述

现在把人看做是生产经营中的“第一要素”已是管理学者和经营者的共识。从古典管理时代，如把人视为机器的奴隶的泰罗制，到现今的文化管理阶段，这是人类管理思想上质的飞跃。

在管理中，对人的管理是最根本的，无论是工厂、企业，还是机关和团体，哪一个组织中的管理核心问题都是如何把人管好。对人的管理，宗旨就是要使组织中的每一个成员——从最上层到最低层，都各得其所、各尽其能。管理，从最初的通过规章、制度来进行管理的他律，发展到人的自律，这其中起主导作用的便是文化的认同。从“别人要我这样做”到“我自己要求这样做”。在这种观念的转变中，文化无疑是一种潜移默化的力量。管理的基本精神就是要最大限度地发挥组织中每个人的才能，并使每个人的才能都朝着有利于达到公司经营目标的方向发展。

卓越的经营者总是善于理解人、关心人、重视人、依靠人、尊重人、团结人和培育人。

春秋时期，楚王请了很多臣子们来喝酒吃饭，席间歌舞妙曼，美酒佳肴，烛光摇曳。同时，楚王还命令两位他最宠爱的美人许姬和麦姬轮流向各位敬酒。忽然一阵狂风刮来，吹灭了所有的蜡烛，漆黑一片。席上一位官员乘机揩油亲泽，摸了许姬的玉手。许姬一甩手，扯了他的帽带，匆匆回到座位上并在楚王耳边悄声说：“刚才有人乘机调戏我，我扯断了他的帽带，你赶快叫人点起蜡烛来，看谁没有帽带，就知道是谁了。”

楚王听了，连忙命令手下先不要点燃蜡烛，却大声向各位臣子说：“我今天晚上，一定要与各位一醉方休，来，大家都把帽子脱了痛快饮一场。”众人都没有戴帽子，也就看不出是谁的帽带断了。后来楚王攻打郑国，有一健将独自率领几百人，为三军开路，斩将过关，直通郑国的首都，而此人就是当年揩许姬油的那一位。他因楚王施恩于他，而发誓毕生效忠于楚王。

“人非圣贤，孰能无过。”很多时候，我们都需要宽容。宽容不仅是给别人机会，更是为自己创造机会。同样老板在面对下属的微小过失时，则应有所容忍和掩盖，这样做是为了保全他人的体面和企业的利益。窥见佣人偷吃，只可咳嗽，不必大叫。

企业是人联合起来的组织，企业文化就是企业人的文化，人才是企业的核心和支柱。重视人的价值并努力创造条件促成人的价值的实现，并通过人的价值的实现来达到企业价值的实现，是现代企业管理的核心问题，也是企业文化的中心议题。

有这样一个故事：一家主人将柴捆放在烟囱旁边，邻居告诉他，这样容易导致火灾，并建议他挪开。主人不以为然，没有接受这个建议，不久这家真的发生火灾了。扑灭大火后，主人设宴致谢纷纷赶来援助的邻人。坐在上座的都是那些在救火中奋不顾身或身负重伤的邻居，而那位好心建议的邻居却被安排在一个最偏僻的角落。

正像故事中的那家主人一样，人们总是习惯于以客观存在的结果来判断事物的价值，而很少来确定一项建议价值的大小。这种思维误区常常导致某些不该发生的重大后果。然而，人们在判断事物和进行取舍时总是存在着这样的误区。我们似乎更愿意接受合乎自己心理的东西，而不论这种东西是否正确。

让我们来做这样的一个选择：假如有两种员工，一种并不善于一一罗列公司的规章制度，但却能按照既定的制度工作和生活；另一种能把各项条例背得滚瓜烂熟，却全然不知如何把这些戒条与实际联系起来。经营者会喜欢哪一类员工呢？相信大多数管理者都会毫不犹豫地选择前者。但是，现实生活中的情况往往相反。人们可以在短时间内判断后一种员工对公司价值的理解，因为他们是以语言来表达的，而前一类员工却需要经营管理者们进行长时间的观察。

在西方发达资本主义国家的企业家们的眼中，中国工人无疑是世界上最好的工人。他们在自己的工作岗位上默默奉献，遵守劳动纪律和工作时间，对自己的工作表现出西方工人所无法比拟的极大热情。日本企业家来到中国，从中国企业管理经验中，带回去两种东西：思想政治工作法和意见箱。

如今，思想政治工作法在日本演变成一种对员工进行精神激励的制度。而意见箱挂在了日本大大小小企业的醒目位置。当我们向日本企业学习先进的企业管理经验时，这两样东西又回到了中国。或许我们将不再以简单的眼光把它们看做是回“娘家”，而是看成一种文化的回归。

一度，我国的企业将物质刺激作为提高生产率的法宝，并且也产生过很大的效果。渐渐地我国企业才明白这样的道理：物质刺激的作用不可能具有永久的魔力。对人而言，人的需求是多方面的。用有限的物质刺激难以满足人们无限的欲望。

这些事实无疑在告诉我们这样一个问题：在认识人性问题方面，我们还存在着失误。如果思想政治工作仅仅停留在口头上，没有转化成员工们的精神力量，它是没有价值可言的；如果意见箱中的意见经常被忽视，甚至给进言者带来报复时，意见箱只能是挂在墙上结满蜘蛛网的装饰物。在一个连企业员工的基本人性问题都没有真实把握的企业中，企业文化自是无从谈起。

企业的管理理论的发展有三个阶段：X 理论、Y 理论及 Z 理论。这些理论都是建立在某种人性假设的基础之上。它们的发展过程，也反映出人类对人性问题认识的不断深化的过程。可以说，不断校正对人自身认识，并将这种认识运用到企业管理中去，是这些理论的最大价值所在。回顾一下三种理论的发展历程，我们不难发现，人们在不断调节自己对人类人性问题认识的思维偏差。

X 理论时期："管理之父"泰罗创立《科学管理理论》，把人视为"经济人"，提出"胡萝卜加大棒"的管理方式，即把金钱的引诱与纪律的约束相结合。梅奥发表著名的《霍桑实验》，从社会学的角度探索人际关系、归属感在生产过程中的作用。用"社会人"的观点代替"经济人"。然而，他们的共同点在于把人的属性单一化、被动化。

Y 理论时期：马斯洛需要层次理论是这一时期的理论基础。他提出"复杂人"观点，并重视人的精神需求。这种观点，反映出人们在企业管理思想中价值观念的蜕变。

Z 理论时期：威廉·大内用四个字概括这种理论的核心内容，即"爱厂如家"。该理论的核心思想就是要寻找并创造出一种条件，使企业与员工、管理与被管理、工作与人生由对立走向统一。首要精神就是使员工与企业在价值观念上自觉认同，员工以企业目标为自己的目标，以企业成败为自己的成败。

在 Z 理论阶段，人性问题回复到抽象之中，企业员工演变成一种文化符号，是体现企业文化价值取向的一种符号。

正视我们思维中上述的三个误区，重视企业中人的因素、给人的作用以正确估价，是企业进行企业文化改造的基本前提。

成功的企业以其成功的企业文化，构成了现代工业文化的基本和主要组成部分。类似 IBM、松下、索尼、苹果等大型集团，不仅以其"硬件"文化影响着整个世界的文明，而且其"软件"文化也在世界文明中占有不容忽视的重要地位。

IBM 公司的企业文化的首要内容就是建立在对人性正确假设之上的。该公司的企业文化内核是尊重个人。这虽然是一个简单的观念，然而在其成为企业文化的主导信念，并贯穿在其管理工作当中时，却是一个系统工程。在此基础上，IBM 还制定了职业保障和正确的人事政策，尽量发挥雇员的才能。当工作改变时，尽可能继续留用。当发现他们在现实工作中有困难时，便给予另一种工作机会。当然，这些政策并不是说 IBM 的职位是一张终身保险单，也不是说不会开除个别人员，而是尽最大努力使他改正。IBM 这种能避免解雇和停工的政策，大大促进了企业员工对企业的忠诚和对工作的献身精神。

多年来，IBM是自觉地调动公司人才资源的积极性，而不是依靠解雇来达到企业的经营目的。除了工资和职业保障之外，公司对雇员的尊重同样重要。据统计，在IBM管理工作中，处理人事所花的时间比处理产品多。作为一个企业家要考虑利润，但是必须将企业员工始终放在第一位。IBM认为，只要尊重企业员工，并且帮助他们尊重自己，便会使公司受惠最大。显然，IBM的例子说明了企业文化中人的因素的重要性，即人是企业的主体。我们在给予组织成员物质上的帮助时，并不能忽视精神上的因素。人类的本性决定了自己与动物的根本的差别所在是精神的需求。

1. 人性的矛盾

管理思想从古典管理阶段、行为科学阶段、管理丛林阶段，到企业文化阶段的发展过程，就是对工作更深入、更哲理化理解的过程，它涉及人的本质问题。

古典管理理论在人性问题上奉行X理论，认为：人天性懒惰，没有抱负。因而那时的管理者，如泰罗等，主张采取强迫命令，软硬兼施的管理措施。这种管理思想与我国古代哲学家荀子的性恶论类似。荀子认为，人生来就好利，嫉妒、喜色。这种人性之“恶”与古典管理论者所持的X理论的“恶”大致相同。同时，荀子又主张用圣人教化、礼义法度和道德规范去引导人。这种治“恶”的手段与X理论的管理措施却不尽相同。

在人性问题上，西方行为主义者倾向于Y理论。他们认为：人天生愿意工作，有才、有责任心，可以通过满足人的物质、安全、尊重和自我实现的需要来调动人的积极性，从而提高生产经营的效率。这与我国古代哲学家孟子的性善论颇为相似。在《成功之路》一书中，托马斯·彼得斯和罗伯特·沃特曼提出了著名的人性矛盾论。他们认为，出色经营管理者的出色之处，就在于他们懂得如何用妥当的方式来处理人性中的内在矛盾。

2. 才能的矛盾

在彼得斯和沃特曼看来，在实际生活中，天才和低能是少数，绝大多数人处于中间状态。然而，当人们自己评定自己时，几乎所有的人都会把自己列入中上水平，有半数以上的人会把自己列入优秀之列，有1/4的则认为自己非常优秀。这说明，人们总是愿意自己是佼佼者，喜欢受到赞扬。

根据这一规则，彼得斯和沃特曼认为引导企业员工认为自己很优秀的管理方法大有裨益。这能使员工们表现更突出、更优秀。方法很简单，就是把指标或定额定得低一点，让人人都能完成。不少管理心理学家说：“仅仅因为联想到自己过去的成功，就能使人们变得更坚毅，更有干劲，或者给人带来某种百尺竿头更进一步的动力。”相反，那些不出色的公司经营者，却把定额订得只有40%的职工才能完成，这样一来，多数员工觉得自己是失败者，“他们对这些甚为反感，因而行动上变得消极被动，不可捉摸，自暴自弃。你给人家戴上失败者的帽子，人家就以失败者的样子行事。”

彼得斯和沃特曼说：“人并不是天生的优胜者，而是在取得一连串胜利的实践中，逐渐变为优胜者。因此，一旦有人取得成就时，那种给予精神上的祝贺，比如搞场面热闹的活动，比金钱上的鼓励要好得多。”

3. 能动性的矛盾

彼得斯和沃特曼认为：人一方面是自己所处环境的产物，对外界给予的奖励和惩罚特别敏感，很容易作出反应；但另一方面，人的自我意识又很强，强烈地受到内心的驱动，具有自我能动性。由此便构成了环境动力与内心动力的矛盾。

在现实中，这种矛盾虽然是普遍存在的，但有些理论家自觉或不自觉地否认了这个矛盾的存在。例如，心理学家斯金纳说：“人不过是外界刺激的产物，只要能把环境中的特点罗列得一览无遗，也就能准确地预测人的行为。”在这段话中，斯金纳实际上只承认有环境动力，而否认了内心动力的存在，从而取消了环境驱使性和自我能动性的矛盾。斯金纳的断言是错误的，正如马克思早就指出的那样：“有一种唯物主义学说，认为人是环境和教育的产物，因而认为改变了的人是另一种环境和改变了教育的产物，这种学说忘记了：环境正是由人来改变的，而教育者本人一定是受教育的。”同时，斯金纳的上述断言，也是和他本人所提出的积极强化和消极强化的理论相悖。所谓积极强化，就是用表扬和奖励来改变人的行为；所谓消极强化，则是用惩罚和制裁来改变人的行为。这两者的效果相差很大：积极强化所导致的行为改变，往往是朝着事先所希望的方向发展；消极强化虽然也能造成行为的改变，不过这种改变往往是古怪的、无法预测的，而且和想得到的变化相悖。因此，斯金纳也说，反复实行消极强化的策略，是愚不可及的。产生如此不同的效果，原因在于促使人改变行为的，不仅有环境动力，还有内心动力。积极强化是努力设法调整这两个力的方向，使之一致，因而能产生较好的效果；消极强化则往往是这两个力的对抗，效果当然就不理想了。企业文化所提倡的管理方法，就是要千方百计调动人的自我能动性，并在此基础上来利用环境的驱动性，以收到“顺流而下、一泻千里”的效果。

许多优秀公司正是采取这种方法而取胜的。许多拙劣管理方法的病根，正在于总是用环境的压力去对抗人的内心动力，逆流而上。显然，采用“积极强化、顺流而下”的方法，在胜利的场合下比较容易，在失败的场合下则比较困难。当然，仍然有不少企业在失败的场合下用得很出色，他们提出了“完美的失败”这个概念。每当发生“完美的失败”时，都要举行仪式，加以庆贺。他们的理由是，所有的研究、开发、创新活动，都蕴含着风险，取得成功的惟一途径是大量尝试。尝试中只要学到了东西，有所长进，就是好的，即使失败了，也值得庆贺。这样就会取得好的效果：一项试验明显趋于失败时而果断地予以中止，能使人觉得这是合情合理的，甚至能造成积极进取的情绪；否则听任项目拖下去，白白耗费更多的资金，最后还是不得不中止，而人却被搞得垂头丧气。因此，鼓励成功，也鼓励完美的失败，是解决环境动力和内心动力之间矛盾的好方法。

4. 思维的矛盾

众所周知，人有抽象思维和形象思维两种能力。抽象思维由人的左脑承担，是依靠正确的数据来进行推理和演绎，因此左脑也被称为进行理性推理的“逻辑半球”，具有抽象和推理能力。形象思维则由人的右脑承担，是通过具体的事例来进行思考，有直觉、联想类比的能力，因此右脑也被称为“艺术半球”。

生理学家证明，人们利用直觉的一面比利用逻辑的一面更多些。直观描述对人们的影响要明显大于抽象数据的影响，即人的右半脑在思维中起主要作用。

企业管理活动也反映了右半脑的这一功能。正如专门研究企业的亨利·明茨伯格所说：“主要的管理过程是极为复杂而又神秘莫测的，它所利用的是最含混不清的信息，所涉及的则是些最不连贯的心理过程。这些过程更偏重于关系和整体，而不是那么有组织、有顺序的，而且更多地要凭人们的直觉而不是智力。它们在很大程度上显示出了右半脑活动的特点。”

根据上述思维内部的矛盾和企业管理本身所具有的特点，不少管理学者建议：那些体现左半脑特性的管理方法，如目标管理法等，虽然应该使用，但不应该放在主要的位置上，更不应该视为惟一的方法；应该大力发展体现右半脑特性的管理方法，即充分考虑人性中感情的一面，精心培育人的直觉性和创造性，关心人高于关心数据，给人提供最佳的机会，给人创造出一个良好的追求出类拔萃的环境。很明显这就是企业文化所提倡的方法。

5. 言行的矛盾

彼得斯和沃特曼认为，言行的矛盾具体表现在三个方面：

（1）言行不一　人的言论往往和行动不一致。例如一位经理，可以一年两次在大会上宣布质量是头号目标，但是在行动上却是每天两次过问产量，并且敦促赶快把货发出去。再如一家高技术公司的经理，可以公开宣布新产品是公司的生命力，但是行动上却只花3%的时间用于新产品开发。

（2）言词的可信度　人们常用言词来表达信念，并希望别人听到自己的言论后能够被说服，但他们又都知道行动比言词更能说明问题，因此总是留神观察别人的行为细节，仔细找出各种行为模式，不会轻信那些与行为哪怕稍有不符的话。

（3）行动最重要　言论与行动往往不是同时产生的，要么是“先讲出来、然后才做”，要么便是“先有行动、后有看法”。不管是哪种情况，行动总是重要的。动手干、不断实验、大量尝试，就能使人们迅速而有效地学会和适应所干的事情，并对其产生责任感。

彼得斯和沃特曼建议管理者应做到如下几点：

1）鼓励实干。员工只要按照要求先干起来了，哪怕步子很小，只有点滴进展，也要不断地给予表扬。在干的过程中会增加员工的信念与决心。

2）善于总结。实践出真知，事后的表态往往比事前的号召更为有力。因此，许多优秀公司的战略都是在实践中形成的，而不是先制定了战略再行动的。

3）以身作则。无论是企业价值观、企业精神，还是企业道德，领导不仅要一有机会就抓紧灌输，而且要时时处处带头实行，因为行动比言词更有说服力。如果只是口头上说，行动上另搞一套，员工们是不会相信的，再好的企业精神也不会发生实际作用。

6. 人的价值的矛盾

每个人都在追求生命的价值。正像彼得斯和沃特曼在《成功之路》中写道："无论如何，那么多领域那么多思想家，都一致同意人类压倒一切的第一位需要，就是追求生命的价值。"所谓追求生命的价值，就是要弄清生命、生活和工作究竟是为了什么。

彼得斯和沃特曼说："可怜的芸芸众生，总是勇敢地、有时甚至是疯狂地在我们的心灵上镌刻生命的意义。"管理学家约翰·加德纳在《士气》一书中写道："人为了寻求意义是百折不挠的。"尼采也认为："对于生活究竟是为了什么提出疑问的人，是几乎能忍受得了生活中所出现的任何艰难险阻的人"。

然而在现实中，如果有一个组织能够使他们感到工作和生活有意义，大多数人宁愿放弃自己相当大的自由，心甘情愿地把自己托付给这个组织。但是，甘为人的价值的这种意义而牺牲，只是人性的一个方面。在另一方面，人还是需要自立和自决的，人要感到自己能够控制自己的命运，使自己的生命有价值。管理心理学家认为：人们只要感到他们自己能够控制自己的命运，哪怕是只能稍加控制，他们在完成任务时就会勇往直前，工作的效果也会尤为出色。

许多优秀的企业家懂得如何利用员工们追求"生命的价值"。在这些企业中，他们紧紧抓住价值观念和企业精神的建立、认同与培育，形成面向客户、紧靠用户、服务社会的优秀文化传统，从而使企业的大多数员工感到工作有意义，以致心甘情愿地把自己托付给企业这个组织。同时，这些企业又把组织划分成很小的单位，把权力下放到很低层级，决策采取上上下下共同商讨的形式，为一般员工提供脱颖而出的机会等，使员工确实感到自己的命运控制在自己手里，从而把工作做得好上加好。

由此看来，人性矛盾论并不抽象地断言人性是善或是恶，是好或是坏，而是具体的描述现实的人所具有的种种矛盾，并由此出发来看企业文化的种种管理措施的优越性。这也可以说是从实际出发，因而是管理基础理论研究中的一大进步。

矛盾无所不在，人性中存在矛盾，这毫不新奇。所有这些矛盾，当然和人的自然生理基础有关。但就其本质来说，它们乃是几千年来的社会关系和社会矛盾在人自身素质中的反映和积淀。马克思说："人的本质并不是单个人所固有的抽象物。在其现实性上，它是一切社会关系的总和。"所谓"一切社会关系"，既包括当前空间上并存的各种社会关系，也包括历史上依时间顺序出现的各种社会关系，它们都会在人性中打上自己的烙印。

"骏马能历险，犁田不如牛，坚车能载重，渡河不如舟；舍长以就短，智者难为谋，生才遗适用，请勿多苛求。"一切事物都是矛盾的统一，人也不例外。一个人的优点和缺点总是相互交织的。目前在企业人才选拔上，看其一点，不及其余，看其一时，不问全过程的形而上学观点还存在着。其表现：①只见人才的缺点而不见人才的优点，不分析缺点是主流还是支流，抓住缺点，一叶障目；②只看人才的过去而不看人才的现在和将来，对犯有错误和过失的人才"一棍子"打死；③喜欢没缺点的庸人，不喜欢有缺点的能人，庸人比能人吃香，以致使能人也成了庸人。这种所谓追求完人的形而上学观点不知埋没了多少人才。

7. 企业文化与企业人

文化与人的关系正像鱼和水的关系一样，人离不开文化，文化更离不开人。我们可以这样看待企业人与企业文化：企业人在特定的企业组织中创造着一种理想的文化模式，并且以文化所包含的规定，诸如企业价值观，企业精神等来要求自己的工作和生活；而他们在深受文化影响的同时，又在以自己的行为不断地影响和修正着企业文化。

（1）什么是企业人　我们并不能简单地认为存在于或工作在企业中的成员就是企业人。因为企业并不是一张"商标"或者一套制服。美国的管理学者丹尼尔·瑞恩说："企业人的身上凝聚着企业文化的精髓，并以个人的意识和行为反映企业文化的特性。"在《管理思想的演变》一书中，丹尼尔·瑞恩认为企业人之所以成为企业人，是因为他们具有相同或大致相近的意识。

（2）企业意识　企业意识就像人的意识一样，是一个广泛的范畴。它包含着企业文化中许多"带文化"的因素，如企业道德观、价值观、思维观等。丹尼尔·瑞恩认为：在这些"带文化"的因素中，企业性质观和企业思维非常重要，这决定着企业人的基本性质。

1）企业性质观。通俗地说，就是在本企业员工的眼中，本企业的性质是什么以及应该是什么。企业性质观总是与企业价值观，即企业的价值在于什么这类问题密切相关。

让我们来看看日本松下电器公司一例。经过十多年的经营，松下幸之助逐渐形成了这样的价值观——企业的价值就在于促进社会繁荣，使社会脱离贫困。毫无疑问，松下也希望这一价值观能得到公司全体员工的认同。因此，一有机会，松下便向员工们进行宣传和灌输，以期使每一员工都凝聚在此价值观下，成为一名真正的松下人。在后来的《实践经营哲学》中，松下回忆道："员工们对此反应是很热情的，这种价值观的认同是极其迅速的。他们没有理由不认同如此优秀的价值观念。"

松下认为，企业应该为天下人所共有，这样才能给社会带来更多的利益。"如果把企业当成私有，就会形成争相掠杀的恶劣现象。"松下幸之助如是说。既然如此，那么日本的企业，包括松下电器公司是否已经具有这种"为天下所共有"的企业性质呢？松下说："在当今的世界上各种财物都有物主，而法律也在形式上加以承认。"很明显，他并不认为包括松下电器公司在内的日本企业已具有这种"天下人共有"的性质。他试图改变这一状况，希望通过要求企业的领导者把企业当做公有物来使企业带有某些公有的性质。虽然松下这一做法并不可能使企业真正地变成"为每一位松下人所共有"，但是松下肯定了每一位员工在企业中的地位和作用，承认了企业公有将有利于实现企业促进社会繁荣的价值，并在一定程度上指出了企业私有所造成的某些恶劣现象。

历史有时总让人觉得不可思议。正当一些实行公有制经济国家的观察家和分析家们在"诋毁"公用制"难以调动人们的积极性、不利于生产力的发展"的时候，许多西方企业却在大搞股份制，欲使企业带有某些"公有"的性质。精明的西方业主们想利用参股分成的方式，让越来越多的企业员工拥有一些企业的股票，来加强员工与企业之间荣辱与共、唇齿相依的关系。这种状况的出现，实际是企业主们要求企业员工广泛地、全身心地投入于企业的事务中，并借以克服自己个人行为对企业发展的不利影响。由此可见，私营业主们欲使企业带有某些"公有性质"的用意是明了的，他们的最终目的就是要求企业员工认同企业，并形成共享的企业性质观。

2）企业思维。丹尼尔·瑞恩认为这是决定企业人的基本性质的另一个方面。他说："所谓企业思维，就是企业全体员工认可的思考问题的方式或模式。"

不容置疑，企业价值观、企业精神、企业性质观等方面的结论，都是通过一定的思考而得出的。当然，同样的结论也可由不同的思路而得出，这正如一道数学题一样，我们可以列出不同的演算式但却能得出相同的结果。不同的企业有不同的思维风格或思维模式，这就是企业思维的多样性。在许多情况下，思维模式不同，结论也会不同，思路影响甚至决定着结论，并为此促使企业经营的成功或失败，这就是企业思维的重要性。日本索尼公司的创始人盛田昭夫经常讲起这样一个故事：有两个卖鞋的推销员来到非洲一个非常落后的小岛上，发现了岛上的居民都不穿鞋。其中的一个商人向公司发电说："当地人都赤脚，卖鞋在这里没有前景"，而另一个商人向公司发电说："居民赤脚，市场巨大，立即运货"。后来，该岛鞋的市场真的被后一公司全部占领。这就是思维模式不同所带来的巨大的经营差异。

无疑，第二位商人是一位成功的推销员，他通过逐渐改变岛上居民的习惯而占领了当地鞋的市场。这二位商人之间的区别，明显在于思维方式的不同。虽然这种思维方式是一种个人思维方式，但这种思维模式的形成，却是在大的企业环境中逐渐酝酿的，因而他们的思维又代表着企业的思维。在现实的生产经营中，我们还会碰到许多此类的案例。例如：面对着工程师从仓库中取走零部件回家供个人研究之用，有的企业会认为这是公有财产的流失，应当加强管理；而有的企业则有相反的观点："工程师们在家里摆弄这些零部件是研究的继续，这是一种忘我的工作精神，应当给他们提供相应的便利。"

(3) 主人翁意识 我们一直在强调企业人是企业的主人、国家的主人，要求员工们以主人翁的角色参与企业的事务。事与愿违，目前我国企业中这种主人翁意识正在弱化，员工对企业的归属意识正在动摇。过去，我们一贯实行终身制，也就是一个员工一生的贡献和价值都将在一个固定的企业中得以表现，自然，每位员工对于自己的企业都有一种非常固定的归属感和主体感。这会带来两方面的结果：一方面，每位员工都把自己完全视为本企业中不可或缺的一分子，具有强烈的主人翁意识；另一方面，也容易使员工产生一种依赖的思想，有一种铁饭碗的感觉，从而依赖吃大锅饭，不思创新和进取。

自然，把后一种结果的产生，仅仅归结于计划经济时的终身雇佣制是一种简单的做法。相反因采用终身雇佣制，日本企业的发展就颇为瞩目。在总结日本企业发展的动因，国际上的许多学者都称赞日本人所实行的"终身雇佣制、年功序列工资制和企业工会"。日本企业家也将这三项制度誉为"三大经营法宝"。这其中，终身雇佣制是核心；年功序列工资制是维持终身雇佣的杠杆；企业工会则是终身雇佣制和年功序列工资的组织保障。三者相互联系、紧密配合，从不同的方面来调整企业的生产经营，缓解劳资之间的矛盾，从而真正地实现了劳资共同经营企业。

日本的学者曾对一些企业的员工们进行问卷调研，了解企业员工对企业的要求。经过整理，学者们提出了以下的问题：

1) 企业能否使个人充分发挥自己的能力。

2) 员工能否自由地改进和创新自己的工作。

3) 员工的成绩能否得到正确的评价。

4) 较高的奉献能否得到较高的报酬。

5) 企业能否长期、稳定地发展。

6) 能否保持良好的人际关系。

7) 企业的形象是否良好。

8) 能否有培训的机会。

9) 是否能够自由地调转工作，以利个人全面地发展。

很明显，这些问题的基本落脚点就是：在实现企业价值的同时，个人的价值能否实现，或者说能否有机地协调个人和企业之间的价值。

过去，我们经常要求员工们只能奉献、不能索取，员工要做一颗钉子，安排在哪里就要在哪里生根发芽，忽视了员工个人的兴趣和要求，忽视了人是否真正地尽了其才。现在，人们在选择职业或者单位时，却有更多的考虑：

1）岗位或者工作是否符合自己的兴趣和爱好，或者说工作是否具有趣味性和挑战性。单纯地、机械性地为工作而工作，已不能为大多现代青年所忍受。

2）工作是否有意义，从事的工作能否使自身的价值得到充分的体现。

3）企业报酬能否体现自身的价值，是否与自己的期望相近。

从传统和现代的企业管理中，一些学者认为：由于企业不合理的组织结构、运行机制、人事制度以及报酬的体系，不少企业已逐渐形成一种“负积累”，企业中那种主人翁意识或员工们的主体感正在消弱。因此，重视企业人对企业的要求或期望，已是现代管理的重点。西方的一些管理学家们认为：企业的存在就是为每位企业人实现自身的价值提供一种优良的氛围，实现企业让企业人发挥自己的兴趣和才智，企业人为企业奉献自己价值的良性机制。

（4）现代人意识　在丹尼尔·瑞恩看来，现代人意识也是企业人的一种重要意识。他说：“只有具备现代人意识，企业人才有可能适应现代企业的节奏和效率”。正像不能简单地认为存在于企业之中的成员就是企业人一样，并非每一位生活在现代社会的人就是现代意义的人。瑞恩说：“现代人应当具备一些现代人的特征。”在《人的现代化》一书中，社会学家英格尔斯将此归结为如下的一些方面：

1）思路广阔、头脑开放，尊重并愿意考虑各方面的不同意见和看法。现代人并不把目光局限于自己和与他有直接关系的环境与事物上。他不仅对他直接所处的环境持有自己的意见，而且对外部和国家事务也能提出自己的看法。传统的人只对与他个人有切身利害的少数事情感兴趣。

如果一个人对来自各方面的不同意见，甚至反对的意见，都能尊重并有所理解，加以认真地考虑，再决定取舍，那么他就是比较现代化的人。他不会去要求所有的人都必须与自己看法一致，听不得半点意见。他也没有必要惟恐别人的不同意见会推翻自己的看法，而对提意见的人不遗余力地施加攻击和否定。他似乎也不会以一种独断专行的方式，去对付别人的意见。同时，现代人也不会盲目地接受在社会组织中地位比他高的人的意见。他愿意同上级领导交换自己的不同看法。他也不因别人的地位低于自己，而不肯接受和听取来自他们的意见。传统的人只对直接影响到他和同他密切相关的事务感兴趣，即使能对他的切身利益不大相关的事发表意见，也比较审慎。现代人则对周围和整个国家的事务有广泛的兴趣，敢于对涉及公共利益的事务进行思考并发表自己的独立见解。

2）乐于接受他未经历过的新生活经验、新的思想观念、新的行为方式。这是现代人特征中的首要因素。相比之下，传统人则不大愿意接触新的事物和新的思想。需要明确的是，所谓准备并乐于接受新的生活经验，是人的一种心理倾向，并非指已经掌握和具有专门技术或技巧的个人与群体。从这个意义上讲，一个用木犁耕地的农民，可能会比一个已经驾驶着拖拉机耕耘的人，更能从心理上准备接受新的东西，更能表现出现代化的人格。

3）注重现在与未来，守时惜时。与传统的人相比较，现代人乐于着眼现在和未来，不愿拘泥于传统和过去。同时，现代人头脑开放，不再盲目地无条件地服从传统，有可能对传统中的精华和糟粕作比较客观的取舍。一方面能更好地继承传统中的优良遗产，另一方面又能从传统中旧的东西的束缚中解放出来。从这个意义上说，现代人比传统的人更尊重和理解历史与传统，能更好地利用前人的思想成果、物质财富去建设当代和创造人类的未来。

现代化的生产程序和管理制度，要求他的工作人员严格守时、珍惜时间，这在先进的工业国家是非常普遍的。相应地，这种环境能造就出时间观念较强的现代人品质。当然，这并不是说在非工业化的国家或在传统人中，这类现象不存在，而是说我们所说的这种特征，是指整个社会许多群体上都普遍表现出来的、成为一个社会所必须的特征。

4）对教育的内容和传统的智慧敢于挑战。现代人对正规教育和科学技术饶有兴趣，也高度评价这些技术。传统的人可能认为现代的知识学问和科学技术侵犯了神圣的只能由宗教或神秘方式才能接近的领域。与传统的人比较而言，现代的人认为，科学技术有益于人类，因为科技能解决人类面临的迫切问题，增强人类克服自然和战胜自然的能力。

现代人也会乐于让自己和自己的后代离开传统所认可或尊重的职业，去从事与新的生产方式紧密相联的现代化职业。

5）相互了解、尊重和自尊。现代社会里上司与下属之间的关系，工厂中经理与工人之间的关系及相互了解的程度，以及相互对他人尊严的敬重，远比传统乡村中人的关系胜过一筹。现代化的工厂本身可以是一种人与人关系的训练场所，能教诲工作在其中的人们尊重他人和自尊。上司在同员工打交道时，也明白要约束自己。

6）知识。现代人形成自己对周围世界的看法或意见时，注重对事实的考虑和尽可能多地去获取知识，并在这个基础上，形成他的意见和看法。因而，现代人不大固执己见，较尊重事实和验证，注重科学实施，愿意吸收新的知识，不轻信臆想和妄说。现代人也倾向于热心探索未知的领域，在现代人之间，充满尊重知识的风气。

7）可依赖性和信任感。现代人对于“他生活的世界是可依赖的”与“可以信任他周围的人和社会组织能够实现他们的任务”这两个方面，怀有较大的信心。一个现代人不会赞同事事均由命运决定或生来不可改变的说法。换言之，他对一个在人类控制下的合情合理的社会寄于更多的信任。也就是说，他更依赖人类的理性力量和在理性支配下的社会。

8）准备接受社会的改革和变化。这一特征涉及到个人与周围的其他人、各种社会关系。也就是说，他不仅自己乐于接受新的思想观念、事物和新的生活经验，并以新的非传统的行为方式去生活、创造，而且他也不反对周围的人去这样做。一个现代人，能够更自由地接受先前是限制别人得到而现在他们也许正享有的机会。从某种意义上说，他不固执、乐于面对改变的现实，对别人以非传统的方式去思考、去做事、去改革，不横加干涉。总之，他不固守于传统的思维模式。

9）强烈的个人效能感，对人和社会能力充满信心，办事讲求效率。现代人相信人能够学会如何控制环境，而不为自然本身的力量或社会权势所左右。现代人是一种有效能感的人。效能的意义并不仅限于人能控制自然的感觉上，它还包括另一层意义，即相信人性能够改变，相信人类能够解决自身的问题，相信人能够对社会的弊端进行改造和有效地干预。现代人的这种效能感会表现于他对自己能力的信心上，他觉得自己有能力独自或同别人合作去组织他的生活、能够对付和控制生活给他带来的挑战，无论这些挑战来自个人、人与人之间、团体、国家乃至国际。

现代人特别讲求效率，反对办事拖沓或采取敷衍的态度处理工作。现代化的生产程序和严格的经济核算，容不得懒惰与滥竽充数混日子的人。

10）计划。计划是同时间、效率密切相关的现代人的特质。凡是在公众生活和个人生活中趋向于制定长期计划的人，就被认为具有现代人的品质。

① 了解生产及过程。现代人与传统人相比较，表现出对生产及其过程更深入的了解，他们不是消极被动地做着上司分配给他们的工作，他们希望积极而又有成效地了解本职工作和与此相关的生产过程和原理，以及生产的计划和部署，表现出个人的期望能在认识生产的过程中，发挥自己的才能与创造力的兴趣。

② 重视专门技术，有愿意根据技术水平高低来领取不同报酬的心理基础。虽然每一种文明都特别重视某些专门技术，但这里所指的是，从在传统的农业环境里较受重视的技术，自愿转移到工业世界中所需要的专门技术。

英格尔斯又说：“并不是说每一位现代人都需要具有所有这些特征，作为一个真正意义的现代人，至少应具备其中的某些方面。”实际上，我们从现代人的角度看待企业人，就是从现代社会和现代企业对人的素质要求出发去思考问题，去改善管理。

第二节　现代企业的人力资源管理与传统人事管理的区别

现代汽车维修企业核心竞争力之一是现代人力资源管理，汽车维修企业的组织决定着企业的命运，而企业组织的建设依赖的是人力资源管理。本节将人力资源管理作为可行性分析中重要部分进行阐述。

人力资源管理思想的发展可以追溯到很远，但人力资源管理形成理论，则是19世纪末20世纪初才开始的。当时，大机器生产已经是社会生产的主要方式，与此相适应，庞大而且复杂的生产组织，即大机器工业工厂应运而生。如何管理好大机器生产组织中的人，如何提高大机器生产的效率，就成为这一时期人力资源管理学家研究的中心问题。研究主要围绕两个方面展开：一个是从工作管理的角度进行研究；一个是从企业组织的角度进行研究。工作管理研究的代表人物是泰罗。泰罗的研究，形成工作管理制度，即“泰罗制”。其主要内容：一是对企业中的一些基本生产过程所要完成的工作动作与时间进行了一系列的研究，并作了大量试验来测定一项工作的许多组成部分所需的时间，同时研究了工人的操作和工具设备，最后提出最合理的方法和最节约的时间，以此作为合理工作量即生产定额；二是为制定好定额挑选并培训合格的工人，按规定的科学的动作从事生产；三是实行“差别付酬制”，也就是按不同的单价来计算工人的工资，以此来刺激工人的生产积极性。工人的生产超过规定的生产件数按较高单价计算工资，未超过规定的生产件数按较低单价计算工资；四是实行管理与执行的明确分工，明确各自的工作范围与职责，以提高管理工作的效率和生产操作的效率。企业组织研究的代表人物是法约尔等人。法约尔研究了企业组织的管理基本功能，提出了实行分工与协作、权利与责任要相适应、命令要统一、指挥要统一、集权分权要恰当、生产经营要有秩序、要注重纪律、组织层次要严整等14条原则。强调在企业里要建立一种高效非个人化的行政层级式的组织结构，经过科学的设计形成一定的层级关系，每一个岗位权责分明，一切按规章制度办事。古典科学管理学派的人力资源管理思想的共同之处，是把人看成被动的、纯理性的人，把人当成会说话的工具，着眼于管理“物”的、“硬”的方面，如结构、分工、纪律、奖酬等。

虽然古典科学管理学派的人力资源管理思想的实际运用，在提高企业生产力方面取得了巨大成就，但是随着社会经济和文化的发展，这一管理思想的局限性逐步显现出来。特别是到了20世纪的20年代，企业劳资矛盾加深，把人当做机器、工具和强调组织效率的结果，降低了对工人的技能要求，提高了工人的劳动强度和工作的单调性，同时工人又面临失业的威胁。在这种情况下，工人开始反对劳动定额，集体限制产量，公开与管理部门对抗。因此以人际关系学派、行为学派为代表的重视人的生理要求与人的行为的人力资源管理思想开始产生。他们强调管理者要重视安排好工人的工作条件，搞好与工人的关系，从而提高他们的士气，强调管理的“软”的一面。

20世纪中期以来，尤其是到80、90年代，随着科学技术的迅速发展，特别是以微电子为标志的信息时代的到来，人力资源管理思想有了长足的发展。这一管理思想的核心，是人在工作中的能动性对工作的效率和质量具有重要意义，不能把人看做是机器、工具，也不能仅仅把人看做是被动地接受管理的对象。人是一种资源，是具有能动性的人力资源。人力资源管理要“以人为中心”，人力资源管理是一种开发性管理，要将人力资源潜能开发挖掘出来，转化为巨大的生产力和社会发展动力。

人力资源管理从早期的着眼于“物”的、“硬”的管理，到强调管理的“软”的一面，再到开发性管理，是人力资源管理不断走向科学的一个进步过程。

1. 人力资源开发与管理的功能

企业的人力资源开发与管理，包括开发与管理两个方面。所谓开发就是通过人力资源的投资、培训、招聘和选择，以及保护等环节，提高人力资源的生产力，挖掘人力资源的潜力，保护人力资源的再生能力。所谓管理，就是通过人力资源的计划、激励、绩效评估等环节，使人力资源得到最有效的利用。具体地说，人力资源开发与管理的基本功能是：

（1）选择人 它包括招聘、选拔和委派。招聘是通过各种信息传播的媒介渠道，把可能成为和希望成为企业员工的人吸引到企业来应聘；选拔是企业根据用人标准和条件，运用适当的方法和手段，对应聘者进行审查、选择、聘用；委派是把招聘、选拔来的员工安排到一定的岗位上，担任一定的职务。

（2）培育人 这里的培育包括三个方面：一是对于新招聘来的员工要进行一定时间的教育，诸如企业光荣传统的教育、企业发展现状和远景教育、企业宗旨和企业价值观教育等，使新员工尽快地熟悉企业情况、环境，尽快地消除焦虑、不安的心情，建立和加强对企业的认同感和责任感；二是坚持不懈地对员工进行培训，通过各种针对性不同、方式不同的培训，不断提高员工的水平；三是在作好企业人力资源规划基础上，指导、帮助员工对自己的未来发展进行规划，明确自己的发展方向和道路。

（3）使用人 对人才要量才使用，大才小用不行，小才大用也不行；要用其所能，避其所短，充分发挥其优势。要坚持员工的素质评估和绩效考评制度，对员工的德、智、能、技作出客观的、公正的评价。对那些素质高、绩效显著的员工给予奖励和升迁；对那些素质低、绩效差的适当采取降格使用、惩罚、解雇等措施。要做到奖惩分明。

(4) 激励人 在绩效考评的基础上，为员工提供所需的、同其事业成功度相匹配的工资、奖酬，增加其满意感，充分发挥工资、奖酬的激励功能。

2. 人力资源开发与管理职能机构

有一定规模的企业都应当设置人力资源开发与管理专业部门，即使是比较小的企业，也要有人专职或兼职从事这项工作。其实人力资源开发与管理，并不仅仅是人力资源管理与开发专业部门和专职人员的事，也是企业各级管理者，特别是高层管理者份内的事。

长期以来，在我国企业里把管理人的部门叫作人事劳动部门。现在有的企业已经改为人力资源开发部。人力资源开发与管理取代人事劳动管理这是必然趋势，但这不是简单的名词置换。人力资源开发与管理同传统的人事劳动相比，虽然其管理对象同是人，但从思想、理论到方法都有根本区别。

1）对人的看法不同。传统的人事劳动管理把人看做为“经济人”，认为人干活就是为了钱，因此对人的管理立足于控制与奖惩。人力资源开发与管理则把人看做为“社会人”，认为人除了对基本的物质生活条件外，还有着对友谊、尊重、信任等较高层次的、社会感情性的、复杂的多种需要，因此管理者要重视安排好令员工满意的工作条件，搞好与员工的关系，提高员工的士气，从而使其自觉自愿的提高生产效率。

2）传统的人事劳动管理是以“事”为中心的。人事劳动管理部门是在企业为之确立业务目标之后，开展具体的人事劳动管理工作，主要的也就是抄抄写写、调调配配、进进出出、上上下下等这样一些具体事情。人力资源开发与管理是“以人为中心”的。人力资源开发部门以人力资源为最宝贵的战略资源，以它是企业竞争中生存和发展所依赖的最重要的物质基础为理论依据，以增强企业竞争力为前提，积极参与企业的战略制定，与此同时把工作重点放在人力资源的开发利用上，开发人的潜能，激发人的活力，调动人的积极性。

3）传统的人事劳动管理是战术性的，工作着重点是完成当前的工作任务。人力资源开发与管理是战略与战术相结合的，不仅要为实施企业战略完成当前的工作任务，更要根据企业战略搞好人力资源开发规划，把工作的着眼点放在企业未来的发展上。

4）传统的人事劳动管理是静态的，把人调了进来，安排下去，该干什么就干什么，就可以不管了。人力资源开发与管理则不同，人员到岗后，要根据人的兴趣、特点、能力，特别是根据能力，做好同其岗位相吻合工作。能力低，岗位高，工作固然做不好；能力高，岗位低，工作也做不好。要根据人的能力安排岗位，使其工作具有挑战性，岗位具有竞争性，促进人的能力不断提高。

5）传统人事劳动管理是机械性的管理，照章办事。人力资源开发与管理是科学性、技术性、艺术性相结合的。在现代企业里，在市场竞争的条件下，人事工作不是什么人都可以干的。其工作已经科学化、技术化、专业化。如搞人力资源规划就要熟悉预测与规划技术，把企业长远发展的许多不确定因素确定下来，并把这些因素转化为对人力资源的需求。员工招聘从过去看看档案就把人调进来的老办法已经不行了。招聘面试的时候，不仅要观其表、量其脑（能力、知识），还要测其心，也就是不仅要了解其智力因素，还要测量其心理素质。

6）传统人事劳动管理是被动反映型的，是领导让干什么就干什么，如让把什么人调进来就把什么人调进来，一切照领导指示办。人力资源开发与管理则始于人力资源开发规划，要调进什么人，培训、开发什么人才都事先有规划，是按规划行事，主动去做。

7）传统的人事劳动管理是执行性的，人事劳动部门是同其他部门平行的，属于中间执行层。在现代企业里却把人力资源开发部门的领导摆在董事、总经理或副总经理层级上，参与企业经营决策。

8）传统的人事劳动部门被看成是非生产、非效益部门。人力资源开发部门被看成生产部门和产生效益的部门。这里的关键是把人当成资源看待。既是资源就有开发问题，就有投入产出，就有效益。

企业里管理人的部门叫什么名称这不是问题的本质，问题的本质在于要弄清楚人力资源开发部门存在的真正作用与价值。这就是要保证人力资源在实现企业战略目标过程中发挥积极作用，使人的价值得到充分体现，增强企业竞争力。

在此我想再强调一下汽车修理企业的人才问题。汽车修理企业的竞争根本上就是人才的竞争。在我国，由于长期以来对行业的偏见，淡化了对这方面人才的培养，所以面对市场巨大的需求，形成了巨大的人才缺口。

单从现代汽车维修企业的车辆检测设备，已经成为维修企业的必备工具而言，这些检测设备本身就是高科技化的产品，要熟练操作这些检测设备，技术人员需要经过严格的培训，掌握正确的使用方法，才能充分发挥检测设备各项功能。维修人员还要具备一定的外语水平和计算机技术，能熟练使用计算机分析仪，以及从汽车维修专业互联网查询维修资料，对出现的各种疑难杂症进行分析，达到准确判断、熟练排除，以最低的成本、最短的工时、最优质的服务，排除各类汽车故障，使车主满意。为适应汽车技术发展的需要，汽车维修技术人员除需自身成为高科技技术人才外，还要借助于各类技术培训，特别是电话教学和网络培训，不断地更新维修理念、知识、技能，提高自身素质，达到高科技汽车维修的要求。目前在培养技术人才方面，许多维修厂还是靠师傅带徒弟，维修质量好坏完全凭经验，平时不注重维修资料的收集整理，结果只要一个人走了，整个维修厂就塌了天。人才问题也是维修厂领导最头疼的问题，不培养不行，培养了又怕替别人做嫁衣。其实从整个社会来讲，人才流动是绝对的，不流动是相对的，更何况作为一个现代企业，应该保证20%人才的流动。这种流动带来的作用，除了有竞争气氛外，通过流动会带来一些新的信息、新的血液、新的活力，因而问题的症结在于寻找一个有效的人才管理方法。

日本的汽修企业，其技术工人的合格率占70%以上。20万工人经过资格认证，40%属于技术人员。在美国，诊断工人比例占80%。我国汽修厂一般有资质的工人不超过30%，这与行业发展速度极不相适应。汽修企业应紧跟当今世界汽车工业技术发展步伐，一定要努力培养高质量、高素质的后备技术力量。

第三节　汽车维修企业技术工人工资推荐方案

现代化人力资源管理中，确定工资实施方案是各类型维修企业首先要做的最重要的一件事。长期以来，汽车修理企业（除国企外）中的技术工人的工资没有统一的标准，处于无序状态，我开价、你还价，讲定以后就一成不变，随意性很大。这样的工资制度无法调动技术工人的积极性，工人干活，企业给钱，往往彼此斤斤计较，只要有企业出更高的价钱，技术工人就毫不犹豫地往“高”处流。

现行的工资模式不合理性及造成的后果还表现在另一方面。根据这几年维修行业发展趋势，汽车报废年限缩短，大修项目越来越少，因而往往在一个汽车修理企业内部，许多高级工反而没有低级工收入多（指按工时提成）。比如在汽修厂，一般技术含量较高或大修项目，都派高级工去完成。可这样的修理任务少，工期长，每日平均工时少，因而月累计工资就少；而低级工、学徒工虽然只能干诸如换三滤、打黄油等技术含量低的活，虽然单项工时不多，但一个工作日下来，假如经常可干20台次以上，累计工时远远超过高级工。这就形成月终工资分配倒挂现象，因而造成工人与企业管理者之间的矛盾。

大部分汽车修理企业往往在管理中罚的多，奖的少，造成虽然出现问题该罚，但被罚者心理却不舒服。为什么？因为他感到，该得的没有得到，该罚的却没有商量余地，于是工人怨气很大。

一个成功的管理者，最突出的特点就是能最大限度地调动员工的工作积极性。员工的积极性调动起来了，企业才能发展。

根据几年的经验，笔者搞了一套汽修厂工资改革方案，在几个厂（其中有合资、私企、国企承包制企业）试行后反映很好，现作简单介绍。需要注意的是，在具体实施过程中，这里只是提供一种模式，仅供参考。

新的工资方案包含以下几个部分：

1）基本工资。指学徒工以外的技术工人，不管等级高低，都拿一样的基本工资。这是当企业任务不饱满时或没有任务时的最低工资，例如300元。

2）技术等级工资。例如：初级100元，次中级200元，中级300元，次高级500元，高级700元。

3）本企业工龄工资。例如：在本企业工作两年以上（含两年）的员工，每年增加基本工资100元（参考值）。

4）产值或工时提成。例如：在完成定额产值或工时基础上，超额100%时提取超额部分的10%；超额200%时提取超额部分的15%；超额300%时提取超额部分的20%。

5）交通费补助。例如50元，住厂或距厂三公里以内者没有这一项。

6）福利费。例如50元，含劳动、医疗、防暑及特殊工种的补助。

7）工具保管费。例如50元，要求损坏、丢失自赔；老化、磨损厂方随时更新；厂方只负责新车型的专用工具和一次性发放的修理工具。

具体说明：

1）等级划分条件。面试及理论考核，一般采用闭卷方式，自选等级，80分及格。试题既要有通用性，又要突出本企业自身的特点。

2）实际操作在理论考核及格后进行。三个月试工期，期满后合格者核定工资标准。

3）在本企业工作一年以上，即从第二年算起，每年进行两次理论考核：第一次为本等级考核，第二次除进行必须的本级考核外，在及格的基础上，也可同时申请进级考核。两次考核不管哪一次，如不及格，降为下一个等级。第二次为进级考核，合格后提升一个等级，考核完毕后的第二个月按新等级工资发放。

4）试工工资。试工期工资=（基本工资+等级工资）×70%+产值或工时提成。

5）转正后工资结构。根据企业完成月利润的最低指标，按不同工种、不同级别定出基本产值或工时定额。

完成定额：

月最终工资=基本工资+等级工资+企业工资+带徒弟补贴+
交通补贴+福利费+工具保管费

超额完成定额：

月最终工资=完成定额的月最终工资+产值或工时提成

未完成定额：

月最终工资=（基本工资+技术等级工资）/定额工时×
实际完成工时+企业工龄工资+带徒弟补贴+
交通补贴+福利费+工具保管费

上述“未完成定额”是指在任务饱满时，应该完成而未完成的定额。另外，由于任务不饱满，或几乎没有任务时，而只能完成定额工时的50%以下时：

月最终工资=基本工资+交通费+福利费+工具保管费+企业工龄工资

若有迟到、早退、旷工、事病假等时：

月实际工资＝月最终工资－累计误工天数×（基本工资＋技术等级工资）/应出勤日

单从完成定额成绩来讲，本方案后不必再设置奖金或其他补助，如加班补助，因为完成的工时越多，提成就越多。如果企业为了鼓励员工工作热情（主要指学习、节约、发明、立功等），可另外设置奖励或条例，与本方案不发生矛盾。

6）学徒工工资。可参照当地最低工资标准或根据具体情况而定，或按师傅总工资收入的百分比提取，这项可根据企业特点商定。

在招聘新技术工人时，即可按“等级划分条件”进行面试及理论考核，这样一开始就可避免讨价还价，或给招聘者带来想要这个人才，却又为难的尴尬。

在现有技术工人之中的改革，可将现有工资按“方案结构”进行分解。这样做的目的，将现有的工资的80%变成生动具有活力的能源。或者将工资改为年薪制，每月只按年薪除以12个月份的80%发放，另外20%到年底时又只发放80%，剩余部分等第一期合同期满，连同当年第十三个月的工资一同发放。当然这种做法是要和企业效益挂钩的。年薪制可以和期权制相结合则更具有可操作性。应注意的是，本方案的实施，必须辅以相应的奖惩条例，方能更加生动。

工资改革同样是一个系统工程，在人才管理方法中，单纯依靠一种做法必然导致虎头蛇尾、前功尽弃。比如，“多劳多得、奖惩结合”是企业工薪管理的一个基本法则，是目前大多数企业调动员工积极性的首要的，也是最为常用的手段。用有限的资金调动员工极大的积极性，这是企业管理者应具备的重要素质。但仅有这一点是不够的，假如员工把自己与企业的关系确定为“一分钱干一分活”，你出多少钱我就干多少事，员工的积极性是有限的。对企业来说，实现这一点也要进行十分严格的管理和监督，需要投入大量的资金和人力。尤其对中小型维修企业来讲，会使企业经营成本增加，而且不可能作到面面俱到，反而会造成管理与监督力所不及的地方，员工就没有积极性，并且员工与企业只能“同甘”不能“共苦”。这里涉及到企业整体价值观层次问题。工资制度只是人才管理机制中的一种方法，原因就在于管理的对象是人。人是有思想、有情感、有活动能力的，他是生产力中最活跃的要素。因此对人才的管理不仅要有合理的人才结构管理机制，还要有良好的培训与激励制度，相辅相成才能作到人才相对稳定。

第四节　现代汽车维修企业的人才继任计划

人才流动是绝对的，而稳定是相对的。很多企业面对人员的流动感慨万千，甚至为自己花巨资、心血培养出来的人员出走大为恼火，有的甚至反目成仇。其实大可不必如此，遇到这种情况冷静下来，仔细分析一下就不难看出，其原因不外乎有如下几种：①人往高处走，当企业在某些方面满足不了个人需求与期望时；②企业与员工的交流不够，企业的前景与员工的长远利益脱节；③企业领导对市场经济大潮中人员流动没有足够的思想准备；④企业没有继任人员计划，从而造成关键部门重要岗位一时产生空缺，给企业带来经营、生产、维修过程中的困难。

以上几点原因中，我认为第四点是最重要的。企业对人才的出走造成的遗憾，往往看到的是其给生产带来的困难，而造成这种困难局面的恰恰又是企业本身。

在企业的发展战略中，人才始终居于最重要的位置——人才是企业生存和发展的源动力。离开人才的支撑，企业的生存和发展都将成为空谈。一个不言自明的常识是，只有适合企业生产发展需要的、符合企业发展方向的人才对企业才会产生效益，才能为企业创造价值。因此，依据企业发展的需要而有计划地吸收人才，是人力资源管理的关键。有计划地吸引人才，首先要具备长远的、符合大局发展方向的人才战略眼光，这一点正是目前国内企业普遍欠缺的。打个比方，如果一个成功企业的行政总裁没有选好并培养自己的接班人，那这个公司在战略思维上的弱点就暴露无遗。很多企业已把继任计划摆在很重要的战略地位，但是并非所有企业都是如此。当前，不用说国际上那些著名的大公司，如：朗讯、可口可乐、施乐、金宝汤、吉列、宝洁等美国的一些大的跨国公司，出现一种令人不安的倾向，即首席执行官在位时间越来越短，像走马灯式地换人。指挥棒传递问题严重地困扰着这些公司。同样，我们的维修企业也是如此。1999 年以来，中国企业的高层变动频繁而面广，让人始料不及，有时甚至令人难以置信。

继任计划是有计划地招聘、任用并储备人才的直接体现。我们通常所说的继任计划，指的是企业确定关键岗位的后继人才，并对这些后继人才进行开发的整个过程。其主要内容是发现并且追踪具有高潜质的人才。高潜质的人才是指相信他们具有胜任高层管理职位潜力的人。这些高层职位包括战略经营部门的管理者、职能领域的指导者（比如营销总监），或者是 CIO，或者是高级技术人员。与一般重置计划不同的是，继任计划更具有战略性、事先性、长期性及发展导向。它保证了企业合格人才的持续供给，从而继续领导和推动企业发展。凡有优秀业绩而且长时间在竞争环境中独领风骚的企业，都有连续的人才储备以及完备的人才开发计划。也有很多企业昙花一现，某些人才在位时，企业有着相当出色的业绩，而当这些人才退位或离开之后，企业业绩迅速下滑，甚至在市场上销声匿迹。这不排除企业治理结构方面的因素，但普遍的原因是企业缺乏重要岗位的继任计划。这种现象突出地表现在领导人的继任问题上。我们所看见或知道的，诸多企业在某一优秀领导人退位后，所表现出的萎靡状态即为明证。

继任计划的重要意义，在于其基于企业持久发展的人才战略眼光。这一“计划”不是某一时间段的事情，而是人才管理的持续过程。有效的继任计划，关键不仅是确认哪些人适合哪些职位，而且需要不断地识别和准备新的关键人才，让他们在未来的职位上获得成功。这就需要企业内部形成一个有利于储备各种人才的人文环境。在这方面，继任计划的实施主要应包含三个方面的要求：

1）良好的企业制度与文化氛围。企业决策层及经营管理层应加强企业内部人才市场建设、实施多元化的职业发展规划与管理、规范关键岗位继任人才培育流程建设等，在企业内部形成一种积极进取、努力成才的利益导向机制和规范渠道。

2）加强管理团队的人才意识。组建特殊的学习团队，结合管理实际，开展定期研讨，塑造学习型管理团队，形成传帮带、上带下的责任机制。

3）人才开发机制。分析提炼企业内关键岗位所需人才的素质特点、标准，引导继任人才加强自我修炼，提高心理素质与工作技能，保持适当的心理预期，构建企业内部完善的人才管理机制，引导企业内员工进行标准导向式的自我开发和修炼。

另外，企业政策方面也必须加以考虑。企业政策主导着企业一切行为标准，从这一点出发，继任计划的有效实施首先应当得到企业政策的支持。在这方面，企业不仅要大力宣传“能者上、平者让、庸者下”，而且要在企业中努力实践“能力主义”，将薪酬分配、职位升迁等与任职者的能力、知识、技能及突出的业绩挂钩。结合舆论的力量，真正让所有企业的关键岗位人才的继任与开发，能走上规范化的制度，让每个人才的努力与其回报保持一定程度的平衡。制定人才继任计划的方法多种多样。大多数企业有正规的数据收集与评审，标准格式及正式评审等程序。所有这些方法都涉及类似的基本活动，并且由负责的管理者准备与评审数据及计划，以及由管理人员努力去实施这些计划。它们都是直线管理流程，在必要时由人力资源职能人员给予协调和支持。为了使继任计划效用最大化，企业在制定经营管理人才继任计划时，主要涉及五个方面的关键活动：①确定关键岗位人才胜任特征；②开发管理人才综合数据库；③实施高层管理评价会议；④提供反馈和实施计划；⑤度量发展进度。

继任计划是一个连续的过程。受个人体能、知识老化等因素的影响，“人才”是有生命周期的，因此，企业必须在关键岗位上进行有效的继任计划工作，连续地准备关键岗位的后继人才，企业才能真正实现持续地发展。

需要提醒的是：不能只将人才继任计划仅仅作为企业发展进程中至关重要的一环，而应当将人才继任计划纳入日常管理工作当中。身为企业领导人，其思维应当更具前瞻性，眼光应更长远，应当把人才继任计划引入日常人才管理战略范畴。不管是中层管理、基层管理人，甚至其他重要的技术人员，都应当有相应力度的人才继任计划，这是确保企业形成全面人才持续供给的一个认知基础。惟有具备这一认知基础，企业才可能形成健康的、具备持久竞争力的人才队伍。同时，在这一基础上，企业如何求才、用才、育才、激才、留才等，都应当在人才储备战略上加以全面的考虑，并成为企业人才储备战略的有机组成部分。

一个现代汽车维修企业，在发展过程中对企业重要部门的领导、关键岗位、主要技术负责人或主修人员，必须有目的、有计划地开发、培养继任人力资源，这是一个有长远发展眼光的企业管理者应具备的才能。不要等有了职位空缺，不要等给生产造成了困难才考虑应该提升谁、培养谁，或者临时去找人。有计划地建立一个继任计划，确保一批高素质的人才资源和后备能及时进行补充。凡是发展中的企业都需要针对一些重要职位、岗位，采取有计划的继任方针，而且每年都应至少重新审视这一计划，如果需要还应更频繁。人力资源继任计划是企业未来发展计划的重要组成部分，事实上企业里的每一位出色的员工都应是潜在的继任人选，关键在于在成功提拔一个人之前，一定要实施足够的培训，使其能成功接任准备上任的岗位。或者采取企业与院校、人才培训机构定向培养，建立长期人才供应协约等措施，从而保证继任人员及时补充到位。

要想有效地实施继任计划，必须考虑以下几个方面：企业的长期发展方向是什么？哪些主要部门和岗位需要不断地补充和发展高素质的人力资源？哪些人员是你想重点培养的后备力量？这些人应该走怎样的事业发展道路？这些事业发展道路是否就适合这些人的具体情况？有一点需要注意，这件事不能机械地实行，要有针对性，要灵活、多变，要多头进行。

另外，在部署和利用战略资源时，必须考虑培养关键人才以备未来之需，值得花大量时间和精力去讨论企业的需要，并把它放到战略位置上。如果你的企业没有一套正规的继任流程，也可以建立一个继任计划的目标，去满足企业发展的需要。怎样才能让你的员工发挥最大的潜能？怎样去定位他们、教育他们，使他们为公司的发展和为他们自己的长远利益作出最大的贡献？怎样才能确保公司的未来会有一批高素质、受过良好教育，以及富有实践经验的精英队伍？人力资源继任计划的建设是一个永无止境的过程，要定期审视企业的资源，并随时监控和更新继任计划的重要组成部分。如果继任计划能够顺利进行，就会给企业的管理者带来心灵的安慰，并避免了不必要的麻烦。

总之，只有对经营档次及人力资源进行周密详细的分析与准备，才能为投资者提供科学准确的经营决策，生产运作才能顺利进行，企业的健康发展才能有所保障。

第五节　现代汽车维修企业如何看待企业的裁员、员工的离职、人才的流失

一、如何面对企业裁员

裁员，一个无论是企业还是员工都惟恐避之不及的话题，同时又是企业和员工都不得不正视的一个问题。长期以来，企业一直把裁员的问题藏在口袋里，员工则更是把裁员的话题埋在心底。不论在什么时间、什么场合，提到裁员的问题，总会让企业领导感到烦恼，让员工感到忧虑。

然而，在急速发展的信息化社会，在飞速发展的汽车维修技术时代，在企业经营激烈竞争的过程中，企业组织的变革与创新加速，一方面企业的重组浪潮迭起，另一方面企业的发展过程总是有低潮、有高潮，因此企业必然面对一次又一次的裁员问题，裁员被无情地摆在了企业领导者和员工的面前，而每一次裁员对领导者和员工都是一次严峻的考验与痛苦的经历。汽车维修行业的经验告诉我们，企业规模越小，裁员越难；企业管理越不规范，裁员越难；企业经营越不景气，裁员越难。面对裁员带来的种种困惑、尴尬甚至巨大震动，使我们不得不对裁员问题进行冷静而深入的思考，对裁员给企业人力资源管理所带来的新问题进行清醒的再认识。

我们的汽车维修企业每天几乎都会遇到这样的问题。从每一次裁员所引起的内外反响中，我们可以挖掘到隐含在裁员背后的很多问题。这些问题，既有裁员操作过程中的程序与方法问题，也有隐藏在裁员现象背后的深层次问题。如何看待并深入分析研究这些问题，对企业的成长和发展，以及人力资源的开发与管理都具有重要的理论和现实意义。

裁员是指用人单位基于企业的人力资源需求，以非员工意愿单方面解除聘用合同的方式，裁掉不适应企业发展或相对富余的员工，终止雇佣关系的行为。裁员是一种“理性的人力资源退出行为”，是企业或组织为了保持企业的持续成长和发展所采取的措施之一。事实上，裁员是一种相对较为刚性的人才退出方式，它会在一定程度上增加企业的管理成本。因其所招致的评论及被裁员工的不满，都会在某种程度上影响企业的形象和运行。这种成本的付出是否必要呢？首先，从全行业来看，竞争使得企业的裁员形成一种必然，这一趋势与企业资源重组浪潮、技术变革创新浪潮、组织扁平化浪潮、组织人员精简化浪潮、业务流程创新浪潮是相吻合的。在这种变革中，随着企业战略的调整、组织结构的变化，必然会引起人力资源结构性的调整，从而导致裁员。从这个意义上说，裁员符合企业的人力资源管理发展趋势。其次，从汽车维修企业本身的成长来看，这也是企业所必经的一个阶段。在机会主义的市场条件下，企业的成长空间很大，机会很

多，企业依靠粗放式的人力资源投入，就可以迅速扩张规模。随着竞争日趋激烈，整个行业的平均利润率越来越低，汽车维修企业与其他与汽车相关的经营企业，人均效率的差距也越来越明显。所以汽车维修企业面临的难题是如何从资源、人才的粗放式投入，转向一种集约化的、精细化的人力资源投入模式上来。从这个意义上讲，裁员也是企业成长的一个必经阶段。随着市场空间的越来越小，企业的发展不再是靠单一的资源的量的投入，而是靠企业人才质量和管理质量的提升来提升竞争能力。再次，企业的人力资源与外部劳动力市场是相互置换的开放式交流关系，两者共同组成一个循环系统。只有内外置换与交流，才能将市场竞争压力传递到组织成员身上，才能激活人才。裁员正是这个循环系统的传感装置，它将内外部的人力资源结合起来，形成一个开放的置换机制。因此，组织的理性裁员是组织与外部环境人才置换的一种良性循环特征。

总之，裁员一方面是企业发展的趋势之一，另一方面也是企业成长发展的必然结果，而且裁员还是内外部人力资源循环系统的重要环节。所以，裁员有其存在的必要性和发生的必然性。

裁员的动因一般可分为三种，即经济性裁员、结构性裁员和优化性裁员。经济性裁员是由于市场因素或者企业经营不善，导致经营状况出现严重困难，盈利能力下降，企业面临生存和发展的危机，为降低运营成本，企业被迫采取裁员行为来缓解经济压力。结构性裁员则是由于企业的业务方向、提供的维修或服务发生变化而导致内部组织机构的重组、分立、撤消引起的集中裁员。优化性裁员是企业为保持人力资源的质量，根据绩效考核结果，解聘那些业绩不佳的、不能满足企业发展需要的员工的行为。

三种裁员中，又可根据企业的决策行为，分为主动裁员行为和被动裁员行为。由这三种裁员的定义可以看出，结构性裁员和优化性裁员属于主动裁员行为，经济性裁员属于被动裁员行为。在人们的观念中，裁员往往是在企业效益下降、面临危机时的被动应对方式。我们必须看到：裁员及裁员管理是企业人力资源管理的重要组成部分，是企业一种正常的人力资源管理行为。

（1）企业的变革是一种常态　市场是不断变化的，企业也要在变化中寻求获取持续竞争优势，谋求更大的市场发展。经营战略的转型、组织结构的变革及生产流程的重组，是企业变革的重要组成部分，反映到人力资源方面，都会导致人力资源结构的变化，从而引起裁员。

（2）提高人均效率　汽车维修企业所面临的一个基本问题是人均效率低下，这与企业的粗放式经营与管理，靠资源和人力的大量投入来获取成长的增长模式是相适应的。未来企业要致力于提高人均效率，要从资源消耗型走向资源集约型，理性裁员是一个必然途径。

（3）人力资源区别于其他资源　它既有创造价值的一面，又有其独特的一面。表现为：①人力资源有自我就业选择权，会导致人才选择有利于其个人发展的企业，如果企业的机制、行业等不利于己，人才就会流动；②人力资源会退化，如果企业员工过于稳定，员工创业激情就会衰减，员工能力在岗位上得不到提升，就会退化；③人力资源会沉淀，如果员工进入企业后缺乏压力和动力，不再努力工作和学习，没有创新，员工就会从人才变成庸才。因此，通过裁员，可以铲除沉淀层，使组织的效率提高，这也是一个必然趋势。

（4）裁员是企业人力资源退出机制的重要组成部分，是企业竞争淘汰机制的内在要求 通过裁员，使员工感受到市场竞争压力，从而激发起内在动力，使整个组织充满活力。要从企业战略发展来看待裁员，裁员正是与企业战略转型目标和业务调整方向一致的，是企业变革过程中的一种正常的人力资源管理行为。

裁员是一种相对刚性的人力资源管理活动，其时机的选择、程序和方法的制定、措施的配套、对象的选择、决策的依据等，都是关系到裁员能否顺利进行的重要因素。

在裁员的过程中，首先遇到的是“文化冲突”的问题。裁员的举措与企业以往所倡导的文化之间产生矛盾和冲突。这种冲突是组织变革中的正常现象。裁员必然与原有的文化产生冲突。任何一个企业的战略转型和组织变革，从本质上来讲都是深层次的文化变革。很多企业不断进行组织变革、流程再造，为什么效果不佳，关键是没有触及组织变革中深层次的文化变革，没有触及员工的观念、思维方式与行为方式的改变。文化冲突是裁员过程中隐含的最大障碍，如果处理不当，容易导致裁员危机。

要解决文化冲突的问题，企业必须在裁员的过程中做到“理念先行”。要用文化来引导变革，同样也要用文化、用理念来引导裁员。只有把裁员的行为纳入到企业文化整合的范畴中，才能使裁员从计划到操作、从理论到实施成为可能，才能获得员工的理解与支持。企业要变革，文化也要发展。企业文化是相对稳定的，但绝不是一成不变的。更重要的是，企业文化的诠释要全面，要根据时代环境的变化不断加以丰富与创新，否则是无法与新的管理理念和技术接轨的。

以目前一些维修企业倡导的企业文化为例，很多企业都在倡导一种营造“家”文化。“家”文化的核心是亲情、安全、保护、忠诚、奉献。如果以此为出发点，裁员确实是无理无据，这与亲情文化是背道而驰的。但是“家”的含义是不是就仅仅是上述内涵呢？应当看到：“责任”恰恰是一个家庭的核心和基础。只有家庭成员对家庭承担责任，家庭才能维系，家庭才能发展；“价值”则是家庭成员对家庭最大的贡献，为家庭创造价值，才能得到家庭更多的关爱和温暖。当家庭成员不再为家庭承担责任、创造价值时，就要“离家出走”，一种是主动的离家，一种是被动的离家，即裁员。

“家”文化并不是说就不能裁员，即便是“家”文化，也不是绝对的稳态。

要让员工知道，企业与人力资源的关系是动态的，以前的“家”文化是“家长”文化，是不健康、不完整的。要赋予“家”文化以新的含义。家文化和亲情文化本身没有错，人性化管理也是一个趋势。但是文化本身要不断创新，要不断去丰富文化的内涵，文化才能不断发展，不断丰富而充满活力。

裁员本身是刚性的，而裁员的对象又是有思想、有感情的人。如果在裁员的操作过程中，过于刚性而缺乏柔性，最后必然导致裁员矛盾激化，使企业失去道义，员工失去信心，裁员成本也必然会大大增加。所以，裁员的操作一定要具有柔性，要在理性的基础上采取人性化的方式。

立马走人的裁员方式反映了企业的不成熟。裁员的人性化和理性化是衡量裁员管理水平的标志，而裁员管理的水平又是衡量企业人力资源管理水平的标志。对企业来说，裁员过程中很重要的一项内容，就是要降低员工的心理失衡，降低裁员成本。要做到这一点，就必须根据企业的战略转型制定系统的裁员计划，把裁员程序化、规范化、制度化，以柔性化和人性化的实施方式保证裁员的良好成效。

如果裁员执行过程中过于刚性：①高度保密，没有事前沟通；②离职面谈时间短，平均二十分钟；③限定极短的离职时间，各种识别卡一律即时注销，二小时内离开公司。这种刚性的做法的确难以获得被裁对象的理解。

企业裁员并不是业绩不好时的被动行为。与传统的认识相反，企业的业绩上升期恰恰是裁员的最佳时机。在企业效益最佳的上升期裁员，可以做到成本最低，代价最小，效果最好。因为在上升期，企业经济效益良好，管理制度完善，员工士气高涨。此时进行理性裁员，既可避免上升期中可能夹杂的冗员沉积、效率下降等并发症，又可最大限度降低裁员成本：一方面企业可以承受裁员所带来的短期阵痛，通过裁员将冗员及不创造价值的员工进行置换；另一方面可以减少裁员的风险。

上升期裁员一般都是主动型裁员，它往往是基于企业战略、基于企业变革与创新、基于企业并购重组的。在并购重组中，会形成组织的重叠，人才的同质化会逐渐显现。人与职位的平衡在现代企业中是一个动态平衡，裁员是维持这一平衡的重要机制，也是企业发展的内在需求。因此对于裁员所带来的问题，我们不能仅仅从问题的表面进行分析；更应该透过这件事，洞悉裁员背后问题的实质。

以往，我们一直认为组织成员的稳定率及满意度越高越好。事实并非如此，组织成员的稳定率及满意度应该适度。尤其是对技术含量越来越高、技术变化越来越快的汽车维修企业而言，员工过于稳定，往往使企业缺乏活力和创新。国外学者研究结果表明，员工的满意度与企业经营业绩并不是呈绝对的正比关系。员工满意度达到一定高度后，可能会出现经营业绩递减。在新经济时代，组织变革与创新是一个常态，人与职位、人与组织的矛盾是一个必然现象。因此，保持适度的员工稳定率及满意度，保证组织变革创新的活力，才能在人与组织的矛盾中，不断推进组织成长和企业发展，表现在人力资源管理的举措上，就是适时适度地进行结构性裁员。

把裁员管理作为企业人力资源的正常职能活动，要将裁员程序化、规范化、制度化。要基于企业人力资源战略制定系统的裁员计划，裁员要有配套的人力资源管理制度措施。这是以往企业人力资源管理中最被忽视的一环。随着经济的发展和企业日益融入竞争环境之中，裁员必将成为企业人力资源管理中经常遇到的一个问题。如果继续停留在“头痛医头，脚痛医脚”的认识层面上，裁员将永远成为一种被动的权宜之计，而非科学的管理活动。在新经济时代，员工所追求的不是终生就业的饭碗，而是终生就业的能力。

现代的“饭碗”观念，要从金饭碗、铁饭碗，过渡到瓷饭碗。瓷，既珍贵、价值高，又要细心呵护，不小心就会摔碎。比之于现代企业的员工，要珍惜所在的工作岗位。一方面，企业要重视人才，给人才以足够的重视和价值肯定；另一方面，员工能力不行就要被淘汰。要从过去单一的追求知识、追求职称，转到追求能力。只有具备能力，才能把握机会，创造价值，适应不断变化的市场和企业的变革创新。员工的观念要转变，具备终生就业能力。如果企业不合适，员工可以自愿离职，炒企业的鱿鱼。企业也要注重提高员工的能力，帮助员工培育终生就业能力。在裁员的过程中，企业和员工都要转变心态，变被动为主动。

以往的裁员模式中，企业经常是到了最后关头才决定裁员计划，匆匆忙忙，又不敢向员工透露。员工更是对裁员避之若邪，也不敢对自己被裁做任何假设。现代企业的发展则要求：一方面，企业要转变心态，把裁员作为正常人力资源管理的重要组成部分；从战略的层面、管理的层面来看待裁员，要主动地进行科学、理性的裁员规划和管理，并且从企业文化的层面对员工进行思想上的引导，引导其正视裁员；另一方面，员工要变被动为主动，将裁员看做是一个新的工作机会的开始，看做是更大价值创造的起点。这样，双方都能够以主动的心态去面对裁员，也就能够避免现在很多隐藏在裁员背后的问题。毕竟只有正视问题，才能解决问题。

所谓企业的社会责任，并非一般所认为的募捐和社会福利活动。归根结底，其应承担的社会责任有两条：一是向国家纳税，尽到企业为社会经济发展应尽的义务；二是对员工负责，维护员工的正当权益，保障员工的职业生涯发展。在条件允许的情况下，尽量以其他方式解决裁员的问题，如有的企业向被裁员工提供一次免费培训机会，还有的企业帮助推荐工作等，避免员工遭受较强的心理震荡。

裁员要上升到管理层面、战略层面，人才退出机制更要加快建设。人才的退出机制是保持一个企业人才活力和压力的源泉。裁员本身就是人才退出机制的重要组成部分。以往的人力资源管理，忽视了人才退出机制的设计和建设，把焦点投向了人力资源的获取、使用和开发上，这就形成了一个很奇怪的现象：人才有进无出。这就造成企业人力资源与外部劳动力市场无法形成完整的置换，企业人力资源管理有头无尾，需要人才的时候很着急，不需要人才的时候又“一刀切”，把裁员简单化。其结果是造成中国企业的人才“滞胀”，冗员过多。

科学的人才退出机制，可以使得裁员管理选择面更大，操作更为灵活。人才退出机制中的内部人才创业、提前退休、技能培训、调岗、自愿离职计划等，都是裁员管理的有效补充。在条件允许的情况下，企业完全可以利用上述机制来替代裁员。这样既可以避免企业裁员的阵痛，又能保证员工连续的职业生涯发展。目前几乎所有的企业都还没有设计并建立一套完整的人才退出机制，这样长期“一条腿”走路，势必会对企业未来的发展产生极为不利的影响。

很多企业往往把制度和流程与文化对立起来。认为企业文化就是搞活动、写海报，而未把文化落实到人力资源的规划和实施中。殊不知，制度和流程是文化的土壤，文化是根植于制度和流程之上的，抛开制度谈文化，就好比是建造空中楼阁，既不现实，也无成效。文化同时又对制度的完善和发展起到指引的作用，文化一旦从制度中剥离出来，就具备了一定的独立性，这种独立性表现在：①文化相对稳定；②文化对制度建设有较强的指导作用。所以说，文化与制度是紧密结合在一起的，而不是割裂开来的。

二、如何看待离职

离职本是一件平常事，但往往在我们的汽车维修企业里却是一件极其复杂的事情。企业倒不是不让员工离职，只是一旦员工主动提出离职，便要经过令人恐惧的“三关”。最后员工即使离开了，也是蓬头垢面。

第一关是“眼泪关”。当核心员工提出离职后，老板在找员工谈话时，总是诉苦其办企业如何之难，自己如何为员工着想。说到“痛心”处还要掉几滴热泪，大施“苦肉计”，以此唤起员工同情与怜悯，乃至留下来不走。

第二关是“恐吓关”。如果员工不吃“软”的话，老板就会变脸，给离职员工来点“硬”的。什么离职不给工资，扣除以往的培训费、工具使用费，甚至拿“黑社会”来恐吓员工，告诉员工“黑白两道都通”等。

第三关是“辱没关”。如果离职员工过了前两关，第三关则最难过，因为员工在人格上难以接受。老板把离职员工过去的工作贬得近乎一无是处，更把员工的“伤疤”揭开，让员工感觉到自己亏欠企业，搞得员工没有颜面，乃至有些狼狈不堪。

都说如今找工作难，其实离职也难。如果每个离职员工都在这种“离职模式”下走出企业大门，相信没有人会愿意再回头看一看这个曾经服务过的企业。按照传播学上的“250 法则”，每个人都可能通过口碑影响到 250 个人，如此传播下去，将来还有谁愿意承受这种离职的折磨而愿意走进这家企业？简单地说，这位老板的“留人”策略就是“一哄、二吓、三辱骂”，大有“留不下你就羞辱死你”的味道。然而，老板羞辱的不是员工，而是自己和企业。

2002年，吉林省长春市以火锅经营为主业的川王府酒店集团，把离职员工送到设在吉林北山的“反省基地”进行“面壁反省”。此事被长春市各大媒体曝光后，企业界一片哗然。试想，在市场经济逐步走向成熟、人力作为资本逐步登上历史舞台的今天，构建如此之恐怖“离职模式”的企业，又怎么能留住人才？

1999年北京某汽车修理厂因急需高级机修工，因此不但出高薪，而且许下了很多的诺言。可是当一位很不错的机修工应招到企业以后，老板的承诺并没有兑现，结果极大地伤害了员工的积极性。半年后，这位机修工提出辞职。老板大为恼火，不但克扣其一个月的工资，而且出言不逊。我亲眼看见那位员工含着眼泪抱着行李离开工厂。我当时实在看不过去，追上去从自己腰包里拿出500元钱给了他，当然我也很快离开了那个企业。像这样的情景在我们这个行业里司空见惯。

优秀员工提出离职，企业和老板要积极自我反思，找一找自己的原因。企业是否给员工创造了良好的工作环境？是否给员工提供了具有竞争力的薪资？是否给员工提供了无后顾之忧的福利待遇？是否给员工提供了一个任其发展的平台？对于人才，是狮子就给你一片森林，是老虎就给你高山，是蛟龙就给你江河。从这个意义上说，如果没有高山、森林、江河，老虎、狮子、蛟龙也就不可能存在。企业大小、薪金等只是员工去留的一部分关键因素，员工的发展空间、工作环境、信任、沟通同样必不可少。如果一个企业既不让员工快乐，也不让员工发展，还不让员工赚钱，那么，优秀员工留下来的理由何在？

人力资源管理本身就包含着进、管、出三大环节。给员工一个出口又何妨？或者说给员工一个顺畅的出口又何妨？离职在人力资源管理中只是一个程序问题，而绝对不应复杂化为“模式问题”。有这样一种现实，如果企业丢失了5000块钱的配件，马上会报案，也一定会把员工查个天翻地覆，但如果走了一名工资5000元的员工，绝不会反省一下企业在人员管理上是否存在问题，他们绝不会看到员工给企业带来远远超过5000元的价值，因为他们认为丢失配件是损失，人才跳槽不是损失。面对员工的离职，老板们应该思考的是：既然员工要走，就证明企业还存在问题和不足，这也正是企业所要努力纠正和完善的地方。老板的高明之处应该是从员工的“叛离”中找差距，而不是迁怒于员工。在很多企业，员工离职面临着种种利益不对称，诸如老板炒员工可以不按《劳动合同》约定提前一个月提出，而员工离职却必须走“程序”，即使不签合同也要提前一个月。即便如此，个别老板还要在员工工资方面做点小文章，打点小主意。其实，妥善对待员工离职的重要性，不亚于选拔优秀的新员工。把员工离职问题处理好了，才会吸引更多的优秀员工加盟，这是一个循环机制。企业建立规范的管理“模式”，就是为了多一分“法治”，少一分“人治”。如果老板过于强调“人治”，过于把自己的情感融入企业管理，内部矛盾就必然会增加。因为“哪里有压迫哪里就有反抗”，企业依靠高压政策是难以约束员工的。曾有这样一家企业，老板为防止员工出走时带走客户或技术信息，在企业员工大会上，竟然道出“如果谁损害企业利益，我就追杀他到天涯海角”之狂言。结果，老板的形象不仅在员工心中大打折扣，反而激怒两位员工铤而走险携款出走。

人才市场化的一个基本特征就是“双向选择”，老板和员工拥有对等的“自由度”。双方合作的前提是平等、自愿、互利，否则利益的天平就必然会失去平衡。现在很多企业都在打造“铁三角”品牌，即企业品牌、老板品牌、维修品牌的三位一体。这就要求老板要注重自身的“形象工程”，不要把员工离职复杂化，给员工离职一个顺畅、快乐的出口，别再为离职员工设置“模式”这堵墙！这样自己赚取口碑，又让离职员工快乐，何乐而不为？如果我们企业都能够作到当员工由于某种原因离开企业后，员工会感到遗憾，会对周围人说企业的好话，那将是一件多么令人欣慰的事。

以上我们讨论了离职员工的“离”的过程，下面我想从更积极的一面讨论一下对离职员工资源的利用。

有理由相信在不远的将来，雇主们很快就会为争相吸引离职员工的关注、换得他们的一片忠心而使出浑身解数。你也许要为近在眼前的离职员工争夺大战做好充分准备了。

近年来，人才战愈演愈烈，众多企业开始花大量的时间管理所谓的“人力资产”。他们渐渐意识到，要在竞争中立于不败之地，吸引并留住顶尖人才是一大利器。但是，即使这些企业对在职员工或即将加盟的雇员加以奖励或表达关爱之情，他们也还是忽略了人力资产的另一个重要组成部分——企业的离职员工。要知道，这种疏忽的代价可不小。

然而在目前大多数汽车维修企业里，员工一旦离开，企业和他们的关系就此画上句号，企业便再也不会想到他们。但上述情况也有例外，像国外一些企业，国内一些大公司，甚至国内汽车维修行业中的大型品牌店，已经开始推出离职员工关系管理方案。这些企业已经认识到，离职员工会在很多方面给企业带来利益。

我们不妨将某员工的离职看做是一次送出去免费的培训。很多企业经常为员工培训寻找基地而苦恼，要么费用太高，要么人家不接受。尤其在当今汽车维修技术还处于相对封锁状态，企业都将某一种新车型的新技术视为赚钱的法宝，怎么可能让他为你培养人才？我们的大多数专业培训公司、专业学校，他们掌握的技术往往落后于企业的需求。所以来一点阿Q精神，乐观地看待员工的离职。

很多企业往往有意识地避免雇佣以前曾在本企业工作过的人。实际上，这样做是缺乏远见的。要知道，雇佣一位离职员工所花费的成本，往往只是招纳一名新人所需费用的一半；另外，一旦得到重新启用后，离职员工为企业效力的时间会比新人更长，而在工作的前 3 个月，离职员工的工作效率常常会比新人高出 40%。研究表明，《财富》500 强公司通过积极招聘离职员工，每年平均就能节约 1 200 万美元。也许更重要的是，公司对离职员工的情况比较熟悉，把他们重新纳入麾下，大大降低了用人不当造成巨大损失的风险。同时，离职员工在推荐人才方面也发挥着越来越重要的作用。在上述的一些企业里，一旦离职员工推荐的人得到录用，企业还会给举荐人一定报酬。

离职员工还可能是创意和智慧的极好源泉。他们可以帮助老东家及时了解新趋势、新技术，甚至新的投资机会。事实上，《财富》100 强中的一家技术公司，就请离职员工为自己提供商业计划书，为的就是抢先把金点子揽入囊中。越来越多的公司、企业已经发现，与离职员工保持联系，可以帮助它们了解竞争对手的一举一动，以及新兴企业的所作所为。

在对企业外部舆论的影响力方面，离职员工和在职员工的作用不相上下，尤其是在前者离开企业时间还不长的情况下。因此，与离职员工保持良好关系，有助于企业提高声誉，强化品牌，扩大影响。

毫无疑问，实施离职员工管理方案有时是件十分复杂的事，这要求企业收集并处理大量信息。借助先进的数据处理技术和网络，现在能以更快的速度和更低的成本来实施这项方案。我们发现，最完善的方案都是建立在以下三个基础之上：

1）别指望那些在离开企业时被保安“护送”出门的离职员工会同企业保持良好关系。富有成效的关系植根于企业在员工离开时，对其采取的友善态度。此时，人力资源总监应当同离职员工倾心交流，表示为了双方的利益，彼此应该继续保持联系，同时还要注意捕捉有价值的信息，如员工离职原因、对企业的看法、将来的计划及抱负。当然最重要的是留下该员工的联系方式。

2）双向的价值回报：假如公司希望离职员工及时告知企业他们在何处高就、在做些什么、想些什么，就应该给予他们吸引人的回报。有时，仅仅是离职员工关系网带来的价值，就能让离职员工心满意足。因为如果该员工成了这个网络中的一员，他就能和以前的同事保持联系，并从中获益。

3）因特网的普及使企业得以和离职员工进行充分的信息沟通。这就要求企业为他们提供个性化且与其密切相关的信息。一个好的离职员工关系网，会根据员工的不同背景对员工进行细分，并因人制宜地为他们提供最对其口味的信息。一个退休的高级管理人员所需要的信息，和一个年仅 26 岁的一般员工感兴趣的事情很可能不一样。

毫无疑问，离职员工还是企业的人力资源。如何才能真正利用这笔资源，怎样利用，下面我们介绍一些世界知名的大公司的经典做法，作为借鉴。

1. 惠普的握手话别

美国惠普公司在中国台湾有一家惠普科技公司。该公司对待跳槽的员工是：不指责、不强留，利索地放人，握手话别。一个离开惠普出去创业的人说：惠普每年至少花 1 000 台币用在人才培训上，有的人来惠普就是为了镀金，学了本事待价而沽。对此，公司的管理层认为：人家愿意来，说明惠普有很大吸引力；人家想走，强留也不会安心。再说，电脑业本来流动率就高，当初选进的人才不见得都符合惠普的要求。退一步说，一些优秀人才到外面去服务，也是惠普对社会的贡献，也符合惠普一贯坚持的“互胜”精神。

2. 麦肯锡的校友录

麦肯锡咨询公司有一本著名的“麦肯锡校友录”，即离职员工的花名册。他们将员工离职视为“毕业离校”，离职员工就是他们遍布各处的“校友”，其中不乏 CEO、高级管理人员、教授和政治家。麦肯锡的管理者深知，随着这些离职咨询师职业生涯的发展，他们将会成为其潜在客户，无疑会形成一大笔资源。麦肯锡一直投巨资用于培育其遍布各行业的“毕业生网络”。事实证明，这一独特的投资为公司带来巨大的回报。

3. Bain 的旧雇员关系管理主管

世界著名的管理咨询公司 Bain 公司，专门设立了旧雇员关系管理主管，负责跟踪离职员工的职业生涯变化情况。为记录这些变化情况，公司还建有一个前雇员关系数据库。在这个前雇员关系数据库，存有北美地区 2 000 多名前雇员资料，不但包括他们职业生涯的变化信息，甚至还包括结婚生子之类的细节。Bain 公司定期向那些曾在公司效力的前雇员发送内部通信，邀请他们参加公司的聚会活动。如此感情投资，也是为了有朝一日能有效利用这些“跑”了的人力资源。

4. 摩托罗拉的 Rehire 制度

摩托罗拉公司在利用“离职”员工这一资源时，更多地是吸引“好马吃回头草”。鉴于前雇员已经熟悉企业文化、公司业务，较之新进员工能降低招聘和培养成本，摩托罗拉非常重视“好马”的回头，为此有一套非常科学完备的“回聘”制度。首先，“回聘”目的是为了提供拥有公司需要的工作知识和技能的前任员工工作机会，它的适用范围是所有那些主动提出辞职的前任公司常规雇员。

当雇佣前任员工时，必须严格遵守所有有关条例和步骤。重新聘用员工必须符合下列条件：符合目前职位要求，工作表现良好，辞职原因合理，人力资源部门负责证明该员工以前工作表现及辞职原因，岗位提供应该基于重新雇佣员工所应该填补的空缺岗位。

为了鼓励“核心人才”的回聘，公司制定相应的服务年限计算办法是：假如前雇员在6个月之内被重新聘用，他（她）以前服务年限将累计计算；如果超过6个月，仅按照他（她）以前服务年限提供奖励；如果员工6个月之内被重新聘用，且在辞职前已经是正式员工，可以免除试用期；超过6个月员工被重新聘用，试用期按照新员工执行。

如此计算服务期是因为员工的服务年限和个人的福利紧密挂钩，对于赔偿和福利，摩托罗拉也制定相应的办法：员工6个月之内被重新聘用，赔偿和福利按照实际工作天数计算；超过6个月员工被重新聘用，赔偿和福利按照新员工标准计算；重新招聘职位或级别高于原先等级的员工，赔偿和福利一律按照新员工标准执行。

三、人才流失中的5%

汽车维修企业领导人心中总有道难以逾越的坎儿，这就是“人才流失率”。这里指的人才不是企业里的一般换油工、轮胎工，也不是一般的管理人员。不计其数的西方现代企业发展经验表明：当企业的人才流失率超过一定标准时（通常为3%～5%），企业就进入了危险地带，甚至将会导致破产与灭亡。面对这样的悲惨下场，谁还敢越雷池一步？

在很多企业中我们可以发现，当出现较为频繁的人员流动或大规模的人员流失时，企业从中高层开始就已经坐立不安、手忙脚乱，不知所措了。为什么这么好的发展前景，员工看不到？为什么这样好的工作机遇，员工不珍惜？为什么那么大的发挥舞台员工不跟进？为什么还没有学到什么真本领，员工就已经心猿意马、这山望着那山高、身在福中不知福呢？这些问题深深困扰着每位领导，让他们不知如何是好，不知如何面对那些要走的人以及将要进来的人，不知如何面对自身以往的工作以及未来的工作。这到底是企业的错？还是员工的错？人才流失率，这道最后的“心理防线”该不该打破？企业领导人心中总有道难以逾越的坎儿。这种不安的外部环境与根基不稳的内部结构，企业如何正视现实、正视自身？

在我看来，维修企业最不缺的是人，最缺的是人才。企业求“才”若渴，说大的，100个中国人中，能有几个堪称是企业的栋梁人才。中国的MBA很多、博士硕士很多，既有丰富经验又有高学历背景的人也不少，但中国整个的市场经济发展历史不过才几十年，又有几个人能担当起塑造长寿企业、打造百年基业的大任？说小的，国内汽车维修行业从业人员有260万之多，但算得上“人才”的究竟有多少？最近我看到一份调查报告，说维修行业每年需求近80万技术人员，可见维修行业人才之匮乏。说到底，目前大多数企业内部面对的问题是“人员流转”还是“人才流失”？是“劳动力”的自然更替还是“企业价值与核心竞争力”的外流？这是问题的根本！

大家都知道，西方发达国家的市场经济环境已经具有上百年的发展历史，人员的职业化、专业化素养已经渗透到整个社会的血液之中，并造就了很大的企业。同时大的企业又在不断吸引着优秀的人才、创造世界上最有价值的产品。按照80:20理论，正是这些20%的人才支撑着20%的优秀企业，并赚取了市场中80%的收益。因此，别说是3%～5%的人才流失率，如果是这20%中的人员，就是流失了1%，都会给企业带来巨大震荡。

回过头来再看看我们的企业。必须承认：25年与100年之间的时间差距不能回避。有人说：暴发户一夜之间可以冒出好几个，但一个贵族的诞生至少需要三代。这个道理同样适用于企业人才的产生，它需要土壤和养料。

企业需要经历时间的磨炼，人才更是如此。没有在企业中实战过、没有亲身参与到一个企业的诞生与成长之中的人，不能称之为真正的企业管理人才。一个没有经过10年以上汽车维修经历的维修人员，不能称自为人才（还得说是经过10年苦学的）。但在我们的身边，真正具备以上经历的有几个？与这些企业共同成长过来的人才又有几个？日前，看到一份几年前的日内瓦世界经济论坛发布的报告显示，在48个国家中，我国的“人才素质”排行第40位。专家认为，我国可以培养出世界顶尖人才，但人才金字塔的基座却不令人放心。

正视这一现实，我们就没必要死盯着什么所谓的“人才流失率”了。更真实的情景是：我们生活在一个人心浮躁的社会、一个物欲横流的时代、一个经济大发展与精神大涤荡并存的特殊历史时期。在这样的环境中，100个人中，真正能与企业同心同德、同舟共济、同生共死的人最多也不超过5个。剩下的95个不过图的就是个谋生的手段，在这里与在那里都一样，只要给钱就干活儿。根本没什么精神需求与价值信仰，属于纯粹的“精神游牧”部落。对于这样的人员，有长远抱负的企业何必为之徒费口舌，搅得自己也心神不宁静呢？

反过来再推想：如果100人中，流走的正是那95%的“精神游牧”、“信仰缺失”之人，又何尝不是件大大的好事。古语云：流水不腐，户枢不蠹。况且流走的都是那些“浮萍”、“落叶”，不正好还企业一个清者自清的本来面目，同时又留下了最好的位置给那些真正有理想、有追求、有抱负的有志之士、同道主人。因此，我们的领导不要一看人走就心慌，如果流走的本来就是不属于你所需要的那类人，又何必要拦呢。古人治水的最高境界不是人为地建造堤坝，而是开闸放水、顺势利导。

话又说回来，倘若流走的是那5%最有可能与企业同成长、共患难、有着共同精神与理想追求的人呢？这就涉及到另一个关键问题，即企业是否有自己的哲学，企业自身是否具有完备的精神文化体系，并将之转化为企业中所有的人都看得见、摸得着的“人才成长阶梯”。

在这里我们尤其强调，留住企业真正想留的人才，企业自己首先要有思想、有文化、有远见，这样才能知道自己想要的是什么样的人。但这还不够，无形的思想与文化，要转化为每个人都听得懂的语言、看得见的场景，能为之激动、忘我投入的“执行力”才有价值。这就需要建立一个适合不同层次与结构人员需要的组织体系，称之为“人才成长阶梯”。在这个体系中，基层人员属于浮在企业表面的那“95%”的人群部落，严格意义上讲，他们还没有进入真正的企业组织（指在精神与文化层面而言），属于企业的外围层。他们的主要服务对象是物质产品（汽车），严格执行企业的各种标准化程序和操作规程，根据自身所在岗位的职责描述，保质保量把工作做好，领取相应的工资报酬，仅此而已。企业核心层是指在文化层面上与企业高度同构的人。他们不仅能按照企业要求把本职工作做好，更多的还要思考在现有工作基础上怎样做得更好，如何将企业的战略目标转化为实际的行动计划与方针路线，组织、激励和带领更多的人创造性地完成企业各项经营任务。他们是企业核心精神与文化的继承者、发扬者和传递者，他们也是企业的血脉和脊梁。对于企业的掌舵人，即企业的灵魂人物，除了负责制定企业各种战略方针之外，更重要的职责是建立企业哲学，这是企业为之终身奋斗的最高信仰。深厚的思想哲学根基，必定产生最具生命力的企业文化。企业文化渗透到企业中每个人的心中，企业的维修质量才具有品牌魅力、恒久价值，同时企业才能在各种境遇中泰然处之、从容应对。

试想，如果我们每一个企业都能有这么一个强大的思想结构体系，以及与之相匹配的人才成长阶梯，惊涛骇浪又有何惧？沧海横流方显英雄本色！只要内心坚如磐石，哪管它地动山摇，高山险阻亦如履平地。

实事求是地讲，我们的汽车维修企业人才太少了。因为人才太少，所以碰到的几率就小，如果再不加快筛选的频率，加大人员流动的幅度，企业就等于白白耗费生命，眼看着各种机遇在眼前飞过，一个都抓不着、捞不到，错过自身发展的大好良机。

打破这一潭死水、激活内部机能，为了让真正的人才走进企业，培养企业真正需要的人才，在这样一个鱼龙混杂、泥沙俱下的时代大背景下，中国企业在面对人员流动问题上必须要放开手脚、冲破人为的思想束缚，真正到大江大浪中去淘沙子、筛金子。既然时世如此，就干脆来它个“大出大进”，百里挑不出一个合适的人才，我们就千里挑一、万里挑一；既然一下筛不出个金子，我们就多筛它个十下、八下，相信功夫不负有心人，只要心诚意切，伯乐总会遇到千里马。说白了，这就需要企业领导人要有大胸怀、大气魄、大眼光，不要拘泥于眼前的这点水和这点泥，畏首畏尾、瞻前顾后、贻误战机。该走的就让他赶快走，该留下的一个都不放过。企业既要敢破敢立、又要胆大心细。

四、造就“名牌”员工

名牌和企业的关系，就像生命对人一样重要。正因为如此，许多企业都将名牌产品看做自己的生命，努力追求，精心打造。然而，在激烈的市场竞争中，有的企业深感牌子难亮，名字难扬，有的甚至经不起风浪，自愧相形见绌。究其原因，主要还是缺少“名牌”员工。

高质量的维修结果是由人创造出来的，创造名牌维修质量离不开“名牌”员工。他们是在企业中培养出来的训练有素、技术精湛的精兵强将，已成为企业的中坚和骨干力量。要想在市场上立于不败之地，企业就必须有一支高素质的员工队伍。抓质量、创名牌的核心是人。特别在经济增长方式从粗放型向集约型转换的过程中，没有具备一流技术的“名牌”员工，是难以推出极高的维修声誉。即使引进了先进的技术和优良的设备，恐怕也会最终因为缺乏奋发向上、精益求精的“名牌”员工而后劲不足，力不从心。

俗话说：“十年树木，百年树人。”企业要把造就自己的“名牌”员工放在第一位，并且培养出一批能领先一步、赢得市场的后备军。这样，没有名牌，可以创造名牌；有了名牌，能够保住并且发展名牌。因此，以人为本，打造一支“名牌”员工队伍，应当成为企业文化永恒的主题。现代企业的竞争说到底是人才的竞争。时至今日，“人”已经变成了财富的“焦点”。下面介绍的是美国九家知名企业实践“以人为本”的策略，它们构筑具有超强竞争力的人才平台，成功地培养出一支拉得出、打得响的“名牌”员工队伍。它们的企业文化建设具有普遍意义，值得借鉴。

1. 微软的强调潜质

在微软公司的决策者看来，潜质比经验更有价值，因此要成为公司的一员绝非易事。应聘者不但要对软件兴趣浓厚，而且还必须具备一定的理解力、丰富的想像力、善于与他人合作的亲和力和敢于冒险的精神。对于那些以提升或加薪作为条件，威胁要辞职的雇员，即使会因此造成麻烦的局面，公司也会让他们走，因为不受眼前因素左右的雇佣政策，将会有利于公司的发展。

为了迅速发掘和雇佣最优秀的人才，微软配备 244 名专职招工人员。他们每年要走访近 150 所大学，阅读 12 万份简历，面谈多达8 000次，出色地完成招聘新雇员 2 000 名的任务。当年，盖茨购买了西雅图另一家公司的早期成果，雇佣该公司一个名叫蒂姆·帕特森的最顶尖的工程师，以研制个人计算机操作系统。帕特森不负重望，在此基础上开发出 MD - DOS 操作系统。

2. 英特尔的突出创新

英特尔公司以其不断推出新的升级换代的品牌而闻名于世。这种创新精神同样也体现在它的人才录用上。公司在各高校招聘应届毕业生时，对于那些在校期间曾经完成过颇有创意性项目的学生格外看重。在英特尔，为了让员工保持最佳状态，会经常让他们调换工作。去年，6.7 万名员工中就有 20% 的人进行过这种变动。公司一直在超速运行，产品的开发升级率仅半年。这就要求每一位员工都必须具备极强的适应能力，否则就无法在公司里生存。英特尔有一系列让新手更快地适应高速运转的工作环境的程序，以确保其适应公司的日常工作，掌握当今科技发展的方向。另外，还设立了专项奖金，以奖励先进的个人和集体，作为给员工的一种福利。

3. IBM 的提倡务实

每一个人都有公司股票的选择权。IBM 之所以能成为世界上最大的电子计算机公司，一条成功的经验是不录用恭顺的人，只任用实事求是的人。这种员工不迷信权威，敢于讲真话，不计较个人得失，能够很好地贯彻企业的经营理念，树立良好的企业形象，推进公司各项工作的发展。IBM 第二代领导人沃森是一位享有盛名的经营者，他深有体会地说："最容易使人上当受骗的，是那些言听计从、唯唯诺诺的人。我宁愿用那些脾气不太好、但是敢于讲真话的人。作为领导者，你身边这样的人越多，能够办成的事情也就越多。"对于那些辞职的员工，公司人力资源部仍然保留有他们的名单。公司经常与其保持沟通与联络，关心他们在新的职位上干得如何，想不想回来。

4. 惠普的充分信任

惠普公司被誉为"硅谷常青树"，在高科技行业闻名遐迩。这是一个包容性很强的企业，人才得到充分的信任和尊重。在招聘员工时，公司只问对方能够为企业做些什么，而不是强调对方从哪里来的。在处理问题时，只给基本原则，而把具体的细节留给基层经理。由于保留了发挥的空间，因此员工能够做出合适的判断。

惠普是美国最早实行弹性工作制的企业，允许科技人员在家里为公司上班。由于实施分层管理，因此各类人员各负其责，自我管理。公司要求员工了解个人的工作情况对企业大局的影响，提高自身技能，以适应客户不断变化的需求。对于那些离开了惠普之后又想返回的人才，公司从不采取歧视的态度。曾经有一位高级别的经理，三进三出公司，但是仍然得到重用。他深为感动，带着一种自愧心理，更加珍惜自己的岗位，加倍努力地工作，为惠普再上一个新台阶作出了重大贡献。

5. 通用的综合考评

对于通用公司的领导层来说，如何使员工在本企业工作每天都感到骄傲，已经成为他们努力的目标。在这里，员工毕业于什么大学、出生于哪个国家无关紧要，关键是必须有真才实学。通用提供了大量成才的机会，使许多青年成为精英人物。公司从不搞论资排辈，30 岁出头的经理在各个部门随处可见。在通用，"360 度评价"是培养人才的重要方法。所谓"360 度"，就是全方位的意思。每个员工都要接受来自上司、同事、部下，以及客户的综合考评，由大约 15 个人分 5 个阶段做出。主要评价被考评对象是否按照公司的价值观来做好自己的日常工作。在这一点上，通用十分强调。那些工作上虽然出色但不具备公司价值观的人，在通用不会受到欢迎。

6. 沃尔玛的提供机会

沃尔玛名列全球500强前茅，被公认为是最具企业文化特色的公司之一。《财富》杂志这样评价道："沃尔玛通过在培训方面花大钱和提升内部员工的策略，赢得了雇员的热情和忠诚。在管理层中有60%的人员是从'小时工'做起，一步一个脚印上来的。"在这个零售"帝国"里，高级主管并不迷信MBA文凭，看重的是通过努力以杰出的工作业绩来证明自己的实力。虽然不少员工都没有大学学历，但公司鼓励他们积极进取，并且多方面提供接受训练和提升的机会。经过半年的训练后，那些具有管理好员工和商品销售的佼佼者便会脱颖而出。他们将得到一试身手的用武之地，像做助理经理或者协助开设新店。如果表现出色，还会被派去单独管理一个分店。统计数据表明，沃尔玛公司的经理人员都是从公司内部的员工中提拔起来的。他们的成才，得益于公司卓有成效的管理培训。

7. 麦当劳的育才学校

在麦当劳的高层看来，他们的企业首先应该成为培育人的"学校"，其次才是快餐店。作为服务性很强的行业，一流的员工必须具备良好的职业道德和娴熟的技能技巧，所以看重的是那些虽然相貌平平但吃苦耐劳的人。麦当劳富有主见的管理，在世界餐饮业中享有盛名，传为佳话。通过定期的培训，使员工牢固地树立"向客户提供更有价值的高品质"的理念，作为行动的指南，在日常的工作中充分体现出来，努力为公司争取荣誉。这种目标明确和形式多样的培训，培养出了一支爱岗敬业的员工队伍，为企业的发展和壮大注入了活力，使之成为全球最大的以汉堡包为主的快餐公司。

8. 摩托罗拉的坚持培训

在摩托罗拉，要求工程师必须有40年的学历，而不仅仅是4年。强调"终生不断学习，才能使人们向传统提出挑战"。为此，1993年7月，组建了摩托罗拉大学。根据有关规定，凡公司员工，不论职位高低，无一例外地每年必须接受不少于5个工作日的培训。现在，这所大学已颇具规模，每年提供的课程多达170门，可以满足员工"充电"的需要。据统计，公司每年用于员工的培训费用已经超过10亿美元。摩托罗拉公司对员工关怀备至，就是那些辞职离开了公司的人，如果能在90天之内归来，以前的工龄还可照样计算。此举感动了离职出走的员工，吸引他们中的许多人回归。有的不但下决心重返公司，而且宁肯还他们辞职时领取的补偿金。

9. 麦肯锡的留住人才

对于离职的员工，麦肯锡公司仍然念念不忘，将他们的姓名登记造册。这是一本特殊的花名册，被称之为"麦肯锡校友录"。公司动态地跟踪这些前雇员的职业生涯发展变化，甚至包括家庭状况等细节。他们能定期收到来自麦肯锡的内部通信，而且常被邀请参加公司举办的聚会等活动。在“校友录”里，有许多CFO、高级管理人员、教授、政治家等。通过长期感情上的联系和沟通，麦肯锡从他们那儿获得大量有价值的商业信息和建议。尽管这些人没有回来，然而所提供的一两个商机就可以使公司大受其益。为了酬谢这些“编外员工”对公司所做出的贡献，麦肯锡一样会付给他们相应的报酬。麦肯锡采取的这种“让好马吃回头草”的做法，是一种富有远见卓识的人才经营策略。他们心胸开阔，不计前嫌，结果以另外一种形式巧妙地“留住”了出类拔萃的人才，取得可观的社会经济效益。

第六节　汽车维修从业人员的技术业务培训

一、培训的意义

现代汽车维修企业中的人才流动是必然现象，这是不以某个管理者意志为转移的。企业和企业管理者采取各种措施与机制，只能作到人才的相对稳定。充分认识市场经济下人才流动特点，会使管理者在实施人才政策时，心态趋于平衡，这样做的结果往往会事半功倍。千万不可因为人才的流动而不对员工进行培训，这样会造成企业的恶性循环，得不偿失。

汽车维修企业建立对内部员工的培训机制，是稳定人才的主要手段和企业发展的必然措施与动力。制约企业成长的重要因素是企业内部人力资本的供给，企业能扩张多快，很大程度是要看内部管理人员的培养速度。在一定时期，通过从外部招聘技术人员和管理人员是必要的，但经验表明，一个企业如果管理人员不能从外部招聘为主转向内部培训为主，就不能算是走上正规的企业。在许多情况下，企业必须根据内部培训的程度，决定其业务的扩张速度，而不是简单地由扩张速度来决定招聘人才的数量。许多急剧扩张的企业，后来失败的原因之一，就是过多地从外部招聘。外部招聘的另一个危险（尤其中高层管理人员、技术人员），可能吸纳了对企业不忠的人。因为经常跳槽的人，有部分是属于对企业缺乏忠诚感的机会主义分子。我们看到许多外国大公司，刚开始进入中国市场时到处挖人，除了母公司派来的总经理外，从普通员工到高层经理几乎所有岗位都对外开放，但一旦进入稳定发展阶段后，就转向以内部提拔为主，这点值得我们借鉴。

现代汽车维修企业与七八十年代以前的，也就是常说的计划经济体制下的企业有着很大差别，因而在培训内容与培训机制上有着根本的区别。过去企业是按计划实施作业，按部就班，企业发展很慢，因而有时间、有精力去从基础开始培训员工，培训内容也可以涉及企业经营所包含的全部内容。当今社会是一个信息化社会，社会发展、科学技术发展、行业发展、企业发展是日新月异，因而企业不可能拿出更多的时间与精力去对员工进行全面培训。培训的内容重点应从基础教育、基础素质教育，转向对本企业的认识与理解、高新技术的开发、引进学习与利用、企业的创新、本企业文化品牌灌输与创建、员工的潜能开发。以往的基础教育、素质教育应转给专职教育机构。这样企业的员工来源、层次会具备一定档次，培训的内容、起点就会很高。从这个侧面证明，企业培训员工的意义及其带来的经济效益更加显著。汽车维修企业不仅对劳动力的需求量越来越大，对劳动力的文化技能素质的要求也越来越高。如何从汽车维修企业发展需要出发，对行业的职业培训工作进行规范，建立有我国特色又能与国际接轨的汽车维修行业职业培训体系是一个重大的课题。

从业人员的技术业务培训，是指对企业负责人、工程技术人员、管理人员和工人进行业余的和脱产的技术业务、经营管理知识的教育，使其增长技术业务知识，提高劳动技能和管理水平的一种教育和培训。其重要意义在于：

（1）加强培训是提高职工整体素质的重要途径　汽车维修行业，同现代化工业生产相联系，需要不断提高职工队伍的素质，以适应汽车维修作业和企业管理工作的需要。只有这样，才能不断提高维修质量，增强企业的竞争力。

（2）加强培训是提高劳动生产率和工作效率的主要措施之一　通过培训，可以提高职工和干部的工作能力、办事效率和技术水平；可以增加他们的知识积累、加速知识更新和引发科学创见。通常情况下，教育培训的程度越高，完成任务的效率就越高，革新与发明创造就越多。

（3）加强培训会给企业带来巨大的经济效益　现代经济发展的实践证明，教育与培训是生产力的重要组成部分，越来越成为发展生产的重要因素。

我们早已进入信息时代。在20世纪20年代，汽车这一最具代表性的工业产品，其中60%的成本用于购置原材料和能源。然而到了20世纪80年代，同样具有代表性的工业产品——半导体集成电路，在原材料和能源方面的花费却不超过成本的2%。是什么取代了他们的位置？知识是目前至关重要，有的组织模式是从物质材料中榨取财富，有的则是力求通过运用知识得到回报。前者是无法与后者媲美的。

据日本资料介绍，工人教育水平每提高一个等级，技术革新者的人数就增加6%。工人提出的革新建议，一般能降低成本5%；技术人员提出的革新建议，一般能降低成本10%～15%；受过良好教育与培训的管理人员，则可能降低成本30%以上。

由此可见，加强从业人员的技术业务培训，是开发智力、培养人才的重要途径之一，是提高企业生产效率、取得最佳经济效果和有计划培养劳动后备力量的重要措施。

二、培训的原则

根据中央教育体制的改革精神，职工教育与培训重点，要由学历教育转向岗位培训。其培训的原则是：以市场经济为导向与企业需求相结合，统一安排、因材施教、灵活多样。

（1）以市场经济为导向与企业需求相结合　要时刻研究市场经济发展之规律，时刻研究企业的需求，掌握企业发展动向。培养的人才能够有的放矢，成为实用性人才，并且在很短的时间内为企业创造出效益。

（2）统一安排　要根据部门、行业、企业条件、需要与可能来统筹安排职工的学习，有的可抽出来短期培训，有的则可以脱产长期学习。

（3）因材施教　对不同对象要区别对待，提出不同的要求。如对领导干部，通过培训使之成为懂技术、懂经营、懂管理，按经济规律办事的内行；对工人的培训要根据工种技术等级标准的要求进行。

（4）灵活多样　可以采用多种多样的培训形式。如在生产和工作中培训，开办短期讲座培训班，举办业余大学、电视大学、函授教育，选派到高等学校和中等专业学校代培，开办技术学习培训等。

三、培训的内容

根据因材施教的原则，应按照国家有关规定和不同的岗位、工种、级别，选用不同的内容分别进行培训。

（1）企业领导人员　重点学习企业管理，政策法规，市场动向和发展趋势及先进企业的管理经验等。必要时，组织他们在国内外进行参观考察，使其成为既懂政治、又懂经济，既懂管理、又懂经营的专门人才。

（2）企业管理人员　应按人事、秘书、财会、统计、物资等不同的专业，有计划、有目标地培训。使其成为不仅能胜任本职工作，还能不断为企业管理提出好的改进意见，做一名企业的好管家，领导的好助手、好参谋。

（3）企业的工程技术人员　他们在新技术、新设备、新材料、新工艺的引进和应用，生产中问题的解决，经营管理的改善等方面都起着非常重要的作用。因此，应着重加强对他们的再教育，尤其要抓紧对质管人员、检验人员的培训。一是要普遍加强理论技术教育，使其在二三年内，在技术水平上提高一个等级；二是对没有受过专业教育的人员，要有计划地进行本专业中专、大专课程的理论教育；三是对质检人员，要及时进行新工艺、新标准、新车型及检测设备运用的培训，使其做到熟练掌握、运用自如。

（4）工人的培训　维修工人分为初级、中级、高级及学徒工四个级别进行培训。

1）初级工的培训。培训内容包括汽车结构原理，汽车维修的基本知识，常用原材料，零部件的分类，通用工具的使用与保管，维修的安全操作规程等。通过培训，使其达到能胜任车辆一级维护的工作，满足一般人的技术要求。

2）中级工的培训。在初级工培训考核合格的基础上进行。其基本内容是：深入学习汽车结构原理，汽车性能，汽车故障与排除，汽车技术使用，零部件的配合要求，常修车型的技术参数，汽车维修的质量要求，汽车维修所用原材料的规格、性能、正确保管和使用方法，常用标准件的合格性鉴别，维修专用工具的保管和使用方法，常用机械的正确操作方法，安全生产规程等，并掌握金属加工的一个工种的操作技能，如车、铣、刨、磨、焊等。通过中级工的培训，使其能胜任汽车二级维护和一般小修工作，并在工程技术人员的指导下，能承担某一总成的大修工作。

3）高级工的培训。在中级工培训合格，并经过一定时期的实践锻炼后，在技术上进一步深造的培训。其主要内容是：常用汽车型号的构造原理、技术使用与维修要求，汽车故障原因和预防，公差与技术测量，金属磨损原理，汽车零部件质量鉴定，维修质量检验，汽车维修所用原材料的质量、性能鉴定，维修专用工具、卡具、器具的正确使用和保管，维修加工机具的操作与维护，绘制简单的零件图和阅读较复杂的装配图，并能指导他人从事维修和金属加工工作。此外，还应掌握维修作业流程、有关定额的考核与计算等。通过培训，使其能胜任汽车大修工作和一般汽车零件的制造和配制能力，成为企业维修的技术骨干力量。

4）学徒工的培训。采取以适应性教育内容为主、操作技能为辅的培训计划，要坚持德、智、体全面发展的原则。学徒工在参加劳动生产时，要安排老工人当师傅，签订师徒合同，做到包教包会。虽然汽修业发展到今天，利用高新技术设备进行检测诊断维修，但由于汽车修理是一个对实践经验要求非常强的行业，虽然计算机控制在汽车上的应用越来越多，但其故障率很低，可靠性高，而机械部分的故障占全部故障的98%以上，所以目前汽车维修还是以经验为主，尤其故障判断。因而善于学习有实践经验员工的经验是非常必要的。学徒工应该是经过中等专业教育的、初到企业的员工，而不是以往意义上的学徒工。学徒期满，要经过考核合格后才能转正。对于学习努力、成绩优秀、确实已达到本工作应知应会的学徒工，可以提前转正。

四、培训的方法

从业人员的技术业务培训，应坚持多渠道、多形式，轮训与重点对象培训的原则，以不断提高汽车维修队伍的整体素质，适应企业发展的需要。

（1）企业自办培训班 抓好职工教育，加强对职工培训的管理，提高职工的科学技术水平与劳动技能，以便跟上维修技术与企业的发展要求，是企业领导人的一项重要职责。因此，企业领导要明确专人负责该项工作，要制定职工教育培训计划，要利用业余时间和工作生产的闲余空间，组织好职工的培训。本单位师资力量不足时，根据工作生产需要，可临时向社会招聘。自办培训班优点很多，可就地取材，现场施教，机动灵活，教育面广，是投资省、见效快的一个好办法。

（2）社会力量办学　随着汽车维修业的发展，加快了维修队伍的壮大速度，企业应当支持或委托有条件的社会力量开办汽车、摩托车的维修培训班，或学校为企业专门培养人才。

这里顺便提一下，由于在学校学习的内容大部分是经验的总结，因而不可避免的是学的知识与企业的实际需求（包括技术、设备、管理等）相对滞后。为了减少人才与企业之间磨合损耗，一是教育必须与企业需求紧密结合；二是必须增加从业前的适应性教育内容（这是我最近在职高、高职教育改革方案中提出的一个新观点），可包括：目前国内企业状况，国内外相关行业发展前景，目前企业在各个方面的需求，在企业经营过程中出现哪些问题（技术、设备、营销、管理），甚至各种类型企业（独资、合资、国营、私营）管理、人际、经营特点等。解决适应性问题的目的，在于减少磨耗给双方带来的损失。

（3）定向培训　维修企业根据工作生产需要，可以选择人品好、文化技术基础较好、身体健康、上进心强、有培养前途的职工，到专业学校或同行业好的企业进行培训。

（4）行业管理部门培训　为了加强行业管理，行业管理部门根据行管政策和维修市场的发展，有计划、有选择地抽调维修企业的管理人员和技工进行培训。行管部门的培训为企业服务，以提高社会效益为目的。

机动车维修从业人员从业资格条件参见附录E。

思 考 题

1. 现代汽车维修企业的人力资源管理与传统人事管理的区别是什么？
2. 什么叫作人才继任计划？为什么要执行人才继任计划？
3. 如何对待现代企业的员工的离职、流失与裁员？
4. 汽车维修企业如何对员工进行培训？

第七章　企校联合培养技能型实用汽车维修人才

第一节　企校联合培养技能型实用人才

一、目前汽车维修企业人才状况分析

随着世界汽车技术的发展和我国汽车交易市场的逐步繁荣，世界上各种先进汽车以飞快的速度进入国内市场，极大地促进了我国汽车维修行业的发展。尽管如此，我国汽车维修技术的发展速度仍远远赶不上汽车新技术的变革。在存在的各种原因中，最基础的是组成这个组织的人员素质和技能与发展不相适应。

20 世纪 80 年代中期之前，由于我国汽车工业的落后，也由于汽车维修行业的特殊性（介于制造业与手工业之间的特点），以及对汽车维护制度认识与教育的滞后，加之产业结构的不合理，造成人们重制造轻服务，从而导致严重的社会歧视，造成了对于这个行业的职业教育及人才的培养的极大忽视。那时，我国汽车维修业是清一色的国有企业（不论大小或附属企业），而进入这个行业的人员，少数毕业于汽车工程院校，多数毕业于中专技校的机械专业，而在维修厂里操作过程绝大多数是师傅带徒弟的手艺之道。当然我国汽车工业的落后也是造成这状况的重要原因。

20 世纪 80 年代中期，随着改革开放，国外新技术含量高的汽车大量涌入国内市场。当时，首先受到冲击的是汽车维修行业：发动机电控燃油喷射、自动变速器、制动防抱死（ABS）、安全气囊（AIRBAG）、电控悬架，以及现代车载诊断系统已在汽车上普遍使用，大大推动了汽车维修技术的发展。当前汽车电子技术又在向全球定位系统（GPS）、惯性导航系统（INS）、智能巡航系统（ICC）、车辆自动跟踪、主动倾斜控制（ARC）、线传驾驶（DBW）、基于模型的车载诊断系统等方向扩展，进一步对汽车维修提出了更高的要求，也促使其加速发展。机械液力自动变速器、差速锁止装置、空气－液力减振、负载阀、PT 泵、动力转向等大量的新技术、新产品、新系统，猛烈冲击着传统维修工艺和制度，致使原有的大批维修企业瞬间丧失了经营能力，一批新的维修企业应运而生。组成这批企业的人员，前期主要是专业人员中综合素质较高的人员，它们培养了一批机电一体化，以及专业汽车钣金技术整形（薄板钣金向汽车钣金技术整形的转化）、汽车喷涂的技术先锋，极大地推动了这个行业的发展。然而飞速发展的汽

车维修行业与技术，使得人才需求产生了极大的空缺。市场机会促使企业急功近利，从而引进了大量初级工，甚至农民工。虽然这些人文化素质很低，但由于他们年轻，又没有传统技艺的制约，容易接受新鲜事物与技术，加之大量民间资本的注入，维修设备的急速更新，在技术变革的初期，他们也的确填补了当时的空缺。

随着汽车维修技术变革的深化，国内汽车维修技术的发展受到了严重制约。尤其在近几年，随着世界汽车工业的发展，我国汽车工业也得到了长足的发展，人员平均基础知识的落后，使得汽车维修企业失去了当年领先于国内制造业技术的风骚，逐步落后于国内汽车工业技术的发展。据最近调查，在发达国家汽修企业里高级技工占35%；中级技工占50%；初级技工占15%。我国高级技师占1.5%；高级技工仅占3.5%；中级技工占35%；初级技工却占60%。目前国内共有汽车、摩托车维修企业33万家，从业人员220万。据831家企业抽样调查结果显示，工人文化程度比例为：初中以下38.5%；高中51.5%；专科以上10%。发达国家这种结构比例为2:4:4。综上所述，不难看出我国汽车维修企业发展和人员素质，已远远满足不了企业发展的需求。现在许多汽车维修企业已经开始注重维修工人的招收、培养和使用，汽车维修工人队伍在逐步年轻化、知识化、专业化。但是，掌握现代汽车维修技术的高等技术应用性人才还是严重缺乏。从汽车维修检测硬件方面，目前我国的一类汽车维修企业的汽车维修检测设施水平，与国外发达国家差距已经不大，但是汽车维修技术人员，特别是高级技术人员方面，在数量和水平方面与国外发达国家相差较大，汽车维修工程师的严重匮乏，已成为阻碍我国汽车维修检测行业快速发展的瓶颈。

根据我国汽车维修企业开业规定，汽车维修一、二类企业，必须具有相应专业的工程师才可开业。我国汽车维修一类企业约一万多家，二类企业有近十万家，三类企业有二十多万家，因而我国汽车维修行业专业一、二类企业至少需要约二十多万名汽车维修工程师（汽车医生）。全国共有近三十万家不同类型的修理厂点，所需汽车维修工程师应该超过60万。同样，在汽车检测行业，需要数万名专业技术人员。我国汽车检测业是近十年才发展起来的新兴行业，安全检测线在我国各个城市都建有几条或十几条不等，综合检测线在我国共有两千多条，而从事汽车安全检测和综合性能检测的技术人员，主要是从汽车维修或其他行业转过来的，从大专院校毕业学习专门汽车检测技术的毕业生几乎等于零。

目前我国汽车检测维修技术人员的培养，主要由中专或条件水平相对低的大专学校承担这方面的工作，所培养的学生从质量上和数量上都远远不能满足社会要求。侧重于现代汽车售后服务的汽车运用工程技术人员的培养，是目前我国汽车售后服务行业亟待解决的问题。总的来讲，全国以汽车维修、检测为主的汽车售后服务从业人员面临更新换代，需要大量的、受过高等教育的汽车运用工程高级技术人员充实到汽车售后服务的行业中。社会需求预测随着汽车工业的发展，特别是我国进入WTO，社会对汽车售后服务行业的高级技术人员的需求将是旺盛的，并且呈上升势头。因此，大量培养侧重于现代汽车维修、检测等售后服务的“汽车运用工程”高等技术应用型人才，符合当前我国汽车售后服务业的急迫要求。

由于汽修技术人员供不应求，大量未经过任何培训的人员进入汽修岗位，加之极少量的专业技术人员频繁无序的流动，企业之间恶性人才竞争，从而造成大量的经营与质量问题。据中国消协逐年统计，汽车维修类投诉呈直线上升趋势，仅因维修质量引起的投诉约占80%以上。人才匮乏、吐故纳新、继续再教育，与汽车维修企业的发展需求产生了巨大的矛盾。汽车维修工程是一个要求理论性与实践性都非常强的过程，更是由于市场经济的发展，汽车已经步入家庭，因而对于从业人员的综合素质要求越来越高，动手动脑能力越来越强，理论基础知识要求越来越扎实，为企业创造效益的周期越短越好。

二、目前我国汽车维修工程职业教育现状分析

职业教育是现代教育的重要组成部分，是提高劳动者的素质，促进劳动就业的重要途径，是国民经济和社会发展的重要基础。我国汽车维修工程职业教育对于推动行业技术发展，推动我国汽车工业技术发展，有着十分重要的地位和作用，承担着培养高素质劳动者和实用人才、推广先进维修技术的责任，承担着弘扬先进文化、建设精神文明的责任，承担着培养劳动者的就业能力和创业能力的责任。

世纪之交，我国从计划经济向市场经济，传统教育模式向新的教育模式转型的过程中，职业技术教育不仅受到两种经济体制的挤压，而且受到经济转型期所伴生的各种价值观、质量观，以及高新技术、经济发展周期等多方面的影响。在这种挤压下，职业教育的形态发生多种变化。这些变化集中表现在既保留计划经济由政府包办“计划驱动”的那一套，又有新时期市场经济产生的“需求驱动”那一套，还有转型期“计划、规划前瞻不准确”的问题。另外，社会总体对职业教育的定位，在理论上缺乏较为统一的认识，在实践上没有现成的模式可依，而且，职业教育的社会地位，实际上还未达到与普通教育并驾齐驱的地位，重学术、轻应用，重普教、轻职教的思想，还在教育界、社会上占主导地位，传统的价值观、质量观、评价观还被作为衡量标准套用于职教。再者，我国职教系统里的教师和管理者，大部分受普通传统教育的影响，他们欣赏学术型、研究性人才的教学，鄙视“以能力为中心”的就业指导性教育方式。同时，造成职业教育系统师资知识老化，实践技术技能缺乏。当然也由于机制、体制的原因，忽略了对实践技能的培养，从而跟不上汽车维修技术的发展。

我国从计划经济向市场经济转型的过程中，落后的维修方式、维修工艺流程，不可能一日之间被先进的维修工艺流程、维修技术取代。因而，在相当长的一段时间，由于职教理论水平的有限与对维修过程工艺水平的了解不够，难以对教学模式进行高水平的设计，难以将今后发展所需求的知识技术技能紧密联系起来。

汽车维修职业教育要求实践性非常强，但由于以上原因，我国汽车维修职业教育的办学条件，跟不上维修技术发展的需要，许多学校的实训工场、实验室设备简单、落后，而校外工厂、实践场所又缺乏适合职教的需求，即便目前有一部分学校正在和维修企业联合办学，但由于经济利益、管理体制等一些永远解不开的症结，造成联合办学很容易流于形式。

就汽车维修工程而言，很长一段时间以来，由于受到体制与机制等因素的影响，院校、整车制造、售后服务（汽车后市场）三者严重脱节，造成教育严重滞后于行业发展的需求。同时由于我国的职业教育担负着学历教育与职业教育的双重任务，又受到社会习俗的影响，重学历轻技能，因而在实施职业教育的过程中往往顾此失彼，突出表现在职业人才一次就业率及就业后底薪都很低，二次就业流失率却很高的现象。

由于以上存在的种种原因而导致了以下五种遗憾：

1）企业遗憾。企业求贤若渴，但引进学生后却不对路、不实用、没有用或长时间不能为企业创造效益，同时要为这些学生进行再培养付出巨大的精力与财力，最后不得不放弃。

2）学生遗憾。学无所用，感觉学了一身知识却是有劲使不上；学无所值，三年的学识得不到企业的认可；时间流失、心血无迹。

3）学校遗憾。付出了大量成本培养的学生学非所用，学识陈旧，就不了业且大量流失。

4）家长遗憾。含辛茹苦培养孩子，到头来就业无门。

5）政府遗憾。既满足不了行业发展需求，又增加了失业率和政府负担。

无奈的磨合触伤了多方面的积极性。当然这里有主观原因，但更多的是职业教育与市场经济相脱节，与企业需求相脱节。因此职业教育以企业需求为导向，与企业实践相结合，是实现职业教育服务于企业需求，服务于经济社会发展的基本保证。

第二节　企业办职业教育是企业经营的一种战略

一、企业发展人才是关键

在市场经济条件下，竞争是企业之间对生存权利和发展优势的争夺。竞争是一把双刃剑，竞争的压力既会给企业造成生存的危机，又会给企业产生发展的动力。种种挑战意味着企业如果想在国际、国内、地区，乃至本地市场上保持竞争力，就必须拥有高技能的员工队伍，并要在新领域专业技能培养和谋求发展而进行的基础教育等方面做好准备。企业无法回避竞争，为了生存就必须参与竞争。企业怎样才能在激烈的市场竞争中立于不败之地呢？这就向企业经营者提出了一个既客观又严肃的问题。

作为一个企业经营者，要具有高瞻远瞩的战略眼光，在抓好当前工作的同时，不能忽视企业未来发展所需做的工作。美国著名管理学大师彼得·德鲁克曾说过“对企业来说，未来至关重要。经营战略使企业为明天而战。”企业以人为本。在企业的战略中，人才战略是不容忽视的一个关键战略，只有提高了企业人员的素质，才能实现企业整体素质的提高，从而树立企业良好的对外形象和崭新的精神风貌。人和用人是企业成败的首要因素，也是企业人事管理的基本内容。这在企业，一般人心目中都是不言而喻的。因为不论多么充足的资金和多少先进高效率的设备，都是由人去管理和使用的。如果用非其人或用人不当，资金和设备决不可能发挥出应有的作用和效益。在科技迅猛发展、竞争日炽的当今时代，企业的命运主要取决于如下因素：①人才,首先是企业家人才，以及适应时代需求的现代化、应用型、复合型人才；②企业人力资本存量，即企业整体的知识、技能在一个较高水平上；③企业强烈的学习、创新意识和创新能力；④员工的积极性、自觉性、创造性得以最大限度的调动与发挥；⑤优秀企业文化的有力支撑；⑥企业整体具有灵活性、敏锐性、应变性及迅速应对的能力。这些因素的形成与生长，根本依赖于企业职业教育。尽管尚有其他途径，但是，没有企业的职业教育，就没有企业的成功与发展。就此意义而言，有效的职业教育是企业立于不败之地的重要保证。同时，科技的飞速发展也不断提出全新的和更高层次的岗位要求，这些都要求企业对员工进行全方位的职业教育。

经济学家亚当·斯密曾在其《国富论》中指出：一个职员技能的提高，如同一部机器或是一种工具的改进一样，可以节约劳动、提高效率。发展企业，是为企业积累一流的人才和一流的团队；发展企业，是为企业创造和谐向上的企业文化和企业环境；发展企业，是为企业创造人才辈出的竞争体制和良性循环的约束机制；发展企业，是面对所有的物资诱惑、利益诱惑，能牺牲眼前小利，坚定地将目标投放到更远的未来；发展企业，需要提高部属的素质，这是最本质的需求，也是一切需求的基础。众多的事实表明，企业要谋求更高层次的发展，就必须要拥有一流的人才和一流的团队。

在企业经营管理环境发生重大变化、企业目标多元化的今天，企业的职业教育开发具有十分重要的意义和作用。

企业职业教育是企业创新的源泉，是企业迎接知识经济挑战的必要准备。在知识信息时代，创新是企业生产经营管理的主旋律。无论是产品创新、技术创新，还是组织创新、管理创新（含人力资源开发与管理），都是以知识的创新与扩散为基础的。企业的职业教育能够使新知识、新技术、新技能迅速在企业中广为传播，对知识更新敏锐作出反应，使企业内部始终处于一种开放的学习状态之中，不仅直接使员工学到新知识、新技能，而且通过营造积极向上的学习氛围，推进整个企业、全体员工不断学习，不断进步，为企业创新提供科学的基础、依据和具有创新能力的人才。

企业职业教育是促进员工全面发展、调动员工积极性的重要手段。企业员工是作为“复杂人”而存在的，虽然相互间在个人特征、社会背景、心理特质等诸多方面千差万别，但多数员工都渴望不断充实和完善自我，希望将自己的潜能充分挖掘并贡献于企业，贡献于社会。这种自尊和自我价值实现的需要一旦得到满足，将会产生深刻而持久的工作动力和积极进取的工作行为。企业职业教育是满足员工这种需求的良好途径。经过教育的员工，其素质和能力得以显著提高，工作动机和工作态度亦极大改善。因此，企业职业教育是调动员工积极性、自觉性、创造性的有效办法；同时，通过企业的职业教育，促进员工个人全面发展，也正是企业经营管理的目标之一。

企业职业教育是塑造优秀企业文化的有力杠杆。企业管理科学经过从经验管理到科学管理的第一次飞跃后，当今正经历由科学管理到文化管理的第二次飞跃。企业文化是整个企业的精神支柱和灵魂。构建优秀企业文化，实施文化管理，离不开企业教育。

企业办职业教育同时也是一种产业，是在为企业本身解决人才来源的同时，也在为社会、为行业、为市场提供人才。人才培养的过程就是一种特殊产品的生产过程，毋庸置疑，好的产品必定具有很高的价值。综上所述，企业办职业教育不失为一种战略选择。

二、企业办职业教育的原则

企业进行职业教育，是指企业通过教学实验、宣传、教导及实践等方法，对企业员工所进行的一系列传授知识、技能和进行企业文化教育的活动或过程，旨在促使员工的行为方式在知识、技术、品德等方面有所改进和提高，使员工按照预期标准完成所承担或将要承担的工作任务。严格地讲，企业进行职业教育与企业的培训不尽相同。教育，通常是指通过正规、系统的教学、训练等活动，来提高企业员工的文化、思想素质，增进其劳动能力。企业职业教育的特点：①教育形式正规、系统、规范；②时间、计划规定和执行严格；③较长时间的培育学习；④目的一般，非为应急，多是着眼于未来组织工作要求和组织发展需要；⑤除采用企业自编教材外，更多地采用专业统一教材，整个教育过程更偏重专业理论、基础知识。通常企业员工的脱产、半脱产或业余的学历教育、定向专业技能教育、后备领导管理层培训等，均系企业职业教育之列。

企业利用自办的职业教育体系，同时将企业培训结合起来，培训的特点是向新员工或现有员工，传授完成本职工作或某项工作所必需的基本知识和技能的过程：①训练、学习时间是短期的；②培训目的是使员工具有胜任本职工作，或完成某项工作任务所必需的技能；③一般要求员工培训之后，较快地将学到的技能运用于工作之中，使企业的收益见效。事实上，企业教育与培训有时候难以截然区分开，因为两者的根本目的和通常采用的技术方法是相同的，而且从一定意义上讲，培训实质也是教育，教育也可能是一种专门的培训。

企业办职业教育，不同于一般社会上普通学校的教育，亦有别于机关、团体、事业单位的教育培训。它呈现出自有的特征：

1）教育对象的复杂性。企业教育对象为企业全体员工，包括董事长、总经理在内的领导决策层，一般管理者、工程技术人员、普通服务人员、业务人员、关键岗位人员等。培训教育的对象数量大、范围广，而且在性别、年龄、阅历、婚姻家庭、性格、文化水平、业务专长、信念、价值观、兴趣，乃至精力、时间等方面存在程度不同的差异。处于企业不同职位的员工及人格特质的差异，决定了他们学习动机的复杂性，从而也表现出相异的学习态度。

2）针对性、实用性、应用性强。企业教育培训是经过认真的工作分析、绩效考评，根据企业工作需要，并融入个人特质及发展的考虑而开展的。同时，企业所进行的多为有明确目的的专门教育培训。

3）生产性和盈利性。企业教育培训是企业所进行的人力资本投资，此乃生产性投资。通过人力资本，大大增强企业生产力，产生极大经济效益，为企业获取最大化的利润；同时，员工以其更大的人力资本存量，实现个人收入最大化。

4）时间的速成性。企业培训教育对象为在岗员工，其接受教育培训从属于企业工作的需要。虽然企业教育培训与企业工作具有目标的一致性，但是在时间上却存在矛盾。企业与员工都不能也不可能随意安排和拖延教育培训的时间。一般要求企业每一次教育培训周期宜短、高效速成，以解决好员工学习在时间上的矛盾。

5）经常性、持续性。企业面对的外部环境是一个变化的世界，现代科学技术和经济发展日新月异。新问题、新情况层出不穷，市场竞争空前激烈。在此情景下，企业对员工的教育培训绝不能是一次性的，必须经常不断地给员工以新理念、新知识、新技能的教育培训，开展继续教育和终生教育；必须适应新形势、新情况的要求，不断培养和造就时代新人才。否则，企业无法立足和发展。因此，直接关乎企业生存发展、前途命运的企业教育培训，必然呈现出经常性、持续性的特征。

6）形式的灵活性、多样性。企业教育培训不同于规范的普通教育，其形式多种多样，应根据需要和员工个人的特点、条件和需求，灵活选择和运用。在教学方法上灵活多样，以达到最佳教育目的。

企业办职业教育与培训是企业生产经营的一项重大投资，是企业经营管理战略的有机构成部分，是为企业实现组织目标的重要途径和保证。因此，教育培训必须服从于组织目标，根据组织目标和企业战略的需要，确定企业教育培训需求、教育培训计划及其实施方案。

评价企业教育培训，主要看其对组织目标实现所产生的影响和作用。对企业教育培训进行评价，可以从多角度、多方面进行，但是，对组织目标实现所产生的影响作用，乃是评价的主要标准或根本的评价指标。整个教育培训项目要围绕组织目标进行。在培训项目实施的过程中，倘若发现有碍于或不利于组织目标实现，必须及时调整和修正教育培训方案，使人力资本教育投入，对组织目标实现产生最大化的产出效益。

对企业而言，办职业教育培训首先是一种投入。一方面，其实质即为一种重要的生产性投资；另一方面，在多数情况下，需要培训对象暂离工作岗位，对工作可能会造成一定影响。此为企业花费的间接成本，亦是一种间接投入。

其次，有投入必有产出，企业教育培训产出有两种情况：一是“立竿见影”，效果立时显现；另一情况是，培训后数月、一年，甚至几年方见显著效果。面对后一种情况，只顾眼前利益者，常会缺乏教育培训的积极性，甚至拒绝投资。实际上，人才培养非一朝一夕而就。企业进行教育培训，造就人才，必须有超前意识，克服狭隘的意识心态和短视行为，应立足于企业长远发展战略，舍得教育培训投资。正如日本松下公司和精工公司创办人所言：企业中各方面的钱都可以省，惟独研究开发费及教育培训费绝对不能省。企业办职业教育培训的实践性、应用性极强，是其根本区别于普通教育之所在。坚持实践性、应用性原则，在内容上要有明显的针对性。职业教育培训必须依据企业发展之需要，紧密联系企业现实，解决企业发展中的实际问题，本着企业需要什么学什么、干什么学什么、缺什么补什么的原则，确定教育培训内容，讲求实用、实效。

企业职业教育培训必须学以致用，员工学得的知识、技术、操作技能，不应束之高阁，必须及时、恰当地应用于工作实践，从工作实践的进步与发展上真正体现企业教育培训的宗旨。企业职业教育培训后的评价仍是企业职业教育培训的一项重要环节。其关键在于将教育培训的情况，包括经验、教训、问题，及时负责任地总结、评价、反馈给企业职业教育培训的决策者、管理者，为下次教育培训，或者其他教育培训项目达到更好的实践应用效果提供借鉴。

有计划、有步骤地实施全员教育培训，是当今科学技术迅猛发展、知识经济来临这一客观形势的必然要求。但是，在实施企业员工无一例外地接受职业教育培训战略之时，尚需分清轻重缓急、主次先后，制定规划，分时间、分地点、分别进行不同内容、不同形式的教育培训。此外，虽然企业实施全员职业教育培训，但并不否定重点教育培训对象的存在。企业中的决策层、管理人员、专业技术人员和工作骨干，当为企业职业教育培训的重点对象。尚需指出，对上述人员进行重点职业教育培养，也要分轻重缓急，应当优先教育培训企业发展最为关键、最急需的人才。

企业办职业教育培训是适应企业发展需要而展开的。鉴于企业经营运行过程甚为复杂、又多变换，不同时期、不同情况下有相异的发展需求和相应的知识、技术要求。鉴于企业岗位繁多，加之企业内外环境多变，每一岗位对知识、技能的具体要求亦随之变化。因此，位于不同工作岗位上的每名员工所具有的相应的知识、技能不同，所缺少的知识、技术、能力也相异。由此，因人施教在所难免。此外，企业员工之间在年龄、性别、职业、工作履历、文化程度、家庭、婚姻、性格、爱好等方面千差万别，能力、素质水平参差不齐，企业职业教育培训不能统一要求。职业教育培训必须根据企业发展和岗位需求，针对员工个人，制定每人不同的培训计划，选择不同的培训内容、方式、方法和途径。

企业办职业教育培训，是企业所进行的教育投资。既然是投资性质，必然由投资产生收益。所谓收益，就是投资形成后，在预期的回收期限内，所得到的与投资有关的资金回流的总和与投入的成本的差额。其差额可以是正，可以是负，也可能是零。企业作为经营性的组织，展开教育培训，进行生产性的人力资本投资，当然必须作成本－收益分析，在职业教育培训整个运作过程中，对企业而言，不能求得无益甚至负收益效果，必须产出大于投入，而且获取收益最大化，才是企业教育培训的追逐目标。

三、走企校联合培养技能型实用人才之路

企校合作是职业教育的重要体制形式，产学研结合是企校合作的重要内容。两者的目的在于提升职业教育服务经济社会的能力和水平。我国的职业教育企校合作、产学研结合工作经历了三个阶段：

第一阶段是职业教育恢复起步时期。在计划经济体制下，无论是行业部门直接开办的中等专业学校，还是地方政府开办的职业高级中学，都由主管部门牵头，与指定的企业进行紧密的合作，企业为学校提供了一定数量的专业教师、生产教学设备和办学经费。但这种合作主要依靠政府行政部门的计划指令，缺乏以利益为纽带的合作有效机制，合作基础相当脆弱。

第二阶段是职业教育快速发展时期。这时计划经济正向市场经济体制转轨，企业和学校作为独立的主体参与经济社会活动，在市场机制下初步建立了合作关系，主要以服务贸易的市场交换形式，合作解决了企业用工的迫切要求。但这种合作还只是短期市场交易行为，带有一定的随机性，缺乏合作的长效机制。

第三阶段是职业教育调整提高时期。市场经济体制不断完善，生产力布局和链接得到重新组合，按照经济要素优化配置的原则，已有少数企业在优化自身发展环境的同时，将学校作为本企业人力资源的发展基地，融入生产体系的组成部分，纳入企业发展战略规划。因此我们的目标应该是使企业与学校的合作关系进一步有序化，企校合作、产学研结合要有比较明确的分工和协作机制，使合作关系趋向稳定，合作效益不断提高。

企业与学校合作形成广义的产业链，学生就业与生产用工的结合是最基础的环节。学校需要进入市场推介自己的学生，企业需要进入市场招收自己的员工，企校双方在同一个市场达成了学生就业的意向性协议，实现了学生就业与企业招工的对接，迈出了企校合作的第一步。在此基础上，企业与学校开展“订单式”培养培训，可以推进学校招生与企业招工的一体化。

随着经济的快速发展，社会资本得到了不断的积累，需要寻找比较稳定的增值空间。同时，投入不足又一直制约着职业学校的发展。通过企校合作，引进社会资本，承认合理回报，依托社会资本加快职业教育的发展。企校合作不能仅停留在宽泛的招生、招工、资金的合作，要提高合作的质量，就要向内部延伸，向纵深发展，谋求教育方式与生产方式的合作，推进理论与实践、教育与生产劳动相结合。学校积极争取企业参与职业教育的全过程，依靠企业力量提高教育质量，培养适应企业需要的高素质劳动者。一是抓好培养高素质劳动者的核心环节——课程和教学体系改革。邀请企业技术和管理专家到校，选派专业教师深入企业，共同分析岗位职业能力要求，研究制订专业培养基本方案和适应企业特殊要求的专业化培养方案。二是突出培养高素质劳动者的关键环节——实践教学。由规模大、技术强、管理先进的企业，建立稳定的校外学习基地，企业参与实践教学，学生接触到了先进的生产技术，获得了完整的生产操作、工艺流程和生产组织管理的知识与技能。三是重点抓好培养高素质劳动者的根本环节——“双师型”教师队伍建设。将专业教师派到企业锻炼，部分学校还可以实行校企轮岗工作制度，这样既丰富了教师的实践经历，又有力地提高了教师的专业和实践动手能力。

创新是事业兴旺发达的不竭动力。从学校的角度来看，提高创新能力也是职业教育做强的核心。创新的有效途径就是开展研究活动，进行科学实验和技术开发。因此，技术创新已成为企业和学校发展的共同课题，只要条件具备，就应该不失时机地将产教结合上升至产学研结合，促成企业与学校结成技术和制度创新的同盟。当然职业院校的研究活动，不同于高等学校的基础研究，主要以应用层面及推广层面的技术、方法、产品的研究为内容，逐步推进产学研相结合。可以首先从推进教学模式创新开始，从研究性学习着手，从企业产品的设计、制造、经营等环节中寻找典型问题、典型项目和典型主题，对原有学科知识进行综合化处理，借鉴和学习发达国家的主题式教学法、项目引导教学法等，通过实践，师生共同提高解决未知问题的能力。另外，将学校研究活动与企业生产技改、研发工作结合起来，研究开发新型产品，可以提高企业经济效益。

职业学校以人才、设备、研究为优势，直接参与产业经济的运作，标志着职业学校将真正进入经济建设的主战场。通过企校合作，可以使学校以科研为先导，以不断研发专业新技术为支撑，借鉴产业运行规律，学校参与产业运作，兼顾到了学生实习和企业生产，充分发挥了企业的教育效益与经济效益，形成专业、产业互助共同发展的局面。

目前，我国职业教育已经出现了学校和企业共同合作办学、办培训的可喜现象，但从整体上看，校企合作、产学研结合还处在初级阶段，缺乏长效的机制保障。特别是学校对于和企业合作，尤其是与民营企业合作办学还心存疑虑，而企业参与职业教育的积极性还不是很高，需要不断创新机制，提高校企合作和产学研结合的动力和活力。

快速发展中的职业技术教育，面临严重滞后的专业设置、课程规划和教材建设问题。单纯计划经济时代，职教专业的产生是根据国有企业、事业的需要布局，并仿照普通高等学校的专业派生出来的。随着改革的进一步深入与市场经济的产业和发展，转变了经济结构的组成成分，也改变了职教人才需求的组成格局。

转型期专业规划的不成熟，不仅表现在专业的布局，规模上，而且也反映在专业人才的知识结构、技能结构的课程设置和教材选用上。由于没有现成的模式可借鉴，20 世纪 80 年代，职教多数用普通高校或普通中专基础课程加实践训练课的简单组合培养学生。

这种状态，无法解决产业型专业急需多种知识和实践训练的职教教材的矛盾；无法解决有限时间与借用教材间的矛盾；无法达到“宽口径、厚基础、高技能、多方向”的目标。

一个国家的汽车工业发展水平与其科学技术水平紧密相关。发达国家的汽车产量与质量均为世界领先，占据了世界汽车市场的主要份额。自改革开放以来，我国汽车工业得到了迅猛的发展，目前已形成以“一汽－大众”、“上海－大众”、“广州－本田”、“二汽－雪铁龙”等为代表的我国汽车工业体系。20 世纪 70 年代末起，中国汽车以每年 12% ~14% 的速度增加。1978 年，全国民用汽车保有量仅 136 万辆；2003 年底，全国民用车保有量达到 2 400 万辆，机动车总数近 1 亿辆；2004 年年底，北京市的汽车保有量已超过 400 万辆。由于科学技术的迅速发展和汽车性能的不断提高，各种高新技术，特别是电子技术和计算机技术大量应用于汽车上。汽车电子部件在汽车整车占有的比例快速增加。目前全世界汽车产量年增长率为 0.95%，汽车电子零部件平均年增长率为 8.8%。目前平均每车汽车电子零部件已达到大约 1 000 ~1 200 美元，到 2005 年将达到 2 300 美元（以整车平均售价 1 万美元计）。

随着当代汽车技术的迅速发展，在汽车全寿命过程中，以汽车检测维修为主的汽车售后服务行业起着越来越重要的作用，已成为新技术含量高的产业，并得以蓬勃发展。目前汽车工业每增加 1 元，就会给以汽车设计、制造业为代表的上游产业带来 0.65 元增值；给汽车售后服务相关行业的下游产业带来 2.63 元的增值，上游产业与下游产业总值比已达到 1:4。如今汽车维修业已从过去的汽车运输保障体系中分离出来，迅速发展成为一个独立的热门行业。

汽车维修行业发展面临着新的机遇和严峻的挑战。汽车技术的发展以及汽车拥有量的增加，使汽车维修行业的结构和构成发生了变化，布局趋向合理。总的趋势是国有企业和集体企业所占比例有所下降，私营和个体企业有所上升，而股份制、联营、合资等其他企业上升的速率最大。这种多种经济体制并存的局面，推动了市场竞争，提高了行业的维修质量和服务水平，从而促进汽车维修业的快速发展。

汽车维修行业在社会上的形象有了很大的改变，三位一体和四位一体特约销售维修站在各地相继建立，带动整个行业在硬件设施方面有了很大的变化。人们对汽车维修行业开始有了新的认识。激烈的市场竞争，使许多企业开始注重规范化服务，维修质量和服务质量有了明显的提高。

当前汽车维修已从以机械修理为核心的传统汽车维修，向以机电一体化综合诊断技术为核心的现代汽车维修发展。“七分诊断、三分修理”，已成为现代汽车维修的特征。致使汽车维修技术队伍的结构正在发生根本的变化。过去，汽车维修工作主要以技术工人为主体来完成；如今的汽车维修已发展成为必须以工程技术人员与技术工人相互配合才能完成。过去，从事汽车维修工作的人员主要由传统的师傅带徒弟的技术工人组成；如今现代汽车维修已经向进行“七分诊断”的工程技术人员（称之为汽车医生）和“三分修理”的一般技术工人（称之为汽车护士）转换。

在企业里进行的实际技能的培训，与在职业学校里进行的专业理论知识的培训，以及普通文化知识的传授紧密结合，是培养实用型人才的职业教育制度。企业教学与职业学校教学的密切配合，强调企业教学的主体性；实践教学与理论教学的相互协调，强调实践教学的主导性。在国外的职业教育教学中，实验实践课时要占到全部课时的 90% 以上，而国内职业教育教学中的实验实践课时最多只占 60%。

现代职业教育在教学方面具有下列显著的特征：

1）职业分析与课程开发的紧密联系，强调专业内容适应职业需求的针对性，能力教育与技能培训同步进行，强调能力本位的素质培养的重要性。

2）不断根据汽车运用知识与技能体系的发展，加快教材更新与补充，提高教学大纲的动态变化及适应能力。建议在制定教学大纲时，要对教学内容做一个全面分析。分清哪些是应知，哪些是应会，哪些是应该死记硬背，哪些是应熟练掌握，哪些只是了解而已。当然这些必须建立在教师不断再学习的基础之上。

3）培养双师型讲师。据悉2003年10月，辽宁省人民政府在正式颁发的《关于大力推进职业教育改革与发展的决定》中提出，为加强职教师资队伍建设，在建立省、市两级职教师资培训基地的基础上，鼓励企业事业单位选派工程技术人员、管理人员和有特殊技能人员到职业学校担任专、兼职教师。职业教育必须实现案例化教育，大量现实案例只能来自一线工程技术人员、管理人员和有特殊技能人员。同时加强教师对现代职业教育特点的研究，尤其对接受职业教育的学生特点的研究，转变教育观念与方法，树立服务于学生、服务于企业、服务于社会的教育思想。市场经济决定学生就是学校的衣食父母，如果总是用过去的眼光看待现代的生源，那么双方将都会失败的。

4）加大学校实验实践环境硬件设施的投入，工于善其事，必先利其器，创建模拟企业经营环境，提高学生实践与动手能力。

5）开展特色教育。由于汽车维修技术企业发展很快，职业教育永远滞后于企业需求是必然的，但是很多职业学校为了让学生学到更多的技术，凡是汽车维修涉及到的技能都不遗余力地灌输给学生，结果往往是什么都学过，什么都不精，在企业中的表现是什么都不会。开展特色教育就是在学生毕业就业前，对学生感兴趣的某一项工作、工种或技能进行强化教育，如机电、钣金、涂装、销售、经营管理等，使他们在与企业磨合的初期阶段，以一技之特色赢得企业的欢心，学生也在消除自卑感的同时很快就有成就感。

6）加强毕业前对学生的就业指导教育。就业指导教育内容如下：

①了解本行业的现状与发展趋势；②了解目前企业经营特点及管理特点；③了解目前企业经营者的特点；④调整就业前的心理状态，做好就业初期的磨合阶段艰苦过程的心理准备；⑤强化职业道德教育；⑥强调并牢固树立从业后接受继续再教育的观念与重要性；⑦掌握如何根据企业各方面的特点发挥自身优势的技巧。

总之，就业前的指导教育应让学生达到了解环境、适应环境、融入环境，最后改变环境的目的。

7）了解与汽车相关的技术标准（国标、地标、行标）及政策法规，如：《汽车法》、《物权法》、《汽车安全法》、《汽车环保法》、《汽车产品认证法》、《汽车召回法》、《汽车报废法》、《汽车销售法》、《旧车销售法》、《汽车回收法》、《汽车保用法》、《汽车检测法》、《汽车税费法》、《汽车贷款法》、《汽车保险法》等，以便于工作的开展。

8）强调兴趣教育，教师要热爱所从教的行业，要用自己的热情带动学生的兴趣。汽车维修职业教育面对的是一群特殊群体，其中一大部分是城市学生群体。由于受到社会歧视和“学而优则仕”习惯势力的影响，或者某种原因不得已选择了这个行业。他们的学习准备、学习成绩、基础知识、思想素质、道德水准都比其他学生差得很多。因而，帮助他们做人、做事，引导、提高他们的职业兴趣，激发、挖掘他们的潜能，是企校联合职业教育的首要任务。

企校联合办学与汽车维修工程的职业教育改革是一项长期艰巨的任务，还有很多问题需要不断地探讨与研究，如现代汽车维修行业管理经营的特点，现代汽车维修技术知识体系的构成与完善等。

第三节　企业办职业教育是企业发展到一定层次的一种境界

1999 年，河北省承德市腾飞汽车维修技术有限公司（现已发展为腾飞集团）面临着企业进一步发展，但是受到人才短缺的严重制约。为了解决这个问题，企业招聘了一大批技术骨干、技术工人及高级管理人员。由于种种原因，在这段时间里，企业人员走马灯似地频繁进出，企业老板忙得焦头烂额，原来的老员工也被搅得心神不定，整个企业一度显得非常混乱。在这紧急关头，企业及时分析了造成这种局面的原因：在企业没有良好的基础时，没有充分的准备情况下，大批量的招人必然造成企业混乱。这其中最大的问题是：新招聘的员工与企业文化不相适应，他们很难在短时间内与企业同化，要付出更多的人力、财力、物力对他们进行培训。他们与企业需求差距很大，但付出的成本却很高（工资成本、培训成本、管理成本），与其这样，还不如培养一批企业原有的经过选拔的员工。

接着，承德公司在企业内部选拔了一部分优秀员工，又从社会上招聘了少部分中专学历应届毕业生及急需的高级人才，办起了第一届只有 24 人的培训班。这批人如今全都成为了集团公司的骨干，有的还担任了集团的主要领导。就这样一步一步，腾飞集团如今办起了河北省第一座民办职业中等技术学校，目前在校生达 6 000 人，而且他们在 2005 年准备申办大专与本科教育。如今，除设立了汽车维修工程专业外，还设立了计算机、广告、服装等专业，不但为企业解决了急需人才，还为社会输送了大批优秀人才。与此同时，企业的影响力得到大大的提高，企业的经济效益年年翻番。腾飞公司也从当初单一的汽车维修，发展到如今的汽车销售、汽车保险、汽车救援、汽车俱乐部、建材、汽车驾校、职业学校等多种经营为一体的多元化集团公司。

在这个过程中，企业得到了升华，企业管理者也得到了升华。他们树立了办大企业，为大社会服务的崇高思想。不但为其解决了人才需求问题，而且还吸引了众多高级人才，为企业注入了活力。同时在社会、行业、客户中的影响越来越大，经济效益也越来越好。

企业办教育的确是一件很难的事，但企业办教育又的确能够极大地推动企业的进一步发展。企业办教育要想成功，必须树立为社会服务的思想，所以说企业办教育是企业的一种很高的境界。

爱国企业家王宽诚，浙江鄞县人，青年时期怀着“实业救国”的理想，在上海开设金城铁工厂，投资五洲银行、新汇银行，开办永兴地产公司、祥泰轮船公司，后又创办维大华行。1945 年，把维大华行改为维大洋行。1947 年，王宽诚在香港设立维大洋行有限公司，随后又创立幸福企业有限公司和其他数十家有限公司，经营地产、建筑、金融、船务、国际贸易、百货、食品、木材加工等业务，并在美国、加拿大等国开展商务活动，积资亿万，成为香港 30 首富之一。

王宽诚对内地和香港的教育事业、社会福利事业尤为热衷。1984 年，他出资 1 亿美元，设立“王宽诚教育基金”。他说：“我们宁波人有句老话，积财于儿孙不如积德于儿孙。我们国家要兴旺发达，培育人才是件重要的事”。他以 1 亿美金的基年利息用来资助祖国大陆、台湾、香港、澳门的学生出国留学深造。他说，学生的对象不搞家乡侧重，全国各省市学生都可以自愿报名，经过严格考试，筛选真才实学的优秀生限额录取，聘国内外著名学者成立基金委员会研究指导。

在此之前，王宽诚已向中国内地及香港 20 余所学校及社团先后捐款上千万元。其中有上海工商学院、暨南大学、香港香岛中学、中国残疾人福利基金会、宋庆龄基金会等。在杭州，王宽诚捐资 100 万元人民币支援树人大学。1986 年 12 月，王宽诚先生逝世后，由其嗣子王明远接任他的事业。王明远继承了王宽诚发展祖国教育事业、培育英才、推进四化建设的遗志。

香港王宽诚教育基金会近年来也对内地事业提供资助。王宽诚教育基金会资助的重点是：高校学者出席国际学术会议，出国考察或学术访问，聘请外国学者来华讲学，在中国内地或香港举办国际学术会议。

包玉刚是华人企业家中最热心家乡建设事业、教育事业的企业家。宁波大学是包玉刚捐资兴办教育事业最大的一个项目。当 1984 年 10 月，包玉刚第一次返回故乡宁波探亲时，看到教育事业适应不了开发宁波需要时说：“宁波的面积是香港的 10 倍，人口总数与香港相似，香港有 5 所大学，而宁波没有一所综合性大学。国家兴旺发达，教育是基础，人才是根本中的根本。高等教育落后怎么能行?”他立即捐资人民币 5 000 万元，创建这所宁波大学。奠基典礼后，他对宁波大学校长朱兆祥（包玉刚的镇海同乡，中国科技大学教授）说：“我们这些都是上了年纪的人，生不带来，死不带去，最实惠的还是为家乡做点贡献，为家乡的教育事业多出点力。”当年 11 月，包玉刚第 3 次回到宁波，主持宁波大学开学典礼。

包玉刚在访问浙江大学时，把总额 200 万美元的“包兆龙－包玉刚中国留学生奖学基金”授权浙江大学管理使用。包氏家族还捐赠 100 万元港币，创建兆龙小学；捐赠 600 万元港币，重建中兴中学。

孙忠利是在日本的著名华商，经营不动产。他在日本发迹，又向美国、加拿大、新西兰、新加坡、中国香港和内地大量投资。仅在香港投资“太阳广场”一项就达 50 亿港元。在上海一项投资 1 亿多元人民币。在虹桥区 26 号地上准备建造酒楼、办公楼、公寓、商场和文化宫五大建筑。1989 年 9 月，孙忠利回奉化，是参加由他捐资建造并以他父母之名分别命名的两所教育楼的落成典礼。他在落成典礼上鼓励学生勤奋学习，早成良材，并表示要继续出资完善学校的配套设施。

邵逸夫是香港华人企业家中的影业之王，香港邵氏兄弟影业有限公司总裁。被香港学术界推选为最成功的十大企业家之一。他的“邵氏影业”也被列为香港十大财团之一。他在中国香港、澳门、台湾，东南亚，韩国，日本及印度等地拥有电影院 200 多家，每天观众达 100 万人次。

邵逸夫认为国家的繁荣富强首先在于发展教育。1985 年，邵逸夫向浙江大学捐赠 1 000 万港元，兴建“邵逸夫科学馆”。此后，为帮助祖国培育人才，向全国 10 所大学捐资 1 亿港元，用以兴建教育馆、科学馆、图书馆等设施。这 10 所大学是：北京师范大学、华东师范大学、西南师范大学、东北师范大学、华中师范大学、浙江师范大学、南京大学、南开大学、西北大学、云南大学。每所大学可获1 000万港币。这 10 所院校中有 6 所是师范大学。邵逸夫说：“我从教育部门那里了解到内地很缺乏师资，急切需要加强师范大学的建设。所以，我的捐款主要是赠给师范大学的。”

1987 年，邵逸夫又向 15 所内地高校捐赠 1.16 亿元港币，用以发展高等教育事业。1989 年 1 月，由邵逸夫设立的邵氏基金会又宣布，再捐赠 1.05 亿元港币给内地 22 所高校。这样，内地 47 所高校先后接受邵逸夫捐赠达 4.02 亿元港币。邵逸夫每年向内地大学慷慨捐款，项目遍布长城内外、大江南北，为内地人士所称颂。他视教育为立国之本，热切希望中国教育事业兴旺发达。此外，他于 1984 年捐给香港中文大学 1 亿元港币，建造“邵逸夫书院”。

1989 年，邵逸夫基金会宣布用 5 000 万元港币，支持中国香港、内地及美国的教育、医疗、社会福利、艺术等事业。邵逸夫基金会已向中国香港及内地、新加坡、英国等捐款达 7 亿元港币。他对海内外文教卫事业的支持，深为社会各界人士称道。1980 年和 1981 年，他先后获得香港大学和香港中文大学授予的荣誉法学博士及荣誉社会科学博士称号。

以上的例子举不胜举，这些企业家的崇高境界可歌可敬。因此我们说，企业办职业教育或者支持教育是企业向高层次发展的一种境界，是推动企业走向学习型企业的能源，同时也是企业经理人的一种道德修炼、一种社会责任感的升华。

思考题

1. 解决汽车维修企业高级技术人才的根本出路是什么？
2. 为什么说人才是企业发展的关键？
3. 什么样的员工才能成为企业需要的人才？

第八章　现代汽车维修企业的社会资本管理与运用

第一节　社会资本及其作用

社会资本是指人际和企业关系网络中，以及通过人际和企业关系网络所能获得的资源，包括信息、构思、线索、商业契机、金融资本、权力与影响、情感支持、甚至还有良好的祝愿、信任与合作。例如：找工作是社会关系网络众所周知的用途之一。绝大多数人无法通过广告、猎头公司、人才招聘会、网上招聘或其他“正规”手段找到工作。当然，这些方法都行之有效，绝不应该忽视。然而，更多的人则是通过人际关系、而不是通过其他方式找到工作的。反之亦然，大多数雇主也是通过开发人际关系网络来发现人才的。事实上，有些公司还制定了有组织的计划，以鼓励员工把他们的人际关系推荐给公司。通过社会关系网络找工作，一直就是就业顾问和职业介绍顾问所推崇的常规思路的一部分。这种常规思路得到了科学研究的支持，实实在在的证据表明，大多数人通过人际关系找到了工作，比从正规渠道找到的工作工资要高、待遇更令人满意，他们服务的时间也更长。再比如：一个人拥有了充足的社会资本，就能得到更高的工资，提升更快，而且能在比较年轻的时候就得到提升。这类事实在国内外的许多研究中都有记载。芝加哥大学商业研究生院的社会学家罗恩·伯特和法国INSEAD工商管理学院，率先开始了这种研究。伯特发现，以开拓契机为形式的社会资本，才会带来高工资和快速升职。当社会关系网络中包含许多“结构空洞”或缝隙时，开拓契机就会产生。“结构空洞”是指一个人和另外两人之间有联系，而这另外两个人之间却没有直接关联。在这种情况下，创造价值的潜力非常明显。例如，假设你和工商局的一个朋友有联系（这种联系是你和他在过去的工作中形成的），同时和一名即将退休的主治医师有联系（这种联系是你和她同住一个小区时形成的）。你的这两位朋友并不相识，事实上，他们根本不知道有对方这个人。你知道医生朋友想在退休后开办一个私人诊所的需求情况，也知道工商局的朋友母亲求医遇到问题的时候。你把他们两位拉到一起，就是通过弥补结构空洞从而创造价值。两位朋友都会十分感谢你的帮助，这两个人将来都可能会报答你，为你提供信息、构思或人际联系。当人们创造出价值后，就会得到更高的工资、更快的升职，并且在年轻时就得到提升。社会资本为什么会和这些好处联系在一起呢？答案是：人们是从社会资本中创造出了价值。我们既要为问题找到解决方案，也要为解决方案找到所针对的问题。如果把同一企业的不同部门利用你的社会关系网络联系在一起，你就能把某一部门所存在的问题和存在于另外一个部门中的解决方案联系在一起。你将会更快地得到更多信息的同时，还会拥有用运气建立起来的“网状社会关系结构”为你的项目找到财务上的、工作上的和社会上的支持。再比如：在当代组织中，正规权威和强制措施的重要性和有效性正在下降，而专家意见和在社会关系网络中所处地位的重要性正在上升。成为“社会关系网络的建立者”是成为一名管理人员的重要组成部分。如果经验丰富的管理人员留心建立社会关系网络的责任，而不只是注重技术性工作，他在负责处理新情况时，就更有可能获得成功。与处于组织内部的社会关系网络外围的人相比，处于中心地位的人更有影响力，甚至会得到更好的待遇。如果管理人员在脑子里有一张精确的社会关系网络图，知道谁和谁能沟通、谁和谁是朋友、谁喜欢独来独往、谁喜欢结交朋友，他就会比那些对关系网络结构理解不全面、甚至出现歪曲理解的同僚们更有影响力、更有效力。无论在什么样的社会环境中的企业，都免不了在经营过程中遇到一些自己左右不了而又躲不开的事，恰恰可利用你的社会关系网里的关键人物，轻而易举地就为你解决了问题。再比如：社会资本不会阻碍我们在前面谈到的个人利益，它对获取风险投资同样非常重要。汽车维修企业90%都是中小型企业，而且以私人企业、民营企业为主。作为一种利润率并不高的服务性行业，是很难从银行贷到款的。它们的资金大部分为自筹资金，因而不少企业为资金发愁。利用社会关系网络的信任度，吸引外部闲散资金注入企业发展需求，解决燃眉之急。美国小型企业管理署发起了一系列调查，想了解新兴企业如何获得风险投资。他们的调查结果令人震惊：75%的新兴企业通过“非正规投资途径”来发现和获得财务支持。“非正规投资途径”是指由资金寻觅者和投资人所组成的社会关系网络。资金的寻觅者和投资人相互通过朋友、同事、熟人，以及律师、保险代理人、会计师等社会关系良好的商业伙伴找到对方。据估计，“非正规资本市场”规模宏大，它所提供的资金数量，远远超过了通过专业风险投资市场所提供的资金数量。社会关系还在为“中间市场”或中型企业提供资金方面发挥着关键作用。同那些和银行保持正常业务关系的公司相比，注重和银行培养发展个人关系的公司，会以较低的利息获得贷款。再比如：有组织的学习是如何发生的呢？大量的研究证明，它不会借助于正规的知识管理制度的运用而产生，因为这些制度“基本上无法反映出这样一个事实，即包括技术知识在内的基本知识经常是经过讲故事、聊天，或者通过观察他人工作而在人与人之间进行传递的”。发生在工作现场的学习，大约有70%是通过非正规交流而实现的。聪明的企业可以通过把社会资本建设成为组织能力，如将企业员工根据人力资源继任计划进行有目的合理搭配。比如哪个徒弟跟着哪位师傅；哪个员工给哪位业务厂长做助手等，来掌握知识并把知识付诸实践。这些组织文化借助工作、教导和指导、分享好的想法、传播好的做法与合作，而不是通过竞争，推动人们、甚至是赞扬人们去掌握知识。再比如：广告可以提高人们对产品和服务的意识，但人们的推荐和介绍才能导致实际消费行为。汽车维修企业很少依靠平面广告拉来客户，而多半依靠口碑效应。口碑的效果使人们可以在虚拟世界中“天马行空”。因此，最出色的市场营销人员会把系统化的口碑计划融入到市场营销活动中，开发社会关系网络的力量来推广新的产品和服务项目，并保证现有产品和服务项目在市场中的饱和度。再比如：曾经有人问我快乐的秘诀是什么，我的回答是：“工作与爱。”据西方科学家研究。在对快乐进行心理学研究的基础上发现，有两个因素更为重要——有意义的工作和人际关系的质量。心理学的新“关系理论”认为，生命的主要动力是“参与”，在与他人的关系中成长和发展。开发社会关系网络可以带来快乐、成长、满足和有意义的生活。心理学家巴顿·赫希说：“社会关系网络不仅仅只是提供有限的几种帮助；恰恰相反，它反应出了我们对主要生活范围的‘参与行为’的本质和价值。”如此看来，建立社会关系网络的伟大目的，是要增强我们对与他人之间的关系的参与程度，为社会做出应有的贡献。快乐肯定随之而来。再比如：一个人拥有了完善的社会关系网络，就会拥有更健康的身心。“社会关系增进身体健康”这一现象，已经在大量研究论文中得到记载，从减少罹患严重疾病的可能性，一直到免受普通感冒的困扰。在患病的人们中，具有稳固的支持性社会关系网络的人，比离群索居者或孑然一身者恢复得快。夫妻双方相敬如宾，就不大可能患有传染性疾病。与此相反，不快乐的婚姻会导致患病的可能性增加35%，寿命缩短4年。

良好的社会关系网络能够增加财富、促进身体健康、带来快乐。

在社会关系中，如何为了维护自己的利益又能够照顾到公众的情感，这是一个维护社会关系艺术的重要体现。

个人和组织都可以享受由良好的社会关系网络所带来的好处，这一点很好。更好的是，我们每一个人都可以学会如何建立更完善的社会关系网络。根据我的经验，任何人都能完善其社会关系网络。但是，如果我们建立社会关系网络的目的只是为了“获取”，那就不会成功。我们不能去“追求”社会关系网络为我们带来的好处。好处只能来自于对有意义的活动和社会关系的投入。这是“运用社会关系网络”的关键定位，因此，不指望所有人都能毫不犹豫地接受这一点。这种定位方法的基础是我们之所以要正确运用社会资本的道德理由。

第二节 社会资本的管理与组织化运作

我们实现目标、完成使命、服务世界的能力既依赖于我们的金融资本（指资金筹集、运作技能和经验）；人力资本（指知识、专业技能和经验），也依赖于我们的社会资本（指在人际和企业关系网络中，以及通过人际和企业关系网络所能获得的资源）。如果人们建立起了恰当的社会关系网络，就能在需要的时候获得所需要的资源。创业者要寻求风险投资、投资者要找到新的商机、谋职者要找到好工作、销售人员要发现新客户、管理人员要扩大影响和效力、企业领导人要通过把社会资本建设成为组织能力，来开发人力资源的竞争优势。

长期以来由于受到封建世俗的影响，人们对自己在社会活动中建立的关系网络，一般只是停留在自然发展状态，或者为了某种个人需求非常势利地维系的关系网络。他们非常清楚个人的社会关系网络通达与否，是个人与企业在社会活动中成功与否的关键。但是如何将这些社会关系进行健康的评估与管理，如何脱离低俗的人际关系维系意识，而建立一个良好的、崇高的，甚至于服务于组织的社会关系网络，是现代汽车维修企业经营者应具备的技能。因此如何评估社会资本，以及如何建立和运用社会资本有着极其重要的意义。社会资本中的“社会”两字，强调这些资源不是私人财产，不属于任何人，而是存在于社会关系网络之中。如果你认为人力资本是你所了解的“事物”，即你自己的知识、技能和经验的总和，那么如何取得社会资本就取决于你认识“谁”，也就是你的人际和企业关系网络的规模、质量和多样性。此外，获取社会资本还取决于你通过社会关系网络间接联系在一起的“陌生人”。

“资本" 两字强调，社会资本像人力资本和金融资本一样，都具有创造性，使我们能够创造价值、完成工作、达成目标、实现一生中的使命，为世界贡献自己的力量。但是，“社会资本具有创造性” 这种说法还有些保守，因为失去社会资本，根本没人能够取得成功，甚至也没人能够生存。但是，许多人认为，没有社会资本，他们也应该能够生存发展。他们还误把“孤身前进”当做了成功的前提。有些人在私底下悄悄地使用社会资本，却又装出一副“没有社会资本同样也能成长发展”的假象，好像社会资本是一件不正确或者不合乎道德规范的东西。

这些看法和态度都植根于“个人主义神话”——这是一种文化信仰，它认为每个人的成功或失败都依赖于个人的努力和能力。这个神话的影响力非常大，已经变成了通过社会资本获取成功的巨大障碍。抛开这一神话不谈，社会资本还是获得个人成功、企业成功、乃至幸福生活的基本条件。

运用社会资本是否合乎道德规范？许多人把运用社会资本错误地理解为不道

德的"耍手腕"，即建立和运用社会联系，是为了用于自私自利的工具性目的，甚至是为了邪恶的用途。有意识地"管理"社会关系网络是不是有些不道德呢？事实上，你无法避免对你的社会关系网络做出有意识的决定。比如，为了个人生存目标与企业的使命，我们不得不对社会关系网络进行取舍与排序。我认为，在管理任何社会关系——从我们所具有的最牢固的、最密切的社会关系，一直到同陌生人之间最短暂的交往时，道理都是如此。所有这些联系都能够促进企业生命，提高生活质量，并且具有十分重要的意义。所谓"人性化场合"，也即是我们现在常说"人性化管理"，同样是一种社会关系管理模式。试想当一位工厂经理走过工厂时，他根本不和他手下的任何工人或管理人员点头示意。我还碰见过许多修理企业，它们对企业内外的社会关系所受到的影响不屑一顾，破坏了把企业团结成一个整体的社会关系网络。无论我们是否有意识地去考虑有关社会关系的行为和决定的道德规范，我们的行为和决定都有道德上的含义。我们甚至还要对我们最出色、最令人满意的社会关系进行管理，毕竟好的社会关系不是凭空出现的。人类是生活在这个不完美的世界上的不完美的生物。在任何社会联系中，矛盾都不可避免，因为每个人都有不同的背景、不同的生活方式、不同的兴趣爱好、不同的价值观和不同的需求。关键问题是，我们如何处理矛盾冲突。这是否就是"耍手腕"呢？我们都知道，在现实社会中存在一种原则，即不平衡原则，那就是我们常说的 80/20 法则。仔细观察就会发现，你周围一小部分的人际关系，等于大部分的情感价值。数量少一些但程度深一些的人际关系，好过广泛而肤浅的交际。我们总是没有在最重要的人身上花多些时间，所以，在我们的人际关系中 20% 的关系，只给我们创造了 20% 的价值；在我们人际关系的价值中 80% 是来自于 20% 的关系；对于产生 80% 的价值的 20% 的关系，我们所付出的关注远达不到 80%。如此之震撼，所以对社会关系网络组织成员的取舍不仅仅是一种需求，而是一种必需。还有一点说明，即确定你的社会关系网里的关键点。这些关键点的确认，便取决于你对社会关系网的充分了解，否则反而会带来麻烦。例如：有一个汽车修理厂希望利用一次举办技术研讨会来提高企业在市场中的形象，为了将会议办得更有影响力，按一般常规他们找到主管部门的一位秘书长。这位秘书长一口答应全力支持，这个企业兴高采烈积极筹办。未曾想到主管部门的一把手与秘书长关系微妙，公开不合作，即使是为主管部门脸上贴金的事也宁愿不做，最后会议计划付诸东流。值得教训的是这个企业与其主管部门的一把手关系十分密切。

当然，出于欺骗和利用的目的，错误的信任关系是可以培养出来的。世界上有很多干这种勾当的人。从利用社会心理学的"影响"原则进行促销的不道德的销售员，到利用同样办法来骗人的职业骗子。是的，任何知识都可以用于道德或不道德的目的。管理社会关系以及社会心理学本身并不是不道德的。我们利用知识所做的事，决定了我们的行为是否道德。我们每个人无时无刻不在有意识地或无意识地做出有关社会关系的决定，这些决定都有道德上的含义。

运用社会资本的道德规范问题要求我们必须认识到：有意识地管理社会关系是道德上的责任。没人能够逃避这一责任。“置之不理”也是一种管理的态度。我们的惟一选择是如何进行管理。为了成为一个有效的社会关系网络缔造者，我们不能直接去追求社会关系网络所带来的好处，也不能仅仅只着眼于我们能从社会关系网络中获得什么。最好的做法是抛开等价交换，着眼于我们如何为他人做出贡献。实际上，“运用”社会资本，就意味着把我们的社会关系网络付诸于有益于他人的行动和服务中。此处最大的悖论是，通过帮助他人，你也获得了回报，而且这种回报通常远远超过了任何人的预期。

我们无法避免管理社会关系，惟一的选择就是如何把社会关系管理好。有意识地管理社会关系网络，既是道德上的义务和责任，也是取得个人成功和企业成功的前提。

建立社会关系网络是参与和融入这个世界的主要模式，使我们每个人都能为他做出贡献。因此，有意识地管理社会关系是道德上的责任，以服务于他人的方式来管理社会关系也是道德上的责任。这样，我们就不仅仅能收获社会关系网络为我们带来的利益，而且还能使世界更加紧密，从而使世界成为一个更加美好的星球。但是大多数人对他们的社会资本没有准确的理解。也就是说大多数人对“他们的朋友之间是否是朋友”这一问题的了解程度相当不准确。事实上，大多数人也并不明白他们的配偶和朋友的真正需求，即使他们以为如此。这就是症结所在：大多数人以为了解了他们的社会关系网络，但事实上不是这样。

对社会人际关系进行科学的测量、调查，使你掌握线索去了解你的社会资本的状态和质量。如果人们具有小规模的、成员性质单一的、侧重于内部关系的社会关系网络的人，那他们通常会在紧密的社会关系网络范围内，接触到以信任与合作为形式的社会资本，但他们缺乏获取信息、发现开拓契机的能力。如果人们具有大规模的、多样化的、侧重于外部关系的社会关系网络，那他们通常会得到以开拓契机为形式的社会资本，但他们也会遇到错综复杂的信息、相互冲突的各种期望和压力。大多数社会关系网络处于这两种极端类型的社会关系网络之间，但比较接近于三种衡量尺度的低分区域：规模小、封闭、成员性质单一、侧重于狭隘的内部关系。大多数人发现，他们的社会关系网络比他们想像的更小、成员更相似、更加侧重于内部关系。许多人因此总结出：他们应当加大社会关系网络的规模、使其多样化、外部化。这个结论并不意味着他们应当建立起最具开拓性的社会关系网络，而只是意味着他们建立的社会关系网络，应当更加类似于成功创业者的社会关系网络。

由于大多数人希望使他们的社会关系网络更具开拓精神，所以，通过建立社会关系网络包括两个方面：一是为了某个特定的目的，把我们认识的人和这些人所认识的人以有组织的方式联系起来；二是同时还要忠实于自己的职责，不期望任何回报。这里的关键词句是最后一句，“不期望任何回报”。

“不期望任何回报”意味着贡献和支持他人而不计较得失。对得失斤斤计较，就会阻碍流通，使人们不愿意付出回报。当你知道别人记下他们为你所做的事、还记下你欠他们什么的时候，想一想你是什么感觉。你可能会觉得不太愿意和他们建立联系。如果你是一个计较得失的人，那你也许会更注重得失，而不是注重你眼前的机会。你要成为你的个人和企业关系网络的缔造者，有意识地建立起使你能够实现目标、完成使命、服务世界的社会关系网络。对于大多数人而言，他们的目标是建立起更具开拓性、规模更大、更多样化、更加侧重外部关系的社会关系网络。然而，在改变你现有的社会关系网络之前，必须明确你运用社会资本的目的是什么？对许多人来说，“目的”是从社会关系网络中能得到信息、建议、线索、销售业务、工作、金融资本、情感支持等。然而，注重“获得”并不是建立社会关系网络的有力理由。服务于他人，即“奉献”才是建立更完善的社会关系网络的最佳理由。帮助他人最终会有利于自己。然而，令人不解的是，你所得到的帮助和你对“获得”的忽略程度、对“奉献”的注重程度是成正比的。当然，注重“获得”也会取得成效，但只是短期成效。无论你是把建立社会关系网络看做道德上的要求，还是从简单的功利角度出发，要想获得长期成功，你必须建立更完善的社会关系网络，并用它为他人做出贡献。

建立开拓型的社会关系网络，你所创造出的社会资本就能帮你创造出更多的价值，帮助更多的人，使世界成为一个更加紧密联系的地方。

建立更完善的社会关系网络，依赖于一条带有普遍性的法则，即“世界真小”。理解这一原则，使我们对世界的组织方式和开拓型社会关系网络发挥成效的原因有了更深入的看法。世界居然是由群体组成的，也就是说，世界被分割成由联系密切的人或组织所形成的群体。大多数人都生活在群体之中，他们的社会关系网络也局限于其中。然而，群体之间还存在着一些联系捷径，让我们觉得“世界真小”。这些捷径是由“枢纽”建立起来的。“枢纽”认识许多不同群体的成员，能够为他们提供沟通的桥梁。我们可以通过变成“枢纽”、建立起跨越不同的、分离的群体的开拓型社会关系网络，使“世界真小”效应最大化。你激发起的“世界真小”效应越多，你就会越接近你所需要的全部资源。

根据社会关系网络成员的共同利益，把他们结合到一起，通常比把机会秘而不宣的做法更好，即使这意味着你会承受直接损失。这种方法可以激活“互惠”原则，这是社会关系网络中最有力量的原则之一。在各个社会阶层，从人际关系到国际关系我们都能得到帮助，因为我们帮助了别人。令人两难的是，我们越少考虑“互惠”，我们得到的回报就越多；我们越是为他人服务而不考虑回报，我们就会在将来得到更多的回报。

社会资本的运用意味着更多的投资、而不是请求，意味着更多的奉献、而不是索取。通过建立开拓型的社会关系网络，我们就能增强发现和开发我们所投资的各种资源的能力。由于每个社会联系中都存在着天然的认知差距，带着感情、积极地进行聆听，对于理解我们如何投资于社会资本至关重要。

如果你已经对社会资本进行了投资，你就可以在无需提出明确请求的情况下，依赖“互惠”的力量。然而，“提出请求”是社会资本的运用过程中必不可少的组成部分。请求是清晰地、具体地、诚恳地表达出自己希望得到帮助的愿望。你在提出请求时，不能期望一定会得到帮助。请求有多种形式：个人请求、电子邮件请求、公开请求和直接信件请求。

商业领域中的种种趋势和变革，使得“把社会资本建设成为组织能力”比以往更加重要。这种能力可以保证组织在恰当的地方，寻找到持续成功的根源。好的领导人无论他们处于组织的哪一个阶层，都是优秀的社会关系网络缔造者。他们控制着组织，对人际影响状况做出深刻的变革，然后又向后退步，让社会关系网络繁荣发展。

自然结构是管理社会关系网络的一种手段，同时也是形象化的社会结构，即团体或组织的模式。地理位置上的接近程度能够强烈地影响着人们的关系、态度和行为，社会结构也有同样的效果。它通过控制人类活动的侧重点，从而决定了社会关系网络的形成。你可以通过改变人类活动的侧重点来改变社会关系网络。

在过去，社会资本也许算不上基本的组织能力（但我们很难想像出一个社会资本不会发生作用的环境，哪怕是一丁点儿的作用），但时至今日，它在组织结构中至关重要。各种巨大的变革对信息和学习的需求不断增强；对革新和创造力的迫切渴望；持续改进；组织正向平面式的、灵活的组织模式转换；由客户、供应商、相关行政部门、相关行业、竞争对手组成的社会关系网络与组织的融合越来越紧密——全都要求组织的领导者把社会资本建设成为与众不同的组织能力。但是，大多数领导者“正在从错误的起点（例如，是否有聪敏的管理者、大战略、大规模，或者是否身处恰当的行业或经济水平）寻求成功”。我们认为作为企业的领导者，应能够根据未来的环境使组织走向成功的方式构筑社会关系网络。

如果要把社会资本建设成为组织能力，我们就要创造出一种环境，用于鼓励和促使人们按照能够建立、维持和发展社会关系网络的方式为人处世。这就意味着我们要干预，有时还要彻底干预人们的工作方式和关联方式。没有人能够强迫他人去建立社会资本。但是，主动指导型的领导者，能够管理相互作用的条件，提高人们去建立社会资本的可能性。为了把社会资本建设成为组织能力，你必须控制一切，创造出哺育社会资本发展的人际影响状况。但是，你必须任其自由发展，退后一步，允许人们通过建立他们所需要的人际关系和社会关系网络而蓬勃发展。

各种组织层次都有自己的社会结构，根据你目前的职位，你也许能够通过你自己的行为，去影响社会结构的某些方面，并间接影响其他方面。但首先要寻求“小赢”，即能对社会关系网络产生正面影响的简单改变。能起到帮助作用的干预方法可以划分为多种：如招聘、工作轮换计划、教育、“行为共同体”、管理层关系网络、外部社会关系网络、激励机制等。上述任何一种方法都可以建立起社会资本，但把它们综合起来就会发生状态上的改变，出现“社会关系网络组织”。这种模式是社会资本结构的蓝图。通过实现这张蓝图，企业组织就会侧重于建立和运用社会资本为他人服务。如在创建新型企业内部关系网络上，日本人早就认识到自然结构对社会关系网络的影响。他们用开放的办公室格局来管理人际间的相互影响。另外，一些大公司利用企业优势，成立公关部，借此为企业建立外部社会关系网络，这已经是耳闻目睹的事了。

综上所述，脱离庸俗的人际关系，建立健康科学的社会关系网络，是现代维修企业经营者应学习的技能，也是现代企业经营者应具备的素质。

思　考　题

1. 什么是社会资本？
2. 你是如何看待你周围的关系网的？
3. 如何对你的关系网进行正确管理？
4. 为什么要对社会资本进行组织化管理？它的好处在哪里？

第九章　汽车维修设备的管理

第一节　汽车维修设备管理的概念及内容

一、汽车维修设备管理的概念

汽车维修设备是指在汽车维修生产过程中，所需要的机械及仪器等。这些机械及仪器可供长期使用，并在使用中基本保持原有的实物形态。它是汽车维修生产中必不可少的物质基础。汽车维修设备管理，是以汽车维修企业生产经营目标为依据，通过一系列的技术、经济和组织措施，对设备的设计制造、购置、安装、使用、维护、修理、改造、更新，直至报废的全过程进行的管理。它包括设备的物质运动和价值运动两个方面。

汽车维修设备管理是一项系统工程，包括以下三层含义：

1）汽车维修设备管理是对设备从选型、采购计划开始，直至设备报废为止的全过程管理。设备管理的全过程涉及选型采购、安装、使用等许多部门和单位，所以客观上，设备全过程管理是社会管理。从企业内部来讲，设备全过程管理包括设备选型购置、安装调试、合理使用、维护修理，应为全员参加管理。

2）汽车维修设备管理应从技术、经济、组织三方面着手进行综合管理。除对设备的物质运动形态，即从设备采购安装直至更新报废进行管理外，还要对设备的价值运动形态，即设备的最初投资、维修费用支出、折旧更新改造资金筹措等进行管理。另外，还必须建立管理机构，健全组织工作的保证体系，推行目标管理。

3）汽车维修设备全过程的后勤保障工作。设备制造单位要保证用户使用设备的寿命周期最长，费用达到最经济。要向用户提供适当的技术文件和充足的维修备件，开展设备使用及维修人员的技术培训等。设备使用单位的后勤保障工作，包括技术资料的收集和管理，设备备件的供应和管理，设备管理人员、设备操作人员及设备维修人员的培训等工作。

汽车维修设备管理的目的，是以最小的花费取得最佳投资效果。为此，必须采取一系列措施，使汽车维修设备经常处于良好技术状况，充分发挥其效能，以保证汽车维修质量和设备的安全运行，促使汽车维修企业生产持续健康发展，为提高企业经济效益和社会效益服务。

汽车维修设备管理在汽车维修生产中的作用，主要体现在以下几个方面：

1）汽车维修设备管理是以充分利用维修机具、检测设备，提高维修质量和生产效率，以获得最大经济效益为前提的。

2）汽车维修设备管理是为保证设备具有良好的技术状况，以保证汽车维修生产正常进行。

3）汽车维修设备管理是以不断改善设备技术状况，提高设备的技术性能，为优质、低耗、安全运行创造条件，以促进汽车维修生产的发展，提高汽车维修企业的经济效益，适应汽车维修企业生产发展的需要。

二、汽车维修设备的分类

设备的分类主要依据设备的结构、性能和工艺特征。凡设备性能基本相同，又属于各行业通用的，列为通用设备；设备结构、性能只适用于某一行业专用，列为专用设备。汽车维修设备也同样分为两大类，即汽车维修通用设备和汽车维修专用设备。

1. 汽车维修设备的规格与型号

汽车维修设备的型号，一般由汉语拼音字母和阿拉伯数字组成。由于汽车维修设备大部分属非标准设备，目前还没有统一的型号编制标准，但通用机床设备型号已标准化（JB1838—1985）。

（1）汽车维修专用设备型号的表示方法　汽车维修专用设备，主要是针对各种车型维修生产的需要设计的非标准设备，其型号排列顺序及符号代表的意义如下：

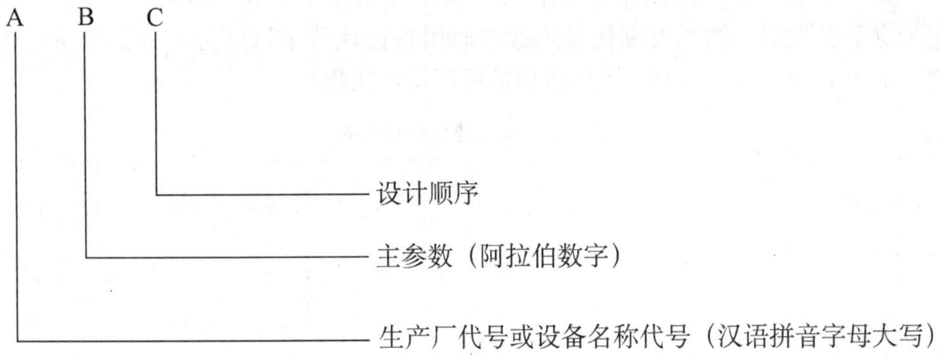

例如：用厂名确定型号的 ZD—701C 型中大牌电子监控汽车喷漆烤漆房；用设备名称确定型号的 JY28 型连杆衬套绞压机。

（2）通用机床型号表示方法　通用机床型号表示方法已标准化，其型号的排列及符号所代表的意义如下：

A B C D E F G H

- H — 同型号机床的变形代号（阿拉伯数字）
- G — 重大改进顺序号（汉语拼音字母大写）
- F — 第二主参数（阿拉伯数字）
- E — 主参数或设计顺序号（阿拉伯数字）
- D — 组、系代号（阿拉伯数字）
- C — 通用特性及结构特性代号（汉语拼音字母大写）
- B — 类代号（汉语拼音字母大写）
- A — 分类代号（阿拉伯数字）

1）机床设备的类别及分类代号（表9-1）。机床的类别分为车床、钻床、镗床、磨床、齿轮加工机床、螺纹加工机床、铣床、刨床、拉床、电加工机床、切断机床和其他机床十二大类。它们的代号分别用类别名称的汉语拼音的第一个字母表示。例如车床用C表示，钻床用Z表示，镗床用T表示，磨床用M表示。

表9-1 机床的类别及分类代号

类别	车床	钻床	镗床	磨床			齿轮加工机床	螺纹加工机床	铣床	刨床	拉床	电加工机床	切断机床	其他机床
代号	C	Z	T	M	2M	3M	Y	S	X	B	L	D	G	Q
读音	车	钻	镗	磨	二磨	三磨	牙	丝	铣	刨	拉	电	割	其

2）机床通用特性及结构特性代号。通用特性代号表示机床除普通型外，若还有某种特性时，则在类别代号之后加通用特性代号予以区分，例如设备的精度、自动化程度等。表9-2列出机床的通用特性及代号。

表9-2 机床通用特性代号

通用特性	高精度	精密	自动	半自动	数字程序控制	仿形	自动换刀	轻型	万能	简式
代号	G	M	Z	B	K	F	H	Q	W	J
读音	高	密	自	半	控	仿	换	轻	万	简

一般在一个型号中只表示最主要的一个通用特性，如属于普通型者，通用特性则不予表示。

2. 汽车维修通用设备

汽车维修通用设备，主要有适用于行业的金属切削机床、锻压设备、空气压缩机、起重设备等。

按照国家标准《汽车维修开业条件》要求，汽车维修企业应配备的通用设备有：钻床、空气压缩机、电气焊设备、普通车床，砂轮机等。二类维修企业根据生产规模，必备的设备有钻床和镗床，可配备Z4012型，最大钻孔直径为12mm的台式钻床；普通车床可配备C6140型，床身上最大回转直径400mm的卧式车床，或床身上最大回转直径360mm的C6136型卧式车床；砂轮机可配备M3220型最大砂轮直径200mm的台式砂轮机；常用的固定式镗缸机T7220A等。

3. 汽车维修专用设备

汽车维修专用设备根据设备的功能和作业部位，可分为汽车清洗设备、汽车补给设备、汽车拆装整形设备、汽车加工设备、汽车举升运移设备及汽车检测设备等。

（1）汽车清洗设备　汽车清洗设备主要用于汽车车身、底盘外部和汽车零部件的清洗。根据清洗设备的用途，可分为汽车外部清洗设备和汽车零件清洗设备。

1）汽车外部清洗设备。此设备主要用于汽车日常维护和维修前的清洗，完成汽车车头、车身及底盘的清洗工作。按清洗方式不同，又分为喷射冲洗式和滚刷刷洗式。喷射冲洗式清洗机主要依靠高压水来清洗汽车车身和底盘污垢，例如：PQ—40型喷射式清洗机，喷水压力达4MPa，其特点是出水压力高、用水量小、清洗效率高，适用于货车外部清洗作业。滚刷刷洗式清洗设备一般由滚刷、驱动装置、门架、电动机、水泵及控制系统等组成的全自动汽车外部清洗机，其特点是清洗效果好、自动化程度高，适用于轿车和客车外部清洗。例如：意大利生产的雅洁牌AE—27型全自动洗车机，可清洗车辆高度低于2.7m的轿车和中型客车。由于近年来水资源的紧张，无水洗车技术的推广已呈取代之势。

2）汽车零件清洗设备。此设备主要用清洗剂对零件表面进行喷洗，以达到清除油污的目的。目前，汽车零件清洗已实现机械化和自动化。按清洗室的结构分为通过式和封闭式。通过式主要用于维修量较大的一类维修企业。二类维修企业一般使用封闭式汽车零件清洗设备，如HZQ—1200型自动零件清洗机。该机采用圆形密封式清洗室，直径为1.2m，零件在清洗室内旋转，喷嘴由各方面向零件喷射清洗剂，达到了清除油污和脏物的目的。清洗剂也可自动加温，升温后清洗效果更好。

（2）汽车补给设备　在汽车维修作业中，需要对车辆润滑部位加油，蓄电池补充电力，汽车轮胎补充气体。为改善维修工人劳动条件，提高添加剂量准确性，减少浪费，需要用补给设备完成此项工作。

汽车补给设备按用途可分为加油设备、充电设备及充气设备。

1）汽车加油设备。按加注油料种类可分为汽油、柴油加油泵，润滑油脂加注器、润滑油加注器。按动力方式可分为手动、电动、气动。例如：意大利生产的爱快牌电动供油系统，FHQ—B型气动润滑油脂加注器，JY—1型齿轮油加注器等。

2）汽车充电设备。主要用于汽车蓄电池充电。根据用途和完成充电时间，又可分为普通充电器、快速充电器及多用充电器。普通充电器主要适用于蓄电池的常规充电，最大电流在15A左右。例如：GCDJ型可控硅充电器适用于各类蓄电池的快速充电和常规充电，最大电流在100A左右；KCJ—1型快速充电器；多用充电器适用于汽车起动电源、蓄电池充电和电焊等；QDD—1型汽车起动、充电、电焊多用机。

3）汽车充气设备。主要用于汽车轮胎的定压充气，包括空气压缩机，轮胎气压检测设备。二类维修企业一般配备0.6V/T型小型空气压缩机。

（3）汽车拆装整形设备　汽车拆装整形设备主要用于汽车维修生产作业中，对总成和零部件的拆装和车身及承载梁架变形后的恢复，以减轻工人体力劳动，保证维修质量，提高劳动生产率。其主要设备有：电动、气动扳手，轮胎螺母拆装机，骑马螺栓螺母拆装机，液压机，半轴套管拉压器，车身矫正器，齿轮轴承拉器，专用零件拆装工具等。

汽车维修企业常用的拆装设备有国产ZJ—40型轮胎螺母拆装机，WJ—40型骑马螺栓、螺母拆装机，DBJ—50型半轴套管拆装机，Y—200型门式油压机，手动液压专用拉器，东风差速器轴承专用拉器等。进口设备有日本产1420型气动冲击扳手，意大利产A2019RC型全自动轮胎拆装机，适合轿车车身矫正的芬兰产保利XIBⅡ型车体矫正及量度系统，BANT-TM奔腾车身大梁钣金整形系统等。

（4）汽车维修专用加工设备　在汽车维修过程中，对零件进行加工是恢复零部件技术状况的一种方法。目前加工设备的种类比较多，通用加工设备已成为国家的定型产品，如车床、刨床、磨床等。专用加工设备大部分是非标准产品，只有少部分是国家定型产品。根据对零件加工部位的不同，又可分为缸体加工设备，曲轴、连杆及轴承加工设备，配气机构加工设备，制动系统加工设备，镗鼓机，光盘机。

1）缸体加工设备。发动机在运转过程中，缸套与活塞发生摩擦。由于缸套磨损后形状和尺寸发生了变化，需要进行整修。通常需要镗缸、磨缸。常用的镗缸、磨缸设备有移动式和固定式两种。例如适合于野外流动作业的T8014A型移动式镗缸机有双重功能，既能镗缸、又能磨缸的TM8013型移动式镗磨两用机。常用的固定式镗缸机有T7220A型精镗床。磨缸机有3MJ9814A型气缸研磨机等。目前，新推出的有GIB—Ⅱ型发动机缸孔激光加工系统、GIB—Ⅳ型缸套激光加工系统等。

2）曲轴、连杆及轴瓦加工设备。曲轴、这类设备有：曲轴磨床、曲轴修磨机、镗瓦机等。常用的有 MQS260A 型曲轴磨床、3M927 型曲轴修磨机、T8115 型缸体轴瓦镗床、LW—100 型气缸体拉瓦机、T8210 型连杆瓦镗床、TS8210 型双轴连杆瓦镗床等。JY50 型连杆衬套绞压机用于发动机曲轴轴承孔的加工整形。目前新推出了 GLS—Ⅱ型曲轴激光加工系统及 GLS—Ⅲ型多功能激光加工系统。

3）配气机构加工设备。此设备主要对配气机构中的气门、气门座、气门挺杆进行加工，使其达到技术标准。常用的设备有 3M9390 型磨气门机、3M946 型气门修磨机、TJ8570 型气门座镗床、DM—5 型电动气门研磨器及气门挺杆球面磨床等。

4）制动系统加工设备。汽车制动系统修理是汽车维修作业经常性工作之一。汽车在运行中经常使用制动器，使得制动鼓和制动蹄发生磨损。为保证行车安全，必须对制动鼓和制动蹄进行加工（更换），使其达到技术标准。常用设备有 T8358 行立式镗制动鼓机、T8450 型制动蹄片镗削机、3M9602 制动片修磨机，另外还有意大利生产的保利牌 TR450 制动碟、制动鼓、离合器压片修磨机，RG60 行制动蹄片修理机等。

（5）汽车举升运移设备　此设备主要用于汽车维修生产中整车或零部件的垂直、水平位移，以便进行拆装、修理和存放。其主要设备有龙门吊、单臂液压吊、二柱举升器、四柱举升器、埋入式液压举升机、液压千斤顶、前桥作业小车、后桥作业小车、变速器拆装小车、发动机翻转架等。常用设备 YD—500 型单臂手动液压小吊车、WJ—25A 型蛙式举升机、QJ—2.5B 型双柱电动机械式汽车举升器、YDS—2 型移动式四柱电动举升机、QF—GM40 型埋入式液压汽车举升机、ZJ—400HT 汽车后桥拆装小车、ZJ—200BT 汽车变速器拆装小车、FM—1 型发动机翻转磨合架等。

（6）汽车检测设备　此设备主要用于汽车维修前的故障诊断、维修过程中零部件的检验、修竣后的性能检测及汽车使用中的定期技术状况检测。目前汽车检测设备种类很多，一般分为发动机检测设备、底盘检测设备、零部件检测设备。

1）发动机检测设备。此设备主要用于发动机的性能和故障的检测诊断。常用的设备有综合性能检测仪和单项检测仪两种。例如：综合性能检测仪有济南无线电六厂生产的 QFC—5 型微电脑发动机综合性能检测仪、元征 431ME 发动机故障检测仪、K8 金德发动机分析仪、K100 发动机综合分析仪、MT2500Snapon 红盒子等，主要检测汽油、柴油发动机的起动系、点火系、供油提前角、转速、功率、单缸动力性、喷油状况、配气相位和发动机异响等。进口设备有德国产凯文牌 D950 型电脑发动机综合分析仪，它主要用于轿车发动机的诊断。

单项检测设备有：检测发动机功率的 DWC—3 型测功机，QCC—2GJ 型汽车无负荷测功表、检测气缸活塞密封性的 QLY—1 型气缸漏气量检测仪、检测发动机电气系统的 QDZC—2000GH 型汽车电器性能测试仪、检测发动机异响的 SSC—3 型发动机异响分析仪、检测汽车尾气排放的 MEXA—324F 型汽车排气分析仪、南华 M1A—501 型 5 组份废气分析仪，以及 FBY—2 型全自动柴油车烟度计，检测润滑油污染情况的 RZJ—2 型润滑油质分析仪等。

2）底盘检测设备。此设备主要用于检测汽车底盘性能和工作状况。其主要设备有汽车侧滑检测台、汽车五轮仪、汽车制动检测台、汽车速度表检测台、汽车底盘测功机、前照灯检测仪、轮胎动平衡机、减振性能检测仪、无级变速检测装置、ABS 防抱死检测装置等。

3）零部件检测设备。此设备主要用于单一零部件的检测。例如：专门调校柴油车喷油泵的 12PSD55 型喷油泵试验台，PS—400 型喷油嘴试验器；用于发电机、起动机及所有电气检测的 TYQQ—2 型汽车电气万能试验台。

三、汽车维修设备管理的内容

加强汽车维修设备管理，对保证汽车维修企业生产的正常进行，促进维修技术进步，提高经济效益具有重要意义。

汽车维修设备管理工作主要有以下内容：

1）建立汽车维修设备管理机构，配备专职、兼职设备管理人员，加强操作工人技术培训，提高操作人员技术素质，保证合理使用设备，精心维护设备，发挥设备在汽车维修生产中的作用。

2）根据汽车维修设备的性能及维修工艺要求，正确合理地使用设备，禁止违章操作和超负荷使用，防止非正常磨损，杜绝设备事故发生，保持设备良好技术状况和应有的精度，充分发挥设备的作用。

3）认真贯彻执行汽车维修设备维护修理制度，制定设备维修计划，并认真组织实施，减少维修停机时间，以便及时恢复设备良好技术状况和效能。

4）做好汽车维修设备的日常维护工作，使设备处于良好润滑状态，减少磨损，延长设备使用寿命。

5）做好汽车维修设备的日常管理工作，包括设备的调入、调出登记，建档、立账，维修保管，报废及事故处理，保证设备完好，不断提高设备的利用率。

6）做好汽车维修设备的改造更新工作，以便适应新型车辆的维修工作。必须考虑该设备技术上的先进性与经济上的合理性，做到全面考虑，权衡利弊，以提高设备改造更新的经济效益。

7）做好引进汽车维修设备、检测设备工作。引进国外先进设备是促进技术进步的重要手段，但事前必须做好一系列的行业调查与分析研究工作，以保证引进设备能发挥其应有的效能。

四、汽车维修设备信息管理

设备管理信息系统是利用信息技术来管理设备的工具。设备管理信息系统除了专门针对设备管理的特殊需要之外，同企业管理信息系统在原则、原理和计算机软硬件选用上有许多共同点。因此，掌握企业管理信息系统的基本知识对于建立健全设备管理信息系统是很有必要的。

设备管理信息系统是企业利用信息技术充分发挥设备资源效用的管理系统。设备由于其运动的特殊性而自成系统，明显地有别于企业内部的其他系统，建立设备管理信息系统是十分必要的。

设备是生产经营的主要物质资源，如何运用好这一资源是设备管理者的职责所在。设备的运行过程是特殊的物资流动，既有技术内容又有经济内容，过程中既有耗损又有补偿，这种特殊性决定了设备管理信息系统必须作为一个独立的子系统，是企业其他子系统无法包揽过去的。因此，无论企业采用何种管理信息系统或企业信息系统，设备管理总是不可或缺地有独立的子系统。

事实上，独立的设备管理软件已有很多，国外多称为计算机维修管理系统（CMMS，computerized maintenance management systems）、设备管理信息系统（PMIS，plant man agement information systems）或设备信息管理系统（PIMS）以及资产管理信息系统（AMIS，assets management information systems）等。国内开发的同样或类似名称的软件也有多家销售。

在国外还有一大批软件商生产同设备维修有密切关系的 RAM 软件。所谓 RAM，是指可靠性（R，reliability）、可用性（A，aviability，即可利用率）和维修性（M，maintain ability），还生产评价寿命周期费用（LCC，life cycle cost）的软件。

设备管理信息系统的作用不是其他信息系统所能取代的，良好的设备管理信息系统，一方面能使设备管理部门适时采取技术和组织措施，保证生产经营过程有节奏地进行，提高预防维修计划的准确度，使非计划停机损失尽可能减小，从而为企业目标的实现作出贡献。同时，设备部门可以用有效的、灵活的、切实的管理，使设备的购置、维修和处置，能以有利于企业经济利益的手段来实现，从而直接为企业利润的增长发挥作用。

设备管理信息系统能够向企业设备主管提供他们最关注的简练的重要信息，如月、季、年维修费用，事故停机损失和修复费用，设备重大安全隐患、排放超标和能耗上升等信息；能够向各级设备管理人员提供他们职责范围内决策所需的信息，如设备投资的可行性研究和寿命周期费用分析，以及设备运行时数、故障、状态、维修情况等维修计划人员必需的信息；能够向维修人员、设备操作人员以及来访者提供可共享的信息；能够利用计算机运算速度快的优势，自动地生成实时报表，实现对设备的动态管理。设备管理信息系统还有一个重要功能，就是对重要设备运行的监视，能及时发出设备异常信号，防止重大事故的发生，为预知维修提供依据。

设备管理信息系统具有同其他管理信息系统（或信息系统）类似的特征，在数据库、数据处理和系统结构方面非常相似。但是设备管理信息系统有其特殊之处，这是在建立系统时必须考虑的。

设备管理的目的是保证设备安全经济运行，促进经济持续发展。其要求是：对设备实行综合管理，以获得良好的投资效益或使用效果；采用计算机辅助管理；用寿命周期费用指导设备选型、改造和更新；建立健全设备管理信息系统，定期统计分析，为规划、决策和改造的管理提供依据；重视经济管理，加强投资规划与分析核算，合理制订维修费用指标，保证投资效益；购买设备应进行可行性分析、寿命周期费用评价、安全节能环保评价等。

设备管理信息系统的设计应考虑以下问题：

1）能以合理的维修费用控制和校正设备状态，使设备能正常运行，不致影响企业生产经营目标的实现。

2）既要提供常规信息，更要提供异常信息；常规信息以积累维修资料（解决方案、更换件分析、工时和费用统计等）为重点。

3）建立可行性研究模型，寿命周期费用评价模型，更新、改造和大修方案对比模型，发挥计算机长于运算的优势。

设备管理考核指标有：

1）设备折旧。应按财政部规定按时、按法定折旧率提取折旧费。加速折旧需经有关部门批准。企业对折旧费的使用应有账可查。

2）设备能耗。耗能设备的能耗不得超过规定指标，能耗超标又无法治理的设备应予淘汰；列入相关淘汰设备目录的耗能设备必须停用和处置。

3）环境保护。设备排放污染物（粉尘、废水、废气等），声、光、电磁和热辐射，放射性污染等超过规定标准，又无法治理的应予淘汰。列入相关淘汰设备目录的设备必须停用和处置。

4）生产安全。重大事故次数，严重安全隐患，有无列入相关淘汰设备目录的设备。

5）投资利润率或万元设备投资利润额。

6）新增设备投资效益与工业增加值。

7）设备维修费用：年维修费用总额、万元产值（或成本）维修费用。

8）设备事故率和事故损失统计。

9）设备新度系数。

10）主要生产设备使用率。

11）设备可用率（可利用率）或设备故障停机率。

设备管理信息有来源于企业内部（主要是设备管理部门）的，还有从外部环境收集的。这些数据散布在各种文件、报表、单证和账卡中，也存在于各种技术经济资料和网络、传媒、中介机构中。参见图9-1。

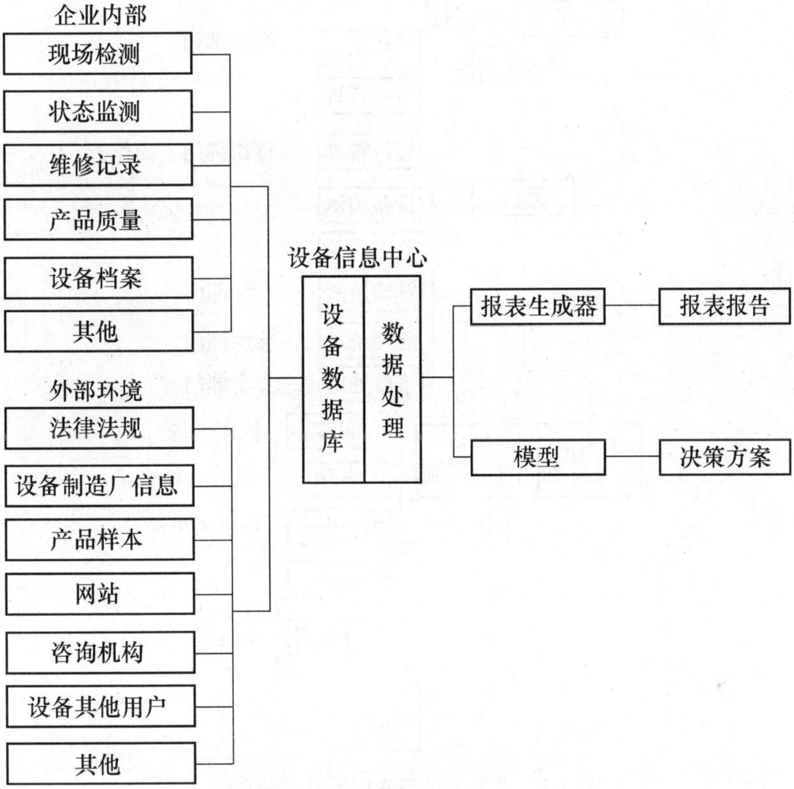

图9-1　设备管理信息来源

1. 采集的信息应具有的特性

1）信息是真实的，数据是准确的。

2）具有使用价值的。

3）信息在现时是有效的，不是过时的。

4）与各级管理人员职责有关的，包含与管理级别相适应的详细情况。

5）是接受信息的人易于理解的。

6）须在正确的时间提供，为被控系统留有足够的响应时间。

7）信息的生产成本是可以接受的。

8）避免不必要的冗余度，以免掩盖重要事实。

2. 设备全过程管理中的管理信息流

设备从规划到报废全过程管理的内容和伴随设备运动的管理信息流，见图

9-2。设备管理人员参与全过程管理，其他参与者参与部分管理。

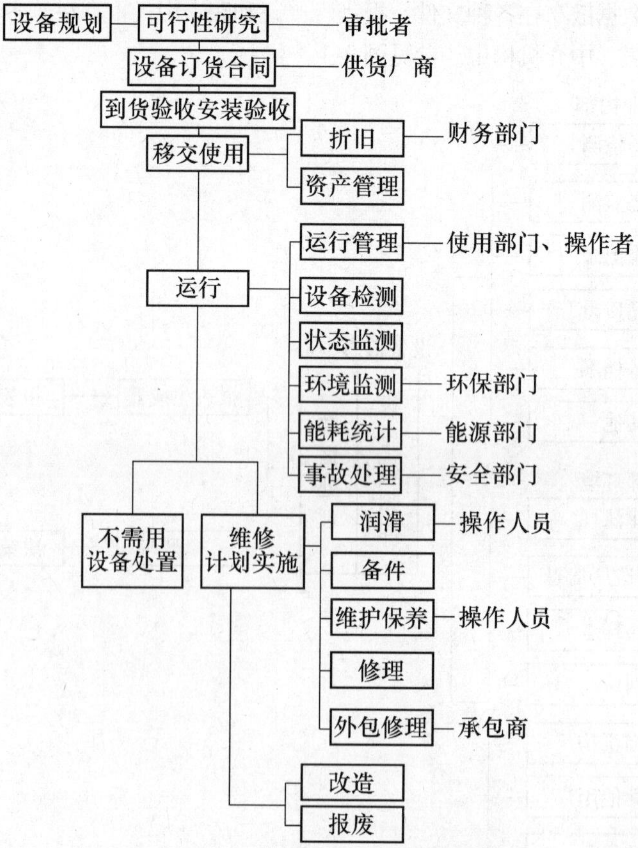

图9-2 设备全过程管理的管理信息流

设备管理信息中心和设备数据库是由设备部门内部、企业内各设备维修站点和各状态监测站点，以及与设备有关部门的计算机联网形成的。中心和数据库是设备管理信息系统的依托。建立企业信息中心、数据库和管理信息系统的原则也适用于设备信息中心、设备数据库和设备管理信息系统。如设备数据库是支持设备部门管理活动的有组织的数据的集合，是为设备管理信息系统提供依据的集中存放的结构上有联系的非冗余数据集合。设备信息中心包括数据库和数据处理设备，按设备管理信息系统的命令加工数据和提供信息。

设备管理的每项作业都各有其特殊之处，可以按作业内容设置系统的模块。其中一些模块可以按设备管理部门内部职能的划分，组合在职能子系统中。其主要作业内容是：

1）规划。包括：可行性研究，寿命周期费用评价，修理、改造、更新方案分析，设备订货、验收、安装和费用管理，设备市场信息管理。

2）财务会计。汇总设备固定资产价值（原值、折旧费、净值）、新增设备费用、设备维护保养修理改造费用、积压设备占用资金、备件占用资金、设备处置费用、设备和备件转让以及残值回收资金。

3）资产管理。建立和刷新设备卡片、分类别和分使用部门的设备账，设备平面布置图，不需用设备价值评估和处置，设备报废管理。

4）运行管理。制订操作规程和使用维护制度，培训操作人员，定人定机和发放操作证，管理运行日志（实际开机时数、异常现象是重点）。

5）设备检测。日常检查、重点检查和测定。

6）状态监测。监测记录和异常报警。

7）润滑。润滑材料管理，制订润滑规范、计划和日程表，统计润滑费用。

8）维护保养。日常维护、例行保养和重点保养，维护保养计划、派工、实施记录和费用统计。

9）备件。订货合同、备件库房和占用资金管理，备件供货商和备件市场信息管理。

10）修理。预防维修、故障维修和事故修理的管理、派工、维修记录、维修费用统计。

11）外包修理。管理外包合同，维修市场信息管理。

12）改造。改造的计划、设计、实施、费用预算和结算。

13）环境保护监测。废弃物处理，粉尘和有害物（液体、气体）排放，声、光、电磁、热超标辐射和放射性辐射沾染，有无淘汰目录所列设备仍在使用。

14）能耗统计。企业总能耗、万元产值能耗，在用设备有无能耗超标，有无淘汰目录所列设备仍在使用。

建立设备管理信息系统需：

1）根据管理流程和管理作业的需要，确定系统需设置多少个输入/输出点，每个点输入哪些数据和接收哪些信息。

2）重新规范原始凭证、账页、报告和报表格式，精简不必要的可有可无的报表。

3）确定需自动刷新的日常报表，需及时处理的异常报告，需运算生成的报表和决策方案。

4）划定需状态监测的设备和需重点检查的设备，以及监测和检查的项目、标准、异常报告方式。

5）划定需预防维修的设备范围。

6）拟定各级各类人员的信息存取权限。

7）选定需使用的数学公式。

8）确定需链接的文本。

在上述准备工作基础上形成对系统软件的功能、性能和输入输出要求，作为系统设计任务书的重要组成部分。

软件设计任务书通常包含如下内容：软件名称，引言或概述（目标、总的要求），功能指标，性能指标，输入输出，管理的信息总量，软件维护，故障处理，操作环境，应提交的程序、文档、手册清单，验收方式，培训，安装，运行支持等。对设备管理人员来说，最关心的还是功能、性能和输入输出这3项。功能上重点关注的是能得到的输出信息和系统能力；性能包括输入—处理—输出数据精度，时间（数据的响应时间、更新时间、传输时间和解题运算时间）和灵活性（在环境、操作条件、接口、精度有效时限和任务变化时系统能否灵活应对）；输出最重要的是能从系统得到的最终结果，如信息名称、媒介形式、数值和精度、输出信息类型（状态、异常等）。

第二节 汽车维修设备管理基础

一、设备前期的信息管理系统

设备前期管理中最关键的是设计和选型的决策工作，这时称为前期管理的决策点。若一旦决策错误，今后的损失就很难挽回。因此，前期管理务必要把住决策这一关，而搞好这项工作又首先要建立设备全寿命周期的系统管理，其中包括信息管理系统。设备寿命周期管理分成三环：一是自制设备前期管理环；二是外购设备前期管理环；三是后期设备使用维修的管理环。前期管理决策时，要使用初期及后期使用维修所提供的设备规划方面的信息，以及设备设计结构改进的信息，提高制造质量的信息。这些信息都包含了管理、技术、经济三方面的综合数据与动态。设备前期的信息管理是设备全寿命周期管理信息系统中的一个分支部分，它的信息来源有外来的和内部的，而主要是来自使用、维修部门的反馈。它直接为企业的设计、规划、采购单位提供可靠的信息，也可向外部制造厂或有关部门反馈信息。

1. 信息管理工作的三个阶段

（1）信息收集汇总　各种情报、资料报表等文件的整理、分类、索引、登卡和装订、保管。

（2）信息传递　包括文件传递、图像传递、口头或通信传递等形式。

（3）信息的研究　各种文件和数据的整理、分析，以及各种运算和逻辑处理。

2. 信息内容

（1）科技信息　新设备使用的技术鉴定参数；国内外新设备情报和有关科技成就；先进的设备管理技术和经验。

（2）经济信息　国内外设备市场信息，设备价值；设备投资效果经济分析；设备寿命周期费用的分析；企业设备原值、净值和固定资产占用税；设备折旧基金提取和更新资金；筹集资金的情报（国家、地方贷款或租赁办法）。

（3）生产作业信息　企业现有设备现状为设备规划提供的各类数据，包括：设备已使用年限（役龄），设备的利用率，设备故障停机率，生产效率，对产品质量影响程度，已大修次数，维修费用，设备劣化程度，安全环保要求和其他数据（工序能力指数、设备精度指数、机器能力指数等）。

（4）行政文件　国家（主管部门）对企业的考核指标，设备管理的政策、法规、条例等行政文件，以及上级机关和企业、供应商之间往来的其他文件、函件等。

3. 信息反馈

设备前期的信息管理如图 9-3 所示。各阶段的各种原始凭证、数据和记录资料，经过收集、传递、整理、分析处理，建立起设备前期信息管理反馈系统。通过向内部和外部进行信息反馈，不断地进行计划—实施—记录分析—总结评价，形成良性的工作循环，促使设备管理水平不断提高。

二、汽车维修设备管理机构与人员配备

汽车维修设备管理机构的设置应根据汽车维修企业的规模、经营方式和维修设备拥有量以及设备复杂程度来设置，一般应遵循以下原则：

1. 统一领导，分级管理

设置汽车维修设备管理机构，应根据维修企业规模和生产的要求，建立以厂长（总工程师）为首的统一的汽车维修设备管理指挥系统。在厂长统一领导下，实行分级管理，企业内部各级管理组织在规定的职责范围内，管好、用好汽车维修设备。这样不仅可以充分调动各级设备管理人员和职工的积极性，还可以使企业最高领导人摆脱许多日常事务工作。

2. 分工与协作统一

设置汽车维修设备管理机构，既要有合理分工，又要注意协作与配合，根据设备的分布，对各级设备管理部门之间、部门内部之间都要进行合理分工，划清职责范围。在分工的基础上加强合作，相互配合，以达到管好、用好、维修好设备的目的。

3. 职、责、权、利的统一

汽车维修设备管理机构设置方案确定后，在安排机构人员时，要坚持以能授职，尽量做到能力与职务的统一。既要防止不称职的一面又要做到人尽其才、人尽其用。注意责和权要适应，管理人员除了有职、责、权之外，还应享有相应的利益，做到职、责、权、利的统一。

根据汽车维修企业的规模和设备拥有量，一类维修企业应设设备管理科，

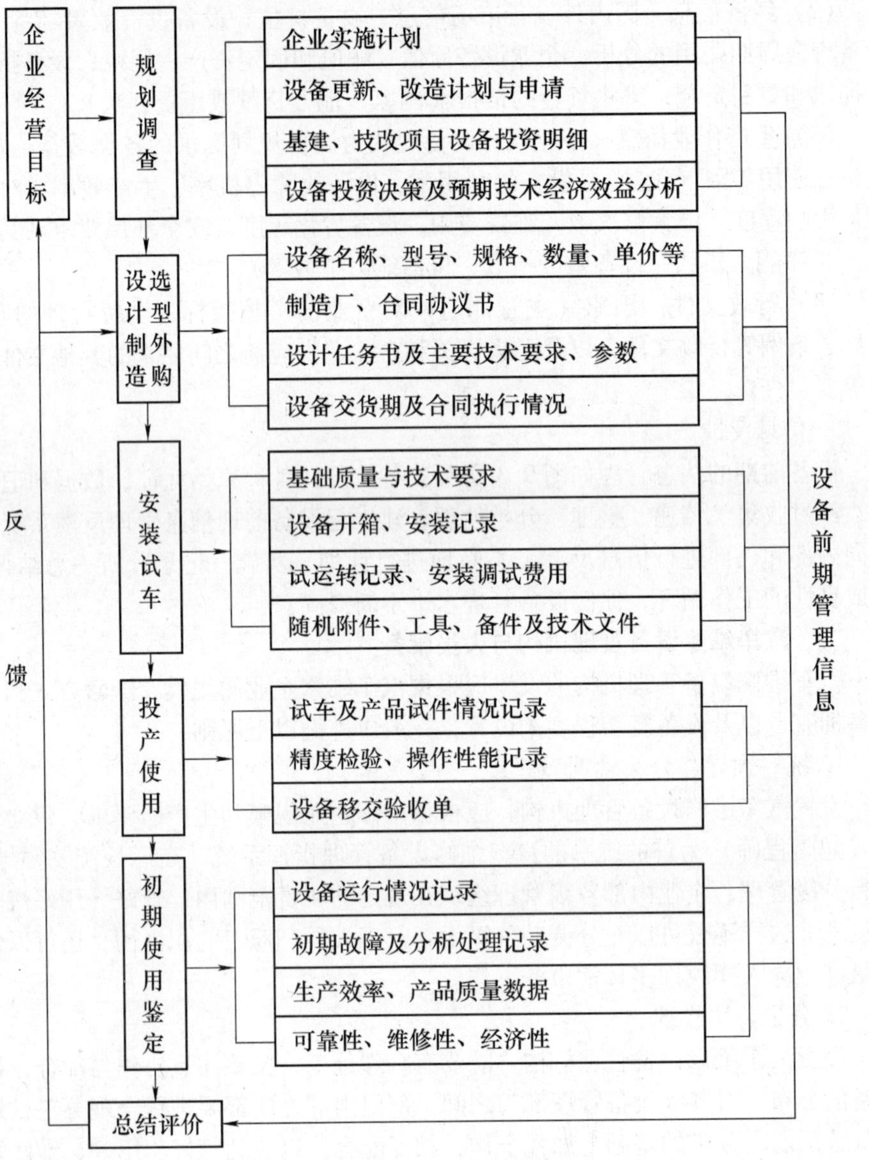

图 9-3　设备前期管理信息反馈系统

二类维修企业应设专职设备管理员，在厂长的统一领导下实施汽车维修设备管理。

三、汽车维修设备管理制度

汽车维修设备管理制度是汽车维修企业为了保证汽车维修设备正常安全运行，保持其技术状况完好并不断提高企业装备技术力量而编制的一些规章制度。

汽车维修企业应根据国家法律、法规的要求，以及行业主管部门的具体规定，结合本企业的特点，编制本企业设备管理制度。

汽车维修设备管理制度包括的内容：

（1）总则　明确制定汽车维修设备管理制度的指导思想和管理范围。

（2）管理机构与人员职责　根据企业维修生产规模和设备拥有量，建立健全汽车维修设备管理机构，配备专职、兼职管理人员，明确管理权限和职责范围。

（3）设备购置与安装调试　汽车维修企业应根据汽车维修生产工艺要求选购设备，制定购置设备审批程序，编制设备购置计划，对选购设备进行技术经济论证，并按有关规定上报审批，制定设备安装、调试、验收有关规定。

（4）设备档案的建立与管理　汽车维修企业应建立健全设备档案，并对档案管理进行规定。应包括：设备购置合同（副本），设置购置技术经济分析评价书，自制专用设备任务书和鉴定书，检验合格证，设备装箱单及开箱检验记录（包括随机备件、附件、工具等），设备使用说明书，设备易损件图纸，设备安装调试记录和验收移交书，设备登记卡，设备运行维修记录，设备事故报告，设备定期维护和检修记录，设备大修竣工记录，设备封存记录，设备报废记录等。

（5）设备的使用与维护　根据设备特性和结构特点，对设备使用作出有关规定，包括建立健全设备操作、使用、维护规程和岗位责任制，并对操作人员遵守规程作出明确规定。

（6）设备的检修　明确设备管理部门，根据设备运行情况制定检修计划，对执行检修技术标准、检修时间和质量保证作出明确规定。

（7）设备改造更新与报废　对设备改造更新提出具体要求，包括对设备的技术经济论证及设备更新后的处理，提出设备报废的条件及要求。

（8）教育与培训　明确职工技术培训的职能部门，提出对设备操作人员技术培训和设备管理人员培养的具体要求。

（9）奖励与惩罚　提出开展设备管理评优活动的要求，制定对设备管理工作作出显著成绩人员的奖励规定及对违反设备管理制度的处理规定。

（10）附则　明确制度的解释权和发布施行日期。

四、设备管理中的统计工作

设备统计，就是按照一定要求、原则和方法，对设备进行数量上汇集、整理、计算、分析、研究和总结。

设备管理的统计工作是一项基础工作。要做好设备的技术管理和经济管理，就必须有各种数据资料，而这些资料的来源就是设备管理和统计。

1. 设备统计的主要任务

1）为设备管理工作提供数据信息资料，为各级领导决策提供可靠依据。

2）研究维修设备的数量、构成、使用程度，以便挖掘设备的潜力。

3）研究维修设备的技术素质、故障和维修情况，为下一步维修设备的维修与选购提供参考。

4）反映设备使用和维修情况以及固定资产效益情况，以实现对设备的经济管理。

设备的物质形态统计包括：设备数量统计、设备技术素质统计、设备利用程度统计、设备维修情况统计和设备故障情况统计等。

设备价值形态统计包括：固定资产占用情况统计、固定资产增减变动情况统计、万元固定资产创利率情况统计、设备折旧提用情况统计、备用资金占用及周转情况统计等。

2. 设备统计报表

统计报表是搞好设备统计工作的主要方法，是实现设备管理与现代化的基础资料，也是实现计算机管理的基础。设备统计报表种类很多，其中主要有：

1）设备台账，记录设备资产的总表，它是企业或车间的设备原始情况汇总表。

2）企业设备分类台账，它是按设备类别统一编号登记设备资产的台账。

3）设备情况年报，是企业设备统计工作的基本报表之一，是反映企业设备拥有量、构成比、利用程度和设备精度变化情况的综合资料。

4）新购、新制设备资产交接验收单。

5）设备安装质量和精度检验记录单。

6）设备利用情况月报，主要反应设备的数量利用、时间利用和能力利用情况。

7）设备初期管理鉴定卡。

8）重点设备管理卡。

9）设备试运转记录卡。

10）设备故障处理单。

11）设备事故处理单。

12）设备重大事故处理单。

13）设备维修统计分析汇总表。

14）年度设备维修经济核算汇总表。

15）年度设备大检查汇总表。

统计资料应完整、可靠、及时、科学。

另外，设备的管理还有一系列的管理指示指标，如图 9-4 所示。

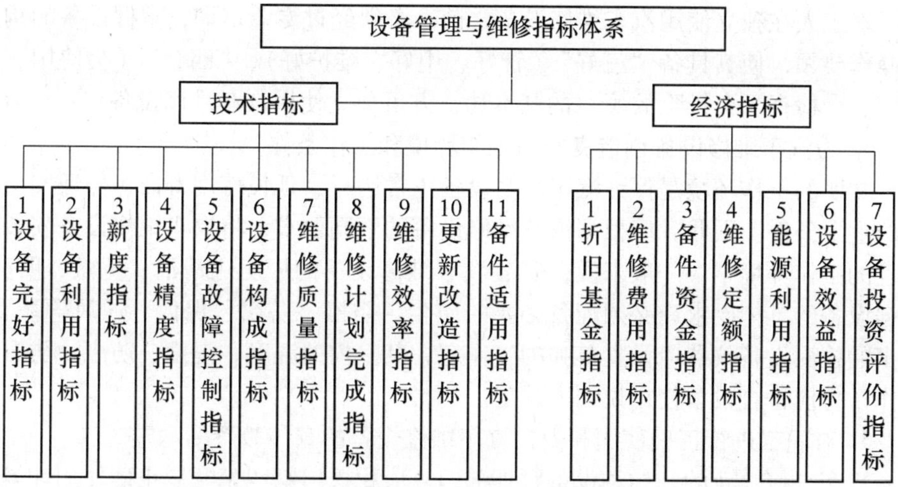

图 9-4　设备管理指示指标系统

第三节　汽车维修设备的管理

一、汽车维修设备的合理使用

汽车维修设备的合理使用是保持设备处于正常运行状态、保证汽车维修质量、降低汽车维修成本的重要环节。合理使用设备是汽车维修设备管理的基础。合理使用汽车维修设备应具备以下条件。

1. 合理配备维修设备

汽车维修企业应根据生产规模、工艺流程和作业方法，配备专用和通用汽车维修设备，以适应汽车维修生产的需要。根据维修车型配备先进的检测仪器和设备，例如轿车维修企业必须配备检测发动机故障的解码器、汽油电喷嘴检测仪和检测底盘的前轮定位仪、侧滑检测台、车身整形、底盘矫正台等。

2. 合理配备操作工人

随着现代汽车工业的发展，高性能、自动化、电子化的新型汽车不断出现，汽车维修设备将朝着精密化、自动化、电子化方向发展。这就要求设备使用者不仅是一名体力劳动者，而且是掌握相当科学技术知识和生产技术水平的脑力劳动者。因此，必须配备与设备相适应的操作人员，才能充分发挥设备的性能，使设备经常处于最佳的工作状态。

对从国外引进的贵重设备，特别是成套检测设备，应配备具有专业技术知识和技能的高级技工和专业技术人员，避免因设备的错误操作造成不应有的损失。

3. 操作人员要进行岗前培训

新工人在独立使用汽车维修设备之前，必须经过专业培训，掌握设备的构造和操作要领，使其具备“三好”（管好、用好、维护好）、“四会”（会使用、会维护、会检查、会排除故障）的基本功，方可独立使用汽车维修设备。

4. 为汽车维修设备创造良好的工作环境和工作条件

文明的工作环境是保证汽车维修设备正常运行、延长使用寿命、保证安全生产的重要条件。因此，应根据汽车维修设备的不同要求，将汽车维修设备安装在适宜的工作环境中。一般来说，安装汽车维修设备的厂房应清洁、宽敞、明亮。根据设备的具体要求，必须配备必要的防尘、防潮、防腐、保温、通风等装置。精密的检测设备仪器应设立单独的工作室，其室内的温度、湿度、防尘、防振等工作条件应符合设备使用说明书规定。

5. 对职工进行正确使用和爱护汽车维修设备的宣传教育活动

汽车维修企业的领导和设备管理部门，应积极组织职工开展正确使用和爱护汽车维修设备的竞赛活动，使设备操作人员养成维护设备的良好习惯。教育职工要像战士爱护武器一样爱护设备，使设备经常处于良好的技术状况。

6. 汽车维修设备规章制度

为了保证汽车维修设备的合理使用，汽车维修企业必须根据汽车维修的特点，建立一套科学的管理制度，岗位责任制就是管理制度的一种。

汽车维修设备使用的岗位责任制是本着设备谁使用、谁管理、谁负责的原则，明确规定了保管的责任。它是加强设备使用、保管的好办法。岗位责任制一般采用定人定机管理，其目的是把设备的使用、维护和保管的各项规定落实到人，要求每一个操作人员固定一台或多台汽车维修设备，同时根据具体情况制定相应的定人定机保管办法。公用设备应指定专人负责保管。实行定人定机的好处是：把设备的使用、保管责任落实的操作者本人，使设备使用、保管工作建立在群众管理的基础上。

（1）交接班制　在两班制操作设备的情况下，必须在交接班时，办理交接班手续，作好设备使用记录，以便相互检查，明确责任。

交接人员应将汽车维修设备使用情况，特别是隐患和设备故障排除经过及现状，详细告诉接班人员，并在交接班记录本上作好详细记载。车间主管设备的主任、厂设备管理部门的管理人员，应定期检查设备交接制度的执行情况。

（2）安全生产制　汽车维修设备的安全操作，是严格执行各种设备操作维护规程的结果。设备的操作维护规程有技术方面的，也有安全方面的，所以又可分为技术操作规程和安全操作规程两种。一般情况下，两者合并为一种操作规程，统称为技术安全操作规程。各种汽车维修设备技术安全操作规程，应由厂设备管理部门编制，车间负责贯彻执行。

汽车维修设备技术安全操作规程一般包括下列内容：

1）汽车维修设备的使用范围和操作要点。

2）汽车维修设备的润滑注油规定。

3）汽车维修设备的维护事项。

4）使用汽车维修设备的严禁事项和事故紧急处理步骤。

二、汽车维修设备的维护

汽车维修设备在使用过程中，随着作业时间的延长，零部件在运转过程中将发生摩擦、磨损。正常的配合间隙、良好的润滑条件可减低零部件的磨损。设备的维护可使设备经常保持在正常状态下运转，可以减少设备的摩擦、磨损，延长设备的使用寿命。

根据汽车维修企业的规模，汽车维修设备的维护一般采用三级维护制，即日常维护、一级维护、二级维护。维护周期一般根据设备分类和设备利用率而确定。一级维护一般 3 个月进行一次；二级维护 12 个月进行一次。实践证明，凡严格执行三级维护制的单位，其汽车维修设备完好率都比较高。请参考图 9-5 所示的汽车维修设备维护作业效能。

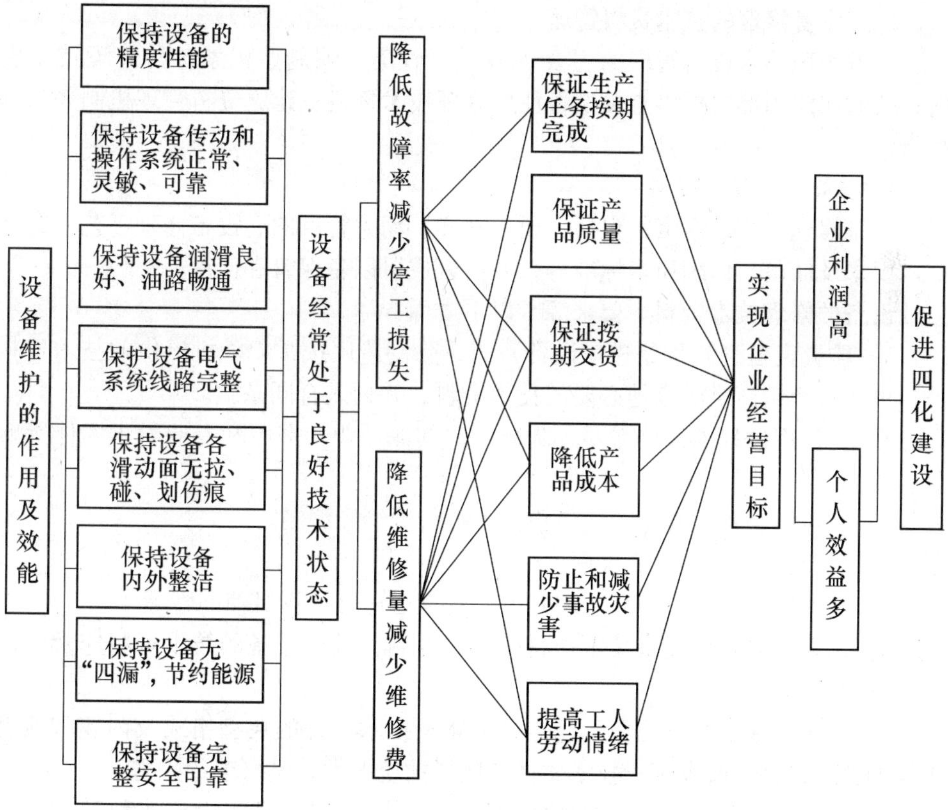

图 9-5　汽车维修设备维护作业效能

汽车维修设备维护作业内容：

（1）日常维护 每日由设备操作人员进行。要求设备操作者，班前对设备进行检查、润滑，班中严格按作业规程使用设备，下班前十五分钟对设备进行认真清扫擦拭，做到清洁、整齐、无油污、无灰尘、无杂物，并将运行情况记录在交接班记录本上。日常维护是维护作业的基础，要求做到经常化、制度化。

（2）一级维护 以设备操作人员为主，设备维修工辅导，按维修计划对汽车维修设备进行局部或重要部位拆卸和检查，彻底清洗设备外表面和设备内部，疏通油路，清洗或更换滤油器，调整各部间隙，紧固各部位，并作好维护记录。

（3）二级维护 以设备维修工为主，设备操作人员参加作业。二级维护对汽车维修设备进行部分检查和修理，更换或修复磨损件，清洗、换油，检查修理电器部分，使设备局部恢复精度，满足汽车维修工艺要求。二级维护后要作好维护记录。

三、设备修理的技术资料管理

设备修理技术资料管理的主要内容是：收集、编制、积累各种修理技术资料；及时向使用部门提供有关设备使用修理技术资料；建立资料管理机制并认真执行。

1. 设备修理技术资料

设备修理主要技术资料包括：设备图样、动力管网图、设备修理工艺、配件技术要求及储备、修理质量标准等，并装订成册以备保管和使用。

设备的修理技术资料主要来源于以下方面：

1）购置设备（特别是进口设备）时，除制造厂按常规随机提供的技术资料外，可要求经销商供应其他必要的技术资料，并列入合同条款。

2）在使用过程中，按需要向制造厂、其他企业、书店和专业学术团体等购买。

3）企业结合预防修理和故障检修，自行测绘和编制。

收集编制资料时的注意事项：

1）技术资料应分类编号。编号方法宜考虑适合计算机辅助管理。

2）新购置设备的随机技术资料应及时复制，进口设备的技术资料应及时翻译和复制。

3）从本企业的情况出发，制定各种修理技术文件的典型格式及内容和典型图样的技术条件，既有利于技术文件和图样的统一性，又可节约人力。

4）严格执行图样、技术文件的设计（编制）审查、批准及修改程序。

5）重视外国技术标准与我国技术标准的对照和转化，以及我国新旧技术标准的对照和转化。

6）对设备修理工艺、备件制造工艺、修理质量标准等技术文件，经过生产验证和吸收先进技术后，应定期复查，不断改进。

7）设备图册是设备修理工作的重要基础技术资料。编制设备图册时应注意以下几点：

① 尽可能地利用修理设备的机会，校对已有的图样和测绘新图样。

② 拥有量较多的同型号设备，由于出厂年份不同或制造厂不同，其设计结构可能有局部改进。因此，对早期编制的图册应与近期购入的设备（包括不同制造厂出品的设备）进行必要的核实，并在修理中逐步使同型号设备的备件通用化。

③ 注意发现同一制造厂系列产品的零部件的通用化。

④ 建立液压元件、密封件、滚动轴承、传动带、链条、电气电子元件等外购件的统计表，将各种设备所用的上述外购件按功能、型号规格分别统计，并注意随设备增减在统计表上增补或删除，以利于在设备修理中通过改换逐步扩大通用化和进口设备外购件的“国产化”。

⑤ 设备改装经生产验证合格后，应及时将改装后的图样按设计修改工作程序纳入图册。

只有做好以上几点，才能保证图册的正确性和减少备件储备品种和数量。

2. 资料室及其管理制度

企业的设备修理技术资料室由设备管理部门领导，业务上接受企业技术档案管理部门的指导，也可由企业技术档案管理部门直接领导。资料室应设有保管室和阅览室，负责修理技术资料的保管、借阅与复印服务，并按业务量配备专职或兼职的具有工程图基本知识和熟悉技术档案管理业务的资料员。资料室应具备防火和良好的通风条件，方便、适用的架柜及阅览设施，重要技术资料采用缩微法保管。

资料室管理制度的要点如下：

1）严格执行资料入库、出库及借阅手续。资料入库或修改时，须经有关技术负责人签字，并仔细清点无误，以保证资料的正确性和完整性。

2）按有关人员的申请，及时提供复制的资料以满足修理工作需要。

3）重要的独本技术一般不外借，只允许在资料室内阅览。

4）长期不归还的借出资料，应索回；如有丢失和损坏，可适当罚款。

5）对长期使用已破损或模糊不清的资料，经主管领导批准，及时换新。

6）对已无使用价值的资料，须经有关人员鉴定并填写报废鉴定书，报主管领导批准后报废。

7）建立资料账、卡，并定期（至少每年一次）清点，做到账、卡、物一致。发现丢失应及时报告主管领导处理。

8）做好防火、防潮、防虫蛀等工作。

四、汽车维修设备的更新、报废

设备在使用过程中有磨损就需要补偿，磨损的形式不同，补偿磨损的方式也不一样。补偿分为局部补偿和完全补偿。设备的有形磨损的局部补偿是设备的维护和修理；设备的无形磨损的局部补偿是设备的改造。有形和无形磨损的完全补偿，则是设备的更新。

汽车维修设备在使用过程中发生磨损，随着时间的延长，使用性能不断下降，虽经修理但仍满足不了工艺要求；或随着汽车制造业的发展，高性能、电子化新车型的出现，技术陈旧的汽车维修设备已不适应汽车维修生产的需要，必须对汽车维修设备进行更新改造，以适应汽车维修生产的需要。

1. 汽车维修设备更新应坚持的原则

汽车维修设备凡有下列情况之一者均可更新：

1）经过大修已不能达到维修生产工艺要求的汽车维修设备。

2）技术性能落后，经济效益很差的汽车维修设备。

3）耗能大或严重污染环境，危害人身安全与健康，进行技术改造又不经济的汽车维修设备。

2. 汽车维修设备最佳更新期的确定

汽车维修设备更新应选择最佳时期进行，即确定设备最佳更新期。提到设备最佳更新期就涉及到设备寿命的概念。设备寿命一般分为物质寿命、技术寿命和经济寿命。物质寿命是指设备从投入使用到报废为止所经历的时间；经济寿命是设备从投入使用，到因使用不经济而提前更新所经历的时间。确定设备的最佳更新期主要依据设备的经济寿命，即设备使用后期，设备老化程度与使用费的增加来决定设备更新。

确定设备经济寿命，即最佳更新期的方法比较多，一般采用低劣化数值法。假定汽车维修设备经过使用之后残值为 L，用 K_o 代表设备的原始值，T 代表已使用年数，则每年的设备费用为 K_o/T。随着设备使用年数的增加，平均设备费用不断减少。设备使用时间越长，它的有形磨损和无形磨损越加剧，维修费、燃料动力费越增加，这就叫设备的低劣化。汽车维修设备的低劣化可用图 9-6 所示的曲线描述。

一般可用低劣化数值法计算汽车维修设备的经济寿命，其计算公式如下：

$$T = [2(K_o - P)/\lambda]^{1/2}$$

式中 T——汽车维修设备的经济寿命；

K_o——汽车维修设备的原值；

P——汽车维修设备的净值；

λ——年低劣化增长值。

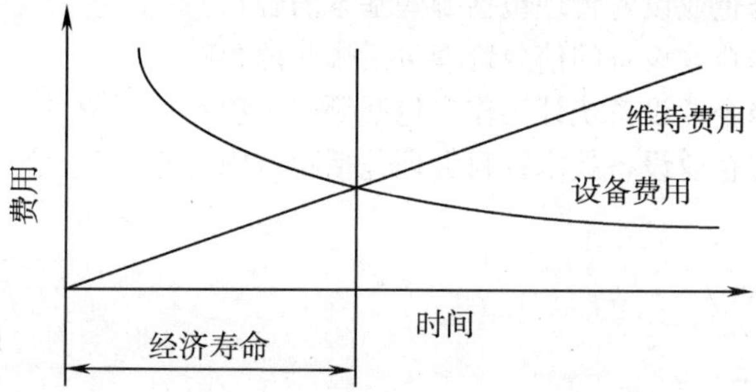

图 9-6 汽车维修设备费用曲线

3. 汽车维修设备的报废

汽车维修设备的报废有两种情况：一是在正常使用中受到磨损，年久而丧失使用价值；二是自然和意外事故造成无法修复的毁损。维修企业对汽车维修设备的报废要严格掌握，谨慎处理。因技术进步或维修车型的改变，有些维修设备在本企业被淘汰不用了，但在其他修理企业尚可使用，就不应报废，而应作价转让。

汽车维修设备有下列情况之一者予以报废：

1）已超过使用年限，其主要结构和主要部件磨损，已无法修复的老旧汽车维修设备。

2）因灾害和意外事故，设备受到严重损坏，已无法使用、修复和改造的汽车维修设备。

3）严重污染环境，已超过法定标准而又无法改造治理的汽车维修设备。

4）自制非标准的汽车维修设备，经维修生产验证和技术鉴定，确认已不能使用，也无法修复、改装和调出的汽车维修设备。

5）型号过于老旧，性能达不到最低使用要求，又失去修理与改造价值的汽车维修设备。

汽车维修设备报废须经设备管理部门检定，主管领导签字，上级主管部门批准。待批准报废已停止使用的设备，不允许在未批准之前拆卸零部件，以保持设备完整。

思 考 题

1. 现代汽车维修企业当中，设备选购原则与发展趋势是什么？
2. 为什么加强设备使用与管理是企业正常运转的基本保证？
3. 你的企业当中有没有“功能性文盲”和“功能浪费”的现象，准备采取什么措施进行挽救?

4. 汽车维修企业设备管理包括哪些基本内容?
5. 汽车维修企业设备的信息管理包括哪些内容?
6. 汽车维修企业设备统计工作应包括哪些事项?
7. 汽车维修企业设备技术资料管理包括哪些内容?

第十章 汽车维修企业财务管理

第一节 汽车维修企业财务管理概述

财务管理与会计工作是两个不同的概念。财务管理主要是企业管理者的工作范畴。很长一段时间内，企业管理者只是将财务管理看成是一项单纯的会计工作，只是管钱，比管钱复杂点就是交税。

企业家应具备什么样的财务观念，已成为一个独立的课题。面对迅猛发展的现代经济一体化，经济学家曾指出，财务管理已是企业管理者必修之课。谁掌握了资金运动规律，甚至于谁掌握了金融领域里的全新词语，谁就有可能掌握了资金运动的主动。这也正是下面不惜花大量篇幅介绍财务管理内容的原因。

在传统意识中，财务固然是经济实体组织管理机构中的一个必要组成部分，虽说缺了不行，作用也不过是账房、管家而已。企业家与会计师之间的关系不过是签字、盖章、批条子的单向指令关系。尤其是汽车维修行业中的一些企业没有把财务管理当一回事，对于财务管理、财务制度、财务报表一概不懂，财务只是一个管钱、收钱、催款、交税的部门，一切由老板经理说了算，他们让你怎么做账，你就得怎么做账，这种现象在一些私企表现更为突出。老板娘就是财务会计，根本就不是为了管理方便，而是钱放在老婆那里放心。这样低层次的传统落后做法，给企业管理与发展制造了巨大的障碍。这种状况近几年已经有了很大的转变，但仍然比较普遍存在着。当今企业家必须具备现代财务管理观念，才能领导一个企业运营与发展。

我曾经听到一则笑话，说的是一个私人企业修理厂的老板，要招聘一名财务主管。广告发出以后结果来了 25 名应招财务人员。老板非常高兴，亲自面试，并出了一道题：1 + 2 = ?，话音未落，24 个人同时举起手来，当然答案是等于 3，老板却非常无奈地将这 24 个人请出了考场。只剩下一个应试者默不出声，老板问他：难道你知道答案？那个人站起来，关上门，并关上所有的窗户，然后走到老板身边附在耳边轻声地说“您说等于几就等于几”。老板大喜，遂之录用。

虽然这是一个笑话，但仔细想想我们的身边也不乏其人啊。

汽车维修企业的生产经营过程，从价值形态来看表现为资金运动。这种资金运动包括资金的筹集、使用、耗费、收入和分配等内容。资金筹集是资金运动的起点。像其他企业一样，首先必须通过一定的途径筹集资金。资金的使用是把筹集的资金通过购买、建造等过程，形成各种生产资料。资金耗费是指在生产经营过程中，所耗费的各种材料、燃料、固定资产损耗、支付工资和其他费用等。资金的收入是指通过销售产品和提供维修劳务所取得的收入。资金分配是指对所取得收入的分配，一部分用以弥补生产经营耗费，其余为企业纯收入。企业纯收入首先以税金形式按规定的税率上缴国家，其余为企业留利。企业资金的筹集和使用，以价值形式反映企业对生产资料的取得和占用。企业资金的耗费以价值形式，反映企业的物化劳动和活劳动力的消耗。企业资金的收入和分配，则以价值形式反映企业生产成果的实现和分配。企业财务即企业的资金运动，它是企业再生产过程的价值体现。

企业在资金运动中，与有关方面发生的经济关系即为财务管理。企业资金的筹集、使用、耗费、收入和分配，与企业上下左右各方面都有着广泛的联系。概括起来有五方面的财务关系：

1）企业与国家税务机关的关系。企业应按照国家税法和规定交纳各种税款，在应交税款的计算和缴纳等方面体现国家与企业的分配关系。

2）企业与投资者和受资者之间的财务关系。即投资同分享投资收益的关系。

3）企业与债权人、债务人及往来客户之间的财务关系。这主要是指企业和债权人的资金借入和归还及利息支付等方面的财务关系、企业之间的资金结算关系和资金融通关系，包括债权关系和合同义务关系。

4）企业内部各单位之间的财务关系。这主要是指企业财务部门同企业内各部门、各单位之间发生的资金结算关系。

5）企业与职工之间的财务关系。这主要是指企业与职工之间的结算关系，体现着职工个人和集体在劳动成果上的分配关系。

汽车维修企业财务管理是组织企业资金运动（或称资金活动），处理企业同各方面的财务关系的一项经济管理工作，也是企业管理的重要组成部分。财务管理区别于其他管理的特点在于它是一种价值管理，即对企业再生产过程中价值运动所进行的管理。财务管理利用资金、成本、收入等价值指标，来组织企业中价值的形成、实现和分配，并处理这种价值运动中的经济关系。其目的是千方百计使资金释放出最大的能量，实现价值增值，提高资金效益。

根据资金运动的经济内容，汽车维修企业财务管理的内容主要包括：筹资管理、投资管理和资产管理、收入管理和分配管理。此外，还包括企业设立、合并、分立、改组、解散、破产的财务处理。它们构成了企业财务管理不可分割的统一体。

财务管理是企业管理中的一个独立方面，又是一项综合性的管理工作。企业各方面生产经营活动的质量和效果，大都可从资金活动中综合地反映出来，通过合理组织资金活动可有效地促进企业的生产经营活动。财务管理的各项价值指标是企业经营决策的重要依据。及时组织资金供应、节约使用资金、控制生产消耗、大力增加收入及适时合理分配收益，将会促使企业增产节约、增收节支、提高经济效益。

有以下三大财务要素决定了企业的成败，同时也用来衡量管理者的绩效：

1）利润——通过创造销售和控制费用达到获利目标。

2）现金流量——由营业收益及其他来源产生现金，并妥善运用。

3）财务体质的健康——决定财务体的财务结构，控制企业的财务状况及偿债能力。

为永久存续，企业必须创造利润、掌握现金流量和保持偿债能力。要达到这些财务目标，有赖于其他的管理功能都能维持良好的状态。企业付薪给管理者，便是希望他们能创造新产品和服务、扩大市场、改善生产力、预测变迁、运用新科技提供明确的战略、雇用及激励员工、能处理困难的抉择、解决问题，协调业务上的各种利益冲突，例如客户要求低价而员工要求高薪；而且大众也期待管理者要依道德行事，要遵守各项法律，要对社会大众负责同时还要能创造利润，活用现金，避免财务危机。

企业的基本财务信息可由财务报表中发现。财务报表是依据会计资料及业务记录做成的，这些资料来自会计系统。会计资料库及记录必须完备、正确并且即时。这些都是非常困难的要求，需靠非常良好的会计系统。图10-1显示了会计

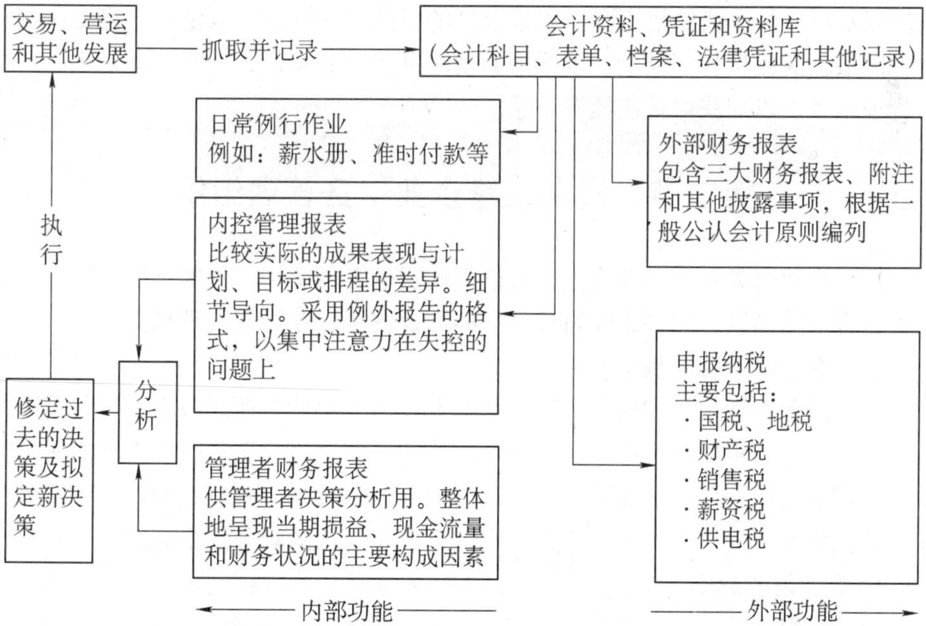

图10-1　会计系统的概观

系统的概观。会计系统有内部和外部两个面向。内部及外部需求分别导向不同的方向，且两者之间存在某种程度的紧张关系。

除了每天的例行作业、准备薪资、准时付款、寄账单给客户等之外，也请注意图 10-1 所显示的另外两个会计系统的主要内部功能：内控管理报表及内部财务报表。内控管理需注意许多细节，许多地方都有可能出错。相反，管理决策却只注重少数的关键因素，它是见林不见树的，所以为了规划和决策的目的，管理者需要既精简又完备且呈现大方向的财务报表。

此外会计信息多半无法包括所有决策及控制所需的信息，因此管理者可利用许多其他信息来源，例如竞争对手的售价、供货厂商的运送问题、员工士气等。取得非会计资料有许多不同的渠道：购买竞争者商品、业绩报告、市场研究报告、人事部记录等。例如客户档案便是非常重要的资料。通常同时包括会计信息（过去的业绩）和非会计信息（每位客户的责任业务员）。

除了对企业负有内部功能，会计人员尚负有两项主要的外部责任：申报纳税和编制外部财务报表。会计人员必须跟上随时变动的会计准则，以便编制外部财务报告。其他诸如企业所得税、薪资所得税、财产税和销售税，都受复杂又随时变动的法令、规则和表格的规范。税务会计已超过本书的讨论范围。

财务管理通过财务预测、财务计划、财务控制及财务分析等环节的相互配合、紧密联系，形成周而复始的财务管理循环过程，构成完整的财务管理工作体系。以最经济的方式筹措资金，以最合理的标准运用资金，以最快的速度回收资金，以最佳的比例分配资金，以严格的制度进行财务监督，从而促进企业提高经营管理水平，以期获得最佳经济效益。

第二节 汽车维修企业财务管理组织

搞好企业财务管理必须合理有效地组织财务管理工作。主要包括：建立企业财务管理规章制度、完善企业财务管理体制及健全企业财务管理机构。

一、企业财务管理规章制度

企业财务管理规章制度是规范企业财务行为、协调企业同各方面财务关系的法定文件。它是根据党和国家有关方针政策的要求，适应企业财务活动的实际需要而制定的。这些规章制度对企业同各方面的财务关系、各有关部门财务管理的职责和权限作了规范。汽车维修企业有以下 3 个层次的财务规章制度。

1. 企业财务通则

由国家财政部颁布、自 1993 年 7 月 1 日起施行《企业财务通则》，是当前我国各类企业进行财务活动、实施财务管理必须遵循的基本规范，它对其他财务规章制度起统帅作用。除此之外，国家颁布实行的公司法、证券法等其他法律法规，也从不同角度对企业财务活动进行了规范。以上规章制度对建立企业资本金制度、固定资产折旧制度、成本开支范围制度及利润分配制度等方面均作出了明确规定。

2. 运输企业财务制度

按照《企业财务通则》的规范，财政部还制定了《运输企业财务制度》，以适应行业管理特点和管理要求。

汽车维修企业在提供各种维修服务的同时，也往往兼营汽车配件和汽车装修，在维修过程中还要从事一部分汽车零部件的制造或工业性作业。汽车维修企业集服务、商品流通和制造于一体，是以提供维修劳务为主，同时进行商品流通和零部件制造的综合性企业，从行业的主要特征看属于运输服务行业。因此，汽车维修企业还必须贯彻执行《运输企业财务制度》。

3. 企业内部财务管理制度

汽车维修企业可按照《企业财务通则》和《运输企业财务制度》的规定，根据企业内部管理的需要制定内部财务管理制度。这是搞好企业财务管理，建立企业财务管理秩序，避免损失浪费，提高经济效益，增强企业活力的需要，也是企业作为独立的商品生产经营者的需要。为了指导和帮助企业更好地制定企业内部财务管理制度，国家财政部以（94）财工字第 194 号文发布了《关于工交企业制定内部财务管理办法的指导意见》。汽车维修企业可参照此指导意见，制定本企业的财务管理制度。

二、企业内部的财务管理体制

企业内部的财务管理体制主要是规定企业内部各项财务活动的运行方式，确定企业内部各级、各部门之间的财务关系。它要与企业总体财务管理体制相适应，同时根据企业规模大小，工作基础强弱研究确定。大体上有两种方式：

（1）在小型企业　通常采取一级核算方式。财务管理权限集中于厂部。厂部统一安排各项资金、处理财务收支、核算成本和盈亏；二级单位（班组或车间等）一般只负责管理、登记所使用的财产、物资，记录直接开支的费用，不负责管理资金，不核算成本的盈亏，不进行收支结算。

（2）在大中型企业　通常采取二级核算方式。除了厂部统一安排各项资金、处理财务收支、核算成本和盈亏以外，二级单位要负责管理一部分资金，核算成本，有的还要计算盈亏，相互之间的经济往来要进行计价结算；对于资金、成本等要核定计划指标，定期进行考核。

对实行企业内部经济核算制和经营责任制的企业，应建立以资金控制、收支管理、内部结算，以及物质奖励为重点内容的企业内部财务管理制度。总之，对于企业内部财务管理体制，应根据企业的自身条件，结合实际来确定。其内容应视情况而定，具体形式可以灵活多样化。对于建立了现代企业制度的维修企业，如股份公司或有限责任公司等，应按照《公司法》的要求建立企业内部的财务管理体制。

三、企业财务管理机构

企业财务管理机构的设置，因企业规模的大小不同而差异较大，同时它与经济发展水平和经济管理体制有密切的联系。在过去计划经济体制下，国有企业中都是将财务机构和会计机构合并设置在一起。在大中型企业中，在厂长（经理）领导下，由总会计师来负责财务会计部门。在小型企业，不设总会计师，由一名厂长直接领导财务会计部门，财务管理机构均不单设。改革开放以后，企业的财务活动发生了深刻的变化。企业的筹资渠道和筹资方式越来越多样化，企业投资的规模和方向日益增多，利润分配涉及的方面更加广泛，企业财务管理的独立地位越来越突出，财务与会计的职责不明的弊病也越来越明显。所以就产生了财务机构同会计机构分别设置的需求。

按照建立现代企业制度的要求，大中型企业的财务管理机构，可在企业总经理领导下设置财务副经理来主管财务与会计工作，并设置财务科（处）。财务科（处）的主要职责可规定为以下几项：筹集资金，负责固定资产投资，经营资金管理，负责证券的投资与管理，负责利润的分配，负责财务预测，财务计划和财务分析工作。会计科（处）主要负责建账立卡，财务处理，成本、收入、利润的核算等工作。财务机构和会计机构分别设置、分别规定职责范围，各司其职，相互配合，密切协作，协调一致地为实现企业的总体目标发挥各自的作用。

对于各类小型企业，财务管理机构设置应因地制宜，切实符合企业实际。总的原则是应有利于加强企业的财务管理，以提高理财水平和工作效率，提高企业经济效益为出发点和落脚点。

第三节 汽车维修企业资产的管理

资产是企业所拥有或控制，能用货币计量，并能为企业提供经济效益的经济资源，包括各种财产、债权和其他权利。资产的计价着重以货币作为计量单位，反映企业在生产经营的某一个时点上，实际控制资产存量的真实状况，以及在生产经营的某一个期间，企业资产流量的真实状况。企业是资产实际控制权的空间范围。在这个范围内的资产，企业对其具有实际经济管理权，能够自主地运用资产从事生产经营活动，同时享有并承担与资产所有权相关的经济利益和相应的风险。因此，对于企业来说，管好用好资产是关系到企业兴衰的大事，必须予以高度的重视。

资产按其流动性通常可以分为流动资产、固定资产、长期投资、无形资产、递延资产和其他资产。这里仅介绍流动资产和固定资产。

一、流动资产管理

流动资产是指可以在一年内或者超过一年的一个营业周期内，变现或者运用的资产。按资产的占用形态，流动资产可分为现金、短期投资、应收账款、预付款及存货。这里仅介绍现金、应收账款及存货的管理。

1. 现金管理

现金是指可以立即用来购买物品、支付各项费用或用来偿还债务的交换媒介或支付手段。主要包括库存现金和银行活期存款，有时也将即期或到期的票据看做现金。现金是流动性最强的资产，拥有足够的现金对降低企业财务风险、增强企业资金的流动性具有十分重要的意义。

现金管理的目的是在保证企业生产经营所需现金的同时，节约使用资金，并从暂时闲置的现金中获得最多的利息收入。企业库存现金没有收益，银行存款的利息率也远远低于企业的资金利润率。现金结余过多，会降低企业的收益，但现金太少，又可能会出现现金短缺，影响生产经营活动。现金管理应力求做到既保证企业日常所需资金，降低风险，又避免了企业有过多的闲置现金，以增加收益。

现金管理的内容主要包括：编制现金收支计划，以便合理地估算未来的现金需求；对日常的现金收支进行控制，力求加速收款，延缓付款；用特定方法确定理想的现金余额，即当企业实际的现金余额与最佳的现金余额不一致时，采用短期融资或归还借款和投资于有价证券等策略来达到比较理想的状况。

现金收支计划是在预定时期企业现金的收支状况，并对现金进行平衡的一种打算。它是企业财务管理的一个重要内容。

企业可通过现金周转模式、存货模式及因素分析模式等方法，确定最佳现金余额，作为企业实际应持有现金的标准，并进行现金的日常控制。其主要内容是：①加速收款，尽可能地加快现金的收回；②控制支出，尽量延缓现金支出的时间；③进行现金收支的综合控制。因此，要实施现金流入与流出同步管理；实行内部牵制制度，即在现金管理中，要实行管钱的不管账，管账的不管钱，使出纳人员和会计人员相互牵制，相互监督；及时进行现金的清理，库存现金的收支做到日清月结，确保库存现金的账面额与银行对账单余额相互符合；现金、银行存款日记账款额分别与现金、银行存款总账款额相互符合，作好银行存款的管理。对超过库存限额的现金应存入银行统一管理，并按期进行清查，保证存款完全完整。当企业有较多闲置不用的现金时，可投资于国库券、企业股票等，以获得较多的利息收入；当企业现金短缺时，再出售各种有价证券获取现金。这样，既保证企业有较多的利息收入，又能增强企业的变现能力。

2. 应收账款管理

应收及预付款是一个企业对其他单位或个人有关支付货币、销售产品或提供劳务而引起的索款权。它主要包括应收账款、应收票据、其他应收款、预付货款等。汽车维修企业所涉及有关应收及预付款的业务主要是：企业提供汽车维修的劳务性作业而发生的非商品交易的应收款项，企业向外地购买设备或材料配件等而发生的预付款项，其他业务往来及费用的发生涉及的其他应收款项。

应收账款是企业因销售产品、材料，提供劳务等业务，应向购货单位或接受劳务单位收取的款项。汽车维修企业因销售产品、提供汽车维修劳务等发生的收入，在款项尚未收到时属于应收账款。近年来，由于市场竞争的日益激烈，汽车维修企业应收账款数额明显增多，已成为流动资产管理中的一个日益重要的问题。应收账款的功能在于增加销售、减少存货。同时，也要付出管理成本，甚至发生坏账。为此，要加强对应收账款的日常控制，作好企业的信用调查和信用评价，以确定是否同意客户赊欠款。当客户违反信用条件时，还要作好账款催收工作，确定合理的收账程序和付债方法，使应收账款政策在企业经营中发挥积极作用。

3. 库存管理

库存是指企业在生产经营过程中，为销售或耗用而储存的各种物资。对于汽车维修企业来说，库存主要是为耗用而储备的物资，一般是指汽车维修的材料、配件等。由于它们经常处于不断耗用与不断补充之中，具有鲜明的流动性，且通常是企业数额最大的流动资产项目。库存管理的主要目的是控制库存水平，在充分发挥库存功能的基础上，尽可能减少存货，降低库存成本。为此，企业要首先制定库存规划，即在确定企业存货占用资金数额的基础上，编制存货资金计划，以便合理确定存货资金的占用数量，节约实用资金，并且要在存货的日常控制方面进行严格管理。在企业日常生产经营过程中，按照库存计划的要求，对存货的使用和周转情况进行组织、调节和监督。

常用存货控制的方法是分级分口控制，其主要包括三项内容：

1）在厂长经理的领导下，财务部门对存货资金实行统一管理，包括制定资金管理的各种制度，编制存货资金计划，并将计划指标分解落实到基层单位和个人，对各单位的资金运用情况进行检查和分析，统一考核资金的使用情况。

2）实行资金的归口管理，按照资金的使用与管理相结合、物资管理与资金管理相结合的原则，每项资金由哪个部门使用，就归哪个部门管理。

3）实行资金的分级管理，即企业内部各管理部门要根据具体情况，将资金计划指标进行分解，分配给所属单位或个人，层层落实，实行分级管理。

二、固定资产管理

固定资产是使用年限在一年以上，单位价值在规定的标准以上，并且在使用过程中保持原来物质形态的资产。固定资产是汽车维修企业中资产的主要种类，是资产管理的重点。

1. 固定资产的种类及固定资产投资的特点

按经济用途将固定资产分为生产用固定资产、销售用固定资产、科研开发用固定资产及生活福利用固定资产四种。汽车维修企业的固定资产主要是生产性固定资产，且多为专用设备。

按使用情况不同，将固定资产分为：使用中的固定资产、未使用的固定资产及不需用的固定资产三种。

按所属关系不同，将固定资产分为：自有固定资产和融资租入的固定资产。

固定资产投资一般具有如下特点：回收时间较长、变现能力较差、资金占用数量相对稳定、实物形态和价值形态可以分离。

2. 固定资产的日常控制

为了提高固定资产的使用效率，保护固定资产的安全完整，作好固定资产的日常管理工作至关重要。其主要包括以下几个方面。

（1）实行固定资产的分级分口管理　企业固定资产种类和数量较多，其使用涉及到企业内部各部门及各单位。为此，应在企业内部建立各职能部门，如各单位在固定资产管理方面的责任制。实行固定资产的分级分口管理，即在企业财务部门的统一协商下，按固定资产的类别由厂部各职能部门负责归口管理；按各类固定资产的使用地点，由各级使用单位负责具体管理，并进一步落实到班组和个人。这样便可做到层层负责，物物有人管，使固定资产的安全保管和有效利用得到可靠保证。

（2）建立固定资产卡片和固定资产登记簿制度　为了详细反映和监督企业各项固定资产的使用及增减变动情况，管好用好固定资产，需要设置固定资产卡片和固定资产登记簿，以进行固定资产的明细核算。

固定资产卡片实际上是以每一独立的固定资产项目为对象的明细账。企业在收入固定资产时设立卡片。登记内容和格式见表 10-1 所示。

表 10-1　固定资产卡片格式（正面）

<table>
<tr><td colspan="4">建造单位
建造年月
建造日期
交接凭证编号
技术特征规格
调入来源
开始使用日期</td><td colspan="4">固定资产卡片
第一号
固定资产名称
固定资产类别
固定资产编号</td><td colspan="3">原价
其中安装费
预计使用年限
年（月）折旧率
调入时已使用年限
调入时已提折旧额</td></tr>
<tr><td colspan="4">完工大修记录</td><td colspan="4">使用单位和内部转移记录</td><td colspan="3">停用记录</td></tr>
<tr><td>日期</td><td>凭证</td><td>摘要</td><td>金额</td><td>日期</td><td>凭证</td><td>使用单位</td><td>存放地点</td><td>停用原因</td><td>停用日期</td><td>动用日期</td></tr>
<tr><td></td><td></td><td></td><td></td><td></td><td></td><td></td><td></td><td></td><td></td><td></td></tr>
</table>

（续）

固定资产卡片格式（反面）

附属设备			原价变动记录					
名称	规格	数量	金额	日期	凭证	增加金额	减少金额	变动后金额

调出记录	报废清理记录	
日期 凭证号数 调出方式 调入单位 原始价值 已提折旧额 有偿调出价款 备注	日期 凭证号数 报废原因 原始价值 已提折旧额 残值收入 清理费用 备注	设立卡片日期 注销卡片日期 卡片登记人

固定资产卡片由财会部门填制，一份留存作为固定资产明细核算之用，一份交管理部门保存作为管理的依据。固定资产在使用过程中，由于改建、扩建或技术改良等原因，引起原值、折旧额的变动，应根据有关凭证及时登记入卡。固定资产在企业内部各使用部门之间转移时，应由固定资产管理部门填制必要的凭证，通知移交、接收的部门和财会部门，据此办理固定资产转移手续，并将固定资产卡片一并转移。

为了按使用部门分类反映固定资产的增减变动和存在情况，财务部门应设置固定资产登记簿，每一类固定资产开设账页，并按使用保管部门将固定资产的年初余额汇总入登记簿内。固定资产发生增减变动时，应根据经过核签的增减凭证，逐笔或汇总记入登记簿内，并结出月末金额。固定资产登记簿内容及格式见表10-2。

表10-2 固定资产登记簿

类别 ____年

日期		摘要	凭证号	增加							减少						金额
月	日			投资投入	企业购入	自制自营	租入	接受捐赠	盘盈	合计	出售	报废	毁损	投资转出	盘亏	合计	

通过建卡和登记办法，有利于促进使用单位加强对设备的维修，提高设备的完好程度，做到账实相符，为管好用好固定资产打下良好基础。

（3）按财务规定计提固定资产折旧　固定资产折旧是指固定资产因磨损而转移到产品中去的那部分价值。管好用好固定资产折旧，认真计提固定资产折旧是固定资产日常管理的重要内容。

现行规定的固定资产折旧的计提范围为：房屋和建筑物；在用的机器设备、仪器仪表、运输车辆、工具器具；季节性停用和修理的设备；以经营租赁方式租出的固定资产；以融资租赁方式租入的固定资产。

不计提折旧的固定资产包括：房屋建筑物以外的未使用、不需用的固定资产，以经营租赁方式租入的固定资产，以及已提足折旧仍继续使用的固定资产等。

1）计提折旧的起止时间的计算。固定资产从投入使用开始，即发生价值损耗，应开始计提折旧，分摊资产的成本；固定资产报废或停止使用，应停止计提折旧。按现行制度规定：折旧按足月原价计提，月份内开始使用的从下月起计提折旧，月份内减少或停止使用的从下月起停止计提折旧。

2）折旧计算方法的选择。按现行制度规定，企业计提固定资产折旧时一般用平均年限法。经审批同意，对机器设备也可采用双倍余额递减法，或者年数总和计提折旧法。后两种方法属于加速折旧法，有利于加速资金的回收和周转，改善企业财务状况。

（4）合理安排固定资产的修理　固定资产在使用过程中，由于受机械磨损、化学腐蚀等而发生损耗，但各个部件的磨损程度并不相同。为了保证其正常使用，并发挥应有的功能和维持良好的状态，必须经常对其进行维护和修理。在进行固定资产修理时，所发生的修理费可直接计入有关费用。若企业的修理费用发生不均衡且数额较大时，为了均衡企业的成本或费用负担，可采用待摊或者预提的办法。采用预提的办法，实际发生的修理支出冲减预提费用。实际支出大于预提费用的差额计入有关费用，小于预提费用的差额冲减有关费用。

（5）科学地进行固定资产的更新　固定资产的更新是指对固定资产的整体补偿，也就是以新的固定资产来更换需要报废的固定资产。

固定资产更新有两种形式：一种是完全按原样进行更新，即按原来的技术基础、原来的规模、原来的结构和用途进行更新，以实现固定资产的实物再生产；另一种是在先进技术基础上的更新，也就是以先进的、效率和性能更好的、能产生更大经济效益的设备更新陈旧落后的设备，不断提高企业的技术水平。特别是近年来随着汽车工业的迅速发展，对汽车维修行业的技术进步要求越来越高，更需要企业以这种内涵式扩大再生产的更新途径，加速企业上规模、上水平、有重点、有步骤地进行固定资产更新。

第四节　汽车维修企业营业收入

管理营业收入是一个重要的财务指标。它是企业现金流入量的主要来源，是衡量企业经营成果的重要标志，是企业再生产顺利进行的必要条件，是实现企业利润的主要源泉。营业收入管理的主要内容包括对营业收入的核算和预测。弄清汽车维修企业营业收入的来龙去脉，掌握收入情况对管理人员尤为重要。因此，本节主要讲述营业收入的核算。

一、汽车维修企业营业收入的内容

汽车维修企业的营业收入，是指企业在生产经营中，通过销售汽车零配件、提供汽车维修劳务等所取得的收入，一般分为主营业务收入和副营业务收入。

1. 主营业务收入（汽车维修收入）

汽车维修企业的汽车维修收入，是指企业提供汽车维修劳务等所取得的营业收入。它可以根据规定的工时定额、材料消耗总额和其他收入计算确定。它由汽车维修工时收入、材料配件收入和其他收入三个部分组成，属主营业务收入。

2. 副营业务收入（其他业务收入）

汽车维修企业的其他业务收入，是指各类主营业务以外的不独立核算的副营业务所取得的收入，如从事汽车配件零售与批发的收入等副营业务收入。

需要指出的是主营业务和副营业务内容的划分是相对的，会因企业经营项目的多元化而发生变化，应根据具体情况来进行确定。

二、汽车维修企业营业收入的计算

1. 汽车维修企业营业收入的确认

企业应在发出商品和提供劳务，同时收讫或者取得索取价款的凭据时，确认企业的营业收入。其基本标志：一是企业的商品已经发出或者劳务已提供；二是企业已经收到价款或者收到了收取价款的凭据。据此确认汽车维修营业收入。如果采取交款提车的管理方式，当车辆已经维修完毕并开出了发票收取了款项，则证明汽车维修劳务已提供完毕，便可确认营业收入已经实现；如果采用预收款项的办法，在车辆已经维修完毕，发票已经开出，则证明汽车维修劳务已经提供完毕，在发票账单已经开出和提走被维修车辆时，便可确认营业收入已经实现。

2. 汽车维修收入的计算方法

汽车维修企业的汽车维修收入一般是由汽车维修工时费收入、汽车维修材料费收入和其他收入三部分组成。

（1）汽车维修工时费收入的计算　汽车维修工时费收入是汽车维修取得的劳务收入，它按照汽车维修的结算工时定额和结算单价确定。其基本公式如下：

汽车维修工时费收入 = 结算工时定额 × 工时单价

汽车维修结算工时定额一般由交通主管部门和物价部门联合制定。它是汽车维修企业向客户结算工时费收入的基本依据，据实耗工时计算，并取得托修业户的同意。

汽车维修工时单价也是由交通主管部门和物价部门联合制定的。它是汽车维修单位工时的收费标准。

（2）汽车维修材料费收入的计算　汽车维修材料费收入是为了补偿汽车维修所耗材料、配件等取得的营业收入。其包括外购配件费收入、自制配件费收入、修旧配件费收入及辅助材料费收入等。

1）外购配件费收入。按实际购进和不含税价计算。

2）自制配件费收入。按实际制造成本价计算。

3）修旧零件费收入。指经修复后符合质量标准的基础件、总成件和零部件（不含就车修理加工的零、部件）。修旧零件费收入一般按不超过现行市场价的50%计算。

4）辅助材料费收入。汽车维修企业的辅助材料，是指在汽车维修过程中共同消耗的一些其他材料，或者难以在各维修车辆之间划分的材料，其范围各地区的管理部门都有具体的规定。计算时一般是按照材料消耗定额进行计算，也有一些其他管理办法，如按照维修作业时工时定额乘以每定额小时辅助材料费用加以确定。

（3）其他收入　包括外加工费收入、材料管理费收入等。

1）厂外加工费收入的计算。厂外加工费收入是指汽车维修企业由于进行厂外加工而向客户收取的营业收入。在汽车维修过程中，由于汽车维修企业的设备、技术等条件所限，有一些作业项目需要到厂外进行加工，从而发生的厂外加工费（不含税）。此项费用由企业事先垫付，然后向客户收取。

计算时应注意，凡是包容托修方报修的维修类别范围之内的厂外加工项目，应按照相应的标准定额工时计算收取厂外加工费，不应再按厂外加工费进行重复收费。

2）材料管理费收入。材料管理费由材料的采购、装卸、运输、保管、损耗等费用组成。其收入计算标准一般按一定的管理费率进行计算，具体标准各地交通主管部门、物价管理部门都有明确规定。如果在制定工时单价时，未考虑收取管理费的因素，还应按规定收取相应管理费用。

（4）汽车维修收入的计算　汽车维修收入由汽车维修工时费收入、汽车维修材料费收入和其他收入三部分组成，其计算公式如下：

$$汽车维修收入 = 工时费收入 + 材料费收入 + 其他收入$$

3. 汽车维修收入折扣与折让的计算

汽车维修企业在生产经营活动中经常发生维修折扣与折让。按照企业财务通则和会计准则规定，应该冲减当期的汽车维修收入。

汽车维修折让是指在汽车维修过程中，由于质量等问题，客户要求对汽车配件的价格或汽车维修工时费给予一定的折让。其折让额的大小视具体情况，由托修双方协商确定，以双方均能接受为原则。汽车维修折扣是指企业为了鼓励客户及时付款所规定的信用期限和一定的折扣率。只要客户能在规定的信用期限内支付款项，将可享受一定的现金折扣。其折扣额的大小取决于信用期限和折扣率。如在一个月内付款享受2%的折扣。汽车维修折让与折扣的核算通常采用两种方法：一种是总额法，即汽车维修收入按照全额反映，实际发生的现金折扣单独反映，汽车维修的全额收入减去现金折扣之后得到汽车维修净收入；另一种是净额法，即汽车维修收入直接按照净收入进行反映，不单独核算现金折扣，汽车维修收入扣除现金折扣后再进行收入核算。

4. 其他业务收入的核算

汽车维修企业除了汽车维修业务之外，还有其他的经营业务。其他经营业务活动所取得的收入，称为其他业务收入。如不进行单独核算的附属车队以外单位提供劳务而取得的收入，企业零星销售配件等取得的收入，出租固定资产所取得的收入，以及废旧物资出售所取得的收入等，都属于汽车维修企业的其他业务收入。这些收入通过“其他业务收入”账户据实记载，单独核算。

第五节 汽车维修企业财务分析

说明：由于财务管理的理念机理都是一样的，只是科目不同而已，所以在实际应用方面没有严格的汽车维修企业财务管理学，因而在进行汽车维修企业财务管理培训时，一般均采用通用财务管理学。因为经营机密所限，所列案例、图表、数据为某一销售企业财务案例，其中有些科目读者在学习时，可与汽车维修企业相应的科目相对应。如：“销售”可视为营业、营运；“销售量”可视为维修量与配件销售量；“销售额”可视为营业额；“库存”可视为应收款与配件库存等。当然计算方法都是一样的，但数字显示的比例大不相同。尽管如此，由于本书的目的只是将其作为一种道理介绍给读者，如需系统学习财务管理，还需以正规教材为蓝本。

一、外部财务报表——对外的财讯窗口

由于外部财务报告是提供给不直接参与公司日常业务的外界投资者和债权人参考，因此外部财务报告包括对财务报表绝对必要的附注。管理者应该已经知道大部分附注中揭露的信息。如果管理者喜欢他们的内部财务报表也包含附注，那附注也许就要更详细，并包括比外部财务报表附注更多的敏感信息。编列给债权人和股东的年度外部财务报告中，所含的财务报表必须符合一般公认会计原则。

这些原则具有权威性，是编制财务报告给债权人和外界投资人时必须遵守的知道原则、规范和标准。财务报表须经公正的会计师事务所查核的主要目的是：检查财务报表是否依据一般公认会计原则编制。如果财务报表的编制及披露与公认原则有重大偏离，会计师必须在查账报告书中加以陈述。

外部财务报告的核心包括三种主要的财务报表：①概述企业在一定期间内营运的获利绩效；②概述同一时期内企业现金流入与流出的情形；③列举期末的企业资产和资产权益的归属者及其资金来源。

这三种主要财务报表并未附随分析。它们只是提供一种有系统的信息来源，仍须由使用者自行解读报表中的重要信息。

外部报告是管理者实践“管家”功能的沟通工具。也就是说，管理者要定期报告，在此期间内企业所托付的资金做了哪些运用。债权人和股东是企业的资金来源，同时也拥有企业资产的权益。因此，他们有权利从他们的“管家”（现在大家比较喜欢称为“代理人”）那里，定期拿到会计报告。

请留意管理者对外界有诚信责任，他们必须对财务报表的恰当表达负责。高阶主管毫无疑问地要对财务报表负首要责任，这是无法推卸给注册会计师的。同样，如果高阶主管发布误导大众的财务报表，也不能归罪给公司的法律顾问。

因为外部财务报告在本质上是对外公开的，所以披露的资料有限，尤其是损益表（公司的获利报告）。目前的披露准则允许企业保留若干债权人和外界投资人有兴趣想要知道的信息，相信这种情况是因为怕披露事项会泄露太多机密资料，而使企业丧失竞争优势。内部损益表（或管理利润报告），即包括企业不愿在外部报告中披露的费用材料。

利润刺激创新，它是承担风险的报酬，是投资在企业的资金报酬，是长期辛苦工作的补偿。它激发效率，淘汰过时的产品和服务，对公司持续产生压力，以维持客户服务和产品的品质。

简而言之，利润体制带来了最高的生活水准。尽管如此，各级政府和许多社会人士对利润导向、自由企业、公开市场体系仍有着根深蒂固的不信任，这是不争的事实，当然这些并非是全然没有理由的。

可以忽略利润体制的弊病和失败，以及某些不择手段的企业管理者“不计任何成本追求利润”的残忍行为，似乎过分天真。不幸的是，我们通常不费吹灰之力就可以发现刊登不实广告、贩卖危险产品、诈骗员工退休金、提供危险的工作环境，或故意违反法律规范等企业恶行，以及其他的非法活动。

太多公司走违反道德伦理的捷径。“格雷欣定律”（Gresham’s Law）在此似乎适用：劣币驱除良币，结果导致可容忍的行为规范降至最低水准。这是非常糟糕的，难怪利润对许多人来说是个肮脏字眼，商业也因此背负其名。道德标准应该超乎在法律条文之上。

许多企业有正式的员工职业道德规范。不用说，管理者应该以身作则实践事业道德规范。如果管理者避重就轻，那他又能如何期待员工呢？如果管理者只把职业道德规范放在嘴上吹嘘，则员工一定不会把它当一回事。

财务报表是每家企业的第一印象和检验的基准。三大财务报表各自表达公司在三大财务目标方向的成绩：创造利润（损益表，incomestatement）、有足够的现金（现金流量表，cash flow statement）、保持财务健全（资产负债表，balance sheet）。外部报告包括这三个主要报表，再加上其他事项和公司评注。

1. 衡量利润：损益表

企业的主要财务动机自然是为了创造利润。所以损益表很自然地成为吸引大家的焦点。损益表报告企业最近期间的获利成果：

销售收入 - 费用 = 利润

国内一惯将营业收入作为会计科目而非销售收入。

损益表（图 10-2）通过汇总企业当期的销售收入和费用，得知

当年度损益表	
销售收入	￥48 152 320
销售成本	(31 299 008)
营业毛利	￥16 853 312
营运费用	(1 218 624)
折旧费用	(902 336)
营业利润	￥3 764 672
利息费用（或财务支出）	(613 200)
税前盈余	￥3 151 472
所得税	(1 119 864)
本期净利	￥2 079 968

当年度现金流量表		
营业活动产生的现金流量		
本期净利	￥2 079 968	
营运资产及负债的变动		
应收账款	(771 232)	
存货	(1 203 834)	
预付费用	(194 728)	
应付账款	466 544	
应计费用	322 264	
应付所得税	13 760	
折旧费用	902 336	(464 904)
营业活动的净现金流入		￥1 615 064
投资活动的现金流量		
购买土地、厂房及设备		(3 115 200)

投资活动产生的现金流量	¥400 000	
短期借款增加	600 000	
长期借款	800 000	
现金入股	(750 000)	1 050 000
发放现金股利		¥(450 136)
本期现金净减少		

年底资产负债表

资产	今年	去年	增加（减少）
现金	¥2 053 304	¥2 503 440	¥(450 136)
应收账款	4 630 032	3 858 800	¥771 232
存货	7 824 752	6 620 904	¥1 203 848
预付费用	937 408	742 680	¥194 728
流动资产总计	¥15 445 496	¥13 725 824	
土地、厂房及设备	15 891 600	12 776 400	¥3 115 200
累计折旧	(3 617 120)	(2 714 784)	¥(902 336)
折旧后固定资产净值	¥12 274 480	¥10 061 616	
资产总额	¥27 719 976	¥23 787 440	
负债及股东权益			
应付账款	¥3 110 672	¥2 644 128	¥466 544
应付费用	1 508 312	1 886 048	322 264
应付所得税	107 152	93 392	13 760
应付短期票据	3 400 000	3 004 800	¥400 000
流动负债合计	¥8 126 136	¥6 923 568	
应付长期票据	4 400 000	3 800 000	¥600 000
负债总计	¥12 526 136	¥10 723 568	
股东权益			
股本	5 800 000	5 000 000	¥800 000
保留盈余	9 393 840	8 063 872	¥1 329 968
股东权益总计	¥15 193 840	¥13 063 872	
负债及股东权益总额	¥427 719 976	¥23 787 440	

图 10-2　外部财务报表范例

企业的获利情形。报表的最后一行显示会计期间的盈亏，称这最后一行结算结果为净利（netincome）或纯收益（netearnings）。

将资产、负债和股东权益的变动与现金流量表的数字比较，要注意保留盈余的净变动为¥1 329 968，等于净利减去现金股利。

在此列示的三种主要财务报表内容、格式和专有名词是典型的外部财务报表。这些报表之后附带有多页的附注及披露事项作为补充，并伴随公司董事长或财务主管的信函。财务报表若经独立的会计师事务所查核签证，则会计师对财务报表的意见书也会列在财务报告中。

销售收入和费用的衡量其实并不显而易见，也没有明确的划分方式，但是很多人误以为这只是簿记好坏的问题。实际上，在衡量销售收入和费用时，必须要经过许多困难的会计估计、判断和选择。有些会计方法是有选择性的，例如折旧费用的提列。毫无疑问，会计人员在衡量利润（或亏损）时，必须客观公正，并且要抗拒任何夸大或低报利润要求的压力。然而，有时高级主管会借助会计方法的运用操纵损益。

损益表报告企业的销售收入和费用。资产负债表上绝大多数的数据来自企业追求利润的营运。换言之，损益表是资产负债表的主要决定因素。损益表是企业、财务体质和收入、费用营运结果下的主角，它和资产负债表的关系简述如下：

损益表	资产负债表
销售收入→	+资产或-负债
费用　→	-资产或+负债

销售收入增加资产或减少负债。现金销售立刻增加现金；赊销则先增加应收账款，稍后收款后再转成现金。虽然不是非常普遍，但有些公司，例如配件订货商，他们会在送货之前预收现金，货送出门时，他们再减去先前预收货款的负债记录。换言之，他们直到送货后才记录销售收入，即使现金在此之前已预收。

费用会减少资产或增加负债。费用，例如员工薪资，会减少现金。销售成本显示存货减少。产品卖出后，它们的成本会自资产项目移走，并记入费用项目。许多费用的记录是先增加应付账款负债，稍后再付款。这种情形的普遍可能超乎你的想像。折旧项目则比较特别，它会减少企业长期营运资产的账载金额，或称账面价值（book value）。

销售收入和费用科目与它们相对的资产与负债科目之间的关系，可通过营运比率（operating ratios）来分析。

2. 现金流量表

来自营业之现金+其他来源之现金-现金的运用=现金变动金额

注意：利润并不尽然自动在当期产生同样金额的现金流量。长期来说，利润会产生现金流量，但是在利润带来现金之前，也许会有时间落差。

现金流量表（图10-2）是个现金“哪里来，哪里去”的活动汇总表。必须了解的是，当年度的现金流量与年度结算的损益是不同的。

来自营业之现金，是企业内部自行产生的现金来源。企业偶尔也利用其他的外部现金资源，如借款和股东投资。报告这些外部现金来源，能够比较企业自内部、外部各取得多少资金。公司也可以卖掉部分通常不是为营业目的而持有的资产，例如不动产。

现金流量表报告现金用途，通常可分为三个主要种类：分派给股东的现金股利、债务的偿还和投资于新的长期营运资产之资本支出。

3. 资产负债表

资产负债表（图 10-2）衡量组织的财务是否健全，显示企业的资产、负债和股东权益科目。资产是企业可以运用的经济资源，企业为了增购资产必须筹募资本。资本有两个来源：负债和股东权益。所以资产负债表的自然方程式如下：

资产 = 负债 + 股东权益

资产负债表基本上与其他两个报表不同，损益表和现金流量表摘述一段期间内的动态流量——收入和费用的变化反映在损益表，而现金的变动情况则在现金流量表中表达。两者都有一最终结算结果：损益表是本期净利，现金流量表则是现金的净增减差额。第三种财务报表则没有一个最终结算数，而是呈现两个平衡数。

资产负债表是一种静态状况（position）报表，简述企业在一定时点的财务状况。企业的财务状况每天都在改变，因为一连串的活动和交易不断进行。资产负债表呈现的是损益表上所记载的营收（净利）计算会计期间的最后一天午夜时分的状况。

资产负债表提供三种基本信息：①显示企业的资产配置，即它表达公司当时经济资源的分配——现金多少，存货多少等；②显示企业的负债，即积欠多少货款或费用，有多少付利息的贷款；③其他种类的负债。

资产负债表上也显示股东权益的细目——在过去多年来，业主投资了多少资本，保留了多少钱在公司里没有分配股利。保留盈余是内部产生的资金，与外来的股东资本和负债来源不同。

企业的债权人和股东，小心翼翼地研读分析资产负债表。首先，他们对企业的财务健康和能否永续经营，如何避免无力偿还债务或破产的威胁感兴趣；其次，他们对企业资本运用的效率，即企业利用资本来营运的成果也很感兴趣。

应当站在管理者的立场，并由他们的观点看财务报表。首先企业管理者是决策者，他们需要财务报表作决策分析。外部财务报表提供的仅是管理者所需信息的骨干，还必须为管理者的财务报表多添些骨和肉。

二、内部损益表——管理者的决策分析工具

管理者必须随时掌握变动不定的企业环境，必须迅速得知这些变迁对利润及其他财务状况的影响。决定适应变化的最好方法永远不是件容易的事，但可以确定的是，管理者仍需某些形态的信息供追求利润的决策分析用。

为了解说追求利润决策所需的信息，必须先考虑下列的决策情况。假设你做了一些市场调查，而且得到若将售价降低 5%，销售量就可以增加两成的结论。这是个好建议吗？当然，能增加 20% 销售量的预测是决策关键。这个销售量跃升的期望不见得能实现。无论如何，外部财务报表是否提供了足够的信息分析这项决策？不，他没有。

外部利润报告（损益表）主要限制在于，它无法说明销售量增加两成时，费用会如何变化，而总收入又将增加多少的信息。成本和费用的变化对利润有举足轻重的影响，是管理者在进行此种大决策之前必须据以分析的信息。再者，管理者必须考虑利润之外其他层面：他们必须仔细确认，决策会对公司或责任部门的财务状况和现金流量产生什么影响。管理者都知道，有些决策虽然有利可图，但可能会对财务状况和现金流量产生可怕的影响。

图 10-3 是内部损益表或利润报告，包含了管理者所需的基本费用行为模式，与第二节介绍外部财务报表的图 10-2 为同一家公司，注意其净利润数字是完全一样的。换言之，这里结算利润的方法和以前完全一样。之所以提出这一点是有原因的。

和一般常见的误解相反，公司并不记两套账。内部和外部财务报表的利润，是由同一套会计方法计算和记录的。管理者也许会要求会计人员分析，若采用另一种会计方法计算的利润会有多少，例如不同的存货和销售成本计价方法，或是不同的折旧方法，但是最终只有选定一种方法入账。并没有什么“正确”或“真实”的数字被秘密保存在只有管理者知道的地方，虽然这似乎是多数人的误解。

图 10-3 包含了对利润报告中主要项目的解释。这应该有助于回答可能发生的疑问，以及理清一些不太确定的项目。内部管理报表通常不会包括这样的解释，它假设使用者（管理者）都熟知这些项目的意义，然而这样的附注解释并非首见，有些企业便加入附注提醒使用者，企业所采用的正式定义和分类，但是这并不普遍。

1. 毛利

销售成本这项费用是销售收入减去的第一项费用，剩下的部分则称为毛利（poss margini；grass profit）。销售成本是卖给顾客产品的成本。销售成本通常是销售的最大费用支出。通常汽车维修企业的成本一般占八成以上，所以四至五成以上的毛利率并不常见。

2. 毛利率愈低，存货周转率愈高

这是个普遍的法律。商品从买进到卖出的时间间隔，称为一个存货周转期。高周转率是一年五次以上，或是六至七次，视产业而定。例如超级市场有很高的周转率，它们的货品不在货架上停留太久。即使将上架之前留滞在仓库里的时间也计算进去，其周转率也是非常高，所以超级市场可以在二成左右的毛利率下运作。

相反，汽车维修企业中的库存配件周转会达到一年以上，所以它需要相当高的毛利率。本例中，毛利率是销售收入的 35%。这对许多行业来说都算是合理

销售收入	¥48 152 320	本期（本例为一年）总销售量×全期内平均净单位售价的记过。这是外部损益表的第一项目。最后记功内单位售价是标价减去折让与退回，如促销折扣、退款、折价券、售货时点的调整等
销货成本	(31 299 008)	总销售量×售出产品的单位成本。产品的单位成本有时难以决定，因成本随时间而改变，故企业必须在先进先出法（FIFO），或后进先出法（LIFO）中作一选择，决定其存货成本流动的顺序。成本为完整的取得成本，包括买入的运费和其他处理费用。会计系统可能未将这些成本包括在产品成本中，存货还会应为偷窃、毁损、老旧或变质及报废等而损失。这些存货的损失可包括在销货成本，但也能记录为营业毛利之后的另一个费用项目
营业毛利	¥16 853 312	
变动营运费用		
销售量导向	(2 960 000)	随销售量的增减而同向变动的营业费用，如运输成本、包装成本和仓储成本。若销售量增加10%，则这些成本就会增加10%
销货收入导向	(4 815 232)	随销货收入的增减而同向变动的营业费用，例如，以售价为基准的佣金和信用卡手续费
边际贡献	¥9 078 081	
固定费用		
营运费用	(4 411 072)	这些是当期中相对较为固定不变的营运费用。销售量的高低，不会对这些成本产生影响。例如，员工的固定薪资、租金、财产税和保费
折旧费用	(902 336)	折旧被单独列示，是因为它性质特殊。折旧是企业固定资产（土地例外）的总原始成本分配到当期的部分。记住，这项费用取决于此项资产所估计的耐用年限。不论它是采用加速折旧法或直线折旧法
营业利润	¥3 836 672	
利息费用	(613 200)	利息费用是根据当期长、短期负债金额和每一笔负债的利率计算而来
税前盈余	¥3 151 472	
所得税	(1 071 504)	本例中，公司所得税为课税所得的34%，且公司的税务和财务报告所适用的会计方法都相同
本期净利	¥2 079 968	当期结算的利润和外部损益表的最后数字

图 10-3　内部损益表

的数字。

销售成本属于变动费用，它随着销售量的改变而变动。如果销售量增加一成，假设商品单位成本不变，那么这项费用应该也增加一成。商品的单位成本，无论是购买产品贩售的零售业，或是制造产品贩售的制造业无法永远保持不变。商品的单位成本也许会随着通货膨胀而稳定增加，或由于技术改良，竞争压力，进口配件汇率调整，车型的逐步淘汰，市场的饱满而价格暴跌。

内部（管理）损益表的下一步是自营业毛利中减去变动营运费用。在图10-3中，变动营运成本分成两类，与销售量或销售总值一起变动的。变动的意思是费用随着销售活动，即销售量或销售总值的增减而一起增减。例如运送费用是与销售量，即卖出的和运送的量一起变动。另一方面，付给业务员的佣金通常订为销售总值的百分比，也就是和销售金额一起变动。

自营业毛利减去所有的营业费用，则得到第二个利润数字，称为边际贡献（contribution margin）。“贡献”代表它对收回公司固定费用的贡献或帮助；“边际”代表它是自销货收入减去销售成本费用和变动营运成本后的余额。边际贡献须大到足够收回公司的固定营运费用、利息费用、所得税费用之后，而仍有利润（净利）。简言之，这个称为边际贡献的中间阶段利润数字，需要背负更多的责任。即使企业赚了合理良好的边际贡献（销售收入减所有变动费用），并没有完全令其脱离灾厄，因为它仍有固定营运费用、利息和所得税需要负担。

在这里提出利润导向的计算方式，即自销售收入减去所有变动费用以计算边际贡献。其基本理由是提供一个简单的方法，比较及计算企业在减去创造销售收入所需的变动费用后，剩余金额占销售收入的比率。在本例中，边际贡献约占销售收入的19%；￥9 078 081 边际贡献 ÷ ￥48 152 320 销售收入 = 19%。

概略来说，如果销售收入增加￥800 000，公司的边际贡献会增加￥152 000，或19%的销售收入。边际贡献能够增加，但是固定营运费用是否有变化，这是个关键：边际贡献是个重要的分界线，变动的利润因素在其前，固定费用在其后。

事实上所有的企业都有固定营运费用和固定折旧费用。注意在图10-3中，该公司的年度固定营运成本是￥4 411 072，而折旧费用是902 336。“固定”一词代表当这些营运成本为了公司实务上的各种需求，而在相当大的范围内发生变动时，它们仍维持同样的金额。比方说，即使当期的销售比实际的销售水准高或低二三十个百分点时，固定费用仍然不变。

这种固定费用的例子有：员工的固定薪资、办公室租金、年度产税，许多不同类型的保证费及会计师签证费等。一旦支付了金额，广告费用也是固定成本。这些成本都是预先决定，而且一旦决定后，在短期内就没有更改。另一方面，时间愈长，这些成本才愈有可能被上下调整。例如，领固定薪的员工可能被解雇，但他们可能有资格得到数个月甚至数年的资遣费。租赁也许不会续约，但你必须等到租约到期才能终止。大多数固定营运费用是采用现金的，这代表已记录的费用在当时或稍后即已付清。必须说明的是，这类的成本必须预先支付（例如保险费），但也有许多是先记账后付款的。

折旧费用也是一个固定的金额，但是它十分独特，因此与其他固定营运费用分开。折旧取决于采用哪种会计方法来衡量这项费用——直线法或是较快的方法。与折旧费用相比，其他固定营运费用并不会如此依赖会计方法的选择。

折旧是对长期或固定营运资产账面价值的摊提，惟一例外的是土地，土地成本不需折旧。因为这个原因，有时候提到折旧，会被认为“只是记记账而已”。然而这种说法容易引起误解，这些营运资产实际上是会随时间而损耗，并终究会遭废弃。折旧是个实际的费用，但它的本质特殊，需要单独列举，不仅是在损益表，同时也在现金流量表中，此点在下一节讨论。

偶尔也有一些其他资产的账面价值会减少，虽然不像折旧一般，依照事先决定的摊销摊提。例如，存货在卖不出去，或必须以低于成本的价格出售时，就必须将存货账面价值减少；此外，存货的账面价值也会折损，以反映顺手牵羊和员工监守自盗的损失。应收账款如果无法完全收回时，也必须减少其账面价值。

管理者必须了解这些账面价值的减少，是包含在利润报告中的哪些项目下。例如，存货损失是否包括在销售成本里？坏账损失是否列进了固定营运费用中？管理者必须知道他们的内部利润报告中，每一基本项目所包括的信息。这类型的账面价值减损通常具有固定性质，不会以变动费用的方式呈现。然而，若一定比例的存货损失是正常的，则这项损失应该包含在变动销售成本费用里，理由是：企业每卖100个产品，就得每次多进一定比率的存货，例如进货105个单位的产品，其中5个就是每一批中会被偷或损坏，或故障无法出售的损失。

减去固定费用后我们得到“营业利润（operating earnings），有时也被称为“利息及所得税前利润”（earnings before interest and tax，BEIT）。利息费用在内部报表中单独列为一项，或者也可以将短期借款的利息和长期借款的利息分开。例如：长、短期借款的利率可能有显著的差异时，管理者也许可以考虑重新安排公司的借款结构。利息费用应该包括所有借款所负担的财务成本。

内部利润报告的最后一项是所得税费用，只报告一个总额，本例中只包括企业所得税。所得税因为许多因素而变得复杂。在本书中所使用的例子，公司适用的税率，是依目前税制规定下的固定所得税率。

给管理者的内部利润报告，应该将成本与费用分成固定和变动两大类，而变动费用应再进一步分为与销售量或与销售总值同向变动的两种费用。内部损益表的重要性并不是夸大其事，这个报表提供了利润的衡量——事实上，是在各阶段直到最终结算净利的利润衡量方式。这些重要的利润数字，是财务分析工具所要用到的基础资料。

损益表中汇总的销售收入和成本费用，并不仅仅决定利润数字，这些追求利润的交易，也是资产负债表上数字的主要决定因素。

三、内部资产负债表和现金流量表

假设有个不熟悉资产负债表的人问道：资产负债表是从哪里来的？什么事情

决定企业的财务状况？什么决定资产负债表的结构？什么又决定此财务报表上的金额？答案是：资产负债表是三种基本交易形态积累影响数的表达，又被称为财务状况报表（statement of financial condition）。

第一，这项财务报表是由销售收入、费用或追求利润的交易而来。交易的结果汇列在损益表，而资产负债表是在利润计算期间的最后一天结算之后准备的。营业收入和费用导致特定资产和负债的增加与减少，资产负债表简单汇总了企业所有资产及负债。

第二，企业必须筹措资金从事必要的资产投资。资金有两个主要来源：举债与股本。管理者必须说服贷款机构借钱给公司，同时也必须说服股东来投资。

两种不同的资金来源，都因为提供使用资金而要求补偿。债务须支付利息并在损益表上列出费用，但损益表上却没有列出任何偿付股本的报酬或费用，而是将税后净利当成股本的净收益。股东可能会（也可能不会）因净利分派而领到现金股利，以分配公司的部分利润。现金股利一旦发放，可在现金流量表上看到。

第三，企业投资于营运所需的长期资产。这类投资被称为资本支出，以强调资本运用在获取长期的经济资源。资产负债表披露企业对厂房、设备和其他长期资产的投资。资产负债表源自三种基本的交易形态，如图 10-4 所示。

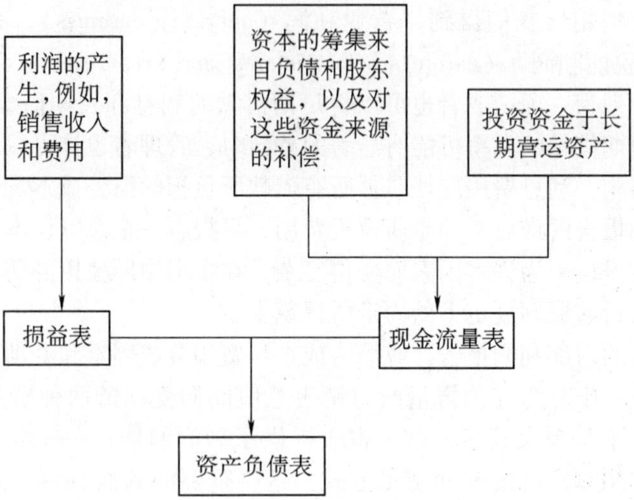

图 10-4　交易种类

销售收入和费用经过损益表流向资产负债表。第二和第三种交易形态则不经过损益表，因为它们不属销售收入和费用，然而，这些财务与投资形态的交易，是会在现金流量表上表达的。

	期末 今年	去年	说明
营运资产			
现金	¥2 053 304	¥2 503 440	现金通常在一个或多个支票存款户（国内多半还包括活期存款户）售店的柜台里的。约当现金的观念，则是把高变现性、短期持有的有价证券也包括在现金余额里
应收账款	4 630 032	3 858 800	三种基本的短期营运资产，其周转率一般为1~3月，某些企业甚至5~6月
存货	7 824 752	662 104	
预付费用	937 408	742 680	
土地、厂房、设备的原始成本	15 891 600	12 776 400	这些长期营运资产的耐用年限自3~5年，至建筑物的30年以上都有。其原始购入成本（土地例外）依所估计的耐用年限摊提折旧
减：累积折旧	(3 617 120)	(2 714 784)	这是自购买日开始，资产原始成本已提列折旧费用的累积余额
营运资产总计	¥27 719 976	¥23 787 440	
营运负债			
应付账款			这些是自二种营运来源产生的无息短期负债：①以信用交易方式购买存货；②先入账后付款的费用报销。简言之，这些是未付的账单
存货	¥2 407 616	¥2 146 400	
营运费用	703 056	497 728	
应付账款总计	¥3 110 672	¥2 644 128	
应计费用			这些非来自采购的费用都已登录，其目的在将当期所有的费用与销售收入比较，好评估当期的利润绩效。主要的例如应计员工假期、生病给付和年末尚未支付的福利津贴等
营运费用	1 406 112	1 103 200	
利息费用	102 200	82 848	
总应计费用	¥1 508 312	¥1 186 048	
应付所得税	¥107 052	¥93 392	不一定指那些年末已缴的所得税。这是一个未付款项，通常在2~3月内要支付
营运负债总计	¥4 726 135	¥3 923 568	
净营运资产	¥22 993 840	¥19 863 872	
资金来源			
短期借款	¥3 400 000	¥3 000 000	来自于借款的计息负债。短期即一年或一年内；长期可从2~20年，甚至更长。附注披露了长期票据或公司发行的债券的到期日
长期借款	4 400 000	3 800 000	
计息债务总计	¥7 800 000	¥6 800 000	
股本	5 800 000	5 000 000	股东权益来源二：①业主投资的资金，并获得配股；②未发放的股利，继续保留在该企业里
保留盈余	9 393 840	8 063 872	
股东权益总计	¥14 473 840	¥13 063 872	
负债和股东权益总计	¥22 993 840	¥19 863 872	

图10-5　内部资产负债表

1. 给管理者的资产负债表

图 10-5 列举为管理者编制的内部资产负债表。你也许愿意花一分钟时间阅读资产负债表主要项目的附注，或者你也可以将它当做一个方便的参考资料。

这里所举的企业案例和第二节所列举的为同一家公司，外部报表见图 10-2。在比较内部资产负债表和外部资产负债表之后，你会注意到有相异之处。这些资料的重新安排是为了方便管理分析之用。

在图 10-5 中，首先列出公司的营运资产，随后减去营运负债，以得到一个非常重要的数字：净营运资产，这是企业必须以负债或股东权益筹集的资本金额。简言之，这个格式采取的是管理导向，已简明地列示于图 10-6。

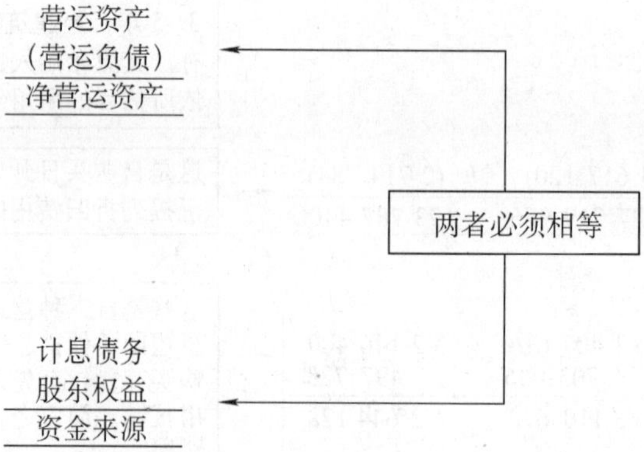

图 10-6 管理分析观点下的资产负债表结构

在创造利润的过程中，企业会生产一些因交易而产生的短期无息负债。企业以信用购买存货就是一个很好的例子。这项购买行为会产生一个应付账款负债，而在一个月后或是再早一点付款。有时候也称其为自发性负债（spontaneous liability），它们是因非借款或增资的交易而产生。

应付账款是交易信用（赊购），这类信用额度不需要付利息（除非公司延迟付款）。公司对供货并不像对银行一样要求借款，而是说服供货商基于公司的信用和商誉，把商品先卖给公司，并在应付账款付清之前就可以使用存货，一旦存货届时还没出清，这是常见的情形，就表示公司必须以长期的借款或股本来维持资金。在外部财务报表中，短期应付票据和长期负债中的短期部分（一年或低于一年者），也包括在公司的短期营运负债中，以决定流动负债的总额（见图 10-2）。流动负债总额与流动资产比较，可作为评估一家企业短期偿债的能力。要注意的是，在新式的报表里，所有的附息负债全部包括在负债下，而营运负债则排除在短期负债外。此外，流动资产或流动负债就是流动资本（working capital），以界定出企业中较具流动性的资本和已投资在企业长期营运资产中流动性低的资本。

企业在拥有资产后，才能创造利润，而在日常营运中，则自然产生数种不同的营运负债。有些资产在尚未开始产生销售收入和费用之前就先要投资，例如存货就是要先进货或先生产之后，才能形成销售。有些费用，如保费和办公室用品，就得先预付买入。

其他的营业资产和负债，则应是销售收入和费用的交易而产生。习惯上货款称为应付账款，费用则可能称为应付费用或其他应付款。另外，估计入账的费用有时又称应计费用。各种应付款的名称可能因行业或公司习惯而有差别。

在图 10-5 中，应付账款可分为两部分：以信用购买的存货及以信用购买的费用，两者都在短期内到期，通常在一个月之内，再加或减一星期。应计费用亦分为两部分，自营运费用或未付利息费用而来。这些分类是必须的，因为要用于下一节中解释营运比率。况且，从管理者的角度看来，不同形态的负债余额代表不同的决策和政策的结果。

营运资产不产生利息收入，而营运负债也不须付利息，虽然有少数例外。例如，暂时多余的现金，也许会用来短期投资于具有高变现性于安全性高的有价证券（例如政府短期公债），以赚取一些利息，不让现金闲置。客户如果不准时付款，超过了正常信用期间，便须支付罚款的利息。

同样，如果公司超过供应商所给予的信用期间而未付清应付账款，也会被罚以利息。把这些少数例外排除，一般营运资产是不产生利息收入，而营运负债也不须支付利息费用的。

管理者必须知道公司需要哪些特定的营运资产与负债；也必须知道相对于公司销售收入于费用的规模，营运资产于负债的余额各应多少。例如：在考虑正常信用条件和客户延迟付款之后，应收账款和当期赊销收入的比率应该是多少。这套分析工具称为营运比率。下一节将对此作集中讨论。总而言之，企业需要一个为创造利润所必需的营运资产与负债的组合。为了继续其会带来销售收入及费用的业务，本例中的公司在最后一年的期末，留有总值￥27 719 976 元的营运资产，包括现金、应收账款、存货、预付费用和折旧性资产（土地、厂房、设备）。同时，最近期的总营运负债达￥4 726 135，包括了应付账款、其他应付款、应计费用和应付所得税（图 10-5）。将营运负债金额自总营运资产减去后，剩下￥22 993 840 的净营运资产，这是公司必须筹募的资金总额。

2. 资金来源（筹措净营运资产）

如同上面所解释的，公司有大约 2 400 万元投资在净营运资产，以继续其利润创造活动。资金有两种基本来源：短期借款￥3 400 000 和长期借款￥4 400 000，合计共负债￥7 800 000。股东出资￥5 800 000 和保留盈余￥9 393 840，合计股东权益共￥15 193 840。整体来说，这些资金来源称为企业的投资规模或资本机构

(capitalization; capital structure)。

我们可以问此公司是否有最适当的资本结构，也许它可以有更多负债，也许它可能以较少的现金余额运作，例如少￥800 000 的现金，这代表可以减少￥800 000 元的债务或股本。也许公司应该保持较低的应收账款和存货余额，这也可以降低资金需求。

不管问的是什么，这个简单的问题最后都会要求作出一些基本的选择，包括选择负债或股本，增资或保留盈余，多一点或少一点的营运现金余额。本章中解释的分析工具对决定这些问题很有帮助。在此，我们将考察负债与股本的个别重要性质和它们之间的差异。

负债也许是非常短期的，通常是几个月或更短，也可能非常长期，例如 20 年以上。当大家提到“借款”这个名词时，几乎都表示要付利息。利率在债务契约期间，可以是固定或浮动方式计息，通常由贷方（资金提供者）决定。

借款的主要条件之一是要不要逐期还本。除了付息之外，企业（借款人或债务人）可能要逐步还本，而不是等到最后到期日一次付清全部本金。例如，企业的贷款也许会分五年每季偿还固定金额，每季发付款金额包括付利息及部分本金，到第五年底后，本金正好全部付清。另一种选择是：公司可以争取一个定期贷款（termloan），在贷款期间不必偿还任何本金，全部借贷的金额（本金）在贷款到期日一次支付。

债务不一定有担保品。例如债务工具之一的公司债，有些条件非常严格，有些则对企业颇为有利。有些债务可以转换成股票。企业的借款可能是私人贷款，也可能是债券市场上频繁的交易标的。

3. 给管理者的现金流量表

图 10-7 提供了给管理者的现金流量表。图中的附注解释和前面有些不同，你可以现在先读或是留作以后各节的参考资料。至于它的格式，与外部财务报表比较只有一处改变：计算折旧费用之前的营运资产现金流量￥712 728，比￥2 079 968的净利少了许多；然后，折旧再被加回￥712 728，以计算来自营业活动的现金流量。

净利数字几乎从来不等于它当期所能带来的净现金流量。利润并不是放在抽屉里的钱，就像管理者会经常问到的一个问题：“如果我们有盈余，那钞票在哪里?”现金流量不等于净利，基于两个截然不同的理由：首先，几乎所有企业都需要一些营运资产和营运负债，来创造销售收入并因此产生费用；其次，现金在销售收入和费用交易入账前或入账后出出入入，所以最后的现金余额和净利并不相等。

举个简单的例子，考虑一家新公司在第一年创造了￥8 000 000 的销售收入，

来自营运的现金流量			
净利	¥2 079 968		净利（见损益表）开始
营业循环下资产与负债的改变			
应收账款增加	¥771 232		这三项短期营运资产都增加了；它们的期末余额皆大于期初，会减少营运的现金流量
存货增加	1 203 848		
预付费用增加	194 728		
应付账款增加	466 544		三项短期营运负债皆增；它们的期末余额皆大于期初。这样的增加有助于营运现金流量的增加
应计费用增加	322 264		
应付所得税增加	13 760	(1 367 240)	
			是公司短期营运资产和负债的增加，所导致的总净营运变动
折旧前营运现金流量		¥712 728	
折旧费用		902 336	折旧费用入账前，并不需要支付现金。现金支出是早在所提出折旧的资产，在数年前购买时即已发生
营业活动产生的现金流量		¥1 615 064	这是可自由运用的现金，理论上，企业有自由利用其现金流量作任何事的权利。但为企业的存续及成长，公司必须购买新的固定资产，淘汰旧资产和扩充产能。换言之，此种来源的现金可由公司自由作这方面的运用
投资活动的现金流量			
购买土地、厂房和设备		(3 115 200)	称这些花费为资本支出
理财活动的现金流量			
短期借款的净增加	¥400 000		今年公司自此三种来源筹集资金
长期借款	600 000		
发行新股(现金增资)	800 000		
发放现金股利	(750 000)	1 050 000	公司在当期支付了该项现金股利，约为净利的1/3
本期现金增加(减少)	¥(450 136)		

图 10-7　内部现金流量表

所以在损益表的第一行显示当期销售收入为￥8 000 000。此公司完全采用赊销方式交易，在期末时有应收账款￥960 000 尚未收齐。现在假设公司没有任何费用（纯粹只为举例方便而假设），在现金和应收账款之外假设也没有任何营运资产，那么公司的财务报表见图 10-8。

损益表	
销售收入	￥8 000 000
成本和费用	0
净利	￥8 000 000
资产负债表	
现金	￥7 040 000
应收账款	960 000
资产总计	￥8 000 000
负债和股东权益总计	￥8 000 000
现金流量表	
净利	￥8 000 000
应收账款	（960 000）
来自营业之现金流量	￥7 040 000

图10-8 公司的财务报表举例

虽然公司赚了￥8 000 000 的利润（净利），只有￥7 040 000 在期末转换成为现金，因为公司的应收账款自期初的零增加成为期末的￥960 000。

虽然这个简单的例子并不十分实际，它还是呈现了决定营业活动所产生的现金流量的基本定律：

自净利开始，然后如下列一般调整净利：

营运资产 + = 现金流量 −

营运资产 − = 现金流量 +

营运负债 + = 现金流量 +

营运负债 − = 现金流量 −

营业活动现金流量的变化与营运资产的变动方向相反，但和营运负债则成同方向变动。

应收账款、存货及预付费用的初期余额要拿来与期末余额相比较。在例子中，如图 10-5 所见的内部资产负债表，所有三项都增加；同样，期初与期末的比较，也显示三个短期营运负债的增加。这六个项目的影响，使来自营业活动的现金流量减少￥1 367 240，见图10-7 现金流量表。

现金流量对营运资产和负债的影响是通过时间去理解的，但它的作用是极大的。这就像吃橄榄一样，时间越长越有滋味。

在调整完营运资产和负债变动金额之后，要将折旧费用加回净利数字。在购买可折旧的资产时，企业投资资金在这些长期营运资产上，在资产负债表中称为土地、厂房和设备（propertyplant and equipment），简称为固定资产（fixed assets）。企业使用这些资产的时候，当然不需要再行付款。可以把公司的固定资产想像成为一项长期预付费用，在资产的经济耐用年限中逐渐耗费。

当期的折旧费用是实际费用。它之所以与众不同，是因为它在数年前便已预先支付，对某些固定资产则要回溯到许多年前。折旧费用在记录的当期，并不是项现金支出，现金支出在许多年前就已发生。另一方面，如果公司是租用此项资产而不是购买，则租金费用在入账费用的当期，也会是项现金支出。

如图 10-7 所示，折旧费用金额要加回净利数字，这是由利润计算现金流量时两类主要调整项目之一（另一类是调整短期资产与负债的变动数）。先前提过判断营业活动现金流量的定律，也同时适用于折旧。营运资产的减少是现金流量的增加，所不同的只是固定资产是长期营运资产，而应收账款、存货和预付费用是短期营运资产。

公司也会投资在无形的长期营运资产，例如购买对企业还有好几年使用年限的专利权。无形资产的成本会逐年摊销，和折旧一样，在所预估的经济耐用年限内分摊掉，这时摊销费用也要加回净利数字。

对现金流量表的折旧费用要特别注意的原因还有一点。假设你告诉我贵公司当年有赚钱，我假设你的意思是，你在减去所有费用后还有净收入。对吗？是的，我确定你是这个意思。

假设你的会计人员入账本年度的折旧费用￥902 336，那么，你的产品定价可以够高，以收回以前年度投资在固定资产的资金成本。这就像计程车车主将车资定得足以弥补计程车成本的道理是一样的。每次当计程车司机收费时，就像是将计程车总资产的一部分卖给乘客分享一样。同样地，你的企业卖了￥902 336 的固定资产给客户，你将这么多的固定资产原始成本在当期内转换（保留）为现金。

参照图 10-7 的现金流量表。注意在加回折旧费用后，公司的营业活动现金流量是￥1 615 064 元。这个数字称为可自由动用的现金流量（free cash flow）。然而，没有什么事情是完全自由的，这个名词代表的是，有这么多的现金可供管理者使用。永远有相互竞争的现金需求。一般来说，可自由动用的现金流量分配给四大类基本的用途：

1）汰换及/或新添固定资产。

2）保留为营运现金余额。

3）自净利中配发现金股利。

4）偿还借款及/或股本。

现金流量表的剩余部分。回答了管理者如何运用它的可动用现金。表的另外两大项目则解释了企业的投资活动和理财活动。在投资活动里，你可以看到公司用了比它所有可动用现金流量还多的钱，购买新的固定资产。企业花费了比其可用现金流量多￥1 500 136 的金额在资本支出上：￥3 115 200 资本支出 - ￥1 615 064营运活动现金流量 = ￥1 500 136 元超支。一个明显的问题是：公司从哪里得来的￥1 500 136？

现金流量表中的其他信息回答了这个问题。公司自债务和股本来源获得￥1 800 000的额外资本：￥400 000 短期借款增加，￥600 000 长期借款增加，及￥800 000 的股本增加。公司支付了￥750 000 的现金股利，而减少了带入公司的现金：￥1 800 000 新资金 - ￥750 000 现金股利 = ￥1 050 000。

新资金减现金股利的净影响数是仅提供了￥1 050 000 给资本支出，而它比花在购买新固定资产的金额还少了￥450 136。从图 10-7 的底端看到，公司允许其现金余额减少￥450 136。这样是否留给公司一个适当的营运现金余额？我们会在以后的相关内容里数次回到这个问题上来。

以上介绍了其他两种作为解释管理分析基础的内部报表：①一个反应公司最近期期末（损益表之会计期间的最后一日）的财务状况的报表，称为资产负债表；②现金流量表，它摘要表达了当期的现金流入和流出。内部的管理资产负债表格式和图 10-2 中的外部资产负债表有显而易见的差异，内部和外部的现金流量则差异不大。

每项在资产负债表中的资产、负债和股东权益，就像一片片拼图，将拼图拼凑在一起，可以得知企业在某个时点的财务体质和业务状况。财务报表是流动的企业运作中的一个静止画面。

现金流量表是个新新人类，直到 1987 年才被要求列入外部财务报表中。这个报表始于现金流量来自于利润的决定，这是企业内部自行产生的现金来源，其他的现金来源是外部的。内部及外部的现金来源应予以比较。在现金流量表中显示的现金用途是非常重要的决定，它反映了企业是否在建构未来，或只是保持原状，或在衰退之中。

四、营运比率——绝对必要的基准

图 10-9 示出营运比率及其关系，它指出损益表中的销售收入与费用，以及资产负债表中的资产与负债的关系。本节解释了企业的利润创造活动，即销售收入和费用如何决定企业的营运资产和负债。

在讨论每项关系之前，请注意公司的营运负债拿来抵减营运资产后，得到￥22 993 840的净营运资产。如前面所讨论的，营运负债和公司的其他负债不同。和计息债务不同的是，营运负债是无息的，它们并不是借款的结果，相反，是公司为追求利润所产生的结果。

大致来说，该公司有大约2 400万元的资金投资在它的净营运资产，来源是举债和股东资本。两种资金来源都各有其成本。

销售收入和每项费用之间，以及和其所对应的资产或负债之间的比较，可以由营运比率（operating ratio）来衡量。比率一词代表两者的关系或关联，是相当明确且可衡量的。其他收入和费用及其对应的资产或负债，则无法作精确地衡量。下面将完整而精简地介绍营运比率及它与资产负债表的结构，和其各项目金额间的关联。

营运比率或关系分为三部分讨论：比率（或关系）的定义；比率（或关系）的计算公式；实例计算。

我们不从现金账目开始，虽然以此作开端是件合逻辑的事。在谈过其他的资产与负债后，现金将留在最后讨论。现金是种具有保护作用或宽松的变数，并无一定的标准或经营比率可寻。现金余额取决于管理者的政策和态度，以及企业在任何时间的财务压力和限制。你可以从图10-9中发现，一般企业现金储存大约等于两星期的销售收入。

1. 应收账款与销售收入比率

应收账款的期末余额是到年底未收现的销售收入，即还没被转换成现金，但明年初可望收账的信用交易。收款要等多久，取决于给予客户赊账的信用期间。在本例中，账款收回平均日数是5周，而且所有销售都是信用交易。

年度最后5周的销售收入在年末尚未收回，应收账款的余额等于5周的周平均年度销售收入。简言之，应收款项对年度营收的营运比率是5/52。此营运比率应是根据最近的销售。换言之，最后5周的信用销售即是应收账款的余额。如果销货随着季节而变动，该年度的最后5周可能是季节的颠峰，所以这个年末应收账款也会是处于它的颠峰。根据营运比率，则

期末应收账款4 630 032元＝5/52×年销售收入48 152 320元

在本例中，这个主要的营运资产比率，假设所有销售都是信用销售，且当年销售量始终如一；否则，此比率必须加上季节性调整。这个比率是基于公司一般的信用销售条件，然后依公司的实际收账经验调整计算而来。

应收账款对销售收入比率倒过来的计算方法如下：

年销售收入48 152 320元÷期末应收账款4 630 032元＝10.4倍

这个比率称为应收账款周转率（account receivable turnover）。年销售收入是期末应收账款的10.4倍，当然，这是正确的，但是因果则是倒过来的，销售收

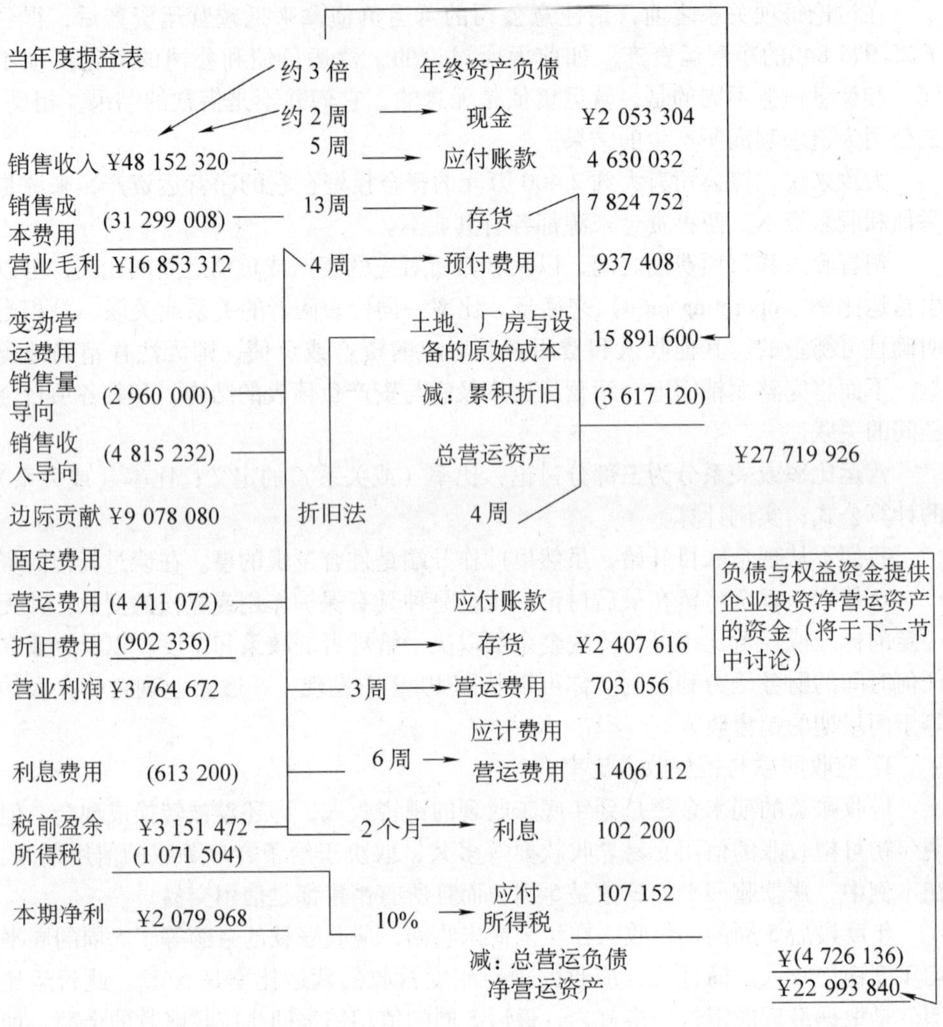

图 10-9 营运比率及其关系

入产生应收账款，而不是倒过来的。管理分析时，要特别留意有多少星期的销售留在期末应收账款中。

2. 存货与销售成本比率

相当年度销售成本的期末存货平均周数，即

$$13/52 \times 31\ 299\ 008\text{ 元} = 7\ 824\ 752\text{ 元}$$

实际上，所有贩卖商品的公司在产品出售及运给客户之前都有存货。当然，持有期间视公司业务性质而异。超级市场的持有期间较短；汽车维修企业则较长。在本例中，期末存货余额等于13周的销售成本。简而言之，存货对销售成本比率为13/52。

期末存货 7 824 752 元 = 13/52 × 年销售成本 31 299 008 元

这个营运比率是一种成本对成本的比率；存货以成本方式持有，等到出售时归入销售成本费用项目。营运比率的计算是基于公司所有产品的平均一般持有期间。

一般来说，存货不要持有太长的期间，持有存货有十种风险，并须付出一些成本。产品也许会退化老化、被偷、损坏或甚至误置；储存产品时，通常需要保险，可能还需要守卫；而且存货成本是公司被积压的资金。因此，存货控制是非常重要的。

存货对销售成本比率倒过来的计算方法如下：

年销售成本 31 299 008 元 ÷ 期末存货 7 824 752 元 = 4.0 倍

我们称此为存货周转率（inventory turnover ratio）；年度销售成本是期末存货余额的 4.0 倍。我认为，管理分析应注重期末存货要几个星期才能卖掉，这在汽车等产业是标准的财务指标。

3. 预付费用与营业费用比率

相当年营运费用的期末预付费用平均周数，即

4/52 × 12 186 304 元 = 937 408 元

所有企业都会预付部分费用，例如：火险必须预付 6 个月以上，几个星期要用的办公室供应品和装运材料也必须预先购买。这些费用要一直到东西被使用了，或是成本依获益期间按期分摊后，才会归到费用项目。这些预付成本先被记录在预付费用的资产项目下，直到此资产减少，才将其转记入费用科目。

本例的预付费用等于 4 周的全部营运费用，折旧除外。在图10-9 的损益表中，营业费用包括：①随着销售量变动的变动营业费用；②随销售收入变动的变动营业费用；③固定营业费用。当期这三项费用的总和是￥12 186 304，所以其预付费用对营业费用比率为 4/52，预付费用余额计算如下：

预付费用余额 937 408 元 = 4/52 × 年度营运费用 12 186 304 元

所有的企业都有这些预付费用，虽然其相对于总营业费用比率的大小因产业而异。和应收账款及存货相比，预付费用的金额通常不大，但预付费用不容忽视。最后请注意：销售成本并不包含在此项比率的计算中。在此作个粗略的比较，存货也可被视为预付的销售成本费用。

4. 销售收入与固定资产关系

年度销售收入 48 952 320 元 ÷ 固定资产 15 891 600 元≈3 倍

土地、厂房和设备是广泛的资产账目名称，包括土地、建筑物和其他不动产改良物、机器、工具、家具、平台、车辆等。这些资产提供企业持续活动的产能（capacity）——提供这么大的空间，这么多员工工作时数等等。

这些所谓的固定资产相对于年度销售收入的比率大小，取决于产业资本密集

的程度，也就是说，它是否需要这么多资产。一般来说，制造业比维修业需要更多的固定资产，生产线员工平均需要￥4 000 000、￥8 000 000或更多的机器设备，更不用说所需的建筑空间。当然，超级市场就不需要很多的员工。

世上没有所有产业都适用的定律，即使在同一产业，这些长期营运资产的相对大小，也取决于企业需要固定资产的时机。这些资产以原始成本入账之后，账面价值就不再增加，虽然相同资产的重置成本也许已高出许多。资产愈老，成本愈旧。

在本例中，固定资产的原始成本是1 600万元左右，年度销售收入是4 800万元，大约是其固定资产原始成本的3倍。这些长期营运资产会折旧，所以其账面价值（原始成本减累积折旧）比资产的原始成本要小很多，而使得这个营运关系更加复杂。

5. 折旧与固定资产关系

年度折旧费用902 336元÷固定资产成本15 891 600元≈6%

所有的固定资产，除了土地之外，每年要依主观决定的估计耐用年限，以及选定的折旧方式来提列折旧费用，折旧方式的选择则受所得税法影响。年度的折旧费用加计到累计折旧项目，再抵减固定资产的原始成本。折旧费用是非常保守而且受节税影响，结果常导致折旧费用提列太快，而账面价值过低的现象发生。

管理者应该对折旧决定有控制权，或至少要了解自己公司的折旧年限政策和提列方法。折旧政策对财务报表有重大的影响——不管是利润衡量或财务状况。同时，从现金流量观点来看，折旧和其他费用相当不同，我们将会继续讨论更多有关折旧费用的内容。

在本例中，当年的折旧费用大约是固定资产原始成本的6%。这是因为公司投资了一大笔钱在建筑物，估计它的耐用年限是39年，所以每年折旧费用大概是成本的2.5%。公司其他固定资产的估计耐用年限只有3年、5年或7年。至于年度折旧费用相对于固定资产成本的大小，并没有标准的比率。

6. 应付账款与存货比率

期末应付账款的周平均存货周数，即

4/13×7 896 752元=2 407 616元

大多数企业以信用购买存货，或者制造业的赊购原料。任何时点，公司的货款都不会全部付清，仍旧会积欠供应商部分的货款。信用交易条件随产业而不同。在本例中，期末应付货款余额等于4周的存货成本；应付账款对存货营运比率4/13。应付账款因购货产生的期末余额计算如下：

应付货款2 407 616元=4/13×期末存货7 896 752元

注意：存货的平均持有期间为13周，所以前9周的存货货款在期末已付清，但剩下的4周存货在期末尚未支付，未付的余额记录在应付账款负债项目。这个应允比率是基于供应商提供给公司的正常信用条件而计算的。

7. 应付费用与营业费用比率（折旧除外）

相当年营业费用的期末应付账款平均周数，即

$$3/52 \times 12\ 186\ 304\ 元 = 703\ 056\ 元$$

许多入账费用的劳务和支出，例如律师和会计师的专业费用，是信用交易的；有些入账预付费用的项目，例如办公室和装运用品，也是以信用交易；电话和其他公用事业服务也是信用交易。这些尚未支付但应先入账的费用或预付费用，会另外记在应付营业费用账户。这些费用和购买存货意义不同，所以它们在内部资产负债表中被放在一个单独的项目。

在本例中，应付费用的期末余额等于3周的总营业费用；应付账款对营业费用的比率为3/52。自营业费用而来的期末应付账款计算如下：

$$应付费用\ 703\ 056\ 元 = 3/52 \times 年度营运费用\ 12\ 186\ 304\ 元$$

这项营运比率是基于这些费用的卖方所提供的平均信用条件而计算的。

8. 应计费用与营业费用比率（折旧除外）

相当年度营业费用的期末应计费用平均周数，即

$$6/52 \times 12\ 186\ 304\ 元 = 1\ 406\ 112\ 元$$

根据我的经验，管理者和专业人员并不喜欢各种相对来说数量都较大的应计费用。许多营业费用并非付款后立即带走的形式。例如，累计的年假和病假津贴，直到员工实际休假时才真正付款。在年终公司计算红利分享和其他利益分享时，这些费用都要先估进刚结束的当期费用中，虽然这些款项稍后才会予以支付。

产品保证及售后服务成本应累计并计入费用，所以这些成本会在销售收入入账的同一期间被认列，使销售收入和成本费用能相配合以计算损益。简言之，有令人意想不到数目的应付费用要先估计入账。

应计费用和应付账款（货款及费用）不同。应付账款是本于自卖方收到的实际收据，而应计费用发生时，没有如此实际存在的文件当做负债估计。所以，营业费用中的应计费用在损益表中是项单独列举的项目。

在本例中，此项应计负债期末余额等于6周的营业费用，所以其应付费用对营业费用的比率是6/52。自营业费用来的应计费用期末余额计算如下：

$$应付营运费用\ 1\ 406\ 112\ 元 = 6/52 \times 年度营运费用\ 12\ 186\ 304\ 元$$

这项营运比率是基于公司所记录的应计费用类型，例如应计员工年假和病假津贴、应计财产税和应计产品保证及售后服务成本。它考虑了费用入账和真正以现金付款之间的平均时间。它对某些项目是段颇长的时间，但对某些可能很短。

9. 应计利息费用与利息费用比率

期末应计费用中所占年度利息费用平均月，即

2/12 ×613 200 元 =102 200 元

利息费用每日都在增加或累积中，但在某一段期间后才付款。在每个会计年度终了时，会计人员估列负债科目中任何未付的利息，所以当年度的全部利息负担得以在当年认列为费用。在本例中，两个月，或是年度利息费用的1/6，在年终尚未支付，所以此项营运比率为2/12。这项自未付利息费用来的期末应计费用余额计算如下：

应计利息费用102 200 元 =2/12 ×年度利息费用631 200 元

此项营运比率并无标准或经验法则可循，它随公司而异；多半受约定付息日在什么时候而定。

10. 应付所得税与所得税比率

期末应付所得税占年度所得税费用的百分比，即

10% ×1 071 504 元 =107 152 元

假设大家严格遵守法令的话，公司所得税法规定，几乎所有估计的当年度所得税，在年终以前都要付清。然而在本例中，在期末有10% 尚未付清，并非是不实际的。

应付所得税107 152 元 =10% ×当年所得税费用1 071 504 元

约10% 的未付所得税营运比率并非罕见，为什么年终的未付所得税会比10% 更多或更少，这有许多技术上的理由。如果此项负债占年终所得税费用极大的比率，则是不寻常的——虽然企业有时候会处于一个不寻常的税务状况下。

11. 现金与销售关系

期末现金余额2 053 304 元 ÷年度销售收入6 019 040 元≈2 周

我们现在已经看过公司所有的营运资产和营运负债，该是回头讨论现金的时候了。在本例中，公司期末现金余额比2 周的销售收入稍多点。

期末现金余额2 053 304 元 ÷年度销售收入48 152 320 元≈2 周

现金对销售营运比率约2 周。

所有企业都必须在其存款账户中保留足够的现金。但是需要多少才够？所有的企业管理者都会担心，是否现金会不够发下个月的薪水。有些负债可以延后几天甚至几星期，但是员工的钱，必须准时支付。

在只打算付薪水和维持最少量的基本支出之外，企业还应持有多少额外的现金，并无规则可循。

显然，应避免过多的现金余额。原因如下：

1）资金有其成本，而过多的现金是项无生产力的资产，不够支付公司花在营运资产上的资金成本。

2）过剩的现金余额，显得管理者控制成本的态度散漫。如果现金呆滞在银行里只等着开支票付钱，会鼓励不必要的花费或不细察就随意付款。

3）过剩现金余额会导致失窃及侵吞公款的机会大增。

但是在某些情况下，多一点的现金余额是有其好处的。企业也许可以用付现金作为大量信用交易的筹码，和主要供应商谈判更好的价钱。持有比付薪资和提供公司现金收支的安全存量还多的现金余额，有很多就是持这样的理由。坦白地说，如果是我的公司，我想我会保持3周甚至4周的现金余额。其实，2周的薪金应该就可应付公司所需了。

公司或许可以向它的外部资金来源，即负债和股东权益募集额外资金，但若公司已经借到无款可贷的地步，而股东也不愿意投注更多的资金到公司，外部资金来源很可能无法及时提供需要。我想，用足够的但不太多的现金余额当做范例，应该会提高你在后面章节中讨论现金流量分析时的注意力。

在业界具有领导地位的某公司优秀主管说，他控制公司后，现金余额很紧，以保持管理者的警觉性。这其中也许蕴含许多真理，但如果花费太多时间和精力在管理每天的现金流量上，可能反而无法管理好更重要的事项。

12. 资产周转率

年度销售收入48 152 320元÷净营运资产22 993 840元=2.09倍

顺便提到另一个比率，称为资产周转率。它的计算方式如下：

年度销售收入48 152 320元÷净营运资产22 993 840元=2.09倍

资产周转率是个非常粗略的比率，它是数项已讨论过的特定营运比率和关系的综合平均数。基于决策和控制所需，管理者必须注意特定的营运比率。可能某一比率会失去控制，但是其他的应允比率也许仍令人满意。

偿债能力代表企业准时偿付债务的能力。有两个比率被广泛地用来评估企业的短期偿债能力：流动比率和速动比率。与先前所解释的营运比率相反，这些偿债能力比率是综合比率，由两种以上的项目综合成一个数字，以计算每一个比率。

本公司的流动比率计算如下（资料见图10-2）：

流动资产15 445 496元÷流动负债8 126 136元=流动比率1.9

从公式中看出，公司在年末对每一元的流动负债有1.9元的流动资产。速动比率只包括现金、约当现金和分子中的应收账款。它的计算如下：

[现金2 053 304元+应收账款4 630 032元]÷流动负债8 126 136元
=速动比率0.82

这里的理念是：现金和应收账款为支付流动负债的较快速还款来源。经验法则是要保持流动比率在2.0以上，速动比率在1.0以上，但是也有许多行业不适用这个法则。

注意：这两种偿债比率都以外部财务报表的信息作为计算基础。管理者另外能取得他们需要的营运比例和其他细节信息，以判断公司是否能偿付下周、下个月、下一季，或下一年的债务。可以准备详细的现金流量预算，列出何时会收到现金及何时须付款；或者公司干脆维持一个相对大的现金余额，来做万一收现金延期或有意外资金需求时的防护网。

以上所讨论的营运资产和负债适用于许多企业和产业。

所有企业（制造业或服务业）受管制或不受管制的、大或小的、私人或公开发行的，都应该列出与相对资产及负债有关的销售收入和费用的营运比率。若没有这些必要的基准，要分析不同决策的利润结果、财务状况和现金流量影响，都会非常困难，管理者将缺乏线索来进行控管。

五、评估企业投资绩效

前面解释了追求利润的活动如何衍生出资产负债表，即销售收入和费用如何得出了企业的营运资产和负债，结论是：为继续其创造利润活动，该公司运用了22 993 840元的净营运资产。这里跨到这家企业的财务面，并把焦点放在筹措净营运资产的资金来源，重点是企业作为一个投资者或资金使用者（capital user）角色的表现如何。

评估资金投资表现的基本分析工具是投资报酬率。投资报酬率以百分比表示，计算公式如下：

$$报酬 \div 投资 = 投资报酬率\%$$

报酬代表收入、所得、利润或当期利得；投资代表在产生报酬的当期内所使用的资金金额。这两者的比率称作投资报酬率，或简称为ROI。例如，如果当期投资报酬率是10%，那就是赚到（获利、盈利、利得）所投入资本金额的10%。投资报酬率是投入资金成长的百分比——财富的增长以初始投入资本的百分比表示。投资报酬率并不表示或暗示利益将如何分配，它们可能会花在消费上，或保留起来成为下期新增资金部分。

投资报酬率是个一般性的抽象概念，但确实为一有效指标。企业一定要了解投入的资本形态，才能使之有具体意义。对企业来说，把投资报酬率的一般概念应用到业务分析的理念如下：

一般投资报酬率		企业投资报酬率
$\dfrac{报酬}{利润}$	→ →	$\dfrac{利润}{资金来源}$

企业资本投资分析用的不是一个，而是两个基本投资报酬率。

图10-10精简的方式呈现范例公司的营运和财务面。它的资料是从前面各图所示的财务报表而来。将营运和财务并放在一起，以清楚显示两种主要的投资绩效或投资报酬率。这两种资本投资绩效比率是：资产报酬率和股东权益报酬率。

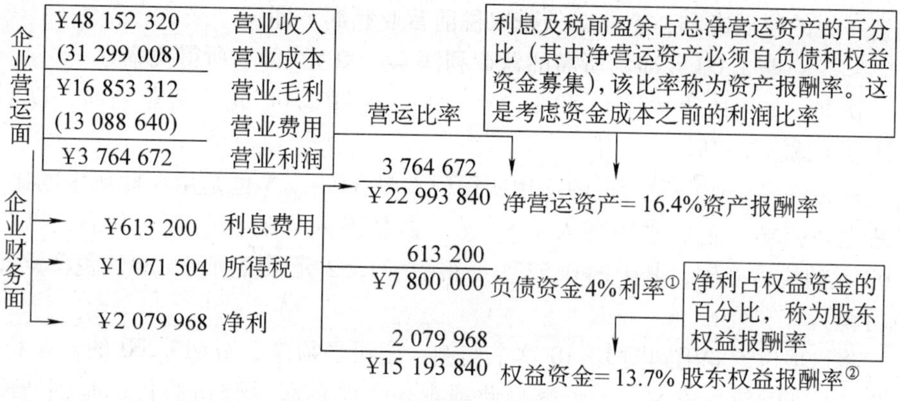

图 10-10　企业投资绩效分析

① 基于年中平均负债余额　② 基于年终余额而非年中平均余额

资产报酬率定义如下（见图 10-10）:

$$\text{资产报酬率}=\text{营业}\div\text{净营运资产}$$

即

$$16.4\%=3\ 764\ 672\text{ 元}\div 22\ 993\ 840\text{ 元}$$

资产报酬率是企业未考虑成本之前的投资资本报酬率，它是公司自所投资之净营运资产，所得到尚未扣除债务利息和股本成本前的获利百分比。资产报酬率是企业资本投资分析的重点起点。

股东权益报酬率看的范围再小一点：自企业股东的观点来看。这个投资绩效比率不含债务资金（但在报酬率中包括），只看资金的股本来源：股东权益报酬率计算如下：（见图 10-10）:

$$\text{股东权益报酬率}=\text{当期净利}\div\text{股东权益}$$

即

$$13.7\%=2\ 079\ 968\text{ 元}\div 15\ 193\ 840\text{ 元}$$

为达到令人满意的股东权益报酬率，企业必须先有一个令人满意的资产报酬率。这就必须同时了解这两个比率。

债务的利率对债权人是投资报酬率，例如借款给企业的银行。当然，利率对贷方来说是借款契约中的重要条件。对企业的资本投资分析来说，不同贷款的不同利率，通常归纳成一个具代表性的利率水准，本范例就是这样，该公司所有贷款的平均年利率是 8.4%。

依我国所得税法，企业所付的利息与所得税有较直接的关系，可自课税所得中扣除。付给股东的现金股利，即使其支付是因为使用股东资本，可以说和使用债务资本要付的利息是同性质支出，却无法抵减课税所得。这个基本差别，对必须赚多少营业利润才能补偿公司的资金成本，有很大的影响。

为付 1 元的债务利息，企业必须刚好赚 1 元整，不需另外赚取多余的钱付所得税。1 元的营业利润用来付 1 元的债务利息时，课税所得等于零。相反地，为

创造1元的税后净利，企业必须赚取税前营业利润。即

赚1.00元净利所需的营业利润=1.00元/(1-所得税率)

例如，如果所得税率是50%，企业必须去赚2.00元的营业利润，以创造1.00元的税后净利。

现在许多企业课税所得的适用所得税率是34%，这也是用在此例中的比率。套用上述公司，企业必须赚入1.52元（四舍五入）的税前营业利润，以获得1.00元的税后净利，其中的0.52为所得税（1.52元课税所得×34%税率=0.52所得税）。

将这项讨论应用到图10-10这个实例，公司必须赚取￥613 200的营业利润，以弥补当期的债务成本。为了突显此项观点，现在假设公司的目标是创造刚好13.7%的股东权益报酬率，由股东权益的期末余额推算，达到13.7%的股东权益报酬率，需要有￥2 079 968的净利。

公司必须为其股本赚得￥3 151 472的税前营业利润。计算如下：

净利目标÷(1-34%所得税率)

=2 079 968元÷0.66=3 151 472元

即公司的课税所得（减去利息费用后的营业利益）须为￥3 151 472。事实上，它恰好是内部损益表上的数据，见图10-3。

总括来说，公司必须为其股本赚入￥3 151 472的营业利润，以达成13.7%的股东权益报酬率目标，再赚另￥613 200，以弥补其债务的利息，合计要有￥3 764 672的营业利润。在图10-10中，当期营业利润恰好是￥3 764 672。

净利是当期使用股东资本的补偿。本例公司的股东在过去数年中投资了￥5 800 000并因此获得股票，这称为投入股本（paid-in cap ital）。股东原可以将这笔资金投资在别的地方；同时公司也可以将年度收益的部分再投资在公司中，除投入资本之外，公司的资产负债表（见图10-5）显示，公司的累积保留盈余在最近一期的期末，已经成长到￥9 393 840。股东权益总额提供的资金是￥15 193 840，如前面所解释的，它是股东权益报酬率的计算基础。

股东权益资金是有风险的，公司不一定能为所投入的资本赚取足够的净利，因此公司有可能会面临宣告破产倒闭。依破产程序，在所有借款和负债付清之后，才能付款给股东。即使在公司赚钱时，也并不保证公司一定会分配现金股利给股东。

最近年度的净利是￥2 079 968，但是只分配了￥750 000的现金股利（见图10-7现金流量表）。股利分派决策是由公司董事会决定的，不分配净利作为现金股利，表示公司没有可支付股利的现金，或者是公司需要将其保留作其他用途。

不管是哪种情况，股东资金的投资绩效，不是由股利分配多寡来决定，而是依公司所赚的全部净利来看。现金股利收益率是投资股市的个人和法人投资者的

重要分析比率，它是最近 2 个月的现金股利除以股票最近市场价值的比率。股东权益报酬率是股本的全部报酬。

回想范例中当年的股东权益报酬率是 13.7%——不坏，但也不是非常好。这样的评语提出一个更大的问题，我们是依照什么标准评量比率的好坏？这是老调新唱。理论上，￥15 193 840 的股东权益资金，可以用于其他投资，赚得一个投资报酬率。

替代方案或次佳的选择投资报酬率，称为资金的机会成本。为了避免永无止境的讨论，我们简单假设股东不完全满意 13.7% 的股东权益报酬率，这暗示了它们的资金机会成本较高。公司会试着做得更好，一如我们将于下一年度的财务计划中见到的。首先，我们需要去了解另一个分析企业资本投资绩效的重要工具。

请注意此处一个明显的难题。公司当年度赚了 16.4% 的资产报酬率（见图 10-10），所得税率是 34%。自 16.4% 的资产报酬率中减去所得税，会得到 10.8% 的税后资产报酬率：16.4% 的资产报酬率 ×（1 - 0.34）= 10.8%。公司的股东资金获得 16.4% 的报酬，同时付掉了 34% 的所得税，如此看来，股东权益报酬率似乎应该是 10.8%。但是股东权益报酬率实际上应是 13.7%，比想像的好得多，这中间的差异归功于财务杠杆的运用。

财务杠杆的意思是借钱的利率成本，低于举债资金所赚的报酬率。企业的业主资金在杠杆作用下，改以举借的债务资金来取代。因此，财务杠杆又称为股东权益的买卖。借款利率和资产报酬率之间的差价，产生了财务杠杆利得，从而增加权益资金的利润，提高了股东权益报酬率。在本例中，公司的股东权益报酬率因财务杠杆而获益。

图 10-11 显示了本例的财务杠杆分析。除了总营运利润依公司的两种资金来源而分为两部分外，图面和图 10-10 十分相近。16.4% 的资产报酬率乘以债务金额，得出资金投入净营运资产产生的营运利润；同样，资产报酬率也乘以股东资本。于是，￥1 277 056 的营业利润来自债务资金，而￥2 487 616 则来自股东权益资金。债务资金赚了￥1 277 056，而利息费用仅有￥613 200，所以如图10-11所示，税前财务杠杆利润便是￥663 856。

股东自￥663 856 的税前财务杠杆利润中得到好处。公司用股本赚了￥2 487 616，而且另外又用债务资金赚了￥663 856 的财务杠杆利润，所以权益资金的总税前盈余是￥3 151 472，这数字同时也是课税所得。税后净利则是￥2 079 968，产生如图 10-11 所示 13.7% 的股东权益报酬率。

只有在公司的资产报酬（利息及所得税前营业利润对净营运资产总额的比率）大于其债务利率时，股东才能享有财务杠杆的好处。一定有一个利差数字能让财务杠杆对股东权益报酬率有助益。在本例中，有利的利差是 8 个基本点（1 个基本点等于 1.00%）——16.4% 资产报酬率减掉 8.4% 利息 =8 个基本点的利差。

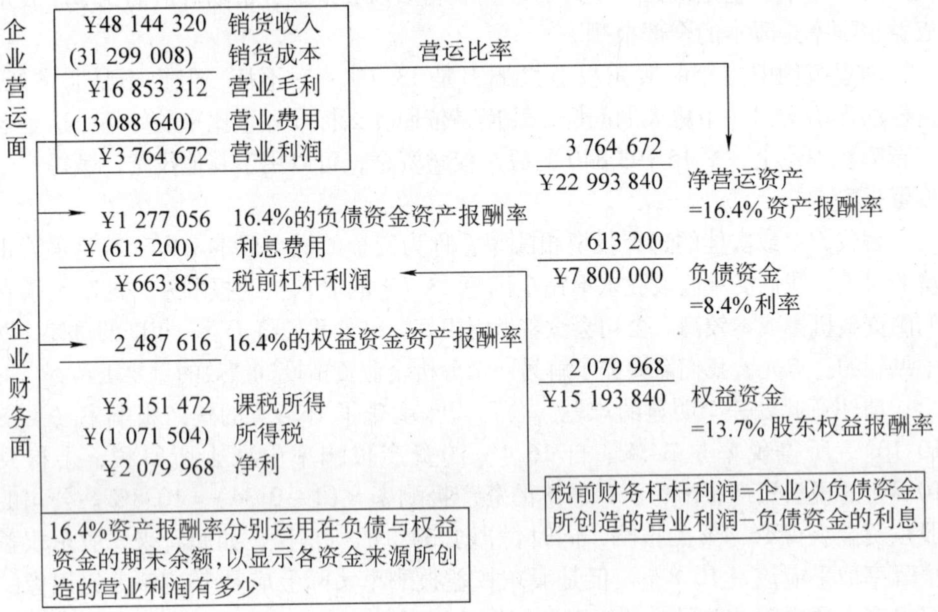

图 10-11 财务杠杆分析

当然，财务杠杆看起来不错，但它有其极限和若干的缺点。贷方只能提供一定额度的贷款给一家公司；一旦公司借款达到饱和时，可能找不到新的贷款，或是利率高涨至无法忍受的地步。资产报酬率和利率之间差价的变化，会对股东权益报酬率产生重大的影响。一个较低的资产报酬率不仅会减低股本的报酬，也会减损一些财务杠杆的利得，对股东权益报酬率会有双重的负面影响。

以上是企业当做一家投资公司，或者是资金的使用者。基本的资金投资分析工具是投资报酬率。股东是公司权益资金的提供者，主要对股东权益报酬率，即净利除以股东权益的比率感到兴趣。为了赚得一个满意的股东权益报酬率，公司必须先赚得一个满意的资产报酬率，即营业利润除以净营运资产。资产报酬率是分析财务杠杆对净利和共动权益报酬率的影响起点。

这里说明：每家公司都必须达成它资金成本的需求和目标，即举债的利息支出和股东权益的净利。资金成本随时在变，利率波动、税法修改、负债对股东权益比率变化时，股东权益报酬率都会从而改变。所以资金成本多少是经常变换的。资金成本的基本概念和理论是不变的，但是每年的计算都会改变。如我们在这里介绍的，拟定未来一年的财务计划时，资金成本的决定因素可以估计得相当准确，但在拟定5年或10年的财务计划时，就常会有预测误差而需要更正。

六、损益平衡和创造投资利润

本例中的公司在刚结束的一年中创造了利润，并赚得一个令人满意的股东权益报酬率。他们如何做到这点？答案并不如表面看来那么简单。

企业必须赚得足够的未计利息及所得税前净利，以达到公司资金成本的要求和目标。成功的企业如何年复一年都能达到这样的绩效，并不是光会增加维修量就可以，而是要从维修收入保留足够的营业利润。任何企业的长期持续成功，取决于管理者创造营业利润的能力。管理者必须熟知迈向营运利润的大道，并避免走冤枉路。

营业利润又称为营业所得（operating earnings），或利息与所得税前利润（earnings before interest and tax，EBIT）。它取决于三项主要因素：①单位边际利润；②维修量；③固定费用。单位边际利润等于每一售出单位的售价减产品成本和变动费用。

管理者必须制定维修价格，同时控制维修成本及变动费用，这些主要因素决定了单位边际利润。当然，管理者也必须致力于营销，创造维修量。单位边际贡献利润乘以维修量，等于弥补固定费用和获取营业利益所需的总边际贡献。

图 10-12 列举此公司的内部损益表及一些很重要而首次呈现的新信息，如年度销售量、售价、单位产品成本，以及单位变动营运费用。产品定价为￥80.00，营业毛利为￥28.00，单位边际贡献为￥15.12（记住边际贡献等于利润减去所有

销售量= 4 815 232 单位

	每单位	合计
销售收入	￥80.00	￥48 152 320
减：销售成本费用	52.00	31 299 008
营业毛利	￥28.00	￥1 733 312
减：变动营运费用		
销售量导向	4.88	2 960 000
销售收入导向	8.00	4 815 232
边际贡献	￥15.12	9 078 080
减：固定成本		
营运费用		￥4 411 072
折旧费用		902 336
营业利润		￥37 646.72
减：利息费用		613 200
税前盈余		￥8 057 072
减：所得税		1 071 504
本期净利		￥2 079 968

这两项费用取决于销售量。无论每单位售价比￥80.00高或低，这两项费用的总和对实际的 4 815 232 单位销售量都会维持不变

这些费用与销售收入总金额一起变动，且在本例中占销售收入的10.0%。4 815 232单位的总销售收入应该会更低，所以该项费用也会较低

这项关键数据是自售价减去产品成本和其他变动费用后每单位利润，但属固定成本、利息和所得税费用前的利润；是为其对固定费用的贡献。一旦扣除偿付固定费用的金额，单位边际贡献即提供了税前盈余

附注：在前一张损益表范例中，费用以括弧呈现以强调为减项。但在本图和接下来的图表中，费用金额并未以括弧表示。在财务报表中费用以两种方式呈现，在任一种情况下，费用都是减项。此图为接下来的图表设定了表达因利润改变而产生变动的费用范例。原始的金额若没有括弧，则增减的变动便较容易理解了

图 10-12　包括销售量和单位价值的损益表

的变动费用，是在扣除固定费用前发生）。这些单位数字非常重要，它们是下列有关企业如何创造其营业利润的分析基础。然而，我们需要再进一步审视公司的固定成本。

与产品成本（销售成本）和变动的销售营运费用相反，企业的其他费用在当期都是固定的。这些成本不随着销售活动而变动，它们对销售量的变动相对来说较不敏感。固定成本通常称为经常费用(overhead)。有些固定费用完全没弹性，例如租金、保险费和年度不动产税。

有些固定费用稍微有些弹性，例如当年的人事费用。当销售量大幅下降时，公司可以转而雇用较多的兼职人员。相反地，如果销售量突然大幅增加，则可能会有许多加班费支出。另一个固定费用有弹性的例子，是当公司延长其营业时间时，其水电费账单会增加。

在本例中，公司的固定费用以两种会计科目显示：￥441 472 营业费用和￥902 336折旧费用。固定营运费用入账时会减少现金，因预付项目耗尽时会减少预付费用，也会增加应付账款负债余额，或增加应付费用余额。基本上，这些都是要付出现金的费用——不管是直接付现，还是间接经过预付费用科目，或先经过任何营运负债科目之后才付出，换而言之，它们会在费用入账之时或前后，有现金流出之发生。

与一般固定费用明显不同的折旧费用，是公司固定资产原始成本之一特定部分，在年度被分摊为费用，固定资产的账面价值减少了等同折旧费用的金额。特别注意的是：现金科目不因记录折旧费用而减少，现金支出的发生则是在数年前购置固定资产的当时。

总固定营业费用和折旧费用，即使预估销售量比实际销售量高或低时，都会维持不变。不论销售收入增加或减少，这些成本在短期内都会维持不变，是指在一定范围内。例如，销售收入大幅减少，管理者不得不采取行动来减少公司的固定营运成本；有些领固定薪水的员工也许会被解雇，员工也许会被要求减薪，或减少员工福利。在往后的讨论中，固定成本一直都是固定的。

假设此公司是私人企业，且高阶主管同时也是主要股东。业主/管理者的薪资是包括在固定费用中吗？当然，薪资是包含在这个基本费用中的。我提出这点是因为业主/管理者的薪资并不是依一般讨价还价方式制定的。

管理者/业主或多或少能制定他们自己的薪资。他们的薪资也许会不正常地偏高或偏低，无法反映一个客观、具竞争力的市场薪资水准。我并不是要在这里披露任何不合法或是不道德的事，只是要点出财务报表的使用者必须将这点牢记于心：固定营业费用也许会虚胖一些，或过瘦了点。

同时，财务报表使用者必须注意，个人的费用会为了节省所得税的目的，而拿给公司报支。根据笔者的经验，业主/管理者常常要求公司支付一些个人的费用，例如假期旅费和交通费，而这些是不在其个人所得税中申报的。最后，我在本例中假设销售收入没有任何虚报，公司也没有牵涉任何欺骗行为。我必须再度强调，这可不是前所未闻的，有些业主/管理者会利用公司当做造假的工具。

如图10-12所示，公司在当年度有￥613 200的利息费用。这是固定费用吗？相对来说，对较小的销售量变动，答案或许为“是”，它是固定费用。换个角度说，如果公司卖出比去年少或多5 000甚至100 000个单位，那利息费用会变少或变多吗？公司会调整其附息债务以适应销售量的变动吗？或许不会。大多数企业负有一定程度的债务且倾向于维持不变。除非销售量有重大的增减，企业可以调整其短期借款而不会增加太多麻烦。在下列的分析中，为了实务上的目的，而假设年度利息费用是固定的。

现在来计算公司的营业利润（利息及所得税前所得）。即使营业利润数字已见于公司的损益表（见图10-12），其目的是为后述的分析铺路。

（1）计算营业利润的第一种方法　也是最直觉的方法是：

	15.12元	单位边际贡献
×	4 815 232	单位销售量
=	9 078 080元	总边际贡献
−	5 313 408元	总固定费用
=	3 764 672元	营业利润

此计算中的关键是，以单位边际贡献利润乘以销售量，以求得总边际贡献。销售量需要靠良好的单位边际利润为基础。也许“企业在每笔生意上都损失一点点，但是用销售量来弥补了。”

企业管理者很担心固定费用。在固定费用回收之前，没有任何的营业利润。损益平衡点是指某个销售量，在这数量下，乘以单位边际贡献利润后所得的总边际贡献，恰等于总固定费用。损益平衡能告知管理者，为弥补当期的固定费用所需达成的销售量。

在范例中，公司的营业利润损益平衡点，即公司的利息及所得税前净利等于零的销售水准计算如下：

固定费用÷单位边际贡献＝5 313 408元÷15.12元
＝2 818 360（损益平衡数量）

换言之，如果公司在当年度只卖出2 818 360个单位，它所赚到的营业利润等于零，但是还有￥613 200的利息费用需要费心张罗。

为了涵盖利息费用及其他的固定费用，公司的损益平衡点改算如下：

固定费用÷单位边际贡献＝5 926 608元÷15.12元
＝314 336（损益平衡数量）

在这个销售量时，公司的利息和税后盈余会等于零。公司的课税所得会等于零，所以所得税也等于零。图 10-13 显示了损益平衡销售量的情况，虽然是虚构的参考资料，但十分有用。

	销售量= 3 143 616单位 每单位	合计
销售收入	¥80.00	¥6 140 152
减：销售成本费用	52.00	20 433 504
营业毛利	¥28.00	¥11 002 648
减：变动营运费用		
销售量导向	4.88	1 932 432
销售收入导向	8.00	3 143 616
边际贡献	¥15.12	¥31 075 536
减：固定成本		
营运费用		¥443 072
折旧费用		902 336
营业利润		¥613 200
减：利息费用		613 200
税前盈余		¥0
减：所得税		0
本期净利		¥0

损益平衡销售量是以¥5 926 608的三项固定费用总额（¥4 411 072固定营运费用+¥902 336 折旧费用+¥613 200利息费用）除以¥15.082 24 每单位边际贡献（在本例中约为¥15.12）。利息在此处包含在固定费用中;有时在讨论中对利息是否包含在固定费用里并不明确。在本例中，损益平衡销售量是1 671 616单位，比实际的4 815 232单位销售量少了35%，称为安全边际

在损益平衡分析中假设每单位边际贡献维持不变，换言之是假设每单位售价、产品成本和变动营运费用及固定费用都维持不变。这些假设并不实际，尤其损益平衡销售量一如本例，明显小于实际销售量时。损益平衡销售量不过是粗略的估计，不应视为精确数字

注："预计"代表"如果"或"基于特定状况或环境"。

图 10-13 损益平衡销售量的预计损益表（与图 10-12 相比）

（2）第二种计算利润（已减去利息但未扣所得税）的方法 由损益平衡数量开始，将实际的销售量与损益平衡销售量比较之后，计算利润如下：

	4 815 232	单位年度销售量
−	3 143 616	单位损益平衡销售量
=	1 671 616	单位超过损益平衡点之数量
×	15. 12 元	单位边际贡献
=	319 472 元	利息费用后利润

当年所卖出的最初 3 143 616 个单位，是用来满足固定费用的；最初 743 616 个单位的总边际贡献，视为被固定费用消耗掉。超出损益平衡点后的 1 671 616 个单位之销售，则被视为利润的来源。换句话说，销售量被分为两类：损益平衡一组和利润一组。

当然，两种计算方法下的利润都是相同的，虽然得到结果的过程不同，但其中的区别，要比视觉上的差异来的有深意一点，这并不只是数字练习，而几乎是管理者对创造利润的思考方式。

第一种计算利润的方法强调单位边际利润乘以销售量，以得到当期的总边际贡献利润，固定费用并未被忽略，而是自总边际贡献减去以得到利润数字。相反地，"损益平衡溢额法"（excess over breakeven method）是将固定费用放在第一

位，利益则放在第二位，公司绩效出现盈余之前，得先越过固定费用的栅栏。

一个不能忽略的重点是：固定营业费用提供了产能。为什么每位有头脑的管理者愿意花固定支出？这些成本提供产能使公司的销售活动得以存续。固定费用购买了空间、设备和人力来销售产品。经由花费这些成本，公司购买了相当数量的产能。

管理者应该估计其销售产能，也就是企业的固定费用所能产生的最大销售量，然后将这个产能与实际销售量相比。企业也许有还未利用的销售产能。在必须租更多空间、雇更多人员、或装置更多设备之前，企业也许还能成长10%、20%或30%。

预估销售产量也许无法那么精确，但仍可以作出一个合理的预估。你可以自问10%的销售量增加，是否需要增加任何固定费用，也许不用；这样的考虑在计划之始和分析改变所带来的利润影响时，特别重要。

损益平衡溢额的利润计算方法，将销售量分为两部分：①需用来涵盖总固定费用的损益平衡数量；②带来利润的超出损益平衡点之数量。

（3）第三种计算利润的基本方法　将每一个卖出的单位都分为两部分：固定费用部分和利润部分。

第三种方法的基本观念认为，利润是源自于将固定费用分摊到够大的销售量基础，使得每单位的平均固定费用小于单位边际贡献。基本的想法是，每单位产品的售出，都有两种意义：①对其应分摊的固定费用作出贡献；②提供一份剩余的利润。

计算步骤如下：

1）计算每一卖出单位的平均固定费用

每单位平均固定费用＝5 926. 608 元÷4 815. 232（单位）＝9. 84 元

2）计算每单位平均固定费用和单位边际贡献，据以决定每单位平均利润。

	15. 12 元	每卖出一单位之边际贡献
－	9. 84	每单位平均固定费用
＝	5. 28 元	每单位平均利润

3）将每单位平均利润乘以销售量，以得到当年之总利润：

每单位平均利润 5. 28 元×销售量 4 815 232 元＝税前净利 751 472 元

此法将当年的固定费用分摊到每个出售的单位，即为每单位￥9. 84。利润被视为是此平均成本和每单位￥15. 12 边际贡献之间的差额。所以公司每单位赚￥5. 28。所售出的每个单位都视为相同的。当然算出来的净利和其他两种方法所计算的结果都相同。

假设企业只卖掉3 143 616个单位（我们已知道这是损益平衡数量），每单位平均固定费用应该更高。实际上，届时它会变成每￥15. 12（￥5 926 608 总固定费用÷3 143 616 个单位￥15. 12)，完全等于单位边际贡献，所以公司所出售的每单位，所赚得的利润都为零，且总利润也会变成零。

损益平衡分析的一个目的，是衡量公司的“安全边际贡献”（margin of safety)。这关系到企业的销售量降低至多少时，企业将由获利转成赤字。基本上，公司有个相当好的边际贡献安全防线，它的损益平衡量比其当年实际销售量低了35%;(比较图 10-12 和图10-13)。当然，这不能保证下一年度的获利，销售量可能戏剧性地大跌，也可能费用失去控制。

因为有固定费用的存在，企业必须为损益平衡点而担心，而它是总固定费用除以单位边际贡献而得的数字，代表在此销售量下，当减去所有包括利息的费用后，企业的所得恰好是零。在损益平衡点时，公司会有零课税所得，所以没有所得税，它的税后净利也是零。当然，没有公司会故意让自己毫无赚头。

以上仔细考查了固定费用的本质，损益表中的这个重要数字包含了什么意义？为何固定费用不是百分之百固定不变，但在做损益平衡的分析时，又将其视为在短期中都不变。

损益平衡工具的价值并不是集中在零利益上，而是将损益平衡数量当做是一个有用的参考重点，以了解如何创造利润，并分析为什么利润变动的百分比高于销售量变动的百分比（后面介绍)。

我们已解释了三种不同计算利润的方法，每一种都有其独特的优点。管理者在某些特定状况下，或是在对别人解释了公司的利润战略时，或许会觉得某一个方法较其他方法更好。

七、销售量变动

企业的管理者经常面对各式各样的变化，它们源自于企业无法掌控的外部变化和管理者自己引发的变革，而所有的利润因素又都受制于改变。现在很大一部分的管理决策就是由改变所引发的，管理者常常被描述为“变革代理人”（在这里我们权当销售量的变化为汽车维修企业维修量的变化)。

企业销售产品的购买成本也许会因供应商涨价而增加；公司也许需为部分或全体员工加薪，或者薪资比率因员工的减薪而降低；房东也许会提高租金；竞争者也许会降价，造成公司跟进。管理者也可能自行决定提高售价。

管理者的一个基本功能是密切注意所有相关的改变，以及如何适应。变化启动了追求利润的新决策。这里的讨论主要集中在销售量改变对利润和营运现金流量的影响。销售量当然是决定营运利润和现金流量的最重要因素之一。

前面解释了损益平衡分析，即通常称之为成本数量利润分析（cost volume profit analysis)，以显示我们不仅对损益平衡点感兴趣，更对利润相对于销售量改变的反映感兴趣。现在分析销售量的改变如何影响利润表现和现金流量。

企业主管都是销售导向的，这是很自然的事，没有销售就没有企业。一如营销学所说的，什么事都不会发生，直到你开始卖它。许多企业在草创阶段就失败，因为建立销售基础是极其困难的。客户是赢来的，公司设立之后，不一定就会有生意上门。面对竞争、客户偏好和消费习惯的变化，及国内外经济状况改变，销售量是相当脆弱的。

积极一点来想，销售量的成长是增加利润的最实际方法。提高售价大部分会遭遇消费者的抗拒和竞争者的反击。实际上，需求对售价也许会非常敏感。当然，成本和费用控制是很重要的，但是这是比较防御性的战术而非利润成长战略。

假设本例中的公司在相同售价时，可以增加其10%的年度销售量——自4 815 232单位增至5 296 752单位，总共多出4 815 232单位。当然，天下没有白吃的午餐，有经验的管理者会问：企业如何增加销售量？没有任何广告费增加、售价诱因、产品改良或其他的诱因，消费者可能会多购买那10%的产品吗？很难说。销售量增加通常需要一些刺激，例如更多的广告。

有的有经验的管理者会问：企业是否有足够的能力去应付那10%的额外销售量。在酝酿销售量增加时，来一次产能（可理解为企业设计维修最大量能力）检查永远是个好主意，也许还必须增加固定费用以支持额外的销售量。然而，我们假设公司仍有足够能力应付额外一成的销售量，而不必增加任何固定费用。

如前所述，公司每单位可创造￥15.12的边际贡献。销售额外的48 048单位可增加￥910 072的总边际贡献，计算如下：

每个单位边际贡献15.12元×增售单位48 048＝增加之边际贡献910 072元

图10-14列出10%销售量增加对利润的影响。特别注意销售量增加所导致的改变：所有单位值都维持不变，固定费用亦同，总销售收入、总产品成本（销售成本）及两种变动营运费用都增加10%，所以边际贡献（未计固定费用、利息和所得税前利润）会增加10%。

固定营运费用、折旧和利息在较高的销售量水准时，并不随之增加，如前所述，公司有足够能力（及足够资本）处理额外10%的销售量，而不增加这些费用。记住：拟订这些假设时要非常谨慎！也许会需要增加一项或多项的固定费用，以支撑其销售量。例如，公司也许必须租更多的零售空间，或雇用更多付薪员工，或购买必须提列折旧费用的额外设备。此外，在较高的销售水准，公司会需要投入更多的净营运资产，这代表还会需要更多的资金，而需要有更多的附息债务，从而增加利息费用。然而，现在为便于分析利润的增加，目前先假设在较高销售水准时，固定费用仍维持不变。销售水准仅略为增加时，维持固定费用不变通常是合理的。

净利会增加￥599 152，即利润增加28.8%。这里会提问，仅10%的销售量增加，怎么会产生28.8%的利润增加？净利增加的百分比，是2.88乘以销售量

实际损益表			导因于销售量增加10%的预计变动	
销售量=	4 815 232 单位		+4 815 232单位	
	每单位	合计	每单位	合计
销售收入	¥80.00	¥48 152 320		¥48 152 320
减：销售成本费用	52.00	31 283 008		3 129 904
营业毛利	¥28.00	¥16 853 312	没	¥1 685 328
减：变动营运费用			有	
销售量导向	4.88	2 960 000	变	296 000
销售收入导向	8.00	4 815 232	动	48 080
边际贡献	¥15.12	¥9 100 720		¥910 072+10.0%
减：固定成本				
营运费用		¥4 411 072		
折旧费用		902 336		
营业利润		¥3 764 672		
减：利息费用		613 200		
税前盈余		¥3 151 472		¥910 072
减：所得税		1 071 504		308 656
本期净利		¥2 079 968		¥599 152+28.8%

注意营运杠杆效果：总边际贡献因为销售量增加10%而增加了10%，但是净利却增加了28.8%，原因是固定成本和利息费用在本例中并未随之增加

图 10-14 销售量增加 10% 对利润的影响

增加的百分比。这个乘数效果称为营运杠杆作用（operating leverage）。在本例中，10% 的销售量增加导致几乎 3 倍于此的净利增加。为了解这个杠杆效果，回想前面计算利润的第二种方法——损益平衡溢额法。此法将年度销售量分为两个部分：需达成损益平衡点的单位数量及超出此点的超量销售额。公司在超过其损益平衡点之后多售出 1 671 616 单位。每个超过损益平衡点的卖出单位会赚取￥15.12的边际贡献利润，这可被视为纯粹的利润，因为固定费用已经被损益平衡销售量回收了。

现在请注意下列事项：

额外售出的数量 481 520 ÷ 超出损益平衡点之数量 1 671 616 = 28.8%

额外售出的 10%，多带来 28.8% 的利润，这是营业杠杆作用的核心。当然，必须是在杠杆作用范围内才能使此事发生，即销售量必须是在损益平衡点之上。如果是，利润变动便会大于销售量变动。

营运杠杆作用代表利润百分比的变动，通常是销售量变动百分比的乘数，这几乎很少是个 1:1 的比例关系。这个原则是基于在较高销售水准时，固定费用维持不变，如果固定费用和销售量同步增加 10%，即如果固定营运费用、折旧和利息都增加 10%，那么课税所得、所得税费用和净利都会只增加 10%。

营运杠杆作用反映这家企业没有完全运用其生产能力。当达到最大产能时，销售量若持续成长，早晚会达到这一点——必须增加固定费用以扩大产能。如果公司原已达到最大销售产能，那么固定费用应该已经增加了。这告诉我们，了解企业目前的产能达到何种水准是很重要的。

管理者不应忽略高销售量对现金流量和财务状况的影响。固然利润增加28.8%很好，但这个变动的现金流量的效果又是什么？

前面讨论了成长和资金需求。财务预算报表是基于数项对筹措成长所需资金的重要假设而制作的，例如是否发放现金股利、举新债或发行新股。一套完整的财务预算报表，不再在此赘述。

然而我们起码要看看，销售量成长对营业活动的现金流量影响。为了这个目的，保持公司的营运比率固定。图10-15示出一现金流量变动表——显示销售量增加所带来现金差额，这表只包括了一部分的现金流量表（仅至折旧费用前的营运现金流量）。

损益表的变动（根据图10-14）

销售收入		¥4 815 232
减：销售成本费用		3 129 904
营业毛利		¥1 685 328
减：变动营运费用		
销售量导向	¥296 000	
销售收入导向	481 520	777 520
边际贡献		¥907 808
减：固定成本		
营运费用		
折旧费用		
营业利润		
减：利息费用		
税前盈余		¥907 808
减：所得税		308 656
本期净利		¥599 152

预计营运现金流量变动导因于

应收账款增加	¥(463 000)
存货增加	(782 472)
预付费用增加	(59 808)
应付账款增加	¥285 616
应计费用增加	89 712
应付所得税增加	30 864
净利增加	599 152
营运现金流量净差额	¥299 936

附注：资产与负债的变动是基于该公司的营运比率；见图10-9的公司营运比率摘要。例如，在本例中期末应收账款等于5/52的年度销售收入，所以销售收入的增加会造成应收账款增加

当年度营运现金流量会因销售量增加10%，而减少¥199 936

图10-15 销售量增加10%的现金流量影响

在销售量增加10%的状况下，可自图10-15中见到营运的现金流量会比原始状况少¥ 299 936，如此，公司的期末现金余额会少¥ 299 936：变动前之余额

¥2 053 304 – ¥299 936 = ¥1 753 368。公司也许必须举债或发行新股提高现金余额。保留¥1 753 368 的期末现金余额，可能太少无法让人放心。

为何在 10% 销售量增加的情况下，来自营运的现金流量减少了¥299 936？¥4 815 232 的销售收入增加（见图 10-14）会使期末应收账款余额增加¥463 000（¥4 815 232 ×5/52 = ¥463 000）。记得公司的应收账款对销售收入的营运比率，等于年销售收入的 5/52。如前所解释的，应收账款的增加会减少来自营运的现金流量。

从图 10-14 可以见到销售成本费用会增加¥3 129 904。这项增加会导致期末存货多出¥782 472，等于 13/52 乘以销售成本增加数（平均存货持有期间是 3 周）。这项存货增加是基于营运比率不变的假设，然而，现金流量也许会受更多的存货增加所影响。

在增加销售量的营销战压力下，失控的狂热和过度乐观的销售配额，可能导致存货大增至远多于实际销售所能消化的量。业务人员则不想因存货不足而延误送货导致丧失生意，造成期末存货比实际销售量增加所需的数量高出许多。或是业务人员提供客户非常宽松的信用条件，将应收账款收款期间延长。

这里不讨论图 10-15 中列举的其他营运资产和负债变动的细节。如同应收账款和存货变动一样，其他的变动数都是依据营运比率不变的假设。你可以套用适当的营运比率到图 10-14，比较损益表中的每项销售收入和费用，以检查现金流量的变动。

总而言之，即使净利增加，来自营运的现金流量可能因销售量的增加反而减少。所以，为争取额外利润而增加销售量，需要额外融资—— 减少现金余额、举债或增加股本（或减少现金股利）。

销售量变动的现金流量分析，将管理者的注意力转向这些重点。更重要的是，它提醒管理者，利润增加不一定立刻就会增加现金流量，甚至如案例分析中所示，也许短期内还会导致现金流量减少。没有现金流量分析的利润分析，就好像只穿了一只鞋，必须同时穿上两只鞋才能走到想去的地方。

假设公司的销售量比原先减少 10%，管理者一定会非常关切并急着探究其原因。更多竞争？消费者转用替代产品？经济不景气迫使消费者减少消费？地点没落？对消费者的服务变差了？需要全面品质管理来改善销售损失？

销售量减少是企业面临最严重的问题之一。除非情况很快改善，否则其企业必须作缩编的痛苦决定，裁员、卖掉固定资产、关厂等。已故经济学家肯尼斯·鲍丁称缩编为衰败管理。我觉得这句话真是一针见血，最起码这是个非常不愉快的任务。

销售量降低 10% 对营运利润的短期影响，取决于公司是否可在低销售水准时降低其固定费用。假设不行，则固定营运费用和折旧费用维持不变；假设利息费用维持不变，则总负债无法在低销售水准时降低，至少在短期内不能达成。

图 10-16 显示降低 10% 销售水准对利润绩效的影响：净利会减少￥599 152。这是能预期的，因为固定费用不变。注意营运杠杆加重了影响，虽然销售量只跌了 10%，但在此情况下净利减少了 28.8%。

实际损益表			导因于销售量减少 10% 的预计变动	
销售量=	4 815 232 单位		−4 815 232 单位	
	每单位	合计	每单位	合计
销售收入	¥80.00	¥48 152 320		¥(4 815 232)
减：销售成本费用	52.00	31 299 008		(31 299 008)
营业毛利	¥28.00	¥16 853 312		¥(16 853 312)
减：变动营运费用				
销售量导向	4.88	2 960 000		¥(296 000)
销售收入导向	8.00	4 815 232		481 520
边际贡献	¥15.12	¥9 078 080		¥907 808−10%
减：固定成本				
营运费用		¥4 411 072		
折旧费用		902 336		
营业利益		¥3 764 672		
减：利息费用		613 200		
税前盈余		¥319 472		¥907 808
减：所得税		1 071 504		(308 656)
本期净利		¥10 652 000		¥(599 152)−28.8%

注意营运杠杆效果：总边际贡献因为销售量减少10%而减少了10%，但是净利却减少了28.8%，这是因为固定成本和利息费用在本例中并未随之减少

图 10-16　销售量减少 10% 对利润的影响

在此例中的现金流量又如何呢？在前述销售量 10% 成长的例子中，来自营运的现金流量减少￥299 936。在销售量减少 10% 的情况下，来自营运的现金流量却增加了￥299 936，如图 10-17 所示。

较低的销售收入和销售成本费用（假设这两项的营运比率维持不变）会导致应收账款和存货的减少。基本上，现金流量所受的影响，在这两种情况中，和销售量改变的方向恰好相反。不过少有管理者会以利润的减少，来换取现金流量的增加。

所有利润因素都有可能改变，管理者的疏忽或错误会导致利润减少，有时会在瞬间发生。产品成本的增加和变动，以及固定费用的增加，会对利润绩效产生严重的损害，但管理者也许无法改善部分特定因素。

固定费用或许已削减到极致；产品成本也许受到独家供应商控制，或其他供

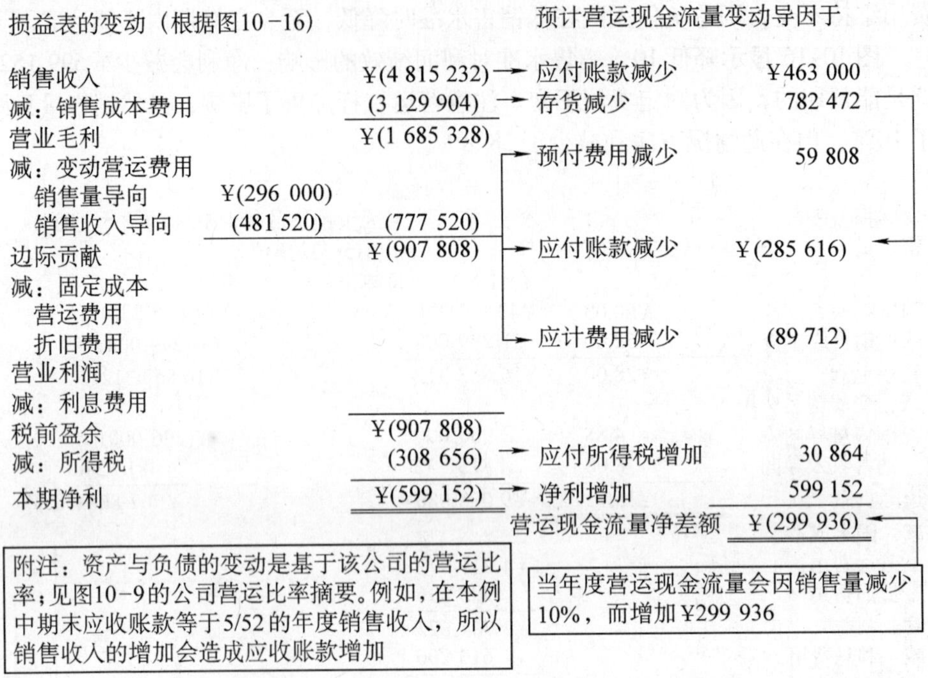

图 10-17　销售量减少 10% 的现金流量的影响

应商也提供差不多的价格；竞争也许让售价有无法动弹的束缚；客户或许对售价调升非常敏感。销售量对大多数企业来说是成功的主要因素，这解释了为什么管理者对市场占有率如此关心。

八、管理控制和预算

决策制定了行动计划以完成公司的目标。达到这目标需要管理控制（management control）。广义来说，管理控制指管理者为使企业迈向目标所做的任何事情。决策之后产生行动，然后控制作业达到目标。优良的决策配以糟糕的控制，如同一开始便作出坏决策一样悲惨。良好的决策分析工具必须有好的控制工具相辅相成。

管理控制本质上是预防性的和正面性的，管理者必须预防错误发生，或至少将其减至最低。管理者必须确知进行中的事项都是正确的，而且发生在正确的时机。管理者不应只对问题反应，他们必须预先行动，并将事情推往正确的方向。管理控制不只是让问题消失，还包括采取行动以达到企业目标。

管理控制用通俗的一句话定义：“注意每件事情（watching everything）。”这个简洁的定义捕捉到了其中的精萃。管理控制并没有一般公认的理论模式或正式定义。所有管理学者都将控制包含在他们的概念结构里，但是在控制的精确定义上确保有一些共识。多数管理控制的定义强调，实际成效的信息回馈必须与目标、预算和计划比较，以侦测任何的偏差和变动，让管理者可以及时改正。

管理控制是个依赖信息的程序，这是可以确定的。显而易见的是，管理者需要实际绩效信息及时报告给他们。简言之，回馈的信息是管理控制的主要工具。管理者必须快速地得到这个信息，且从此角度来看，时间也是一项控制工具；太晚得到信息，会在问题改正以前，产生高成本的延误。

图 10-18 修改了图 10-1 的会计系统总览。外部财务报表和会计的税务功能并未显示列在图 10-19 中，是为了让管理者细看内部信息流程。

一般来说，管理控制信息包括三种类型：①定期性财务报表，包括辅助的表格；②比完整的财务报表范围更窄的定期性控制报表；③特定焦点或关键项目信息。

管理控制信息可以是好消息或坏消息（见图 10-18）。好消息是企业的实际表现随计划运行，管理者的工作是维持企业朝此方向运作。管理控制信息通常也显示坏消息——出现的问题和需要关注的不良绩效。当然，并非所有问题都经过会计系统才引起管理者的注意。

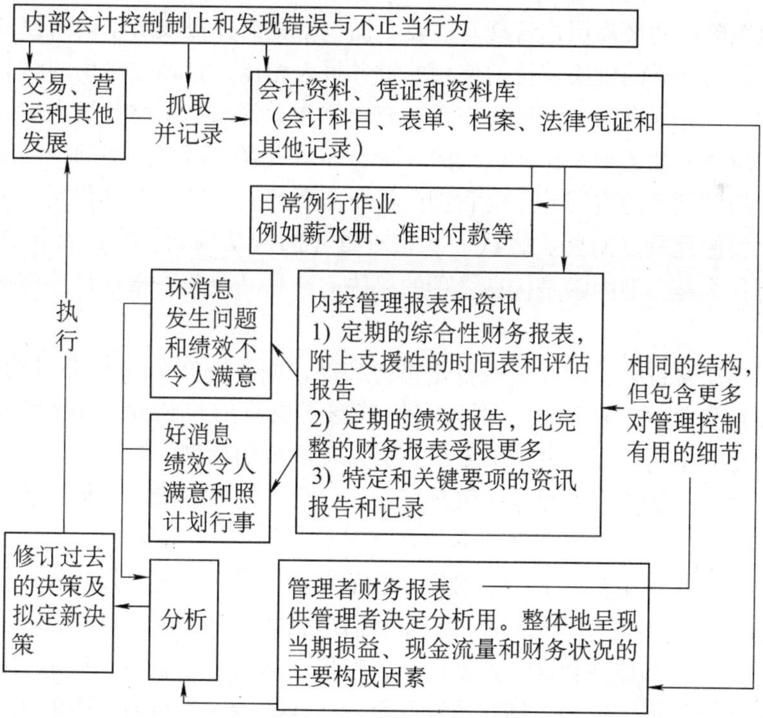

图 10-18　会计系统内控制管理

注：本图不显示外部的会计功能。

基于整体的控制目的，管理者接触非常广泛的信息来源。例如，管理者会监看客户的满意度、员工缺席率和士气、生产工期和品质控制检查成果。管理者倾听客户的抱怨、比较竞争对手，乃至决定一些产业情报和间谍活动，以获取竞争者的信息等。但是会计系统是最重要的控制信息来源之一。

管理者主要关心的议题是直接影响企业财务表现的问题，例如，没有达成销售配额、售价折让得比预期的多、产品成本比预期的高、费用超出预算、现金流量比计划的慢；也可能是销售超过配额、售价比预测的高、产品成本比预期的低等。即使各项作业的运作与计划相当接近，管理者仍需控制报告来通知他们这项消息。简言之，管理者需要控制信息，以便知悉现在正进行的作业。

控制报告应该设计成能配合个别管理者的职权和责任。采购经理会得到存货和供应商的控制报告，业务经理则能得到应收账款和客户的控制报告，销售经理能得到销售和销售人员的控制报告等。这些定期报告内容都十分详尽。

例如，一个区域的月销售报告也许包括了上百，甚至上千不同的产品和客户。向组织上层（例如至生产线经理或部门经理）移动管理的权限和责任范围变得愈来愈广。在高阶管理层级（总经理或执行者），其权限和责任包括整个企业。在组织阶层的最高层，管理者需要全面包括式财务报表所呈现的控制信息。

与前面所列举的供决策目的使用的财务报表相比，管理控制用的财务报表有更多的细节，并附有许多计算表作为补充。例如，管理控制财务报表应该包括详细的过期应收账款清单、存放过久的存货、通常有客户高退换率的产品清单，以及那些常超过预算的费用等。与管理分析所需要的大量细节信息相比，决策用财务报表比较像是重点摘要。确认一些相对重要的成功因素，并经常密切注意它们。了解什么是关键因素是优良管理的秘诀。产品品质几乎永远是关键成功因素中的一项。

以其本质来说，管理控制报告是机密文件，而且不在公司外部讨论。同时，管理控制报告是相当敏感的，因为它们披露了决策的“错误”和出错的原因。通常意想不到事情和无法预测的发展，会打乱决策的计划。当然，某种程度固有的不确定性存在于所有的企业决策环境中。管理控制报告确实是促使管理者依其见识和能力，判断并做出正确预测的重要因素。

在图 10-18 顶端多出了一个项目，之前它一直没有出现。好的管理控制信息仰赖好的内部会计控制。提供管理控制所需信息的会计系统的可靠性，有赖于系统中所设计的内部控制和这些控制的执行情形。运用特定表格和规定的程序，来消除或减少为取得、处理、储存或读取企业运作的庞大资料而产生的错误。表格和程序并不太受欢迎，但是没有它们组织便无法运作。

内部会计控制也会被设计用来保护公司，以防公司遭员工、供应商或是管理者的偷窃和欺诈行为所害。一个令人很不愉快的事实是，在企业生涯中，总会遇到顺手牵羊的客户、收费高昂或送货短少的供应商、挪用公款或偷窃资产的员工，以及欺诈或利用个人职权图谋个人利益的管理者。理想的内部会计控制能吓阻和侦测这些行为，并且符合成本效益。有些控制就因为成本太高而无法采用，例如对每一位离去的员工搜身。

管理者应该了解会计师查核方式的限制，查账员有责任发现重大的错误与舞弊（官方说法称为异常现象［irregularities］)。然而，为了让外界的查账员能够抓到所有错误和异常现象而做彻底详尽地检查，将不合成本效益，企业将为此付出大量时间及金钱。防卫的第一线应是企业的内部会计控制。

现金流量表是一项侦测潜在舞弊的理想工具，但也是一项明显被管理者忽视的工具。多数舞弊图谋与诈骗追求的便是现金。要能长久贪污而且不被发现，通常总有一项资产或负债——多半是应收账款、存货，有时则是应付账款（其他资产或负债也有可能)，遭到犯案者的操纵篡改。

例如，假设有位员工或中阶主管盗取存款，并将存货贩卖得到的钱放进他的口袋。好的管理控制系统，会密切注意存货水准相对于销售成本的比率。如果相当重大金额的存货遭盗取，存货缩减数量和（或）边际利润数字应该会发出警信，精明的小偷会了解这点并隐瞒短少的存货。事实上，这正是许多舞弊案件的情况。

公司的内部控制在预防这种欺瞒行为上成效不大，会计系统所报告的存货，事实上已经不存在了。所以，报告上的存货会显示出比实际数字稍见增加（或减少)。回想一下存货的增加，会对营运活动的现金流量产生负面影响。也许认为管理者应该对任何存货增加有所警觉，但是在大多数舞弊案例中，管理者并未追踪存货增加的原因。如果他们有的话，也许就会发现存货被盗了。

同样地，舞弊也许会牵涉到将应收账款收账时取得的现金窃走，而由夸大应收账款的账目来隐瞒，其他的舞弊也可能利用应付账款来达成。管理者应该将此事牢记于心：报告上的利润会因未发现诈欺的结果而被夸大。一旦诈欺被发现而必须重编前期的财务报表，并重新公告之是非常难堪的事。再者，它也许会导致解雇未能发现盗窃或舞弊的主管。管理者的责任之一是预防部属的舞弊，并设计方法确定没有任何诈欺舞弊发生。

简言之，管理者应该对现金流量表所报告的应收账款、存货及应付账款的增加保持警觉。这些增加不仅导致负面的现金流量影响，同时也会发出与管理者已知的销售活动和其他事实不符的可疑变化信息。

管理控制要朝达成利润目标和实现企业其他财务目标的方向迈进，是企业的当务之急。目标不是无中生有的，前期的绩效是一个可供比较的标准。无论如何，理想中的企业应该采取能与实际绩效比较的目标，这样的目标以明确的比较基准与评量标准为结构，预算是其中一种方式。

在实务上，许多公司仅将本期的实际成果与上一期比较。这当然是比完全没有比较来得好，而且也的确将注意力集中在发展趋势上，尤其比较的是过去几期而非仅最近一期。但是这种方法也许会模糊了管理者的一项主要责任，那就是预测企业环境的变化。

上一期的变动，本来就要预测到，而且应列入计划中；本期和上一期之间的变动，就预测而言，不一定会带来任何新的信息。管理者在规划成长所需的资金时，应该采前瞻计划的模式。比较前后期的方法其危险在于，管理者会陷于一种后见之明的管理形态，即往后看而非前看。

有个很难回答的问题是：多久编制一次控制报告。虽然一份年终回顾能作为制定下年度计划的基础，管理者不能等到期末才拿到控制报告。每天或每星期的控制报告对多数企业来说并不实际。有些公司，例如航空公司和银行，会每天监看销售量和其他重要营运统计数字。月或季控制报告是最常见的。只要能在过于频繁或过晚准备控制报告之间取得平衡，就是最好的。从相关性较低及完全不相关的信息中找出真正相关的信息，是管理者工作的核心。

前面用来作为决策依据的内部管理损益表，应该是设计内部管理利润控制报表的第一步。首先要注意也最重要的是，边际贡献和其后的各项边际利润数字，它们不仅是焦点所在，也应该简单而明了。每项主要产品或产品线的边际贡献和边际利润，都应该列入内部管理利润绩效报告上（附上几乎所有产品的详细附表）。这是非常机密的资料，不会列在外部财务报表，同时也不会在组织中广为流传。

变动费用应该依销售量导向和销售收入导向分类，并进一步细分为许多特定科目。每项产品和产品线的销售量应该列出来，固定费用应该划分为几个大项：薪资、广告、场地成本等。销售项目数字（sales capacity）因该列述，任何因为固定费用的变动而产生的显著销售变量变动也应列出来。

内部管理控制报告应分析利润的变化。特别是销售量变动的影响，应和售价、产品成本和变动费用的变化分开。如果作了取舍决策，例如减价以增加销售量，在管理控制报告中应有后续分析来追踪决策的执行成果，检查销售量是否如预期的增加。

下列的说明中，有一串的负面因素总是会侵害边际利润，并使固定费用膨胀。每一个负面因素，都应该在管理利润控制报告中单独列举，以唤起管理者的特别注意。例如，存货短缺、销售退回、过高的呆账及任何当期的非常损益项目，都应单独列出。

我认为，拿内部利润报告来达到管理控制的目的，最常见的缺陷就是，会计人员没能好好地解释及分析，和上一期或当期预算相比，利润增减的原因。在利润报告中包括这些变动是非常有用的。

在管理控制资产负债表和现金流量表中，最重要的一点是密切注意每项主要资产和负债的变化。特别是管理者应该密切注意每一项营运资产和营运负债的变动，以观察企业营运比率的变动。这些变动，如前面所解释的，会对企业的现金流量立即产生的影响，企业有必要在管理上立即做出的回应。

销售收入和费用带来企业的营运资产和负债。每一项营运资产和负债的变动，应该和决定该资产或负债的销售后费用的变动相比。如果销售收入增加10%，是否应收账款也增加10%？显著的偏差应该要审慎地加以调查。控制来自营运利润的现金流量，等于控制公司营运资产和负债的变动。

管理控制财务报表应该包含企业投资绩效的衡量，这在前面中曾讨论过。净营运资产报酬率、股东权益报酬率及任何财务杠杆的显著变动，都应该被列述。如果业绩为实现预期的股东权益报酬率目标，应该要有清楚的解释，说明失败的原因。

企业的发展需要更多的资金投入企业净营运资产，管理者必须分析需要多少资金，并拟定战略，以确保能从负债及股东处取得额外资金。规划资金需求只是预算的目的之一，还有许多其他目的。预算的技术层面和步骤在此并不讨论；重点在其基本内涵。

结合所有的管理决策，应该构成一个统一且协调的战略和行动计划，以期达到利润和财务目标。决策就像是建筑物的蓝图，控制应该在决策蓝图的框架下执行。决策应是管理控制的参考资料和结构。预算是将管理决策的制定和管理控制相互结合的一种工具，和依照蓝图来建造一栋建筑物相同。

按时达到企业利润和财务目标的具体行动计划，必须在预算中清楚地说明决策。将实际的结果，逐期、逐条、逐项地与预算比较评估，并解释两者差异的产生。它们亦被视为采取修正行动或更改计划的依据。

没有预算并不代表没有管理控制。预算能协助管理控制但非绝对必要。许多企业很少或根本没有预算，但它们仍创造了很好的利润，具有偿债能力且财务健全。这些企业依赖管理控制报告来追踪实际的利润绩效、财务状况及薪金流量，但是它们没有用来和实际成果相互比较的正式或清楚的预算。多半，它们是以前一年度作为比较的依据。

组织愈大，愈可能发现它有正式及全面性提出财务预算的程序。公司的战略计划包括了一个详细的、范围广泛并整合过的预算。预算是组织往下层沟通和展示权威的主要工具。预算提供了评估所有各阶层管理者绩效的主要基准。实际情形与预算相比，列出显著差异，详细查出原因后，向上级报告。管理者因达到或超越预算目标而受到奖励，并且对不好的变动负责。

预算有许多值得采用的理由及优点，但从另一方面来说，预算成本过高，可能导致许多权利游戏及功能失常行为。规模较小的企业，不需要以沟通和协调为目的的预算，但对管理者不直接参与每日营运的大公司较为重要。

利润预算高度依赖管理者预测驱动利润关键因素变化的能力。没有任何事比建立在薄弱的销售预测上的不切实际利润与更加令人沮丧并造成反效果的了。如果没有人相信销售预算数字，预算过程就会变成多余的，或更糟，变成了装模作样的行为。

利润预算应获得那些负有达成利润计划目标责任的管理者，认定是合理可达成的，并作为与实际成果相比的标准。如果预算目标非常不实际，管理者也许会做各种人为的操纵及虚伪暗盘，以达成其预算利润目标。即使管理者认为预算不公平、不实际，在企业组织中有庞大的压力要作预算。然而总是有意外发生，即在制定利润预算时，无法预见的事件发生。预算应依据这些事件作调整，但是修正预算很不容易。一旦采用之后，预算就像是被刻入石头中。高阶管理者很自然地会怀疑，修正预算的要求是要试图规避预算目标，或为未达标准的绩效找借口。预算在一贯稳定并易于预测的环境下，运作得最好。

总预算是由每一个组织单位的个别利润和其他项目预算所组成的，例如销售区域、部门、产品线、分公司、事业群和子公司。每一个分支单位的预算，就像大金字塔的建筑石块，构成顶端的总预算。自底端开始，营业收入和费用预算先巧妙地嵌进大范围的利润预算，然后再与现金流量和财务状况（资产负债表）预算做整合。如本节前面所述，管理甚至控制处理 1 001 种细节。以细节及更多的细节来控制细节。每天每月，管理者必须注意如雪花般多的细节。持续洞察所有的细节是一项挑战。将实际结果与预算比较的控制报告，不应该充斥着细节，而使得管理者看不见朝向利润目标的整体进展。

预算本身并非终点。详细的费用和成本报告是需要的，让管理者可以密切观察在利润预算中，举足轻重的主要费用和成本因素的整体影响。通常管理者会要求大量的详细费用和成本报告，但是他们不一定要读所有的细节。

一套完整的预算计划，需要一份预算的财务状况报告（资产负债表）和现金流量预算，以及当期的利润预算（损益表）。如前面所陈述的，企业的财务状况主要是由企业创造利润的营运活动所产生。企业长期营运资产的重置和扩充，必须包括在现金流量预算及年终的财务状况预算中。

一套完整的财务计划，将利润预算嵌进财务状况和现金流量预算，在申请贷款或现有信用额度续约时，是很具说服力的。它显示公司的整体财务计划已被全盘思考过。管理者也许会把编制预算的许多细节，留给会计和预算人员处理，但是管理者必须提供所有作为财务预算计划基础的必要预测和假设。

通往利润的道路，环绕着许多带来负面压力的挫折因子，使得利润减少、减损销售量及增加固定费用。“挫折因子”这个总括性名词，指除了那些管理者必须日夜处理影响利润绩效的负面压力，这些可以被称为是通往利润之路的沟渠、陷阱或是岔路。

在餐厅用餐时，你不会争论菜单的价格，也不会在自由市场购物时讨价还价。相反地，在许多产业中，讨价还价是生活的方式。许多企业对外的公告价为产品的定价，例如新车的标价，制造商对消费产品的建议零售价，及工业产品的标准价目表。定价并非售价的终点，而是开始。在某些案例中，例如新车的销售，无论买方或卖方都不会把标示定价当做真正的价钱，那不过是设定了讨价还价的舞台。在其他个案中，买方同意付价，但是要求其他议价和减价的方式，或是其他特殊的配合。

立即付款折扣，通常发生在赊销交易时。例如，给予开出销售发票后10天内收到的货款2%的折扣。同时，大宗采购的数量折扣和政府机关及教育机构的特别客户折扣，也是普遍常见的。

许多消费性产品的公司会提供退款和折价券。当然，这些都降低了最后净售价。售价也会因售后的折让或调整而降低。因为有些客户对产品品质有所抱怨，或是在货到后发现产品有小瑕疵，公司会以降低原始售价的方法，取代客户退回产品。

管理者必须决定，这些售价的减项如何列示在内部管理损益表中。方法之一是报告减去所有减价后的净销售收入。本书不推荐这种方法。更好的方法是依定价列示销售收入，所有的售价减项应累计在销售收入的抵减项目，自总销售收入中减去。

图10-19列举了损益表上半部几乎所有企业可能会产生的销售收入减项。此图中列示了7种不同的售价折让，企业不一定都有此处所列示的销售额减项，但是有3、4项是很平常的，且每个抵减项目的金额，不一定如列示的那么高（希望不会）。

在外部损益表中，一般来说，只列示净销售收入（在本例中是￥66 424 000）。然而，为了内部管理报告，售价折让之前的销售收入金额（标示定价）应被列出。售价折让应该累计在抵减科目下，如图10-19所示，所以管理者可以盯住相对于每一项目的定价政策，以便和前期及与当期的实际成果和目标（或预算）比较。管理者会发觉这类信息对其他决策也有用。例如，售价的增加，并不是因为定价提高，而是退款减少或其他销售折让。

对许多企业，产品损坏和变质所导致的存货损失，及过时存货的跌价损失。许多企业蒙受过时存货的损失，也就是说剩下一些产品无法售出，或必须低于成本的价格卖出。当这种现象变为明显时，应做提列存货跌价损失的分录（存货资产科目减少，而费用科目增加）。这部分损失金额占零售价值的1.5%～2%是常见的。

销售毛收入（定价）		￥80 000 000
减：		
销售折扣	￥(1 200 000)	
特殊折扣	(1 600 000)	
销售退回	(1 400 000)	
数量折扣	(2 200 000)	
退款	(5 200 000)	
折价券	(1 320 000)	
价格减价	(656 000)	(13 576 000)
净销售收入		￥66 424 000

损益表的余额

图 10-19　损益表中的销售收入减项列示

回收产品的代价非常昂贵，同时，反常的高额保证和修理成本，会使产品成本或变动的销售费用明显增加。企业也可能没有利用立即付款折扣，或采取少量购买而放弃大额折扣；此外还有数种其他的产品成本和变动营运费用负面因子可以讨论。在此再提一项：因公司采购人员接受贿赂、回扣、暗盘或其他供应商给的好处而产生的额外成本。一名我认识的采购人员让我意识到问题的严重性，他虽未明说所有的采购人员都是腐败的，但他确实说诱惑是存在的，且大多数人都屈服了。

在内部管理控制报表中，刚才讨论的负面因子如果影响重大，应列为独立的费用项目，或单独列在后附的表格中。管理者有可能最好要求他们的会计分离这些费用。在外部损益表中，这些成本被归在一个较大的费用项目下，例如销售成本或一般及管理费用。

销售退回（在这里可理解为汽车维修企业内的返工）可以是个问题，虽然这一项在不同产业间差别极大。作为整体营销战略的一部分，许多零售商毫不犹豫地接受销售退回。客户可以收回货款或换不同的产品。另一方面，部分的产品，例如新车便很少退回（即使是回收时也不行）。

销售退回应累计在一个单独的销售抵减科目下，自销售毛收入额中减掉。销售退回的总金额是非常重要的控制信息。另一方面，在多数的外部损益表中，只列出净销售收入，总销售收入减销售退回和所有其他销售折让。

因为暂时没有存货而损失的销售机会，对管理者而言是很重要的，这种情形在会计系统中并没有任何科目可记载。然而，错失的销售机会应被累计在会计系统中，并报告给管理者，即使并未发生任何销售事实。管理者需要一个测量工具，以计算这些错失的销售，原本可以创造多少额外利润。

许多时候客户愿意等着交货，或先买了但无需立即送货，这种情形称为送货订单（sales backlog）。有关延期交货和未送货订单应该报告给管理者，当然不能列为销售收入。如果客户拒绝公司延期交货，或不愿再继续等待，这笔交易也许会流失。管理者也许必须依赖其他的信息来源，例如来自客户和公司销售小组的抱怨。

管理控制的执行，在实施上非常困难。好的管理报告非常重要，它们提供管理者在执行其决策时，需要知道的重要反馈信息。但是在做最后分析时，则又要依赖良好的管理。

管理者是被付薪来解决问题的，但大多数的问题都不是那么容易解决的，或能很恰当找到明显的解决方案。好的管理始于好的决策，控制步骤是绝对必要的。然而，世上最好的控制也无法扭转一个坏的决策。本章的主要目的在于解释，为了作好决策，需要分析利润、财务状况及现金流量的工具。

预算是管理控制的工具之一，但是预算是为一种以上的控制目标而编制的。它是多项广泛的管理工具，包含战略规划、管理和管理者之间的沟通、管理者的激励、回扣与额外报酬计划、权责的交付等。本章主要是讨论制定决策的管理分析工具，这些分析工具用于预算程序。预算是管理控制的一项工具，但是它的本质和目的都更广。

以上简要地探讨了掠夺利润的负面因子，就是减少销售收入和提高费用的原凶，并以此作为总结。破坏利润的掠夺者很多，管理者必须密切注意每一个这类影响极大的负面因子。反映这些掠夺者的销售收入抵减科目和独立的费用科目，应该放入内部管理控制报告中。

九、汽车维修企业财务分析概述

汽车维修企业财务分析，是以企业财务报告反映的财务指标为主要依据，运用一定的分析技术和工具，对企业的财务状况和经营成果所进行的剖析和评价。它既是对已完成的财务活动的总结，又是财务预测的前提。通过财务分析，可以对企业过去发生的经营活动的效果作出客观评价，考核企业的经营业绩，发现财务活动中存在的问题，预测企业的发展趋势。总的来说，财务分析的目的是为了作出正确的经济决策和财务预测。但是，针对不同的分析主体，各有所侧重。对企业经营管理人员，即企业生产经营活动的指挥者和组织者来说，分析要全面：既要评价企业前一段时期的经营业绩，也要衡量当前的财务状况，又要预测企业未来的发展趋势，为企业财务决策提供依据。对企业投资者来说，主要目标在于了解企业的财务状况和经营成果，侧重于企业的经营业绩、盈利能力和财务状况，以及投资的发展前景和风险程度，以此来评价企业经营管理人员的业绩，为投资决策提供依据。对债权人来说，主要目的在于了解企业的偿债能力。对于行业管理人员来说，主要目的在于取得行业管理和宏观调控所需要的资料。

财务分析的基本内容，可以简要地概括为：依据财务报告和资料，运用财务分析方法和财务指标进行财务能力的分析与评价。

十、财务报告和资料

进行财务分析所依据的主要资料是企业的财务报告。企业财务报告是反映企业财务状况和经营成果的书面文件。它包括会计报表主表、附表、会计报表附注和财务情况说明书。会计报表主表有资产负债表、利润表、财务状况变动表（或现金流量表）。会计报表附表有利润分配表、主营业务收支明细表等。会计报表附注是为了帮助理解会计报表的内容，对报表项目等所作的解释，其内容主要包括：所采用的主要会计处理方法；会计处理方法的变更情况、变更原因及对财务状况和经营成果的影响；非经常性项目的说明；会计报表中有关重要项目的明细资料；其他有助于理解和分析会计报表需要说明的事项。会计报表附注能够为财务分析提供许多重要的具体情况，在具体分析中应予以重视。财务情况说明书是为了评价企业财务状况和经营成果所提供的书面资料，主要说明企业的生产经营状况、利润实现和分配情况、资金增减和周转情况、税金缴纳情况、各项财产物资变动情况；对本期或者下期财务状况发生重大影响的事项；资产负债表编制日至报出财务报告前发生的重大财务事项；其他需要说明的事项。

进行财务分析所依据的资料，除了财务报告以外，还包括日常核算资料（凭证、账簿等）、计划资料、生产技术方面资料、同行业其他企业发布的财务报告、调查研究所收集到的资料等。

十一、财务分析的基本方法

常用的财务分析方法有比较法、比率分析法、趋势分析法及因素分析法。

1. 比较法

比较法是通过经济指标数量上的变化，来揭示它的数量关系和数量差异的一种方法。其主要作用在于揭示财务活动中的数量关系和存在的差距，从中发现问题，为进一步分析原因、挖掘潜力指明方向。它是财务分析最基本的方法。根据分析的目的和要求的不同，比较法有以下三种形式。

1）实际指标同计划（定额）指标比较。可以揭示实际与计划或定额之间的差异，了解该项指标的计划或定额的完成情况。

2）本期指标同上期指标或历史最好水平比较。可以确定前后不同时期有关指标的变动情况，了解企业生产经营活动的发展趋势和管理工作的改进情况。

3）本单位指标同国内外先进单位指标比较。可以找出与先进单位之间的差距，推动本单位改善经营管理，赶超先进水平。

应用比较法对同一性质指标进行数量比较时，要注意所利用指标的可比性，双方的指标在内容、时间、计算方法、计价标准上口径应当一致。必要时，可以对所用的指标按同一口径进行调整换算。

2. 比率分析法

比率分析法是通过计算经济指标的比率，来确定经济活动变动程度的分析方法。应用时，把分析对比的数值变成相对数，计算出各种比率指标，然后进行比较，从确定的比率差异中发现问题。因此，能够把在某些条件下的不可比指标，变为可比较的指标进行分析比较。常用方法有以下三种类型：

1）构成比率，又称结构比率。用以计算某项经济指标的各个组成部分占总体的比例，反映部分与总体的关系。如固定资产占总资产的比例，负债占总权益的比例等，都属于构成比率指标。利用此项指标可以考察总体中某个部分的形成和安排是否合理，以便协调各项财务活动。

2）效率比率。用以计算某项经济活动中所耗费与所得到的比例，反映投入与产出的关系。如成本费用与销售收入的比率、成本费用与利润比率等。利用效率比率指标，也可以进行得失比较，考察经营成果，评价经济效益的水平。

3）相关比率。用以计算部分与总体关系、投入与产出关系之外的具有相关关系指标的比率，反映有关经济活动的联系。如资产总额与负债总额的比率、流动资产与流动负债的比率等。利用相关比率指标，可以考察有联系的相关业务安排的是否合理，以保障生产经营活动能够顺畅运行。

采用比率分析法要注意的问题：①比率指标中对比指标要有相关性；②比率指标中对比指标的计算口径要一致；③采用比率指标要有对比的标准。常用的标准有：预定目标、历史标准、行业标准及公认标准四种，可根据具体要说明的问题选用。

3. 趋势分析法

趋势分析法是将两期或连续数期财务报告中的相同指标或比率进行对比，求出它们增减变动的方向、数额和幅度的一种方法。采用这种方法可以揭示企业财务状况和生产经营情况的变化，分析引起变化的原因、变动的性质，并预测企业未来的发展前景。常用以下三种方法：

1）重要财务指标的比较。将不同时期财务报告中的相同指标或比率进行比较，直接观察其绝对额或比率的增减变动情况及变动幅度，考察有关业务的发展趋势，预测其发展前景。

2）会计报表金额的比较。将连续数期的会计报表的金额数字并列起来，比较其相同指标的增减变动金额和增减变动幅度，用此来说明企业财务状况和经营成果发展变化的一种方法。如对资产负债表、利润表及财务状况变动表等所作的比较。

3）会计报表构成的比较。它是以会计报表中的某个总体指标作为100%，再计算出其各组成指标占该总体指标的百分比，比较各个项目百分比的增减变动，以此来判断有关财务活动的变化趋势。它既可用于同一企业不同时期财务状况的纵向比较，也可用于不同企业之间或行业平均数之间的横向比较。这种方法能消除不同时期（不同企业）业务规模差异的影响，有利于分析企业耗费水平和盈利水平。

4. 因素分析法

因素分析法是用来确定几个相互联系的因素对分析对象——某个经济指标的影响程度的一种分析方法。采用这种方法的出发点是：当有若干因素对分析对象发生影响作用时，假设其他各个因素都无变化，按顺序确定每一个因素单独变化所产生的影响。差额计算法是其中常用的一种形式，它利用各个因素实际数同标准数的差额，来计算各项因素脱离标准对分析对象的影响。

设财务指标 p 由 a、b、c 三个因素的乘积构成，其计划指标和实际指标同有关因素的关系如下：

计划指标　　$p_o = a_o \times b_o \times c_o$

实际指标　　$p_n = a_n \times b_n \times c_n$

以实际与计划的差异 $p_n - p_o$ 为分析对象，它同时受 a、b、c 三个因素影响。运用差额计算法可确定各因素的影响程度如下：

a 因素变动的影响　$(a_n - a_o) \times b_o \times c_o = p_1 - p_o$

b 因素变动的影响　$a_n \times (b_n - b_o) \times c_o = p_2 - p_1$

c 因素变动的影响　$a_n \times b_n \times (c_n - c_o) = p_n - p_2$

影响合计为 $p_n - p_o$

式中，带下标 o 的各字母为计划数；带下标 n 的字母为实际数；p_1、p_2 分别为第一、第二个因素变动后的结果。

因素分析法既可以全面分析各因素对某一经济指标的影响，也可以单独分析某个因素对某一经济指标的影响。后者可以用于计算由于流动资金周转天数缩减，对流动资金计划需要量减少的影响；应收账款收款天数缩短，降低坏账损失减少的影响等。它是财务分析的一种常用方法。

十二、财务分析的常用指标

对企业财务状况和经营成果的评价指标，主要包括反映企业偿债能力、经营能力和盈利能力三大类指标。

1. 反映企业偿债能力的指标

1）流动比率。

2）速动比率——反映短期偿债能力。

3）现金比率。

4）负债比率——反映长期偿债能力。

5）股东权益比率。

6）负债与股东权益比率。

2. 反映企业经营能力的指标

1）应收账款周转率。

2）存货周转率——反映流动资产周转情况。

3）流动资产周转率。

4）固定资产周转率——反映固定资产及总资产周转情况。

5）总资产周转率。

3. 反映企业盈利能力的指标

1）销售利润率。

2）成本费用利润率。

3）资产总额利润率。

4）资本金利润率。

5）股东权益利润率。

上述指标构成了企业财务指标的一个有机整体，既可以满足企业所有者、债权人和投资者的需要，也可以满足政府部门从不同的侧面对企业财务状况和经营成果了解的需要。

十三、汽车维修企业财务分析

汽车维修企业财务分析的内容，包括偿债能力、经营能力、盈利能力，以及财务状况的趋势分析和综合分析。

1. 偿债能力分析

偿债能力是指企业偿还到期债务的能力。偿债能力分析包括短期偿债能力的分析和长期偿债能力的分析两个方面。

（1）短期偿债能力分析　短期偿债能力是企业的流动资产偿还流动负债的能力。它反映企业偿还日常到期债务的实力。企业能否及时偿还到期的流动负债，是反映企业财务状况好坏的重要标志。短期偿债能力是企业的债权人、投资者、材料的配件供应单位等所关心的重要问题。对债权人来说，企业要具有充分的偿还能力，才能保证其债权的安全，按期取得利息，到期收回本金。对投资者来说，如果企业的短期偿债能力发生问题，就会牵制企业经营管理人员的大量精力去筹资，应付还债，同时也会增加企业筹资的难度，或加大临时性紧急筹资的成本，影响企业的盈利能力。对供应单位来说，则可能影响应收账款的收取。因此，企业短期偿债能力是企业本身及有关方面都很关心的重要问题。

企业经营资金的多与少、企业资产变现速度的快与慢，是决定企业短期偿债能力的基本要素。衡量企业短期偿债能力的主要指标有：流动比率、速动比率及现金比率。

1）流动比率。它是流动资产与流动负债的比率。它是企业流动负债有多少流动资产作为偿还的保证，反映了企业在短期内转变为现金的流动资产偿还到期流动负债的能力。其计算公式如下：

$$流动比率=\frac{流动资产}{流动负债}$$

一般情况下，流动比率越高，反映企业短期偿债能力越强，债权人权益越有保证。经验认为流动比率以2:1为适宜。它表明企业财务状况稳定可靠，除了满足日常生产经营的流动资金需要外，还有足够的财力偿付到期短期债务。如果比例过低，则表示企业可能捉襟见肘，难以如期偿还债务。但是，流动比率也不能过高。过高表明企业流动资产占用较多，会影响资金的使用效率和企业的获利能力。流动比率过高还可能是由于应收账款占用过多的结果。因此，分析流动比率还需注意流动资产的结构、流动资产的周转情况、流动负债的数量与结构等情况。

例如：根据表10-3的资料计算某汽车修理企业连续两年的流动比率：1991年为710/340 =2.088；1992年为805/400 =2.013。

流动比率值均超过一般公认标准，反映该企业具有较强的短期偿债能力。

表10-3 资产负债表 （单位：千元）

资　产	1991年初数	1992年末数	负债及所有者权益	1991年初数	1992年末数
流动资产：			流动负债：		
货币资金	80	90	短期借款	200	230
短期投资	100	50	应付账款	100	120
应收账款	120	130	预付账款	30	40
预付账款	40	7	其他应付款	10	10
存货	400	520			
待摊费用	60	8			
流动资产合计：	710	805	流动负债合计	340	400
长期投资	40	40	长期负债	200	250
固定资产净值	1 200	1 400	所有者权益：		
无形资产	50	55	实收资本	1 200	1 200
			盈余公积	160	250
			未分配利润	100	200
			所有者权益合计	1 460	1 650
资产总计：	2 000	2 300	负债及所有者权益合计	2 000	2 300

流动负债是计算流动比率的因素之一，它是指企业在一年内或者超过一年的一个营业周期内应当偿还的债务，包括短期借款、应付票据、应付账款、应付工

资、应付利润、应缴税金、其他应付款、预提费用等。其数额和结构都会影响到对流动资产的需要程度。因此，分析流动比率时，也应对不同性质的流动负债分别加以考察和分析。

2）速动比率。它是企业速动资产与流动负债的比率。速动资产包括货币资金、短期投资、应收票据、应收账款、其他应收款等流动资产。存货、预付账款、待摊费用等则不应计入。用此指标衡量企业流动资产中，可以立即用于偿付流动负债的财力。其计算公式如下：

$$速动比率 = \frac{速动资产}{流动负债}$$

$$速动资产 = 流动资产 - (存货 + 预付账款 + 待摊费用)$$

计算速动资产时，所以要扣除存货，是因为存货是流动资产中变现较慢的部分，它通常要经过产品的售出和账款的回收两个过程才能变为现金。存货中还可能包括适销不对路而难以变现的产品。至于待摊费用和预付账款等，它们本质上属于费用，同时又具有资产的性质，它们只能减少企业未来时期的现金付出，却不能转变为现金。因此，不应计入速动资产。

速动比率可用作流动比率的辅助项目与之配合应用。有时企业流动比率虽然较高，但流动资产中易于变现，可用于立即支付的资产很少，则企业的短期偿债能力仍然较差。因此，速动比率更能反映企业的短期偿债能力。经验认为速动比率的比值为 1∶1 比较合适。它表明企业的每 1 元短期负债，都有 1 元易于变现的资产作为抵偿。值得注意的是速动比率指标与行业有密切的关系。对于汽车维修行业，由于业务发生以现金的交易为多，应收账款相对少些，所以速动比率相对较低。但是如果速动比率过低，说明企业的偿债能力存在问题；如果速动比率过高，则又说明企业因拥有过多的货币性资产，而可能失去一些有利的获利机会。

根据表 10-2 中的资料，用计算式计算该企业的速动比率如下：

$$1991 年速动比率 = \frac{80 + 100 + 120}{340} = 0.882$$

$$1992 年速动比率 = \frac{90 + 50 + 130}{400} = 0.675$$

该企业虽然两年的流动比率都较高，但速动比率并没有达到公认标准，1992 年比 1991 年更低，流动资产结构存货比例过大，使实际的短期偿债能力并不理想。

3）现金比率。它是企业现金类资产与流动负债的比率。现金类资产包括企业所拥有的货币资金和持有的有价证券（指易于变为现金的有价证券）。它是速动资产扣除应收账款后的余额。由于应收账款存在着发生坏账损失的可能，某些到期的账款也不一定能按期收回。因此，速动资产扣除应收账款后计算出来的金额，最能反映企业直接偿付负债的能力。现金比率的计算公式如下：

$$现金比率=\frac{现金+有价证券}{流动负债}$$

现金比率虽然能反映企业的直接支付能力，但在一般情况下，企业不可能、也没有必要保留过多的现金资产。若这一比率过高，就意味着企业所筹集的流动负债未能得到合理的运用，经常以获利能力较低的现金类资产保持着。

根据表 10-3 中的数据，计算的现金比率如下：

$$1991\ 年现金比率=\frac{80+100}{340}=0.529$$

$$1992\ 年现金比率=\frac{90+50}{400}=0.35$$

由此看出，该企业两年的现金比率都比较高，1991 年甚至超过了 50%，1992 年则有些改进。这说明企业还需要进一步有效地运用现金类资产，合理安排资产的结构，提高资金的使用效益。

（2）长期偿债能力分析　长期偿债能力是指企业偿还长期负债的能力。企业的长期负债包括长期借款，应付长期债券等。评价企业长期偿债能力，应从两个方面考虑：①从偿债的义务看，包括按期支付利息和到期偿还本金两个方面；②从偿债的资金来源看，则应是企业经营所得的利润。在这里，仅从债权人考察借出款项的安全程度，以及企业考察负债经营的合理程度出发，来分析企业对长期负债还本与付息的能力。

（3）负债比率　它是企业负债总额对资产总额的比率，又称负债率。它表明企业资产总额中，债权人提供资金所占的比例，以及企业资产对债权人权益的保障程度。这一比率越小，表明企业的长期偿债能力越强，其计算公式如下：

$$负债比率=\frac{负债总额}{资产总额}$$

根据表 10-3 中数据计算的负债比率如下：

1991 年负债比率＝540/2 000＝0.270

1992 年负债比率＝650/2 300＝0.283

该企业连续两年的负债比率均不高，说明企业长期偿债能力较强。

另外，负债比率也表示对债权人资金的利用程度。如果此项比率较大，从企业所有者来说，利用较少量的自有资本投资，形成较多的生产经营用资产，不仅扩大了生产经营规模，而且在经营状况良好的情况下，还可以利用财务杠杆的原理，得到较多的投资利润。但是，如果这一比率过大，则表明企业的债务负担重，企业的资金实力不强，债权人的权益就存在风险，一旦资产负债率超过 1，则说明企业资不抵债，有濒临倒闭的危险。

（4）股东权益比率　它是所有者权益同资产总额的比率，也称为所有者权益比率。该比率反映企业资产中有多少是所有者投入的。其计算公式如下：

$$股东权益比率=\frac{所有者权益}{资产总额}$$

股东权益比率与负债比率之和，按同一口径计算应等于1。前者越大，后者越少，企业的财务风险也就越少。浮动权益比率是从另一个侧面来反映企业长期财务状况和长期偿债的能力。

（5）负债与股东权益比率 它是负债总额与所有者权益之间的比率，又称产权比率。它反映了企业投资者权益对债权人权益的保障程度。这一比率越低，表明企业的长期偿债能力越强，债权人权益的保障程度越高，承担的风险越少。在这种情况下，债权人才愿意向企业增加借款。其计算公式如下：

$$负债与股东权益比率=\frac{负债总额}{所有者权益}$$

根据表10-3中数据计算的结果如下：

1991年负债与股东权益比率 = 540/1 460 = 0.370

1992年负债与股东权益比率 = 650/1 650 = 0.394

该企业两年负债与股东权益都不高，同负债比率的计算结果可相互印证，表明企业的长期偿债能力较强，债权人的保障程度较高。

2. 营运能力分析

营运能力分析是指通过企业生产经营资金周转速度的有关指标，所反映出来的企业资金利用的效率。它表明企业管理人员经营管理、运用资金的能力。企业生产经营资金周转的速度越快，表明企业资金利用的效果越好，效率越高，企业管理人员的经营能力越强。营运能力分析包括流动资产周转情况分析、固定资产周转情况分析和总资产周转情况分析。

（1）流动资产周转情况分析 对汽车维修企业，反映流动资产周转情况的指标主要有两个，即应收账款周转率和存货周转率。

1）应收账款周转率。它是反映应收账款周转速度的指标，是在一定时期内赊销收入净额与应收账款平均余额的比率。应收账款周转率有两种表示方法：①应收账款在一定时期内（通常为一年）的周转次数；②应收账款的周转天数，即所谓应收账款账龄。

在一定时期内应收账款周转的次数越多，表明应收账款回收速度越快，企业管理工作的效率越高。应收账款周转天数表示企业自产品销售出去开始，至应收账款受收回为止所经历的天数。周转天数越少，说明应收账款变现的速度越快，企业资金被外单位占用的时间越短，管理工作的效率越高。

按上述方式计算的应收款周转速度，不仅反映企业的经营能力，而且由于应收账款是企业流动资产的重要组成部分，其变现速度和变现程度是企业流动比率的重要补充，也反映企业的短期偿债能力。

2）存货周转率。它是一定时期内企业销货成本与存货平均余额间的比率，是反映企业销售能力和流动资产流动性的一个指标，也是衡量企业生产经营各个环节中存货运营效率的一个综合性指标。汽车维修企业的流动资产中，存货往往占用相当的比例，而存货中汽车配件一般占有绝大部分。企业的存货应该保持在一个合理水平。存货数额过大，除了会增加存货投资之外，还会增加企业的储存费用，给企业带来一定的损失；如果存货数量过低，又会影响维修业务的正常开展。所以既要维持一个恰当的库存水平，又应加速存货周转，提高存货的利用效果。另外，存货的质量和流动性对企业的流动比率具有举足轻重的影响，进而影响企业的短期偿债能力。

（2）固定资产周转情况分析　固定资产周转率是指企业年销售收入净额与固定资产平均净值的比率。它是反映企业固定资产周转情况，衡量固定资产利用效率的一项指标。该指标越高，则表明企业固定资产利用越充分，同时也能表明企业固定资产投资得当，结构合理，能够充分发挥其效率。反之，如果固定资产周转率不高，则表明固定资产使用效率不高，企业的经营能力不强。

（3）总资产周转情况的分析　反映总资产周转情况的指标是总资产周转率。它是企业销售收入净额与资产总额的比率，可用来分析企业全部资产的使用效率。当该比率较低时，说明企业运用全部资产进行经营的效率较低，最终会影响企业的获利能力。因此，企业应千方百计提高总资产的利用程度。

3. 盈利能力分析

盈利能力是指企业获取利润的能力，也称获利能力。利润是投资者取得投资收益、债权人收取本息的资金来源，是经营者经营业绩和管理效能的集中表现，也是职工集体福利设施不断完善的重要保障，是企业内外有关各方都关心的中心问题。反映企业盈利能力的指标主要有销售利润率、成本利润率、资产总额利润率、资本金利润率及股东权益利润率。

（1）销售利润率　它是指企业利润总额与企业销售收入净额的比率。其计算公式如下：

$$销售利润=\frac{利润总额}{销售收入净额}\times 100\%$$

在销售收入中，销售利润指标主要反映企业职工为社会劳动新创造价值所占的份额。该项指标越高，表明企业为社会所创造的价值越多，贡献就越大，也反映企业在增产的同时，为企业多创了利润，实现了增产增收。汽车维修企业在计算此指标时，可以将销售收入指标换为汽车维修收入指标，销售利润率可称为维修收入利润率。

（2）成本费用利润率　它是指企业利润总额与成本费用总额的比率。它是反映企业生产经营过程中发生的耗费与获得的收益之间关系的指标。其计算公式如下：

$$成本费用利润率=\frac{利润总额}{成本费用总额}\times100\%$$

该比率越高，表明企业耗费所取得的收益越高。这是反映增收节支、增产节约的指标。

（3）总资产利润率　它是企业利润总额与企业资产平均总额的比率，即过去所说的资金利润率。其计算公式如下：

$$总资产利润率=\frac{利润总额}{资产平均总额}\times100\%$$

总资产利润率指标反映该企业资产综合利用效果，是衡量企业利用债权人的所有者权益总额所取得盈利的重要指标。其值越高，表明资产利用的效益越好，整个企业获利能力越强，经营管理水平越高。

（4）资本金利润率　它是企业的利润总额与资本金总额的比率，是反映投资者投入企业资本金的获利能力的指标。其计算公式如下：

$$资本金利润率=\frac{利润总额}{资本金总额}\times100\%$$

资本金利润率指标越高，说明企业资本金的利用效果越好。企业资本金是所有者投入的主权资金，资本金利润率的高低直接关系到投资者的权益，是投资者最关心的问题。

（5）股东权益利润率　它是企业利润总额与平均股东权益的比率，是反映股东投资收益水平的指标。其计算公式如下：

$$股东权益利润率=\frac{利润总额}{平均股东权益}\times100\%$$

股东权益是股东对企业净资产所拥有的权益。净资产是企业全部资产减去全部负债后的余额。平均股东权益为年初股东权益额与年末股东权益额的平均数。股东权益利润率指标越高，表明股东投资的收益水平越高，获利能力越强。

4. 财务状况的趋势分析

财务状况趋势分析主要是通过对企业连续几期的财务指标、财务比率和财务报告的比较，了解财务状况的变动趋势，包括变动的方向、数额和幅度，从而预测企业财务活动的发展前景。趋势分析主要从以下三个方面进行。

（1）比较财务指标和财务比率　这种方法是对企业主要的财务指标和财务比率，从前后数年的财务报告中选出指标后，对指标进行必要的计算，直接观察其金额或者比率的变动数额和变动幅度，分析其变动趋势是否合理，并预测未来。

（2）比较会计报表的金额　这种方法是将相同会计报表中的连续数期的金额并列起来，比较其中相同项目增减变动的金额及其幅度，由此分析企业财务状况和经营成果的变动趋势。

（3）比较会计报表的构成　这种方法是以会计报表中的某一总体指标作为100%，计算其各组成部分指标占该总体指标的百分比，然后比较若干连续时期的该项构成指标的增减变动趋势。常用的形式是销售收入百分比法，就是以产品销售收入作为100%，计算其他指标占销售收入的百分比，分析各指标所占百分比的增减变动对企业利润总额的影响。

5. 财务状况的综合分析

单独分析任何一项财务指标或一张会计报表，都难以全面评价企业的财务状况的经营成果。因此，应采用适当的标准，进行综合分析，这样才能获得对企业财务状况的经营成果的综合性总评价。常用的方法为财务比率综合评价法。财务比率综合评价法可以通过指数法编制综合分析表来进行，其程序如下：

1）选择评价企业财务状况的比率指标。通常要选择能够说明问题的重要指标。即在反映企业偿债能力、营运能力和获利能力三类比率指标中，选择若干具有代表性的指标。

2）确定各项指标的相对重要性系数。其值应为小于1的小数值，各项指标的重要性系数之和应等于1。系数的确定要依据各项指标的相对重要程度。重要程度的判断要依据企业经营状况，一定时期的管理要求，企业所有者、债权人和经营者的意向而定。

3）确定各项比率指标的标准值。财务比率指标的标准值是指在本企业现有条件下，各项指标最理想的数值，即最佳值。

4）计算企业在一定时期各项比率指标的实际值。

5）计算关系比率，即各项指标实际值与标准值的比率。注意三种不同情况的计算方法。

当最佳值为实际值且大于标准值时：

$$关系比率=\frac{实际值}{标准值}$$

当最佳值为实际值且等于或小于标准值时：

$$关系比率=\frac{标准值-（实际值-标准值）}{标准值}$$

6）求出各项比率指标的综合指数及其合计数。各项比率指标的综合指数是关系比率和重要性系数的乘积，其合计数可作为综合评价企业财务状况的依据。一般而言，综合指数合计数如果为1或接近1，表明企业财务状况基本上符合标准要求；如果与1有较大的差距，则表明企业财务状况欠佳。某企业财务比率综合分析见表10-4。

表 10-4　财务比率综合分析

指　标	重要性系数	标准值	实际值	关系比率	综合指数
1	2	3	4	5 =4 ÷3	6 =2 ×5
流动比率	0. 15	2. 000	2. 013	1. 006 5	0. 151 0
速动比率	0. 10	1. 00	0. 675	0. 675 0	0. 675
负债比率	0. 10	0. 400	0. 283	0. 707 5	0. 070 8
应收账款周转率	0. 05	6. 00 次	4. 80 次	0. 800 0	0. 040 0
存货周转率	0. 10	3. 00 次	0. 06 次	1. 020 0	0. 102 0
总资产周转率	0. 15	1. 00 次	0. 93 次	0. 930 0	0. 139 5
销售利润率	0. 10	20. 0%	21. 0%	1. 050 0	0. 105 0
成本费用利润率	0. 15	25. 0%	27. 3%	1. 092 0	0. 163 8
资本金利润率	0. 10	35. 0%	35. 0%	1. 000 0	0. 100 0
合　计	1. 00				0. 939 6

从表 10-4 可以看出：各项比率指标综合指数的合计数为 0. 939 6，这说明该企业的财务状况存在一定的差距。从表中第 5 栏可看出该企业流动比率、存货周转率、销售利润率、成本费用利润率、资本金利润率的关系比率大于 1，其余四项指标的关系比率小于 1，反映企业在资产经营方面存在问题。采用指数法综合评价企业财务状况，关键在于正确确定重要性系数和标准值这两项重要因素。其确定时主观性较大，只有根据历史经验和现时情况，合理分析确定，才能获得正确的评价结果。

第六节　汽车维修企业财务实务管理

投资的目的是为了赚取大利，财务管理是赚取大利的一个手段。财务管理要取之有道，不能偷税漏税。应在法律允许的范围内去开启自己的“摇钱树”，然后减低成本，节省开支，控制不必要的花销，用之有度，做到会赚钱也会省钱，这样才能见大利。切莫贪利而丧利，贪财而亡财，贪享受而把自己逼上绝路。

一、要做节省高手，有条不紊去理财

做生意的目的是为了赚钱；如果不会节省、不会理财，就不可能会赚钱，即使赚了钱，也会白白流失。理财不当主要表现在以下几个方面。

1. 不重视资金周转

资金是企业的血液。人体要靠血液在周身循环流动，为全身的器官提供营养，企业生产经营的各个环节，也必须有一定的资金作保证，才能维持正常的运行。资金周转速度慢，将给小本经营者带来很大的被动。

天津郊区有一家配件厂，一年前与另一个组装汽车的厂家订了供应配件的合同。按成本计算，所供应的30几种配件，利润率可以达到34%，经济效益是相当可观的。但对方要求所订的配件，要按照组装汽车的数量分批供应，随要随供，要多少供多少。这个条件，看上去并不苛刻，但执行起来，却给配件厂带来许多意想不到的问题。原来对方组装汽车用的是进口发动机，每次进口的批量不等，进得多，需要的配件量大，配件厂加班突击生产才能供得上；进得少，需要的配件量小，配件厂平时生产出来的产品就压在厂里，一年之内，这些配件的原料和成品长期占用着资金140多万元。厂内缺乏流动资金，其他生产项目都被迫停了下来。经营者只注意了单项生产的利润，忽略了资金占用这个因素，结果给自己造成了非常被动的局面。

2. 不进行财务核算

小本经营者通常很少对厂里的财务做整体的规划。小本经营者在开业前，很少会预估营业额，也不拟订年度预算和销售计划，因此在成本和利润的控制上，往往不得要领。

只重现金的赚赔，忽略实际经营的盈亏，是小本经营者的经营误区。例如：有一个三类店，店主一直觉得店生意很好，每天都有现金盈余，所以每个月都慷慨地发奖金给员工，但年终一结算，却发现亏损不少。探究其中原因，原来是未将当初投入的设备和人力（老板本身的薪资）费用算进成本。好的财务管理不只可以避免亏损，还可能使原来每个月2万元的盈余增加为3万元。开店前正确预估所需资金，以便有效控制成本，是私营公司财务管理的第一步。

由于私营公司资金通常不充裕，因此预估的资金即使只有几千元出入，也可能令私营公司经营者焦头烂额。一般来说，开业资金的基本项目包括装潢费、基本进货费、广告促销费、店面押金、第一个月租金等，其中店面租金往往占相当比例。开店者必须将租金和押金比例控制在总资金的30%以下，因为除非营业利润很高，或对营运十分有把握，否则超过30%，很可能吃掉大部分盈余。

除了备妥基本费用外，预留一份准备金也是资金有限的小店不可省略的。小本经营者通常会有三到六个月的亏损期，所以开业之初就要预留至少三个月至六个月的固定支出费用，指每个月的经常性支出，如薪资、水电费、租金，以及两个月的进货成本最安全。

3. 认为负债都是坏事

从幼年开始到成年，我们曾经反复听到，并且也深信不疑：欠债是件坏事，如果办得到，千万不可以欠别人的钱。为了买东西应该先积存了足够的钱，然后才去购买。这听起来是对的，但是却只是部分正确。负债有时是件好事，这尽管同我们自幼就认定的道理有所抵触但却是千真万确的事实。

从根本上讲，有两种负债：消费负债和投资负债。消费负债指你为出去度假或买一只新手表而借钱。投资负债却是另一回事了，这时你借钱不是为满足近期需要，而是为了最终创造财富。

比如说，经过认真评估和财务咨询之后，你胸有成竹地认定，如果买上一台免拆清洗机和解码器，就能大大提高维修能力，招来新的生意，那就应尽快购进。如果你仍然在想“还是赚足钱再买吧”，那就需要再等一段时间。在这段时间里，由于对仪器的需求得不到满足，业务可能受严重影响，这显然是失大于得。因此应毫不犹豫地举债购进，并尽可能地在借款协议中争取到对自己最有利的条款。

总之，“等有钱时再扩大业务”，这听起来很负责任，但实际上却是不合时宜的想法。为了让企业飞跃发展，一定要在必要时扩展业务，否则就会造成经济损失。由于扩展业务需要资本，这样就要心甘情愿地举债，不再把借债当做烦恼的事情，而当做一种杠杆——当做使业务从地面起飞的方法。

4. 赊账过多

做生意以现金交易为好，不宜赊销。如果卖出 1 000 元的货是赊销的，不如卖 800 元的货是现金交易的好。这里所说的现金交易，维修企业也是如此。这其中包括开户单位和个人利用转账方式进行结算。有许多谚语是说明这一问题的，如：“船家不打过河钱”、“现有小钱 50，胜过以后大钱 100”、“隔夜的金子，顶不上当日的铜”、“立着放债，跪着讨钱”、“赊出容易，收回艰难”、“本小利薄，赊欠不得” 等。

现金交易和赊账相比，赊账利少弊多：①影响资金周转；②减少利润；③不能按时交税；④讨账占用人力、财力；⑤赊出容易，收回困难；⑥往往因人事的变动和对方企业的变化，造成呆账、瞎账、乱账，有的可能一分钱也收不回来。有很多修理厂有类似的教训。这种经济损失给人教训很深刻，不到万不得已不能赊账。

据介绍，犹太商人经商，绝招之一是彻底采取现金交易。他们认定惟有现金才能保障他们生命和生活，以对抗天灾人祸。做生意说千道万的诀窍，归根结底要讲现金。

5. 开支过大

大家都知道投资回收额（利润）等于销售总量减去费用，利润和费用是呈反方向运动的。如果费用低，利润就高；如果费用高，利润则低。费用与资金控制紧密相关。现在许多老板脑子里不知道如何管理资金，忽视对资金的控制，造成费用节节上升，而利润却不断下降，直接影响了老板的艰苦创业，以致半途而废。

著名的风险资本家弗雷德·阿德勒说：“我的一个‘定律’是：成功的可能性与经理办公室的大小成反比。”一味地追求豪华舒适的办公室、办公桌，出入豪华汽车，在高级饭店里摆宴，再加上一些名誉性（图虚名）的花销，开支巨大，将宝贵的资金用在消费而不是用在生产上。资金管理盲目，成本高，利润不可能提高。

一位女老板在她第一次创业失败时说："我如果再次办企业，驾驶的会是一辆小型货车，而不是奔驰。"简单的话语中却包含了一条道理：节约资金是创业的第一步。

6. 铺张浪费

经营中的浪费是人们不易觉察到的，如跑、冒、滴、漏、设备闲置、盲目库存等，它就像一个无形的黑洞，随时都可以把整个企业吞噬掉。作为资金十分有限的小本经营者，如果不注意这一点，必然会造成经营上的失败。作为小本经营者，要养成良好的习惯和制定良好的制度来降低成本，可以采取下列措施：

1）作业规范化。明确规定长途电话和普通电话的通话时间，严格控制办公用品的申领，清楚规定每个物品所在的地方等，尽量做到物尽其用和节省时间。这些繁琐小事，如不加以规定，大把大把的钞票就会不知不觉消失了。

2）养成随手关灯、关水的习惯，可节省20%的电费、水费。

3）在保证质量的前提下，尽量减少反工次数，可省下许多工时费和电费。

4）尽量减少操作失误，减少无效工作和废次品率。

5）聘用能身兼数职的员工，以节省工资费用。

6）经常评估、考核员工的工作效率。只有不断地评估、考核员工效率，才能激发潜能，提高工作效率。工作效率一提高，成本自然就降低。

7）裁减或调换能力差的员工。

8）发动员工提出改进作业、革新工艺的合理化建议，并对优秀方案给予奖励。

二、居安思危，早为资金周转作打算

维修类经营要不少流动资金，尤其是经营零售（零配件）业务。开业时，需要先付出不少金额进货，而现金就暂时转换为货品，只有等到货品售出，才可兑现。但如果还没有把货品套回现金，却另有开销，便可能出现周转不灵，这可能危及公司的生存。生意人未必没有钱，但钱却受到限制，未必能即时取用，故应付资金周转，是一套重要的技术。

周转资金良好的先决条件，是一套系统的会计模式和把握有效调动资金的技巧。首先，你需要预计可见的未来会有多少收益，同时亦知道固定的支出多少。只要收益大于支出，就能顺利周转。相反，某段时期内，如果支出高过收入，就可能周转不灵。如果周转资金的技巧不善，便可能要不断地注资，愈注愈多，投资成本也就增加，风险也会相对提高。

懂得周转资金的生意人，能尽快取得利润，以利润抵消开支。他们会想办法，以保障常有可动用的现金在手，不会让记账的金额太高，尽可能收取现金，到生意上了轨道后，才考虑作月结。很多生意都是月结的，即让客户取货，只是签单记账，到每月月底才发出单据收钱，这只有资金较多时才可行。这些记账的客户，必须是有信誉的，并签订相应的合同，切记不要随便给不相熟的客户作月结记账。

作资金周转的预算应保守一些，不要过于乐观，这是居安思危之道。例如，心中预计下半年度有二十万元净收入，但作保守一些，视为有十五万元净收入，用这个基数衡量支出，看看是否可以弥补支出。因为原来的预算是乐观的，但中途可能有坏账或其他意外事故引起损失。

每个行业的经营方式及行规都有不同。有些行业需要向货品供应商支付资金，同时向客户收取现金；有些行业可以延迟向货品供应商付款，暂时记账，三四月后始付款，但却向客户收取现金；有些行业需要用现金付给货品供应商，但却让客户记账。

一般的零售业务都是货银两讫，一手交货或提供服务，同时亦收足款项，两不亏欠，而进货则既有些付现金，亦有些可以月结。由于卖出货品后，可以迅速取得现金，周转必定比较畅顺。这类行业对创业者最好，可以减少坏账的风险，亦避免和其他公司因财务而纠缠不清。如果客户必须作月结记账的方式，那么，最好向货品供应商付款时，也以这种方式付款，不必付出大量现金。

万一真的现金有限，一时未能收足货款，同时却有很多货款要了结，这样，最好是先付款给小公司，大公司暂时多等数天。只要得到大公司信任，等数天不是问题，反正生意长期合作，三四天也不是长时间。但小公司一般都急于现金周转，所以要照顾他们的需要，你早一天结款，他们就早一天多一些现金动用。你能如期结账，他们就相信你有信用，更加愿意继续和你合作，这对大家都有益处。

把小公司的账付清后，再考虑大公司的账。你迟一点付款，他们不会因此周转困难。只要有拖欠，一点点地清付，彼此的合作关系，还可以继续维持，他们亦不会因为你未能如期付款而翻脸。

另一个便于周转的方法，就是开出期票。期票即是支票，但你在日期一栏，要填写未来的某一天，在这天之前，持票人不能到银行取款项或过户。换言之，你虽然已经开出支票，却不需立即付款，户头内暂时没有那么多款项也不要紧。开期票的原则是：你目前没有足够现金，但稍后某段时间内可以取到若干货款，用于付清某类欠款，于是你可以把期票的日子，订为预计收到款项后的若干天，确保对方可以收到款项。

三、运动着的资金才是摇钱树

经营者最初不管赚到多少钱，都应该明白俗话中所讲的“家有资财万贯，不如经商开店”、“死水怕用勺子舀”这个道理。生活中人们都有这样的感觉。钱再多也不够花。为什么？因为“坐吃”必然带来“山空”。试想一个雪球放在雪地上不动，只能是越来越小；相反，如果把它滚起来，就会越来越大。钱财亦是如此，只有流通起来才能赚取更多的利润，正所谓“钱财滚进门”。

有这样一个故事：从前，有一个爱钱的人；他把自己所有的财产变卖以后，换成一大块金子，埋在墙根下。每天晚上，他都要把金子挖出来，爱抚一番。后来有个邻居发现了他的秘密，偷偷地把金子挖走了。当那人晚上再掘开地皮的时候，金子已经不见了，他伤心地哭了起来。有人见他如此悲伤，问清原因以后劝道：“你有什么可伤心的呢？把金子埋起来，它也就成了无用的废物，你找一块石头放在那里，就把它当成金块，不也是一样吗？”

现在，若从经济学的角度看，这人所劝说的话，是颇有一番道理的。那个藏金块的人是一个爱钱的人，他把金块当做富有的标志，忘记了作为“钱”的黄金只有在进行商品交换时才产生价值，只有在周转中才产生价值。失去了周转，不仅不可能增值，而且还失去了存在的价值。那么和埋藏一块石头，确实没有什么区别。如果那个人能够把黄金作为资本，合理地加以利用，一定会赚取更多的钱。

一位成功的企业家曾对资金做过生动的比喻：“资金于企业如同血液与人体，血液循环欠佳导致人体肌肤失调，资金运用不灵造成企业经营不善。如何保持充分的资金并灵活运用，是经营者不能不注意的事。”拿着这位成功的企业家的比喻，我们试想一个问题，即便一个公司老板手中有一定数额的资金，但他从思想上已不再愿意把钱用来再赚钱，不愿意把钱用来周转，那么对于他未来的事业来说，就像是人体有了充分的血液，但心脏已坏死，不能够促进血液循环一样，他的事业也会因静止不动而死亡。

马克思谈到资本的时候曾说过这么一句：“它是一种运动，是一个经过各个不同阶段的循环过程，这个过程本身又包含循环过程的三种不同形式。因此，它只能理解为运动，而不能理解为静止物。”在现代商场上，持在经营者手中的钱，虽与资本在本质上有区别，但就运动性而言，却是一致的。经营者只有把手中的钱再合理地运用到经营过程中，才能取得更高的效益，才能赚到更多的钱。

资金只有在不断反复运动中才能发挥其增值的作用。经营者把钱拿到手中，完全可以把钱用以办工厂、开商店、买债券、买股票等投资之中，把“死钱”变成“活钱”，让它在流通中为你增利。其实，学过一点资本论的人都知道，流通增利的奥妙在于钱财能够创造剩余价值。一个简单的道理，用货币去购买商品，然后再把商品销售出去，这时所得到的货币已经含有了剩余价值，也就是说，原来的货币已经增值了。假若经营者能够出色地管理着自己的工厂，办好自己的公司，看准炒股的时机，让它健康地运作，时间越长久，钱财的雪球便越来越大，经营者手中的钱财也会变做一棵摇钱树。

也许有许多经营者反对上述的阐述，也许有许多经营者还是认为储蓄能够使自己的钱财四平八稳地增值。是的，储蓄不是不好，但世上有哪个百万富翁是靠储蓄起家的？经营者千万不要指望你的储蓄会使你致富。即使地下市场的高利息也不足使你致富。一块钱在一年内赚不到15%，便是错误的投资。也许你说储蓄很安全，赚利息也很容易。试问一下，当你知道死储蓄只会使你一天比一天穷困，你还会觉得安全吗？

安全与否，事实上与你的钱又有什么关系？是借出去安全呢？还是拥有比较安全？从现实生活中以往记录中显示，将钱存入银行，假如最多可以获取6%的利率。以6%的利率，等上12年后才能使一元钱变成两元钱，更需要使你清楚认识的是，只要10年时间，通货膨胀就可以使你的购买力降低一半。有些经营者在投资中最容易犯的错误，是分不清稳定性与安全性的区分。稳定性是在未来一定的年限中，投资报酬率保持一定的数字，而安全性，是使你的购买力保持着相同的程度，你可以保持稳定的投资，但不见得安全。就像你每年很稳定获得6%的报酬率，而同时，通货膨胀也很稳定地降低了你的购买力，稳定但不安全。

人的生命在于运动，资金的生命也在于运动。作为金钱可以是静止的，而资金必须是运动的，这是市场经济的一般规律。资金在市场经济的舞台上害怕孤独，不堪寂寞，需要明快的节奏和丰富多彩的生活。把赚到的钱存在手中，静置起来，总不为经营者参与市场竞争的上策。因此，奉劝公司老板们：尽管你家有万金，你还是应该继续努力，而不能“坐吃山空”。从这一古训出发，你可以得到如下启示：既然剩余价值是从货币—商品—货币的流通中产生的，那么，为什么不用已有的钱财去投资经商，而把它死存呢？

四、及时判断可能的呆账，避免陷入泥沼

与客户做生意，必须对其经营状况有所了解，及时把握客户的动向，根据情况判断是否可能出现“呆账”，以减少本公司的损失。

1. 正常进货

一位优秀的业务员，平时应深入了解经销店的销售能力、库存数量及当前的市场情况，以便对该经销店的每月进货量、进货种类、进货时间，在内心都有个概算。对于经销店的不正常订货应深入了解。

例如，一向精明的经销店老板，却选择较不利的时点订货（结账的前几天订货），且订货量超出其以往的销售量甚多。遇到这种情况，业务员必须有所警觉，除非查知其订货动机纯正，否则应暂时中止，一方面再深入调查，另一方面观察其反应与变化。

2. 货品流向有问题

某经销店生意并没有比以前好很多，但最近在本公司进的货一下子就不见了，而且订货次数增加。此时，业务员要注意该经销店的货品流向上是否有问题。

3. 削价求售

经销店的削价求售，依正常情形，显然是赤字经营。这种经销店虽未必在近期内倒闭，但是长期以债养债的结果，当宣布倒闭时，其倒账的金额可能高得出乎意料之外。因此若经销店有长期削价求售的赤字经营方式，则其征候已明，长痛不如短痛，这时必须选择一最有利的时机，结束这一交易关系。例如：利用其他厂家大量供货而尚未收款的空档，诱使其提前付款再终止往来，或以最保守的方式往来。

4. 不正常的经营方式

如果经销店不是以正常经营而赚得利益，而是以迂回方式获利，例如：削价转售而换取现金，然后转放高利贷，用这种方式试图谋求高额的利润等。这些不正常的经营方式，风险太大，应趁早终止交易关系。

5. 不务正业

有的公司客户经营规模较小，如果再转投资或兼营其他行业，在财力和人力上显然较勉强。万一他失败了，则本公司必然成为他倒账的对象。

6. 私生活不正常

老板除了应兼具财力、经营管理能力外，更重要的是要投入心力。如果老板过度沉迷于吃喝嫖赌，则终日不是精神萎靡就是心有旁骛不专心业务，严重的甚至造成家庭纠纷搞得鸡犬不宁，或是债台高筑不得不铤而走险。若已经出现这种不合乎经营条件的情况时，就应该立刻采取措施。

7. 仪容不整，精神萎靡

某老板一向仪容整洁，精神饱满。最近一反常态，突然变得仪容不整，精神萎靡。经查证结果，并无生病事情。此时，业务员就要特别当心是否财务出问题。

8. 老板经常不在

某老板突然变得经常不在，早出晚归，找不到人。此时，业务员更要增加拜访次数，查出老板经常不在是否和信用“红灯”有关。

9. 第六感觉

一位优秀的业务员应时时观察分析周围环境变化，久而久之似乎对环境就有先机的第六感觉。如果有不祥的第六感觉，必须相信自己的第六感觉。立即暂停出货，赶紧收款，并立刻着手求证。

应收的账款不能及时兑现，公司与客户之间就形成了债务关系。这是令所有企业老板头疼的问题。怎样理顺双方关系、解决债务问题呢？首先必须对债务人的情况有全盘的了解。债务人包括公民和法人两种。因法人团体为单个公民所组成，所以其心理状况一般区别不大，但其境况和心理外在表现却是不同的。

（1）存在争议　法人作为债务人，因其是为一定的经济目的而存在，为一定的经济目的而为法律行为——签订履行合同。因而法人之间的债务纠纷，一般是债权人与债务人之间对债权债务的某一方面存有争议。这种争议可由一方过错而造成，又可因双方过错而造成；也可因一方认识错误而造成。

对此种情况，因债权债务人双方同为一定经济目的，通过摆事实、讲道理、分清是非，一般可以解决，双方协商不成，通过调解仲裁和诉讼，达成协议或裁决一般比较容易执行。处理这类债务，一定要抓紧时间，避免损失过大，否则给解决纠纷造成困难。

（2）无力偿还　法人作为债务人已无力偿还。造成无力偿还的原因，有自身的，如经营管理不善、拆东墙补西墙、挥霍浪费、各种经济联合体或私营企业内部发生纠纷等；有外部的：如市场物价变化，国家机构、计划改变，上当受骗等。

这类债务人对债务的心理性态，可分为积极的，即想方设法偿还债务；消极的，即无动于衷，漠然处之。对于积极的债务人，可尽可能地帮助支持，争取债务人早日清偿债务。对消极的债务人应施加压力，尽快采取法律手段，包括提出破产申请。

（3）故意拖欠　这是指有偿还能力的法人，寻找种种借口拖延履行义务。在实践中，经常遇到的是债务人声称无履行能力或答应履行，但到期变卦；也有胡搅蛮缠，听起来好像自己不但不应履行义务，反而还受到了损失。故意拖欠还有一种常见的现象，就是推托不见讨债人员。

这类债务人的心理是：能磨就磨，能拖就拖，能少还就少还，不见棺材不落泪。对故意拖欠者，除了采取强有力的措施，使其感到不履行义务对自己的经营活动有影响、对个人在声誉道德方面有损害外，采用法律手段强制制裁是最有效的方法。

（4）存心赖账　根据其赖账心理形成的时间不同，可分为一开始就准备赖账、在变动过程中有机可乘赖账，或根据讨债者的情况赖账三种。这三种赖账一般表现为：拒不承认其义务，或强词夺理、吹毛求疵、寻找债权人的缺点，或干脆外逃难寻。一旦发现债务人赖账的动机就要引起高度重视，即采用法律手段处理，同时收集必要证据，不给债务人可乘之机。

（5）蓄意诈骗　这是指诈骗人一开始就以骗取财物为目的，企图利用合同纠纷等合法手段，达到非法目的。对此类债务人，万不能让其抓住债权人讨债要款心切的心理，或与之妥协甚至为其掩盖罪行。这样做的后果，非但不能达到讨回欠款的目的，反而给讨债增加难度，使犯罪分子越发猖獗。

在实际上，债务人境况和心理相当复杂，而且处于不断变化之中。需提出的是：当债务主体是公民或公民利用法人名义而实际债务人是公民时，债务人躲藏外逃甚至被关押、判刑的情况屡有发生，给讨债带来了巨大不利，对此，讨债人员的决心和意志就对讨债起重要作用，尽早诉诸法律有利于减少损失。

另外，在实际中还遇到债务人死亡的情况，对债务人死亡后债务由谁承担；继承法对此有原则性规定：一般继承人继承其财产的，同时应承担被继承人的债务。继承人放弃继承的，可以不承担被继承人的债务，但是如果债务人生前已将其财产以各种方式交给了第三人，在可能的情况下，法律规定应当返还债权人财产，债权人就应努力追讨。

五、对企业成本敏锐起来，以达到消耗最小

现代企业中销售和利润的增长很重要，但同时要重视成本意识。多大的维修量要花费多少成本，成本率是上升还是下降等，必须经常装在大脑里。当代市场经济中，竞争对手很多，客户争夺激烈，如果不是十分有特色的经营，争夺客户往往会通过价格来进行。无论如何，现在的企业竞争以成本决胜负已变得非常浓厚。从这个意义上来说，成本是经营者最为重要的经营思考之一毫不夸张。

经营的基本原则是以最小的牺牲获得最大的成果。换言之，即以较少的成本获得较大的营业额。但营业额不论怎么提高，成本花费过大，不出丝毫利润的经营毫无意义。相反，只关心降低成本，疏忽了增大营业额也会让人伤脑筋。企业降低成本的努力，是为了在扩大利润幅度的同时，提高销售。通过降低成本来降低价格，由此把客户拉到本公司，也就是为了提高销售额而努力降低成本。

当然，经营变为价格竞争并不是令人高兴的事。这样一来，不管怎样说，规模大总会占上风，中小企业没有获胜的优势。因此，为了以最小的牺牲获得最大的成果，与自己的公司置身在哪一行业，进入哪一种事业有密切的关系。在此暂且不谈这个问题。

总之，确实希望企业主在考虑成本的时候，不要只看与成本有关的数字，必须具有包括销售额在内的整体经营观点，这是成本管理负责人与经营者的基本不同点。成本管理负责人应倾注全力降低成本，而经营者只关心此事却是错误的。有的经营者只会经常一个劲地喊：“要降低成本，降低！”应该考虑一下是否说得过头了。

经营者应从以下三方面关心成本数字：

1）相对于营业额花费了多少直接成本。企业主不应该只看直接成本多少，而应该看相对于营业额的比率。在此意义上，把附加价值比率作为指标最合适。附加价值即企业活动所产生的新价值。一般来说，制造业等工业是指加工额（生产额或营业额减去材料费、外协费），建设业是指完成加工额（完成工程额减去材料费、劳务费、外协费），这些数字相当于附加价值。附加价值与营业额之比为附加价值比率。这几年维修企业的大致平均值为15%～20%。如果本公司的数字比这些平均值低，说明直接成本花费过多，在这种情况下，努力降低进价，降低对外协作成本等，将成为经营的重要课题。

2）直接成本以外的成本花费了多少。指标为营业管理费。营业管理费是指相关员工工资、运输、广告宣传、接待交际等营业费，加上办事员工资、办公用品、差旅、通信、房租等管理费。营业管理费与营业额之比即营业管理费比率，平均值大约15%。超过了这个数值，则说明营业管理费高，因此，必须展开节俭经费的运动。

3）人事费的大小。简而言之，人事费是指关系到人的经费，合计为工资、奖金、福利保健费等。人事费与销售额之比，即人事费比率，平均值为12%～16%。人事费过大时，由于不能降低工资，只有削减人员或在现有人员的基础上努力提高销售额，也就是提高劳动生产率，必须关注每一个人提高了多少成果。

以上三组数字是经营者应该看得最为重要的数字。另外，更细的是支付利息比率、广告宣传费比率、福利保健费比率等。通过各种成本比率，考虑如何增加单位利润。

经营者的成本感觉，还有一个不可缺少的视点是单位小时成本和成果，即公司每小时花费多少成本，获得多少成果。时间是人们平等拥有的资产，要从这个资产如何有效地利用的视点去看待成本和成果。具体来说，就是将营业额和毛利润及有关成本的数字，除以实际工作时间。重要的是从其视点上经常检查整个公司和每个职工的动向。以这样的感觉环视公司内部的情况，会意外地发现浪费时间的现象。例如，五点钟为下班时间，经常在四点半左右工作效率就已经开始下降。

如果五点钟为下班时间，那么在到五点钟之前的时间以内，全体员工对工作全力以赴才是本来的姿态。但事实上在大约三十分钟之前就已经在开始整理，在与同事聊天，这三十分钟几乎没有什么成果可言。加班时又怎么样呢？当然，也有人在继续全力以赴，但也有些人一到加班便拖拖拉拉。这种人一般是没有必要加班却在加班，即不外乎是为了挣加班费的“生活加班”。仔细检查的话，会发现成果只有白天的1/2或1/3左右的情况不少。这样一来，加班费使人事费猛涨，大大压制利润，导致所谓的人事费破产。

比起表面上出现的数字，严格地关注单位小时成本和成果这些日常的现实更为重要。一个立志成功的企业主为了养成这种感觉，不妨首先计算一下自己单位小时的人事费是多少，而且也算算单位小时产生了多少成果。再者，经常检查一下员工到下班时间为止，是否在全力冲刺，是否在拖拖拉拉地加班。

1. 要了解公司的利润就得聘用一名优秀的财务主管

财务主管作为现代企业最为重要的部门主管之一，他在企业决策层中占有重要的地位。可以说，企业的任何决策都与财务主管有关，能否发挥其决策参谋的作用，虽受到企业所处客观环境的制约，但从根本来讲，还是取决于财务主管本人自身的素质与能力。企业的财务管理工作既是一门科学，又是一门艺术，要搞好这方面的工作，必须聘用真正有素质、有能力的人充当财务主管。一名优秀的财务主管应具备的素质主要包括道德素质、知识素质及组织协调等几方面。

（1）道德素质　财务主管是现代企业核心部门的负责人。由于其所处位置的重要性，他的道德素质对企业的发展至关重要。财务主管的道德素质主要有以下几个方面：

1）作风正派。一个优秀的财务主管应当具有良好的工作作风，不论做人还是做事都实事求是，光明磊落。在财务管理工作中遵纪守法，廉洁奉公，严格按规章制度办事，坚持原则。

2）有敬业精神。一名优秀的财务主管应当热爱本职工作，把工作视为一种需要和自我价值的实现。在工作中，勤恳忠实，不断追求创新，自觉学习相关工作知识与技能，不断提高自身业务水平。

3）对企业忠诚。主要表现在：视企业利益高于自身利益，不做任何不利于企业的事情，针对企业财会工作中的各种商业机密，财务主管应当严格保守，并自觉维护企业形象，并为企业的发展积极出谋划策。

（2）知识素质　企业财务管理是一项专业性很强的工作。财务主管作为企业财务部门的负责人，必须掌握一定的专业知识，才能做好企业的理财工作。

1）财务主管必须具备微观与宏观经济学知识。这些知识给财务主管以正确的思维方法，能比较好地把握经济形势对企业经营的影响。要分析经济环境经济形势，离不开宏观经济学中对政府货币与财政政策的知识；而微观经济学中边际成本与边际效益，以及市场运作原理，对于正确地进行企业财务决策至关重要。

2）财务主管必须熟练掌握会计知识。财务主管进行财务管理活动，最重要的信息来源便是会计账目，企业的一切活动和营运情况都在会计账目中有所体现。财务主管在进行各种财务经营决策时，都要用到会计账目所提供的各种信息。

3）一名优秀的财务主管必须掌握相关的专业知识，以及国家有关财务、会计工作的政策法规，像企业财务管理、审计、管理会计、责任会计、税收会计等专业知识，是财务主管开展工作的基础；而像公司法、票据法、企业会计准则等国家的政策法规，也应当熟悉其规定。

4）财务主管还必须对本企业的生产产品有较深刻的了解。产品性质不同，其所需资金运转情况便不一致。财务主管不应局限在自身所处的部门，其心中应有对整个企业各个方面的全盘认识，这样才能更好地开展工作。

（3）组织及协调能力　优秀的企业财务主管还必须具备一定的组织能力、沟通协调能力、分析判断及用人能力。

财务主管的组织能力是指其指挥、安排调度的能力。财务主管应当把下属组织成为一个有较强凝聚力和战斗力的团体，实现团体目标的决策，并领导他们完成既定任务，接受企业最高决策层所要求的工作等。此外，财务管理工作中各岗位的设置、财务信息的收集与处理、报表的编制，以及投资、筹资和利润分配等活动都需精心组织，周密安排。每一个环节都容不得半点差错，这的确需要财务主管有较强的组织能力。

（4）分析判断能力　财务主管应具备从各种相关信息中，分析自己所在企业所面临的各种问题及相应解决方案的能力。从外部来看，财务主管应具备对整个宏观国民经济的发展趋势，以及市场环境变化的分析判断能力。根据市场上的财务机会和财务风险，为企业的财务决策提供依据。从内部来讲，财务主管应当从企业纷繁复杂的各种财务活动中，发现其规律性的东西，找出存在问题并提出解决方案。

（5）参与决策的能力　财务主管作为企业最为重要的部门主管之一，会经常参与到企业的各种决策活动中。当然，财务主管在这其中的主要职责是当好参谋，为最高决策层的拍板定案提供建议和资金、财务方面的支持。财务主管应当从尽可能降低耗费、用好资金、提高效益的要求出发，从财务角度对各种决策方案进行分析、研究和评价，为最高决策层最终作出决策提供依据，当好参谋。

（6）沟通与交流能力　要想做好财务主管，仅靠一个人的力量是远远不够的，他必须有效地与别人进行交流与沟通，这样才能减少彼此之间的分歧，从而获得老板和其他部门的支持。只有团结协作，才会使企业各部门凝聚在一起，形成一种同心力，从而为企业在市场竞争中赢得整体优势，其工作价值此时方才得以体现。

（7）使用人及培养人的能力　财务主管作为企业的一个部门负责人，要善于培养和使用骨干。借助于骨干的力量，使一人的智慧和才能变成众人的智慧和才能，从而带动整个财务工作的顺利开展。同时要注意适当分权，让下属分管部分工作，从而使自己从繁琐的具体事务中脱离出来。凡事不可事必躬亲，集中精力考虑和做好全局性的财务管理工作，这是对一个优秀的财务主管的重要要求。

2. 要获得最大利润对每个经营环节都需精心

尽管财务管理十分重要，而许多小型企业却几乎没有正规的财务管理。造成这种情况主要有两个原因：一是小型企业通常没有专业的财务人员；二是正规的财务管理，在一定程度上并不适合许多小型企业的财务实际情况。当然，一些老板有意将自己的财务情况变得复杂，也是一个原因。

实际上，财务管理对于私营公司同样具有重要的意义：①能帮助老板做好现金周转的决策；②能使老板明白自己是否真正赚钱，以及到底赚了多少钱；③规范的财务管理可以防止员工的“偷手”。以下从老板的角度讨论财务管理，并从实务的角度讨论解决上述三个问题的措施。

现行的财务制度在很多地方并不适应现代企业的营运实际情况。例如，在存货价值的评估与确定上，通常将进货成本作为存货的价值入账。面对快速变化的市场，过季存货的价值几乎一钱不值。这样，账面上或许是盈利，但实际上已经是亏损。这样处理，只能是自欺欺人。

（1）现金流量管理　一家利润很高、规模很大的企业可能会破产倒闭吗？当然有可能。企业倒闭的原因不在于利润的高低，而在于现金的周转。当企业没有办法支付到期债务的时候，会像多米诺骨牌一样很快垮掉。因为，成熟的企业多是建立在商业信用的基础上，企业既对外欠债，外界又欠企业的债。如何维持一种平衡，就是现金流量管理的重点，也是企业管理的重点。

财务上有专业的现金流量表处理这个问题。对老板来说，显得复杂了一点。老板可以通过以下程序确定自己未来一定阶段的现金流量，并据此提前采取相应的措施。

许多生意都有明显的周期，这种周期可能是一年、半年、三个月等，但很少是财务规定的一个月。因此，首先必须根据自己生意的特点，确定自己现金管理的周期，而不是财务规定的周期。

现金流量预计与营业的规模有直接的关系，因此，必须提前确定自己的业务规模。实际情况可能有很大的出入，不要紧，因为现金流量预计仅仅是一种预计，帮助理解未来一段时间内的资金情况。

大家都知道，做100万的生意，本钱并不需要100万，或许10万、8万的就可以了。本钱仅仅是营运周期内的启动资金。生意启动之后，完全可以从供应商获得一定的商业信用。同时，也可以通过销售获得现金收入，滚动进行。在现金流量预计的过程中，一定要根据自己多年的经验，相对准确地作出判断。

只要提前知道自己在现金周转问题上面临的实际情况，通常都可以顺利过关，不至于陷入四面楚歌的境地。当供应商知道你的财务状况不好之后，一般不会再提供商业信用，反而会增加催款的力度，使你的现金周转雪上加霜。这种情况出现之后，生意的利润再高，规模再大，都可能倒闭。

在经营实务中，或许你已经感觉到，维持自己生意的规模不变的情况下，通常不会面临资金周转的问题。现金周转困难，一般都发生在扩大经营规模、实施新的创业计划、个人消费非常态大量用款、严重的营销决策错误等。所以再一次提醒，事业出现上述四种情况的时候，通常会出现现金周转压力，必须提前预算，做好准备。否则，将干净、彻底地终结你苦心经营的事业。

（2）利润的确定　现金周转仅仅是针对营运过程的现金流动情况，直接反映与决定你是否仍然被人尊敬地称为老板，还是已经破产的老板。当你辛辛苦苦经营自己的事业，除了获得满足感、成就感之外，你还希望获得更多的收益，也就是你企业的利润。

小型企业如果完全按照正规的财务制度进行利润结算，除了过于复杂外，往往还不能真实地反映正确的利润，从而影响你对许多问题的看法，甚至威胁你事业的生存。

许多老板对利润的计算十分简单。经营一年之后，手上的现金比启动资金高的部分就是当年的利润。这种方法简单，但过于保守。因为所有的存货、固定投入、应收应付账都没有进行相应的计算，是最典型的短期利润计算法，潜在的前提就是明天所有的一切都将化为乌有。这种方法对于一些真正意义的小生意、高风险的生意是比较适合的，但并不适合多数老板的生意。适合老板利润的计算方法，应当计算简单、保守评估风险与价值，符合事业的实际情况。

下面讨论的利润核算是为老板服务的，而不是给其他人审查或者阅读的。

1）确定利润表上各分项的金额。

①期初余额：利润周期开始时资产的余额货、资产价值，包括现金。

②应收账款：外界欠的金额，建议以保守评估真实的价值，有很多可能不是按照账面金额收款的，甚至会成为呆账。一般应当将账面价值打20%～40%的折扣。

③应付账款：如果想继续经营，欠别人的钱迟早是要还的。尽管实际还款的金额小于账面的金额，但计算利润的时候，还是应当按照账面的金额计算。

④期末余额：利润周期结束时的资产余额。除了现金之外，建议都以保守评估，都应当以立即变现的角度评估存货、固定资产的价值。

2）计算自己的利润

$$利润=期末余额+应收账款-应付账款-期初余额$$

的确，这种利润的计算方法绝对不符合正规的财务制度，但对于老板来说，相对合理地评估自己的利润，具有一定的参考价值。实际上无论按照什么方式进行利润核算，都有不合理的地方。重要的是能否帮助自己对生意情况做出正确的判断。

（3）往来业务管理　无论做什么生意，都涉及各种往来的业务，而且通常伴随着资金往来。在商业信用已经广泛使用的现代市场环境中，必须管理好生意的往来业务账。

在生意中，欠人家的钱，忘记了或者搞错了，将伤害生意场上的形象与信誉；反之，别人欠的钱，忘记了或者搞错了，将是直接的损失，别人通常得了便宜也不会念你的好，远远不及你捐给希望工程有意义。私营公司不管财务管理处于什么水平，都有一本账，记录与客户往来的账。但在实务中，与客户对账将是老板最常见、最头疼的事情，而且往往是越对越不明白，最后两个老板以一种大概齐的方式结束一个阶段。

许多老板一看没有办法，多半会聘请一名专业的会计人员，管理自己生意的往来账户，结果一般都不理想。除了表面看起来正规之外，账目通常是更加混乱。因为专业的财务人员，几乎没有办法处理小公司生意过程中各种各样的结算方式，他们会习惯地要求每一分钱都必须做平，而这与小公司的生意现实实在是差异太大，而且双方几乎没有办法沟通。因此，小公司必须建立一种适合自己的客户往来管理方法。

其实，流水账是最适合小公司管理往来业务的财务管理方法。小公司的流水账必须有几个特点：①不同的客户必须分开；②一般采用产品明细账金额的方法记账；③记账说明的空白一定要足够大，详细记录当时的情况，以备与客户对账。

另外，现在的电脑财务管理软件已经有了很大的进步，具有很好的实用性，尤其是一些专业的进销存管理软件，比较适合小公司管理自己的往来业务。当采用电脑管理之后，还有一个好处，是提高自己的声誉和形象。所以，建议小公司采用电脑管理，反正迟早要采用。

（4）防止“偷手” 现在各种“偷手”几乎是最普通的事情，所有的老板都在想方设法防止自己员工的“偷手”，即便自己的创业资金都是由“偷手”积累下来的。

下面是一些防止“偷手”的实战高招：

1）给工作人员合理的报酬。这就是高薪养廉吧，实施这一招，你多半会感到心疼，而工作人员并不认为是什么高薪。

2）不要让工作人员有“偷手”的机会。前提是你生意的规模不能太大；你必须亲自参与业务的实施；与客户的老板关系很好。

3）建立防止“偷手”的财务制度。不要迷信财务制度的效果，通常只能减少“偷手”的可能性，增加“偷手”的成本，如同防盗门的作用一样。相关的财务制度可以参照正规的财务规章制度。关键在于一定要重视，并且随时检查。

（5）公私分开 许多私营公司混乱的财务现状，与老板公私不分有直接重要的关系。本来生意的现金周转、利润水平都处于相对理想的状态，但老板个人的高消费，足可以严重影响财务状况。同时，尽管是“肉烂在锅里”，但由于财务的公私不分，很难使事业正常发展。

我们都知道，尽量减少企业营运过程中的不可预计因素，是保证企业顺利营运与发展的重要措施。老板的日常消费如果实行供给制，完全由你的企业按需供应，则将增加企业的营运费用，莫名其妙地比同行高出一截成本。同时，古人已经语重心长地告诉我们“由俭入奢易，由奢入俭难”，老板如果不加以控制，很容易快速提高自己的消费水平。如果再有一些不良嗜好，处于创业期的企业通常很难承担如此高额的费用，离破产也就不远了。

公私分开对于合伙经营的小型企业，具有更加重要的意义。如果有一个人不遵守游戏规则，大家都将不遵守游戏规则。转眼之间，一家前途光明的企业也就倒闭了。

自主创业也必须承担必要的家庭责任，也有必要的个人消费。如果不能从企业中拿钱，岂不是要喝西北风？在实务中有一个良好的方法，可以解决老板公私分开的问题，就是自己给自己开一份适当的工资。这是一个很好的创意与方法，可以解决小型企业许多问题。

首先，你有一份工资可以养家糊口，并在一定阶段维持一定的生活水平，同时还防止你过早地进入奢侈消费的行列，对你积累必要的发展资金有利。其次，每月固定的老板工资，与聘请一名总经理的价值一样，是一种合理的营运成本，降低了企业的营运风险。

合伙企业的合伙人中，有多种情况。有参与企业业务的，也有不少与企业无业务的；参与的程度、个人的能力也有一定的差异。如果采用同样的利润分配形式，是鞭打快牛，将严重伤害部分合伙人的利益与积极性，导致企业的解体。通过工资差异的调节，至少可以缓解这种矛盾。

六、懂得报税技巧，合法避税可以节省开支

我国是采取简单税制的国家，税制并不复杂，而且奉行低税率政策。在西方先进国家，社会福利保障佳，但利息税及所得税却非常高，可能每三元就抽取一元。税务对生意经营者的利润影响很大，特别是加入世贸组织后，关税降低，其他税制都作相应的调整。无论经营哪一行业，了解税制，并且懂得报税的技巧，知道在报税表上加入哪些项目，可以用作减少申报的利润，而所缴付的税亦可以减少，这是对自己权益的保障。如果对税务熟悉，有时候应缴税款可能大大减少。

因此，很多商人都会委托会计专业人士给自己计算应缴税项，以免有不必要的损失。有些高收入的生意经营者，甚至用种种合法手段，使申报的收入减少，因此亦大大减少付出的税款。

避税是企业在税收法律法规许可的范围内，通过对经营活动财务活动的巧妙安排，以达到规避和减轻税收负担的管理活动。

（1）避税是政策给的机会　作为企业的老板，必须明白避税必须发生在国家税收法律法规许可的限度内，即是合法的。目前，我国税收法律法规还不健全，不少税收政策仅是以条例、办法的方式来规定的，在这种伸缩性较大的制度和环境下，可以灵活运用一些合法的方法，使税收负担降到最低。因此，避税具有合法性、灵活性又兼有一定的限制性的特点。

（2）避税是企业经营性的选择　私营公司之所以称为企业，就是因为它是以盈利为目的，所谓经营的理性也正是这种利益驱动性。没有不想赚钱的公司，只要在合法的前提下，采取各种措施以达到盈利的目的，必须得承认公司的行为是合理的。私营公司正是本着这一原则，灵活采用纳税方法来减轻税负。

（3）避税是企业竞争的需要 税是一种费用，但财务主管不应只把它看成费用，它深刻影响着企业生产经营的许多方面：首先作为一项费用，它直接减少了企业的收入；其次中国的大部分税包含在产品价格内（即价内税），因此它又影响了产品定价。税影响了产品定价，而产品价格又在相当大的程度上体现着企业在市场上的竞争力，因此税进一步影响了企业竞争。因此，只有在遵守和拥护税法的前提下，合法地减轻了税负，便可降低产品价格，便有更强的竞争力，便能赚取更多的钱。

（4）避税是管理者的智慧 既要避税，又要合法合理，这对任何一个企业的财务主管来说都不是一件容易的事。其实，要想避税，首先要懂税，只有在充分研究税收法律法规的基础上，运用科学的方法和巧妙的手段进行经营管理，才能达到目的。避税是经营活动与财务活动的有机结合；避税是经营时间、地点、方式、手段的精心安排；避税是合法合理会计方法的灵活运用。总之，避税体现着上层决策者高超的智谋和优秀的管理水平。看过上面的内容之后，也许这时候你会问了，我该怎样建立正确的避税观呢？我们不主张也不愿去怂恿你把大量心思花费在避税问题上，我们在这里侧重谈的是一种管理方法。我们也不去过分谴责避税行为的不道德性，如果避税是不对的，为什么所有的观点都不能否认其合法性？

已跨入21世纪的今天，中国的市场经济已经比以前有了大的发展，许多科学的经营理念已被广大的管理者所接受并适当地应用着。我们必须承认，任何一个理性的经济人，都希望能以一种合法的手段来避税。理性避税表明了企业管理者对待纳税的正确态度，它会促进企业有效地开展财务控制和合理布置经营活动，从而提高了企业的经营水平，又达到了增收节支的目的。

当今一位著名的经济学家说过："如果把财政看做水库，那么企业就是河流的上游。"企业经营效益越好，国家的财源税源就越丰富。因此，我们应充分给予企业在纳税管理上一定的灵活度。无论是纳税人还是税务管理者都要对避税有一个正确的认识，重在培养纳税意识和经营理念，无需过分谈论避税技巧，总的来说，企业合法避税只要是适当的，还会在很大程度上促进企业发展，也有助于社会财富的增加，这同国家的财税政策是不矛盾的。

私营公司老板应形成正确的避税观：

1）了解税法、掌握税法，在依法纳税的前提下，正确地理解避税的活动，在税收政策允许范围内获取最佳税负。

2）避税不是根本目的，其根本目的在于促使管理者对管理决策进行更细致的思考，进一步完善和提高经营管理水平。

3）不要过分玩弄避税技巧，不要恶意避税，慎用避税方法。

七、控制不必要的花销，钱要用在刀刃上

作为老板，任何时候都要对开支精打细算，怎么样去降低成本，减少费用。精明的老板，总是把一块钱当两块钱用，该用的时候，就把钱用在刀刃上；不该用的，一块钱也不多花。因为，他们深知如果在某一个地方用错了一元钱，并不就是损失了一元钱，而是花了两元钱。

如何去控制不必要的花销，常有下列情况出现：

（1）“可买可不买”与“非买不可”　分析人们的消费心理，一般的人总是存在着“可买可不买”与“非买不可”两种心理活动。很简单的一个例子是，某公司为了业务需要，将添置10台计算机。这对一个正在发展阶段的企业来说，算不了什么，老板会很干脆地签下支票，让采购部门去办的。但是正是有了这种应该买，或者是可买可不买的心态，使人产生“非买不可”的压力。在某种情况下，反而会造成一种错觉，仿佛是他都有了，那么我也应买的群体（追风）攀比心理，导致公司购买更大数量的同类物品。

（2）“我也要”综合症　在办公用品的购买上，这种症状的表现是十分突出的。公司人事部的经理对行政主管说，办公室需要购买1张桌子、6把椅子和1把茶几。尤其对人事部来说，这些办公用品的添置有助于公司形象的完美。如果你批准了，那可就惹下麻烦了，没过几天，其他部门的主管会不约而同地前来，向你报告，他们也需要改善一下办公条件了。如果同意了，可能各部门的下属也会说，我们的桌子也早该换了……依此互相攀比下去。那样老板就惨了，你不得不去派人购回这些东西，否则将无法将各部门的怒气抚平。这种购买活动，真是牵一发而动全身。

（3）滚雪球式的开支　如果公司的某项费用如滚雪球一样难以控制，必然会影响到公司的其他工作。公司推行办公自动化，就是一个典型的例子。

某公司准备改善办公条件，专门组建了一个办公自动化领导小组，以便使机器的购买、设备的配套和经费等问题得以落实和妥善解决。经过一个多月的论证、调查和询价，决定为公司先购置20台计算机，并建立一个小型的计算机终端。当设备进公司那天，公司各部门如过节一般欢快，但是第二天财务部则又接到了更多的账单。

因为购买回的计算机，还需要大量的辅助设备等其他的开支。办公室秘书部门与电脑配套，购置了3台打印机；财务部门则购买了新式的财务软件，其价格远远超过了整机价格；为总经理和两位副总经理购买了3个隔音罩。结果，到了两个月以后，财务部门发现，为电脑的配套开支已远远超过购买设备主机的费用。

所以在购买新设备的时候，深思熟虑的老板总是亲自审定报告，决定买与否，以防止这种滚雪球似的开支出现，避免那种互相攀比的风气发生。

每一家企业都有节约成本的绝招儿，下面这些做法对大多数企业都适用。

1）租用。过去的几年一直是商品买方市场，大片的空闲建筑，租金降低。如果你是个名声不错的租户，你的房东会竭尽全力让你留下来，这可是你讨价还价的绝好机会。

2）利用废纸的背面。你也许会嘲笑这种显得非常小气的想法，但是如果你认真计算过你的企业每年在办公用纸上的开销，你就会惊讶地发现这个措施的成本节约效果是多么显著。事实上，很多著名的大公司早就开始这样干了。同样的思路还可应用于企业其他方面，例如与别的企业合用办公设备、会议室。

3）计算机硬件。这就好比明明一辆微型车就够用，很多公司却在开豪华车。一家生机勃勃的小公司，可以成功地用一台计算机设备，将主要的经营管理任务全面自动化。

计算机世界讲求速度，但你不需要。你的文件是在一眨眼的工夫，还是眨眼时间的千分之二恢复了，这真的很重要吗？你能用贬眼时间的千分之九百九十九提高利润吗？为数不多的公司的确获益于使用图表型的软件包，例如计算机辅助设计和桌面出版系统，他们可能需要一台苹果机，你也非要凑热闹吗？如果像大多数企业一样，你只是对文字和数字的利用率较高，搞一台 PC 机和二套综合性的类似微软文字处理的软件包能节省很多钱。

思 考 题

1. 什么是现代汽车维修企业财务管理，其与会计工作有什么区别？

2. 从作坊到企业，为什么要实现财务管理，为什么作为一个经营者要懂财务管理？

3. 如何看财务报表，从财务报表中能发现什么问题？

4. 如何评价企业投资绩效？

5. 如何避免企业在运营过程中出现的财务漏洞？

第十一章　汽车维修合同的管理

第一节　汽车维修合同的重要性和作用

一、汽车维修合同的特征和作用

1. 汽车维修合同的概念

汽车维修合同是承修、托修双方当事人之间设立、变更、终止民事法律关系的协议，它属于加工承揽合同。加工承揽合同是承揽方按照定作方提出的要求，完成一定工作，定作方接受承揽方完成的工作成果，并给予约定报酬的协议。

2. 汽车维修合同的特征

汽车维修合同是一种法律文书，其目的在于明确承修、托修双方设定、变更和终止权利义务的一种法律关系。通过合同条款来确定当事人之间的权利义务，而所发生的法律后果，是当事人所要求的。同时签订汽车维修合同是承修、托修双方意思表示一致的法律行为。“意思表示一致”是合同成立的条件，意思表示不一致，合同不能成立。在合同关系中，承修、托修双方当事人的地位是独立的、平等的、有偿的、互利的。

3. 汽车维修合同的作用

（1）维护汽车维修市场秩序　合同明确了承修、托修双方的权利义务，可以保障当事人的权益。因为依法订立的合同受法律保护，使当事人维修活动行为纳入法制轨道，使合法的维修活动受法律的保护，并防止或制裁了不法维修活动，从而维护维修市场的正常秩序。

（2）促进汽车维修企业向专业化、联合化方向发展　实行合同制，使各部门、各环节、各单位通过合同明确相互的权利义务和责任，便于相互监督、相互协作，从而有利于企业发挥各自的优势，实行专业化，促进横向经济联合。

（3）有利于汽车维修企业改进经营管理　实行合同制，企业要按照合同要求来组织生产经营活动，企业的生产经营状况与合同的订立和履行情况紧密联系在一起。企业只有改进经营管理，努力提高维修质量，才能保证履行合同。只有这样，企业才能有信用，也才能有市场。不断改善经营条件，才能获得更好的经济效益和社会效益。

二、汽车维修合同的主要内容

按照交通部和国家工商行政管理局发布的《汽车维修合同实施细则》的规

范，汽车维修合同主要有以下内容：

1）承修、托修双方名称。

2）签订日期及地点。

3）合同编号。

4）送修车辆的车种车型、牌照号、发动机号、底盘号。

5）送修日期、地点、方式。

6）交车日期、地点、方式。

7）维修类别及项目。

8）预计维修费用。

9）托修方所提供材料的规格、数量、质量及费用结算原则。

10）质量保证期。

11）验收标准和方式。

12）结算方式及期限。

13）违约责任和金额。

14）解决合同纠纷的方式。

15）双方商定的其他条款。

第二节 汽车维修合同的使用

一、汽车维修合同的签订

1. 合同签订的原则

汽车维修合同必须按照平等互利、协商一致，等价有偿的原则依法签订，承修、托修双方签章后生效。

2. 合同签订的范围

凡办理以下维修业务的单位，承、托修双方必须签订维修合同。

1）汽车大修。

2）汽车总成大修。

3）汽车二级维护。

4）维修预算费用在1 000元以上的汽车维修作业。

3. 合同签订的形式

汽车维修合同的签订形式分两种。第一种是长期合同，即最长在一年之内使用的合同；第二种是即时合同，即一次使用的合同。承修、托修双方根据需要，也可签订单车或成批车辆的维修合同，也可签订一定期限的包修合同。如果是代签合同，必须要有委托单位证明，根据授权范围，以委托单位的名义签订，对委托单位直接产生权利和义务。

二、汽车维修合同的履行

汽车维修合同的履行是指承修、托修双方按照合同的规定内容，全面完成各自承担的义务，实现合同规定的权利。维修合同的履行是双方的法律行为。但是若双方当事人中有一方没有履行自己的义务在前，另一方有权拒绝履行其义务。

维修合同签订后，承修、托修双方应严格按合同履行各自的义务。

托修方的义务如下：

1）按合同规定的时间送修车辆和接收竣工车辆。

2）提供送修车辆的有关情况，包括送修车辆基础技术资料、技术档案等。

3）如果提供原材料，必须是质量合格的原材料。

4）按合同规定的方式和期限交纳维修费用。

5）承修方的义务。

6）按合同规定的时间交付修竣车辆。

7）按照有关汽车修理技术标准（条件）修理车辆，保证维修质量，向托修方提供竣工出厂合格证，在保证期内应尽保修义务。

8）建立承修车辆维修技术档案，并向托修方提供维修车辆的有关资料及使用的注意事项。

9）按规定收取维修费用，并向托修方提供票据及维修工时、材料明细表。

三、汽车维修合同的变更和解除

1. 汽车维修合同变更和解除的含义

1）变更。是指合同未履行或完全履行之前，由双方当事人依照法律规定的条件和程序，对原合同条款进行修改或补充。

2）解除。是指合同在没有履行或没有完全履行之前，当事人依照法律规定的条件和程序，解除合同确定的权利义务关系，终止合同的法律效力。

2. 汽车维修合同变更、解除的条件

（1）双方协定变更、解除维修合同的条件

1）必须双方当事人协商同意。

2）必须不因此损害国家或集体利益，或影响国家指令性计划的执行。

（2）单方协定变更、解除维修合同的条件

1）发生不可抗力。

2）企业关闭、停业、转产、破产。

3）双方严重违约。

除双方协商和单方决定变更、解除合同的法定条件之外，任何一方不得擅自变更或解除合同。发生承办人或法定代表人的变动，当事人一方发生合并或分立，违约方已承担违约责任情况，均不得变更或解除维修合同。

3. 变更、解除维修合同的程序及法律后果汽车维修合同签订后，当事人一方要求变更或解除合同时，应及时以书面形式通知对方，提出变更或解除合同的建议，并取得对方的答复，同时协商签订变更或解除合同的协议。例如：承修方在维修过程中，发现其他故障需增加维修项目及延长维修期限时，应征得托修方同意后，达成协议方可承修。

因一方未按程序变更或解除合同，使另一方遭受损失的，除一方可以免除责任外，责任方应负责赔偿。

四、汽车维修合同的担保

汽车维修合同的担保是合同双方当事人为保证合同切实履行，经协商一致采取的具有法律效力的保证措施。其担保的目的在于保障当事人在未受损失之前，即可保障其权利的实现。

汽车维修合同一般采取的是定金担保形式。它是一方当事人在合同未履行前，先行支付给对方一定数额的货币。这种形式是在没有第三方面参加的情况下，由合同双方当事人采取的保证合同履行的措施。定金是合同成立的证明。托修方预付定金违约后，无权要求返还定金；接受定金的承修方违约，应加倍返还定金。定金的制裁作用，可以补偿因不履行合同而造成的损失，促使双方为避免制裁而认真履行合同。

汽车维修合同的担保，也可以另立担保书作为维修合同的附本。内容包括抵押担保、名义担保和留置担保等。

不履行或不完全履行合同义务的结果是承担违约责任。承修、托修双方中，任一方不履行或不完全履行义务时，就发生了违约责任问题。对违约责任处理的方式，一般为支付违约金和赔偿金两种。

第三节 汽车维修合同的管理

一、汽车维修合同示范文本制度与填写规范

1. 汽车维修合同示范文本制度

汽车维修合同是规范市场经营行为，保护承修、托修双方合法权益的法律措施，是道路运政管理部门处理汽车维修质量和价格纠纷的依据。为了规范汽车维修合同管理和使用，国家工商行政管理局和交通部联合发布了专门通知，在全国范围内，统一了汽车维修合同示范文本（GF—92—0384），明确该文本由省工商行政管理部门监制，省交通厅（局）统一印制发放、管理，汽车维修企业和经营业户必须使用。汽车维修合同示范文本如下：

汽车维修合同

托修方____________________签订时间____________合同编号____________

承修方____________________签订地点________________________

（一）车辆型号

车种		牌照号		发动机	型号	
车型		底盘号			编号	

（二）车辆交接期限（事宜）

送　修				接　车			
日期		方式		日期		方式	
地点				地点			

（三）维修类别及项目

预计维修费总金额（大写）________________（其中工时费　　　　）

（四）材料提供方式

（五）质量保证期

维修车辆自出厂之日起，在正常使用情况下，____天或行驶____ km 以内，出现维修质量问题承修方负责。

（六）验收标准及方式

（七）结算方式及期限

现金____________转账____________银行汇款____________期限____________

（八）违约责任及金额____

（九）如需提供担保，另立合同担保书，作为本合同附本

（十）解决合同纠纷的方式：经济合同仲裁____________法院起诉____________

（十一）双方商定的其他条款____

____

托修方单位名称（章）：	承修单位名称（章）：
单位地址：	单位地址：
法人代表人：	法人代表人：
代表人：	代表人：
电话：　　　　　　电挂：	电话：　　　　　　电挂：
开户银行：　　　　账号：	开户银行：　　　　账号：
邮政编码：	邮政编码：

说明：

1）承修、托修方签订书面合同的范围：汽车大修、主要总成大修、二级维护及维修费在 1 000 元以上的。

2）本合同正本一式二份，经承修、托修方签章生效。

3）本合同维修费是概算费用。结算时凭维修工时费、材料明细表，按实际发生金额计算。

4）承修方在维修过程中，发现其他故障需增加维修项目及延长维修期限时，承修方应及时以书面形式（包括文书、电报）通知托修方，托修方必须在接到通知后____天内给予书面答复，否则视为同意。

5）承、托修双方签订本合同时，应以《汽车维修合同实施细则》的规定为依据。

注：本合同一式____份。承、托修双方各一份，维修主管部门各____份。

监制 印制

2. 汽车维修合同填写规范

根据《道路运政管理规范》的规定，应按以下要求填写汽车维修合同：

1）“托修方”栏。填写送修车辆单位（个人）的全称。

2）“签订时间”栏。填写托修方与承修方签订汽车维修合同的具体时间（年、月、日）。

3）“合同编号”由省级道路运政管理机构和地级道路运政管理机构核定，前两位数为地域代号，后六位数为自然序号。

4）“承修方”栏。填写汽车维修企业的全称和企业类别。

5）“签订地点”栏。填写承修、托修双方实际签订合同文本的地点。

6）“车种”栏。按货车（重、中、轻）、客车（大、中、轻、微）填写。

7）“车型”栏。填写车辆型号，如“东风141”、“桑塔纳2000”等。

8）“牌照号”栏。按交警部门发放的车辆牌照填写。

9）“底盘号”栏。按生产厂家编号填写。

10）“发动机编号”栏。按汽、柴油及生产厂家编号填写。

11）“送修日期、方式、地点”栏。填写送修车辆时间、车辆独立行驶或拖拉进厂及托修车辆的交接地。

12）“接车日期、方式、地点”栏。填写托修方报修项目及附加修理项目。

13）“维修类别及项目”栏。填写托修方报修项目及附加修理项目。

14）“预计维修费总金额”栏。填写承修方初步估算的维修费（包括工时费、材料及材料附加费等）总金额。

15）“工时费”栏。填写工时单价。

16）“材料提供方式”栏。按“托修方自带配件”、“承修方提供需要更换的配件”等填写。

17）“质量保证期”用中文数字填写质量保证的天数和行驶里程数。

18）“验收标准及方式”栏。填写所采用的标准编号和双方认同的内容、项目及使用设备等。

19）“结算方式”栏。在双方认同的一栏中打勾。

20）“结算期限”栏。在双方认同的一栏中打勾。

21）“违约责任及金额”栏。填写双方认同的各自责任和应承担的金额数。

22）“解决合同纠纷的方式”栏。在双方认同的一栏中打勾。

23）“双方商定的其他条款”栏。填写双方未尽事宜。

24）“托修方单位名称（章）”栏。盖单位的印章，没有印章的填写单位全称或个人姓名及身份证号。

25）“单位地址”栏。填写单位或个人所在地详细地址。

26）“法人代表”栏。填写承修方或托修方法人代表的姓名。

27）“代表人”栏。填写承修方或托修方法人代表指定的代表人姓名。

28）“承修方单位名称（章）”栏。盖承修方单位的印章。

二、汽车维修合同的管理

1. 机构职责

国家工商行政管理局和地方各级工商行政管理局是法定的统一维修合同管理机关。其主要职责是：统一管理维修合同，对合同的订立和履行进行监督和检查；确认无效合同；仲裁合同纠纷案件；查处违法合同及利用合同进行违法活动的行为；对维修合同进行鉴证。

交通运政管理部门是汽车维修合同的行业主管部门。其主要职责包括：认真贯彻国家关于汽车维修合同管理的法规，制定实施办法；负责汽车维修合同的印制发放、管理；组织指导和监督检查所辖单位之间的合同关系，处理合同履行中出现的问题，调解维修合同纠纷。

金融机关包括人民银行和信用合作社，在合同管理中，通过信贷管理和结算管理，监督经济合同的履行。对汽车维修合同的监督管理，主要是通过信贷管理及结算管理，监督汽车维修合同的履行；对发生法律效力的仲裁决定书、调解书或判决书、裁定书，在规定期限内当事人没有自行履行时协助执行。

汽车维修合同管理机构见图 11-1 所示。

2. 汽车维修合同的鉴证

鉴证是汽车维修合同管理的一项重要内容。通过鉴证，可以证明维修合同的真实性，使合同的内容和形式都符合法律要求；可以增强合同的严肃性，有利于承修、托修双方当事人认真履行；便于合同管理机关监督检查。

汽车维修合同鉴证实行自愿原则。在承修、托修双方当事人请求鉴证的情况下，约定鉴证的合同只有经过鉴证程序，合同才能成立。

经审查符合鉴证要求的，国家工商行政管理机关予以鉴证，鉴证应制作维修合同鉴证书。

3. 汽车维修合同纠纷的调解和仲裁

汽车维修合同发生纠纷，承修、托修双方当事人应及时协商解决。协商不

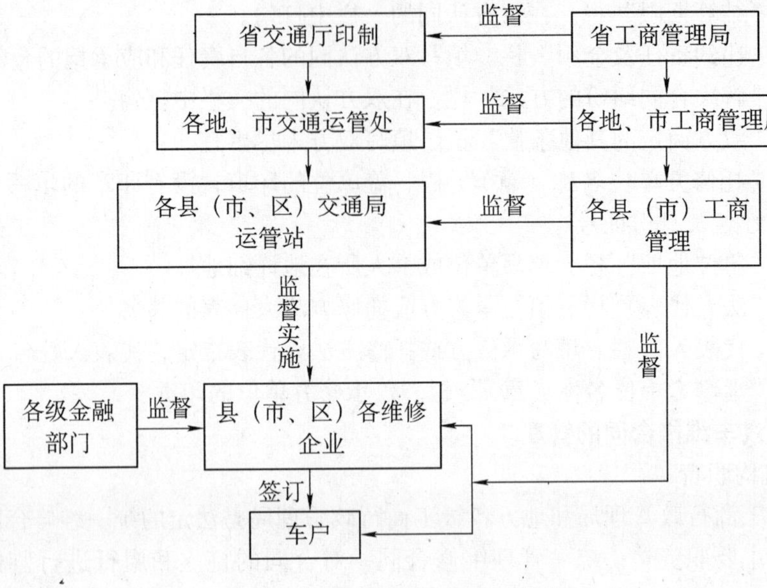

图11-1 汽车维修合同管理机构

成，可向当地交通运政部门申请调解。由主诉方填写申请书，交通运政部门通过调查取证，作出调解意见书，并监督双方当事人执行。当事人一方或双方对调解不服的，可向国家工商行政管理部门及国家规定的仲裁委员会申请调解或仲裁，也可直接向人民法院起诉。纠纷费用原则由责任方负担，应根据承修、托修双方责任的大小分别负担。

4. 汽车维修合同的仲裁

当发生了合同纠纷调解失败后，当事人可采用仲裁方式解决纠纷。双方当事人应当自愿达到仲裁协议。仲裁协议包括合同订立的仲裁条款和以其他书面方式在纠纷发生前或者纠纷发生后达到的请求。没有书面仲裁协议，一方申请，仲裁委员会不予受理，但仲裁协议无效的除外。

仲裁委员会应当由当事人协议选定。仲裁委员会应根据事实，符合法律规定，公平合理地解决纠纷。

仲裁不实行级别和地域管辖。仲裁依法独立进行，不受行政机关、社会团体和个人的干涉。

仲裁实行一裁终局的制度。裁决作出后，当事人就同一纠纷再申请仲裁或向人民法院起诉的，仲裁委员会或者人民法院不予受理。裁决被人民法院依法裁定或者不予执行的，当事人就该纠纷可以根据双方重新达成的仲裁协议申请仲裁，也可以向人民法院起诉。

当事人对仲裁协议的效力有异议的，可以请求仲裁委员会作出决定，或者请求人民法院作出裁定。一方请求仲裁委员会作出决定，另一方请求人民法院作出裁定的，由人民法院裁定。

仲裁委员会对维修问题认为需要鉴定的，可以交由当事人约定的鉴定部门鉴定。可以由仲裁庭指定的鉴定部门鉴定。

经仲裁委员会或人民法院仲裁，仲裁委员会或人民法院应向双方当事人下达裁决书。

已经裁决当事人申请撤消裁决的，应当自收到裁决书之日起 6 个月内提出。人民法院应当在受理撤消裁决申请之日起 2 个月内，作出撤消裁决或者驳回申请的裁决。

当事人应当履行裁决。一方当事人不履行的，另一方当事人可以依照民事诉讼法的有关规定向人民法院申请执行。受申请的人民法院应当强制执行。仲裁费用原则上由败诉方承担。但在实践中，考虑各种因素由当事人分摊仲裁费。例如：申诉人 70% 的仲裁请求得到了满足，可以裁定由申诉人承担 30%，被申诉人承担 70% 的仲裁费用；如一方当事人胜诉 20%，则应承担 80% 左右的仲裁费用，另一方承担 20%。

思 考 题

1. 为什么要履行汽车维修合同？
2. 出现问题以后如何应用汽车维修合同保护企业合法权益？

第十二章　现代汽车维修企业管理者素质

竞争的最后拼的是管理。没有先进的管理机制与理念，再先进的技术也难以转化成经济效益，而先进的管理机制与理念则会推动技术到效益的转化。对企业管理者及前期招聘人员的强化培训是必不可少的，人才是资源，相应的业务能力、管理水平及技术水平决定企业的效益。

第一节　目前汽车维修企业管理者素质分析

汽车技术已进入智能化高级阶段。我国的汽车维修服务仍处于低层次、低水平、低素质状况。中国加入WTO，汽车工业和服务业的大门已经敞开，越来越激烈的市场竞争将带来一场维修业的大震荡、大分化、大变革。经营管理者的素质决定企业的层次。作为投资者、经营管理者只有把自身素质问题作为重中之重，管理好自己的企业，才能迎接新世纪的挑战。

一、我国汽车维修企业情况

据统计，2009年全国汽车修理企业中国有企业（含国有控股）占3.7%，集体企业占7.1%，私营个体企业与股份制企业占84%，联营、合资及其他企业占5.2%。

1. 国有汽车维修企业

改革开放以来，国有汽车维修企业的整体数量在逐渐减少但趋于稳定。从全国汽车维修企业总产值来看，国有汽车维修企业占有的份额却在1/6左右，这是一个很值得研究的现象。北京市现有汽车维修企业大约5000余家，国有维修企业不到几十家，但其总体产值却占到1/4。即便如此，其潜力仍就很大。就我接触的一些企业而言，其规模与资金占了很大优势，仍然是一种粗放式管理模式。可能正是由于规模与资金优势的作用，他们更重视企业的硬件与外部的经营环境，虽然，近几年对管理重要性的认识越来越深，但有的企业只是制定许多条条框框、岗位责任制，制定以后就放在抽屉里或是挂在墙上，尘迹斑斑，不起实际作用，或者缺乏相当的执行力与监管力。另外，一些国营汽车维修企业的整体学习的氛围远远不如其他类型的企业，而且与其他类型的维修企业共有的通病是管理队伍级别越高，自我再学习的意识越弱。

2. 民营汽车维修企业

民营维修企业在20世纪80、90年代交替时期，曾经通过发挥机制灵活、决策快捷、善于抓住市场机遇和优惠政策，完成了资本原始积累的企业发展初级阶段。这种用各种手段积累起来的大量资金，使一些民营企业规模迅速扩大。但其劣势也是明显的，尤其在某些专业领域（营销）缺乏深度、缺乏管理经验、缺乏管理执行力、资金不足、经营效率低、缺乏资源、在鉴别和评估外部系统方面缺乏经验，因而在应付官僚作风以及资金或其他资源时，在管理提升时，尤为困难。

民营企业所用的管理模式基本上是家族式的。家族式的管理在层次上具有高低之分。高层次的家族式管理，能够有机利用其管理阶层自然形成的团队意识，团结奋进，随着市场的变化，不断调整管理模式以适应市场，逐步形成科学健全的管理体制。而我们常见的很多企业老板，用人的时候都在可用与可信的两方面为难，系统的管理制度与国有企业还有较大差距。我们不难发现，许多民营维修企业都是“男人管厂，女人管账”。许多老板的周围集合了一批早年一起“揭竿而起”的哥们，他们的职务是为大哥鞍前马后立下汗马功劳的报偿，可是他们实在不懂得现代化的企业管理。民营企业就其性质而言，应当是一种最充满生气、最充满希望的经济形态。然而，民营企业的现状却与这种光荣的历史重任存在着相当大的距离。这其中固然有其他方面的原因，但民营企业中的管理人员素质，却无疑是其中的重要原因。

3. 集体汽车维修企业

集体企业的一部分沿用的是公社、大队的管理方式，一部分则采用家庭承包制走上私营企业的道路。没有人向他们传授过管理知识，他们也缺乏现代管理人才。还有一部分集体企业还是“土皇帝”式的管理。提高管理者素质，加强科学管理同样是集体企业的重要课题。

4. 合资汽车维修企业

大体上分为两类：一类是大集团管理，如丰田汽车维修中心，利用资金优势、品牌优势、优惠政策、规模效益、先进管理取得了很大进展，他们有一套适应市场经济的管理模式。但在合资企业中，管理者面临的重点是，合作双方如何建立良好的关系，以及整合不同的文化、组织结构和程序、互相信任和相互尊重，这需要开放的思想以及学习与适应的意愿，这对于合资企业的发展至关重要。还有一类是小型的外商投资者，实行的是一种很原则的管理方式。

有一些企业的管理水平与国内一些小企业主的水平不相上下，并不是所有的外国人都比我们强，即使是一些国外的管理机制很先进，但如何与中国企业特点即我们常说的国情相结合，这也是合资企业面临的重大课题。

二、提高企业管理者素质的重要性

通过对维修管理现状进行分析，我们都已经认识到当前我国维修行业素质普遍较低，管理水平低下，市场处于相对无序状态。许多有识之士呼吁维修行业的汽车医生，呼吁专业人才。目前技术前进步伐已经超过管理前进步伐，行业管理部门的宏观调控往往滞后于市场，并且侧重于管企业、管市场，而在对经营者的管理培训方面，力度不够。而经营者自身，包括不少老板在提高自身素质方面意识不浓，受急功近利的思想干扰，企业每天有车来修，能把客户打发走，能赚到钱就已经满足了。还有更多的老板，希望成为企业家，希望提高自身素质，但是他们太“忙”了，每天要应付纠缠不清的客户、钱包越来越鼓的采购员、一个一个的合同陷阱、摸不透的上级机关、吵架、扯皮、救火、作揖等，当老板真是辛苦。为什么不能把自己从忙乱中解放出来，做一个“潇洒”的领导呢？其实这样的领导更应该提高自身素质，至少，他们应该学会如何授权，如何通过别人完成工作，不干自己不应该干的事，建立科学健全的管理模式等。

企业领导人的素质对企业经营状况的影响极大，许多企业的老总往往就是一个老总的企业。老总的一个决定就可以使企业腾飞或衰败，这其实是中国传统思想的禁锢，这样的企业只不过是一个大的个体户罢了。一个人的能力再强也是有限的，当市场需求很大的时候，不需要什么决策与系统的管理。随着市场经济的变化与发展，竞争越来越激烈，企业决策、经营管理、经营出发点、管理上层次，这些是任何人凭借个人经验都难以实现的，因而必须实行开放式管理，否则难以从狭隘的家庭式管理脱离开来。在短缺经济下，在步入市场经济的初期，某些民营企业家个人素质对企业发展、对事业发展的障碍还显现不出来，或者说还不能构成某种威胁。原因在于那时经济发展空间相当大，市场不够规范，挣钱的机会特别多，只要敢干，舍得下海，靠五六个人、七八条枪就可以干成一番事业。然而改革开放毕竟二十多年了，当历史前进到今天，企业管理者低素质已经越来越制约着其事业的发展。因为目前的经济态势已不能容忍企业管理者存在着上述的低素质。

准确地把握目前的经济态势，有利于企业管理者清楚地认识克服自身缺陷的严峻性和紧迫性。目前的经济态势特点如下：

1）我们已经在一个较低层次上告别短缺，填平补差式的发展已经不再可能，如果不能在结构上提高层次，就不能开辟新的空间。虽然经济在一个层面上已经过剩，但只要能在结构上提高层次，就一定会在一个新的层次上开辟更为广阔的空间。

2）竞争日趋激烈。主要是由于以下的原因造成的，一是随着告别短缺，当大家都在同一知识层面思考问题的时候，难以避免“狭路相逢”，表现为不约而同地选择相同的服务项目。二是参与竞争者日众，既有步入市场的国有经济，又有国际竞争力量，更有素质较高的新的民营经济从业者。三是市场经济不断走向成熟，人们的品牌意识和法制意识不断增强，与市场经济相适应的规则建设日趋完善。

面对这种经济态势，企业面临着二次创业。然而，面对艰苦的二次创业，很多企业管理者困于素质和认识能力，茫然无措，不知如何下手。从这个意义上讲，二次创业实际上是对企业家人格及素质的挑战。企业家如果不能战胜自我，并进行终身学习就很难跨越二次创业的鸿沟。

企业管理者必须提高自我素质。企业管理者提高自我素质，一是自我提高，二是社会的优胜劣汰机制。

企业管理者要真正提高自我素质，首先必须搞清楚什么是真正的企业家，并且努力成为真正的企业家。按照美国学者熊彼特的论述，企业家是最有创新精神的人。这里的创新包括一种新的技术，一种新的产品，一种新的企业组织形式，一种新的管理风格。企业家以经营和管理好企业，做好做大企业为己任和始终不渝地追求目标，永不满足，永不停止。用我们中国人的话讲，就是生命不息，奋斗不止。当年美国的首富洛克菲勒不会因为自己是首富停止奋斗，今天美国的首富比尔·盖茨也不会因为自己已有的亿万资产裹足不前。即使财富对他们而言已经足够，但他们的事业并非停止不前。因为他们已经超越了追求财富的层次，上升到了更高的对事业追求的层次，他们可以用财富回报社会，换取精神上的享受。事业的追求是永无止境的，是追求事业还是追求财富是衡量是否是真正的企业家的根本标志。

其次是学习。不少企业家其最大的缺陷是先天学习不足，后天学习不够。因而从灵魂深处更相信经验，对科学、对知识缺少强烈的需求，有的甚至愚昧到鄙视科学和知识。这种现象在汽车修理业前期卖方市场为主的环境下表现尤为强烈。

美国一位名叫彼德·圣吉的管理学专家，在研究了众多企业的成败兴衰之后，写了一本风靡世界的《第五项修炼——学习型组织的艺术与务实》。该书指出：当世界更加息息相关、复杂多变时，学习能力也更要增强，才能适应变局。对于一个企业来说，惟一持久的竞争优势，或许是具备比你的竞争对手更强的学习能力。

今天世界已步入了以知识为基础的经济时代。知识已经成为各种生产要素中最稀缺的要素。没有科学，没有知识就难洞察事物的走势，就难准确地把握明天，就难有克敌制胜的创新。学习已经在不知不觉中成为人们生活的重要内容，成为企业家安身立命的法宝。

讲到学习，就不能急功近利地对待学习，好像今天学习了经济，学习了管理，学习了与本企业相关的专业技术，明天就可以大大地赚钱。更多的学习旨在提高素质，提高思维背景，提高创新的能力，提高对问题处理的方法、能力，塑造高瞻远瞩的本领。有了这样的能力和本领，就有了对经济走势的准确把握和结合本企业的创新，这个过程通常是潜移默化的，是润物细无声般的熏陶。只要积累就会在某一点上起作用。

有这么一个故事：著名的推销大师，即将告别他的推销生涯，应行业协会和社会各界的邀请，他将在该城最大的体育馆做告别职业生涯的演说。那天，会场座无虚席，人们在热切地、焦急地等待着那位当代最伟大的推销员作精彩的演讲。当大幕徐徐拉开，舞台的正中央吊着一个巨大的铁球。为了这个铁球，台上搭起了高大的铁架。

一位老者在人们热烈的掌声中，走了出来，站在铁架的一边。他穿一件红色的运动服，脚下是一双白色胶鞋。人们惊奇地望着他，不知道他要做出什么举动。

这时两位工作人员，抬着一个大铁锤，放在老者的面前。主持人这时对观众讲：请两位身体强壮的人，到台上来。好多年轻人站起来，转眼间已有两名动作快的跑到台上。

老人这时开口和他们讲规则，请他们用这个大铁锤，去敲打那个吊着的铁球，直到使它荡起来。

一个年轻人抢着拿起铁锤，拉开架势，抡起大锤，全力向那吊着的铁球砸去，一声震耳的响声，那吊球动也没动。他就用大铁锤接二连三地砸向吊球，很快，他就累得气喘吁吁了。

另一个人也不示弱，接过大铁锤把吊球打得叮当响，可是铁球仍旧一动不动。台下逐渐没了呐喊声，观众好像认定那是没用的，就等着老人做出什么解释。

会场恢复了平静，老人从上衣口袋里掏出一个小锤，然后认真地面对着那个巨大的铁球，接着，他用小锤对着铁球“咚”敲了一下，然后停顿一下，再一次用小锤“咚”敲了一下。人们奇怪地看着，老人就那样“咚”敲一下，然后停顿一下，就这样持续地做。十分钟过去了，二十分钟过去了，会场上的人早已开始骚动，有的人干脆叫骂起来，人们用各种声音和动作发泄着他们的不满。老人仍然用小锤不停地工作着，他好像根本没有听见人们在喊叫什么。开始有人忿然离去，会场上出现了大块大块的空缺。留下来的人们好像也喊累了，会场渐渐地安静下来。

大概在老人进行到四十分钟的时候，坐在前面的一个妇女突然尖叫一声：“球动了！”刹那间会场立即鸦雀无声，人们聚精会神地看着那个铁球。那球以很小的摆度动了起来，不仔细看很难察觉。老人仍旧一小锤一小锤地敲着，人们好像都听到了那小锤敲打吊球的声音。吊球在老人一锤一锤的敲打中越荡越高，它拉动着那个铁架子“哐、哐”作响，它的巨大威力强烈地震撼着在场的每一个人。终于场上爆发出一阵阵热烈的掌声，在掌声中，老人转过身来，慢慢地把小锤揣进兜里。

老人开口讲话了，他只说了一句话：在成功的道路上，你没有耐心去等待成功的到来，那么，你只好用一生的耐心去面对失败。

随着国内汽车维修市场由卖方向买方转变和市场经济制度的不断完善，经营成本会越来越高（其实是越来越公平合理），对管理者的要求就越来越高。那些包括企业组织结构、管理者的综合能力、市场营销管理、财务管理等，在一些企业创业初期老板们考虑得太少，学习得太少。他们缺乏市场经济和企业管理的必要认识，因而在复杂的市场面前无法作出正确的决策和判断。随着市场经济的发展，奇迹会越来越少。比如在人才重视方面，不进行观念的更新，难以配备各式管理人才。即使有一些老板开始重视人才，用重金聘请专业性人才，但是往往由于老板素质有限，因而决定了他不能站在社会与市场的角度，以发展的眼光看待企业的经营活动，不能给予专业性人才充分的管理空间，这点在低层次的管理意识中尤为突出。从宏观上讲，现代企业发展必须借用外脑。具体地讲，避免想用人又不敢用人的做法，要掌握好以下几个原则：

1）量才适用，扬长避短。人和人都是不同的，老板应按职员的实际才能来安排相应的职务和工作，避免大才小用或小才大用。每个人都有长处和短处，不可能十全十美。有些才能卓越、专长精深的人，由于环境、性格和心理上的原因，其缺点、短处和个性也较明显；有些有创新精神和才干的人往往喜欢发表见解，有朝气，有锐气，但常过于坚持己见，表现得固执和自傲。因此要用人之所长，避人之所短，人尽其才。

2）信任授权，放手使用。我们常说疑人不用，用人不疑，但做到很难。用人的前提是看准人，选好人，因事责人，视能授权，一旦委以责任，就要坦诚交底，放手让其工作，并给予真正的支持。这样无形中会让被使用者产生一种激励力量，从而增强其责任感和自信心，调动出工作自主性和积极性。放手用人要有容人的气量和胸怀，宽以待人，厚道为本，不能尖酸、刻薄、气量狭小。一个成熟的老板就在于可以兼容、认识和理解不同的人和不同的行为方式，坚定不移地放手用人，同时还须排除他人的嫉才之心和干扰。不成熟的管理者，会为一些嫉妒成性者的一些刻意的诋毁而轻易丢失一个人才。因此作为一个老板应有很高的判断力。

3）监督检查，奖惩分明。经理应根据公司组织确立的目标、任务，经常检查督促下属人员的工作，同时发现工作中的偏差，以便总结经验，纠正和弥补错误，推动工作进展。这也是真正关心和爱护职员的表现。在公司组织中应建立奖惩激励机制，奖惩分明，许诺必应，这才能激励人们上进，更好地调动其积极性。

在企业的经营管理中，“人”是一个非常重要的因素，而善于选人、用人则是一个优秀的企业领导人的必备条件。事必躬亲，事无巨细的领导者决不是一个优秀的领导者。现代维修企业竞争异常激烈，企业的规模也在不断地扩大，靠个人的力量是难以做好的。因此现代的企业领导者必须懂得选人用人和适度分权。

孔子的学生子贱有一次奉命担任某地方的官吏。不了解情况的人看到他到任以后，却时常弹琴自娱，不管政事，可是他所管辖的地方却治理得井井有条，民兴业旺。这使那位卸任的官吏百思不得其解，因为他每天即使起早摸黑，从早忙到晚，也没有把地方治好，于是他请教子贱"为什么你能治理得这么好?"子贱回答说"你只靠自己的力量去进行，所以十分辛苦；而我却是借助别人的力量来完成任务。"

现代企业中的领导人，喜欢把一切事揽在身上，事必躬亲，管这管那，从来不放心把一件事交给手下人去做，这样，使得他整天忙忙碌碌不说，还会被公司的大小事务搞得焦头烂额。

一个聪明的领导人，应该是子贱二世，应该正确地利用部属的力量，发挥团队协作精神，不仅能使团队很快成熟起来，同时，也能减轻管理者的负担。在公司的管理方面，要相信少就是多的道理：你抓得少些，反而收获就多了。管理者，要管头管脚（指人和资源），但不能从头管到脚。

在市场竞争更趋激烈、外资大量进入、国企深化改革之际，民营企业缺乏管理人才、经营管理粗放、家族制管理难以成就大型企业集团的弊病逐渐显露出来。因此，企业的发展正处于进退两难的转折关头，面临着"第二次创业"的历史性挑战。

笔者曾帮助多家私企老板搞过企业策划，发现许多老板都有一个特点，无论其经济实力如何，规模大小如何，当企业的经营状况较好时，为了壮大其规模，许多老板在后期市场的拓展上都愿意做出投资，而一旦经营状况不够理想时，惯用的手段就是裁人、降工资、停止长期效应的投资等。不能以长远的眼光、发展的眼光看待企业的经营发展，以为所谓的"精兵简政"就能渡过难关。实际上，这种做法往往并不能解决根本性问题，不挖掘出效益不佳的根源，忽视后期市场的拓展，企业必定不会有太大的发展。企业发展中有一个客观规律，往往低潮时期大于高潮时期。

这里我简单地就国营汽车维修企业的改革问题谈一点看法，我曾经接触过不少专业管理咨询公司，一谈起国企改革就摇头。也遇到过不少国企找到这些咨询管理公司请求帮助，但大多数都被他们婉言拒绝了，其原因是不言而喻的，国企改革太难了，牵扯的方方面面太复杂了。

国企改革固有困难的一面，但国企这个招牌却是金不换的。尤其对汽车维修企业而言，固有的观念决定了国企信誉度远远高于其他类型的企业。作为一个企业，要想在经营活动中创造一个良好的信誉，那是很难的，无不是经过了艰苦卓绝的努力，无不是经历了长时间的考验。良好信誉给企业带来的效益是不可估量的，因而围绕这个主题，在企业改革初期可以做的事情太多了，先从一些简单的、可行的、短期能够见到效益的方面入手，逐步推动整体改革，不必非等到让上级主管部门或政府给予什么样的政策。在目前国内各项改革还处于一种初期阶段，在经验还不足的时候，不妨采取以市场（当然是符合市场发展规律）推动政策的做法。

我认为，国企改革难在两头，因而只要中间观念转变，而后主要的工作是做好两头。做好两头工作又是一门艺术问题，这不是我们要讨论的范围。但要指出的是做人的工作也和打仗一样，直接进攻也许伤亡巨大，不妨采取一些迂回战术，只要事情办成了，两头看到效益，势必便于下一步全面改革的推行。一个好的经营者、管理者，往往不单纯是具备了很高的管理水平，而且一定具备做人的思想工作的高超技艺。

我曾经为两个大的国营运输公司的汽车维修企业（修大型汽车）做过策划，仅从工艺、业务流程做一些变革，其中一个企业当月效益即提高47%，可见国企改革之潜力巨大。

提高技术人员、修理工人的素质固然很重要，但更重要的是提高管理人员的素质，尤其是最高层管理者。客观地说，目前全国相当多的维修企业的厂长经理的素质都不是很高，这是制约维修行业向前发展的重要因素。我们调查过一些维修行业，当企业经营状况不佳，处于低谷时期，是经营管理最困惑的时候；当企业发展到高峰时期，不愁没有车修的时候，同样也是他们最困惑的时候，因为他们不能看清市场走向，抓不住市场规律。我接触过许多企业老板，在客户非常多的时候，钱挣得多的时候，让他做什么都有兴趣，积极性非常高，而且很主动。你让他做一年后的发展规划，他会说那不行，你怎么眼光看得那么近呢？要想到五年十年，他能把五年以后十年以后的美景描绘得天花乱坠，让你自叹不如。可一旦业务上不来了，几天没车修，没钱赚的时候，他不去具体分析是什么原因，你让他想第三天要做什么他都懒得想。第二天你能给他找来车源那是你的本事。什么可持续性、品牌等一概别提。这就是我们这个行业一部分企业主的做法，他们实惠得很，先捞一把再说，以后走到哪步算哪步。就目前而言，已不是20世纪80年代后期、90年代前期情况，现在市场越来越成熟了，因而就必须懂得市场运作。违背市场规律，忽视了哪一个环节与市场脱钩，很快就会遭到市场经济规律的报复。任何一个企业，作为市场大潮中的一个分子，它总是在不断地变化。企业发展的高峰时期和低谷时期总会同样存在，并且低潮时期往往高于高潮时期，这就对企业管理者的素质提出很高的要求。维修企业的经营管理者如果不注重管理素质的提高，那么在行业向前发展的过程中企业就会退步。

经营企业需要像经历人生那样，既能充分领略成功的喜悦，也能认真品尝失败的痛苦，没有时时一帆风顺永远飞黄腾达的人生，也没有一路风调雨顺永远发达的企业，人生中的挫折和失败与企业发展中的萧条甚至破产一样，符合辩证法的基本规律，一个成功的企业家应该如何面对企业的困境？企业步入困境正如人生陷入失意一样，原因可能是多方面的，既有主观上的决策失误，也有客观上的市场形势恶化，这些都能帮助我们吸取教训，总结经验，从头做起。像人生中的失败和挫折一样，企业的困境也是企业长远发展的宝贵财富。失败是成功之母，就是这个道理。企业步入辉煌也如人生飞黄腾达一样，原因同样是多方面的，既有自身的努力，也有机遇的存在。从正面来看，应该为自身的发展而自豪，应该进一步鼓舞士气，乘胜前进；从反面来看，又应该冷静对待，居安思危，不可被小胜冲昏头脑。在现实生活中，我们常常看到刚刚有点起色的企业，它们趾高气扬，犹如小人得志，大有气吞山河之势，全然不知天外有天，结果慢慢陷入自己给自己埋设的困境，一败涂地。失手后又一蹶不振，不能自拔。对于这样的企业，成功是失败之母，小胜是大败之兆，因此经营企业确像经历人生一样，需要坚韧不拔的意志，失败时不气馁，放眼未来，只有这样企业才能稳步、健康、快速地发展。

我们建议行业管理部门多开维修企业厂长、经理经营管理培训班，开拓管理者的视野，藉此推动企业的进一步发展。而且培训一定要善于抓住时机，尤其在管理者所经营的企业处于进退两难时期，更应该因势利导，抓住经营者的管理特点，结合该企业的实际状况，对经营管理者进行及时、即时教育，此举非常重要。

行业协会与行业管理部门应该肩负起提高经营管理者素质这一艰巨任务。过去，无论什么人，只要有钱、有人，就可以在交管部门申请注册建立维修企业。其实许多人并不懂现代化的维修企业管理，长期以来汽修厂注册方面的限制过于宽松，在一定程度上导致维修行业管理水平普遍低下。在这方面，不妨借鉴美国先进的行业管理经验，采取强制性措施，企业经营者务必通过行业管理部门组织的72个课时的培训学习，拿到资格证书，方可筹建企业，并且定期参加每年法定专业及业务培训。针对我国维修行业管理人员的素质状况，管理部门应当对各种层次的经营管理人员进行综合鉴定，要能抓住经营者的特点，结合企业实际状况，分门别类进行观念、形象、品牌、管理、服务多层次、多方面的培训。培训不能停留在形式上，要真抓实干，一抓到底。培训的学时要能满足管理知识的学习需要。

另外，院校可以针对维修行业的经营管理者状况，开办汽修厂管理培训班。新闻媒体、报刊杂志要加大管理素质培训的宣传力度。行业协会研究机构应将MBA教程“国产化”，要尽可能使其通俗化，让普通层次的经营管理者都能将MBA理念入脑入心。要结合中国维修行业状况，深入浅出地对管理者进行管理教育、培训。

为什么要强调对经营和管理者进行先期培训学习，尤其在营销业务接待、维修作业管理方面，有四个理由：

1）营销业务接待、维修作业管理是一切组织三个主要职能之一，对于理解组织职能是必不可少的，只有通过培训才能明白维修企业是怎样运作的一个完整系统，并明确哪些是关键岗位。

2）通过培训明白维持企业发展靠的是汽车维修质量与服务质量，明白汽车维修质量与服务质量产生的过程，是哪些因素在起主导作用。

3）维修作业与管理是一切组织耗费最大的部分之一，而其又是提高盈利能力的最佳途径。

4）通过学习可以理解汽车维修企业管理者的职责与作用，理解这一点才能掌握这种管理者所必须掌握的决策技巧。同时才能够对企业所有职能部门、岗位进行准确、规范、到位的描述，才能够对企业职能部门、岗位的资源配置及其责任、权利、工作目标、工作内容进行到位的描述，才能够进行规范化管理。

第二节　提高现代汽车维修企业管理者素质要点

一、汽车维修行业新观念、新思路

为管理而管理一定是失败的管理。

我接触过很多维修企业老板，他们也接受过各种各样的管理培训，有的老板甚至不惜重金读MBA，虔诚地聆听大师的教诲，他们受益匪浅、感慨万分，可往往时过境迁，企业原来是什么样现在还是什么样；有的聘请了一拨又一拨高级专业管理精英，结果是老板对任何一位都没有满意的。究其原因，不外乎脱离实际，这里的脱离实际是指对自己的企业没有清醒的认识；更多的企业不是没有管理，而是管理有始无终。通俗一点讲，管理实际上是一种闭环循环过程，要有制度、标准、执行、检验、反馈、总结等一系列周而复始的过程。

这里我想单独强调一下“标准”问题。我认为现代汽车维修企业与传统维修企业的最大区别，在于“标准”的考量与“标准”的缺失。比如，在汽车维修企业里遇到最多的现象是，当询问一件业务是否完成时，得到的结论往往是“完成了”；询问这件事是否做好了，得到的回答是“做好了”，那么真的是“完成了”“做好了”吗？答案一定是否定的。因为这里缺失标准的考量，也就是以什么样标准完成了，以什么样标准做好了。所以，很多企业不是缺少管理，而是缺少管理的完整性。

现代管理的新职能与传统管理职能的区别在于，传统管理的4个职能是计划、组织、领导 、控制。在此基础上，现代管理又增加了许多新的职能（不是内容）：注入活力、适度授权、给予支持、互相沟通。当然，这里最根本的职能是由对事物、对人事的管理转向对人力资源的管理。

1. 注入活力

现代管理将对人的管理放在第一位，一个企业中高效率的管理者善于发现员工们的潜在力量并予以激发，使之扩大得以释放，并且保持这一最佳状态。因此管理就是用员工们容易理解、可以接受、非常喜欢的方式把管理者对公司的激情传给员工。一幅美丽的画卷展现在眼前胜过千言万语，这句话是千真万确的，让每一个员工在心中都有一个美的追求（企业的前景、个人的前景），一个成功的管理者善于勾画美好的企业前景，激励（带来的效果往往出乎意料）和激发员工们释放无穷的力量，以达到最佳的绩效。

希尔顿曾说过，尊重人、关心人、重用人才，是他成功的一条重要经验。在他事业生涯的任何一个阶段，他的身边总是聚拢着一批优秀人才，他们中的许多人，既是希尔顿集团的高级管理人员，又是希尔顿本人亲密的朋友。

2. 适度授权

优秀管理者允许员工（尤其基层部门领导）干大事，这是管理的一个重要职能，如果是单枪匹马，最杰出的管理者也难以成功，为达到企业的目标应依靠员工的能力。授权不单单是指授予职能权利，更要授予自主权利。现代企业不像过去那样依靠权利，强制员工去完成某项任务，而是为了让员工保质保量按时完成任务，积极地去给员工创造完成任务的条件、环境，引导和启发员工的积极性，鼓励员工克服困难去能动地完成任务。

我们来看一段世界著名管理大师杰克·韦尔奇与中国企业领袖高峰论坛上的对话（2004 年 6 月）。

华润集团总经理宁高宁问：你的成功已经成为一个神话，如果有人想重复你的成功，即使在很小的规模上重复，如何做到？

杰克·韦尔奇：一个首席执行官的任务，就是一只手抓一把种子，另一只手拿一杯水和化肥，让这些种子生根发芽，茁壮成长、发展，不断创新，而不是控制你身边的人。你要选择那些精力旺盛、能够用激情感染别人并且具有决断和执行能力的人才。把公司的创始人当成一个皇帝，从长远来说，这个公司是绝对不会成功的，因为它没有可持续性。

宁高宁问：这四种能力，中国企业领导人缺少哪一种？

杰克·韦尔奇：可能他们在第二种上比较欠缺。很多的企业家不能够调动员工的积极性。应该多从下属的角度考虑问题，让他们感到激动，为他们所取得的成绩庆功，如果是这样，我相信它会极大地改进中国企业的管理。

宁高宁问：我想你们应该有一个秘密配方，但是你们提供的只是常识。

杰克·韦尔奇：这是最基本的常识，最重要的是你要身体力行。每一个人在报告中都写到感谢我们的员工，并不是这么简单。他们从来没有走到员工中去，从来没有祝贺他们的成功。

制度不是万能的，美国有一家叫诺德斯特龙的公司，有员工3.5万人，年营业额高达39亿美元，可是他的主要规章制度只有一条：

欢迎你加入我公司，我们的宗旨是为客户提供一流的服务。第一条制度，在各种情况下善于作出正确的判断，仅此一条，任何时候有任何问题请问部门经理、商场经理、本系统经理。

3. 给予支持

前进的步履越艰难就越需要给予员工更大的支持，创造一个支持环境的关键是在企业建立一个“开放”制度。在这个开放的环境里，员工们可以提出问题和所关心的事情，事实上，企业要鼓励他们这样做。由于大环境的变化，管理者的工作不再是监督，而越来越多的情况下管理者必须是教练员、同事、啦啦队。部门经理之间也要互相支持，现代企业内部不能容忍个人势力，以及部门之间的明争暗斗、信息垄断等现象存在，现代企业容不得这些扭曲的行为。

4. 互相沟通

毫无疑问，相互沟通是每个企业的生命线，而管理是上下关系的纽带，要不断地向员工们阐述企业的经营思想、目标、工作方法等，反过来又不断地收集各方面的信息，包括员工们对企业行为的反馈，否则企业将寸步难行。

“沟通的位差效应”是美国加利福尼亚州立大学研究企业内部沟通的重要成果。他们发现：来自领导层的信息只有20% ~25%被下属知道并被正确理解，而从下到上反馈的信息则不超过10%，平行交流的效率则可达90%以上。进一步研究发现，平行交流的效率之所以高，是因为它是建立在平等基础上的。

为试验平等交流在企业内部实施的可行性，他们试着在整个企业内部建立一种平等沟通的机制。结果发现，与建立这种机制前相比，在企业内建立平等的沟通渠道，可以大大增加领导者与下属之间的协调沟通能力，使他们在价值观、道德观、经营哲学等方面很快地达成一致；可以使上下级之间、各个部门之间的信息形成较为对称的流动，业务流、信息流、制度流也更为通畅，信息在执行过程中发生变形的情况也会大大减少。于是，他们得出了一个结论：平等交流是企业有效沟通的保证。

美国著名的未来学家约翰·奈斯比特曾说：“未来的竞争将是管理的竞争，竞争的焦点在于每个社会组织内部成员之间以及与外部组织的有效沟通上。”很多企业懂得这一点，却往往忽略建立有效的沟通机制。

一个企业要实现高速运转，让企业充满生机和活力，有赖于下情能为上知，上意迅速下达，要做到这一点，建立有效的沟通渠道是必须的。企业规模不大时，这种问题可能表现不会很明显。当企业发展到一定规模的时候必定会出现沟通上的问题，如果不能很好地解决这些问题，企业发展就会严重受挫。

在企业中，信息的交流主要有三种：上传、下达、平行交流。由于言路不畅，当管理层次增加以后，基层的声音就很难传达到高层领导那里。日本管理学家在实践中证实：信息每经过一个层次，失真率约为10%～15%。要解决这些问题，最好的方法就是打破上下级之间的等级壁垒。

企业制定经营战略目标是企业在经营环境的激烈变化中，为跟上时代潮流努力与竞争对手搞最大差别化，增强竞争意识，其实质是肯定未来环境的变化，否定现有经营结构，从现在开始着手现有经营结构的革新，以实现经营环境与企业能力之间的动态平衡。

现代企业管理需要建立战略管理理念。不论其企业大小，都必须具有战略管理意识。企业战略管理内容包括：

（1）经营理念管理　经营理念是企业经营战略理论的基本点，是指导企业战略决策的行动准则，所谓行动准则，是指企业必须明确自身存在的价值，也就是说企业是为利润所存在，而这种利润一定是建立在为客户服务（有形产品与无形产品）基础之上的。也可以说，经营的目的实际上是为客户提供更好、更具价值的服务。企业是一种长期的经营主体，战略管理是企业应当具备的素质。因此，研究企业经营战略首先要研究经营理念，经营理念的价值在于在某一迹象刚露头，大部分人还没有觉察到时，你就发现他并利用他，从而去开发别人尚没有想到的项目，开拓别人尚未占领的市场；敏捷地抓住别人容易忽视的，或者别人不屑一顾的项目，不愿去占领的市场，在平凡事业中创造不平凡的企业特色。

美国石油大亨约翰·戴·洛克菲勒说过：即使把我衣服脱光，再放到没有人烟的沙漠中，只要有一个商队经过，我又会变成百万富翁。

李嘉诚与长江商学院EMBA学员们对话时曾经说过：企业的起伏，在中国有，外国也有，但最要紧的是无论企业大小，都要有一点核心业务，有核心业务就可以在经济不好的时候，起到非常大的作用……经营企业如履薄冰，“发展中不忘稳健，稳健中不忘发展”这是我个人的座右铭。“知止”这两个字没有写在办公室里，但一直写在脑子里。在香港，我看到人家成功得容易，但掉下去也非常快，是什么原因呢？“知止”是非常重要的。全世界失败的企业中，至少一半都是贪婪的。

（2）经营职能战略　企业经营职能战略是将企业总体战略和分战略按职能具体化和落实，是企业职能部门的战略措施。经营职能战略的制定是将总体战略转化为其相应专业职能部门具体行为计划的过程，如营销战略、财务战略（资金运作战略）、人力资源战略（人才后备）。这里要强调的是，企业的经营职能战略的原则是以客户需求为导向的创新，是一种放弃，也是一种创新。

约翰·戴·洛克菲勒经营企业的法典：要学会放弃。当红色的蔷薇含苞待放时，惟有剪除四周无用的叶，才能在日后一枝独秀，绽放成艳丽的花朵。

（3）经营方式战略　企业经营方式是企业扩大战略的方法和手段，所以经营方式战略也叫做方法和手段战略。它是利用企业的技术能力、组织能力等手段，合理组织企业内部资源和可借用外部资源，实现企业扩大战略。确立了企业宏观管理目标及内容后，就必须从细微之处着手，这就是企业管理的特点，既有宏观又必须从细节做起，是辨证的统一，是相辅相成的。俗话讲："成也细节，败也细节"，一个企业在经营过程中，往往会遇到各种事情，一时一事的疏忽可能会给企业带来灭顶之灾。

给中小企业的10个提示：

1）像经营一般企业那样经营你的企业。记住经营一个企业不能从兴趣和爱好出发，不能从想当然出发，企业的首要目的是赢利，因此企业必须有相应的规章制度，并竭力遵守这些制度。

2）让你所做的事合法。

3）做事情要一次做好。

4）小企业也要有职业形象。曾经有人说过，你将不会有第二次机会改变人们对你的第一印象。

5）制定营销战略。最好的企业是那些能够建立满意的客户基础，并能为客户做事的企业。

6）有效地利用时间。自己不要设法去做每一件琐碎的杂事，要把时间花在关键点上。

7）激励自己。在你个人生活以及在你企业中要激发自己的奋斗精神，设立一个目标是十分重要的，并将这个目标公布于众，把它列入你的企业计划，是激励你自己的重要方式。

8）将那些能带来不同技能的人纳入你的企业。记住要和你的竞争对手竞争，而不是在内部相互争斗。

9）融入企业圈。为了保持你企业的生长，你要不断地把握住世界变化的脉搏，而把握世界脉搏最好的方法是保持与世界的联系。

10）要认识到企业当中的任何一件工作都不是一顿免费的午餐。

目前对汽车维修企业的管理人员重点培训的内容应包括：

1）弘扬中华商德。

2）对汽车维修服务行业重新认识的观念——高科技的汽车维修服务业的诞生。

3）对市场经济的认识。

4）网络经营的观念。内部的计算机网络管理，外部的网络经营。

5）品牌经营的观念，特约经营，连锁经营。

6）资产重组，机制转换的观念。

7）企业文化的观念。

8）经营战略决策、公关交际、组织与人力资源管理、业务及专业知识等综合素质的提高。

9）企业的可持续发展战略与长期发展目标策略。

10）质量是企业生存的保障，是企业发展的重要手段。从某种意义上讲，汽车修理的质量标准已经由一个定量化标准，变成了一个不定量化的标准。汽车修理企业只有在汽车修理质量及全过程服务质量，都超过客户的预想目标时的质量，才是汽车维修企业追求的目标。这种观念的转变是决定企业生存与发展的关键。

11）必须不断地了解汽车维修技术发展的新动向，学习一些新的维修技术。汽车维修企业是一个非常特殊的企业，除要求一个管理者是一个好的行政者之外，同时必须是一个好的技术管理者。调查表明，往往一个好的技术管理者，在汽车维修企业中会很快成为一个优秀的全面的企业管理者，而一个单纯的行政管理者，却很难树立自己的管理权威性，所以技术学习也是管理者必须持之以恒的。

12）危机管理。

13）各种管理制度的建立、完善，如业务、前台、车间班组、质量、工艺等制度、条例、守则、岗位责任、防火、防盗、防水等。

14）开业前的全员职工培训。业务人员不少于 3 个学时的业务培训与素质培训。技术人员（含技术工人）不少于 10 个学时的专业培训与制度培训。

这里需要指出的是，对业务人员 3 学时的培训，不是单纯业务培训，而是带有企业特色的礼仪培训，而业务人员的素质，必须是经过长期实践或受过高等教育的专门人才。营销学是一门专门的综合素质学科。一个好的业务员，他给企业创造的效益是很难用数字估量的。目前绝大多数汽车修理企业很少有专门受过教育的业务人员，他们的随机性很强，这就决定了他们的业绩受情绪的干扰非常大，而且很肤浅。这种现象给院校及企业也提出了一个亟待解决的问题，如何尽快培养一批专业人员是当务之急。

这里对第一条“弘扬中华商德”做一点强调。市场经济时代是法制化时代。自我国进入市场经济时代以来，企业间的竞争日趋激烈，企业间的关系更加复杂，法律的调整与制约的作用也日益受到企业界的重视。然而令人遗憾的是，我国法制建设的步伐滞后于经济发展的需要。许多经济现象，如恶性竞争、仿冒抄袭、窃取商业秘密、掺杂使假、互挖墙脚等，得不到法律有效的解决。因此在这种情况下，相对于法律的僵硬与呆板，更具有主观能动性的，更有自由的道德规范，便成为一种有益的、必要的补充。

二、认识道德危机的危害性

在道德危机日趋严重的今天，职业道德的提倡更加重要。在企业界，道德危机的种类纷繁复杂，从下面几个典型例子中，可以看到它的危害性。

1. 竞争中的你死我活

我们知道，竞争的发生必须具备三个基本条件：①必须有一个共同争夺的目标，这个目标可以是物质性的东西，也可以是精神性的东西，还可以是包括物质和精神在内的综合的目标；②必须是双方甚至多方争夺同一个对象；③竞争的结果具有排他性，也就是说如果一个人在竞争中获得成功，必然会减少甚至剥夺他人成功的机会。但这并不意味着不是“你死”，就是“我活”，竞争往往导致双方共存，甚至走向联盟合作，致对方于死地显然是走入了误区。

都说我们这个行业素质低，这和我们每个人的所作所为有着密切关系。我耳闻很多维修企业（包括一些大型企业），接待曾经有过在其他维修企业修车经历的客户，常说的一句话就是：不要到他们那去修车，他们怎么怎么样不好。显而易见，这样做的目的是想贬低别人抬高自己。实际这样做的结果恰恰暴露了自己的庸俗。“尺有所短，寸有所长”，每个企业都有自己的优势和不足，如果我们每个企业都能够抛弃狭隘的竞争观念，联合起来优势互补，那么行业素质就会得到很快提高。不少企业非常讨厌路边店，它们的确抢走了一些生意。但它们能够生存下来，就说明客户有需求，如果一些企业有能力对它们进行部分组合，将它们作为深入客户的服务终端，将会扩大企业的服务范围。

过去，公司为了赚钱，总是想独霸市场，一心想着挤垮同行。他们在处理与同行的关系上，多是互相诋毁，互相攻击，互相欺骗。如今，现代社会的企业，虽然也提倡竞争，鼓励竞争，但竞争的目的是为了相互推动、相互促进、共同提高、一齐发展。当然，随着商品经济的发展，市场竞争的加剧，也会出现个别企业之间的反目成仇。两军相争，你死我活，非胜即败。在市场竞争中，谁都想胜不想败。说处于市场竞争的各公司是“敌手”，因为它们在彼此竞争中带有以下性质：一是保密性，竞争者在一定阶段一定情况下，都有一定的保密性；二是侦探性，竞争者几乎都在彼此刺探情报，以制定战胜对方的策略；三是获胜性，竞争诸方无一不想胜利，都想获取一定利润，让自己的服务产品占领市场；四是克“敌”性，假若市场不能容纳下全部竞争者时，任何企业都想保存自己而“灭掉”对方。即使市场能容纳下全部竞争者时，它们也还是都想以强“敌”弱。

虽然竞争公司间有点像战场上的“敌手”，但就其本质来说又是不一样的。这是因为：公司经营的根本目标是为社会作贡献，公司的服务产品是满足社会需要的，公司赚的钱也被国家、公司和员工三者所用，公司间的竞争手段必须是正当合法的，在这种意义上讲，公司之间完全可以相互帮助、支持和谅解，应该是朋友。

市场竞争是激烈的，同行业的公司之间的竞争更为激烈。竞争对手在市场上是相通的，不应有冤家路窄之感，而应友善相处，豁然大度。这好比两位武德很高的拳师比武，一方面要分出高低胜负，另一方面又要互相学习和关心，胜者不骄，败者不馁，相互间切磋技艺，共同提高。

在市场竞争中，对手之间为了自己的生存发展，竭尽全力与对手竞争是正常的现象。但是，在竞争中一定要运用正当手段，也就是说，只能通过质量、价格、促销等方式进行正大光明的“擂台比武”，一决雄雌，切不可用鱼目混珠、造谣中伤、暗箭伤人等不正当手段损伤对手。

天高任鸟飞，海阔凭鱼跃。市场是广阔的、多元的，一个有灵敏头脑的老板，在已被别人挤满的热门的康庄大道上，不必因为自己受挤而妒火中烧，应果断地避开众人，踏上冷僻的羊肠小路，照样可以经过一番跋山涉水的艰辛，到达光辉的顶点。

在现代社会条件下，市场形势是瞬息万变的，市场形势此时可能对甲企业有利，彼时又可能对乙企业有利。所以，老板应“风物长宜放眼量”，不可以一时胜负论英雄，更不可以一时的失利而迁怒于竞争对手。

2. 冲突中的敌对情绪

当竞争中的双方发生利益交锋时，冲突就不可避免了。但企业双方在冲突中的立场，只能限于维护各自的利益，捍卫自己的权利。当任何一方以诋毁对方，打击对方为目的的时候，这种敌对情绪带来的结果不是一方得胜，而是两败俱伤。

从长期的观点看，一个企业能够真正持续拥有竞争优势，实际上就是永远都不会遇到竞争的优势，也就是不会有别的竞争的优势，这种动态优势只有通过不断创新才可能实现。企业通过不断创新，把握市场新机会，创造客户新价值，既不与其他企业直接对抗，又有助于客户价值的提升，正所谓“夫唯不争，故天下莫能与之争。”当然，这里的竞争优势创新，必须贯彻客户为本的思想，以改变假设、超越自我、突破定势为切入点。这就是要从客户的角度出发，全方位地审视企业的客户价值创造活动，获得改进设想，采取具体行动，最终实现提升客户价值的目的。

因此改变观念，树立一种新的竞争与合作思想，来一个逆向思维，以合作应对竞争。竞争与合作这两种做法，其本身只是实现目标的一种手段，不存在简单的优劣之分。有时需要竞争，有时需要合作，有时需要在不同层面同时使用竞争与合作的做法。在错误的时间、错误的地点，与错误的对象展开错误的竞争或合作，必将会给企业造成战略损失。此外，竞争与合作有良性与恶性之分，恶性竞争会导致两败俱伤，良性竞争会推动双方前进。

事实上，竞争既存在利益分割矛盾，也存在共创市场的互惠可能。调整心态，更有助于找到互惠发展机会。由此可见，许多人认为的“商场如战场”，这一提法实际上有待商榷。

当前在处理竞争与合作关系上，由于竞争可从直接的眼前利益争夺开始，而合作则更多地是从双方利益互让开始，因而不仅要求有合作各方的良好沟通、相互理解，更需要有创新性的思路与操作，以便为合作各方带来真正的长期多赢结果。正因为如此，现实中人们更习惯于采用短期见效的竞争手段，而容易忽视实际存在的合作可能，甚至形成竞争性思维定势，最终放弃了对于合作的探索。从这个角度看，在当前企业间竞争甚于合作的氛围中，谁能在激烈的竞争中发现多赢的合作途径，谁就更有可能在长期竞争中站稳脚跟。真正的企业经营之道，必将符合老子所言“天之道，利而不害；圣人之道，为而不争”。这就是，在互利互惠、利物利人的基础上，求得企业自身的发展。

3. 协作中的短期行为

协作是指为达到共同目标在行动上互相配合的行为方式。企业进行协作、联盟的目的，是为了长久地共同发展。协作必须有一定的物质基础，如生产资料、资金、技术、生产等；协作还必须遵循自愿互利的原则。如果协作的任何一方以得到对方的某一种利益，如资金、技术、市场为目的，挖到了就走，那只能是一种短期行为，所带来的结果只能是使双方蒙受物质上的损失与信誉上的一定损害。

像以上这种现象，其活动内容与过程可以是合乎法律，以法律为武器的，但结果却往往出人意料，令人失望。法律毕竟只能起到客观的作用，而对人们内心的主观方面的调节，却只能通过职业道德规范来进行。因此，防范道德危机的有效方法是：提倡遵守市场经济时代的职业道德。

一定的道德原则是从人们的社会实践中产生的，它一经产生，就作为一种善恶标准，通过舆论和教育影响人们的心理和意识，形成人们的善恶观念、情感和意向，以及人们内心的信念；另一方面，又通过社会文化、传统习俗和规章制度的形成，在社会生活中确定下来，成为约束人们互相关系和个人行为的规范。

在经济领域中，对于企业界来说，它的约束与调节功能是通过职业道德规范的建立来实现的。它的明显作用表现在以下两点：

1）经济管理的调节。作为生产经营者职业行为的准则，职业道德则可以指导经营者自愿地选择有利于消除各种矛盾，调整相互关系的道德行为，从而在经济管理工作中，缓和乃至解决已产生的各种矛盾，改善经济管理领域内人与人之间的关系，从而促进经营者协调一致地、高效率、高质量地完成本职工作。

2）对经济行为的监督。企业的经济行为不是随心所欲而采取的行动，也不是主观随意的选择，从根本上来说，它是客观要求和主观认识的统一。职业道德一旦形成，它总是要通过一定的形式和途径变为人们共同的行为准则，影响、支配和控制人们的经济行为。从社会的角度看，依照一定的道德规范，对经营者的经济行为进行善恶评价，与企业生产经营活动的发展及其成果息息相关，并驱使他们自觉地遵守一定的道德规范。所以，职业道德尤其对个体户和私营企业的经济行为起监督作用。如果企业领导者经济行为违反了职业道德，那么道德作为他的内心信念，迟早会促使他对自己的行为反省，并逐渐地纠正自己的行为。自我意识的存在，使得道德规范所引起的自我监督、自我纠正发挥出良好的作用。对企业竞争力提升企业经营者自觉遵守职业道德的同时，也就是对自身素质的一种培养与积累，久而久之，企业的竞争力自然会得到提高。而那些随心所欲、自以为是、轻视职业道德的经营者，整天处于矛盾与斗争中，不仅不会提高竞争力，反而会降低自身的素质与实力。

三、职业道德的基本要求

企业职业道德的基本要求不外乎义务、良心、荣誉和节操等。

1. 义务

义务是指人们在道义上应当履行的责任。社会生活是一个互相联系的整体，个人的生存离不开与他人与社会的联系。所以作为人，都具有一定的社会性，都有对社会、集体和他人应承担的责任。

企业经营者在经营活动中，应在内心信念和道德责任感的引导下，自觉履行对社会、集体和对他人的责任，这是职业道德对经营者的要求。这种道德义务一般不以享受某种权利为前提，而是会或多或少地牺牲个人利益。尽道德义务是自觉自愿的，不能带有功利目的，也不需要外力强制。

企业经营者尽职业道德义务应做到以下几点：①要正确地理解和贯彻执行国家的有关方针、政策、法律和法规；②要学习企业管理知识，积极掌握和应用各种管理手段，努力提高生产经营活动的经济效益；③要处理好雇主与雇员之间、企业与企业之间、企业与国家之间的相互关系，特别是利益关系，不能损人利己；④要自觉遵守和维护财经纪律，不得泄漏有关经济机密，不从事违法活动，不使用以假乱真、以次充好等骗人手段。

企业经营者义务感的加强，有助于他们实行科学的管理、讲究经济效益，从而促使他们的管理工作从守业型，转变为积极进取的创业型，使他们致力于学习和更新自己的管理知识，熟练掌握和运用先进的管理技术和手段；而且也有助于他们肯定政策，欢迎改革、参与改革、不断创新，不怕困难，将改革事业推向前进。

2. 良心

良心是人们在履行义务的过程中形成的道德责任感和自我评价能力，是一定的观念、情感、意志和信念在个人道德意识中的统一。企业经营者的职业良心包括是非感、正义感、羞耻感、同情感、责任感，以及自尊、自爱、自重等内容。

企业经营者的职业道德良心，既要求经营者能爱人，即对员工、对同事要平等地对待他们，热情地帮助他们，不能为自己的利益去危害他们，做到“将心比心”，同时也对危害公众利益的行为进行坚决斗争。

当企业经营者在职业生活中，需要作出某种行为之前，良心将对行为动机进行自觉检查，严肃而反复地思考：“这样做会有什么后果？”“假如我处在别人的位置将会怎么样？”等问题。经过权衡之后，对符合职业道德要求的动机予以肯定，对不符合者加以否定，并对行为进行过程中产生的异常情感、私欲邪念，良心应及时制止并作出行为方向的改变，从而避免产生不良后果。就是说，良心对企业经营者的经济行为起着不自觉的监督作用，也就是我们通常所说的“良心的发现”。当经营者意识到自己的行为履行了道德义务，符合道德要求的时候，他们就会感到职业良心上的满足；反之，就会感到羞愧不安，受到职业良心的谴责。良心上的满足能给他们带来安宁，良心上的谴责会给他们带来痛苦。

3. 荣誉

荣誉既是社会对道德行为的公认和褒奖，也是个人对行为的社会价值的自我认同。在企业经营者的职业道德中，荣誉同样包含这两方面的内容：一方面是对经营者在职业生活中履行社会义务的公认褒奖；另一方面是经营者由于履行了社会义务而产生的职业道德感情上的满足和自我认同。

从荣誉方面来讲，荣誉通过社会舆论来表现社会对企业经营者职业行为的要求，明确社会支持什么、反对什么，使他们对自己的职业行为所带来的后果加以关注，并使他们调整自己的经济行为，从社会评价中得到肯定和赞扬，避免在社会评价中受到谴责或否定。它还要求经营者珍惜荣誉、讲究信用，不弄虚作假，对自己所从事的工作具有高度的责任感和发自内心的热爱。荣誉是调节企业经营者经济行为的巨大精神力量。

4. 节操

所谓节操，就是指一个人在政治行为、经济行为和道德行为上的坚定性，通常也称为志气、骨气等。

企业经营者职业生活的道德节操应包含的内容，一是坚信社会主义市场经济制度的优越性；二是要有强烈的爱国主义精神，要有民族自豪感；三是要有良好的道德品质，如不行贿、不受贿，不骗人、不坑人，不浪费、不盗窃，不怕困难、不畏艰险，勇于开拓、不断进取。

节操则可以调整企业经营者的行为方向，使他们懂得哪些该做，哪些不该做，懂得该发扬什么，该控制什么，该对自己的哪些行为作出重新认识或修正。节操还可以通过内心信念，使经营者更加自觉地加强职业道德修养，抵制各种错误思想和经济行为。

四、规范职业道德标准

企业经营者的职业道德规范经过几十年的经验总结，已经形成一些大家共同遵守的行为准则，主要有以下几方面。

1. 热爱本职，精通业务

热忱反映了人对现实的一种积极态度。企业的经营者，如果对自己所从事的工作没有一股巨大的热忱，甚至看不起自己的工作，就不可能有工作的积极性、主动性和创造性，也就不可能实现自我价值的追求。经营者如果不精于业务，不善于聚财和理财，在竞争中就要被淘汰。只有精通业务，善于聚财和理财，他们才能把自己所从事的事业发扬光大；才能提高经营效益。

2. 艰苦奋斗，节俭自律

企业的建立和发展，是经营者经过长期的艰苦奋斗换来的，它凝结着经营者的心血和汗水。在事业成功后，更需要再接再励，艰苦奋斗，节俭自律，把自己所从事的事业进一步发扬光大，而不能半途而废，贪图享受，挥霍资财，否则只能前功尽弃，成为一个失败者。

3. 互利互惠，公平交易，诚实无欺

要保持和发展互利互惠、公平交易、诚实无欺的经营作风，就要树立正确的经营观念，即全局观念，服务至上观念，薄利多销的观念，创造经营特色的创新观念，服务项目及时更新观念，经营方式多样化观念。

4. 文明经商，尊重消费者利益

文明经商就要做到主动、热情、耐心、周到，仪表要整洁，举止要大方，讲究语言艺术。具体来说，客户临近，主动招呼；客户购货，主动展示服务内容与服务项目；客户对服务项目不熟悉，应主动介绍服务内容与服务项目的实施方法、价格、承诺等。接待客户时，要态度和蔼、语言亲切、注重礼貌；要耐心回答客户提出的各种问题，帮助选择服务产品，在尊重客户选择的基础上善意引导消费，多问不烦；要想客户之所想，急客户之所急。

尊重消费者的利益，则要做到明码标价，不能因为给了客户利益上的折扣，维修质量就出现折扣。争取不让客户吃亏，不无限夸大汽车故障，实事求是。维修生产注重质量，对消费者负责。

5. 团结协作，互帮互助

团结协作、互帮互助是正确处理业主与员工之间、企业之间相互关系的有效途径。这就要求经营者树立求大同存小异的工作作风；尊重他人的意见和劳动，要善于心理换位，将心比心地多替他人着想，而不能在员工面前摆架子；要积极、主动地参与生产与协作。

6. 勇于开拓，不断进取

企业的经营者需要一批勇于思考、勇于探索、勇于创新的闯将。

我的朋友经常出差，经常买不到对号入坐的车票。可是无论长途短途，无论车上多挤，他说他总能找到座位。

他的办法其实很简单，就是耐心地一节车厢一节车厢找过去。这个办法听上去似乎并不高明，但却十分管用。每次，他都做好了从第一节车厢走到最后一节车厢的准备，可是每次他都用不着走到最后就会发现空位。他说，这是因为像他这样锲而不舍找座位的乘客实在不多。经常是在他落座的车厢里尚余若干座位，而在其他车厢的过道和车厢接头处，居然人满为患。

他说，大多数乘客轻易就被一两节车厢拥挤的表面现象迷惑了，不大细想在数十次停靠之中，从火车十几个车门上上下下的流动中蕴藏着不少提供座位的机遇；即使想到了，他们也没有那一份寻找的耐心。眼前一方小小立足之地很容易让大多数人满足，为了一两个座位背负着行囊挤来挤去有些人也觉得不值。他们还担心万一找不到座位，回头连个好好站着的地方也没有了。与生活中一些安于现状不思进取害怕失败，永远只能滞留在没有成功的起点上的人一样，这些不愿主动找座位的乘客大多只能在上车时最初的落脚之处一直站到下车。

朋友作为生意人，经常被同行羡慕“运气好”。因为一些看来希望渺茫的机会总能被他撞上，最终达成最后的合同。听过他“找座位”的故事后，我们能够悟出，他的运气其实是他不懈追求的回报。他的自信、执著，他的富有远见、勤于实践让他握有了一张人生之旅永远的坐票。

7. 遵纪守法，敢于斗争

企业的经营者必须以财经纪律严格要求自己的职业行为，自觉遵守有关经济法规；而且要善于运用财经纪律和有关经济法规，在经营中正确处理好各种关系，包括矛盾和纠纷等，对违法乱纪的行为不迁就，要敢问敢管、坚持原则、敢于斗争。

对于儒商之德历来在学术界有争论，是继承弘扬还是批判，我觉得两者都对，客观世界是在发展变化的，道德标准也会变化，对于儒商之德批判那些腐朽的保守的，继承弘扬高尚的，这是我们的选择。虽然鱼与熊掌不能兼得，但我认为现阶段还是以弘扬为好。

企业经营道德是决定企业命运的指导原则。提高管理者素质，其实质就是提高商德。市场经济的负面影响使很多人重财不重德，影响企业发展的不仅仅是财。历史证明，具有浓厚东方色彩的企业经营之德、儒商思想是不少中国企业成功的核心。儒商思想的支配伦理最重要的有三点：

1）“诚信不欺、一诺千金”，“非诚贾不得食于贾”，即不是以诚为本的商人就不能以经商谋生。企业家在经营活动中应当诚善于心、言行一致，不能以欺诈或损害他人利益的行为致富。

诚信的基本内涵包括“诚”和“信”两方面，即诚信是诚实和信用的概括。

诚实实际上就是实事求是，不虚假，不伪善，言行一致；信用则表现为履行责任、兑现承诺。诚信应该是人的一种优秀本质。

孔子也告诫自己的学生，“人而无信，不知其可也。”意思是说，一个人如果不讲信用，就无法在世上行事立足。

战国时期，孟子就主张诚信是人之根本。他提出：诚，是建立在天人合一与性善论基础上的，天道本身就诚。通俗的说法就是：诚信不是法制社会对个人必须做出的基本要求，而是个人对社会的一种义务。诚信是发自内心、自愿的，是人的一种操守，是道德人格不可或缺的因素。

我国从古代起，诚信就成为人们极力推崇的美德之一。“君子一言，驷马难追”的古训，刘关张“桃园三结义”的美谈，关公“千里走单骑”的壮举，都是诚信、守诺、勇于实践诺言的典范。

若想令自己做到诚信，就必须去学习和掌握一定的知识、具备一定的能力；取得知识在于研究和探索事物发展的规律。所以要先学做人，然后学做事。成功的人首先知道如何做人。他能够把握待人处事的原则，他有开阔的心胸，坦坦荡荡，自信信人。做起事来自然有高度的责任感，能够战胜自己的弱点，对事业忠诚而敬业。

在现代社会中，随着市场经济的不断发展，诚信亦凸显出极其重要性。市场经济本身就是一种信用经济，具有公平竞争、公平交换、效率效益、诚实守信的原则。可以说，诚信是市场经济与生俱有的准则，市场经济越是发达，就越要求诚信。没有诚信，就没有秩序；没有诚信，就没有市场；没有诚信，就没有经济的健康发展。

一个成功的企业家必须把经营人生中的诚信原则，移植到企业经营中来，逐步塑造坚实的企业伦理基础。在人生漫长的道路上，“诚信”二字永远是一个人成功的助推器。有了诚信，我们可以结识很多朋友，在一生中相互结伴共渡难关，协力相助，共成伟业。企业又何尝不是这样？我们的企业不仅诚信地对待自己的客户，而且诚信地对待与自己有各种业务关系的银行、企业和政府，诚信地对待自己的员工。只有这样，企业才能营造出良好的外部环境和内部氛围，才能铸就与长远发展相匹配的伦理基础。

有一年，北方某城市一个老板新建了一所高级轿车修理厂，打电话请我帮助找一个高级技工。在我的极力鼓动下，一位实践能力非常强的维修高级工程师应允而去。一个星期后接到电话，那位老板千恩万谢，并对介绍去的人赞口不绝。可没过几天，我却在办公室里遇见了这位高工，他一脸无奈地说：我被开了。事情太突然了，令我目瞪口呆。事情源于某日老板随同一位客户找到这位高工，客户一再声称与老板是好朋友。说是他的奥迪汽车发动机刚刚在另外一家修理厂进行过大修，但这两天开始排气冒蓝烟，请求帮助检查一下。这位高工仔细看过维修记录后，认为可能是气门油封引起的泄油，并告诉他花100多元就能解决问题。可在这关键时刻，这位高工只在专心致志为客户解决问题，却没有注意到老板站在客户背后一个劲冲他又是挤眼又是做手势，那意思是：好不容易来一个客户，管他朋友不朋友呢，好好宰一刀。结果是因为太“愚昧”，而被炒了鱿鱼。多么可悲的一段经历。

有人说中国的企业长不大，是因为体制因素制约。我觉得中国企业家的个人素质决定下的企业伦理基础薄弱，是一个重要因素。在目前中国赚一把就走，过河就拆桥的企业不能算少。一些企业只要可能就决不放过坑害银行、其他企业，甚至客户和老百姓的机会，这些都是企业伦理基础薄弱的表现。从长远来看，这样的企业是决不会成气候的。“惟厚德方可以载物”的古训，在企业经营管理中依然成立。这正如一个依靠小偷小摸度日的人，偶然也会有过好日子的时候，但绝对不可能富裕一辈子。一个胸怀大志的人则必然以诚信为本，尽管他们有时也会陷入困境，然而前程必然是美好的。雄鹰有时候比鸡飞得低、但鸡永远不可能像雄鹰那样展翅高飞，这个道理依然适用于企业界。这使我们联想到有些企业的上市问题，许多亏损企业经过暗箱操作，经过包装，甚至伪装，一夜之间变成盈利企业，大把大把地把老百姓的血汗钱骗取过来，投入到永远不可能填平的黑洞中。企业固然可以苟延残喘一阵子，但老百姓的血汗钱则承担着巨大的风险，这是典型的巧取豪夺损害诚信原则的行为。还有许多合资企业或假合资企业，通过各种手段在合资过程中骗取对方的大量资财，同样丧失了起码的诚信原则。上述现象都是商业行为中的毒瘤，必须加以割除。

2）义以天下，回报社会。“义以天下”是中国传统文化世代相传的美德之一。“义”繁体字为“義”，由“羊”和“我”构成，羊象征善和美。“义者，宜也”，宜的意思是应当、应该。中国儒家把义作为人的立身处世之本，以义见利，义益天下。有些人是从创业的第一天起就有着远大的志向，他们早在创业初期就立下了“产业报国”的志向。大部分人初期的目的就是哥几个凑在一起办个公司发发财，赚了钱以后开始想赚钱为什么呢？现在我富了，有责任有义务让那些跟着我干的员工也一同富裕，这时使命感上了一个层次。员工共同富裕之后又开始想，我们能够富裕除了自己努力之外，是这个社会给予的，我们能否给社会一些回报呢？于是投资办学、赞助文化事业、改善社区环境。这时还要结合企业的利益图个好名声，如“某某希望小学”“某某图书馆”，这就又上了一个层次。再上一个层次时，就是不图回报的义举，如某处发洪水捐上个一百万，署名“一个有良心的企业家”等。使命感常常是随着经济能力的富裕程度而提高的。如果富裕程度提高、经济能力提高，而社会责任感不提高，只想赚钱，一是可悲，二是企业没有感召力和凝聚力，也做不大。就连西方战略管理和企业文化课程中都注重“Mission”——企业使命。用我们老祖宗的话就是“道”，“道可道，非常道”的道，“得道多助，失道寡助”的道，“替天行道”的道。孙子是这样说的“道者，令民与上同意也，故可以与之死，可以与之生，而不畏危”。“道”就是上下都共同认定的东西，为了它可以将生死置之度外。我们认真看看周围的企业为什么成功了，也是因为他们有“道”，能够长期成功的公司一定是有“道”的。有着远大志向的企业不一定办得大，但没有远大志向的企业一定办不大。人生在世，都有个如何赚钱（生产）和用钱（消费）的问题。当前人们对如何赚钱有足够的重视，而对如何用钱却不大关心。每个人都可以赚钱，但并非每个人都能给钱以生命。

3）守志持身、富达持节。守志持身、富达持节，乐以天下、忧以民众，是中国传统文化和价值观的重要内容。不奢不吝，不仅是人格修养之必须，而且是人民安身立命的根本。

人在企业的成功，并非只图追求责任名利，而要追求快乐的人生。人生最高志趣和乐趣均在创造中得到人生的意义。一个成功者不只在于成功感的满足，更重要的是创造——为社会带来福祉，即财富取之于社会、用之于社会。

我认为办企业之初，经营者必须先树立好的商德。我们都是炎黄子孙，儒家商德离我们最近，是现实的、最有说服力的，也是最成功的典范。弘扬儒家商德是经营者的必修之课，其实德是行诸事之始及，所谓“善商者处财货之场，修高明之行”。士大夫修名，商人修利，只要“以义守利，天鉴之，子孙必昌”。就是说商人只要以义经商，他的事业就会兴旺发达。

思 考 题

1. 现代汽车维修企业管理者应具备何种素质才能称其为真正的管理者？

2. 现代汽车维修企业管理者应如何对待人才问题？

3. 为什么现代汽车维修企业管理者在企业运营过程中要强调以德经商，以诚待客？

第十三章 创建企业文化树立品牌意识

日常生活中，人们很少能清醒地意识到文化的存在。这就像我们生活在空气中，生活得非常自在，并没有意识到周围的空气存在一样。这种感觉和意识的欠缺是显而易见的，原因是我们很少能有亲身比较的机会，所以也常常忽略它。

一个很简单的例子。让我们来看看攀登高峰和到太空（例如月球）上考察人员的情形，只有在那种空气稀薄的环境中，他们才感到大气的存在，蓦然地觉得原来我们生存的环境竟然是如此的重要。

能清醒地意识到文化存在的人，恐怕是那些经常出国旅行、考察和留学的人了。当他们从一个熟悉的文化环境置身于另一个完全不同的文化氛围时，他们才真正地意识到：原来我们的行为方式、价值、观念、风俗习惯等竟存在着如此大的差异。这种现象就是我们通常所说的文化震荡或文化冲击。这同生活在水中的鱼儿一般无异，当它们自由自在地游荡在江河湖泊中时，并没有感觉到它所生存的环境——水的存在，如果一天，当它们终于离开了水，被捕捉到岸上时，才会觉得异常的不舒服，甚至无法生存。

企业文化是一种管理实践。早在 20 世纪 70 年代初，享有世界声誉的美国管理学家，德鲁克管理咨询公司董事长彼得·德鲁克就曾经指出："管理，应以文化为基础。"在《管理——任务、责任、实践》一书中，他说："管理并不是同文化无关的，它是一种社会职能，既要承担社会责任，又要植根于社会文化之中。"管理虽然是一门系统化的，可以到处适用的体系，但它并非一种超价值的科学，作为一种社会职能，它需植根于一种社会文化，一种价值传统、一种社会制度之中。因此，管理一方面影响社会文化的形成；另一方面，管理模式也深受文化的影响。

在不同的年代，不同的国家，不同的企业中，管理具备不同的观念和风格已是一个不争的事实。企业管理风格和观念有差异是由许多因素造成的，其中文化大背景的差异是最基本的要素之一。企业文化产生于现代的企业管理实践中，它在世界各国的兴起与现代企业管理科学的逻辑发展休戚相关。它明显不同于一度有着巨大影响的古典管理理论和方法，也不同于这之后盛极一时的行为科学管理模式。但是，从人类社会文化发展的整个历程来看，企业文化的发展又与现代几个管理阶段有着深厚的历史渊源。

世纪之交时，美国著名的《财富》杂志在扉页上写道："没有强大的企业文化、没有卓越的企业价值观、企业精神和企业哲学信仰，再高明的企业经营战略也无法成功。”从这中间，我们足以得知西方国家对企业文化的重视。还有一些西方的学者预言，文化就是未来的经济，要进一步推动企业的发展，要想真正成为世界一流的企业，就需借助文化的竞争力，并且指出：许多跨国企业，诸如可口可乐公司、麦当劳公司等，与其说它们是在进行产品营销，还不如说它们是在进行文化营销。许多发展中国家也在大发怨言，它们一再指控这些跨国公司的文化渗透，这不仅使它们的民族产品丧失了大部分市场，而且还异化了国民的价值观念和文化观念。

文化给企业带来的有形的效益和无形的效应、给社会经济带来冲击和震撼是不可估量的。目前，文化的这种作用已被理论者和大多数的管理者所认同，他们意识到文化不仅是一种企业灵魂的价值取向、一种感召人献身工作、献身事业的动力，更应该把它作为一种先进的管理方法来研究。

创建企业文化，树立品牌意识。要进一步推动企业的发展，要真正成为一流企业就要借助企业文化力。文化力给企业带来的有形的、无形的经济和社会的双重效益，已被理论界和社会实践认同。

一、企业文化的核心及基本特征

企业文化作为一种微观文化现象是客观存在的，是不以人们的意志为转移的。自从企业诞生的那一天起，就在企业生产、经营活动中开始孕育，并逐渐形成自身的文化。那种认为只有国外发达国家有企业文化，而我国没有企业文化，或者只有先进企业有企业文化，而一般企业没有企业文化的观点是错误的。

企业文化是社会文化的一种亚文化，是在社会政治、经济、文化的综合作用下产生并发展的。在市场经济条件下，企业是个独立的经济实体，但它不是封闭的，它的生产、经营活动是社会经营活动的一部分，每时每刻都与市场发生着千丝万缕的联系。通过商品交换，与市场上其他商品的生产者、消费者相互依赖而存在；同时在一定的生产方式下，企业还要受到国家法律和规章的约束，接受国家方针、政策和计划的指导，以及行政上的管理，受到政治、文化环境的制约和影响，受到社会价值趋向、习俗、风气的感染。因此企业文化现象是整个社会文化现象的一部分。

企业文化现象的产生与发展，是与企业生产、经营活动相适应的，它有自身的运动规律。就其本质来讲，主要是一种经济文化，反映着人们从事经济活动的方式和观念；就其具体内容来讲，取决于企业发展的历史，所处的社会、地理环境，它的生产、经营的特点，企业全员，尤其是企业高层管理人员的素质及价值趋向等因素，不同的企业具有不同的文化特色。

企业文化现象作为一种客观存在，在其发展过程中，确有积极与消极之分。如有些企业积极改革，不断进取；有些企业消极保守，固步自封；有些企业齐心协力，紧密团结；有些企业人心涣散，犹如一盘散沙；有些企业民主空气浓厚；

有些企业“家长”说了算；有些企业在经营中把客户放在第一位；有些企业则一切“向钱看”等。一般地讲，积极的企业文化使企业朝着团结、创新、卓越、高效的方向发展，它对企业生产、经营活动的发展起到巨大的推动作用。消极的企业文化使企业弥散着分散、保守、迟缓、低效的“空气”，它对企业的生产、经营活动起阻滞作用。

对上述企业文化现象，当人们没有意识到它的存在，或者只意识到了它的存在，而没有对它进行剖析、扬弃的情况下，它只是自发地成长，缓慢地发育，并且自发地发挥它的作用。当人们在实践中意识到它的客观存在，尤其是能够自觉地研究其本质、特征，以及产生、发展的规律时，企业文化就从一种自发的文化现象，逐渐演变成一种自觉的文化现象，上升到理性认识阶段。人们借助这种理性认识，形成一种企业文化理论，就可以有意识地提倡和培植积极的企业文化，摒弃和抑制消极落后的企业文化，从而引导企业文化向健康的轨道发展，使之更好地为企业的发展服务。如同价值规律一样，当人们没有认识到它的本质时，从事经济活动只能受这只“无形的手”的自发调节；当人们能够揭示出它的本质和运动规律时，就可以自觉地利用它促进商品交换的顺利进行。企业文化也是如此，它的产生和发展也表现出一定的规律性，违背它的规律性，也会给企业的发展带来不利的影响，甚至导致企业经营的失败。

我国企业在近130年的发展历史中，形成过许多优秀的企业文化。比如，新中国成立前民族资本企业提倡的“实业报国，服务社会”精神，“人和”、“亲和”精神；新中国成立后我国社会主义企业在20世纪50、60年代形成的自力更生、艰苦奋斗精神，鼓足干劲、力争上游精神，以及爱厂如家、勇于奉献精神，80、90年代形成的改革、创新和开拓精神等。许多企业在生产、经营实践中，已经意识到这些企业文化对企业发展的促进作用，并通过领导带头、积极宣传、树立典型、行为强化等办法，培育这种文化。但从总体上讲，在80年代之前，对这些企业文化的现象的认识还没有上升为理论，充其量只能说是一种不成熟的管理方式，没有对它的产生机制、特征、内容、地位和作用等进行系统的理论研究与分析，尤其是还没有深刻地认识并揭示它的规律性，使得很多优秀的企业文化没有得到认同和升华，从而影响了我国企业文化的发展。

企业文化从现象到理论，标志着管理上的一场革命。企业文化是一种特定的管理概念。以研究企业文化的产生、发展规律为对象的企业文化理论，是企业管理理论的重要组成部分，并且是企业管理理论发展的更高层次。企业文化理论的核心就是以人为中心，尊重人、信任人，把人放在企业管理的主体地位上，强调文化认同和群体意识的作用，反对单纯的强制管理，注重在吸取传统文化精华和先进管理思想的基础上，为企业建立明确的价值体系和行为规范，以此实现企业目标和个人目标的有机结合，实现企业内部物质、精神、制度的最佳组合和动态平衡。就目前研究现状而言，企业文化理论还不够完善，更谈不到已形成一种“经典”。准确地说，企业文化还处于一种“潜科学”状态。用这种理论指导企业实践，也不可能完全替代其他管理理论和方法。尽管如此，企业文化问题的提出毕竟适应了生产的不断发展、人的素质普遍提高、人－机关系不断调整的需要，揭示了企业管理理论的发展趋势，是对其他管理理论和方法的一个重要补充。

优秀的企业文化是在总结传统管理经验的基础上提炼、培植发展起来的，作为一种以人为中心的现代管理方式和管理理论，同传统的管理理论和方式相比，具有如下鲜明特征：

（1）强调“共识”　即强调企业内部全体员工的共同价值判断，强调集团和群体思想，追求“一体化”。不是把企业中个别人的意识强加在企业全体员工身上，用个别意识取代整体意识。这种“一体化”思想是从企业中每一个员工的行为、每次服务过程、经营管理的每一个环节中培养和体现出来的。

（2）强调自觉意识　企业文化不是强制人们遵守各种硬性的规章制度和纪律，而是强调人的自觉性和主动性，强调通过启发人的自觉意识，达到自控或自律。所以，这种文化“可以部分地代替发布命令和对工人严密监督的专门方法，从而既能提高劳动生产率，又能发展工作中的支持关系”。

（3）强调相对稳定性　优秀的企业文化作为社会文化的一种亚文化，其形成需要很长的时间，需要企业领导者精心地倡导和培育。一旦形成，就应成为企业发展的灵魂，不应朝令夕改，不能因为企业产品的更新、组织结构的变革和企业领导人的更换而发生根本性的变化。如果说有变化，那也只是根据企业内部条件和社会文化的发展而进行一定的调整、完善和升华。

（4）强调目标的模糊性　优秀的企业文化引导大家追求卓越，追求成效，追求创新，目标既清晰而又“模糊”。它不像企业的计划、产品的标准和规章制度那样明确具体。它只给人们提供一种指导思想、一种行为的基本准则。它不会告诉人们每个问题用什么方式和方法去处理，但它却会明确告诉人们，应根据什么样的指导思想去处理每一个具体问题。

（5）强调个性　尽管一个国家、一个民族和一定区域内的企业文化具有很多共同特征，但不是说每个企业都采取一个模式。不同的企业应根据自身的内外环境和优势，创造自身别具一格的文化特色。

二、企业文化的结构

企业文化的结构是什么？特雷斯迪尔和阿伦肯尼迪在《企业文化》一书中作了系统详尽的论述。他们认为，构成企业文化的要素包括五个方面：

1）企业环境，是对企业文化的形成和发展影响最大的因素。

2）价值观，指组织的基本思想和信仰，构成企业文化的核心。

3）英雄人物，即把企业价值观人格化，且自身为职工提供具体楷模。

4）礼节和仪式，指企业日常生活中的惯例和常规，向职工示意对他们所期望的行为方式。

5）文化网络，即组织主要的（但非正式的）沟通手段，它是企业价值观和英雄人物神话的“载体”。

上述在企业文化构成因素中，价值观无疑是关键因素，环境影响价值观变化，企业的英雄人物和礼节、仪式，是引发、维护和强化价值观的，文化网络起沟通作用。这些因素是相互联系和相互制约的。我国也有人认为企业文化可归纳为物质文化、制度文化和精神文化三个部分。认为物质是基础，制度是中坚、关键，精神文化是灵魂和核心。但我们认为，上述认识把文化产生的条件、文化以及文化载体混为一谈，有定义过宽之嫌。我们把企业文化作为特定的管理概念来研究，认为企业文化的结构主要包括三个部分，即企业整体价值观念及企业精神、企业伦理道德、企业风貌。

1. 企业整体价值观念及企业精神

企业整体价值观念主要指企业的基本信仰、追求和经营管理的基本理念。主要解决办企业是为了什么，企业追求什么样的目标，企业提倡什么，反对什么，以什么样的指导思想进行经营管理等方面的问题。企业精神与企业整体价值观念是紧密相联的，是企业的规范化和信念化的表现，反映企业经营管理中积极的主导意识。企业整体价值观念及企业精神是职工团结一心，努力工作的精神源泉，也是企业赖以生存和发展的精神支柱，对企业的成败兴衰起决定作用。

2. 企业伦理道德

企业伦理道德是调整企业人与人之间关系行为的规范和总和。它根源于企业职工的群体意识，表明人们对善良与邪恶、正义与非正义、公正与偏私、诚实与虚伪、美与丑等问题的基本看法，并以此为标准评价职工的行为，调整企业与员工，以及员工与员工之间的关系。企业的伦理道德以公众舆论、规章制度等形式表现出来，对规范员工的个体行为，协调大家的行动，保证个人目标同企业目标的有机结合起到教育、引导和制约作用。

3. 企业风貌

企业风貌是企业职工从事生产经营活动和处理相互之间关系所表现出来的外部行为特征，具体可表现为企业的风格、风气、传统和习惯等。企业风貌决定于企业的整体价值观念和伦理道德。一个企业是否具有良好的风貌，对企业员工的工作追求、工作干劲、凝聚力、创造力及企业整体形象都有直接影响。

上述三个方面在企业文化整体结构中处于不同地位。其中企业风貌处于企业文化结构的表层；企业伦理道德处于企业文化结构的内层；企业整体价值观念及企业精神处于企业文化结构的深层。三者是依次递进、相互影响的关系。深层文化是企业文化的核心，表层文化和内层文化是由深层文化决定的。

在市场经济的制度下，任何稀缺资源都可以用钱去买，不管是商业秘密还是技术专利，在市场经济的调节下都是有价格的，只要价格到位都是买得到的。惟有一样资源用钱买不来，那就是企业文化。优秀的企业文化哪怕买方愿意出天价，仍然买不回来，因为它是内生的，是一种土生土长、扎根企业本身土壤的独特文化制度，只能内部培养，很难外部嫁接，也很难模仿。这种内生的融化于企业人际关系上上下下，落实到每个部门、每个员工行动上的无形而实在的企业文化和规章制度，才是企业在竞争中长治久安，立于不败之地的根本保证。企业文化不仅仅是一种管理方法，也是一种象征企业灵魂的价值导向，反映了一种从事物质生产的精神气质，一种类似于宗教信仰的精益求精的工作态度和献身事业的生活态度。企业家应当善于塑造这种精神气质和生活态度。

21 世纪对于企业家来说，意味着技术革新的层出不穷和经济机遇的空前增多，意味着包罗万象的大规模的新市场的崛起，也意味着企业竞争的更加激烈。21 世纪的企业家如何在这场角逐中立于不败之地，是一个既现实又严峻的课题。在当前的社会变迁中，企业如何将其社会地位作一个根本的调整，是 21 世纪的第一战役。企业家打响 21 世纪的第一战役，没有强大的企业文化，没有卓越的企业价值观、企业精神和企业哲学信仰，再高明的企业经营战略也无法成功。企业文化已成为企业各项改革的基础和协调各种改革的首要条件。企业文化应作为确立进一步变革的思路，理顺各种问题的指导思想，从而推动企业的全面改革。

西方企业界在企业的运行中得出的经验是：光靠奖金和物质激励是远远不够的，还要从职工队伍的价值观入手，寻求具有号召力、凝聚力的价值体系，以此把企业员工凝聚为一体，使企业具备巨大的智慧和行动力量。这些只有企业文化才能做到。从一定意义上讲，以企业精神为核心的企业文化是企业家的人格化。

汽车技术已进入到智能化高级阶段，汽车维修行业本应随之成为高科技企业。但是，现在人们提起维修行业，在许多人的心目中仍然是“下九流”的行业；提起汽车修理工，在许多人心目中仍然是“浑身黑乎乎，两手全是油，傻大黑粗”的机械修理工。维修行业管理水平普遍低下，人才流失严重，究其原因，缺少一种良好的企业文化是原因之一。

企业也像人一样，有自己特有的性格、风格、风度、阶层。因为企业是人的企业，企业文化的主体是人。一个没有文化的企业就像一个没有个性的人，人们不去注意他，也不会记住他，因此，没有文化的企业是没有竞争力的。企业文化有自己的价值观、信仰、工会和语言。企业文化是企业在长期的生产经营过程中形成的价值观、经营思想、群体意识和行为规范的总和。现代企业文化包括两方面的内容：一是浅层次的物质文化，包括企业成员的言行作风、精神面貌、人际交往方式等；二是深层的制度文化，包括企业规章制度、组织机构等。其核心是精神文化，指企业道德、企业目标、企业精神、企业价值观。

企业是整个社会的一个组成部分。我们每天都在创造社会各个领域的新生事物，每天都在进行经济、政治、文化、教育、意识形态等方面的变革，每天都要面临市场的严峻挑战。客户不同于一般的选民，他们每天都要对企业的表现投票。企业已不仅仅是一个工作场所，而是一个文化体系。在人们的生活中，企业文化对企业家和员工具有越来越重要的作用。企业如果能在为人们提高收入的同时，充分展示出一种人性化的企业氛围，例如：优雅舒适的工作环境，对人的才能的充分认识，对人的价值的充分认识，企业就能充满活力。企业竞争从形式上看，似乎是产品的竞争、劳务的竞争、科技的竞争，但实质上是企业家和企业文化之间的竞争。因为竞争的具体执行者是企业家。企业经济实力的背后是企业文化力在起着推动作用。成功的企业必然有卓越的企业文化，企业家不仅创造了经济奇迹，而且创造了各具特色的企业文化。卓越的企业文化是卓越的企业家的人格化，企业家精神及企业家形象是企业文化的一面镜子；卓越的企业文化是企业家德才、创新精神、事业心、责任感的综合反映，因为优秀的企业文化不是自发产生的，而是企业家在长期实践活动中产生的，是需要不断改造和学习的。

许多维修企业的经营管理者的潜意识中，认为企业文化与企业的经济效益没有多大关联。实际上，企业文化的力量是巨大的，它发挥作用的方式是独特的。企业文化通过个体文化的引导、规范，达到群体意识的和谐统一；通过思想的共鸣，达到行为的同步；通过精神的内化，达到物质的扩张。它导致了企业社会的一致性，使企业管理由过去的主要依靠强制行为特征的制度管理，升华到把人放在核心位置，精神引导和制度约束相结合的现代管理。正是企业文化在更广阔、更深刻的领域解放了人的能力，使企业产生了以往任何时代都难以比拟的生存力和竞争力。这种强劲的生存力和竞争力，必将为企业带来巨大的经济效益。所以说，良好的企业文化，可以激发员工的创造能力，挖掘员工的潜能，可以产生良好的经济效益，增强企业的竞争能力。

三、企业文化的功能

企业文化不仅强化了传统管理的一些功能，而且还有很多传统管理不能完全替代的功能。

1. 导向功能

如前所述，企业文化包含企业的价值观。企业文化的导向功能，主要表现在企业价值观对企业主体行为，即企业领导者和广大员工行为的指导上。维修企业的各部门和企业既有相同的目标，也有不同的目标。企业的文化就是在一面旗帜下，统一整个企业和全体人员的行动方向，使大家拥有共同的利益和目标。与此同时，整个维修行业也会被引向一个高层次、高水平、高素质的领域或阶层。

由于企业价值观是企业多数人的共识，因此，这种导向功能对多数人来讲，是建立在自觉的基础之上的。他们能够自觉地把自己的一言一行经常对照企业的要求进行检查，纠正偏差，发扬优点，改正缺点，使自己的行为基本符合企业价值观的要求。对少数未取得“共识”的人来讲，这种导向功能就带有某种强制性质。因为在企业里，除主要管理者外，大部分员工属于被动责任者。这种强制导向在企业创立初期是必不可少的，企业的目标、规章制度、传统、风气迫使他们按照企业的整体价值趋向行事。企业价值观的这种导向作用是十分明显的，如一些先进企业的价值观，都把客户看得很重要，都有着强烈的创新意识。这种价值观引导员工为客户提供一流的质量和服务，引导员工在工作中不怕风险和失败，勇于打破旧框框，实现技术的革新。

2. 约束功能

企业文化对职工行为具有无形的约束力。它虽然不是明文规定的硬性要求，但它以潜移默化的方式，形成一种群体道德规范和行为准则（即非正式规则体系）以后，某种违背企业文化的言行一经出现，就会受到群体舆论和感情压力的无形约束，同时使员工产生自控意识，达到内在的自我约束。企业文化把以尊重个人感情为基础的无形的外部控制，和以群体目标为己任的内在自我控制有机地融合在一起，实现外部约束和自我约束的统一。

3. 凝聚功能

由于企业文化体现着强烈的“群体意识”，可以改变原来那种从个人角度建立价值观念的一盘散沙状态。它像一根纽带，把员工个人的追求和企业的追求紧紧联系在一起。像磁石一般将分散的员工个体力量聚合成整体力量，同舟共济。企业文化使大家认识到共同的利益大于一己之利，企业的利益是大家共荣共存的根本利益。因此，企业文化比企业外在的硬性管理方法本能地具有一种内在的凝聚力和感召力，使每个员工产生浓重的归宿感、荣誉感和目标服从感。企业文化的这种凝聚功能，尤其在企业的危难之际和创业、开拓之时，更显示出其巨大的力量。

4. 协调功能

企业文化的形成使企业的员工有了共同的价值观念，对于众多问题的认识趋于一致，增加了相互间的共同语言和相互信任。共同语言是人与人能够结合在一起的关键因素之一。企业文化所形成的共同语言，为全体员工创造了和谐的工作环境。许多人就是为了这个共同语言，放弃了其他不熟悉的企业、更高的位置和机会。

企业的组成是人的组合，由于客观与主观的因素，人与人之间存在着文化差异，这是真实存在的，而且意义重大。这些差异会随着社会的改变而变化，只有那些将差异相对统一的管理者，才能更准确地运用其管理过程的技巧，在更广阔的环境中，使管理工作更加高效。

5. 塑造形象功能

企业文化比较集中地概括了企业宗旨、经营哲学和行为准则。优秀的企业文化通过企业与外界的每一次接触，包括业务往来、经济往来、新闻发布、参加各种社会活动和公关活动，企业员工在社会上的每一次言行，都在向社会大众展现着本企业的管理风格、经营状态和精神风貌，树立良好的企业形象，对社会公众会产生巨大的影响。良好的企业形象是构成社会文化的一部分，就像可口可乐、好莱坞和麦当劳构成美国生活方式和美国文化的一部分，全聚德、同仁堂构成了中华文化的一部分，从而为企业塑造良好的整体形象，树立荣誉扩大影响。企业文化是企业一项巨大的无形资产，为企业带来的高美誉度和高生产力。

四、企业文化的价值

1. 企业文化的经济价值

优秀的企业文化是企业的一种无形财富。这种财富的表现形态虽然是价值观念、信仰、态度、行为准则、道德规范及传统、习惯等精神产品，但却有非常重要的经济价值，对企业物质财富的增长起着极大的促进作用。当然，一种落后的企业文化也会成为企业的一种无形包袱，对企业物质财富的增长起着抑制作用。

优秀的企业文化主要是通过以下四个方面实现其经济价值的：

1）企业是市场经济发展的产物，企业文化的形成受到市场经济发展的制约；市场经济的客观规律和法规，往往通过企业文化作用于企业的各项经济活动。因此，优秀的企业文化能够引导企业按照市场经济规律办事，保证企业在市场经济的舞台上稳扎稳打，避免受到经济规律的惩罚。

2）优秀的企业文化体现着企业成功的经营管理特色，体现着企业对客户"诚"、"信"之道。这种特色和经营之道，通过各种传播媒介向社会扩散，逐渐形成企业的商誉。企业的商誉高，长期得到消费者和社会各界的信赖与支持，就会兴旺发达；企业的商誉低，失去客户和社会各界的信赖与支持，就会衰落、萎缩。商誉是企业文化的社会效应。优秀的企业文化终究能够带来良好的商誉。良好的商誉是一种竞争力量，能够提高企业的增值力，给企业带来高于一般水平的利润。

3）优秀的企业文化体现着以人为中心的根本思想，体现着员工心理及行为的一般要求，体现着多数员工的"共识"。因此能够对广大员工起到凝聚、引导、激励和约束作用，使广大职工发挥聪明才智和劳动积极性，并积极参与管理，提合理化建议，提高劳动效率，最终给企业带来较高的经济效益。

4）优秀的企业文化往往能够促使企业进一步深化改革，完善组织结构和经营机智，促使企业采用新的经营方式和科学管理方法，从而带来组织效率的大幅度提高，为企业提高经济效益创造良好条件。

2. 企业文化的社会价值

企业文化的价值，远远超过企业的界限，它也服务于社会，具有社会价值。这种价值不仅仅表现在企业文化能够促进企业经济效益的提高，进而带来整个社会物质财富的增长上，而且还表现出对社会文化的继承和发展的宏大意义。具有远见卓识的企业家，不仅看到了企业文化的这种价值，而且把企业文化的发展，自觉地同人类文明的前途联系在一起。日本的企业经营之神松下幸之助就曾提出“为社会经营”，“为社会生活”的改善以及世界文化的进步做贡献的经营哲学。我国长虹集团也提出“振兴民族工业”的企业使命。

企业文化的社会价值主要通过以下两个方面体现出来：

首先，企业文化是优秀传统文化的体现和弘扬。企业文化在成长发育过程中，必然要吸收和借鉴传统文化的精华。日本的企业文化中就体现了日本传统文化的家族主义和集体精神。美国的企业文化中体现了美国文化的个人能力和创新精神。他们的成功说明了本民族文化的生命力，也是他们的企业对弘扬本民族文化精华的贡献。我国具有灿烂的民族传统文化，也必然在今日的各种活动中表现出来。企业是现代社会的一个基本经济细胞和社会细胞，通过培育企业文化，对我国民族传统文化自觉加以批判继承，吸收其中的精华。不仅能够使企业发挥本民族的文化优势，把传统文化与现代理论有机结合起来，创造自身的文化特色，而且能够使中华民族优秀的文化遗产得以继承和弘扬，这不能不说是企业文化的一种重要社会价值。

其次，企业文化是新的社会文化的“生长点”。企业是现代生产力的集结点，而生产力在社会的发展中是最活跃的因素。这就决定了企业创造新的价值观念和行为方式，从而在社会文化的缓慢发展中走在前列，源源不断地为社会文化的发展输送新的营养，因而成为新的社会文化的“生长点”。企业文化的这种社会价值，是通过对人的培养，使人得到全面发展而形成的。同时企业通过服务、销售，以及与外界的信息交流，把本企业先进的价值观念、追求、道德风尚等传播给社会，通过建设进步的企业精神文明，为整个社会精神文明的提高作出贡献。当前，在改革开放的条件下，我国企业文化的这种社会价值已经非常突出地显现出来。强烈的竞争观念、创新观念、效益观念、服务观念，以及尊重科学、尊重人才的意识等，已经给传统文化带来了强大的冲击，使社会文化出现了很多新的“生长点”。可以预料，这些与市场经济发展和现代社会发展相适应的新的文化因素，将成为社会文化的重要组成部分，从而推动社会文化不断向前发展。我们应当承认，当前维修行业的企业文化还远远没有形成社会文化之势。

五、企业文化的创建

1. 全体员工树立正确的价值观

作为维修行业的企业管理者，最重要的是为企业建立一整套成功的价值观念，并且让每个员工都知道企业把维修、服务，为社会创造价值看成最有价值的。某汽车技术服务中心是一家私营企业，74 名员工，90% 为青年员工，而且青年员工绝大部分为刚走出校门的大中专学生。利用这种条件，该中心成立了共青团支部，作为工作、学习的先锋队组织，活跃了全厂的技术学习气氛。全体员工树立了“刻苦学习，改变世俗，为提高维修行业的素质而奋斗”的思想观念。在私企建立团支部，这种富有生机的群体动力，在客户中，在社会上，产生了良好的效果，为企业的进一步发展和经济效益的提高奠定了坚实的基础。

2. 引入全新的经营理念

文化本身就具有交叉性、渗透性与广泛性。如果能将其他行业的理念、特色、运作方式等，以恰当的方式引入到维修行业中，必将带来维修行业的崛起。有一家汽车维修公司，投资两千万元建起一个一类汽车维修企业。刚开始经营时，几乎没有任何车源。该公司将全新的营销理念融入到车源的开发上，建立了业务开发部，组织了一批大学生开发车源业务，在企业处于最困难的时候，企业不仅没有裁减一个人，而且将业务人员的数量从最初 12 人增加 40 人。找准投资重点，加大开发力度，不到三个月，该企业的车源迅速上来了，经济效益很快好转。经营管理者在企业文化建设过程中，一定要注重多方吸纳各行各业的文化风格，并且行之有效地与自身企业实情有机结合。

3. 塑造代表人物风格

代表人物风格一般指企业楷模人物的个人风格，如总经理、骨干技术人员、劳动模范等。他们的个人风格融入到企业之后，形成了企业文化的一部分，如雷厉风行、稳重谨慎、技术过硬、求实认真、灵活多变等。在机制健全的企业，这种影响不是缩小，而是扩大。

4. 树立集体意识

包括理想、信念、道德行为规范，企业可以通过一些集体活动、工作流程和文化礼仪，来培养员工的群体意识。让员工们明白，只有通过集体中每一个人的协作努力才能有所成就。一盘散沙与关系协调融洽的企业，其经营业绩是大不相同的。两种不同的企业状况反映出两种不同的理念。强调凝聚力的企业必定重视企业内部干部教育、员工教育，将全体员工的个人感情、命运与企业的命运紧密地联系在一起，使他们感到个人的工作、学习、生活等，都离不开企业这个集体，从而与企业同甘苦共命运。企业的理念不仅使企业的领导层之间，也使干部与员工之间产生凝聚力、向心力，使员工有一种归属感。这种向心力和归属感，又可以转换成强大的力量，促进企业的发展。企业在竞争中取胜，光靠产品优势是远远不够的，还要靠营造精神文化优势。要努力激发全体员工的集团精神，激发他们对企业的热爱、忠诚和有利于长远发展的集体意识。所谓集团精神，就是树立一种以企业为中心的共同价值观，把自己看成是企业一员，同企业命运与共，从而对企业产生一种强烈的集体意识，真正实现“人企和一”。不少人认为当前集体意识，只有在国营企业才比较合适。如果私企在管理中能将国企所提倡的集体意识、奉献精神等恰当引入，肯定会产生良好效果。集体意识之中包涵合作精神。随着社会的发展，企业的社会化、机器化程度越来越高，分工越来越细，这就决定了相互协作的重要性。实践证明，在现代汽车维修企业中，完成一项复杂的修理工作，只靠个体的努力是不够的，现代化生产需要的是不同层次、不同能力、不同工种的人或组织的有机组合来完成的。

“三个和尚没水喝”并不是故事，在中国是一种社会现象。中国人的个体工作素质并不差，而且个体特点还十分明显，但由于世俗观念的影响，缺乏互相协作。现代企业一味强调人的个性，或者说个性鲜明，未必是现代化生产的需要。

目前国内汽车维修行业中，私人企业占的比例越来越大，而“私企”只是对其非公有制属性的一种称谓，并不意味着私企老板万事私字打头，也不意味着凡是私企老板都不择手段掠财。作为私企老板而言，如果认为办企业也只是为个人掠财，具有这种低层次的价值观及狭隘的理念，企业必定不可能有发展，尤其是现代企业。但是这个问题以不同的形式，在相当多的老板实际做法中表现较突出，亟待反思与提高。每个老板与管理者都有自己的价值目标，究竟将企业办成什么样，是将利润作为惟一目标，还是不局限在赚取最大利润，而是形成一种确定的理念，使自己的工作具有超出赚钱的更高的价值。只有以这样的理念为宗旨，现代企业才能发展。举一个行业之外的例子，闻名于世的日本京都制陶公司，初期业务发展很快，老板稻盛和夫经常要求员工加班，不但每天干到深夜，连星期天也不休息，对员工的工资、福利待遇、工作环境的改善等根本不考虑，渐渐的员工各种不满情绪滋生出来，最后酿成大规模罢工，结果把企业推向极困难的境地。后来稻盛和夫先生经过深刻的反省，终于认识到企业的生存与发展离不开全体员工，任何对员工的忽视、怠慢与漠不关心，都会给企业带来不可估量的损失。稻盛和夫明白了一个道理，公司经营的目的应是为全体员工谋求物质和精神方面的幸福，为人类社会的进步贡献力量，这一条成了公司价值目标，从此公司走向兴旺发达。

人的天性中不仅有对利润的追求，还有对精神价值的追求。一个人总想使自己的工作更有意义，企业领导者如果能把员工在这方面的要求调动起来，整合起来，朝着一个方向努力，员工就会把在本企业的工作当成实现自己人生目标的不间断的进程，而不仅仅是一种谋生手段和过程，企业的价值目标也因此会上升到一个更高的层次，达到一个新的境界，企业员工才能焕发出积极奉献的精神，企业的扩张也因此有了长远的永不衰竭的动力。

5. 树立企业精神和职业道德

企业精神体现了企业的精神面貌，是企业宗旨、观念、目标和行为的总和。在维修企业中，尤其是在私企建立完善的技术能手、劳模标兵评比活动，其作用不可忽视。私企作为国民经济结构的重要组成部分，如能将国企的这种传统管理模式引入到自身企业中，必将产生强劲的生产力。对各方面的优秀人才进行表彰鼓励，实际上是对其业绩、能力、价值的一种肯定，员工因此而产生的被重视、被肯定的感觉，必将会成为继续努力工作的动力，为企业内部员工之间的竞争机制注入活力，从而提高员工的整体素质。这给企业带来的活力是不可估量的，所产生的群体效益也是不可估量的。

6. 塑造服务特色

服务特色是客户和社会对一个维修企业的需求。员工在为客户的服务过程中，同时也会提高自己的思想意识。

7. 提高广告意识

广告效应已潜移默化地渗入到人们的意识当中，对人们日常生活、行为，起着越来越重要的引导作用。对于日趋规范化、正规化的汽车维修企业来讲，要想求得更大的发展，开拓更多的客户，就必须将营销理念引入到维修服务企业中来，改变过去那种只靠关系或有限的宣传方式，而应走向市场加强品牌意识，包装企业，宣传企业，提高广告意识。

8. 加强感情投入

人是有思想、有感情的，有特色的思想工作，企业管理者的人文感情，是具有极大的感召力，凝聚力。单纯依靠金钱效应，不免单调和无色彩，如两者有机地结合起来，其作用与效应是难以估量的。这里我对企业管理提一点看法，加强与提高企业管理是企业发展之必然，管理是一门科学，必须经过学习与引进，不是与生俱来的。这里要强调的是另外一层意思，引进国外的先进管理模式，千万不能照搬，必须与中国市场特点相结合，我们的文化、消费、习惯、政策与国外差别很大，所以完全照搬是行不通的，重要的是管理目标必须明确。我们的管理思想最终解决企业的最大收入，并不是单纯的企业形式。两者结果必然不一样，一个要遵循市场规律，另一个闭门造车，目标不一样结果就不一样。举一个例子，谁都知道我们的交通有个特点，道路虽越修越多，但总跟不上汽车的发展，总会出现新的交通阻塞。为什么会产生这种现象，其原因就是管理目标不对，执法部门管理目标是“安全”，因而做法是卡、截、堵，限制车辆行驶，甚至采取分单双号控制车辆上路量等。国外同等城市的道路情况与我们基本一样，车辆却比我们多，道路交通却比我们顺畅，为什么？因为他们的管理目标是“疏通”。其实“安全”只是疏通的一种手段，而不是目标，所以管理目标不一样结果是不一样的。反思一下我们这个行业，我们的汽车修理企业大多数规模不大，四五十人已经算大的企业了，二三十人的规模比较多。当企业效益不好时，管理者往往将原因归罪于管理不严或管理不到位，实际上大多数管理者，并不清楚什么是企业管理，在他们看来管理是严肃的事，一板一眼像一个无形的框将企业罩住，只有一条进路和一条出路。他们把管理只看做是对企业员工的约束，并不了解其内涵。我不主张一个小小的企业整天十几个人二十几个人低头不见抬头见，各个笔杆条直，谦谦君子，见面打招呼皮笑肉不笑，见着经理老板先来个九十度大鞠躬，这样的企业就好吗？我想客户到了这么一个企业是不是会有一种恐惧感。路边店为什么会吸引客户，我想随和的气氛也不失为一种吸引客户的环境。法规、制度、标准是必须遵守的，但看如何发挥其作用。我们通常说管理是一门艺术，既然是艺术就有多样性，又有艺术气息，而不是单一的铁面法官呆板的面孔。这里举一个美国家美草坪养护公司的例子，他的创始人理查德·L·杜克是一位著名企业管理者，杜克的家美公司是一个不寻常的组织，他不像一般的公司那么刻板，而是相互信任，相互帮助，团结一致。杜克的工人大多出身卑微，没有文化，杜克强迫他们读书，鼓励他们发奋图强，教给他们为人的道理，为他们指引人生的方向。严格地说，家美不像一个企业，更像一个宗教团体，工人们以虔诚的心情工作和生活。这些特点根本就不是其他企业可以比拟的，一个企业需要等级组织和秩序，但这只是形成不同分工的原因，而每个人本身是平等的。职工必须服从经理的指示，是因为工作的需要，也仅限于工作范围之内，在工作之余，在每个人的人身方面则是平等的。正是因为认识到这一点杜克的这种管理方法，将其效益发挥得淋漓尽致，这种充满了东方社会的生活哲学和社会理念，值得我们企业家去好好深思与借鉴。

“如果你愿意善待和你并肩工作的人，如果你愿意关心他们的素质，关心他们的幸福、利益和进步，而几乎完全不顾及自己的好处，你和你的事业一定会有进步”，这是一位大企业家的名言。这句话平常人做起来较容易，对一个企业家却较难，关键是对其深层的意思常人是难以理解的。事实证明这的确是具有一定层次以上的企业家的一种较高的境界。

我听说有一个了不起的鉴赏家，是一名品酒师。一个朋友邀请品酒师去家中，因为他有一些非常古老的有价值的酒，想给这个人看看他的收藏。他想得到这个人的赞赏，就拿出一种最名贵的酒。那人品尝了一下，却保持沉默。他没有说任何话，甚至不说它是好的。那个朋友觉得受了伤害，然后他又拿出一种非常粗糙的普通的酒。

那位朋友品尝了一下说：“非常、非常好！”

收藏家糊涂了，他说：“我被搞糊涂了，我给你最稀有、最名贵的酒你保持沉默；但对这种普通的酒，一点都不名贵、粗糙的酒你却说：“非常、非常好！”

鉴赏家说：“对第一种酒，没有人需要说什么，它本身已经说明；但对第二种，必须有人赞扬它，不然它会受挫！”

管理者对待员工，如果是已经非常优秀的员工，他得到的荣誉和赞扬已经够多了，你就没有必要再把焦点集中在他们的身上。对普通员工，甚至是有缺点的员工，你一定不要吝啬你对他们优点的发现和赞扬。花些时间去欣赏你的员工的背景和经历，不论你们一起共事多少年了，或许他的身上会有你还未发现的闪光之处。在和你肩并肩工作的人中，总有更多的东西值得去学。对任何人都不应该想当然地下结论，创造和谐的工作环境，会获得意想不到的收获。因而和谐的企业气氛，兄妹般的部门协作关系，温馨的企业环境，会给企业带来无形的巨大的效益。

汽车维修行业正逐步走向规范化、市场化，企业文化建设对于一个维修企业非常重要。在建厂初期，经营管理者凭借社会关系，往往可以带来暂时相对稳定的车源。但是维修企业进入到后期建设的时候，如果企业忽视企业文化的建设，就无法树立自己的品牌与形象以吸引客户；而那些曾经“施恩”于企业的关系客户，往往又会拖生产经营的后腿，对企业的发展造成一定的阻力。没有企业文化作为依托，必定无法吸引新车源、稳定老车源。

汽车维修企业属于服务性的企业，无论从技术角度还是经济角度来看，汽车维修企业都具有极强的时代色彩。要为成千上万种车辆和形形色色的客户提供优良的服务，没有不断更新的高超技术和卓越超常的经营技巧是做不到的。要做到这一点，首先必须要有优秀的企业文化环境。要经营管理好现代汽车维修企业，实现市场需求的高品质服务，每一位管理者都要重视企业文化的建设。维修行业企业文化的创造与变革，一定会带来社会对行业，对从业人员观念上的转变。有了良好的企业文化，就一定能成为企业创造价值的源泉，推动行业的进一步发展。

思　考　题

1. 现代汽车维修企业管理中，为什么创建企业文化尤为重要？
2. 如何创建具有本企业特色的现代汽车维修企业文化？
3. 企业文化在现代汽车维修企业运营中会产生哪些作用？

第十四章　汽车维修企业的信息管理与维修案例的管理

一、汽车维修企业的信息管理

从本质上看，信息是对社会、自然界的事物特征、现象、本质及运动规律和事物之间相互联系、相互作用状况的描述。信息本身是抽象的，无法用眼、用肢体去感受，信息所描述的内容必须依附在物质载体上才能显现出来。载体本身不是信息，我们把载体分为两大部分：语言、符号、声音、文字、图形等是表意型载体，另外被借助用来表征和传播信息的一定的物理设备也是一种载体。信息的表现形式是多样化的，例如：数据、图像、声音、文本都在此范畴之内。

信息除了是事物的本质、特征、运动规律和事务之间相互联系、相互作用的反映外，也是表现事物特征的形式。信息具有普遍性、依附性、可加工性、传递性、共享性、时效性和可伪性等特点。较为特殊的是信息具有依附性和可伪性的较难驾驭的特征。

信息资源有广义和狭义两种理解，广义的信息资源包罗了信息运动中的各个要素：信息、设备、技术和人；狭义的信息资源仅指信息内容本身。

企业管理是企业为实现生产经营目标，针对企业资源所采取的行动。企业资源是管理的对象，包括人才、原材料、设备、能源、货币和信息。企业管理的五种职能（计划、组织、协调、指挥和控制）都是针对资源的充分利用而实施的，其目的是以最小的资源投入换取最大的产出（经济效益）。成功的管理需要很好地利用信息资源。企业管理层制订战略规划，作出重大决策，需要综合性的、精练的、决策性的信息；各级管理人员越接近基层越需要具体的、详尽的、可用于操作的信息。可见，各级人员对信息的需求是不同的。企业内外信息量非常大，因此应该建立信息系统来适时收集和处理信息，有效地使用信息和及时地更新信息，发挥信息作为资源的效用。

信息来源于数据，数据通常存在于源文件上。源文件是初步记录与企业活动有关的文件。记录在源文件上的事实称为数据，事实（或数据）可以是数值、文字、符号、时间等。所以，信息是从经过处理的数据派生出来的有使用价值的事实，或是经过加工的数据。管理工作要求信息必须真实、准确、及时和完整。

相对信息的宏观意义而言，汽车维修企业的信息更具有多元性、复杂性的特点，同时汽车维修企业的信息比其他各类信息更有实用价值和使用价值。汽车维修企业的信息可大致分为三类：维修业务信息、维修企业管理信息、维修技术、科技信息。这些信息是汽车维修企业的日常经营、决策的依据，是维修企业管理的宝贵资源，是汽车维修企业可持续发展的有效保证，也是汽车维修企业科技发展的经验积累。

信息的管理不仅仅是对狭义信息内容的保存，更是对广义信息资源的开发、利用、控制。世界始终处在不断的变化当中，变化乃是自然界每一事物永恒的属性，所有这些信息技术的变化，意味着在未来时代中，信息技术和现代管理技术在企业中的作用将会使企业管理经历一场根本性的变革。

进入新的世纪，我们的现代企业已经毫无退路地融到现代社会竞争的大环境中去生存与发展。在这种环境中，游戏规则不再是“以大胜小、以强凌弱”，而是“速度”的较量。如果我们把企业信息化管理称为企业的变革与革新的话，无疑，信息化管理将深刻地改变人们的“知识、观念、时间、空间和能力”，也必将产生一种新的管理动力。

企业的信息管理技术、能力已直接影响到当今的企业管理，企业要提升，无疑要靠管理的提升，但管理提升靠什么？事实表明，如果一个企业决策层没有把信息技术合适地引入到企业规划和日常主要工作当中去，更没有机会好好去思考技术管理的价值，那么企业在规模、效益、创新、竞争等方面就无法实现真正的突破，从而会在市场的竞争中一再错失良机。当前有些企业领导，特别是企业的决策层，由于缺乏对汽车维修企业信息的内容、信息化的认识与了解，使很多企业走入所谓信息管理的表面化，甚至死胡同。可以说，时至今日，很少企业没有配备计算机和相关管理软件的，但这些智能机器只是用来做一些最普通的，最低级的录入、打印、财务报表、配件的进出库等一般性管理工作。而其最主要的，也是最高级的智能作用却闲置。况且计算机管理（更确切地说企业配备了计算机）也只是企业管理的一部分，并不是全部。其实对于一个现代化的汽车维修企业的管理来讲，计算机管理只是企业的基础管理，而信息管理则为高级管理。

作为一个现代汽车维修企业的决策层，要有“见识”。所谓见识或远见，就是看到企业的发展趋势，而研究发展趋势靠的是头脑里的新知识，靠敏锐的市场意识，靠有效的管理去运作。而这个“靠”的核心就是数据与信息。对信息的准确判断和应用必须是及时地，反映必须是理性的。

二、维修业务信息、维修企业管理信息、维修技术、科技信息的内容

1. 维修业务信息

汽车维修企业的业务信息主要是指与技术维修相关的信息，其中很重要的是

客户资源信息和维修过程相关的记录。

2. 维修企业管理信息

汽车维修企业的管理信息主要是指企业在运行过程中与工作绩效和管理职能有关的信息。如：

（1）企业决策辅助信息　包括与企业经营有关的、与企业维修技术作业有关的政策、法律法规、企业标准、技术标准等以及各职能部门的设置、协调、绩效；生产资源管理（维修设备、仪器、工具、配件）。

（2）企业的经营管理能力和水平管理信息　包括与企业发展相关的动态信息（政府、行业、企业、人力）；人力资源管理；社会资本管理（社会关系和资源管理）；行政职能实行情况；企业的后勤保障情况（安全、环境、生活、娱乐）；财务状况及分配信息等。

（3）维修技术、科技信息　包括与维修技术相关的情报、通报；相关科技情报；图书、文献资料等。

三、维修案例管理的意义

书写维修案例应当遵循真、准、全的原则。所谓真：就是案例必须是真实的，而不是臆造的；准：就是各种数据要准确，维修案例就是数据库。千万不要为达到设定的结论而改动实际数据（在实际维修过程中，由于在用车辆受各种环境因素的影响，汽车的技术数据必然会发生变化，同时，数据的采集方法、数据的传送过程都会影响数据的变化。这些变化可能是在正常范围内的，也可能是经过修订的，但是由于存在微小的差异，为了与结果相符合，就改动实际获得的数据，则违背了科学的原则）；全：就是原始资料记录完整（所有与汽车运转相关的信息）。科学的、真实的、完整的汽车维修案例，无论是在维修实践中的作用，还是在培养维修技术人员和汽车维修职业教育案例化教学中的作用，以及对维修技术、故障诊断的科学研究中的作用，其重要性都是不可低估的。

汽车维修案例资料是维修案例信息的具体表现形式，维修案例资料积累越多，信息内容越丰富，信息流的作用越强，反馈的信息就越多。所以，维修资料是维修企业的主信息流。若想使维修案例信息活跃起来，使其得到充分的开发与利用，汽车维修企业就必须重新认识与重视维修案例的管理。

维修案例书写的质量，直接反映维修人员的技术水平和工作态度，也可以作为考查维修人员的工作质量、态度和业务水平的科学的、重要的依据。一份内容完整的维修案例就是一部好的教科书；一份保存完整的维修案例更是为维修实践提供了科学性的服务，也才能使汽车故障的诊断技术得以科学发展。一份完美的维修案例，应该不仅有丰富的内涵，对维修人员来讲，还应该是一部完好的作品，它不仅仅是对汽车故障的发生、变化、转归及整个维修过程的记录，还要求对每一具体故障的产生过程、产生因素之间的因果关系有所反映，并符合逻辑和科学规律，而且，其语言表达应该是准确无误，并有一定的艺术性。千万不要把案例写成流水账，而要有分析、有见解、有讨论。维修案例也是教学中理论联系实际的最有价值的资料，对培养学生独立分析和解决实际问题的能力起着重要作用。

一份好的维修案例应该能够回答“谁”、“什么”、“为什么”和“怎么样”的问题。具体地说就是维修的对象是谁？维修的是什么内容或者是什么故障？为什么要这样修？维修活动在什么地方进行的、用的什么设备、为什么要用这些设备？维修活动是怎样进行的？除了能够回答以上问题以外，还应强调记录的完整性、纪实性和准确性。记录的所有内容应能够支持维修技术人员的诊断，评判维修的合理性。维修案例是维修实践技术研究的宝贵资料，通过对大量维修案例内容的统计分析，可以总结出极有学术价值的研究资料。学习汽车维修技术，首先要熟练地掌握诊断技术，而掌握诊断技术又必须掌握故障诊断基础技能，如：历史资料的采集、物理诊断和常规检查的技能。其中，对故障发生的环境条件和车辆应用情况采集得法，至少为半数以上的故障提供宝贵的诊断线索。

所以，维修案例具有以下作用。

1. 维修案例在一线实践中具有重要的参考作用

由于维修案例直接产生于维修实践活动当中，是来自一线的第一手资料。这些记录和资料形成维修案例，对以后的被维修车辆有着极大的借鉴和参考价值。正确的维修来源于正确的诊断，汽车故障的诊断过程是研究认识故障的过程。随着汽车技术的发展，每一种故障无论怎样轻微，都可能涉及相当广泛而复杂的检查，如果把多种车型的类似故障或着一种车型屡发故障集中进行综合分析，可以总结出很多经验，再用于维修实践，对实践就具有了指导性意义，所以维修案例是维修人员对故障正确诊断和决定维修方案不可缺少的重要依据。

2. 维修案例在汽车维修职业教育中具有实例性的重要作用

维修案例是汽车维修技术职业教学当中的活材料。由于维修案例来自于维修一线，它具有很强的及时性（就是说这些案例与当下汽车技术和维修技术是同步的），而且是真实、确切和具体的维修实践效果，也是最现实、良好、有效的教材。尤其一些具有共性的、典型的故障案例有着非常重要的教学意义。这些故障很难在教学演示板上、教学实验车上遇到或者再现，而且在使用这些案例时，既可以观察与思考他人的思维方式，又可以在借鉴的基础上寻找新的解决方案并创新。正因为维修案例在教学和培养人才方面具有独特的作用，我们习惯称它是“第二类维修教材”。

3. 维修案例在维修技术发展中具有重要的基础性指导作用

维修技术的发展和提高离不开对维修案例的研究和分析，而研究维修案例，提高维修技术的目的就是提高汽车维修技术的科技含量，或者科学化程度，促进维修质量的完好率。要使维修案例在维修技术开发中起到作用，就必须积累大量的、丰富的、最新的、最具体的维修实践的信息，通过对这些信息的研究得出新的理论经验，再用它去指导新的实践，如此周而复始、循环不已，使维修理论和维修技术水平不断提升，获得新的突破。

4. 维修案例在企业管理中具有不可忽略的重要作用

前面我们已经论述过维修案例是企业信息的重要组成部分和重要信息来源。企业经营过程中的大量信息都储存在维修案例当中，因此，通过对维修案例的个案或者整体性分析统计，可提供大量的企业经营信息，这些信息有下述作用。

1）监督企业管理。

2）监督维修技术质量。

3）监督财务效益、流动资金情况。

4）评价管理人员的工作质量、部门的协调情况。

5）动态监督维修设备的使用情况、投入情况。

6）监督收费情况。

7）监督维修和服务产品的适应情况及效益。

8）监督人力资源的调配情况、薪酬情况。

9）协调和处理维修纠纷。

10）研究和促进企业发展中的问题、提高企业的文化素质、提高企业的社会责任感，监督企业在行业和社会中的贡献率。

随着汽车维修行业新的管理条例的实施，今后车主与汽车维修企业因为维修质量引发的官司会越来越多，如果将一纸目前在企业里实行的维修合同或业务单据作为可依托的法律依据的话，那就大错特错了。维修案例不仅能够为维修实践、技术开发、教学提供及时有效的信息，当维修出现纠纷，进入法律程序的举证倒置程序，还将成为解决纠纷最具有权威性的文书。尤其是维修案例作为检查、诊断、维修、换件、试车、交接等维修全过程的书面、影像等有效原始记录，是一份重要书证，并具有一定的权威性。它可以作为评议、处理或判明责任的重要依据，凭借维修案例记录的内容，可以判断企业、维修人员对车辆维修的合理性、纪实性、恰当性，从而保护客户、企业、维修人员的合法权益。一份科学的、完整的维修案例是帮助解决维修纠纷、判定法律责任等事项的一种事实依据。从这个意义上来讲，认真规范书写维修案例也是今后维护企业和客户利益的一项法律义务。

维修案例的管理含义应该有广义和狭义之分。狭义的概念指对维修案例的物理性质的管理，即对维修案例资料的回收、整理、装订、编号、归档和提供等工作程序。广义的概念指汽车维修企业（或者汽车维修行业）的信息管理，即不仅是对维修案例物理性质的机械管理，而且还对维修案例记录的内容进行深加工，提炼出信息，如建立完整的索引系统，对维修案例中的有关资料分类加工、统计分析，对收集的资料质量进行监控，向维修人员、企业管理人员及其他使用人员提供高质量的信息。规范维修案例的书写与加强维修案例的管理，能够给企业带来巨大的、直接的、长期的经济效益。在维修企业的维修人员中尽量实施案例记录制。当然，维修案例的管理不是目的，维修案例的利用才是目的。但是只有在科学管理维修案例的基础之上，才能有效地利用维修案例。从另一个层面上来讲，对于一个现代化汽车维修企业管理者和经营者，只有学会善于利用维修案例中的信息，才能有效地对企业进行管理和经营。

四、维修案例的内容

一份有价值的维修案例，不仅对技术维修具有长期的参考价值，而且应该对企业的经营、管理，甚至企业的发展都具有一定的参考价值。注意，这些案例所显现的价值虽然可能是间接的，但一定是现实的、巨大的、长期的。有价值的维修案例，应该是维修人员对汽车故障诊断与修复的科学记录，它不仅记录故障发生、发展、变化、转归、诊断、维修等全部过程，而且应当着重反映维修人员在诊断、维修过程中的真实思维活动，以及与维修过程相关的一切信息。汽车维修案例不仅是学习汽车维修技术时的辅助资料，更是在实施维修过程中的重要参考资料。另外，从企业管理角度来讲，维修案例记录管理，也是企业技术资源重要的组成部分。在这里要强调一点，以往在维修企业里都是由企业的业务员来汇总业务单据和施工单据，将其作为维修案例记录，也有的企业将其称为客户档案。其实，客户档案与维修案例是截然不同的。一份完整的维修案例应由接车员、维修人员、配件管理人员、检验人员、财务人员共同完成。这其中尤为重要的是维修人员的维修过程记录（根据接车员记录的车主描述的故障现象、故障出现时的客观环境条件及初步判断结论所进行的量具、仪器检测记录，诊断推理依据和初诊、复诊、确诊过程记录，更换配件、元件、总成、辅料记录，时间以及在维修过程中形成的文字、符号、图表、影像等资料的总和等）。所以，一份完整的维修案例不仅包括完整的维修过程的记录，还应包括其他的维修文书。一般认为维修案例应分为两大类：客观性维修资料和主观性维修资料。客观性维修资料是指客户的自述和通过“望、闻、问、切”以及辅助检查结果获得的客观情况，初步判定的故障原因和维修方案；主观维修资料是指在维修活动中经过试验、分析后确定实施的维修方案和步骤记录。

五、信息的处理

信息处理是一个动态的过程，它主要包括：信息的收集和输入、信息的加工（统计与分析）和输出、信息的存储和传输。信息处理过程也是原始资料积累的过程，将收集来的凌乱的原始资料通过加工、存储、传递、利用、反馈、控制等一系列的技术处理程序使之成为为人所用、为管理所用的有价值的信息，这一过程即信息的处理。信息的处理过程也称为信息系统管理程序。

系统是互相联系的元素（或子系统）的集合。这些元素（或子系统）集合起来作为一个整体为共同目标而有效地运行。每个子系统都是为特定目的设计的，子系统之间必须高度协调。一个系统有两个方面，即实体系统和概念系统。实体系统由有形的物质资源（人、财、物）组成；概念系统由数据和信息组成，即用数据和信息描述实体系统。概念系统是同一实体系统的抽象表达。企业可视为一个系统，是一系列参与生产经营活动的相关子系统（业务职能部门）的集合。为了有效地实现企业目标，这些活动是按逻辑顺序安排的。一个完整的系统（或称全系统）是实体系统和控制系统的集合，并且实体系统是由控制系统来控制的，即企业实体是由企业管理机构来控制的。

所谓控制，就是依据事先确定的标准，将检测到的系统行为变化量，传送给有关的管理人员，让他采取行动改变系统行为，使系统回到预期状态。控制的主要操作是：确定控制目标（或参数）、收集事实、比较和采取改正行动。

控制往往是按异常原则进行的。所谓异常，是指实际发生的情况脱离预期目标（或参数），因而出现偏差的反常现象。依据异常偏差进行管理，能使管理人员及时抓住重要事实，迅速扭转不利趋势，而不必从大量日常信息中去判断哪些是重要信息；以异常原则为基础的控制过程称为控制论控制过程，其重要特点是反馈，即将系统的实际状态同预期状态进行比较，由两种状态的差异得出误差信号，将此信号反馈到系统的源输入，修改输入，使系统自动趋于平衡，即向预期状态靠拢。含有反馈元素的系统称为闭环系统。大多数企业系统都是负反馈系统，即在误差的反方向进行调节的系统。

信息来源于数据。企业内部各部门都有大量文件和资料，外部的文件和资料也源源不断地流入企业，文件和资料中存在更大数量的数据。各部门的文件中，可能有些文件的全部或部分内容相同；一些部门的文件对其他部门也有使用价值；各部门对同一事实可能有不同的叫法（名称）；各部门文件的格式也不尽一致。因此，为了充分发挥信息资源的作用，有必要把各部门的文件和数据统管起来，这样既节约硬件资源（内容相同的文件不必各部门都存一套），又方便有关用户使用。把整个企业的全部数据集中存在一起，显然是不可能的，因为存储器没那么大容量，大家同时使用也不方便，于是出现了数据库概念。数据库不是物理意义上的存储器，而是逻辑上的“库”，是利用专门的数据库管理系统的软件，用联机方式把企业中所有计算机存储的文件和数据联系起来形成的“库”，实质上是企业若干台计算机中所有文件和数据的集合，或者说是信息的逻辑组合。

所谓数据库结构，简单说就是数据在“库”里是如何摆放的。数据库依结构不同可分为三种，有由上而下的层次数据库，有把联系密切的数据分别连接起来的网络数据库和现在使用最广泛的关系数据库。

关系数据库的结构是这样组织的：把文件看成是表格，数据库是许多表格的集合，有共同“列”的表格之间便存在“关系”。

通常数据存储于文件（文档、表格）中，一个文件包括若干条记录，每条记录又包括若干个字段。字段是最小单位的数据，又称数据元素。

关系密切的几个文件可以放在同一个文件夹中，几个文件夹可以放在更大的文件夹中。或者反过来把一个大的文件分成几个子文件，子文件又分成更小的子文件。

企业的数据库管理员负责数据库的建立和运行。数据库管理员的职责是：

（1）负责建库　同企业主管一起确定建设何种数据库来满足企业对信息和数据的需求；同信息使用者（用户）一起确定以何种方式提供所需信息；选择数据库管理系统软件和硬件；拟订数据库使用规章（包括信息使用权限）；培训信息使用者。

（2）负责数据库的运行　监视数据库管理系统的运行情况，解决出现的问题；对数据进行维护；保障数据库安全。

数据维护包括：用新数据取代旧数据，对数据进行备份和恢复，更改数据文件结构，以及建立新的数据文件。

保障数据库安全是指数据库管理员通过文件加密、设置用户密码（口令）和用户名册等办法维护数据库的安全。文件信息和数据根据保密程度不同，划分为不同的安全级别。使用信息有四种方式：查询（读）、录入（写）、删除和修改。根据业务权限规定使用者使用信息的方式。

数据库管理系统是关于数据库结构、数据、库中数据间关系、报表和报告的软件。数据库管理系统的核心是数据库管理器。用户查询时，由管理器从库里取出所需数据，再转变成信息输出。管理器对每一次操作做记录，对数据的使用情况（例如哪些用户在使用数据）进行观察和统计。系统中的软件包使进入管理器的数据是规范的。数据库管理系统示意图见图 14-1。

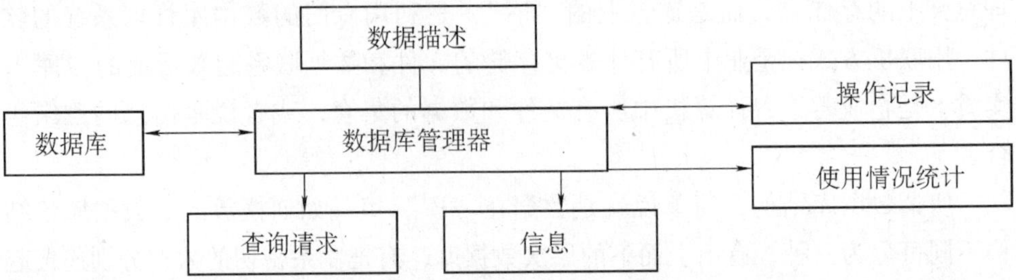

图 14-1　数据库管理系统示意图

进入数据库的数据应该是规范的，无论哪个部门或个人对同一实体或事件的称呼和理解应是相同的。数据库管理系统软件中有个数据描述语言处理器的软件包，把数据依照数据字典进行规范，变成数据库管理系统可以使用的格式。数据字典用于规范数据和数据库的描述。

数据字典包括 4 部分内容：

（1）数据流程词条　用于描述一组逻辑上相关的数据是如何流动的，内容包括：流程名称、简要说明、流程起始节点、数据结构等。

（2）数据存储词条　用于描述数据流程中的存储情况，内容包括：存储名称、简要说明、数据结构、存储数据类型、存储容量、利用情况、存取权限等。

（3）数据结构词条　用于描述在数据流程和存储中各个数据的结构，内容包括：结构名称、简要说明、内含哪些数据元素等。

（4）数据元素词条　用于描述数据元素或属性（特征），内容包括：元素名称、类型（数值、字符或时间）、长度、小数位数、数值范围等。

数据库管理系统的作用主要包括：

1）减少数据冗余。在建立数据库时，要绘制实体关系图。其中一个步骤是分析数据，即对数据加以规范，消除重复的数据元素，避免在多个文件中同样的数据都占用存储空间，并能减少差错。

2）可以从企业各部门的大量文件中集成数据，建立共享资源。

3）设置多层安全措施，在方便使用者查询的同时，防止未经允许者进入。

4）使用方便的查询语言，令用户输入犹如填表，能迅速获得所需信息和报表。

计算机从输入设备接受数据，按预定程序处理（完成数学和逻辑运算），经过处理的数据传送到输出设备，加工成信息输出，供使用者使用。

中央处理器（CPU，Central Processing Unit）或称中央处理单元，是数据处理设备的心脏。中央处理器分两部分：

（1）运算器　由算术逻辑单元、浮点运算单元、通用寄存器组、专用寄存器、累加器等组成，其主要功能是运算。

（2）控制器　由指令控制器（含指令寄存器、指令译码器、程序计数器）、时序控制器件组成，作为商品出售。目前，企业通用的软件已有多种上市。

对维修企业而言，信息的收集和输入是高层管理人员的基础工作，准确及时地将维修信息工作运行中的第一信息采集到，是信息处理的大前提；信息的加工和输出是管理人员充分利用统计报表这个载体将维修信息反馈给领导层；信息的存储和传输过程也是管理人员对维修信息积累的过程。信息处理的三个动态过程是企业统计工作资料收集、整理、分析全过程的升华，也是现代化企业管理的特征。

六、维修信息系统

维修信息系统是利用先进的计算机技术和网络手段来实现信息的采集、加工、存储、传递、应用和反馈，科学有效地支持企业全方位的（包括维修、培训、开发和管理）运行管理。维修信息系统的主要目标是支持企业的行政管理与业务处理，减轻事务处理人员的劳动强度，辅助企业管理，配合高层领导决策，从本质上提高工作效率，从而使企业能够完成“以较少的投入获得更好的社会效益与经济效益”的目的。维修信息系统是以经营方式为主线，以数据库管理为核心，以网络为技术支撑，具有一定个性化的计算机系统。它包括以下几个职能。

（1）支持网络联机事务处理　支持日常的、大量的前台事务性工作，包括：

1）业务接待动态。接待登记、接车、计价、收费、取车及反馈。

2）维修动态。相关维修技术文件及流程、维修人员、维修方案、检验、工位、设备利用率。

3）库房日常动态管理。领物、备物、结账、配件流动周期、流动资金状况。

（2）支持职能部门级信息的汇总与分析　计算机化的信息系统支持中层部门的数据收集、汇总、分析、平衡对比。其特点是：不直接与前台事务处理工作相联系；可以定期对接收到的信息进行对比分析；统一计算方法保证公平；较少实时数据录入任务。

（3）支持企业领导层对管理信息的要求　维修信息系统支持企业领导层对企业的科学化管理，直接辅助领导层决策，传输实时维修运转情况。其特点是：不与任何具体事务处理相联系，没有任何数据录入；提供强大、灵活的查询、检索、统计、分析功能；提供不定期、不固定模式的统计报表；提供监督企业运行和维修（含服务质量）质量的数据模型；产生图文并茂的报告形式。

维修信息系统可以分为多个子系统，分别为：①客户资源系统、业务管理系统、广告宣传营销系统，②维修管理系统，③社会资源系统、人力资源管理系统，④配件管理系统，⑤财务和核算管理系统，⑥设备管理系统，⑦信息情报管理及电子案例管理系统，⑧案例统计管理系统、技术支持系统，⑨专家系统，⑩办公自动化系统等，可以根据企业的实际需要不断开发、完善。

七、案例统计信息系统

案例统计信息系统是企业信息系统中的一个子系统，它集日常大量的前台事务性工作、维修部门技术工作、职能部门级信息的汇总与分析、企业领导层对管理信息的要求为一体，是一个管理流程清晰、管理概念突出、管理资料到位的管理系统。

案例信息既是企业主要的维修信息群，也是重要的管理信息源。在企业信息系统中，案例统计信息最活跃，数据量最庞大，使用率最高，发展也最快。

做好维修案例的基础管理应注意以下几点。

1）企业应建立维修案例管理制度，设置专门人员或兼职人员具体负责对维修案例定期回收、整理、归档、录入计算机（统计、分析、交流）、借阅、复印等工作。

2）企业组织专门人员编制维修案例书写格式以及相关内容。

3）应建立维修案例编号制度，并应编注页码，以利于计算机管理。规范的、科学的、完整的汽车维修案例也是真正实现计算机（汽车故障诊断仪、扫描仪）智能化，完善计算机专家系统的重要资源，或者说规范的、科学的、完整的汽车维修案例书写记录是实现计算机诊断智能化的重要一步。

4）维修案例管理的保存期限一般为5年，企业也可视其价值或作用制定保管期限。

5）维修案例一旦归档，严禁任何人涂改、伪造、隐匿、销毁、窃取。

6）维修案例的所有权归本企业，如作为相关人员的技术成果，可经企业相关部门同意后发表。

7）因科研、教学以及维修实践需要查阅案例的，必须经管理部门同意，并办理相关手续，阅后应及时归还。

8）维修案例一般应在维修工作结束24小时内完成。

9）发生维修事故、纠纷应及时封存案例。

当然，案例管理应该是一门具有较强科学性、专业性、技术性的工作，因为其涉及复杂的信息管理系统工程，而且案例管理人员不但要具备案例管理知识，还要具备一定的维修专业知识、外语知识、统计学知识等。案例管理不能只局限在收集、装订、登记、保管上，而要将其转归到开发深层次的资源利用上，要将其纳入全面质量管理当中。案例管理是企业的基础管理中的重要工作。

规范案例的重要过程就是写作，而写作往往是大部分学习汽车维修的人员的弱项。写作与思维有着紧密的联系，因为写作活动本身就是一种思维活动，而且也是人们最具创新力的思维活动之一。很多汽车维修人员会干，不会说、不会写；会干、会说，不会写；还有的会写，但不会说。这些对于一个优秀的维修技术人员来讲都是一种遗憾。当然这里的“遗憾”更多的是指对思维的构建不力，而每一次当我们把自己经历过的、思考过的、学习过的一些想法、体会、发现以及研究成果记录下来以后，自己的思维能力，尤其是逻辑思维能力都会得到巨大的提高。因为写作前的回忆过程，基本都是在形象思维的基础上，利用各种思维方法在整理、分析、综合、判断、归纳、推理、演绎自己的所见、所闻、所为。所以无论是写文章的主题、结构，还是方法、技巧或语言表达，都是作者独特的精神创新。这种精神创新就是作者的某种思维运动过程。重视经验而轻视理论、重视经验而轻视分析，从而导致严重的工匠意识。也就是说这种思想使人们始终认为汽车维修顶多就是一门技术，谈不上精技术，更谈不上是一门科学。这种思想误导了很多从事汽车维修的初学者，曲解了汽车维修职业教育的职能，误导了学习汽车维修技能的学生，同时也严重地阻碍了维修技术的发展。因此，指导学生书写维修案例是教学中不可缺少的一部分，凡是学习汽车维修的从业人员必须接受维修案例规范书写的正规训练，这也是学生进行维修实践的重要步骤。

下面是笔者多年总结的一种维修案例记录格式，（注意：只是缩写形式）仅供参考。

汽车维修典型案例记录　　编号＿＿＿＿＿＿

电子档案编码＿＿＿＿＿＿

车主性别	驾龄	使用性质	燃料
品牌型号	厂家	出厂年代	购车日期
发动机型号	变速器型号	手动/自动	配套厂
已行驶里程	停驶时间	故障出现时间	缺油、水、电记录
车身编码	发动机编码	变速器编码	
动力系统及特点（汽油机、柴油机、混合动力、燃气机、电动等）			
燃油喷射形式及特点			
舒适系统控制形式（空调、座椅、音响等）（密码）			
其他系统控制形式			
燃油泵形式及特点			

（续）

变速器形式及特点
驱动形式及特点
制动系统及特点
安全系统及特点
防盗系统及特点（密码）
经常行驶在何种路面　　高速行驶与中速以下行驶的比例
是否有因交通事故造成影响正常行驶的记录 并因此进行过哪些维修 换过哪些元件
保养记录是否准时　　完整　　本次维修距最近一次保养间隔时间
本次故障出现时环境有何特点
车主叙述故障症状
初步检查印象 望： 闻： 问： 切：　　　　　　　　初步诊断
量具、仪器：（使用什么量具、仪器） 欲达到目的： 检测记录（仪器打印的数据、波形等原始单据粘贴此处） 分析： 确定维修方案：
更换零件记录 理由： 记录（名称、厂家、规格）
修复记录 必要的技术数据（配合公差、电信号数值、波形、尾气等） 简单的工艺流程 外委加工记录
试验记录
反复记录（记录程序依前，直到故障排除为止）
会诊记录 　　　　　　　　会诊人员签字
结论及感悟：
完成日期　　　　　　　　主修人

附表：

以往维修记录史（附件一） （返工记录、主要维修人员）
以往更换主要配件史（附件二）
以往支付史（附件三） （信誉度、反馈）

需要提醒的是，无论什么样的表格，只要是公开使用的，别忘了一定要到相关部门进行备案。注意，只有在政府部门备了案的文件，才具有法律效益。

当然，对维修案例的规范书写应有一定的要求，如：

1）凡是与维修相关的业务人员、维修过程中的主修人员、配件管理人员、检验人员、财务人员（财务相关单据、出门证）等必须书写案例记录，一定要将此项规定作为企业管理的一项制度。

2）书写案例时，态度必须认真严肃，实事求是。

3）记录要全面、准确、及时；字迹清楚、书写正确、标点符号使用正确、一律使用简化汉字，外文缩写和无正式译名的可使用外文。

4）所有企业内记录应在财务结算后24小时内完成。

5）外委加工记录应在返回企业后24小时内完成。

6）案例书写时注意内容完整、精练、语句通顺、重点突出、主次分明、条理清晰，故障的结论与现象具有逻辑性和必然性。

7）案例描述必须详细，要求使用规范的维修术语，并使用蓝黑色墨水笔记录。

8）案例中所有记录在右下方要有正楷签名，会诊记录和返工记录要求用红色墨水笔记录。

9）所有的维修案例都要书写案例记录。但简单的案例以及常规的检查、保养案例等可以视情况，将有些项目省略，或者制作成单项表格，项目完成后，将此表格贴附在案例记录表格上。

建议相关部门重视和推荐汽车维修案例记录的规范化，以利于行业发展、整体素质的提高以及维修实践、经验总结、教学实践和科学研究的应用。

实施案例规范书写工作，难度一定很大，因为这是一种观念的变革，但是必须认识到此项工作势在必行。

以下是某维修案例记录：

汽车维修案例记录

编号________

电子档案编号________

车主性别：女	驾龄：3 年	使用性质：上下班代步	燃料：汽油
品牌型号：NISSAN A33	厂家：日本日产	出厂年代：2003	购车日期：2003. 08
发动机型号：VQ30GE	变速器型号：	手动/自动：自动	配套厂：
已行驶里程：75000	停驶时间：短	故障出现时间：两天前	缺油/水/电记录：无

燃油喷射形式：间歇喷射

舒适系统控制形式：全自动空调，座椅加热

其他系统控制形式：

燃油泵形式：汽油发动机

经常行驶在何种路面：城市道路　　　高速行驶与中速以下行驶的比例：1:7

是否有因交通事故造成影响正常行驶的记录：右前叶子板刮蹭

并因此进行过哪些维修：右前叶子板喷漆

换过哪些元件：更换右前叶子板

保养记录是否准时：准时完整　　　本次维修距最近一次保养间隔时间：15 天

本次故障出现时环境有何特点：冷车更明显

车主描述故障症状：冷车起动比以往费劲，怠速时发动机抖动严重

以往维修史：无大修；曾因冷车起动困难更换过冷却液温度（水温）传感器；准时做保养，更换汽油滤清器和空气滤清器，三个月前更换过新蓄电池

初步检查印象

望：发动机故障指示灯不亮，发动机抖动厉害，排气管轻微冒黑烟

闻：排气味臭，有较重的汽油味

问：询问车主：怠速抖动（冷车尤为严重）、急加速迟缓、费油，其他工况基本正常

切：慢加速尚可；急加速反应迟钝，甚至熄火

初步诊断：认为是空气流量计故障

量具、仪器：金奔腾“彩圣”汽车故障诊断仪

欲达到目的：通过汽车故障诊断仪进一步对初步诊断的判定进行旁证，另外想通过对数据流的分析，寻找其他影响因素，或者明确进一步确定原因还要使用什么一起做深入检查。

监测记录（数据、数据流、波形等）：

比较　**发动机数据流**

发动机转速……650r/min[750……850]
空气流量计……1.75V[1.3……1.8]
节气门位置……1.1V[0.4……0.8]
喷油脉宽……3.8ms[1.8……2.5]
冷却液温度……85℃[85……95]
空调开关状态……OFF[ON……OFF]
怠速控制阀……040[025……035]

上下键滚动数据流，确定键启动或停止录制

（续）

分析：通过金奔腾“彩圣”汽车故障诊断仪检测故障码，显示为“系统正常”，则表明 ECU 无故障存储，因此发动机故障指示灯也没有被点亮；读取数据流发现有几项数据显示为“红色”（注：该汽车故障诊断仪具有数据超出标准范围警告色提示的智能功能），如：发动机转速、节气门位置传感器电压、喷油脉宽、怠速空气控制阀。仔细观察数据发现，怠速时发动机转速在 650～700r/min 之间波动，而且节气门位置传感器信号电压和喷油脉宽及怠速空气控制阀步数明显过大。由于金奔腾“彩圣”汽车故障诊断仪提供了怠速工况下的系统数据正常参考范围，所以很容易发现问题的所在；通过几项数据不难看出，节气门过脏、怠速电动机工作不良，喷油器过脏或有堵塞。

另外，通过本记录，我们了解到该车是一名女驾驶员，而且只有三年驾龄，又是自动档，同时，车主自述高速行驶极少。由以上使用特点，我们可以判断：此车经常在中低速以下行驶，因而发动机喷油器自清洗功能基本没有实现，所以喷油器有可能产生大量的积炭。

确定维修方案：清洗喷油器、怠速电动机和节气门，更换火花塞，并通过金奔腾“彩圣”汽车故障诊断仪做怠速调整和节气门的设定。

更换零件记录：更换火花塞

理由：火花塞积炭严重，且上次换火花塞之后至今车辆已行驶超过 3 万公里

记录（名称、厂家、规格）：原厂

修复记录：

必要的技术数据（配合公差、电信号数值、尾气等）：火花塞紧固力矩：3kg/m

维修完毕后检测的数据

比较　发动机数据流

发动机转速 ……800r/min[750 …… 850]
空气流量计 ……1.5V[1.3 …… 1.8]
节气门位置 ……0.5V[0.4 …… 0.8]
喷油脉宽 ……2.2ms[1.8 …… 2.5]
冷却液温度 …… 85℃[85 …… 95]
空调开关状态 ……OFF[ON……OFF]
怠速控制阀 …… 30[025 …… 035]

上下键滚动数据流，确定键启动或停止录制

简单的工艺流程：

1. 首先释放系统汽油油压，拆下 6 个喷油器，用超声波清洗机清洗喷油器
2. 拆解节气门阀体，清洗怠速电动机和节气门
3. 逐个拆下火花塞，观察各个火花塞的工作状况，更换火花塞

（续）

试验记录：匹配完毕后，该车怠速运转平稳，加速正常，故障排除，顺利交车

反复记录（记录程序依前，直到故障排除为止）：接车后，根据车辆的故障情况来看，发动机明显存在故障，根据维修经验判断为空气流量传感器故障，更换新的空气流量传感器后，发现故障依旧。

仔细想想，没有任何依据，凭空判定故障所在是不合理的；此时，根据初步检查印象逐步检查。首先，排气管冒黑烟可由发动机不同系统的故障引起。一般来讲，故障的根源在于：混合气过浓或燃烧不充分。就电喷发动机而言，大致可存在以下几个方面：

1. 点火系统中，点火模块故障、火花塞故障、线路接触不良、断路/短路，导致点火能量过弱或缺火

2. 供油系统中，回油管堵塞，油压调节器出现故障，造成系统油压过高，喷油器雾化性能不良等

3. 进气系统中，有堵塞或漏气处

4. 电控系统中，传感器和开关故障，向电脑输送的信号失真或无信号，都可能破坏ECU对进气、供油等的有序控制，从而导致各种不同故障的产生，混合气过浓，排气管冒黑烟是其中故障之一

经检查发现火花塞积炭严重，同时为了进一步确定故障原因和故障部位，用汽车故障诊断仪进行精确诊断。通过金奔腾“彩圣”汽车故障诊断仪读取故障码时，结果显示“系统正常”，ECU无故障存储记录，由于该车发动机故障指示灯不亮，显示“系统正常”是可以理解的。那么，此时可以读取数据流，通过数据的分析来精确判断故障所在部位。读取数据流时发现有几项数据显示为“红色”，如：发动机转速、节气门位置传感器电压、喷油脉宽、怠速空气控制阀。仔细观察数据发现，怠速时发动机转速在650~700r/min之间波动，而且节气门位置传感器信号电压和喷油脉宽及怠速空气控制阀步数明显过大。由于金奔腾“彩圣”汽车故障诊断仪提供了怠速工况下的系统数据正常参考范围，所以很容易发现问题的所在；通过几项数据不难看出，空气流量传感器数据正常，故障是由节气门过脏、怠速电动机工作不良，喷油器过脏或有堵塞等造成的

结论及感悟：该车由于用来上下班，按车主的驾驶习惯，大部分里程都为低速行驶，发动机容易形成积炭。而造成这次故障的根本原因就是火花塞积炭、堵塞。造成本次维修反复的主要原因是，维修时只注意到表面现象：怠速发抖、加速不良，就认为是空气流量传感器故障，忽视了对系统点火、供油等系统的检查。此时，如果更换火花塞，估计故障会明显好转，也能交车；如果不清洗系统积炭，很可能只治标不治本。

其他：没有占举升机工位，配件及时

完成时间：四小时零十五分钟

完成日期：2005.10.15　　主修人：梅涛等两人

八、计算机在维修案例管理中的应用

维修案例信息是汽车维修企业信息最庞大、最重要的一部分，管理手段也复杂。既往的手工管理方法，难以适应时代的要求。计算机的运用直接标志着维修案例管理从手工走向现代化，而这种质的转变，这种大信息量的检索是传统的管理方法所无法实现的，用计算机管理维修案例，其优势在于：①应用计算机技术管理维修案例，能使维修案例充分体现出保存价值。②能快捷地提供各种信息和

数据，运用计算机输入维修案例首页，操作简单，项目齐全，能在短时间内为维修及相关人员提供各种信息和数据。③提高维修案例管理的正确性。④提高了工作效率，极大地减轻了维修案例管理人员的工作强度。

企业中最早使用计算机的多是文秘和财会部门，后来用于管理，开发了管理信息系统。有的企业开发或采用了决策支持系统、专家系统、企业资源计划系统（ERP）、主管信息系统（经理信息系统）等。这些系统中广泛采用的是管理信息系统。管理信息系统是建立在系统工程、控制论、应用数学和计算机技术基础之上的综合性学科。

企业建立管理信息系统的目的是为各级管理人员及时、准确、灵活地提供生产经营和管理决策所需信息。从控制论的观点来看，管理过程就是信息的收集、传输、加工和应用的过程，信息系统是输入数据、进行加工、输出信息的系统（图 14-2）。以计算机为基础的管理信息系统是人员、数据处理设备、输入设备、输出设备和通信设备五要素组成的人机系统，系统对环境和企业内部的数据进行加工，转变为企业计划和运营需用的信息，以可接受的精度和合理费用，在适当时候提供给各级管理部门的决策人员，然后将决策（计划或指令）传递给各个具体执行的机构。信息对管理职能的影响贯穿整个管理过程。

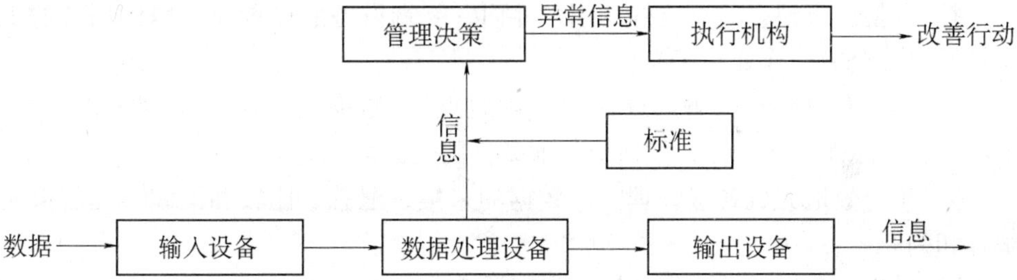

图 14-2　管理信息系统信息流程示意

实际应用的管理信息系统通常是按企业内部各部门的职能划分为若干子系统，例如分为计划信息系统、营销信息系统、财务信息系统、生产信息系统、人力资源信息系统、主管信息系统和信息资源系统等（图 14-3）。有些子系统还可划分成更小的子系统，如生产信息系统分为生产过程、库存、质量、成本、设备、产品研发等二级子系统，也有人将生产信息系统分成生产管理系统和技术信息系统（包括计算机辅助设计 CAD、计算机辅助制造 CAM 和机器人）。当然，企业也可以把一些二级子系统划为一级子系统，例如设备和产品开发。

成功的管理信息系统必须满足以下条件：

1）须考虑用户的职责和业务范围，满足不同用户的需要。充分利用数据库技术，保障向基层管理部门提供的信息包含其业务需要的细节，而向基层以上各

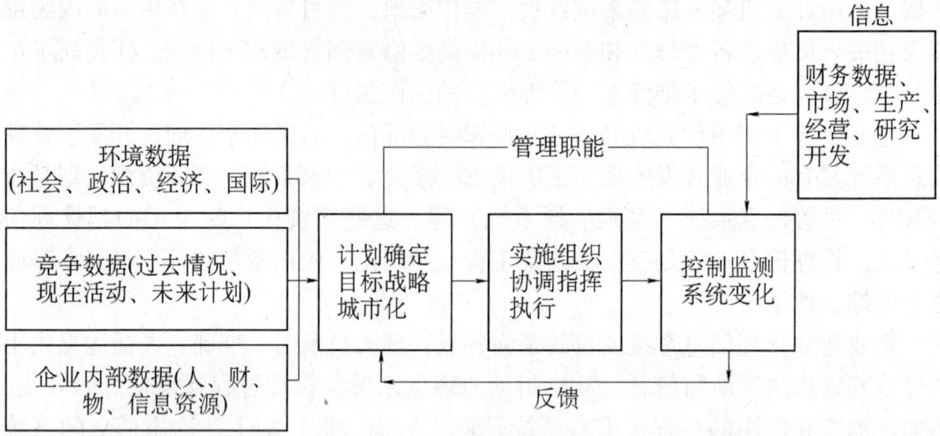

图 14-3　信息与管理职能

级管理部门提供的信息，则越往上层提供的数据越精炼，越具综合性。

2）须提供有价值的预报。以异常管理为重点，提供偏离预定指标（标准）的信息。

3）须迅速得出有价值的结果，及时回答用户查询，提供经过刷新的信息。

4）须使用方便。具有友好的用户界面，终端设备的设置应考虑使用者的工作场所（办公室、作业现场）。

5）须具有灵活性。输入点（数目和地点）、数据元、报告（内容和频数）等的设置可随需要而变化，能适应企业条件的变化。

6）须有效地完成各级管理所需数据的采集、汇总、比较和汇编，无需由人解释和判断。

7）数据须足以描述系统环境和内部活动。

管理信息系统是人机逻辑系统，计算机的应用使数据和信息的刷新可以实时进行，随时可以生成反映当前情况的报表，实现动态管理。发挥计算机优势，可以及时可靠地完成定期报表的制作，完成常规的、规范性的决策，把人从繁冗的事务中解脱出来，集中精力做好应由人作出决策的事件。

管理信系统以两种方式把数据库的数据变成信息，即用报表生成器制作报表，用数学模型对问题进行模拟。

报表生成器是一个软件，用来生成定期报表（各种月报、年报）、特别报表（如事故报表）和异常报表（例外报表）。

模型是从许多事物、现象和行为中抽取出来的具有典型意义的实体。使用模型模仿事物、现象和行为叫模拟。模型有多种，有实物模型、图表模型、图像模型等，常用于管理的是数学模型，即把数学公式作为模型。通过修改变量（分若干次将变量设为不同的值)，一个数学公式可以得出不同结果，或者说一个模型可以模拟出不同结果。于是可以假设将来的某个变化量，将此数据输入模型，得到一个同现时输出不同的结果，用这个办法可以预测未来。使用数学模型可以很快就模拟出几个可供选用的方案，有助于迅速决策。

报表和模型输出可以显示或打印，打印格式可以是文字、表格、表解或图解(折线图、直方图、圆饼图等)。

通信设备是管理信息系统的5个组成部分之一。一台计算机要向另一台计算机传输数据，交流信息，就必须用线路连接起来才能实现，这就是计算机通信。企业管理信息系统是企业中许多台计算机用通信线路连接起来形成的，这些通信线路构成了企业内部的通信网络，简称内网。企业之外的通信网络称外网。内网同外网连接就可以在更大范围内传输信息，共享信息资源。

通信网络中的每台计算机都是网络中的连接点（节点），每个节点都可向其他节点传输和接收数据，为了不发生冲突，显然应该遵守一定的规则，这就是计算机网络通信协议。

设备管理信息系统的通信网络属于局域网。局域网需用的硬件有以下几种。

1）网络服务器（server）用于提供网络服务，实施网络管理和组织共享资源，通常是一台配置较高的计算机，有大容量磁盘、高速打印机、高性能绘图仪和数据库系统等软件。

2）客户机（client）用作使用者的终端机，通常是配置稍低一些的计算机。

3）网络接口卡（网络适配器）用于支持各种网络协议。

4）网络器件。

① 中继器（reaper）的作用是对数字信号的放大和整形，在以太网中连接电缆。

② 集线器（hub）是一种特殊的中继器，有多个端口，用于连接双绞线和光缆。

③ 交换机（switch）滤除非发往指定网络的数据，提高通信效率。

④ 网桥（bridge）又叫桥连接器，用于帧的存储、删减和转发。

⑤ 路由器（router）用于选择算法，确定到达目的网址的最佳路径。

⑥ 网关（gateway）又叫协议转换器，用于两个结构不同的网络互联。

其中交换机、路由器和网关用于局域网同广域网互联，其余用于局域网同局域网互联。

局域网的软件主要包括：

1）网络系统软件：网络操作系统、协议、通信软件等。

2）网络应用软件：分布式数据库、管理信息系统等。

局域网向外连接可以使用的公用网络有：公话交换网（PSTN）、不对称数字用户线（ADSL）、有线电视网（CATV）、公共数字数据网（DDN）、公用分组交换数据网（PSDN）、帧中继（frame relay）、综合业务数据网（ISDN）、微波无线网和卫星通信网。

第三代（3G）移动通信技术：蓝牙（blue tooth）技术已开始使用，手机可以无线上网，为管理人员远程管理提供了可能性。为适应第三代移动通信需要，装备了蓝牙技术的计算机几年前就已投入使用。

当前，计算机普遍应用在与维修案例相关的各项管理中，涉及业务登记及客户档案、各种单据、财务、人事、配件采购及进出库、维修技术数据库等，但在采用现代化的技术和装备，充分利用计算机的快捷、高效，使维修案例信息为企业服务方面还十分欠缺。

计算机的案例信息管理包括硬件部分和软件部分。要求计算机的配置高、容量大。软件部分需功能多，支持首页信息录入、数据整合、数据审核、信息检索、综合查询、借阅追踪、集成报表并有相关分析、对比分析、管理分析，维修案例质量审核和财务管理。

维修案例信息系统独立存在但又必须依附于企业信息系统。它主要是针对维修案例、统计信息进行管理。它对维修系统的办公自动化起到主导作用。此系统利用计算机软硬件技术、网络通信技术等对客户车辆的维修过程中的一切信息数据进行采集、处理、录入、存储、加工、检索、传输和输出。它以首页信息为基础，使企业各职能部门共享维修过程的基本情况、维修案例信息，提高了维修案例信息的利用价值。维修信息自动处理，有效检索信息，为维修一线、技术改造、企业决策等服务。另外，它还兼有登记管理、各种索引、案例借阅、案例示踪、案例质量控制等功能。部分信息在企业信息系统和维修案例信息系统之间进行传输，实现信息共享、资源共享。

思考题

1. 汽车维修企业的信息管理包括哪些内容？
2. 汽车维修企业案例管理的主要内容及其重要性是什么？
3. 汽车维修企业案例统计信息包括哪些内容？
4. 计算机在汽车维修企业信息管理中的作用有哪些？
5. 如何发挥计算机管理在企业中的作用？

第十五章 现代汽车维修企业再造

第一节 现代汽车维修企业再造的必要性

汽车维修企业与其他企业一样，伴随着时代的发展，宏观经济体制的变革，技术的变革，发生着革命性的变化。企业作为现代工业社会的标准生产与服务形式，已经存在发展了两个世纪，今天的企业同两百年前相比，早已是天壤之别。就国内汽车维修企业而言，现代的汽车维修企业与传统的汽车维修企业也是无法相比的，但是有一点是永远也不会改变的，那就是企业必须在市场的激烈竞争中取得优势，才能生存发展。在今天这个新旧时代交替的时候，在市场竞争中求生存、求发展，不仅需要使企业既有的生产经营系统良好运转，更重要的是企业要时刻保持变革创新的能力，接受不断变革的市场的挑战，并在新时代——信息时代和知识经济时代，抓住机遇，及时调整管理经营方式，充实新的思维方法，迎接挑战。

每一个新时代的来临都意味着一些人、一些思想和一些行为方式被淘汰，同时也意味着另一些人、另一些思想和另一些行为方式的崛起。对市场而言，这直接意味着一些企业、行业的衰落和消亡，另一些企业、另一些行业迅速崛起。我们天天都会发现有那么多的维修企业未老先衰，直至倒闭，而同时又有那么多新的维修企业诞生，而且很快成为这个行业的新星。从社会发展史、科技发展史来看，每一次新的技术的诞生，只要抓住机会肯定会发生巨大的变化。比如，蒸汽机的发明英国就抓住了机会，一下子就成为当时世界强国；铁冶炼成钢的技术出现，美国抓住了机会，一下子就变成了钢铁大国；电子晶体管的出现 ，日本抓住了机会，一下子成为了电子大国。从小的方面讲，一个企业抓住了技术变革的机会就会腾飞，而那些抓不住机会的企业就会失去竞争的能力。这就是技术变革带来的两种不同的结果。因而，技术革命本身不仅仅是革命的技术，还有管理的革命，它使得竞争空前残酷，稍有决策失误，就难逃灭顶之灾。

现代管理学中，企业管理再造的定义为：再造就是在客观世界变革过程中，企业对战略，增值营运流程以及支撑它们的系统、政策、组织、结构的快速、彻底、急剧的重塑，将以职能为核心的传统企业，改造成以流程为核心的新型企业，以达到工作流程和生产率的最优化。

这里所提到的“流程”，就是做事情的顺序。比如我们举一个目前在很多修理厂都实行的业务流程例子：假设某客户汽车坏了需要维修，在这种情况下，他并不会在意维修厂家的工程师来自哪个部门、运用什么样的工具和技术来修理汽车，他所期待的只是一份“使汽车尽快恢复使用”的服务。维修企业典型的做法是业务部同客户签订维修合同，车间制定维修计划并组织维修，配件部负责购买所需要的配件，财务部向供应商付款，技术部负责故障诊断与维修工艺的制定，检验部负责车辆的检验，最后由财务部向客户收款并发放收据。每个部门的每位员工都做好“自己所完成的部分”，然后将它移交给流程链上的下一个部门继续处理，这就是绝大部分汽车维修企业中所发生的情况。上述经营活动在我们身边是如此广泛的存在，以至几乎没有人对其提出质疑。

上面描绘的这幅维修与业务的图景里，我们可以看到在企业内部维修对象经历了多个职能部门，甚至是同一个职能部门里，多位员工之间的无数次的交接和再交接的环节。在终端消费者那里，这一切都表现为来自企业不同部门的等待和再等待的信号，最终客户获得的也许正是那些因多次交接而使整体效能降低、品质误差概率增加却可以将就着使用的汽车与服务。这种业务流程已不适应现代客户的需求。汽车维修厂家的装备可能是一流的，问题的根源在于在无数有着摩登外壳的现代组织的内部，职能部门之间、组织与组织之间、组织与个人之间、个人与个人之间，其现有组织结构和运作方式割裂了面向客户需要的流程，从而无法提供令客户真正满意的质量与服务。目前兴起的一种快修、急修，又是一种新的流程方式。

北京丰田汽车维修中心，原维修作业流程如下：

用户→业务接待（7min）→送车（5min）→调度派车（5min）→维修（25min）→零件库（15min）→检验（10min）→结算（8min）→交车（4min）→用户。共计79min。

改造后的流程：用户→业务接待（5min）→维修（25min）→结算（5min）→交车（5min）→用户。共计40min。

改造后，将业务接待用固定格式，并直接派车，维修工直接从业务接车，所需零件按标准成套直接送车间，维修工自检，固定格式结算。改造后比改造前节约39min（摘自北京丰田汽车维修中心孟祥震在中国汽车维修市场研讨会上的报告）。后一种流程为企业提高了工作效率，减少了客户的待修时间，双方受益。这就是一个小规模适应市场变化的流程再造。后一种流程突破了以部门职能为核心的传统流程，变成了以客户利益为核心的新型流程。

企业的流程从总的方面说，就是企业完成其业务获得利润的过程。企业的流程再造，就是对这一过程的顺序进行重新设计、塑造（参考图15-1）。只要回顾一下企业发展和管理发展的历史，就会明白这里面蕴藏着巨大的利益，对于今天管理者来讲，企业再造来源于市场的巨大挑战。挑战主要来源于四个方面：客户

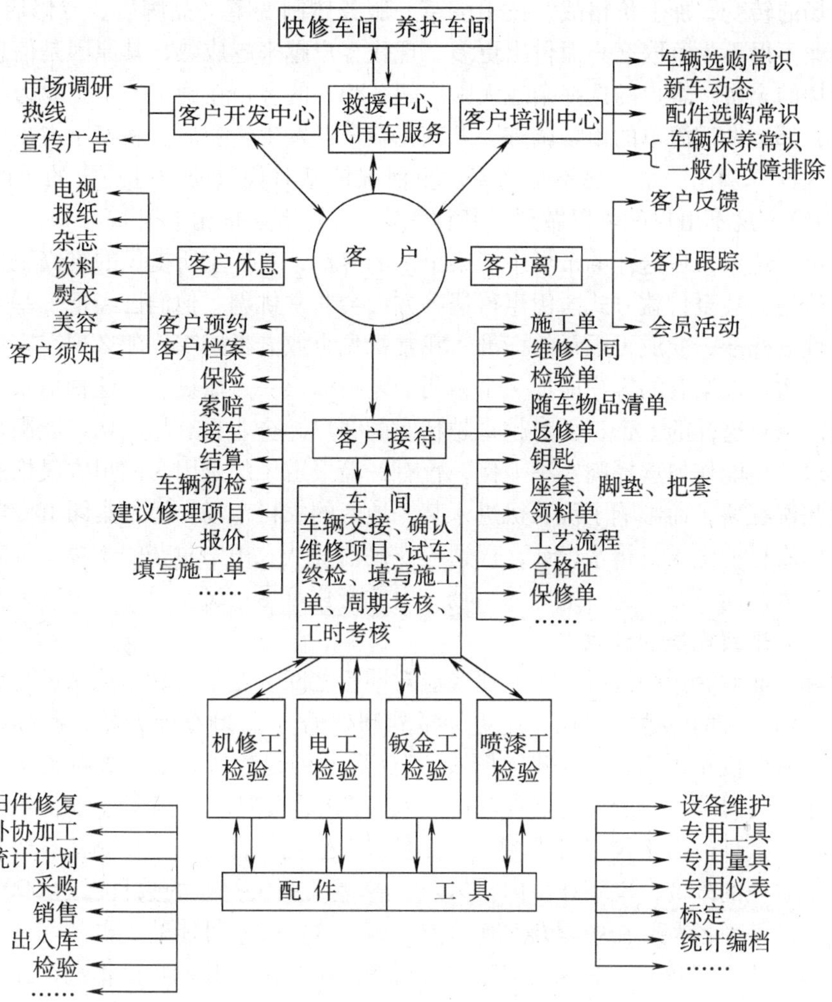

图 15-1　再造后的业务流程图

（以客户为导向）

（Customer）、竞争（Competent）、变化（Change）、信息（Communication）。现代管理学简称为“4Cs”。

一、来自客户的挑战

客户就是上帝的说法由来以久，但客户真正成为上帝是由于市场已由原来的卖方转为买方，形成了所谓的“客户主权”。十几年前，我们汽车维修企业还处于一种坐等客户的经营状态，甚至于排队待修，是客户求企业，向企业说好话。那时，客户如果认识某个修理厂的老板，甚至认识修理工都是一种资本。今天完全变了，企业要为客户做大量的服务，也不一定让其二次回头。这种由卖方至买方市场的转变，加上价格战、技术变革、服务体制变革（品牌店、专修店），使得企业不得不为争取客户而付出更多。现代客户越来越成熟，其原因是信息灵通与市场的充裕，客户的选择余地无限广阔。80%的客户在确定一个企业为其服务之前，都会做过简单的市场调查。尤其在客户群发生转变后，私家车占主导地位时，这种“货比三家”已不足为奇。更何况信息时代只要通过一定的手段（如互联网），足不出户就可以做到“货比三家”，甚至“货比十家”。

可以想象，在这样的市场中浸染出来的客户，对厂家所提供的维修服务、质量、价格，甚至付款方式、优惠待遇等方面会非常挑剔。他们已经把一些企业之中定性的标准，变成无限量的标准。我常听见企业老板感叹，怎么现在客户越来越难伺候。甚至有的客户能把一个精明的老板缠得一点辙没有，这种情景越来越普遍。面对这样的上帝，面对越来越精明的客户，企业只有尽一切可能满足他们的要求。还能作何选择呢？举一例，曾有一篇报道说的是因为四川农民抱怨洗衣机无法洗红薯，而影响了洗衣机进入某一地区的农村市场，海尔集团就专门改进了面向农村的洗衣机排水设计，以适应农民清洗从农田中收获的土豆、红薯的要求，并因此而打开了这一地区的市场，由此变化可见一斑。

二、来自竞争的挑战

除了面对客户的挑战，企业还要应对同行之间的竞争。竞争从来就是市场的法则，但今天的竞争与以往相比更为激烈和残酷。从2000年开始，我陆续参加了一些有关汽车维修企业在我国加入WTO后发展趋势研讨会，观点各异。我比较主张认真思考，冷静面对。在我国加入WTO后会对国内汽车维修企业带来很大冲击。这种冲击不仅来自于境外，而且来自于我们自身。据可靠消息，目前在经贸部登记的外商，准备在国内投入汽车修理及相关行业的数目已达600余家，甚至有的外商扬言要在中国开500家连锁店，这不是不可能的。再实际一点，就拿我国一些现行政策、法规，甚至一些行规，本身就对我们自己不利，比如银行贷款，外商企业可以很容易地从银行贷款，而我们行吗？尤其私企更难；比如价格体系，我们的企业产品价格（汽修工时费、配件加价率）是管理部门制定的，而外商企业则可根据市场自行定价；再比如企业申办，我们要申办个企业，程序复杂、手续繁琐，而外商却容易得很。只要入关以后这些对付我们自己的法规、法律、行规则对外商失去约束力，他们不受任何限制，既然是协约国就不存在贸易壁垒。而我们法律限制私人企业只能从事登记注册规定的行业，而外商则可以任意跨行业超范围经营，他们不需要许可证就能够在中国从事国际贸易；外商私企可以在中国制造汽车，修高速公路，自主地建立批发零售网点，但我们的私人企业则不行。这种种不公平的状况，恐怕在短时间内不会有很大改变，即使实行所谓双轨制，也难以摆平。外商企业虽然远渡重洋，可他们是在作低成本运营。因为他们的技术是先进的，管理是先进的，设备是先进的，而且是一手货，配件是原厂的，价格是低廉的，劳动力是廉价的，而且是由我们曾经培养过的成熟的劳动力。竞争一开始，我们就处于劣势。从这一个侧面就可以看出我们面对的对手的竞争应该是异常残酷的。再者，面对汽车维修市场供大于求反而修车难的局面，随着市场的规范与竞争，总体数量会减少，估计要减少20%~30%，基本趋于合理。在这过程中，将有一大批完全缺乏竞争力，乃至生存能力的落后企业将被淘汰出局。在这种趋势过程中同样充满了火药味。

竞争的紧迫感也越来越强烈，加入世贸组织后，随着进口汽车价格的下调，使得国产车的价格会出现全盘下跌的局面。这种局面很可能在某一时段，是与政策和规律不协调的，是与专家们的预测不同的，是出人意料的。这种市场现象将使得相关企业和政策产生巨大的突变，如对汽车维修行业的保护期，很可能在这种降价的浪潮冲击下，原来期望的3~5年保护期会提前突破，而这种保护也只能依靠行业与企业自身实现，并且力度很小。对汽车维修企业而言，外资的进入在短时期内，便会对国内汽车维修企业产生巨大的威胁，这一点务必要有足够的认识。

现代汽车维修企业今后的竞争具有如下几个特点：

(1) 竞争范围越来越大　随着技术进步节奏的加快，随着市场进一步规范化，随着市场经济作用的结果，优胜劣汰。企业不仅要同老对手竞争，还要同不断出现的新企业竞争，甚至与跨行业的扩张、渗透的竞争。如汽车清洗业、汽车美容业、汽车保健品业，有形的无形的汽车销售市场功能体系的完善等，都构成对汽车维修企业的竞争。加入世贸组织后，部分国外企业也会加入国内汽车维修市场，这又增加了竞争的激烈性。市场的开放与变革，使得任何一个具有良好前景的行业，只要一出现就会有许多企业进入。资本已不再是瓶颈，这点在汽车维修行业表现非常突出，老的企业要发展扩张，新的企业在寻找机会，竞争无处不在。

(2) 竞争手段越来越多　传统的竞争手段主要集中在维修服务质量和价格两个方面，而现代竞争的焦点往往出人意料，质量深度、服务广度，甚至广告、宣传、品牌的文化象征意义都成为吸引客户的手段。在许多新兴的企业中，新技术、新模式、新理念带来了全新的竞争手段。如高新技术设备的引进与使用，3S、4S等多位一体的经营模式，服务网络的应用，完善及时的救援体系，资源、信息、企业的联盟，都是新竞争手段的典型运用。

(3) 竞争规则频频改写　竞争规则是在长期的市场竞争中逐步确立起来的，并被市场参与者认同。但是现代市场中层出不穷的新技术和随之而来的新型竞争手段，已经使许多旧规则失去作用。特别是那些掌握了新技术的企业，一进入市场就带来了全新的竞争规则。如过去汽车维修价格，行业都有一个统一标准，可现在这个标准已不再对企业价格有约束力，这就突出表明旧有的竞争规则在新市场形式下的捉襟见肘。

(4) 竞争结果空前残酷　现代市场竞争的一个显著特点是结果残酷。不管多大规模的企业，不管哪一方面，一旦有失误，往往是灭顶之灾，除非有回天之术，否则很少有机会再缓过劲来。

三、来自变化的挑战

纵观历史上几次大的产业革命，都会发现技术的进步在改变生产方式的同时，无一例外的也改变了人们的消费方式、生活方式和思维方式。面对汽车工业技术革命与发展，汽车维修企业同样面临着巨大变革，也同样影响着客户消费理念的转变。反过来，消费理念的转变，也促进企业经营理念的转变，导致企业的变革与竞争。企业所面临的各种因素，很少像今天这样变幻莫测。变化对企业的最大挑战来自思想观念的挑战。昔日的辉煌往往成为企业变革最沉重的包袱，这是有着无数沉重教训的。一个刚刚创立的企业总是充满活力的，随着企业经营走上正轨，企业中人与人之间、部门与部门之间的关系逐步稳定，管理者的权利开始相对固定，人们的日常工作变成例行公事，企业就在每个人的惰性之中，不知不觉变成一个官僚机构了。这种局面的出现，使企业失去了变革的勇气和创业的活力，使企业的规模变成巨大的包袱，管理效率低下，成本增加，对外界变化和客户要求无动于衷。企业一旦陷入这种局面，只有两条出路——变革与死亡。

四、来自信息技术飞跃发展时代的挑战

在新技术所创造的新形式下的激烈竞争中，信息技术已不仅仅是提高企业竞争力的工具和手段，更是驱动企业改进业务流程的重要能力因素——它们使不可思议的企业能力的实现成为可能，它们大大地提高了企业竞争的起跳线。

面对把外部环境中的不确定性和经营风险降到尽可能低的要求，信息技术的强大功能，有助于企业运用科学规范的作业程序与方法，进行大量数据的采集与分析，并以便捷准确的通信方式来交流和传播企业信息，从而迅速解决和分析，对各种变化作出及时正确的反映。这样有助于提高决策效率和效果，缩短作业周期，改善作业水平和品质，增强企业的竞争力。

信息技术影响着企业组织结构和经营运作机制。信息技术所具有的高度协调化、网络化的强大功能，所倡导的团队合作及人本主义精神，改变了企业原有的信息收集、传递、加工、处理、利用等沟通方式，改变了信息量、信息内容和利用信息能力在企业上下的分布，更改变了企业内各种岗位的权利授予与制衡关系的影响。这意味着信息技术拓展了企业经营管理功能的外延，改变了企业的权利分配格局，从而使员工能够通过前所未有的组织结构与运作机制的变化形式，来充分发挥出“整体大于部分活力”的管理功效。

成功的企业总是可能驱使和期待有着新思想的员工们来实现革新使命。这些革新活动通常表现为一种集体的行为。信息技术特别是新兴的互联网技术，为人们提供了跨地域、响应迅速的联机服务，开放式检索数据库，系统集成等易于共享思想与创意的体系结构与服务，引发了一系列的人的行为和思想上的根本性变革，从而使其成为企业在不同管理层次实现内部革新的催化剂。

信息技术对今后企业发展影响是深远的，尤其对现代汽车维修企业的生存尤为重要。谁实现了信息化管理，谁掌握了最新信息，谁就掌握了获得财富的资源。在新的经济环境里，信息日见取代以往物质形体的各种资源，在现代社会的大生产、流通与消费循环中，占据支配性的强势地位，并拥有了前所未有的向财富和价值的顺畅通道。此时能否及时掌握车源、客户、价格、技术信息等“软”资源，将对企业的生存与发展起着决定性的作用。在捕捉、汇总、分析、整合和传播信息的艰巨任务面前，信息技术特别是如火如荼的互联网革命，无疑使之理所当然地成为了推动企业革命的主力军。

综上所述，信息技术飞跃发展的挑战，已构成现代汽车维修企业生存的竞争。

当前，汽车维修技术日新月异，市场竞争加剧，突飞猛进的技术革命给汽车维修企业市场环境和竞争格局带来了根本性的变化。与此同时，基于劳动分工、科学管理及一般管理理论三大学说的传统企业组织形式，弊端日趋明显。这些因素的变化为企业变革提供了足够的动力，发挥空间和发展潜力。这使得现代汽车维修企业对业务流程再造不得不高度重视与实施。

以上我们提出了企业管理再造在现时期的必然性。其宗旨是前面反复提到的时代变化太快了，企业运营如果不能针对市场需求与规律，及时调整和改正经营与管理方案，必然要走上不归之路。因而作为一个现代企业的管理者，必须不断地研究企业在发展中遇到的问题，行业发展的趋势、行业政策、国家政策、客户需求的变化，甚至相关行业发展的动向。不断地收集各种信息，用于支持指导企业的经营管理。

第二节 服务流程再造原则

目前，“售后服务是产品的重要组成部分”这个观点已得到了越来越多的接受和认同，服务和产品本身都是企业竞争力的重要部分。在市场竞争日趋激烈的今天，同类产品在价格和性能上的差距大大降低。要想突出产品的个性化，获得客户的青睐，新颖和完善的售后服务是企业的制胜法宝。售后服务的差异性，形成了产品的差异性，从而使产品具备了与众不同的竞争优势，增强了企业的市场竞争力。因此，售后服务流程运作的好坏会直接影响到企业利润的高低，因而再造售后服务流程，提高流程的绩效，同样是企业流程再造的一个重要目标。

售后服务是指产品通过客户验收，投入使用之后，企业向客户提供的服务。

售后服务通常包括培训、维修、保养、技术咨询等活动。企业通过开展售后服务，保证产品的正常使用，并通过产品性能的改进，为客户创造新的价值。售后服务流程也是一个涉及多部门、多人员的流程，除了专门的客户服务部门之外，还跨越服务产品设计部门、维修生产部门、业务部门、财务部门等多个部门，需要工程技术人员、维修人员、营销人员、财务人员等的密切合作。另外，一个传递有效的信息系统，对于售后服务流程的顺利进行也是十分重要的。

以我们前一节介绍过的汽修公司的售后服务过程为例，这个流程图包括客户提出故障维修直到维修完成，并跟踪处理结果的整个过程，大致可分为管理客户投诉、制订维修方案、故障排除和跟踪调查四个阶段。在这个过程中，参与的工作人员包括服务中心的工作人员、维修工程师、维修产品设计师，以及信息系统的操作人员等。这些人员的专业技能水平是决定售后服务质量的关键因素。

上面提到的设备维修只是售后服务的一种形式，其他形式还有设备商品备件管理、产品技术性能咨询、软件的版本升级、用户培训，以及技术资料的分发等。在这个顺序执行的流程中，同样会存在部门间相互隔离、信息单向传递，以及传导过程中的误差积累问题。实际上，流程的运行速度往往受限于一个或两个关键性的“瓶颈”部门，比如由于技术人员或维修人员的短缺，这样往往会使得整个流程的周期变长。如果客户的服务请求得不到及时的响应，维修的产品无法发挥正常的效用，客户的满意度会大大地降低。这时客户会作出相应的反应，积极的反应诸如投诉消费者协会，上诉法院等；消极的反应则有可能是下次不再接受这样的维修服务产品，并且会将这种不满传送给周围的亲朋好友。通常从这种渠道得来的信息认可度较高，这样一来，一个不满意的客户所带来的负面影响，会大大抵消企业在营销方面的努力的效果。因此及时、完善的售后服务，对于企业信誉和竞争力的影响是很大的。

与前面讨论过的新维修产品研究与开发流程和物料采购流程相比，售后服务流程的最大特点，在于维系服务产品的无形性和流程运行的即时性。售后服务流程提供的是一种无形的服务，有时这种服务可能仅仅是一个咨询电话，但接待员的态度、对咨询问题的技术熟悉程度，甚至礼貌用语的使用情况，都是衡量这种服务品质的重要指标。售后服务的提供往往具有很大的突发性和偶然性，这就要求流程本身要具有很强的反应能力，这一点是保证售后服务长时有效的关键。也许只是客户的一个电话或一个传真，售后服务流程中的工作人员都要迅速行动起来，各司其职，积极配合，保证客户要求的及时答复。当然，售后服务也具有一定的周期性，如定期开展用户培训，按时分发企业的技术资料，对客户所购产品的定期上门检查、保养服务等。

售后服务是维修产品价值的再创造过程，它使客户的价值得到提高，是影响客户满意程度的重要因素。最常见的售后服务流程的目标就是缩短时间和降低成本，即如何在最短的时间内以最低的成本提供客户满意的服务。

售后服务的时间和成本对于客户来说是一个量化的指标。客户从提出请求到接受服务之间的时间长短，是客户衡量服务质量的一个重要标准。在大多数情况下，如果提供售后服务的商品是一些高档消费品，或是技术含量比较高的产品，当这些产品在使用过程中出现问题时，客户通常都会考虑维修的可能性。如果等待服务的时间过长，就会使产品的使用价值无法正常发挥，相对于其较高的价值而言，这种投资的低效率更令人难以忍受，很容易使客户产生不满情绪。及时的售后服务反映了“客户至上”的经营理念，表明一个企业真正以客户需要为首要目标的经营战略，是公司经营理念在员工行为方式上的集中体现。

售后服务的成本包括通信费用、管理费用、零部件成本、维修工报酬、交通费、运输费等多方面的内容。再造售后服务流程的一个重要目标，就是要降低售后服务的成本。实际上，通过将传统组件中职能部门中的工作人员组织成一个负责售后服务流程的工作小组，使得原来不直接与客户发生联系的维修技术、行政部门的有关人员，也能及时了解客户的需求，也就是对售后服务的要求，据此迅速采取有效措施进行解决。这样做，不仅可以大大降低应等待处理而产生的机会成本，以及不同部门人员之间的沟通和协调成本。也可以通过企业内部的信息系统，将客户在使用过程中发现的问题，反馈到维修产品设计部门，为已有维修产品质量的改进和新服务产品项目的开发提供有用的信息指导，从而使企业服务产品能够更好地满足客户需要。

降低售后服务的成本，有助于提高维修产品质量竞争力，收费合理、快捷便利的售后服务是良好的维修产品品质的延续，完善的售后服务是企业占领市场、赢得客户的诀窍。事实上，很多企业的成功案例也说明了这一点。另外，从企业降低成本的总目标来看，企业成本的产生来自不同流程中的不同环节，因此成本的降低也应从每个流程的每一个环节入手，只有每一个细节的完善，才能带来整体的成功。售后服务流程的成本降低，也是对于企业整体成本降低的重要贡献。

售后服务的开展和结果都是为了满足客户需要，为客户创造价值。因此衡量售后服务质量的一个关键因素就是客户满意度。一般说来，客户满意度高的服务就是高品质的服务。售后服务的品质是一个综合性的指标，通常包括以下因素：紧急问题处理的及时性，维修的彻底性，提供技术文档的及时性和完整性，维修人员的技术水平，技术培训，维修人员的服务态度等。这些因素涵盖了有关时间、成本人员态度、技术水平等多方面的要求。

影响售后服务品质的因素也很多。美国一家市场学研究所的长期研究结果表明，决定服务品质的因素有：维修和服务产品质量和员工的直观形象，服务方式的可靠性，对需求的反应能力，员工技能及对客户的态度。很多时候，这些因素本身也是再造过程中所追求的目标。

在再造售后服务流程的过程中，由于对目标的选取和侧重有所不同，因而采取的策略也会有所不同。比较常见的售后服务流程再造的策略，包括提供实时服务和提供个性化服务的流程，其中最为常见的是提供实时服务的策略。在目前的大多数企业中，企业的售后服务流程往往是在接到客户的投诉之后，依次执行流程中的不同阶段。在完成对于客户反馈的收集和分析处理之后，客户服务中心的负责人会根据信息处理的结果，判断所需的售后服务类型，并将这个信息传递给相关的维修设计人员。维修设计人员在对问题进行充分研究讨论之后，提出最终的维修方案，并进行一些维修前的准备工作。如果维修技术、维修人员、维修资料或设备等问题本身涉及到有关流程技术方面的设计，则需要相关研究和开发部门的协助。然后，进入实质性的维修阶段，由工程技术人员和维修工人进行维修产品问题的处理工作，待工作完成之后，再将结果传递到客户服务中心，由中心的工作人员对于售后服务的结果进行跟踪调查。

这是一个在传统企业中的典型流程，在前面的讨论中，我们指出这种流程的最大弊端在于流程中不同阶段的顺序执行，以及发生传递有误时所需的回溯，而这正是造成流程周期变长和成本上升的主要原因。在市场竞争激烈，需求千变万化的今天，企业为了把握商机、占领市场，不仅要有高品质的售后服务，而且要能及时向客户提供这种服务，因此，提供实时服务是大多数企业进行售后服务流程再造的重要目标和策略。为此，企业也采取了不同的做法。这些做法主要有：向客户承诺在既定时间内完成服务，如有些汽车维修企业承诺在二小时内提供上门服务等。对于一些专业化程度较高、技术要求严格的产品，企业往往通过设立连锁维修点，并建立信息系统的方式来保证售后服务的及时有效。另外，员工的技术熟练程度和维修点的人员配置，对于提供高品质的服务也是十分重要的。

售后服务流程再造的另一个策略，是为客户提供个性化服务。在早期的科学管理阶段，企业生产强调的是单一种类维修产品的规模维修生产。这样做可以为企业带来很大的规模效益，并且由此产生了在管理模式上的职能式分工管理。然而，随着市场中汽车品种的极大丰富和竞争对手的不断增多，单调划一的维修与服务产品越来越无法满足客户千差万别的需求，因此企业为了赢得客户，最大限度地满足客户需求，开始推出同一种车型针对不同目标客户群的不同规格型号。在市场竞争日趋激烈的今天，维修与服务产品的差异化程度也越来越高，因此作为维修产品部门的售后服务，也必须随之发生变化，这就是有关服务差异化的问题。

根据不同的客户提供差异化甚至是个性化的服务，对于提高客户的满意度，作用是十分明显的。许多服务性行业的公司建立了专门的客户资料数据库，根据客户接受服务的频率高低，提供有关的优惠条件。如美国某航空公司，根据客户的飞行里程进行累积，当这个累计数字达到一定的里程数时，就向客户提供一定里程的免费服务。与此相似，许多饭店也根据客户的居住时间长短给予相应的优惠服务。对于许多生产有形产品的公司，公司往往通过客户数据库中的有关所购产品的资料信息提供相应的服务。这样一方面可能节省售后服务的时间和成本，另一方面也有助于客户享受到个性化服务，提高客户的满意度。

企业向客户提供了个性化服务，应当符合企业的成本效益要求。从客户的角度考虑，当然是个性化服务的程度越高越好，但是对于企业而言，过于细致的个性化服务，会造成在人员、物料、财务上的开支上升，使得售后服务为企业创造的利润出现下滑趋势。因此，企业提供个性化服务时，应尽量做到用最低的成本提供客户最满意的服务。

现代信息技术和通信网络的迅猛发展，为企业的售后服务流程再造提供了很大的发展空间。计算机技术的广泛采用，不仅大大提高企业的办公自动化水平，而且也为公司之间及内部的信息传递提供了快速有效的途径。在这个方面，许多世界级的大公司已取得了很大的成功。例如，惠普公司可以把全球范围内产品的故障问题，通过卫星传送到公司的用户服务总部，维修人员利用计算机进行模拟实验，确定最终的解决方案之后，再通过卫星通信传递给最终客户，使问题得到解决。EDC公司的维修工程师，可以在悉尼打开一个位于英国的CAD图形软件，并在5min内完成一次修正。福特汽车公司的工程师通过会议电视和电子邮件，可以与美国的工程师讨论汽车发动机的故障排除。这些方便及时的售后服务流程，主要依赖于对信息系统和通信系统的灵活、有效的运用。

第一，基于国际互联网/企业互联网（Internet/Intranet）的服务信息系统。全球范围内的国际互联网使地球变小了，无论你在全球的哪个地方，都可以与其他地方的人们实现方便快捷的联络。对于大型的跨国公司，由于产品生产、装配、销售都是在全球范围内开展的，因而更依赖于全球性网络通信技术的应用。根据产品销售地点的不同，公司的售后服务网点也需要设置在不同的国家和地区，利用全球性网络可以将不同区域的售后服务中心连接起来，并与总部保持及时的信息沟通。通常公司会建立有关客户信息、产品技术信息，服务信息备品备件管理和人员管理的信息系统，从而为向客户提供实时服务创造条件。

通常这种管理信息系统的运营方式是这样的：①在提出实际请求之前，售后服务中心可以根据客户购买的产品，为客户制订有针对性的服务措施，提供一些预防性的维修保养措施，帮助客户减少不必要的损失和麻烦；②当客户提出实际请求时，服务中心可以迅速查询到客户的相关信息、客户所购产品的目前状况，以及公司的备品备件情况；③中心负责人可以指定合适的维修人员去处理问题，维修人员根据有关客户和产品的详细资料制定出有效的维修方案，并派出专门的维修人员进行实地操作，当现场维修人员遇到有关技术性问题时，也可以通过这个网络系统，从总部技术人员那里得到技术支持，实现异地之间的快速响应。

第二，故障诊断专家系统和故障案例库系统。由于维修产品在技术上的复杂性和升级换代的经常出现，对于技术较强的维修产品问题，售后服务中心的维修人员短期内往往很难独立解决，这就使得向公司内的高级技术人员和工程师寻求帮助的情况大为增加。一般说来，公司内的高层技术人员总是相对较少的，对于不断出现的技术问题，他们往往需要一段时间的拖延来对这些问题依次解决，因此这往往导致售后服务周期的延长。实际上，即使是技术含量很高的问题，也仍然有常见问题和特例之分。对于一些较为常见、解决方案比较成形、技术方法也比较成熟的技术性问题，完全可以由专家系统来给予技术上的支援。这样做，可以节约解决这类问题的时间和人力，使有限的工程技术人员去解决一些难度较大，出现频率较低，对于维修产品的性能有重大影响的技术问题。这类问题的解决，也可以为新维修服务产品的研究与开发打下良好的基础。

另外，故障诊断专家系统和故障案例库系统，可以有效地帮助中心服务人员进行故障原因分析，并制定出合适的维修方案。利用这种系统，维修人员可以解答客户的种种疑问，提供相应的服务，而客户也可以使用这个系统自行解决一些常见的问题。总而言之，这种系统在增强维修服务人员解决技术问题的能力的同时，也有利于公司有效地减少服务专家的数量，降低售后服务的成本。以制造数控机床的公司为例，利用基于 Internet/Intranet 的管理信息系统，故障诊断专家系统和故障案例库系统，可以对以前的售后服务流程进行彻底的改造。

再造后的售后服务流程，建立了设备故障数据库，设备技术文档数据库，客户数据库，研讨数据库，设备统计分析和故障诊断专家系统，故障案例库系统等。在新的流程中，各项活动的工作指引如下：

报告—服务安排—排除故障或维修—后续工作

再造以后的售后服务流程，通过先进的计算机技术和网络信息系统，极大地降低了在不同人员之间信息的传递时间和成本，并且减少了在传输过程中信息失真的可能性。先进的信息技术将流程中的工作人员更加紧密地联系在一起，提高了个人处理问题的能力和效率。这种基于信息系统的团队工作，可以有效地缩短售后服务周期，节约人工成本，并为向客户提供个性化需求，为客户创造更多的价值。信息系统的建立与应用不仅有助于实现企业降低成本的目标，对于公司利润的贡献也是很大的。它对于提高公司在市场上的竞争力和应变能力，树立公司的良好形象，都具有很重要的意义。

把服务能力增强到维修产品模块中，随着市场的不断发展，售后服务越来越成为维修产品不可分割的一部分。为了提高企业维修产品的市场竞争力，维修服务不仅要周到热情、及时便利的使用价值，也要满足客户除了基本需要之外的其他要求。

将服务能力增加到维修产品中去，可以有效地改善公司的服务效率和准确性。例如，奥迪斯电梯的产品模块可以连续不断地监测电梯的运行状况，一旦发现异常情况，则迅速通知公司的客户服务中心，以便及时采取有效的解决措施。惠普公司的计算机系统，DEC 公司的 CAD 系统也都具有这项功能。显然，要想实现这种功能，必须建立有效的服务信息系统。强大的服务信息系统的建立，为企业开展维修产品的监测和控制提供了可能。实际上，如果依靠传统的手工操作和纸上作业来实行产品的监测，成本是相当高的，以致于企业根本不可能开展这项工作，而信息技术的应用却使得这一切成为可能。企业不仅可以节约大量的人工成本，而且可以带来企业效率的提高和绩效的改善，对于企业在市场竞争中始终立于不败之地，具有十分深远的影响。

第三节　现代汽车维修企业再造

现代汽车维修企业发展的核心动力，来自于市场或客户的需求，而且也是企业一切活动的目标和中心。企业组织的使命就是要了解市场和市场上客户的需求，并有针对性的提供产品（维修的汽车）与服务。应该清醒地认识到客户最终需要的是某种消费意愿的满足，因此一切为了客户，一切为了方便客户，而不是为了方便自己，这就是面向客户满意的流程再造的出发点和归宿。企业只有从根本上解决以市场和客户的需求来规划自己的工作，才会有立足之地。

然而，在现实中的汽车维修企业组织里，员工在提供给客户服务过程中，因受制于严格的规章制度的限制，无法切实做到一切面向使客户满意。这是因为他们缺乏这样的权限，没有充分的资源去做这样的服务工作。企业大多数缺乏真正鼓励员工们去做全面照客户户需求的制度与激励。

针对这种弊病，“再造”提倡以客户导向进行组织变通，鼓励员工授权和正确运用信息技术，以达到适应快速变动的环境的目的。当然，其核心就是要企业构建“把客户需要放在中心位置”流程体系。这包含以下两层含义，一方面再造后的业务流程要求从接单到维修完成，或其过程中提供服务的一连串企业作业活动，按照“所有活动工作必须满足客户需求为核心”的原则，打破原有的科室组织中的职能与部门界限，使企业的活动重新构建。在跨职能部门与分工界限的“客户需求导向”的基础上，相应的组成企业活动的要素，应该是一项能够直接满足客户、服务客户的维修或作业，而并非是一个个部门。在传统的职能部门组织结构中，“管事的人”是某个职位上的经理。客户找到他，他还要去找能为客户解决问题的人。经过再造的企业情况大不相同，客户找到“管事的人”，决不是只会告诉别人为他们解决问题的人，而是直接能帮助解决难题的人，是真正意义上的管事的人。

另一方面“再造”要求重新检查每一项作业或活动，识别企业的核心业务流程和不具有价值增值的作业与活动，简化或合并非增值的部分，剔除或减少重复出现和不需要的流程所造成的浪费，并将所有具有价值增值的作业与活动重新组合，优化企业的整体业务流程，缩短修车周期，提高企业运营效率。

企业再造，改进企业经营绩效的具体表现集中为以下三方面：

1）业务流程再造，摒弃了职能导向管理思想，确立了以“最大限度满足客户需求”的流程为核心的组织形式，使员工由被动的服务提供者，变为主动的服务创造者，大大提高了员工工作的主动性和积极性，从根本上保证了企业整体服务水平的日趋完善。

2）业务流程再造，压缩了科层组织中的管理层级，缩短了高层管理者与一线业务员工、客户之间的距离，有助于企业贴近客户群，直接获取他们对维修质量或服务的真实反馈意见和新的需求信息，及时进行经营与服务体系的角色调整，以提高客户的满意度。

3）业务流程再造运用先进的管理理论和技术，彻底消除了传统管理模式下，中间环节传递、协调、控制（监控）所带来的成本与风险，降低了人为因素的影响，大大地降低了管理与维修的成本。此外，业务流程再造将市场导向的全面质量管理思想贯穿企业上下，激发了员工自身对确保维修质量与服务品质这一工作的投入意愿，从而最大限度地保证了维修与服务品质的全面提升，根本性地增强了企业的竞争力。

传统的业务流程和管理组织形式，往往与社会发展水平及较为平稳的管理环境相对应，更是信息技术不发达的结果，而现代汽车维修企业面临的是一个飞速发展的信息时代，现代信息技术已经使信息的快速处理、实时传输与全方位共享成为可能。这意味着，它使企业实现资源跨时空限制的协同控制与分布式管理成为可能，于是，全新的企业业务流程、组织结构和管理模式也就呼之欲出了。

“再造”的核心任务就是要将技术和人这两个关键要素，有效运用在业务流程的再设计与重构活动之中，从而推进企业组织的技术性（如技术、标准、程序、结构、控制等）和社会性（如组织文化、政策行为规范、作业风格、激励方式等）发生适应企业整体绩效改进和长远发展的改变。没有社会性方面的再造，只有技术的应用，最终将是脱离实际需求；而没有技术的应用，只有社会性的再造，那只是在低水平上的资源调整。只有两者联合推进，才能真正体现出“再造”的魅力。

在“再造”项目运作过程中，要将各种目标进行排序，要认识流程运作的结构和基本经营程序，要识别新的市场机会，要协调方方面面的因素，但最重要的是要建立一项人力资源战略。这是因为“再造”成败取决于那些运作的人，他们被激励去创造和应用他们的专业知识与技能，这一切决定了“再造”的推进程度。

每位员工是最终把“再造”成果和绩效展示给客户和企业自身的最为重要的因素。在企业中实施“再造”项目的最大阻力是人们的惰性，因而“再造”的成败不仅依靠高层具有创新和冒风险的企业家精神，更需要企业全体员工的整体认识水平与综合素质的配合。

综上所述，企业流程“再造”和其他管理思想技术一样，是一种优化方案，是一种对工作进行优化的思想和技术。可以认为“再造”偏重于在企业经营管理活动中引入信息技术、加强人在各个工作环节之间的交流，形成协同效益，从而达到优化；还可以认为“再造”通过各个局部流程的自动化，通过加强流程间的联系来实现流程的整体化。必须强调如果不把人的思想加入到技术上去，不用新的眼光来看待这种管理的变化，无论如何设计精良的系统，其功能效果都不会尽人意。这是因为“再造”不仅是一种技术，同时更是一种思想的结晶。

总之，现代汽车维修企业在实施“再造”之前，应该明确以下几点：

1）着眼未来，想清自己为什么要实施“再造”——明确企业需求，并确立实施“再造”的阶段性目标。

2）企业最高层管理者要有充分的实施“再造”的决心，有积极推动和参与“再造”实施的热情。

3）设立由中层管理者和技术骨干组成的“再造”团队，这应该是一支有创造力、高知识、高技能，且在企业内部有良好群众基础的优秀员工队伍，他们乐于在大力推动“再造”实施中，最大限度地发挥自己的聪明才智。

此外，在实施“再造”之前，开展以下工作也有助于后期项目的推进：①以频繁的培训来促进全体员工知识的更新；②以多种形式的信息传播与共享方式来消除抵制心理；③动员全体员工并获得他们广泛的支持与参与；④为实施周期长、难度大的项目建立一定的风险监控与约束机制等。

在实施中，一种比较理想的做法，是引入一个小规模试行数据反馈和方案修正的模拟运行阶段。通常这种模拟运行可以选择一部分比较成熟的业务进行试运行，以实现以点代面，由粗到细，保证新系统进行平稳过渡。

另外，在特定阶段有选择地引进“外脑”，有助于企业“再造”的顺利进行。引进“外脑”的理由是以管理咨询公司为代表的“再造”实施支持力量，凭借其不断积累的专业知识与技能组合，能为企业提供内部所不具备的知识能力资源。对于置身于管理水平普遍偏低的国内汽车维修企业，这些作用表现在多个方面，如使企业用户对“再造”实施中所需的技术专业知识、行业经验、风险因素有更清醒的认识，为实施中碰到的种种难以独立解决的实际问题，提供多种解决方案，帮助企业克服内部力量所无法抵制的阻力，而且不仅着眼于企业信息技术的应用，还能够以局外人的角度更容易识别、促成与推动企业流程的改造，为企业带来理念更新、业务衔接、制度保障等多方面的综合提高，同时帮助企业架起与客户的桥梁，并将“再造”的质量问题导入可监控轨道。

总之，随着竞争环境的动荡化，消灭重复和无效的业务处理环节，整体改进不合理的业务流程，充分应用现代化的计算机手段，或充分考虑信息化管理的特点，对传统的管理方式进行系统化改造，终将成为现代化汽车维修企业提升管理水平的必由之路。

思 考 题

1. 什么是企业再造？
2. 为什么现代汽车维修企业要进行企业再造？
3. 现代汽车维修企业业务流程再造的实施原则是什么？
4. 你对现代汽车维修企业再造的看法及其认识与企业之间的差距是什么？
5. 你在现代汽车维修企业中客户管理采取什么措施？

附　　录

附录A　GB/T 16739.2—2004　汽车维修业开业条件　第1部分：汽车整车维修企业（代替GB/T 16739.3—1997）

1　范围

本部分规定了汽车整车维修企业必须具备的人员、组织管理、设施、设备等条件。本部分适用于汽车整车维修企业（一类、二类），是交通行政主管部门对汽车整车维修企业开业审核和管理的依据。

2　规范性引用文件

下列文件中的条款通过GB/T 16739的本部分的引用而成为本部分的条款。凡是注日期的引用文件，其随后所有的修改单（不包括勘误的内容）或修订版均不适用于本部分，然而，鼓励根据本部分达成协议的各方研究是否可使用这些文件的最新版本。凡是不注日期的引用文件，其最新版本适用于本部分。

GB/T 5624　汽车维修术语

GB/T 16739.2—2004　汽车维修业开业条件　第2部分：汽车专项维修业户

3　术语和定义

GB/T 5624确立的以及下列术语和定义，适用于GB/T 16739的本部分。

3.1　汽车整车维修企业（the enterprises for motor vehicle maintenance and repair）

有能力对所维修车型的整车、各个总成及主要零部件进行各级维护，修理及更换，使汽车的技术状况和运行性能完全（或接近完全）恢复到原车的技术要求，并符合相应国家标准和行业标准的规定的汽车维修企业。按规模大小分为一类汽车整车维修企业和二类汽车整车维修企业。

3.2　小型车（small vehicle）

车身总长不超过6m的载客车辆和最大设计总质量不超过3 500kg的载货车辆。

3.3　大、中型客车（large and medium passenger vehicle）

车身总长超过6m的载客车辆。

3.4　大型货车（heavy - duty goods vehicle）

最大设计总质量超过3 500kg的载货车辆、挂车及专用汽车的车辆部分。

4 人员条件

4.1 企业管理负责人、技术负责人及检验、业务、价格核算、维修（机修、电器、钣金、油漆）等关键岗位至少配备1人，并应经过有关培训，取得行业主管部门颁发的从业资格证书，持证上岗。

4.2 企业管理负责人应熟悉汽车维修业务，具备企业经营、管理能力，并了解汽车维修及相关行业的法规及标准。

4.3 技术负责人应具有汽车维修或相关专业的大专以上文化程度，或具有汽车维修或相关专业的中级以上专业技术职称。应熟悉汽车维修业务，并掌握汽车维修及相关行业的法规及标准。

4.4 检验人员数量应与其经营规模相适应，其中至少应有1名总检验员和1名进厂检验员。

4.5 业务人员应熟悉各类汽车维修检测作业，从事汽车维修工作3年以上，具备丰富的汽车技术状况诊断经验，熟练掌握汽车维修服务收费标准及相关政策法规。

4.6 企业工种设置应覆盖维修业务中涉及到的各专业。维修人员的专业知识和业务技能应达到行业主管部门规定的要求。

5 组织管理条件

5.1 经营管理

5.1.1 应具有与汽车维修有关的法规等文件资料。

5.1.2 应具有规范的业务工作流程，并明示业务受理程序、服务承诺、用户抱怨受理制度等。

5.1.3 应具有健全的经营管理体系，设置技术负责、业务受理、质量检验、文件资料管理、材料管理、仪器设备管理、价格结算等岗位并落实责任人。

5.1.4 应实行计算机管理。

5.2 质量管理

5.2.1 应具有汽车的维修的国家标准和行业标准以及相关技术标准。

5.2.2 应具有所维修车型的维修技术资料及工艺文件，确保完整有效并及时更新。

5.2.3 应具有汽车的维修质量承诺、进出厂登记、检验、竣工出厂合格证管理、技术档案管理、标准和计量管理、设备管理及维护、人员技术培训等制度。

5.2.4 应建立汽车维修档案和进出厂登记台账。汽车维修档案应包括维修合同、进厂、过程、竣工检验记录、出厂合格证副页、结算凭证和工时、材料清单等。

6 安全生产条件

6.1 企业应具有与其维修作业内容相适应的安全管理制度和安全保护措施，建立并实施安全生产责任制。安全保护设施、消防设施等应符合有关规定。

6.2 企业应有各工种、各类机电设备的安全操作规程，并将安全操作规程明示在相应的工位或设备处。

6.3 使用、存储有毒、易燃、易爆物品，腐蚀剂、压力容器等均应有相应的安全防护措施和设施。

6.4 生产厂房和停车场应符合安全、环保和消防等各项要求。

7 环境保护条件

7.1 企业应具有废油、废液、废气、废蓄电池、废轮胎及垃圾等有害物质集中收集、有效处理和保持环境整洁的环境保护管理制度。有害物质存储区域应界定清楚，必要时应有隔离、控制措施。

7.2 作业环境以及按生产工艺配置的处理“三废”（废油、废液、废气）、通风、吸尘、净化、消声等设施，均应符合有关规定。

7.3 涂漆车间应设有专用的废水排放及处理设施，采用干打磨工艺的，应有粉尘收集装置和除尘设备，应设有通风设备。

7.4 调试车间或调试工位应设置汽车尾气收集净化装置。

8 设施条件

8.1 接待室（含客户休息室）

8.1.1 企业应设有接待室，一类企业的面积不少于40m^2，二类企业的面积不少于20m^2。

8.1.2 接待室应整洁明亮，明示各类证、照、主修车型、作业项目、工时定额及单价等，并应有客户休息的设施。

8.2 停车场

8.2.1 企业应有与承修车型、经营规模相适应的合法停车场地，一类企业的面积不少于200m^2，二类企业的面积不少于150m^2。

8.2.2 企业租赁的停车场地，应具有合法的书面合同书。

8.2.3 停车场地面平整坚实，区域界定标志明显。

8.3 生产厂房

8.3.1 生产厂房地面应平整坚实，面积应能满足表1～表3所列设备的工位布置、生产工艺和正常作业，一类企业的面积不少于800m^2，二类企业的面积不少于200m^2。

8.3.2 租赁的生产厂房应具有合法的书面合同书。

9 设备条件

9.1 企业应配备与其所承修车型相适应的量具、机工具及手工具。量具应定期进行检定。

9.2 企业应配备表1~表3所列的通用设备、专用设备及检测设备，其规格和数量应与其生产纲领和生产工艺相适应。

9.3 各种设备应符合相应的产品技术条件等国家标准和行业标准的要求。

9.4 各种设备应能满足加工、检测精度的要求和使用要求。表3所列检测设备应通过型式认定，并按规定经有资质的计量检定机构检定合格。

9.5 允许外协的设备，应具有合法的合同书，并能证明其技术状况符合9.3和9.4的要求。

表1 通用设备

序号	设备名称
1	钻床
2	电焊及气体保护焊设备
3	气焊设备
4	压力机
5	空气压缩机

表2 专用设备

<table>
<tr><th>序号</th><th>设备名称</th><th>大中型客车</th><th>大型货车</th><th>小型车</th><th>其他要求</th></tr>
<tr><td>1</td><td>换油设备</td><td colspan="3">√</td><td></td></tr>
<tr><td>2</td><td>轮胎轮辋拆装设备</td><td colspan="3">√</td><td></td></tr>
<tr><td>3</td><td>轮胎螺母拆装机</td><td>√</td><td>√</td><td>—</td><td></td></tr>
<tr><td>4</td><td>车轮动平衡机</td><td colspan="3">√</td><td></td></tr>
<tr><td>5</td><td>四轮定位仪</td><td>—</td><td>—</td><td>√</td><td></td></tr>
<tr><td>6</td><td>转向轮定位仪</td><td>√</td><td>√</td><td>—</td><td></td></tr>
<tr><td>7</td><td>制动鼓和制动盘维修设备</td><td>√</td><td>√</td><td>—</td><td></td></tr>
<tr><td>8</td><td>汽车空调冷媒加注回收设备</td><td>√</td><td>—</td><td>√</td><td></td></tr>
<tr><td>9</td><td>总成吊装设备</td><td colspan="3">√</td><td></td></tr>
<tr><td>10</td><td>汽车举升机</td><td>—</td><td>—</td><td>√</td><td>一类应不少于5台</td></tr>
<tr><td>11</td><td>地沟设施</td><td>√</td><td>√</td><td>—</td><td>一类应不少于2个</td></tr>
<tr><td>12</td><td>发动机检测诊断设备</td><td colspan="3">√</td><td>应具备示波器、转速表、发动机检测专用真空表的功能</td></tr>
</table>

（续）

序号	设备名称	大中型客　车	大型货车	小型车	其他要求
13	数字式万用电表		√		
14	故障诊断设备	—	—	√	
15	气缸压力表		√		
16	汽油喷油器清洗及流量测量仪	—	—	√	
17	正时仪		√		
18	燃油压力表	—	—	√	
19	液压油压力表		√		
20	连杆校正器		√		允许外协
21	无损探伤设备		√		修理大中型客车必备，其他允许外协
22	车身清洗设备	—	—	√	
23	打磨抛光设备	√	—	√	
24	除尘除垢设备	√	—	√	
25	型材切割机		√		
26	车身整形设备		√		
27	车身校正设备	—	—	√	
28	车架校正设备	√	√	—	二类允许外协
29	悬架试验台	—	—	√	二类允许外协
30	喷烤漆房及设备	√	—	√	
31	喷油泵试验设备		√		允许外协
32	喷油器试验设备		√		
33	调漆设备	√	—	√	
34	自动变速器维修设备（见 GB/T 16739. 2—2004 中 5. 4. 4）	—	—	√	
35	立式精镗床		√		
36	立式珩磨机		√		
37	曲轴磨床		√		
38	曲轴校正设备		√		
39	凸轮轴磨床		√		
40	激光淬火设备		√		
41	曲轴、飞轮与离合器总成平衡机		√		

注：√—要求具备；— —不要求具备。

表3 主要检测设备

序号	设备名称	其他要求
1	声级计	
2	排气分析仪或烟度计	
3	汽车前照灯检测设备	二类允许外协
4	侧滑试验台	二类允许外协
5	制动检测台	修理大型货车及二类允许外协
6	车速表检验台	二类允许外协
7	底盘测功机	允许外协

附录B GB/T 16739.2—2004 汽车维修业开业条件 第2部分：汽车专项维修业户（代替GB/T 16739.3—1997）

1 范围

本部分规定了汽车专项维修业户应具备的通用条件，以及各专项维修的经营范围、人员、设施、设备等条件。

本部分适用于汽车专项维修业户（三类），是交通行政主管部门对汽车专项维修业户开业审核和管理的依据。

2 规范性引用文件

下列文件中的条款通过GB/T 16739的本部分的引用而成为本部分的条款。凡是注日期的引用文件，其随后所有的修改单（不包括勘误的内容）或修订版均不适用于本部分，然而，鼓励根据本部分达成协议的各方研究是否可使用这些文件的最新版本。凡是不注日期的引用文件，其最新版本适用于本部分。

GB/T 5624 汽车维修术语

3 术语和定义

GB/T 5624确立的以及下列术语和定义适用于GB/T 16739的本部分。

3.1 汽车专项维修业户（the enterprises for vehicle maintenance and repair of special items）

从事汽车发动机、车身、电气系统、自动变速器、车身清洁维护、涂漆、轮胎动平衡及修补、四轮定位检测调整、供油系统维护及油品更换、喷油泵和喷油器维修、曲轴修磨、气缸镗磨、散热器（水箱）、空调维修、汽车装潢（篷布、座垫及内装饰）、汽车玻璃安装等专项维修作业的业户（三类）。

4 通用条件

4.1 从事专项维修关键岗位的人员数量应能满足生产的需要，并取得行业主管部门颁发的从业资格证书，持证上岗。

4.2 应具有相关的法规、标准、规章等文件以及相关的维修技术资料和工艺文件等，并确保完整有效、及时更新。

4.3 应具有规范的业务工作流程，并明示业务受理程序、服务承诺、用户抱怨受理制度等。

4.4 生产厂房的面积、结构及设施应满足专项维修作业设备的工位布置、生产工艺和正常作业要求。停车场地界定标志明显，不得占用道路和公共场所进行作业和停车，地面应平整坚实。租赁的生产厂房、停车场地应具有合法的书面合同书。应符合安全生产、环保和消防等各项要求。

4.5 配备的设备应与其生产作业规模及生产工艺相适应，其技术状况应完好，符合相应的产品技术条件等国家标准或行业标准的要求，并能满足加工、检测精度的要求和使用要求。检测设备及量具应按规定经有资质的计量检定机构检定合格。

4.6 使用、存储有毒、易燃、易爆物品，粉尘、腐蚀剂、污染物、压力容器等均应有安全防护措施和设施。作业环境以及按生产工艺安装、配置的处理“三废”（废油、废液、废气）、通风、吸尘、净化、消声等设施，均应符合国家有关法规、标准的规定。

5 专项维修经营范围、人员、设施、设备条件

5.1 发动机修理

5.1.1 人员条件

5.1.1.1 企业管理负责人、技术负责人及检验人员等均应经过有关培训，并取得行业主管部门颁发的从业资格证书，持证上岗。

5.1.1.2 企业管理负责人应熟悉汽车维修业务，具备企业经营、管理能力，并了解发动机维修及相关行业的法规及标准。

5.1.1.3 技术负责人应具有汽车维修或相关专业的大专以上文化程度，或具有汽车维修或相关专业的中级以上专业技术职称。应熟悉汽车维修业务，并掌握汽车维修相关行业的法规及标准。

5.1.1.4 检验人员应不少于2名。

5.1.1.5 发动机主修人员应不少于2名。

5.1.2 组织管理

5.1.2.1 应具有健全的经营管理体系，设置技术负责、业务受理、质量检验、文件资料管理、材料管理、仪器设备管理、价格结算等岗位并落实责任人。

5.1.2.2 应具有汽车维修质量承诺、进出厂登记、检验记录及技术档案管

理、标准和计量管理、设备管理及维护、人员技术培训等制度并严格实施。

5.1.3 设施条件

5.1.3.1 应设有接待室，其面积应不少于20m^2。接待室应整洁明亮，明示各类证、照、作业项目及计费工时定额等，并应有客户休息的设施。

5.1.3.2 停车场面积应不少于30m^2。

5.1.3.3 生产厂房面积应不少于200m^2。

5.1.4 主要设备

a）压力机；

b）空气压缩机；

c）发动机解体清洗设备；

d）发动机等总成吊装设备；

e）发动机试验设备；

f）废油收集机；

g）数字式万用电表；

h）气缸压力表；

i）量缸表；

j）正时仪；

k）汽油喷油器清洗及流量测量仪；

l）燃油压力表；

m）喷油泵试验设备；

n）喷油器试验设备；

o）连杆校正器；

p）排气分析仪；

q）烟度计；

r）无损探伤设备；

s）立式精镗床；

t）立式珩磨机；

u）曲轴磨床；

v）曲轴校正设备；

w）凸轮轴磨床；

x）激光淬火设备；

y）曲轴、飞轮与离合器总成动平衡机。

5.2 车身维修

5.2.1 人员条件

5.2.1.1 企业管理负责人、技术负责人及检验人员应符合5.1.1.1～

5.1.1.3 的要求。

5.2.1.2 检验人员应不少于 1 名。

5.2.1.3 车身主修及维修涂漆人员均不少于 2 名。

5.2.2 组织管理条件

企业的组织管理条件应符合 5.1.2 的要求。

5.2.3 设施条件

5.2.3.1 应设有接待室，其面积应不少于 $20m^2$。接待室应整洁明亮，明示各类证、照、作业项目及计费工时定额等，并应有客户休息的设施。

5.2.3.2 停车场面积应不少于 $30m^2$。

5.2.3.3 生产厂房面积应不少于 $120m^2$。

5.2.4 主要设备

a）电焊及气体保护焊设备；

b）气焊设备；

c）压力机；

d）空气压缩机；

e）汽车外部清洗设备；

f）打磨抛光设备；

g）除尘除垢设备；

h）型材切割机；

i）车身整形设备；

j）车身校正设备；

k）车架校正设备；

l）车身尺寸测量设备；

m）喷烤漆房及设备；

n）调漆设备（允许外协）。

5.3 电气系统维修

5.3.1 人员条件

5.3.1.1 企业管理负责人、技术负责人及检验人员应符合 5.1.1.1 ~ 5.1.1.3 的要求。

5.3.1.2 检验人员应不少于 1 名。

5.3.1.3 电子电器主修人员应不少于 2 名。

5.3.2 组织管理条件

企业的组织管理条件应符合 5.1.2 的要求。

5.3.3 设施条件

5.3.3.1 应设有接待室，其面积应不少于 $20m^2$。接待室应整洁明亮，明示各类证、照、作业项目及计费工时定额等，并应有客户休息的设施。

5.3.3.2 停车场面积应不少于30m^2。

5.3.3.3 生产厂房面积应不少于120m^2。

5.3.4 主要设备

a）空气压缩机；

b）故障诊断设备；

c）数字式万用电表；

d）充电机；

e）电解液比重计；

f）高频放电叉；

g）汽车前照灯检测设备（允许外协）；

h）电路检测设备。

5.4 自动变速器修理

5.4.1 人员条件

5.4.1.1 企业管理负责人、技术负责人及检验人员应符合5.1.1.1～5.1.1.3的要求。

5.4.1.2 检验人员应不少于1名。

5.4.1.3 电子电器主修人员应不少于2名。

5.4.2 组织管理条件

企业的组织管理条件应符合5.1.2的要求。

5.4.3 设施条件

5.4.3.1 应设有接待室，其面积应不少于20m^2。接待室应整洁明亮，明示各类证、照、作业项目及计费工时定额等，并应有客户休息的设施。

5.4.3.2 停车场面积应不少于30m^2。

5.4.3.3 生产厂房面积应不少于200m^2。

5.4.4 主要设备

a）自动变速器翻转设备；

b）自动变速器拆解设备；

c）变扭器维修设备；

d）变扭器切割设备；

e）变扭器焊接设备；

f）变扭器检测（漏）设备；

g）零件高压清洗设备；

h）电控变速器测试仪；

i）油路总成测试机；

j）液压油压力表；
k）自动变速器总成测试机；
l）自动变速器专用测量器具。

5.5　车身清洁维护

5.5.1　人员条件

至少有 2 名经过专业培训的车身清洁人员。

5.5.2　设施条件

生产厂房面积应不少于 $40m^2$。停车场面积应不少于 $30m^2$。

5.5.3　主要设备

a）举升设备或地沟；
b）汽车外部清洗设备及污水处理设备；
c）吸尘设备；
d）除尘、除垢设备；
e）打蜡设备；
f）抛光设备。

5.5.4　节水条件

取得节水管理部门的批准，符合当地节水及环保要求。

5.6　涂漆

5.6.1　人员条件

至少有 1 名经过专业培训的汽车维修涂漆人员。

5.6.2　设施条件

生产厂房面积应不少于 $120m^2$。停车场面积应不少于 $40m^2$。

5.6.3　主要设备

a）举升设备；
b）除锈设备；
c）砂轮机；
d）空气压缩机；
e）喷烤漆房（从事轿车喷漆必备）或喷漆设备；
f）调漆设备（允许外协）；
g）吸尘、通风设备。

5.7　轮胎动平衡及修补

5.7.1　人员条件

至少有 1 名经过专业培训的轮胎维修人员。

5.7.2　设施条件

生产厂房面积应不少于 $30m^2$。停车场面积应不少于 $30m^2$。

5.7.3 主要设备

a）空气压缩机；

b）漏气试验设备；

c）轮胎气压表；

d）千斤顶；

e）轮胎螺母拆装机或专用拆装工具；

f）轮胎轮辋拆装、除锈设备或专用工具；

g）轮胎修补设备；

h）车轮动平衡机。

5.8 四轮定位检测调整

5.8.1 人员条件

至少有1名经过专业培训的汽车维修人员。

5.8.2 设施条件

生产厂房面积应不少于$40m^2$。停车场面积应不少于$30m^2$。

5.8.3 主要设备

a）举升设备；

b）四轮定位仪；

c）空气压缩机；

d）轮胎气压表。

5.9 供油系统维护及油品更换

5.9.1 人员条件

至少有1名经过专业培训的汽车维修人员。

5.9.2 设施条件

生产厂房面积应不少于$40m^2$。停车场面积应不少于$30m^2$。

5.9.3 主要设备

a）不解体油路清洗设备；

b）换油设备；

c）废油收集设备；

d）举升设备或地沟；

e）空气压缩机。

5.10 喷油泵、喷油器维修

5.10.1 人员条件

至少有1名经过专业培训的汽车高压油泵维修人员。

5.10.2 设施条件

生产厂房面积应不少于$30m^2$。停车场面积应不少于$30m^2$。

5.10.3 主要设备

a）喷油泵、喷油器清洗和试验设备；

b）喷油泵、喷油器密封性试验设备（从事喷油泵、喷油器维修的业户）；

c）弹簧试验仪；

d）千分尺；

e）厚薄规。

5.11 曲轴修磨

5.11.1 人员条件

至少有1名经过专业培训的曲轴修磨人员。

5.11.2 设施条件

生产厂房面积应不少于60m^2。停车场面积应不少于30m^2。

5.11.3 主要设备

a）曲轴磨床；

b）曲轴校正设备；

c）曲轴动平衡设备；

d）平板；

e）V形块；

f）百分表及磁力表座；

g）外径千分尺；

h）无损探伤设备；

i）吊装设备。

5.12 气缸镗磨

5.12.1 人员条件

至少有1名经过专业培训的气缸镗磨人员。

5.12.2 设施条件

生产厂房面积应不少于60m^2。停车场面积应不少于30m^2。

5.12.3 主要设备

a）立式精镗床；

b）立式珩磨机；

c）压力机；

d）吊装起重设备；

e）气缸体水压试验设备；

f）量缸表；

g）外径千分尺；

h）厚薄规；

i）激光淬火设备（从事激光淬火必备）；

j）平板。

5.13 散热器维修

5.13.1 人员条件

至少有1名经过专业培训的专业维修人员。

5.13.2 设施条件

生产厂房面积应不少于30m²。停车场面积应不少于30m²。

5.13.3 主要设备

a）清洗及管道疏通设备；

b）气焊设备；

c）钎焊设备；

d）空气压缩机；

e）喷漆设备；

f）散热器密封试验设备。

5.14 空调维修

5.14.1 人员条件

至少有1名经过专业培训的汽车空调维修人员。

5.14.2 设施条件

生产厂房面积应不少于40m²。停车场面积应不少于30m²。

5.14.3 主要设备

a）汽车空调冷媒加注回收设备；

b）气焊设备；

c）空调电器检测设备；

d）空调专用检测设备；

e）数字式万用电表。

5.15 汽车装潢（篷布、座垫及内装饰）

5.15.1 人员条件

至少有1名经过专业培训的维修人员。

5.15.2 设施条件

生产厂房面积应不少于30m²。停车场面积应不少于30m²。

5.15.3 主要设备

a）缝纫机；

b）锁边机；

c）工作台或工作案；

d）台钻或手电钻；

e）电熨斗；

f）裁剪工具；

g）烘干设备。

5.16　汽车玻璃安装

5.16.1　人员条件

至少有1名经过专业培训的维修人员。

5.16.2　设施条件

生产厂房面积应不少于$30m^2$。停车场面积应不少于$30m^2$。

5.16.3　主要设备

a）工作台；

b）玻璃切割工具；

c）注胶工具；

d）玻璃固定工具；

e）直尺、弯尺；

f）玻璃拆装工具；

g）吸尘器。

附录C　《机动车维修行业管理规定》
（2007年7月交通部发布）

第一章　总　　则

第一条　为了规范机动车维修经营活动，维护机动车维修市场秩序，保护机动车维修有关各方当事人的合法权益，保障机动车运行安全，保护环境，节约能源，促进机动车维修业的健康发展，根据《中华人民共和国道路运输条例》及相关法律、法规规定，制定本规定。

第二条　从事机动车维修经营的，应当遵守本规定。

前款所称机动车维修经营是指机动车维护、修理、维修救援和其他相关服务。

第三条　机动车维修经营者应当依法经营，诚实信用，公平竞争，优质服务。

第四条　机动车维修管理，应当依法、公平、公正、公开和便民。机动车维修管理实行经营许可制度和维修质量保证期制度。

第五条　鼓励机动车维修企业实行集约化、专业化、连锁化经营，促进机动车维修行业的合理分工和协调发展。鼓励推广应用机动车维修环保、节能、不解体故障诊断和检测技术，推进行业信息化建设，加强从业人员职业培训，提高机动车维修行业整体素质，满足社会对机动车维修服务需要。任何单位和个人不得封锁和垄断机动车维修市场。

第六条 县级以上地方人民政府交通主管部门负责组织领导本行政区域的机动车维修管理工作。县级以上道路运输管理机构具体实施本行政区域内的机动车维修管理工作。道路运输管理机构应积极发挥机动车维修行业协会等相关行业组织的作用，支持其加强对机动车维修行业的自律管理。

第二章 经营许可

第一节 机动车维修经营分类

第七条 机动车维修经营者是指向社会提供以动力装置驱动或者牵引，上道路行驶的供人员乘用或者用于运送物品以及进行工程专项作业的轮式车辆维护、修理、维修救援等相关活动的企业或业户。

第八条 机动车维修经营依据服务能力和经营车型种类实行分类许可。

第九条 机动车维修经营者分为汽车维修企业、摩托车维修企业和其他机动车维修企业。

汽车维修企业按照规模大小和竣工检验能力不同，分为一类整车维修企业、二类整车维修企业和三类专项维修企业（业户）。整车维修企业可以根据许可项目，从事整车故障诊断、维护、修理和竣工检验工作。专项维修企业（业户）可以根据许可项目，分别从事汽车发动机、车身、电器系统、自动变速器、车身清洁维护、涂漆、轮胎动平衡及修补、四轮定位检测调整、供油系统维护及油品更换、喷油和喷油器维修、曲轴修磨、气缸镗磨、散热器（水箱）、空调维修、汽车装潢（篷布、坐垫及内饰）、汽车玻璃安装等专项维修作业。

摩托车维修企业分为一类摩托车维修企业和二类摩托车维修业户。一类摩托车维修企业根据许可项目可以从事摩托车大修、总成修理、维护和小修作业；二类摩托车维修业户根据许可项目可以从事摩托车维护和小修作业。

其他机动车维修企业的分类标准由各省级交通主管部门自行制定。

第二节 许可条件

第十条 申请从事机动车维修经营的，应当符合下列条件：

（一）有与其经营业务相适应的机动车维修场地。

（二）有与其经营业务相适应的设备、设施。所配备的设备应符合国家有关技术标准要求，并检定合格。

（三）有必要的技术人员，下列各岗位技术人员总数的80%应当经交通部统一考试，取得从业资格。

1. 技术负责人员。

2. 质量检验人员。

3. 机修、电器、钣金、涂漆的维修技术人员。

（四）有健全的维修质量管理制度、安全生产管理制度、车辆维修档案管理制度、人员培训制度、设备管理制度及配件管理制度等相关管理制度。

（五）有必要的环境保护措施。

具体要求应按照机动车维修业开业有关国家标准的规定执行。国家有关标准尚未规定的，省级交通主管部门及其所属的道路运输管理机构依据本条规定条件，可制定和执行地方标准。

第十一条 从事特约维修的机动车维修经营者，应当具备整车维修企业开业条件的要求。

第十二条 从事危险品运输车辆维修的机动车维修经营者，应当具备下列条件：

（一）具备整车维修企业开业条件。

（二）有与其作业内容相适应的专用维修车间和设备、设施，并设置明显的指示性标志。

（三）有完善的突发事故应急预案，应急预案包括报告程序、应急指挥及处置措施等内容。

（四）有相应的安全管理和测试分析人员。

（五）有齐全的安全操作规程和管理制度。

第十三条 从事机动车维修救援服务的机动车维修经营者，应当符合整车维修企业开业条件，并具备不少于 2 辆机动车维修救援专用车辆。

第十四条 从事机动车维修连锁经营的机动车维修经营者，品牌经营网点经营项目应在连锁经营品牌拥有者许可项目的范围内。连锁经营品牌拥有者跨省设立经营网点的，应在异地设立技术服务公司，并承担相应责任。

第三节 许 可 程 序

第十五条 申请从事机动车维修经营的，应当向所在地的县级道路运输管理机构提出申请，并附送下列材料：

（一）机动车维修经营许可申请表（式样见附件一）。

（二）经营场地、停车场面积材料，土地使用权及产权证明复印件。租用的场地应有书面的租赁合同，且租赁期限不得少于 1 年。

（三）技术人员总数及从业资格证书复印件。

（四）维修检测设备及计量设备检定合格证明复印件。

（五）本规定第十条规定条件的其他相关材料。

申请从事特约维修、危险品运输车辆维修以及维修救援服务的机动车维修经营者，还应分别提供符合第十一条、第十二条、第十三条规定的材料；申请从事连锁经营的机动车维修经营者，应提供第十四条规定的材料，且品牌拥有者应附送连锁经营品牌及授权经营协议。

第十六条 县级道路运输管理机构收到申请人按照本规定第十五条提交的材料后，对申请材料不全或者不符合法定形式要求的，应当场或在5日内一次告知申请人需要补正的全部内容。

道路运输管理机构受理或者不予受理行政许可申请，应当出具加盖本机构专用印章和注明日期的书面凭证。

第十七条 道路运输管理机构应当自受理申请之日起15日内审查完毕，作出许可或者不予许可的决定。对符合条件的予以许可，并在作出许可决定之日起10日内依法发给机动车维修经营许可证件，并向社会公告；对不符合条件的不予许可，应书面通知申请人，并说明理由。

机动车维修经营者应当持机动车维修经营许可证件，依法向工商行政管理机关办理有关登记手续。

第十八条 申请从事机动车维修连锁经营服务的机动车维修经营者、品牌拥有者向所在地县级道路运输管理机构申请，具体审批程序按第十七条的规定执行：设立经营网点由品牌拥有者向经营网点所在地县级道路运输管理机构提出申请，道路运输管理机构接到申请资料，在审查从业人员资格合格后，直接发给相应许可证件，因其他许可条件而产生的责任由品牌拥有者承担。

第十九条 机动车维修经营许可证件有效期：

（一）一类汽车维修企业和一类摩托车维修企业6年。

（二）二类汽车维修企业4年。

（三）三类汽车维修企业（业户）、二类摩托车维修业户及其他机动车维修企业3年。

机动车维修经营许可证件由各省、自治区、直辖市道路运输管理机构统一印制并编号，县级道路运输管理机构按照规定发放和管理。

第二十条 机动车维修经营者在许可证件有效期届满前30日向原许可的道路运输管理机构提出换证申请。道路运输管理机构根据被许可人申请，在许可证件有效期届满前审查许可条件后，作出是否准予换证的决定；逾期未作出决定的，视为准予延续。

第二十一条 机动车维修经营者在取得机动车维修经营许可后，180日未开展维修经营活动或者停业时间超过180日的，由作出许可的道路运输管理机构注销其经营许可和相关证件。

机动车维修经营者发生名称、法定代表人等变更事项的，在向工商等部门办理相应手续的同时，应当向原作出许可维修经营的道路运输管理机构备案。

机动车维修经营者需要终止经营的，应当在终止经营前30日告知作出许可的道路运输管理机构办理有关注销手续。

第二十二条 机动车维修经营者需要设立分支机构、合并、分立或者变更经营场所、经营项目等行政许可事项的，应当事先向作出许可决定的道路运输管理机构提出申请。道路运输管理机构在查验相关变更事项的证明材料后，应当按照本办法第十七条的规定，办理相关手续。

第三章 维修经营

第二十三条 机动车维修经营者应按照许可的事项开展维修服务。

第二十四条 机动车维修经营者应按照许可的事项、统一的式样和要求（见附件二）自行制作《机动车维修标志牌》，并将机动车维修经营许可证件和《机动车维修标志牌》悬挂在经营场所的醒目位置。

第二十五条 特约维修经营者，应当向道路运输管理机构备案，并向社会公示。

机动车生产厂家在新车型投放市场后一个月内，有义务向社会公布其维修技术资料和工时定额。

第二十六条 机动车维修经营者不得擅自改装机动车；不得承修已报废的机动车；不得利用配件拼装机动车。

机动车维修经营者从事改变在用机动车车身颜色，更换发动机、车身和车架的，托修方应事先到公安交通管理部门办理相关手续。

第二十七条 机动车维修经营者应当加强对从业人员的安全教育和职业道德教育，确保安全生产。

机动车维修从业人员应当执行机动车维修安全生产操作规程，不得违章作业。

第二十八条 机动车维修产生的废弃物，应当按照国家的有关规定进行处理。

第二十九条 除法律、法规规定外，任何单位或者个人不得强行或者变相强行为车主指定机动车维修经营者。

第三十条 机动车维修经营者应当公布机动车维修工时定额和收费标准，合理收取费用。

机动车维修工时定额标准可由省级道路运输管理机构统一制定，也可由机动车维修经营者报所在地道路运输管理机构备案后执行。

机动车维修工时单价标准，由机动车维修经营者报所在地道路运输管理机构备案后执行。

道路运输管理机构应当定期公告机动车维修经营者报备的维修工时单价和工时定额。

机动车生产企业可将其车型维修工时定额报交通部发布后全国统一执行。

第三十一条 机动车维修经营者应当使用规定的结算票据，并向用户交付维修结算清单。维修结算清单中，工时费与材料费应分项计算。维修结算清单格式和内容由省级道路运输管理机构制定。

机动车维修经营者不出具规定的结算票据的，托修方有权拒绝支付费用。

第三十二条 机动车维修经营者应当按照规定，及时、准确地向道路运输管理机构报送统计资料。机动车维修统计资料内容及统计报表式样由交通部统一制定。

道路运输管理机构应当按照规定，定期向社会公布本地区机动车维修统计数据，供公众查阅和使用。

第四章 维修质量

第三十三条 机动车维修经营者应当按照国家、行业或者地方的维修标准和规范进行维修。尚无标准或规范的，参照机动车生产企业提供的维修手册、使用说明书和有关技术资料进行维修。

第三十四条 机动车维修经营者对机动车进行二级维护、总成修理、整车修理的，应当建立车辆维修档案。车辆维修档案内容主要包括：维修合同、维修项目、具体维修人员及质量检验人员、检验单、竣工出厂合格证及结算清单等。

车辆维修档案保存期为两年。

第三十五条 机动车维修经营者不得使用假冒伪劣配件维修机动车。

机动车维修经营者应当建立采购配件登记制度，记录购买日期，供应商名称、地址，产品名称及规格型号等，并查验产品合格证等相关证明。机动车维修经营者对于换下的配件、总成，应当交托修方自行处理。

机动车维修经营者应将原厂配件、副厂配件和修复配件分别标识，明码标价，供用户选择。

第三十六条 机动车维修经营者对机动车进行二级维护、总成修理、整车修理的，应当实施维修前诊断检测、维修过程检验和竣工质量检验制度。

承担机动车维修竣工检验的机动车维修企业或机动车综合性能检测机构应当使用符合有关标准并在检定有效期内的设备，按照有关标准规定进行检测，确保检测结果准确，如实提供检测结果证明，并承担法律责任。

第三十七条 机动车维修实行竣工出厂合格证制度。维修竣工质量检验合格的，由质量检验人员签发机动车维修竣工出厂合格证；未签发机动车维修竣工出厂合格证的机动车不得交付使用。

机动车维修竣工出厂合格证采用全国统一式样。由省级道路运输管理机构统一印制和编号，县级以上道路运输管理机构按照规定发放和管理。

禁止任何单位和个人伪造、倒卖、转借机动车维修竣工出厂合格证。

第三十八条 对机动车维修专业技术人员实施从业资格管理制度。技术负责人员、质量检验人员及机修、电器、钣金、涂漆的维修技术人员实行全国统一大纲、统一试题、统一标准、统一证书制度，原则上每年举行一次。从业资格考试及管理具体办法由交通部另行制定。道路运输管理机构应当按照交通部统一要求具体实施机动车维修专业技术人员从业资格管理制度。

机动车维修经营者应当采取措施，加强对从业人员的培训和管理工作。机动车维修经营管理负责人、价格核算人员、业务接待人员应定期参加机动车维修相关法律、法规、规章和机动车维修业务知识的培训。

机动车维修从业人员培训工作实行社会化，任何单位和个人不得强制定点培训。

第三十九条 道路运输管理机构应加强对机动车维修经营的质量监督和管理工作，地市级道路运输管理机构应委托相关行业协会或具有法律资格的机动车维修质量监督检验中心，对机动车维修质量进行监督检验。

第五章 质量保证期制度

第四十条 机动车维修实行竣工出厂质量保证期制度。

第四十一条 机动车维修质量保证期，从维修竣工出厂之日算起。商用汽车整车修理或者总成修理质量保证期为汽车行驶 18000 公里或 100 日；二级维护质量保证期为汽车行驶 5000 公里或者 30 日；一级维护、小修及零件修理质量保证期为汽车行驶 2000 公里或者 10 日。乘用汽车整车修理或者总成修理质量保证期为汽车行驶 20000 公里或者 120 日；二级维护质量保证期为汽车行驶 6000 公里或者 35 日；一级维护、小修及零件修理质量保证期为汽车行驶 2000 公里或者 10 日。

摩托车整车修理或者总成修理质量保证期为摩托车行驶 8000 公里或者 90 日；维护、小修及零件修理质量保证期为摩托车行驶 1000 公里或者 10 日。其他机动车整车修理或者总成修理质量保证期为机动车行驶 6000 公里或者 60 日；维护、小修及零件修理质量保证期为机动车行驶 800 公里或者 7 日。质量保证期中行驶里程和日期指标，以先达到者为准。

第四十二条 机动车维修经营者应当公示承诺的机动车维修质量保证期。所承诺的质量保证期不得低于第四十一条的规定标准。

在承诺的质量保证期内，机动车因维修质量原因造成机动车无法正常使用的，机动车维修经营者应当及时无偿返修。

第六章 投 诉 处 理

第四十三条 道路运输管理机构应当建立健全机动车维修质量投诉处理机制，公开投诉电话、通信地址、电子邮箱，确保投诉渠道畅通，并对投诉者保密。

第四十四条 道路运输管理机构应当受理机动车维修投诉。

有下列情形之一的，道路运输管理机构应当确认后移交相关部门处理，并向投诉人说明理由。

（一）仲裁机关或者人民法院已经受理或者处理该投诉事项的。

（二）其他行政管理部门或者消费者权益保护组织已经依法受理该投诉事项的。

（三）超越受理机构职权范围的。

（四）被诉方因注销、歇业等原因无法查找的。

（五）不提供与投诉内容相关材料的。

（六）法律、法规、规章规定不能受理的。

第四十五条 道路运输管理机构受理投诉时，应当登记投诉人姓名、单位、联系方式，被投诉人姓名或者单位、地址，投诉内容、理由和有关材料。对于新闻媒体已经曝光的机动车维修投诉事项，并造成社会影响的，发生地的道路运输管理机构应当及时、主动介入机动车维修投诉事项的处理。

第四十六条 道路运输管理机构受理投诉后，应对相关证据进行保存，封存维修档案。

道路运输管理机构处理投诉事件，应当查清事实，分清责任，依法处理。

第四十七条 对维修质量投诉，在质量保证期内，承修方在3日内不能或者无法提供因非维修原因而造成机动车无法使用的相关证据的，承修方负责无偿返修；对没有和托修方签订书面合同以及无法提供真实的维修记录的，由机动车维修经营者承担全部责任；在质量保证期外，道路运输管理机构应当按照相关证据，进行积极调解。

第四十八条 对维修价格投诉，道路运输管理机构应当在查验维修工时定额、工时单价和结算清单的基础上，进行积极调解。

第四十九条 对机动车维修质量的责任认定需要进行技术分析和鉴定的，道路运输管理机构应组织专家组或者委托具有法定检测资格的检测机构作出技术分析和鉴定。鉴定费用由责任方承担。

第五十条 机动车维修质量纠纷双方当事人均有保护当事车辆原始状态的义务。必要时可拆检车辆有关部位，但当事双方应同时在场，一致证实拆检情况。

如托修方拒绝派人拆检，托修方可向当地道路运输管理机构提出拆检申请。接到拆检申请后，道路运输管理机构应及时组织拆检，并记录有关情况。

第五十一条 道路运输管理机构受理投诉后，应当在受理投诉之日起15日内处理完毕。情况复杂的，经县级以上道路运输管理机构负责人批准，可以在受理之日起60日内处理完毕，但应当告知相关人。

道路运输管理机构对投诉处理结果，应当及时回复投诉人。

投诉人对处理结果不服的，投诉调解未达成协议或者协议一方不履行协议的，当事人可以依法申请仲裁或者提起诉讼。

第七章 质量信誉考核

第五十二条 对机动车维修经营者实行质量信誉考核制度。机动车维修经营者质量信誉考核由县级以上道路运输管理机构按年度进行。质量信誉考核具体工作可委托机动车维修相关行业协会等相关组织进行。

第五十三条 道路运输管理机构按照下列分工对机动车维修经营者实施质量信誉考核。

（一）一类汽车维修企业质量信誉考核由省级道路运输管理机构负责实施。

（二）二类汽车维修企业质量信誉考核由市级道路运输管理机构负责实施。

（三）三类汽车维修企业（业户）、摩托车维修企业（业户）及其他机动车维修企业质量信誉考核由县级道路运输管理机构负责实施。

第五十四条 机动车维修质量信誉考核体系和考核标准，由省级道路运输管理机构根据本地区实际情况制定。考核标准应当包括维修服务和维修质量情况、曝光情况及奖惩情况等。

第五十五条 道路运输管理机构应当依法诚信，建立机动车维修企业诚信档案。诚信档案内容应当包括被征信人基本情况、维修经营许可项目、信誉考核情况等信息。

道路运输管理机构建立的机动车维修企业诚信信息，除涉及国家秘密、商业秘密外，应当依法公开，供公众查阅。

第八章 执法检查

第五十六条 县级以上人民政府交通行政主管部门应当加强对道路运输管理机构实施机动车维修管理工作的指导监督。

第五十七条 道路运输管理机构应当加强机动车维修执法队伍建设，对执法人员开展法制知识和机动车维修管理业务培训、考核。考核不合格的，不得上岗执行公务。

第五十八条 上级道路运输管理机构应当加强对下级道路运输管理机构的行政执法和管理活动的监督检查。

道路运输管理机构应当建立健全内部执法监督制度，实行执法责任制和执法过错责任追究制，及时纠正执法和管理过程中的错误和不当行为。

第五十九条 道路运输管理机构应当创造条件推行电子政务，鼓励运用信息化技术手段，实施对机动车维修经营者监督和管理。

第六十条 道路运输管理机构的执法人员可以进入相关的单位、作业现场进行检查。实施监督检查时，应当有 2 名以上人员参加，并向当事人出示执法证件。

道路运输管理机构实施监督检查时，可以行使下列职权：

（一）询问当事人或者有关人员，并要求其提供相关证明材料和与违法违规行为有关的其他资料。

（二）查询、复制与违法违规行为有关的维修台账、票据、凭证、文件及其他资料，核对与违法违规行为有关的技术资料。

（三）在违法行为查获地进行摄影、摄像取证。

（四）检查与违法违规行为有关的器具，必要时可以责令当事人暂停相关营业。

（五）在证据可能灭失或者以后难以取得的情况下，可以依法先行登记保存，当事人或者有关人员不得转移、隐匿或销毁。

检查的情况和处理结果应当记录，并按照规定归档。当事人有权查阅监督检查记录。

第六十一条 从事机动车维修经营活动的单位和个人，应当自觉接受执法人员的检查，如实反映情况，提供有关资料。

第六十二条 道路运输管理机构实施监督检查，不得妨碍机动车维修经营者正常的经营活动，不得索取或者收受机动车维修经营者的财物，不得谋取部门和个人利益。

第六十三条 道路运输管理机构对所发现的维修违法行为，应当立即予以制止，并实施处罚或采取相应的行政措施。

第九章 法律责任

第六十四条 违反本规定，未取得相应的机动车维修经营许可证件，擅自从事相关机动车维修经营活动的，由县级以上道路运输管理机构责令其停止经营；有违法所得且超过 1 万元的，没收违法所得，处违法所得 2 倍以上 10 倍以下的罚款；没有违法所得、违法所得难以确定或者违法所得不足 1 万元的，违法经营时间在 1 个月以下的，处以 2 万元的罚款；违法经营时间每超过 1 个月增加 1 万元的罚款，但罚款额最高为 5 万元：构成犯罪的，依法追究刑事责任。

第六十五条 违反本规定，机动车维修经营者非法转让、出租机动车维修经营许可证件的，由县级以上道路运输管理机构责令停止违法行为，收缴转让、出租的有关证件，处以 2000 元以上 1 万元以下的罚款；有违法所得的，没收违法所得。对于接受非法转让、出租的受让方，应当按照第六十四条的规定处罚。

第六十六条 违反本规定，机动车维修经营者使用假冒伪劣配件维修机动车，承修已报废的机动车或者擅自改装机动车的，由县级以上道路运输管理机构责令改正，并没收假冒伪劣配件及报废车辆；有违法所得且超过 1 万元的，没收违法所得，处违法所得 2 倍以上 10 倍以下的罚款；没有违法所得或者违法所得不足 1 万元的，处 2 万元以上 5 万元以下的罚款，没收假冒伪劣配件及报废车辆；情节严重的，由原许可机关吊销其经营许可证件；构成犯罪的，依法追究刑事责任。

第六十七条 违反本规定，机动车维修经营者对机动车进行二级维护、总成修理、整车修理后，不签发或者签发虚假机动车维修竣工出厂合格证的，由县级以上道路运输管理机构责令改正；有违法所得且超过 1 万元的，没收违法所得，处以违法所得 2 倍以上 10 倍以下的罚款；没有违法所得或者违法所得不足 3000 元的，处以 5000 元以上 2 万元以下的罚款，情节严重的，吊销其机动车维修许可证件；构成犯罪的，依法追究刑事责任。

第六十八条 违反本规定，机动车综合性能检测站使用不合格或达不到标准要求的仪器、设备和计量器具进行检测的，由县级以上道路运输管理机构责令改正，并处以 5000 元以上 1 万元以下的罚款。

第六十九条 违反本规定，机动车综合性能检测站不按照国家有关技术规范进行机动车维修质量或者综合性能检测的，由县级以上道路运输管理机构责令改正，并处以每车次 1000 元以上 2000 元以下的罚款，但罚款总额不得超过 3 万元。

第七十条 违反本规定，机动车综合性能检测站未经检测出具检测结果或者不如实出具检测结果的，由县级以上道路运输管理机构责令改正，并处以每车次 1 000 元以上 2000 元以下的罚款，但罚款总额不得超过 3 万元。

第七十一条 违反本规定，有下列行为之一的，由县级以上道路运输管理机构给予限期整改；限期整改不合格的，予以通报。

（一）机动车维修经营者不按照国家有关技术规范进行维修作业的。

（二）机动车维修经营者不按照规定执行机动车维修质量保证期制度的。

（三）伪造、转借、倒卖机动车维修竣工出厂合格证件的。

（四）机动车维修经营者只收费不维修或者虚列维修作业项目的。

（五）机动车维修经营者不按照规定在经营场所醒目位置示牌经营的。

（六）机动车维修经营者在经营场所不公布收费项目、结算工时定额和结算工时单价的。

（七）机动车维修经营者超出公布的结算工时定额、结算工时单价向托修方收费的。

（八）机动车维修经营者不按照规定建立维修档案和报送统计资料的。

（九）违反本规定其他有关规定的。

第七十二条 违反本规定，道路运输管理机构的工作人员有下列情形之一的，依法给予行政处分；构成犯罪的，依法追究刑事责任：

（一）按照规定的条件、程序和期限实施行政许可的。

（二）参与或者变相参与机动车维修经营业务的。

（三）发现违法行为不及时查处的。

（四）索取、收受他人财物谋取个人利益的。

（五）其他违法违纪行为。

第七十三条 当事人对道路运输管理机构作出的具体行政行为不服的，可以申请行政复议或者提起行政诉讼。

当事人在法定期限内不申请复议，不提起诉讼，又不履行具体行政行为的，作出具体行政行为的道路运输管理机构可以依据《中华人民共和国行政诉讼法》的规定，申请人民法院强制执行。

第十章　附　　则

第七十四条 本办法中下列有关用语含义是：

（一）机动车维修包含机动车维护和机动车修理。

机动车维护是为维持机动车完好技术状况或工作能力而进行的作业，主要包括日常维护、一级维护和二级维护，机动车修理是为恢复机动车完好技术状况或工作能力及寿命而进行的作业，主要包括机动车整车修理、总成修理和零部件修理等。

（二）特约维修经营者是指经车辆生产企业授权，从事质量保证期内售后特约维修服务的机动车维修经营者。

（三）危险品车辆维修指运输易燃、易爆、腐蚀、放射性、剧毒等性质货物的机动车维修和燃气机动车的维修，不包含对危险品运输车辆罐体等的维修。

（四）质量信誉指维修企业的经营能力、管理水平、维修质量、诚信经营、规范服务、员工培训等方面素质的综合评价。

第七十五条 自备车辆维修可参照本规定执行。

第七十六条 外商可以依照有关法律、行政法规和国家有关规定，在中华人民共和国境内采用中外合资、中外合作、独资形式投资机动车维修经营。

第七十七条 机动车维修经营许可证件等相关许可证件工本费收费标准由省级人民政府财政部门、价格主管部门会同同级交通主管部门核定。

第七十八条 本办法由交通部负责解释。

第七十九条 本办法自 2007 年 7 月 1 日起施行。1986 年 12 月 12 日交通部、国家经委、国家工商行政管理局发布的《汽车维修行业管理暂行办法》同时废止。

附件一：机动车维修经营申请表（样式）

机动车维修经营申请表

申请人名称：________________________________

负责人（签名）：____________________________

申请时间：__________________________________

××单位印制

一、申请基本事项

申请人名称			联系方式	
拟申请法人名称			电话	
地址及邮编			手机	
经济性质			传真	
拟注册资本	万元		E－mail	
开户银行		账号		
申请经营许可项目				

许可决定	批准人：　　　　（公章） 年　　月　　日			
	经营许可证号			
	领证人		领证日期	年　月　日

填表说明

1. 申请从事机动车维修运输经营的填写本表。本表必须用钢笔填写或打印，要求字迹工整。

2. “申请经营许可种类”栏填写到具体维修车型。

3. 本表一式两份，县级道路运输管理机构一份，申请人一份。

4. 开业申请未被许可的，申请人可于许可机关作出不予许可的决定之日起60日内依法向其上级交通主管部门提出行政复议申请。

附件二：中华人民共和国机动车维修标志牌式样及内容要求

1. 汽车维修企业标志牌式样按照《关于统一全国汽车维修企业标志牌等牌证式样的通知》（交公路发 C1997－726 号）的规定执行。其他机动车维修企业标志牌参照该文件的规定执行。

2. 经营范围一栏填写要求：

1）对汽车整车维修经营者，根据许可内容，分别填写大中型客车维修、大型货车维修、小型车维修、特种车辆维修、危险品运输车辆维修；对汽车专项维修业户，根据许可内容，分别填写发动机维修、车身维修、电气系统维修、自动变速器维修、车身清洁维护、涂漆、轮胎动平衡及修补、四轮定位检测调整、供油系统维护及油品更换、喷油泵和喷油器维修、曲轴修磨、气缸镗磨、散热器（水箱）维修、空调维修、汽车装璜、门窗玻璃安装等。

2）对摩托车维修经营者，根据许可内容，分别填写摩托车修理和摩托车维护。

3）其他机动车维修经营者经营范围术语由省级道路运输管理机构自行规定。

4）对机动车维修救援企业和机动车特约维修经营者，还应分别增加“机动车维修救援”和“××特约维修经营”。

附录 D　汽车维修企业和经营业户立项、开业、变更审批程序

一、汽车维修企业和经营业户筹建、立项程序

（1）县级以上道路运政管理机构受理筹建汽车维修企业和经营业户的筹建立项申请。

（2）道路运政管理机构在受理筹建立项申请时，申请人应提交的文件如下。

1）经营项目、营业场所、法人代表或经营业主、职工人数、经营规模等书面资料。

2）合法有效的资信证明或资金担保书。

3）申请具有法人资格的企业应有可行性报告及其主管部门的立项批准书。无主管部门的企业或经营业户提交城市街道或乡镇以上人民政府的证明。

4）法律、法规和规章及应提交的其他资料。

（3）道路运政管理机构自受理之日起，在30日内按审批权限作出审批决定。筹建立项实行定期集体审批制度。批准筹建的，向申请人发出立项批准书，规定其筹建时限，不予批准的应以书面形式答复申请人。

（4）审批筹建立项申请的原则是该项申请是否符合本县或本地区汽车维修行业发展规划，是否符合社会需要和开业条件等。

二、汽车维修企业和经营业户开业审批程序

汽车维修企业和经营业户审批程序如下：

（1）筹建汽车维修企业或经营业户的法人代表或经营业户，筹建就绪后，即可在规定时限内填写《开业申请表》，提出开业申请，同时向道路运政管理机构提交法人身份证、质检员证、价格结算员证等有效证件的复印件，质量管理机构、制度及有关资料、厂点位置分布图、厂区平面图、车间工艺布局图等有关资料，经营特约维修的业户还应提供正式的签约合同，开业申请由批准立项的道路运政管理机构受理。

（2）受理开业申请的道路运政机构在接到开业申请后，应当派出专门评审组织，对申请人的筹建工作按国标《汽车维修业开业条件》批准的立项申请的要求进行审验，并在30日内作出审批决定。审批决定应由集体研究决定。一类汽车维修企业由省级道路运政管理机构审批；二类汽车维修企业由市级道路运政管理机构审批；三类汽车维修业户由县级管理运政管理机构审批。

（3）经批准开业的，由审批机构核发“汽车维修业技术合格证”（或经营许可证）及铜制“汽车维修企业经营标志牌”，并告知申请人凭经营许可证到工商行政管理部门和税务部门分别办理法人营业执照或工商执照和税务登记手续。

（4）领取有关单证。申请人持“汽车维修技术合格证”到当地道路运政管理机构领取“汽车维修合同”、“汽车维修技术检验单”、“汽车维修工时、材料费用明细表”、“汽车维修竣工出厂合格证”等有关单证。

三、中外合资、合作汽车维修企业立项、审批程序

道路运政管理机构受交通行政主管部门委托，审批中外合资、合作汽车维修企业，并按以下程序办理申请立项手续：

（1）立项申请的手续，由中方代表办理，道路运政管理机构不直接接受外方人员的申请。

（2）受理中外合资、合作汽车维修企业立项时，申请人应提交的文件：

1）项目建议书。

2）可行性研究报告。

3）合资、合作双方法人代表签定的意向书。

4）外商的固定国籍和合法身份证明。

5）外商所在国或地区的资信证明（包括合法手段取得的银行贷款），其证明资产必须大于该项目的投资金额，同时与多家企业合营时，其证明资产必须大于各项目的投资总额。

（3）道路运政管理机构在受理中外合资、合作汽车维修申请后，应在30日内作出审核决定。经审核后，符合规定的签注审核意见并逐级上报省级道路运政管理机构；不符合规定条件的答复申请人，并退回所有申请材料。

（4）省级道路运政管理机构在收到下级道路运政管理机构上报的中外合资、合作汽车维修企业的申报材料，应代表省级交通主管部门进行审核，在30日内作出审核决定。经审核同意的，提出审核意见并以省级交通主管部门的名义拟文上报交通部审批，不同意的退回下级呈报机构返回申请人。

（5）中外合资、合作汽车维修企业的“汽车维修技术合格证”（经营许可证）由省级道路运政管理机构核发，接受企业所在地道路运政管理机构的行政管理。核发“汽车维修技术合格证”时，应审核该企业提供的交通部批准立项的文件、外经贸部或授权机关的批准设立的文件、工商行政管理部门颁发的工商法人执照和税务机关的税务登记证。

（6）道路运政管理机构按照国内的法律、法规、规章对中外合资、合作汽车维修企业实施行政管理。

四、汽车维修企业或经营业户变更申请、审批程序

（一）汽车维修企业或经营业户异动变更

1. 名称变更

（1）因合并、分立、联营或隶属关系等改变时，由经营者提交上级主管部门的批文或有关的联营协议等。

（2）因住所或营业场所变动，由经营者说明变动原因，提交有关文件。

（3）因扩大或缩小经营范围，应要求经营者提交原经营情况和申请计划。

2. 经营权的变更

（1）转让或出售企业的汽车维修经营者，出让方按歇业程序办理，受让方持转让证明，根据具体情况分别按“名称变更”、“经营范围变更”等程序办理。

（2）向非经营者转让或出售企业的汽车维修经营者，出卖方按歇业、停业程序办理手续，受让方按开业程序办理手续。

3. 租赁或承包经营权的变更

个人租赁或承包经营者及因财产纠纷抵押等，引发产权和经营权的变更，由租赁或承包者持租赁或承包抵押协议书到企业所在地道路运政管理机构备案。道路运政管理机构对于经营者的变更，应认真审查，重新核定其经营范围、经济性质，确定税费缴纳方式和管理办法。

（二）经营范围的变更

汽车维修企业或经营业户因故变更其经营范围的，由原批准开业的机构受理。汽车维修经营范围的变更主要是同类变更，属于扩大经营范围的企业按开业程序办理，属于缩小经营范围的企业应由经营者填报变更表。经审核同意的，换发经营证件，必要时向社会通告。

五、年度审验

（1）县级以上道路运政管理机构，应对辖区内的汽车维修企业和经营业户进行年度审验。

汽车维修企业和经营业户的年度审验的时间，由省级或地级道路运政管理机构确定。

（2）道路运政管理机构应当提前向汽车维修企业和经营业户公布年度审验的具体安排和分发年度审验表。

（3）年度审验时，应向汽车维修企业和维修业户收回审验表及有关证件。

（4）年度审验的主要内容：

1）经营资质的评审。

2）经营行为的评审。

3）规费缴纳的情况。

（5）年度审验结果应记录在年度审验表上，并存入分户档案中。

附录 D　北京市运输管理局《机动车维修质量管理四项制度》
北京市运输管理局
京运管修发〔2007〕71 号

机动车维修质量检验制度

一、适用范围

凡本市行政区域内取得机动车维修经营许可的机动车维修企业，均应执行机动车维修质量检验制度。

二、质量检验

（一）机动车维修企业进行整车修理、总成修理、二级维护时应进行维修前进厂诊断检验、维修过程检验和竣工质量检验。

1. 进厂诊断检验：是指由进厂检验人员或业务接待人员在机动车维修进厂时的诊断检验。主要通过聆听车主讲诉，询问车主故障现象，对车辆进行诊断检验，确定进厂维修项目和附加作业项目，制定维护和修理方案。

2. 维修过程检验：是指由主修人或检验人员在机动车维修作业过程中，对承修项目进行的检验，主要包括维修过程中的质量检查、检测诊断及相关项目的检验。

3. 竣工质量检验：是指维修竣工车辆在交车出厂前，由机动车维修质量检验员进行的竣工质量检验，主要包括对维修项目的竣工质量检验，以及相关项目的竣工质量检测。

（二）机动车维修企业进行机动车小修作业时应进行维修作业项目的质量检验，包括进厂诊断检验和竣工质量检验。

三、技术要求

（一）机动车维修企业应配备与其所承修车型相适应的通用设备、专用设备、检测设备及量具、机工具。

（二）机动车维修质量检验应符合维修工艺流程及检验规范要求，质量检验可采取人工检验及仪器检测方法。

（三）质量检验的各项技术参数指标，应满足原设计技术标准的要求；各项性能指标应符合机动车维修竣工相关国家标准、行业标准或地方标准的要求。

（四）机动车维修企业进行整车修理、总成修理、二级维护时，应分别填写机动车维修进厂、过程和竣工质量检验《记录单》。

（五）机动车维修企业使用的机动车维修进厂、过程和竣工质量检验《记录单》，可参照附件（《机动车维修检验记录单》样式）内容自行设计印制，并将检验《记录单》式样向所在地区县运输管理部门备案。

（附注：《机动车维修检验记录单》样式可在市运输局网站上下载。网址：www. bjysj. gov. cn）

机动车维修竣工出厂合格证制度

一、适用范围

凡本市行政区域内取得整车一类、整车二类维修经营业务的及取得发动机、车身、电器系统及自动变速器三类专项维修经营业务的，均应执行机动车维修竣工出厂合格证制度。

二、合格证分类

机动车维修竣工出厂合格证分为《机动车维修竣工出厂合格证》（A 证）和《机动车小修竣工出厂合格证》（B 证）。

三、合格证的使用

（一）机动车整车大修、总成大修、二级维护车辆，经竣工检验合格，由机动车维修质量检验员按规定签发《机动车维修竣工出厂合格证》（A 证）。

（二）机动车小修（含发动机、车身、电器系统及自动变速器维修专项修理小修车辆）经竣工检验合格，由机动车维修质量检验员按规定签发《机动车小修竣工出厂合格证》（B 证）。

（三）机动车维修企业可以使用计算机打印《机动车小修竣工出厂合格证》（B证）；计算机打印的合格证（B证）式样应向所在地区县运输管理部门备案。

（四）签发合格证应项目齐全，内容真实、准确，清晰、规范。

（五）禁止机动车维修企业及其从业人员伪造、倒卖、转借、代开、冒领或提供空白合格证，禁止对未竣工车辆提前签发合格证。

机动车维修质量保证期制度

一、适用范围

凡本市行政区域内取得机动车维修经营许可的机动车维修企业，均应执行机动车维修质量保证期制度。

二、质量保证期

（一）汽车和危险货物运输车辆整车修理或总成修理质量保证期为车辆行驶20000公里或者100日；二级维护质量保证期为车辆行驶5000公里或者30日；一级维护、小修及专项修理质量保证期为车辆行驶2000公里或者10日。

（二）摩托车整车修理或者总成修理质量保证期为摩托车行驶7000公里或者80日；维护、小修及专项修理质量保证期为摩托车行驶800公里或者10日。

（三）其他机动车整车修理或者总成修理质量保证期为机动车行驶6000公里或者60日；维护、小修及专项修理质量保证期为机动车行驶700公里或者7日。

（四）机动车维修质量保证期从维修竣工出厂之日起计算；返修项目的质量保证期，应从返修竣工出厂之日起重新计算质量保证期。

三、技术要求

（一）机动车维修企业应在业务接待处显著位置向机动车用户公示本单位承诺的机动车维修质量保证期，所承诺的质量保证期不得低于本规定要求。

（二）在质量保证期内因维修质量原因造成机动车无法正常使用，且在3日内不能或者无法提供因非维修原因而造成机动车无法使用的相关证据的，机动车维修企业应当及时无偿返修，做好车辆返修记录，不得故意拖延或者无理拒绝。

（三）在质量保证期内，机动车因同一故障或维修项目经两次修理仍不能正常使用的，机动车维修企业应当负责联系其他机动车维修企业，并承担相应修理费用。

机动车配件采购、检验、使用、公示制度

一、适用范围

凡本市行政区域内取得机动车维修经营许可的机动车维修企业，均应执行机动车配件采购、检验、使用、公示制度。

二、配件采购

机动车维修企业应建立健全配件采购登记制度，记录配件购买日期、供应商名称、地址、产品名称及规格型号、产地等，并查验、保留产品合格证、购货发票等相关证明和原始凭证，严禁采购假冒伪劣配件和三无产品。

三、配件检验

（一）机动车维修企业应设置专职配件检验人员，负责机动车配件入库前的检验。

（二）机动车维修企业采购的机动车配件应按照原厂配件、副厂配件和修复配件分别检验，经检验合格后分类入库存放。

（三）经检验不合格的配件要做好标识，单独存放，及时处理。

四、配件使用

（一）机动车维修企业应建立配件出、入库管理档案，并实行配件出库领用登记制度。

（二）配件在使用、安装前应进行质量检验，确保使用的配件在规定的质保期内；禁止使用假冒伪劣配件维修机动车。

（三）机动车维修过程中换下的配件、总成，应当交托修方自行处理，并做好登记。处理特殊配件如废电瓶、废机油等应符合环保要求。

（四）托修方自带机动车配件（材料）维修车辆的，承、托修双方应当面清点配件数量、质量，详细记录相关信息，并经双方确认。

（五）机动车维修企业必须如实告知托修方在维修作业中更换配件等信息，并经托修方确认。

五、配件公示

（一）机动车维修企业应向托修方公示维修作业中更换的配件信息，公示的内容至少包括：配件名称、编号、产地（进口、国产）、制造厂、价格等项目。

（二）机动车维修企业应当将原厂配件、副厂配件和修复配件分别标识，明码标价，供托修方选择。

（三）机动车维修企业应为托修方提供检索、查询机动车配件相关信息，为机动车用户辨别真假配件提供便利。

附录 E 机动车维修从业人员从业资格条件

（GB/T 21338—2008）

1 范围

本标准规定了机动车维修企业负责人、机动车维修业务员、机动车维修价格结算员和机动车维修技术人员等从业人员的岗位职责、任职资格等要求。

本标准适用于机动车维修企业负责人、机动车维修技术负责人、机动车维修质量检验员、机修人员、电器维修人员、钣金（车身修复）人员、涂漆（车身涂装）人员、车辆技术评估人员、机动车维修业务员和机动车维修价格结算员等从业人员的资格判定和审核。

2　规范性引用文件

下列文件中的条款通过本标准的引用而成为本标准的条款。凡是注日期的引用文件，其随后所有的修改单（不包括勘误的内容）或修订版均不适用于本标准，然而，鼓励根据本标准达成协议的各方研究是否可使用这些文件的最新版本。凡是不注日期的引用文件，其最新版本适用于本标准。

GB/T 5624—2005 汽车维修术语

3　术语和定义

GB/T 5624—2005 确立的以及下列术语和定义适用于本标准。

3.1

机动车维修企业负责人 vehicle maintenance enterprise director

机动车维修企业中全面负责各项经营活动的责任人。

3.2

机动车维修技术负责人 vehicle maintenance technical director

机动车维修企业中全面负责各项技术管理工作的责任人。

3.3

机动车维修质量检验员 vehicle maintenance quality checker

机动车维修企业中从事各项质量检验的人员。

3.4

机修人员 machine maintenance staff

机动车维修企业中从事机动车机械及其控制系统维修作业的人员。

3.5

电器维修人员 electrical equipment maintenance staff

机动车维修企业中从事机动车电器系统维修作业的人员。

3.6

钣金（车身修复）人员 autobody rehabilitation staff

机动车维修企业中从事车身修复作业（涂装作业除外）的人员。

3.7

涂漆（车身涂装）人员 autobody japanning staff

机动车维修企业中从事车身涂装作业的人员。

3.8

车辆技术评估人员 vehicle technical evaluation staff

机动车维修企业或机动车综合性能检测站中从事机动车性能检测和机动车技术状态评定的人员。

3.9

机动车维修业务员 vehicle maintenance business staff

机动车维修企业中从事客户接待工作的人员。

3.10

机动车维修价格结算员 vehicle maintenance balance staff

4 从业资格条件

4.1 机动车维修企业负责人

4.1.1 岗位职责

4.1.1.1 执行国家、地方和行业的有关法律、法规、标准及规范（参见附录 A），依法经营企业。

4.1.1.2 负责企业的经营管理工作，对企业的经营和企业的全面发展负责。

4.1.1.3 负责制定企业的各项管理制度，并组织实施。

4.1.1.4 负责设置企业内部管理机构，领导、协调、监督各部门的职能工作。

4.1.1.5 负责建立健全维修质量保证体系，并组织实施。

4.1.1.6 负责建立健全安全生产、环境保护等管理体系，并组织实施。

4.1.2 任职资格

4.1.2.1 基本条件

4.1.2.1.1 具有大专（含）以上文化程度。

4.1.2.1.2 具有 3 年以上的机动车维修企业管理实践。

4.1.2.2 专业知识

4.1.2.2.1 掌握国家，地方和行业相关的法律、法规、规章及制度（参见附录 A）。

4.1.2.2.2 了解机动车维修专业知识及相关的标准和规范（参见附录 A）。

4.1.2.2.3 熟悉机动车维修企业管理知识。

4.1.2.2.4 掌握机动车维修企业管理软件操作知识。

4.1.2.2.5 熟悉机动车维修的相关知识。

4.1.2.3 专业技能

4.1.2.3.1 具有经营和策划能力。

4.1.2.3.2 具有人力资源管理及组织协调能力。

4.1.2.3.3 具有生产、技术和质量管理能力。

4.1.2.3.4 具有计划、统计、分析及基本的资金运作能力。

4.2 机动车维修技术负责人

4.2.1 岗位职责

4.2.1.1 负责建立和实施企业机动车维修质量保证体系，对质量保证体系进行监控及文件修订。

4.2.1.2 负责制定企业各项技术质量管理制度和工艺文件，并组织实施、检查和修订。

4.2.1.3 负责企业日常技术管理工作，对机动车维修质量负责，组织解决机动车维修中出现的疑难技术问题，对机动车维修质量事故和质量纠纷提出处理意见和改进措施。

4.2.1.4 负责制定本企业技术开发、技术改造、技术革新方案并组织实施，对技术成果组织推广运用。

4.2.1.5 负责制定技术培训计划并组织实施。

4.2.1.6 贯彻执行机动车维修工时定额和收费标准。

4.2.2 任职资格

4.2.2.1 基本条件

4.2.2.1.1 具有机动车维修或相关专业的大专（含）以上学历，或具有机动车维修或相关专业的中级（含）以上专业技术职称。

4.2.2.1.2 具有在机动车维修企业5年以上的工作经验。

4.2.2.2 专业知识

4.2.2.2.1 熟悉与机动车维修相关的法律、法规、规章及制度（参见附录A）。

4.2.2.2.2 掌握与机动车维修相关标准和规范（参见附录A）。

4.2.2.2.3 熟悉机动车专业知识。

4.2.2.2.4 掌握机动车维修企业的技术质量管理知识。

4.2.2.2.5 熟悉机动车维修工时定额和收费标准。

4.2.2.3 专业技能

4.2.2.3.1 能熟练使用机动车检测设备，对车辆进行检测诊断。

4.2.2.3.2 具有机动车故障诊断能力，组织解决机动车维修中出现的疑难技术问题。

4.2.2.3.3 具有制定企业各项技术质量管理制度和工艺文件的能力。

4.2.2.3.4 具有处理机动车维修质量事故和质量纠纷的能力。

4.2.2.3.5 能收集和整理技术资料，指导生产实践。

4.2.2.3.6 能制定完善的技术培训计划并组织实施。

4.2.2.3.7 具有机动车维修企业管理软件的操作应用能力。

4.3 机动车维修质量检验员

4.3.1 岗位职责

4.3.1.1 负责机动车维修进厂检验，确定维修项目，填写进厂检验单。

4.3.1.2 负责机动车维修过程的质量监控，填写过程检验单，并指导维修人员对维修车辆的故障进行深入诊断。

4.3.1.3 负责机动车维修竣工出厂检验，填写维修竣工出厂检验单，签发维修竣工出厂合格证。

4.3.1.4 协助技术负责人分析处理质量事故和纠纷，提出改进和预防措施。

4.3.1.5 配合业务员完成机动车或总成维修进厂和竣工出厂的交接。

4.3.1.6 负责对机动车配件的质量进行监控。

4.3.1.7 负责指导和培训相关人员对机动车维修质量进行检验。

4.3.2 任职资格

4.3.2.1 基本条件

4.3.2.1.1 具有高中（含）以上学历，获得机修人员或电器维修人员职业资格并连续在该岗位工作2年以上。

4.3.2.1.2 具有与本企业承修车型相适应的驾驶证，并安全驾驶1年以上。

4.3.2.2 专业知识

4.3.2.2.1 熟悉机动车维修管理相关法律、法规、规章及制度（参见附录A)。

4.3.2.2.2 掌握机动车的结构、原理和性能以及主修车型的维修技术标准和规范。

4.3.2.2.3 掌握机动车检测诊断和机动车维修质量检验原理、方法和技术规范。

4.3.2.2.4 掌握常用仪器、仪表和量具的工作原理、性能和使用方法。

4.3.2.2.5 掌握常用检测诊断设备的工作原理、性能和使用方法。

4.3.2.2.6 熟悉机动车维修质量保证体系知识。

4.3.2.2.7 熟悉机动车常用材料的性能和机动车配件质量控制知识。

4.3.2.2.8 了解机动车综合性能要求和检验方法。

4.3.2.3 专业技能

4.3.2.3.1 能熟练运用相应检验仪器、仪表和量具以及检测诊断设备完成机动车维修进厂、维修过程和维修竣工出厂的各项质量检验工作，正确填写机动车维修进厂检验单、过程检验单、维修竣工出厂检验单和维修竣工出厂合格证。

4.3.2.3.2 能协助技术负责人对机动车维修质量事故进行分析和鉴定，提出改进和预防措施，并组织实施。

4.3.2.3.3 能配合业务员进行车辆或总成维修进厂和维修竣工出厂的检验交接。

4.3.2.3.4 能对机动车配件质量进行常规检验。

4.3.2.3.5　能指导和培训相关人员对机动车维修质量进行检验。

4.3.2.3.6　具有查阅和运用技术资料对维修车辆的故障进行深入诊断的能力。

4.3.2.3.7　具有正确执行标准判定检验结果的能力。

4.4　机修人员

4.4.1　岗位职责

4.4.1.1　在生产过程中执行安全操作规程，按工艺规范正确完成机动车机械及其控制系统的维修作业。

4.4.1.2　协助质量检验员工作，对机修质量负责。

4.4.1.3　指导本岗位其他人员的技术操作。

4.4.1.4　配合协调其他岗位的工作。

4.4.1.5　负责本岗位技术问题的收集、整理和上报。

4.4.1.6　负责本岗位设备的管理及使用。

4.4.1.7　负责本岗位的现场管理。

4.4.2　任职资格

4.4.2.1　基本条件

4.4.2.1.1　具有初中（含）以上文化程度。

4.4.2.1.2　连续从事机修工作3年以上，或本专业中职毕业连续从事机修工作2年以上，或本专业高职（含）以上毕业连续从事机修工作1年以上。

4.4.2.2　专业知识

4.4.2.2.1　了解本岗位工艺、工时、标准和规范。

4.4.2.2.2　熟悉安全生产、环境保护和质量管理的知识。

4.4.2.2.3　熟悉电工电子学的基本知识，掌握机动车电路图识图知识。

4.4.2.2.4　掌握机械制图、液压传动、公差与配合、机动车常用材料知识。

4.4.2.2.5　掌握机动车维修专业知识，了解机动车新材料、新工艺、新设备和新技术。

4.4.2.2.6　掌握发动机、底盘及其控制系统零部件的常规检验方法。

4.4.2.2.7　掌握发动机、底盘及其控制系统维修工艺规程和竣工验收标准。

4.4.2.2.8　掌握发动机、底盘及其控制系统故障诊断原理和方法。

4.4.2.2.9　了解常用维修检测仪器和设备的工作原理及使用方法。

4.4.2.3　专业技能

4.4.2.3.1　具有按工艺规范完成机动车发动机、底盘及其控制系统的故障诊断和维修作业的能力。

4.4.2.3.2　能熟练使用维修检测仪器和设备准确诊断并排除车辆故障。

4.4.2.3.3　能熟练应用技术资料解决本岗位的技术问题。

4.4.2.3.4 具有收集、整理、分析和处理本岗位技术问题的能力。

4.4.2.3.5 能指导本单位其他人员完成机修作业。

4.5 电器维修人员

4.5.1 岗位职责

4.5.1.1 负责机动车电气系统的检测和维修作业。

4.5.1.2 在生产过程中执行安全操作规程，按工艺规范正确完成机动车电气系统的维修作业。

4.5.1.3 协助质量检验员工作，对机动车电器维修质量负责。

4.5.1.4 指导本单位其他人员的技术操作。

4.5.1.5 配合其他岗位的工作。

4.5.1.6 负责本岗位技术问题的收集、整理和上报。

4.5.1.7 负责本岗位的设备的日常管理。

4.5.2 任职条件

4.5.2.1 基本条件

4.5.2.1.1 具有初中（含）以上的文化程度。

4.5.2.1.2 连续从事机动车电器维修工作3年以上，或本专业中职毕业连续从事机动车电器维修工作2年以上，或本专业高职（含）以上毕业连续从事机动车电器维修工作1年以上。

4.5.2.2 专业知识

4.5.2.2.1 了解本岗位工艺、工时、标准和规范。

4.5.2.2.2 熟悉安全生产、环境保护和质量管理的知识。

4.5.2.2.3 掌握电工电子学的基本知识、电路图识图知识，掌握车用传感器的基本知识。

4.5.2.2.4 掌握机动车电气的结构、电路原理和检测诊断方法。

4.5.2.2.5 熟悉发动机、底盘及其控制系统的结构和基本工作原理。

4.5.2.2.6 熟悉常用机动车维修检测仪器和设备的工作原理及使用方法。

4.5.2.3 专业技能

4.5.2.3.1 具有完成机动车电气系统故障诊断和维修作业能力。

4.5.2.3.2 能熟练使用电器维修所需要的各种检测仪器和设备，准确判断并排除机动车电气系统故障。

4.5.2.3.3 能应用技术资料解决机动车电器维修的技术问题。

4.5.2.3.4 具有收集整理、分析处理机动车电器维修技术问题的能力。

4.5.2.3.5 能指导本单位其他人员完成机动车电器维修作业。

4.6 钣金（车身修复）人员

4.6.1 岗位职责

4.6.1.1 负责制定合理的车身修复工艺方案并实施车身修复作业。

4.6.1.2 配合协调其他岗位的工作。

4.6.1.3 指导本岗位其他人员的技术操作。

4.6.1.4 协助质量检验员工作，对车身修复质量负责。

4.6.1.5 负责本岗位技术问题的收集、整理和上报。

4.6.1.6 负责本岗位的设备的日常管理、使用和维护。

4.6.1.7 负责本岗位的现场管理。

4.6.2 任职资格

4.6.2.1 基本条件

4.6.2.1.1 具有初中（含）以上文化程度。

4.6.2.1.2 连续从事车身修复工作 3 年（含）以上，或相关专业中职毕业连续从事车身修复工作 2 年以上或相关专业高职毕业连续从事车身修复工作 1 年以上。

4.6.2.1.3 应持有相关部门发放的具有焊工初级以上的职业资格证书。

4.6.2.2 专业知识

4.6.2.2.1 了解本岗位工艺、工时、标准和规范。

4.6.2.2.2 熟悉劳动安全与环境保护知识。

4.6.2.2.3 了解机动车构造知识与维修知识、机械基础知识，熟悉车身材料知识。

4.6.2.2.4 了解机动车碰撞知识及定损知识。

4.6.2.2.5 了解机械制图知识，掌握车身测量知识。

4.6.2.2.6 掌握车身修复工艺知识与车身修复相关的技术标准。

4.6.2.2.7 掌握车身修复设备的工作原理与使用、维护知识。

4.6.2.2.8 掌握材料加热及焊接知识。

4.6.2.3 专业技能

4.6.2.3.1 能制定合理的车身修复工艺方案，并实施车身修复作业。

4.6.2.3.2 能应用车身技术资料正确实施车身修复。

4.6.2.3.3 能正确使用和维护车身检测、维修设备。

4.6.2.3.4 能根据车身材料采取相应的防腐工艺。

4.6.2.3.5 能对车身修复过程记录并正确填写车身修复档案。

4.6.2.3.6 能指导本岗位其他人员完成车身修复作业。

4.6.2.3.7 能按照劳动安全和环境保护操作规程作业，能正确使用各种防护器具，能实施简单救护。

4.7 涂漆（车身涂装）人员

4.7.1 岗位职责

4.7.1.1 负责制定合理的车身涂装工艺方案并实施车身涂装作业。

4.7.1.2 配合协调其他岗位的工作。

4.7.1.3 指导本岗位其他人员的技术操作。

4.7.1.4 协助质量检验员工作，对车身涂装质量负责。

4.7.1.5 负责本岗位技术问题的收集、整理和上报。

4.7.1.6 负责本岗位的设备的日常管理。

4.7.1.7 负责本岗位的现场管理。

4.7.2 任职资格

4.7.2.1 基本条件

4.7.2.1.1 具有初中（含）以上文化程度。

4.7.2.1.2 连续从事车身涂装工作3年（含）以上，或相关专业中职毕业连续从事车身涂装工作2年（含）以上，或相关专业高职毕业连续从事车身涂装工作1年以上。

4.7.2.1.3 具有与从事本岗位工作需求相适应的身体条件。

4.7.2.2 专业知识

4.7.2.2.1 了解本岗位工艺、工时、标准和规范。

4.7.2.2.2 了解劳动安全与环境保护知识。

4.7.2.2.3 了解机动车结构与机动车维修的基本知识。

4.7.2.2.4 掌握机动车车身材料知识及车身涂装材料知识，掌握车身涂装颜色知识。

4.7.2.2.5 掌握机动车涂装设备的工作原理与使用、维护知识。

4.7.2.2.6 掌握车身涂装工艺知识与相关技术标准。

4.7.2.2.7 掌握车身养护基本知识。

4.7.2.3 专业技能

4.7.2.3.1 能制定合理的车身涂装工艺方案，并实施车身涂装作业。

4.7.2.3.2 能熟练进行调漆操作。

4.7.2.3.3 能根据车身材料采取相应的防腐工艺。

4.7.2.3.4 能进行车身养护的基本作业和划痕修复。

4.7.2.3.5 能熟练使用3种以上品牌的涂料进行涂装作业。

4.7.2.3.6 能熟练使用、维护涂装工具和设备。

4.7.2.3.7 能对车身涂装过程检验进行记录并正确填写车身涂装档案。

4.7.2.3.8 能对本岗位其他人员进行培训并指导其完成车身涂装作业。

4.7.2.3.9 能按照劳动安全和环境保护操作规程作业，能正确使用各种防护器具，能实施简单救护。

4.8 车辆技术评估人员

4.8.1　岗位职责

4.8.1.1　严格执行国家检测标准，把好质量关。

4.8.1.2　负责实施机动车技术性能检测，对检测的机动车做出技术状态的评定。

4.8.1.3　负责向委托单位提供技术咨询，并提供客观真实的检测数据。

4.8.1.4　检测有疑问的车辆进行复检，对发生的检测质量问题及时处理解决。

4.8.2　任职资格

4.8.2.1　基本条件

4.8.2.1.1　具有机动车维修或相关专业的高中（含）以上文化程度。

4.8.2.1.2　具有机动车检测站连续3年以上的工作实践。

4.8.2.1.3　具有相应机动车驾驶证，2年以上驾龄。

4.8.2.2　专业知识

4.8.2.2.1　掌握国家、地方和行业相关的法律、法规、规章、标准和规范（参见附录A）。

4.8.2.2.2　掌握机动车结构、原理和性能及主要车型的相关检测标准。

4.8.2.2.3　掌握机动车检测诊断原理、方法和技术规范。

4.8.2.2.4　掌握常用检测诊断设备、仪器、仪表和量具的工作原理和性能，掌握其使用及校准方法。

4.8.2.2.5　掌握机动车性能要求和检验方法，熟悉车辆技术评定的基本知识。

4.8.2.2.6　熟悉质量保证体系的知识。

4.8.2.2.7　熟悉机动车检测站计算机控制系统、联网的使用和维护知识。

4.8.2.3　专业技能

4.8.2.3.1　能熟练使用机动车检测设备，对车辆进行检测。

4.8.2.3.2　具有组织实施机动车性能检测，并对机动车做出技术状态评定的能力。

4.8.2.3.3　具有车辆技术评估检测质量管理及处理检测质量纠纷的能力。

4.8.2.3.4　能制定技术培训计划并付诸实施。

4.8.2.3.5　具有计算机控制系统操作应用能力。

4.9　机动车维修业务员

4.9.1　岗位职责

4.9.1.1　负责机动车维修业务接待工作。

4.9.1.2　负责对报修车辆进行初步诊断、估算维修费用、签订维修合同。

4.9.1.3　负责跟踪检查维修过程、维修进度和维修质量。

4.9.1.4 协助质量检验员对车辆进行竣工检查验收和车辆移交工作，协助办理维修费用结算手续。

4.9.1.5 负责客户的跟踪服务，建立和管理客户档案，接待及协助处理客户投诉。

4.9.2 任职资格

4.9.2.1 基本条件

4.9.2.1.1 具有机动车维修专业中职（含）以上的文化水平。

4.9.2.1.2 2年以上机动车维修工作经验，有机动车驾驶证。

4.9.2.2 专业知识

4.9.2.2.1 熟悉与本行业相关的各种法律法规。

4.9.2.2.2 熟悉机动车维修工时、收费标准及零配件价格。

4.9.2.2.3 掌握机动车构造和工作原理。

4.9.2.2.4 了解机动车常见故障及故障诊断的基本方法。

4.9.2.2.5 熟悉机动车各工种维修工艺流程及技术要求。

4.9.2.2.6 熟悉机动车零配件常识。

4.9.2.3 专业技能

4.9.2.3.1 能制定及实施业务接待流程。

4.9.2.3.2 能对车辆进行初步诊断，确定维修项目，估算维修费用，签订维修合同，引导客户正确进行车辆维护和修理。

4.9.2.3.3 能协助相关人员对维修过程、维修进度和维修质量进行跟踪。

4.9.2.3.4 能协助质量检验员对竣工车辆进行检查验收。

4.9.2.3.5 能熟练操作计算机。

4.9.2.3.6 能建立客户档案。

4.10 价格结算人员

4.10.1 岗位职责

4.10.1.1 执行国家、地方有关汽车维修价格的政策和标准。

4.10.1.2 负责机动车维修价格的核算和结算。

4.10.2 任职资格

4.10.2.1 基本条件

4.10.2.1.1 具有高中（含）以上文化程度。

4.10.2.1.2 具有在机动车维修企业2年以上财务工作经验。

4.10.2.2 专业知识

4.10.2.2.1 熟悉国家、地方、行业有关机动车维修价格的政策和标准。

4.10.2.2.2 熟悉机动车维修工时定额及机动车零配件定价方法。

4.10.2.2.3 了解机动车维修工艺流程及技术要求。